高等职业技术教育规划教材

汽车底盘构造与维修

主　编　幺居标
副主编　李　晓　崔树平
参　编　阚　萍　杨兆发　冯培淑
主　审　李俊城

机械工业出版社

本书主要以上海桑塔纳、一汽捷达轿车为主流车型，尽可能突出汽车的新结构、新技术，系统地介绍了汽车底盘的总体及各部件的构造、拆装及常见故障的诊断与排除方法。主要内容有：汽车底盘概论、汽车传动系（一）、汽车传动系（二）、汽车行驶系、汽车转向系、汽车制动系、汽车底盘的进厂维修。

本书为高等职业技术院校汽车专业教材，亦可作为中等职业技术学校汽车专业教材，或供汽车维修企业的工程技术人员参考。

图书在版编目（CIP）数据

汽车底盘构造与维修/幺居标主编．—北京：机械工业出版社，2002.7（2015.8重印）

高等职业技术教育规划教材

ISBN 978-7-111-10687-6

Ⅰ．汽…　Ⅱ．幺…　Ⅲ．①汽车-底盘-结构-高等学校：技术学校-教材②汽车-底盘-车辆修理-高等学校：技术学校-教材　Ⅳ．U472.41

中国版本图书馆CIP数据核字（2002）第053752号

机械工业出版社（北京市百万庄大街22号　邮政编码100037）

责任编辑：葛晓慧　赵爱宁　冯　铁

版式设计：冉晓华　责任校对：姚培新

封面设计：姚　毅　责任印制：刘　岚

北京玥实印刷有限公司印刷

2015年8月第1版第17次印刷

184mm×260mm·25.25印张·622千字

49001－51000册

标准书号：ISBN 978-7-111-10687-6

定价：49.00元

凡购本书，如有缺页、倒页、脱页，由本社发行部调换

电话服务	网络服务
社服务中心：（010）88361066	教材网：http：//www.cmpedu.com
销售一部：（010）68326294	机工官网：http：//www.cmpbook.com
销售二部：（010）88379649	机工官博：http：//weibo.com/cmp1952
读者购书热线：（010）88379203	**封面无防伪标均为盗版**

编写说明

随着国民经济的迅速发展，汽车行业已成为我国的支柱产业。近年来，我国汽车保有量迅速增加；同时为满足环保、节能、安全性和舒适性等要求，现代汽车上已采用了许多新结构和新技术，尤其是随着计算机技术、控制技术的发展，各种先进的电控系统在汽车中得到了广泛的应用，给汽车的生产、使用和维修等带来了许多新问题。因此，迫切需要与之相适应的职业技术教材，为培养应用型人才服务。

本套教材是由机械职业教育汽车专业教学指导委员会组织编写的，一套共 7 种，它们是《汽车发动机构造与维修》、《汽车底盘构造与维修》、《汽车电气设备构造与维修》、《汽车使用性能与检测》、《汽车材料》、《电控发动机维修》和《汽车自动变速器维修》。该套教材的特点是面向高等职业技术教育，兼顾中等职业技术教育，既有较强的理论性、实践性，又有较强的综合性，并根据高等职业教育的特点，在内容上加强了针对性和应用性，以保证基础、加强应用、体现先进、突出以能力为本位的职业教育特色，力求把传授知识与培养能力有机地结合起来。

本套教材的编者均来自教学第一线，有着丰富的教学经验和扎实的专业知识基础。他们对于当今的教改形势、专业设置等，有着深刻的体会和认识。这些无疑为编写出具有创新性、适用性的高水平教材奠定了良好的基础。

本套教材的编写得到了机械职业教育汽车专业教学指导委员会各委员及相关院校的大力支持，在此表示衷心的感谢。

机械职业教育汽车专业
教学指导委员会

前 言

本书是根据机械职业教育汽车专业教学指导委员会2001年年会的会议精神编写的，以面向高等职业技术院校的学生为主，兼顾了中等职业技术学校的学生。

本书力求与我国汽车产业的发展相适应，建立以我国主流轿车车型为主的新的结构体系，同时体现高等职业技术教育改革的发展趋势。本书共7章，以目前市场上保有量较大的国产车为例，主要以上海桑塔纳、一汽捷达轿车为主流车型，尽可能突出汽车的新结构、新技术，系统地介绍了汽车底盘的总体及各部件的构造、拆装及常见故障的诊断与排除方法。本书在内容上以构造与维修并重，突出实用性；叙述时则力求由浅入深、通俗易懂，使读者在掌握汽车底盘构造与工作原理的基础上，较快地掌握维修、调整技术及故障诊断与排除方法。

本书由幺居标主编，李晓、崔树平任副主编，参编人员有阚萍、杨兆发、冯培淑；由李俊城教授主审。

由于编者的经验、水平有限，时间仓促，又是以我国主流轿车车型为主的新的结构体系，编写难度很大。因此，书中难免出现疏漏，恳请专家和广大读者不吝指正。

编者

目　录

第一章　汽车底盘概论

第一节　汽 车 概 述

一、汽车基本组成

汽车通常由发动机、底盘、车身三大部分组成，如图 1-1 所示。

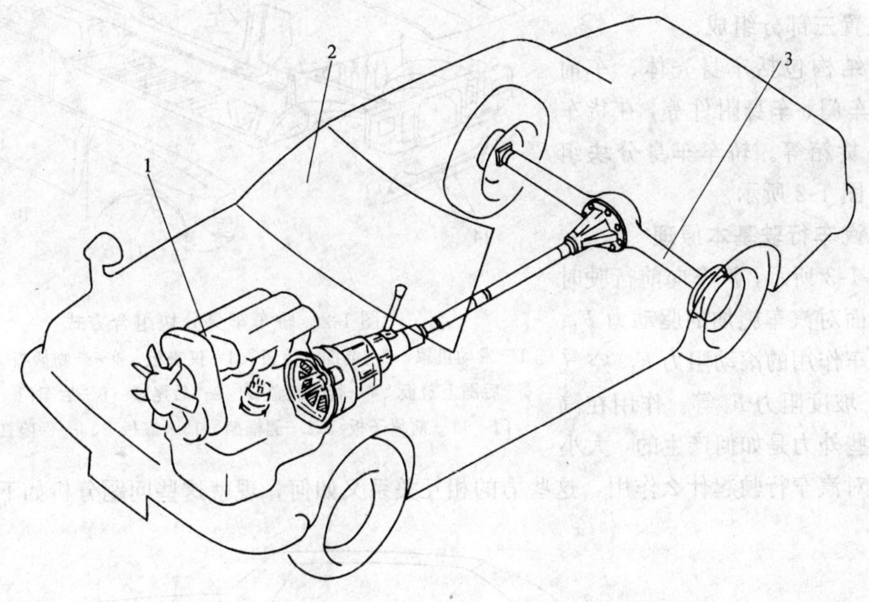

图 1-1　汽车典型的总体构造

1—发动机　2—车身　3—底盘

发动机是将某一种形式的能量转化为机械能并发出动力的部件。汽车上广泛应用的发动机是汽油机和柴油机。汽油机和柴油机都属于往复活塞式内燃机，主要由机体、曲柄连杆机构、配气机构、供给系、冷却系、润滑系、起动系组成。汽油机另外还需点火系。汽车上使用的汽油机和柴油机，通常需要活塞的四个行程来完成进气、压缩、燃烧膨胀和排气工作循环，所以也称为四冲程发动机。

汽车车身既具有结构性功能，又具有装饰性功能。就结构性功能而言，车身是驾驶员工作及容纳乘客和货物的场所。车身要有对驾驶员安全和方便于工作的环境，对乘员舒适的乘坐条件。货车车身结构要保障货物完好无损地运输和装卸方便。为减少车身迎风面积所造成的空气阻力以及高速行驶时车身形状所造成的升力，车身应具有符合空气动力学要求的合理外形。考虑到车身结构对底盘性能和发动机性能的影响，车身应具有有助于提高汽车的行驶稳定性、安全性和有助于发动机的进气冷却、隔振和隔声的性能。汽车车身的装饰性功能反映在车身造型的艺术形象、内外装潢、色彩质感等方面，车身的装饰性功能对轿车尤为重要。

汽车车身分承载式结构和非承载式结构两大类。承载式车身是指汽车没有车架，车身承担整车结构的主要强度，车身的底板部分起着车架的作用。承载式车身的优点是整车质量轻、刚度大、高度降低、室内空间大，缺点是制造变形车困难、撞坏难以处理、振动噪声易传到室内等，故一般仅适用于小型轿车。非承载式车身是指汽车用车架连接并支撑车身、发动机和传动系、悬挂等零部件。车架承受和传递底盘零部件传来的外力，还提供撞车时所需的强度和吸收冲击能量的能力。也就是说，车身不承担车架的功能。所谓悬挂，则是指车架（或承载式车身）与车桥（或车轮）之间一切传力连接装置的总称，通常由弹性元件、减振器和导向装置三部分组成。

车身结构包括车身壳体、车前板制件、车门、车身附件等，在货车上还包括货箱等。轿车车身分块组合方式如图 1-2 所示。

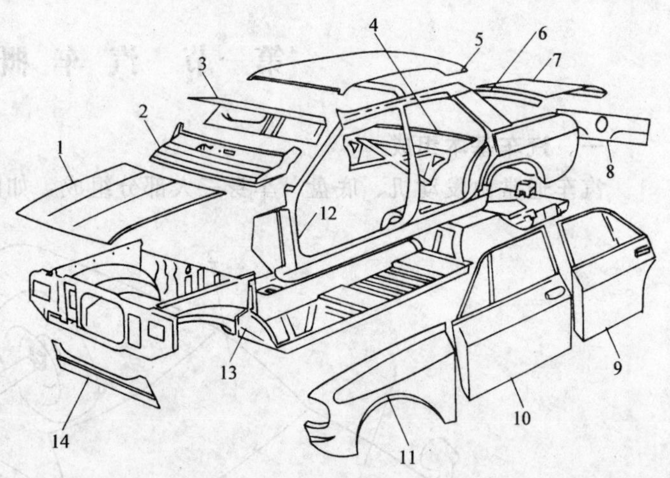

图 1-2　轿车车身分块组合方式

1—发动机罩　2—前围上盖板　3—仪表板　4—杂物搁板　5—顶盖　6—后围上盖板　7—行李箱盖板　8—后尾板　9—后车门　10—前车门　11—前翼子板　12—侧框架　13—底板　14—保险杠安装板

二、汽车行驶基本原理

如图 1-3 所示，汽车向前行驶时承受着路面对汽车施加的驱动力 F_t、外界对汽车作用的滚动阻力 F_f、空气阻力 F_w、坡度阻力 F_i 等。作用在汽车上的这些外力是如何产生的，大小是多少，对汽车行驶起什么作用，这些力的相互关系又如何，现就这些问题分析如下。

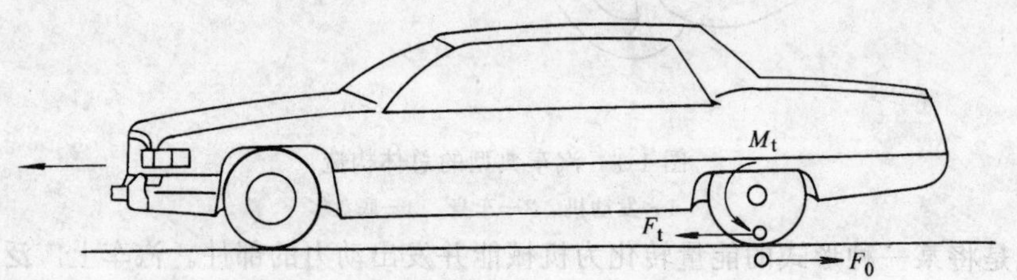

图 1-3　汽车行驶驱动力示意图

汽车的驱动力 F_t 来自发动机。发动机发出的转矩经过汽车传动系施加给驱动车轮的转矩为 M_t，力图使车轮旋转。在 M_t 作用下，驱动车轮与路面接触处对路面施加作用力 F_0，其方向与前进方向相反，其数值为 M_t 与车轮滚动半径 r_r 之比

$$F_0=M_r/r_r$$

在车轮向路面施加 F_0 的同时，路面向汽车施加一个大小相等、方向相反的反作用力，这就是促使汽车行驶的驱动力 F_t。

滚动阻力 F_f 是由于车轮滚动时轮胎与路面的变形产生的，其大小与汽车总质量、轮胎结构和轮胎气压以及路面的性质有关。

空气阻力 F_w 是汽车行驶时空气与汽车表面相互摩擦，同时车身前部受到迎面空气流的

压力，车身后部因空气涡流而产生的真空度，这三者所共同形成的阻碍汽车行驶的阻力，其大小与汽车的形状、汽车的正投影面积、汽车与空气相对速度的平方成正比，尤其是当汽车速度很高时，空气阻力相当大，将成为汽车行驶的主要阻力。

坡度阻力 F_i 是指汽车上坡时，由于汽车重力和坡度所引起的阻力，其大小决定于汽车总质量和路面的纵向坡度。

汽车匀速行驶时，驱动力 F_t 与滚动阻力 F_f、空气阻力 F_w、坡度阻力 F_i 的关系为

$$F_t = F_f + F_w + F_i$$

汽车加速行驶时，驱动力 F_t 与滚动阻力 F_f、空气阻力 F_w、坡度阻力 F_i 的关系为

$$F_t > F_f + F_w + F_i$$

汽车减速行驶或停驶时，驱动力 F_t 与滚动阻力 F_f、空气阻力 F_w、坡度阻力 F_i 的关系为

$$F_t < F_f + F_w + F_i$$

另外，汽车驱动力 F_t 的大小不仅取决于发动机输出转矩和传动系的结构，还取决于轮胎与路面的附着性能。在平整的干硬路面上，车轮的附着作用是由于轮胎与路面存在着摩擦力，这个摩擦力阻碍车轮的滑动，使车轮能够正常地向前滚动并承受路面的驱动力，如果驱动力大于摩擦力，车轮与路面之间就会发生滑动。在松动的路面上，除了轮胎与路面的摩擦阻碍车轮滑动外，还加上嵌入轮胎花纹凹处的软地面凸起部所起的抗滑作用。由附着作用所决定的阻碍车轮滑动的力的最大值称为附着力，用 F_Φ 表示。附着力 F_Φ 车轮所承受垂直于路面的法向力 G（称为附着重力）成正比。即

$$F_\Phi \propto G\Phi$$

式中，Φ 称为附着系数，其值与轮胎的类型及路面的性质有关；附着重力 G 则是汽车总重力分配到驱动轮上的部分。

为使车轮在路面上不打滑，汽车驱动力 F_t 必须小于或等于附着力 F_Φ。即

$$F_t \leqslant F_\Phi$$

此式也称为汽车行驶的附着条件。

三、汽车分类

汽车种类繁多，一般可按用途、动力装置、行驶道路条件和行驶机构特征进行分类。

1. 按汽车的用途分类

（1）运输汽车　无论汽车产量还是汽车保有量，运输汽车占汽车总量的绝大多数。根据 *GB/T* 3730.1—1988 的规定，运输汽车可分为轿车、客车和货车，并按照汽车的主要特征参数分级，也就是轿车按照发动机工作容积、客车按照车辆总长度、货车按照汽车的总质量分级，如表 1-1 所示。

表 1-1　运输汽车分级

轿车		客车		货车	
分级	发动机工作容积/*L*	分级	车辆长度/*m*	分级	汽车总质量/*kg*
微型	≤1.0	微型	≤3.5	微型	≤1800
普及型	>1.0～≤1.6	轻型	>3.5～≤7	轻型	>1800～≤6000
中级	>1.6～≤2.5	中型	>7～≤10	中型	>6000～≤14000
中高级	>2.5～≤4.0	大型	>10～≤12	重型	>14000
高级	>4.0	特大型	指铰接式与双层客车		

(2) 特种用途汽车　特种用途汽车主要用于运输以外的任务，通常装备不同的专用设备用以完成某种特定的作业任务，例如医疗救护车、消防车、起重车、流动售货车、混凝土搅拌车等。

2. 按汽车所用的动力装置分类

(1) 内燃机汽车　汽车使用最多的动力装置是内燃机。内燃机的特点是将液体或气体燃料与空气混合后直接在机器内部燃烧产生热能，然后再转变为机械能。根据内燃机将热能转化为机械能的主要构件的形式不同，可分为活塞式内燃机和燃气轮机两类。活塞式内燃机按活塞运动方式分为往复活塞式和旋转活塞式两类。其中往复活塞式内燃机应用最广；旋转活塞式内燃机如三角转子发动机也有应用。根据内燃机所用燃料不同，可将其分为汽油机和柴油机等。其中汽油机需用火花塞点燃可燃混合气才能使燃料燃烧发热而作功，所以汽油机属于点燃式发动机；柴油机通过压缩气体而使燃料在高温下自燃后发热作功，因此柴油机属于压燃式发动机。

为解决环境污染和石油资源问题，可以使用液化石油气（LPG）、压缩天然气（CNG）等代替汽油、柴油作为内燃机的燃料。

(2) 电动汽车　电动汽车是指以蓄电池和电动机为动力装置，经机械式传动系驱动车轮的汽车。电动汽车节约石油资源、无污染、噪声小。但由于蓄电池的比能量低、充电时间长、寿命短，使电动汽车的车速和续驶里程等性能还无法与内燃机汽车相媲美。电动汽车可以是纯电动的和包括电动在内的两套动力系统的混合动力汽车。所谓两套动力系统，是指配有小型内燃机式发电机组作为电动机的主要供电源，另外还配备一只超高速（60000r/min）的储能飞轮。汽车低负荷时，发电机组除向车轮供电外，多余的能量存入飞轮；汽车高负荷时，飞轮也参与供能，飞轮也可以储存下坡、减速和制动的部分能量，进一步降低能耗。通常小型内燃机可调节至恒定的最佳工作状态，效率可高达43%，所以油耗和排放仅为同级别普通汽车的1/3。两套动力系统的混合动力汽车克服了电动汽车速度低、续驶里程短的缺点，可以满足新的节能与排放法规。但结构比较复杂。

电动汽车被称之为21世纪的车辆，各种各样的电动汽车必将层出不穷，高效、节能、环保的电动汽车将有很好的发展前景。

(3) 燃气轮机汽车　燃气轮机功率大、质量小、转矩特性好、可燃用多种燃料，但油耗大、噪声高、制造成本高。用燃气轮机作动力适用于军事和重型车辆。

(4) 太阳能汽车　太阳能汽车是指以太阳能为动力源的汽车，这种车辆上装有太阳能吸收装置和光电转换装置。太阳能汽车目前尚处于试验阶段。

3. 按汽车行驶的道路条件分类

汽车按行驶道路条件主要分为公路用车和非公路用车两类。公路用车主要行驶于城市道路、高速公路和1～4级公路。

非公路用车有两类：一类是由于汽车总质量、单轴轴载量或外廓尺寸超出公路、桥涵和交通法规的限制而只能在矿山、工地、机场、工厂内部或各种专用道路上行驶的汽车，如大型矿用自卸车、大型挖掘机等；另一类是既能在非公路地区、又可在公路上行驶的越野汽车。越野汽车可以是轿车、客车、货车或其他用途的汽车。越野汽车的结构特点是全轮驱动，传动系带分动器，具有高摩擦差速器或差速器锁。

4. 按汽车的行驶机构特征分类

汽车按行驶机构特征可分为轮式汽车、履带式汽车、水陆两栖车、车轮—履带式汽车、步行机构式汽车等。轮式汽车通过车轮承载车重并传递驱动和制动力矩。履带式车辆以履带代替车轮与地面发生作用以提高汽车的越野能力。水陆两栖车既能在陆地上靠车轮行驶，又能在水中依靠螺旋桨推动前进。车轮—履带式汽车可以互换使用车轮和履带。步行机构式汽车利用仿生技术用跨步式行走机构代替车轮。

四、汽车基本性能指标

一般来说，对汽车提出的使用性能的要求是多方面的，基本性能包括动力性、燃料经济性、制动性、操纵稳定性、平顺性、通过性和环境安全性等。

1. 汽车动力性

动力性是汽车各种性能中最基本、最重要的性能。动力性通常用汽车的最高车速、汽车的加速时间、汽车的最大爬坡度等 3 个参数来评价，称为动力性指标。

(1) 汽车的最高车速　汽车的最高车速是指在良好的混凝土或沥青路面上汽车所能达到的最高行驶速度，用符号 v_{amax} 表示，单位为 km/h。一般轿车最高车速为 130～200km/h，客车最高车速为 90～130km/h，货车最高车速为 80～110km/h。同一类型车，发动机最大功率越高，汽车的 v_{amax} 就越大。

(2) 汽车的加速时间　汽车的加速时间是指汽车在水平良好路面上由原地起步的加速时间和超车加速时间。汽车的加速时间表示汽车的加速能力，用符号 t 表示，单位为 s。原地起步加速时间系指汽车从第 1 挡起步，以最大的加速度逐步换至高挡后，达到某一距离或车速所需要的时间。一般常用原地起步行驶，以 0→400m 距离所需的时间秒数来表示汽车原地起步加速能力，或用原地起步从 0→100km/h 行驶速度所需的时间来表示汽车原地起步加速能力。超车加速时间系指用最高挡或次高挡由某一车速全力加速至某一高速所需要的时间。超车加速能力强，与被超车辆的并行行程短，行驶就安全。

(3) 汽车的最大爬坡度　汽车的最大爬坡度是指汽车满载时在良好路面上以 1 挡行驶时可爬越的最大坡度，常用每百米水平距离内坡道的升高 h 与百米之比值 i_{max} 或角度 α_{max} 来表示。即

$$i_{max}=\frac{h}{100}\times 100\%=\tan\alpha_{max}$$

对越野汽车和货车而言，它们的爬坡能力是一个重要的指标：越野汽车的最大爬坡度要求达到 $i_{max}=60\%$ 或 $\alpha_{max}=30°$；货车的最大爬坡度要求达到 $i_{max}=30\%$ 或 $\alpha_{max}=16.5°$。

2. 汽车燃料经济性

汽车的燃料经济性是指汽车以最小的燃料消耗量完成运输工作的能力，是汽车主要使用性能之一。汽车的燃料经济性常用一定运行工况下汽车行驶百公里的燃料消耗量或一定燃料量能使汽车行驶的里程来衡量。我国的燃料经济性指标为百公里燃油消耗量，即行驶 100km 所消耗的燃油升数，单位为 L/100km。百公里燃油消耗量分为等速行驶百公里燃油消耗量和循环工况行驶百公里燃油消耗量。循环工况是指具有不同车速—时间规范的加速、减速、怠速停车、制动等工况的循环工况。

3. 汽车制动性

汽车制动性是指汽车行驶时能在短距离内停车并且维持行驶方向的稳定性和在下长坡时连续制动能维持一定车速的能力。汽车制动性能包括制动效能、制动效能的恒定性、制动时

的方向稳定性 3 个方面。制动效能是指汽车在行驶中迅速减速到停车状态的能力，通常用制动距离、制动减速度作为评价指标。制动效能的恒定性是指汽车在高速行驶或长下坡连续制动时制动效能的稳定程度，通常用抗热衰退率表示。所谓热衰退，是指汽车行驶的动能通过制动器吸收转换为热能的过程中制动器温度升高，制动力矩下降、制动减速度减小，制动距离增大的现象。制动时的方向稳定性是指汽车在制动中不发生跑偏、侧滑或失去转动能力保持不偏离原来路径的能力。

4．汽车操纵稳定性

汽车操纵稳定性是指汽车的操纵性和稳定性。操纵性是指汽车能够准确响应驾驶员的操作，维持或改变原行驶方向的能力。稳定性是指汽车受到外界干扰时保持稳定行驶的能力。操纵性和稳定性之间有着紧密的联系，通常将二者统称为汽车的操纵稳定性。操纵稳定性的研究涉及到“环境—汽车—驾驶员”构成的系统，涉及到的问题比较广泛，评价指标和试验方法有待研究并统一。在汽车操纵稳定性各种各样的性能指标中，汽车的稳定转向特性是常见的重要评价指标。

5．汽车平顺性

汽车平顺性又称汽车振动环境，是指汽车在以正常速度行驶过程中，要保证乘员在汽车振动时不致引起不舒适和疲劳感觉，所运货物要保持完好。汽车是一个振动系统，路面不平就会引起汽车振动。汽车平顺性反映了汽车对路面不平度的隔振特性。目前许多国家都是参照 ISO2631《人承受全身振动的评价指南》来对汽车振动环境进行评价的。国际标准 ISO2631 的核心内容是用加速度的均方根值给出了在 1～80Hz 振动频率范围内人体对不同方向振动的三个不同的界限：

1）疲劳—降低工作效率界限。当驾驶员承受的振动强度在此界限之内时，能灵活地反映、正常地行驶。当超过这个界限值，就意味着疲劳和工作效率降低。

2）暴露界限（健康及安全界限）。该界限大约是人的痛感阈限的一半，超过此界限，就意味着不安全和有害于健康。

3）舒适降低界限。在这个界限内，人体在承受的振动环境感觉良好，能顺利完成吃、读、写等动作。

为使汽车具有良好的行驶平顺性，应使车身振动的固有频率为人体所习惯的步行时身体上下运动的频率，约为 1～1.6Hz，振动加速度的极限容许值为 3～4m/s²，货车车箱的振动加速度极限值为 0.6～0.7g。

6．汽车通过性

汽车通过性是指汽车在一定装载质量下能以足够高的平均车速通过松软地面、坎坷不平地段等坏路或无路地带和陡坡、侧坡、壕沟、台阶等障碍的能力。表征汽车通过性的主要参数是汽车的最小离地间隙等几何参数，以及汽车在第一挡时最大动力因数等支承—牵引参数。

7．汽车环境安全性

汽车环境安全性是指汽车控制有害物排放和噪声，保证人类和环境安全的能力。

汽车有害物排放分为蒸发排放和废气排放两类。蒸发排放是指由汽油机曲轴箱、燃油箱及燃油管路渗漏蒸发逸出的有害气体。通过采用密闭的燃油箱及其通风装置、曲轴箱强制通风系统以及活性炭吸收装置，可以有效地控制蒸发排放。废气排放是指汽车发动机工作时排放的含有有害物质的废气。汽油机废气排放的有害成分主要有一氧化碳 CO、氮氧化物 NO_x 和未燃氢 HC；柴油机废气排放的有害成分主要有氮氧化物 NO_x 和碳烟微粒。随着有关法规的不断更新，对汽车废气排放的有害物限定值越来越严，促使车用发动机采用了更多、更有效的机内净化和机外净化措施，如采用可根据各种工况进行调整的电子装置来控制汽油机的空燃比和点火定时，控制柴油机的喷油率和喷油定时，以及控制发动机的各种排放后处理系统。

汽车噪声分为车内噪声和车外噪声。车内噪声主要有两条路径：通过空气传递和振动传递。空气传递的是发动机的声音、轮胎的声音、行驶时的风声等；振动传递的是发动机的振动、传动系的振动和路面的振动等。车外噪声主要来源于发动机的排气噪声和轮胎行驶时的花纹噪声。可以通过多种措施降低汽车噪声，达到汽车有关法规要求。

随着汽车使用性能要求的提高，汽车的技术进步，对汽车使用性能的各种指标定义将会有不断的变化。

五、国产汽车编号规则

根据 GB/T 9417—1988 规定，国产汽车型号应能表明其厂牌、类型和主要特征参数等。所以汽车的产品型号由企业拼音字母代号和车辆类别数字代号、主参数数字代号、产品数字序号及必要时附加企业自定字母或数字代号组成，如图 1-4 所示，包括首部、中部和尾部三部分。

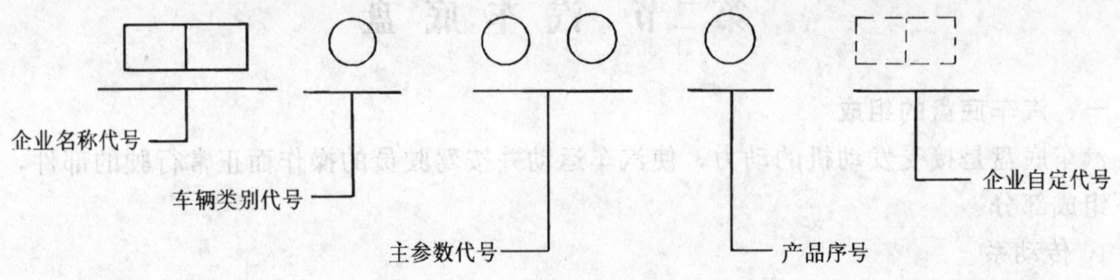

图 1-4　国产汽车产品型号

首部由 2 个或 3 个拼音字母组成，是企业代号。如 CA 代表第一汽车制造厂，EQ 代表第二汽车制造厂（东风公司），BJ 代表北京汽车制造厂，SH 代表上海汽车制造厂等。

中部由 4 位数字组成，分为首位、中间两位和末位数字三部分，其含义如表 1-2 所示。

表 1-2　汽车型号中部 4 位数字的含义

首位数字（1～9）表示车辆类别		中间两位数字表示各类汽车的主要特征参数	末位数字
1	载货汽车	数字表示汽车的总质量 总质量大于 100t 时允许用 3 位数字	企业自定序号
2	越野汽车		
3	自卸汽车		
4	牵引汽车		
5	专用汽车*		
6	客车	数字×0.1m 表示车辆的总长度 长度大于 10m 时，计算单位为 m	
7	轿车	数字×0.1L 表示汽车发动机工作容积	
8	（暂缺）		
9	半挂车或专用半挂车	数字表示汽车的总质量	

* 专用汽车指厢式、罐式、起重举升等专用汽车。

尾部由拼音字母或加上数字组成，可以表示专用汽车的分类或变型车与基本车型的区别。变型车指其与基本车型在结构上略有变化的汽车，例如汽油、柴油发动机，长、短轴距，单、双排座驾驶室等变型车。

例如：

型号为CA1092的汽车，表示第一汽车制造厂生产的解放牌货车，总质量9000kg，末位数字2表示在原车型CA1091的基础上改进的车型。

型号为BJ2020的汽车，表示北京吉普汽车有限公司生产的北京牌越野车，总质量2000kg。

型号为SH3600的汽车，表示上海重型汽车厂生产的自卸汽车，总质量60000kg。

型号为HY4300的汽车，表示汉阳特种汽车制造厂生产的牵引汽车，总质量30000kg。

型号为JN5090X的汽车，表示济南汽车改装厂生产的厢式保温专用车，总质量9000kg。

型号为SY6480B2的汽车，表示沈阳汽车制造厂生产的客车，长为4800mm。

型号为TJ7100的汽车，表示天津汽车公司生产的轿车，发动机排量为1L。

型号为QD9151的汽车，表示青岛汽车制造厂生产的半挂运输车，总质量为15000kg。

第二节 汽车底盘

一、汽车底盘的组成

汽车底盘是接受发动机的动力，使汽车运动并按驾驶员的操作而正常行驶的部件，包括以下组成部分：

1. 传动系

将发动机的动力传给驱动车轮。传动系包括离合器、变速器、传动轴、主减速器及差速器、半轴等部分。

2. 行驶系

使汽车各总成及部件安装在适当的位置，对全车起支撑作用，以保证汽车正常行驶。行驶系包括支撑全车的承载式车身及副车架、车桥、前悬架、前轮、后悬架、后轮等部分。

3. 转向系

使汽车按驾驶员选定的方向行驶。转向系由带转向盘的转向器及转向传动装置组成，有的汽车还带有动力转向装置。

4. 制动系

使汽车减速或停车，并可保证驾驶员离去后汽车可靠地驻停。制动系包括前轮制动器、后轮制动器以及控制装置、供能装置和传动装置。

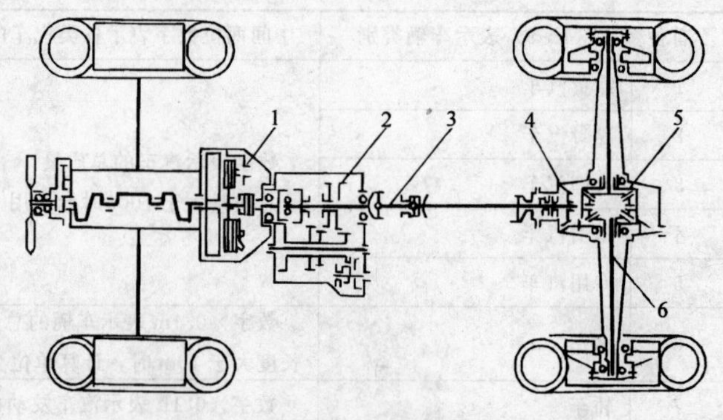

图1-5　发动机前置后轮驱动示意图

1—离合器　2—变速器　3—传动轴　4—驱动桥　5—差速器　6—半轴

二、汽车底盘传动系的布置形式

汽车底盘传动系的布置形式与发动机相对于各总成的位置有关，一般有发动机前置后轮驱动、发动机前置前轮驱动、发动机后置后轮驱动、发动机前置全轮驱动等。

1. 发动机前置后轮驱动

如图 1-5 所示，发动机的动力经离合器、变速器、万向节、传动轴、驱动桥、半轴，最后传给后驱动车轮，使汽车行驶。这是传统的布置形式，大多数货车、部分轿车和部分客车采用这种形式。

2. 发动机前置前轮驱动

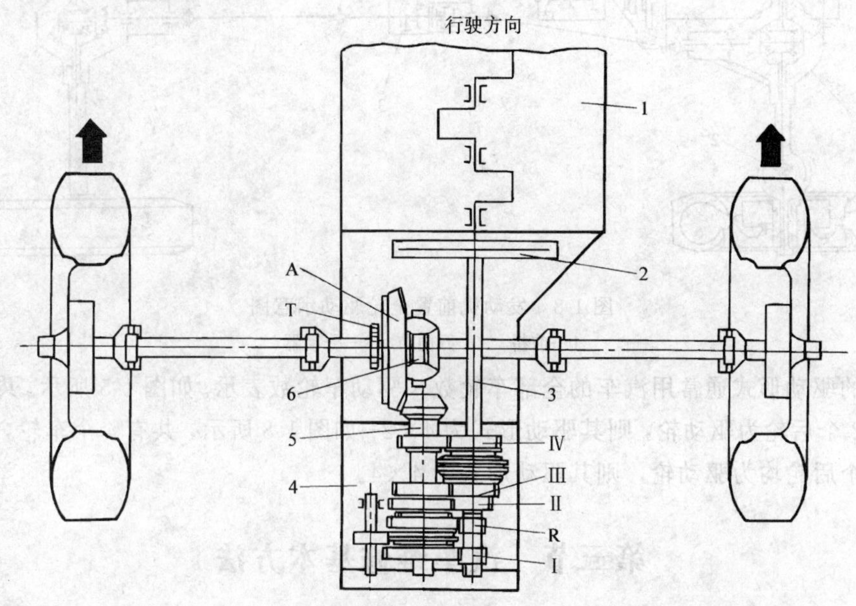

图 1-6　发动机前置前轮驱动示意图

1—发动机　2—离合器　3—变速器输入轴　4—变速器　5—主动齿轮（输出轴）
6—差速器　Ⅰ～Ⅳ—四挡齿轮　R—倒挡齿轮　A—主动齿轮　T—车速表齿轮

如图 1-6 所示，发动机的动力经离合器、变速器、主减速器、差速器、万向节、半轴，最后传给前驱动车轮，使汽车行驶。这是大多数轿车的布置形式，具有结构紧凑、整车质量小、底盘低、高速时操纵稳定性好等优点。

3. 发动机后置后轮驱动

如图 1-7 所示，发动机的动力经离合器、变速器、角传动装置、万向传动装置、驱动桥，驱动车轮使汽车行驶。这种布置形式具有室内噪声小、空间利用率高等优点。

4. 发动机前置全轮驱动

如图 1-8 所示，发动机的动力经离合器、变速器之后的分动器分别传送给前后驱动车轮，使汽车行驶。这是越野汽车特有的布置形式，具有适于在不良路况行驶等优点。

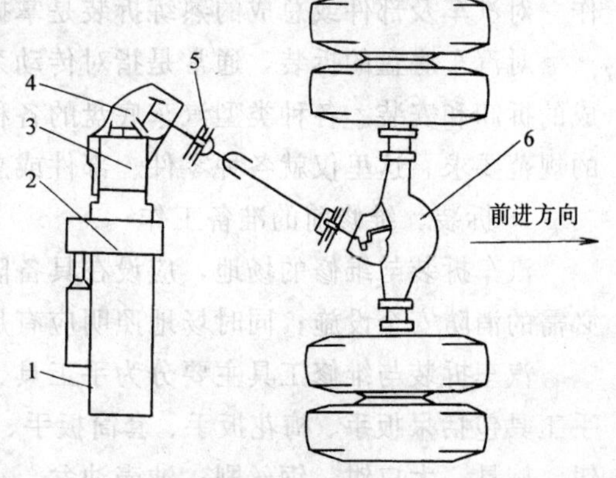

图 1-7　发动机后置后轮驱动示意图

1—发动机　2—离合器　3—变速器　4—角传动装置
5—万向传动装置　6—驱动桥

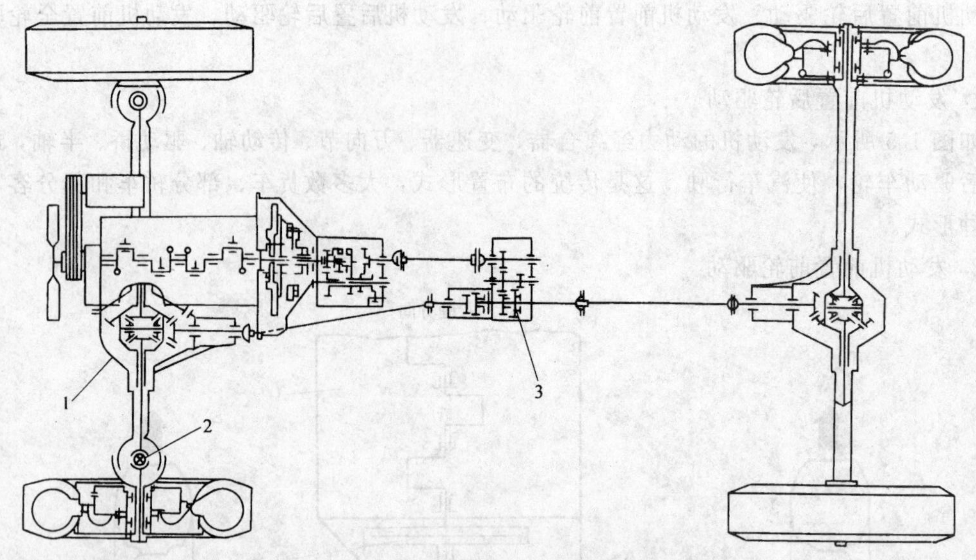

图 1-8 发动机前置全轮驱动示意图

1—前桥 2—万向节 3—分动器

汽车的驱动形式通常用汽车的全部车轮数×驱动车轮数表示。如图 1-5 所示，共有 4 个车轮，其中 2 个后轮为驱动轮，则其驱动形式为 4×2；如图 1-8 所示，共有 4 个车轮，其中 2 个前轮和 2 个后轮均为驱动轮，则其驱动形式为 4×4。

第三节 汽车维修基本方法

一、汽车拆装的基本要求

当前汽车已成为各种新技术、新工艺、新材料的集合体，汽车维修的技术要求、技术手段、技术装备正在发生着新的变化。作为汽车维修人员，需要掌握机械、液压、电子、计算机控制、传感器的知识，掌握汽车的构造原理，掌握汽车的维修技能，才能胜任汽车维修工作。对汽车及部件或总成的熟练拆装是掌握汽车维修技能，并对汽车进行维修的前提。

对汽车底盘的拆装，通常是指对传动系、行驶系、转向系、制动系中的零件、部件或总成的拆卸和安装。各种类型汽车底盘的各种零件、部件或总成的拆卸和安装都有其制造厂商的规范要求。这里仅就各种零件、部件或总成的拆卸和安装的基本方法进行阐述。

1. 拆装、维修前的准备工作

汽车拆装与维修的场地，应设在具备防尘条件、有足够作业面积的室内或工棚内；具备必需的消防安全设施；同时场地照明应有足够的亮度，照明工作灯的电压应不高于 36V。

汽车拆装与维修工具主要分为手工具、专用工具、拆装机具、举升设备和机械加工设备。手工具包括呆扳手、梅花扳手、套筒扳手、活扳手、滤清器扳手、指针式扭力扳手、锤子、手钳、旋具、大口钳、钢丝刷、油壶油盆、火花塞套筒等。拆装机具包括小型压床、两爪顶拔器、三爪顶拔器、转向球头拉器、气缸套拉器等。其中转向球头拉器、气缸套拉器也属于专用工具。举升设备包括千斤顶、两柱举升器、四柱举升器、变速器总成安装托架、驱动桥总成安装托架等。常用的机械加工设备如空压机、砂轮机、小型钻床等。目前，用于汽车故障诊断的设备和用于汽车性能、安全检测的设备正广泛地用于汽车维修作业中。

汽车拆卸前应进行外部清洗，以清除泥沙、油污，需要维修的总成应放尽润滑油和其他液体。

2. 拆卸与安装作业的基本方法

汽车及其零件、部件或总成的拆卸和装配，均应分别按照各自的顺序进行，不允许先后倒置，或猛敲硬拆，以免引起零件的损伤或变形。拆卸总成时，应按分解的顺序进行，先外后内，先附件后主体。

对有公差配合要求和不允许互换的零部件，如各主轴承盖、连杆及其轴承盖等，在拆卸时应检查有无记号，如果没有记号应做好记号。对某些调整垫片，如主减速器轴承调整垫片，拆卸时应作好记号，分别保存。对有平衡要求的旋转零件，如飞轮、曲轴、离合器压盘等，拆卸时也应作上记号，以防装错，避免增加静、动平衡的工作量。对要求保持原配合或运动状态的部位，在分解时应作好记号，以便于按原位装复，不致破坏原啮合和平衡状态。

拆装螺栓、螺母，应尽量使用套筒扳手、呆扳手或梅花扳手，不允许使用钳子夹持螺栓、螺母进行拆装。扳手的尺寸与螺栓头、螺母的六方尺寸应相一致，不应过大。

凡有规定拧紧力矩和拧紧顺序的螺栓及螺母，应用指针式扭力扳手按规定力矩和顺序拧紧。装复螺栓、螺母时，各部螺栓、螺母配用的垫圈、开口销及锁紧垫片等，均应按规定的规格选用，并装配齐全有效。技术要求较高部位的螺栓、螺母不得随意用其他螺栓、螺母代替。

用多个螺栓连接的结合面，在拆装时，应按规定的先后次序，分数次旋转或拧紧，无特殊规定时，一般应交叉对称均匀地旋松或拧紧，不要先将某一个螺栓一次旋下或拧至规定的扭矩，防止因受力不均造成机件变形或损坏。

拆装衬套、销子、齿轮、带轮和滚动轴承等紧配合零件时，应使用专用的拆装工具或合适的顶拔器，以免损伤机件工作面。不准硬敲乱砸，禁止用钢锤和冲头直接敲击工作面，必要时可用木质、橡胶锤子或软合金冲棒敲击。当机件锈蚀不易拆卸时，可用柴油或煤油浸润或加热后，再进行拆装。

不要用粘有油的手触摸电气元件和橡胶件。制动器摩擦片及离合器摩擦片等不应接触油类。油封要保持干净，压装油封时要均匀加力把油封压倒底，避免装歪或用力过猛而损坏油封。

各零件应经检验合格后方可安装，尤其对主要零件，应检验并恢复其配合部位和主要部位的尺寸、形状及位置要求等，主要总成应经过试验，性能符合技术要求时，方可装车使用。

二、汽车维修基本方法

汽车维修是汽车维护和汽车修理的总称。汽车维护是为维持汽车完好技术状况和工作能力而进行的作业；汽车修理是为恢复汽车完好技术状态和工作能力而进行的作业。

汽车的维修工作应本着“预防为主、定期检测、强制维护、视情修理”的维修原则，加强定期检测和维护工作，合理安排维修项目、时机和作业深度。

检测诊断的主要内容包括：影响汽车安全的制动性能、操纵稳定性及侧滑、转向性能、前后照明等；影响汽车可靠性的异响、磨损、变形、裂纹等故障的信号及原因；影响汽车动力性的车速性能、底盘输出功率、发动机功率及扭矩等；影响汽车经济性的燃料消耗；影响环境的汽车噪声和废气排放状况等。

对汽车进行检测诊断应该在不解体的情况下进行，要查明故障或隐患的部位和原因。

1. 汽车常见故障的类型与诊断

汽车的各种故障均可根据表现症状和特点来进行判断。

汽车常见故障虽然复杂，但可归纳为：工作异常，如发动机突然熄火，无法起动；动力性突然下降，行驶无力等。异常响声，此类故障一般可及时发现，若不及时排除，可能酿成大机件事故。过热现象，如发动机过热，说明冷却、点火系统有故障。渗漏现象，一般是指燃油、润滑油、冷却液等的渗漏。排气颜色不正常，对汽油机而言，正常的废气应无明显的烟雾，如果气缸燃烧机油，废气呈蓝色；如果燃烧不完全，废气呈黑色。燃料、润滑材料消耗异常，除了渗漏原因外，多数是由于发动机存在故障。异常气味，若发动机过热或燃烧机油、离合器片打滑严重等，都会散发出一种糊味；电路短路搭铁时也有臭味。

汽车故障诊断可分为人工经验诊断和靠仪器设备检测。

(1) 人工经验诊断　人工经验诊断也称为直观诊断，不需要什么设备或条件，诊断的准确性在很大程度上取决于诊断人员的技术水平和经验。

(2) 仪器诊断　如用仪器或设备可测试发动机性能和故障的参数、曲线或波形，甚至能自动分析、判断发动机的技术状况。

(3) 电子监测自诊断系统　在某些高级轿车上，采用计算机实现对发动机、变速器等进行控制的同时，还可在汽车工作时通过各种传感器对汽车进行动态监测，当可能出现故障时，能及时在显示器上提供不同的故障码信息，以便及早发现及排除可能出现的故障。

2. 汽车维护

根据汽车不同时期使用的特点，汽车维护一般可分为常规性维护、季节性维护和磨合期维护。

常规性维护又分为日常维护、一级维护、二级维护三种级别。各级维护的参考间隔里程或使用时间间隔，一般以汽车生产厂家规定为准。例如，桑塔纳普通型轿车维护规定为日常维护、7500km 首次维护、15000km 维护和 30000km 维护等四种级别。日常维护是驾驶员必须完成的日常性工作，其作业中心内容是清洁、补给和安全检视。一级维护由专业维修工负责执行，其作业中心内容以清洁、润滑、紧固为主，并检查有关制动、操纵等安全部件等。二级维护由专业维修工负责执行，其作业中心内容以检查、调整为主，并拆检轮胎，进行轮胎换位等。

磨合期维护是指新车和修复车在磨合期开始、磨合中及磨合期满后所进行规定的有关维护，由维修厂负责执行，其作业内容以检查、紧固和润滑等工作为主。

凡全年最低气温在 0℃ 以下地区，在入夏和入冬前需要进行季节性维护，其作业内容为更换符合季节要求的润滑油、冷却液，并调整燃油供给系统和充电系统，检查冷却系统和取暖或空调系统的工作情况。

汽车维护主要工作有清洁、检查、补给、润滑、紧固和调整等项内容。清洁工作内容主要包括对燃油、机油、空气滤清器滤芯的清洁、汽车外表的养护和对有关总成、零部件内外部的清洁作业。检查工作内容主要是检查汽车各总成和机件的外表、工作情况和连接螺栓的紧度等。紧固工作的重点应放在负荷重且经常变化的各部机件的连接部位上，以及对各连接螺栓进行必要的紧固和配换。调整工作内容主要是按技术要求，恢复总成、机件的正常配合间隙及工作性能等作业。润滑工作内容包括对发动机润滑系更换或添加润滑油；对传动系统操纵部分以及行驶系各润滑点加注润滑油或润滑脂等作业。补给工作是指在汽车维护中，对汽车的燃油、润滑油料及特殊工作液体进行加注补充；对蓄电池进行补充充电、对轮胎进行补气等作业。

3. 汽车修理

汽车修理应贯彻视情修理的原则，根据汽车检测诊断和技术鉴定的结果，视情确定作业范围和深度，既要防止拖延修理造成车况恶化，又要防止提前修理造成浪费。

汽车修理可分为整车大修、总成大修、车辆小修和零件修理。

整车大修是汽车在行驶一定里程或时间后，经过检测诊断和技术鉴定，需要用修理或更换零部件的方法，恢复车辆整体完好技术状况，完全符合或接近汽车使用性能和寿命的恢复性修理。

总成大修是汽车的主要总成经过一定使用时间或行驶里程后，用修理或更换总成零部件的方法，恢复其完好技术状况和寿命的恢复性修理。

汽车小修是用修理或更换个别零件的方法，保证或恢复汽车局部工作能力的运行性修理，主要是消除汽车在运行过程或维护作业过程中发生或发现的故障或隐患。有些按自然磨损规律或根据总成的外部迹象能预先估计到的小修项目，可结合一、二级维护作业进行。

零件修理是对因磨损、变形、损伤等而不能继续使用零件的修理。汽车修理和维护换下来的零件，具有修理价值的，可修复使用。

在整个汽车的修理工艺过程中，主要包括外部清洗、总成拆卸、总成分解、零件清洗、检验、修复或更换、装配与调整、试验等各道工序。

第二章 汽车传动系（一）

第一节 离 合 器

离合器位于发动机和变速器之间，是汽车传动系中直接与发动机相联系的总成件。通常离合器与发动机曲轴飞轮组的飞轮安装在一起，是发动机与汽车传动系之间切断和传递动力的部件。在汽车从起步到正常行驶直至停车的整个过程中，驾驶员可根据需要操纵离合器，使发动机与传动系暂时分离或逐渐接合，以切断或传递发动机向传动系输出的动力。本章主要介绍摩擦离合器的基本组成、工作原理、拆装及检修。

一、概述

（一）离合器的功用

1．使发动机与传动系平顺地接合，保证汽车起步平稳

汽车起步时，由静止到行驶的过程中，其速度由零逐渐增大。此时，如果发动机与传动系刚性联系，一旦变速器挂上挡，汽车将因突然接受动力而猛烈地向前窜动，使汽车未能起步而迫使发动机熄火。原因是汽车由静止至窜动时，产生很大的惯性力而对发动机产生很大的阻力矩。这种突然加在发动机曲轴上的阻力矩使发动机转速瞬间下降到最低稳定转速以下（300～500r/min)，致使发动机熄火，汽车不能起步。在传动系装置离合器后，汽车起步之前驾驶员先踏下离合器踏板，使发动机与传动系分离，再将变速器挂上适当挡位，然后逐渐松开离合器踏板，使之逐渐接合。与此同时，驱动轮通过传动系传给发动机的阻力矩也逐渐增加，为使发动机转速不致下降，应同时逐渐踏下加速踏板（亦称油门踏板)，使发动机转速始终保持在最低稳定转速以上而不熄火。随着离合器接合紧密度的逐渐增加，发动机经传动系传给驱动轮的转矩也逐渐增大，到驱动力足以克服起步阻力时，汽车即从静止开始进入运动并逐渐加速。

2．保证传动系换挡时工作平顺

在汽车行驶过程中，为适应不断变化的行驶工况，需要经常改变传动比（即换挡)。在机械式齿轮变速器中，换挡是通过拨动齿轮或其他换挡机构来实现的，即使原来处于某一挡位工作的齿轮副脱开，退出传动，再使另一挡位的齿轮副进入啮合工作。在换挡前也必须踩下离合器踏板，中断动力传递，以减少齿面间的压力，便于使原用挡位的啮合副脱开，同时能使新挡位啮合副的啮合部位的速度逐渐趋于相等（同步)，这样，进入啮合时的冲击可以大为减轻。

3．防止传动系过载

当汽车进行紧急制动时，如果没有离合器，则发动机将因和传动系刚性相连而急剧降低转速，其中所有运动件将产生很大的惯性力矩（根据试验，其数值大大超过发动机正常工作时所发出的最大转矩)，对传动系造成超过其承载能力的冲击载荷，从而导致传动系机件的损坏。有了离合器，则通过其主、从动部分产生相对滑转而消除传动系的过载。

（二）离合器的分类

为使离合器起到上述几个功用，它应该是这样一个传动机构：其主动部分和从动部分可以暂时分离，又可逐渐接合，并且在传动过程中可以相对转动。所以，离合器的主动部分与从动部分之间不可采用刚性连接。利用两者接触面之间的摩擦作用来传递转矩的离合器称为摩擦离合器；利用液体作为传动介质的离合器称为液力偶合器；利用磁力传动的离合器称为电磁离合器。在离合器中，为产生摩擦所需的压紧力，可以是弹簧力、液压作用力或电磁力。但目前汽车上广泛采用的是用弹簧压紧的摩擦式离合器（通常简称为摩擦离合器）。

（三）摩擦式离合器的工作原理

1. 摩擦式离合器的组成

如图 2-1 所示，离合器由主动部分、从动部分、压紧装置和操纵机构四大部分组成。

离合器的主动部分包括飞轮 4、离合器盖 6 和压盘 5。飞轮用螺栓和曲轴 1 固定在一起，离合器盖通过螺钉固定在飞轮后端面上，压盘边缘的凸台伸入离合器盖上相应的窗口，并可沿窗口轴向移动，这样，只要曲轴旋转，发动机发出的动力便可经飞轮、离合器盖传至压盘，使它们一起旋转。

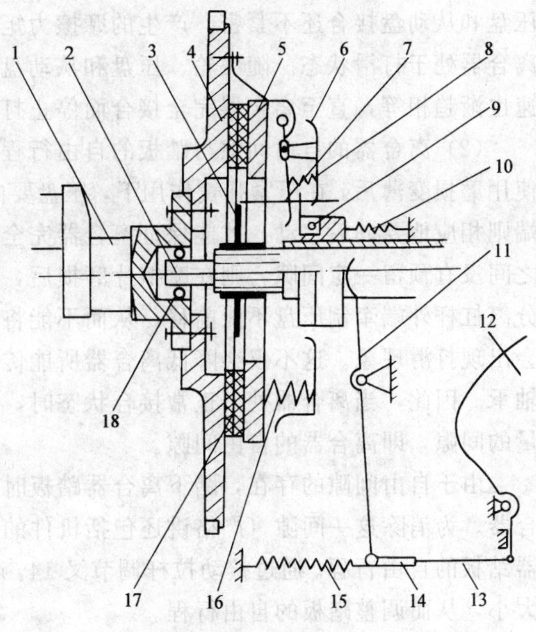

图 2-1　摩擦式离合器的基本构造及原理示意图
1—曲轴　2—从动轴　3—从动盘　4—飞轮　5—压盘　6—离合器盖　7—分离杠杆　8—弹簧　9—分离轴承　10、15—回位弹簧　11—分离拨叉　12—踏板　13—拉杆　14—拉杆调节叉　16—压紧弹簧　17—从动盘摩擦片　18—轴承

装在压盘和飞轮之间的两面带摩擦衬片 17 的从动盘 3 和从动轴 2 组成离合器的从动部分。从动盘通过内花键孔与从动轴滑动配合。从动轴 2 前端用轴承 18 支承在曲轴后端中心孔中，从动轴后端支承在变速器壳体上并伸入变速器，所以离合器的从动轴通常又是变速器的输入轴。

离合器压紧装置是产生压紧力的部分。图示中压紧装置由若干根沿圆周均匀布置的螺旋弹簧 16 组成，它们装于压盘与离合器盖之间，用来对压盘产生轴向压紧力，将压盘压向飞轮，并将从动盘夹紧在压盘和飞轮中间。

离合器操纵机构由离合器踏板 12、拉杆 13 及拉杆调节叉 14、分离拨叉 11、分离套筒和分离轴承 9、分离杠杆 7、回位弹簧 10 和 15 等组成。分离杠杆中部支承在装于离合器盖的支架上（称为支点），外端与压盘铰接（称为重点），内端处于自由状态（称为力点）。分离轴承压装在分离套筒上，分离套筒松套在从动轴的轴套上。分离拨叉是中部带支点的杠杆，内端与分离套筒接触，外端与拉杆铰接。离合器踏板中部铰接在车架（或车身）上，一端与拉杆铰接。分离杠杆、分离轴承及分离套筒、分离拨叉常同离合器主、从动部分及压紧装置一起装于离合器壳（也称飞轮壳）内，其他构件装在离合器壳外部。

2. 摩擦式离合器的工作原理

(1) 摩擦式离合器的工作原理（见图 2-1）

1）离合器处于接合状态时，踏板 12 处于最高位置，分离套筒在回位弹簧 10 作用下与分离拨叉 11 内端接触，此时分离杠杆 7 内端与分离轴承 9 之间存在间隙，压盘 5 在压紧弹簧 16 作用下压紧从动盘 3，发动机的转矩即经飞轮及压盘通过两个摩擦面的摩擦作用传给从动盘，再由从动轴 2 输入变速器。

2）需要离合器分离时，只要踏下离合器踏板，待消除间隙后，分离杠杆外端即可拉动压盘克服压紧弹簧的压力而向后移动（图中向右移动）从而解除作用于从动盘的压紧力，摩擦作用消失，离合器主、从动部分分离，中断动力传递。

3）当需要恢复动力传递时，缓慢抬起离合器踏板，在压紧弹簧压力作用下，压盘向前移动并逐渐压紧从动盘，使接触面之间的压力逐渐增加，相应的摩擦力矩也逐渐增加。当飞轮、压盘和从动盘接合还不紧密，产生的摩擦力矩比较小时，主、从动部分可以不同步旋转，即离合器处于打滑状态。随飞轮、压盘和从动盘压紧程度的逐步加大，离合器主、从动部分转速也渐趋相等，直至离合器完全接合而停止打滑时，接合过程即告结束。

(2) 离合器的自由间隙与踏板的自由行程　从离合器的工作原理可知，从动盘摩擦片经使用磨损变薄后，在压紧弹簧作用下，压盘要向前（图 2-1 中向飞轮方向）移动，分离杠杆内端则相应地要向后移动，才能保证离合器完全接合。如果未磨损前分离杠杆内端和分离轴承之间没有预留一定间隙，则在摩擦片磨损后，分离杠杆内端因抵住分离轴承而不能后移，使分离杠杆外端牵制压盘不能前移，从而不能将从动盘压紧，则离合器难以完全接合，传动时会出现打滑现象。这不仅会降低离合器所能传递的最大转矩，而且会加速磨损摩擦片和分离轴承。因此，当离合器处于正常接合状态时，在分离杠杆内端与分离轴承之间必须预留一定量的间隙，即离合器的自由间隙。

由于自由间隙的存在，踏下离合器踏板时，首先要消除这一间隙，然后才能开始分离离合器。为消除这一间隙（严格讲还包括机件的弹性变形）所需的离合器踏板行程，称为离合器踏板的自由行程。通过拧动拉杆调节叉 14，改变拉杆 13 的工作长度，可以调整自由间隙的大小，从而调整踏板的自由行程。

为使离合器分离彻底，须使压盘向后移动足够的距离，这一距离通过一系列杠杆的放大，反映到踏板上就是踏板的有效行程。

离合器踏板的自由行程和有效行程之和即为踏板的总行程。

(3) 分离杠杆的运动干涉及其防止措施　从离合器的分离过程看，若中间支承是固定的铰链，则外端与压盘铰接处是沿一弧线运动的（如图 2-2 所示），而压盘上该点只能作轴向直线运动，二者要产生一个距离差 ΔS，使分离杠杆不能正常运动。这就是运动干涉。要防止这种干涉，在结构上就得使支点或杠杆与压盘连结点（重点）处可沿径向运动（平移或摆动）。图 2-3 所示为几种防干涉的结构形式。

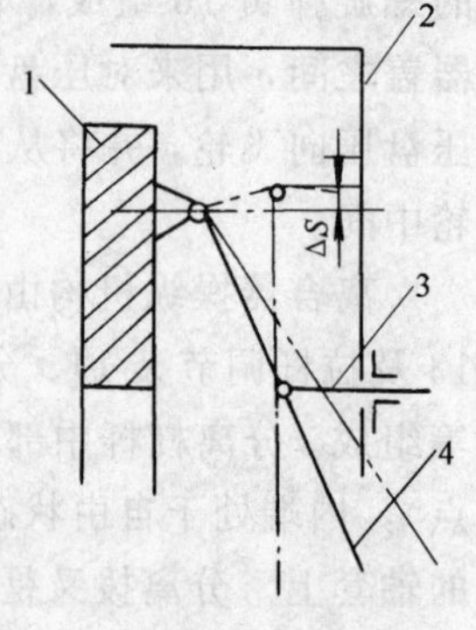

图 2-2　分离杠杆的运动干涉

1—压盘　2—离合器盖　3—支架　4—分离杠杆

(四) 对摩擦离合器构造的要求

对摩擦离合器构造的要求概括起来有以下五点：

1. 保证可靠地传递发动机的最大转矩

摩擦离合器所能传递的最大转矩取决于摩擦面间的最大摩擦

力矩，而后者又由摩擦面间最大压紧力和摩擦面尺寸及性质所决定。因此，对于一定结构的离合器来说，其最大静摩擦力矩是一个定值。当输入转矩达到此值，则离合器将打滑，因而限制了传给传动系的转矩，防止超载。由于离合器工作中压紧弹簧的疲劳、退火等使其弹力下降，从动盘摩擦片磨损、温度升高使其摩擦因数下降等原因，将降低离合器传递最大转矩的能力。为了保证离合器在使用期内可靠地工作，其所能传递的最大转矩 M_c 应大于发动机输出的最大转矩 M_{emax}，其关系为

$$M_c=\beta M_{emax}$$

式中，β 为离合器的后备系数。对于小客车：$\beta=1.25\sim1.75$；对于载重车：$\beta=1.60\sim2.25$。后备系数 β 不宜过大，否则将失去离合器对传动系过载的保护作用。

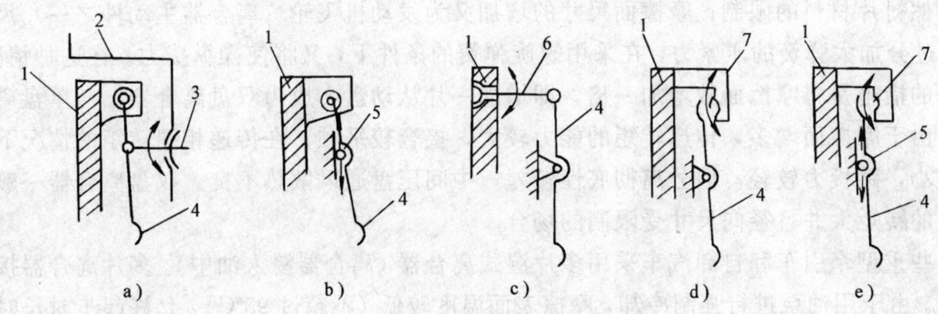

图 2-3　分离杠杆防干涉的结构形式

a) 支点摆动式　b) 支点移动式　c)、d) 重点摆动式　e) 综合式

1—压盘　2—离合器盖　3—支承螺柱　4—分离杠杆　5—滚销　6—分离螺钉　7—摆动片

2. 分离迅速彻底

踩下离合器踏板后，其主、从动部分应迅速而完全地脱离，以便发动机起动和方便换挡。

3. 接合平顺柔和

要求离合器所传递的转矩能平稳地增加，以免汽车起步过猛或抖动。

4. 从动部分的转动惯量要小

离合器分离时，虽然飞轮的惯性力矩不会作用于传动系，但离合器从动盘的惯性力矩仍作用在变速器第一轴上。因此，要求从动盘的转动惯量尽可能小，以便换挡迅速。

5. 通风散热良好

离合器在接合过程中，由于主、从动部分之间的滑磨产生大量的热，为避免温度过高而烧损摩擦片和压盘，故要求离合器通风散热良好。

二、摩擦离合器

(一) 摩擦离合器的结构类型

因所用从动盘的数目（摩擦面的数目）、压紧弹簧的形式与安装位置以及操纵机构形式的不同，摩擦离合器的总体构造也有较大差异。

摩擦离合器所能传递的最大转矩取决于摩擦面间的压紧力和摩擦因数，以及摩擦面的数目和尺寸。用公式表示为：

$$M_c=Zp_\varepsilon\mu R_c$$

式中，Z 是摩擦面数；p_ε 是压盘对摩擦片的总压紧力（N）；μ 是摩擦因数；R_c 是摩擦片的平

均半径（m）。

对轿车和中型货车而言，发动机最大转矩的数值一般不是很大，在汽车总体布置尺寸容许条件下，离合器通常只设有一个从动盘，其两面都装有摩擦片。这种离合器称为单盘离合器。单盘离合器结构简单，分离彻底，散热良好，尺寸紧凑，调整方便，从动部分转动惯量小，故在各类汽车上得到了广泛应用。近年来甚至在重型汽车（发动机最大转矩不超过1000N·m）上的应用也日渐增多。

若欲增大离合器所能传递的最大转矩，可以选用摩擦因数较大的摩擦片材料，或适当加强压紧弹簧的压紧力，或加大摩擦面的尺寸。有些吨位较大的中型和重型汽车所要求离合器传递的转矩相当大，采用上述几种结构措施，可能仍然满足不了要求。因为摩擦因数的提高受到摩擦衬片材料的限制；摩擦面尺寸的增加又为发动机飞轮（离合器主动件之一）尺寸所限制；过分加大弹簧的压紧力，在采用螺旋弹簧的条件下，又将使操纵费力。在这种情况下，最有效的措施是将摩擦面数增加一倍，即增加一片从动盘，成为双盘离合器。与单盘离合器相比，由于摩擦面增多，传递转矩的能力较大，接合较平顺；在传递相同转矩的情况下径向尺寸较小，踏板力较轻。但分离彻底性较差，中间压盘通风散热不良。双盘离合器一般应用在传递的转矩大并且径向尺寸受限制的场合。

某些重型牵引车和自卸汽车采用多片湿式离合器（离合器浸入油中）。多片离合器接合平顺柔合。由于用油泵进行强制冷却，摩擦表面温度较低（不超过93℃），允许起步时长时间打滑而不致烧损摩擦片，使用寿命一般为干式离合器的5～6倍。但分离不彻底，尺寸、质量大，应用较少。

为使离合器产生压紧力可采用压紧弹簧。采用若干个螺旋弹簧作压紧弹簧并沿离合器压盘圆周分布的离合器，称为周布弹簧离合器；若仅有一个或两个较强的弹簧并安置在中央的离合器，称为中央弹簧离合器。

目前，汽车上广泛采用膜片弹簧作为压紧弹簧的离合器，称为膜片弹簧离合器。摩擦式离合器种类虽多，但其工作原理基本相同，都由主动部分、从动部分、压紧装置和操纵机构四大部分组成。

（二）膜片弹簧离合器

膜片弹簧离合器是采用膜片弹簧作用压紧弹簧的。

图2-4所示为轿车膜片弹簧离合器。膜片弹簧5靠中心部分开有18个径向切槽，形成多个弹性杠杆，而其余未切槽的截锥部分起弹簧作用。膜片弹簧5的两侧有钢丝支承环6和11，膜片弹簧5的末端圆孔穿过固定铆钉7而处在两个支承环之间，借助于固定铆钉7将它们安装在离合器盖1上。两个支承环成为膜片弹簧工作的支点。当离合器盖未固定到飞轮13上时，膜片弹簧5不受力而处于自由状态，如图2-5a所示。此时离合器盖1与飞轮13之间有一距离S。当离合器盖用螺栓固定到飞轮上时，由于离合器盖靠向飞轮，消除距离S后，离合器盖通过支承环11，压膜片弹簧5使其产生弹性变形（膜片弹簧锥顶角增大），此时膜片弹簧的外圆周对压盘2产生压紧力而使离合器处于接合状态，如图2-5b所示。当踩下离合器踏板时，分离轴承8被推向前移，使膜片弹簧压在支承环6上，并以此为支点产生反向锥形变形，膜片弹簧5的外圆周向后翘起，通过分离钩4拉动压盘2后移使离合器分离，如图2-5c所示。

1. 膜片弹簧离合器的结构特点和弹性特性

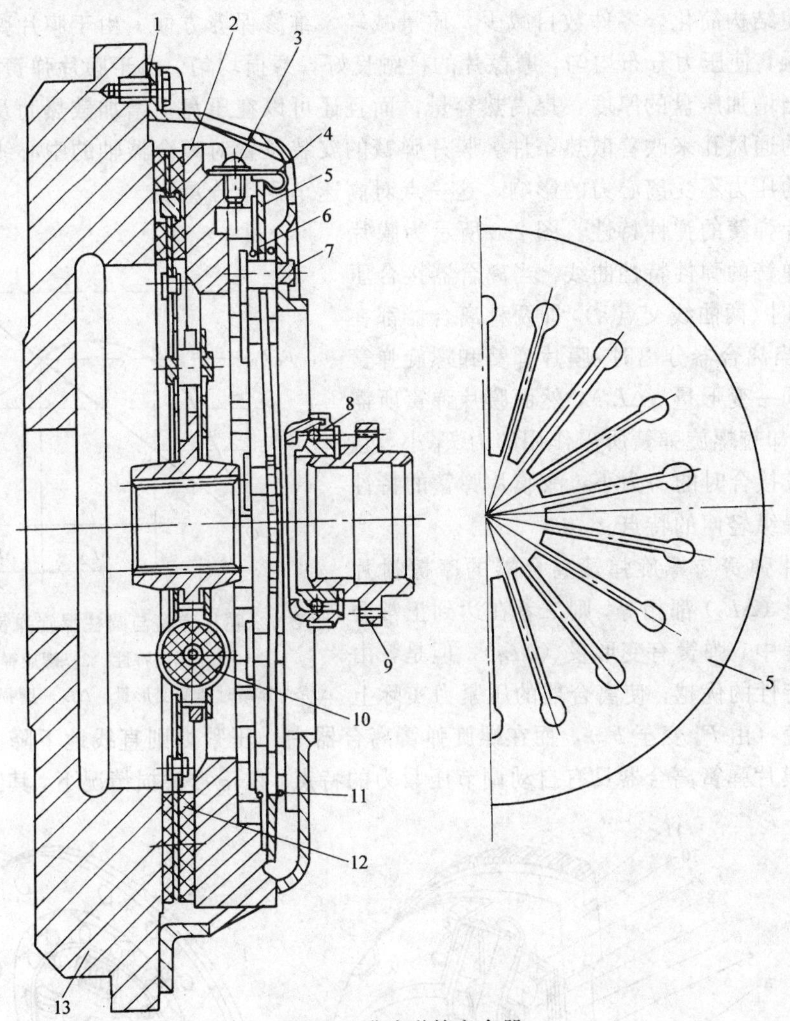

图 2-4　膜片弹簧离合器
1—离合器盖　2—压盘　3—螺钉　4—分离钩　5—膜片弹簧　6、11—钢丝支承环　7—固定铆钉　8—分离轴承　9—分离套筒　10—扭转减振器　12—从动盘　13—飞轮

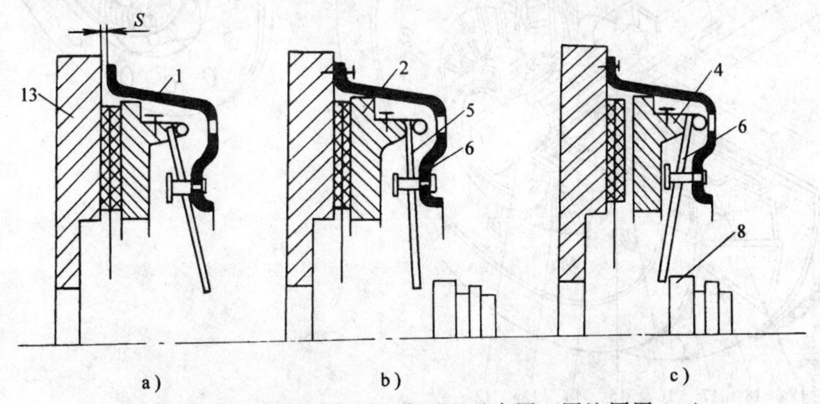

图 2-5　膜片弹簧离合器工作原理示意图（图注同图 2-4）
a）安装前位置　b）安装后（接合）位置　c）分离位置

（1）膜片弹簧离合器的结构特点　由于膜片弹簧的轴向尺寸较小而径向尺寸很大，这就有利于在提高离合器转矩容量的情况下减小离合器的轴向尺寸。膜片弹簧离合器不需专门的

分离杠杆，使结构简化，零件数目减少，质量减轻，维修保养方便。由于膜片弹簧与压盘以整个圆周接触，使压力分布均匀，摩擦片的接触良好，磨损均匀。由于膜片弹簧轴向尺寸小，所以可以适当增加压盘的厚度，提高热容量；而且还可以在压盘上增加散热肋及在离合器盖上开设较大的通风孔来改善散热条件。膜片弹簧的安装位置对离合器轴的中心线来说是对称的，因此它的压力不受离心力的影响，这一点对高速车辆十分重要。

（2）膜片弹簧的弹性特性　图 2-6 所示为膜片弹簧和螺旋弹簧的弹性特性曲线。当离合器接合压紧力 F_a 相同时（两曲线交点 a），即两种离合器都在 a 点工作。但当离合器分离时，膜片弹簧和螺旋弹簧虽然都附加同一变形量（ΔL_1），然而膜片弹簧所需作用的力 F_b 却较螺旋弹簧所需作用的力 $F_{b'}$ 小，且 $F_b < F_a$，即较接合时的力为小，故膜片弹簧的特性是本身具有操纵轻便的特点。

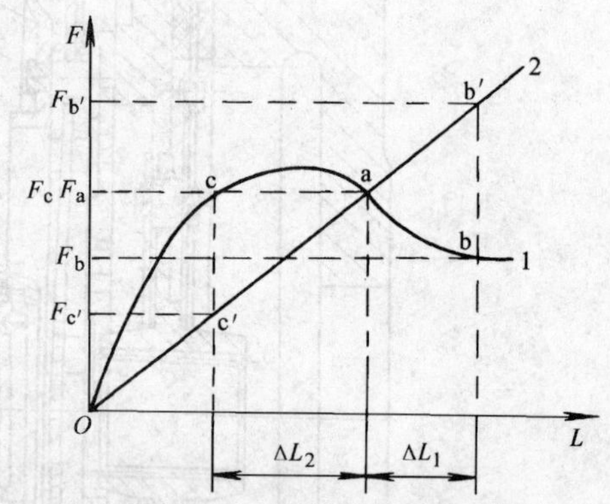

图 2-6　膜片弹簧与圆柱螺旋弹簧特性的比较

1—膜片弹簧特性　2—螺旋弹簧特性

ΔL_1—分离时弹簧变形量　ΔL_2—磨损后弹簧伸长量

假设膜片弹簧与螺旋弹簧离合器的摩擦衬片的磨损储备量（ΔL_2）都相等，则二者在达到正常磨损极限的过程中，弹簧有变形量（ΔL_2）。但是，由于膜片弹簧特性的优越，使离合器的压紧力实际上几乎保持不变（由 F_a 变至 F_c），而在螺旋弹簧离合器中，压紧力则直线地下降（由 F_a 降为 $F_{c'}$）。因此，膜片弹簧离合器具有自动调节压紧力的特点，在正常磨损情况下，其工作很可靠。

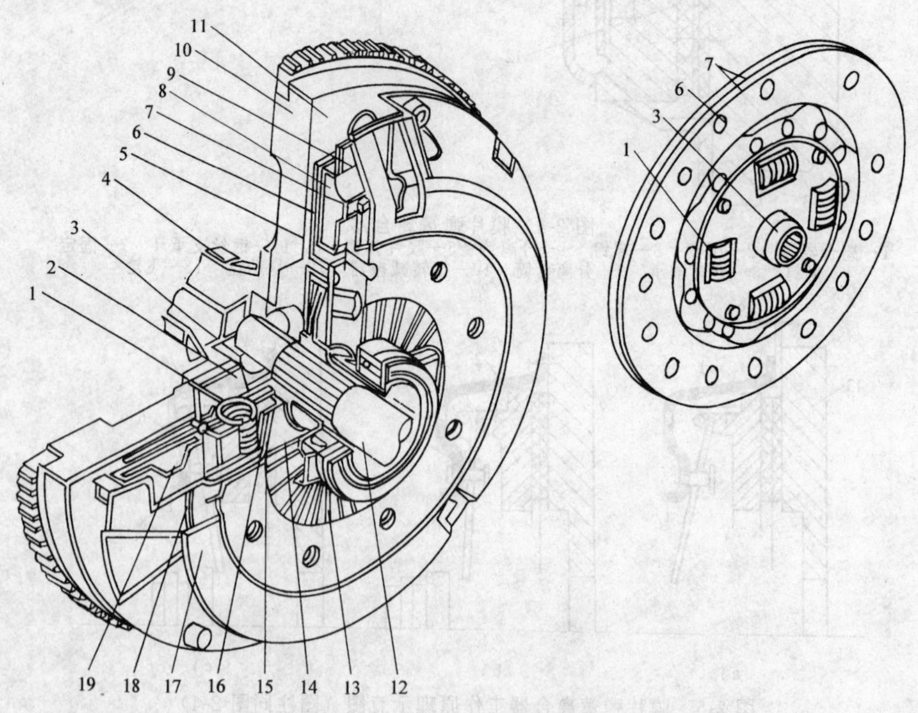

图 2-7　桑塔纳 2000 型离合器总成

1—减振弹簧　2—阻尼片　3—花键轴套　4—曲轴　5—限位铆钉　6—波形片　7—摩擦片　8—压盘　9—传动片　10—飞轮　11—飞轮齿圈　12—变速器输入轴　13—离合器分离轴承　14—盖板　15—膜片弹簧　16—碟形弹簧　17—离合器盖　18—支承环　19—分离钩

鉴于上述优点，膜片弹簧离合器在现代汽车上得到了广泛应用，不仅在轿车上采用，而且在轻型、中型货车，甚至在重型货车上也得到应用。

图 2-7 所示为桑塔纳 2000 型轿车膜片弹簧离合器总成，主要由从动盘、膜片弹簧—压盘组、离合器盖等零部件组成。

膜片弹簧采用优质薄弹簧钢板制成，钢板常用材料为 60Si2MnA，许用应力 $[\sigma]=1500\sim1700$MPa，形状为碟形，凹面进行喷丸处理，其上有 18 个径向切槽，切槽内端开通，外端为圆孔，形成多个弹性杠杆，它既是压紧杠杆，又是分离杠杆。

压紧装置由压盘、离合器盖、膜片弹簧、支承环、限位铆钉、分离钩和传动片组成。通常情况下，上述各零件组成一个整体。桑塔纳 2000 型膜片弹簧离合器则采用传动片的驱动和定位结构：将三组传动片均匀地分布在离合器中，每组传动片其一端与压盘后端面的边缘固定，另一端与离合器盖固定，飞轮旋转时，转矩通过离合器盖、传动片传给压盘。离合器分离时，传动片弯曲。当拖动发动机旋转时，传动片受压。传动片式压盘定位和驱动结构无摩擦和磨损，无传动间隙，传动效率高，冲击噪声小。

图 2-8 所示为红旗 CA7220 型轿车的膜片弹簧离合器。

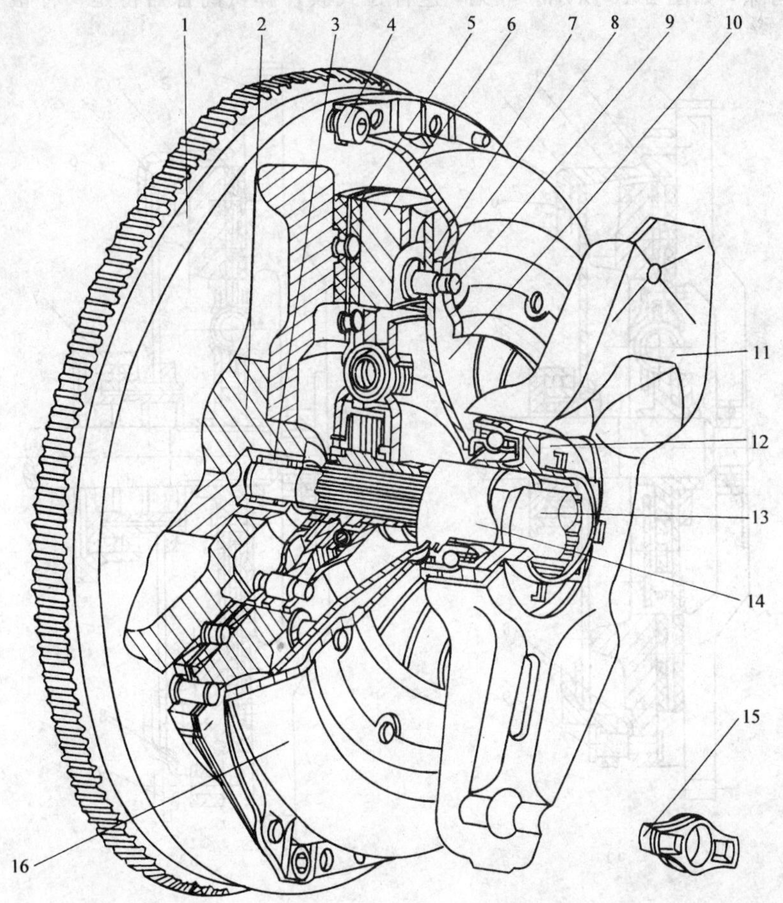

图 2-8　红旗 CA7220 型轿车的膜片弹簧离合器

1—飞轮　2—曲轴　3—前支承轴承　4—内六角螺栓　5—离合器从动盘　6—离合器压盘　7—前支承环　8—后支承环　9—铆钉　10—膜片弹簧　11—离合器分离叉　12—离合器分离轴承　13—变速器输入轴　14—轴承导套　15—离合器分离叉座片　16—离合器盖

2. 膜片弹簧的结构形式

膜片弹簧离合器根据分离杠杆内端受推力还是受压力，可分为拉式膜片弹簧离合器和推式膜片弹簧离合器。

（1）推式膜片弹簧离合器　推式膜片弹簧离合器是指分离离合器时，分离杠杆的内端所受的力为推力，桑塔纳 2000 型、红旗 CA7220 型、吉林 JL1010B 型轿车的离合器及 CA1091 型货车的离合器均为推式膜片弹簧离合器。

（2）拉式膜片弹簧离合器　图 2-9 所示为一种拉式膜片弹簧离合器。其特点是膜片反装（即接合状态下锥顶向前），离合器的支承环 5 移动到膜片弹簧 4 的外端，分离离合器时，须通过分离套筒将膜片中央部分向后拉。由于支承环移到膜片弹簧的外端，使其支承结构大为简化（省去了铆钉等），膜片弹簧结构强度也得到提高。而且，由于离合器盖中央窗孔可以制得较大，进一步改善了离合器的通风散热条件。在前述的推式（又称为压式）膜片弹簧离合器中，当支承环磨损后，使膜片弹簧与支承环之间间隙增大，从而导致离合器踏板的自由行程增大。而在拉式膜片弹簧离合器中，在同样磨损情况下，膜片弹簧仍能保持与支承环接触而不会产生间隙，如图 2-10 所示。可见，这种拉式膜片弹簧离合器将是一种很有发展前途的结构。

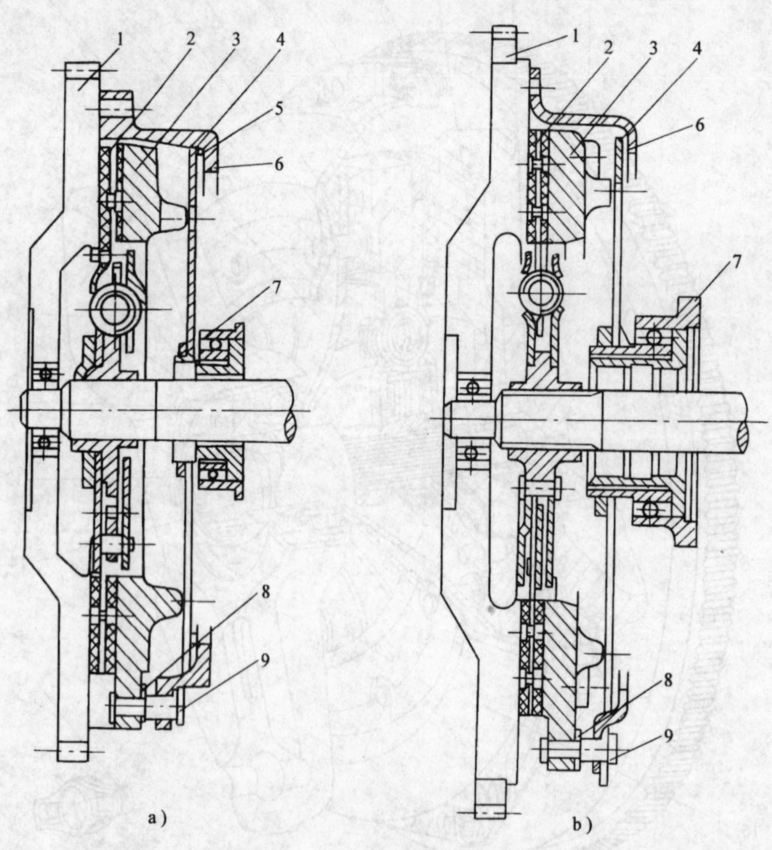

图 2-9　拉式膜片弹簧离合器

a）带有支承环　b）没有支承环

1—飞轮　2—从动盘　3—压盘　4—膜片弹簧　5—支承环　6—离合器盖

7—分离轴承　8—传动片　9—驱动销

捷达轿车采用的是拉式膜片弹簧离合器，如图 2-11 所示。离合器盖 3 用螺栓固定在发动机曲轴 1 的法兰盘上，离合器压盘 5 通过传动片与离合器盖接近。膜片弹簧 4 装于离合器盖 3 和压盘 5 的中间，其大端与离合器盖相接触，膜片弹簧碟簧部分的小端压在离合器的压盘上。发动机飞轮 2 通过螺栓 11 固联到离合器盖上。离合器压盘和飞轮工作端面之间是离合器从动盘 8。离合器分离盘 6 通过卡环 7 固定在膜片弹簧分离指上。离合器分离推杆 9 安装在变速器输入轴（第一轴）10 的中心，一端作用在分离盘 6 中部的凹坑内，另一端作用于安装在变速器内的分离轴承端面上。

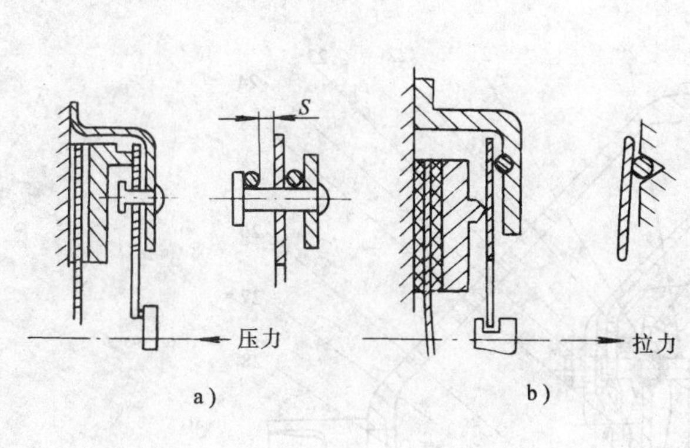

图 2-10　拉式操纵的膜片弹簧离合器的结构特点简图

a）一般的压式操纵　b）拉式操纵

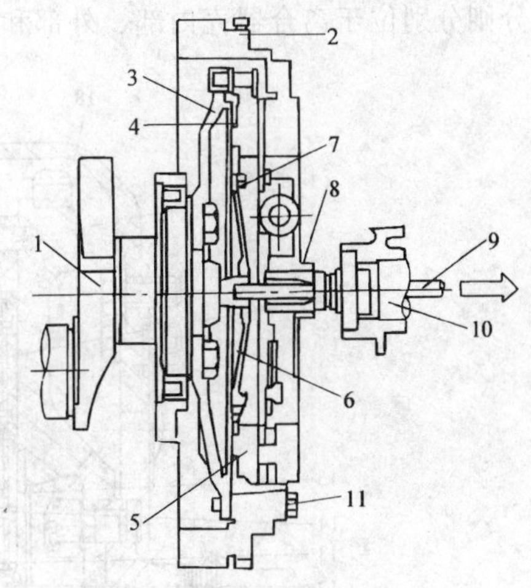

图 2-11　拉式膜片弹簧离合器

1—曲轴　2—飞轮　3—离合器盖　4—膜片弹簧　5—压盘　6—分离盘　7—卡环　8—从动盘　9—推杆　10—变速器输入轴　11—螺栓

捷达轿车离合器的基本组成如图 2-12 所示。主动部分包括压盘 1、离合器盖 10、传动片 11、膜片弹簧 12、中间盘 2 和飞轮 8。从动部分包括从动盘 6 及与其相连的摩擦片、扭转减振器等。离合器盖、压盘、传动片及弹簧等零部件一起共同构成压盘总成。捷达轿车离合器压盘总成为不可拆卸件，若发现其中零件损坏，应更换压盘总成。压盘总成通过螺栓与发动机曲轴上的法兰盘相联，压紧弹簧是由薄弹簧钢板制成的带有 24 个分离指的膜片弹簧。飞轮未固定在离合器盖上时，膜片弹簧不受力，处于自由状态；飞轮固定到离合器盖上后，在膜片弹簧压紧力的作用下，从动盘被牢固地夹在离合器压盘和飞轮之间，即离合器处在接合状态，离合器从动部分和主动部分一起旋转。当踩下离合器踏板时，在离合器操纵机构的作用下，通过分离盘压膜片弹簧的内端，将膜片弹簧分离指推向发动机，膜片弹簧带

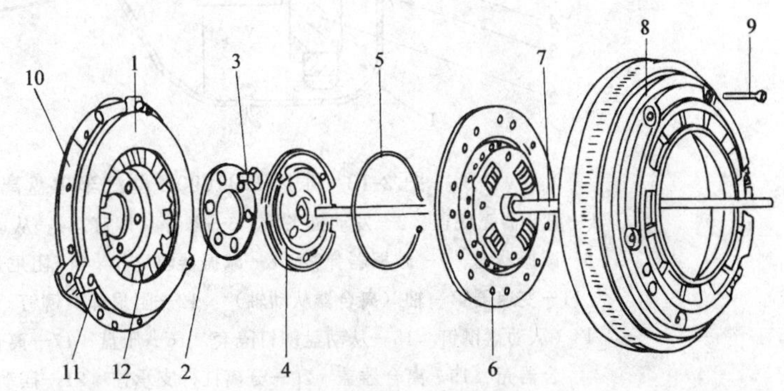

图 2-12　离合器组成图

1—压盘　2—中间盘　3—螺栓　4—分离盘　5—卡环　6—从动盘　7—推杆　8—飞轮　9—螺栓　10—离合器盖　11—传动片　12—膜片弹簧

动压盘离开从动盘，离合器处于分离状态。

拉式膜片弹簧离合器与推式膜片弹簧离合器在结构上的最大差异是：推式膜片弹簧离合器膜片弹簧的大端压在离合器压盘上，而拉式膜片弹簧离合器是膜片弹簧的小端压在离合器压盘上。

（三）周布弹簧离合器

东风 EQ1090E 型汽车的单片离合器即为这类离合器的典型，其构造如图 2-13 所示。离合器的主动部分、从动部分和压紧机构都装在发动机后方的离合器壳 18 内，而操纵机构的各个部分则分别位于离合器壳内部、外部和驾驶室中。

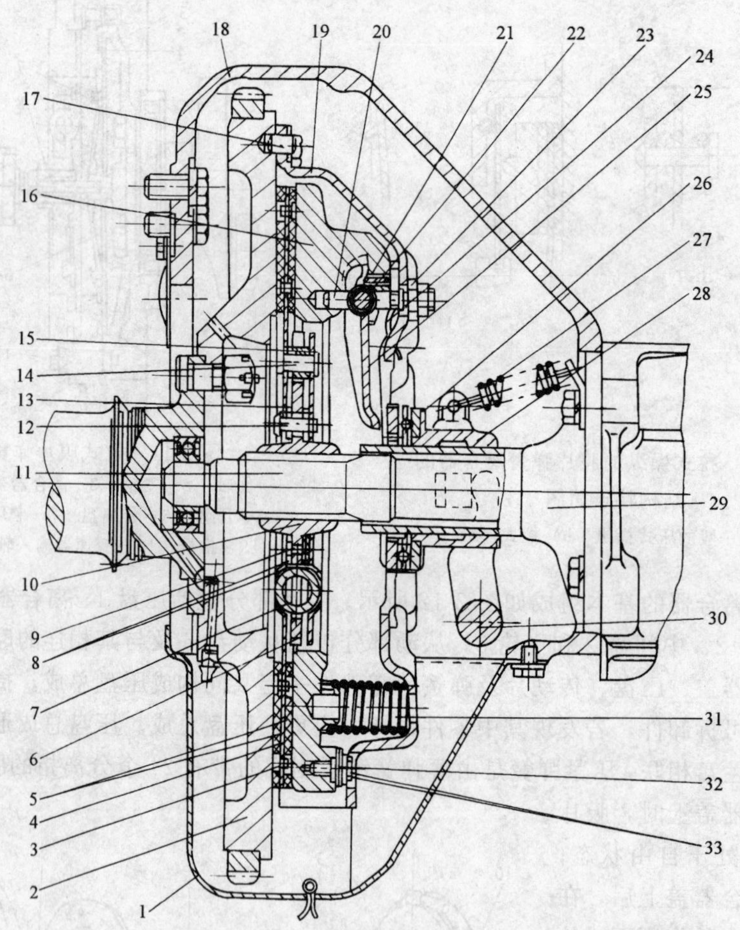

图 2-13　东风 EQ1090E 型汽车单盘离合器

1—离合器壳底盖　2—发动机飞轮　3—摩擦片铆钉　4—从动盘本体　5—摩擦衬片　6—减振器盘　7—减振器弹簧　8—减振器阻尼片　9—阻尼片铆钉　10—从动盘毂　11—变速器第一轴（离合器从动轴）　12—阻尼弹簧铆钉　13—减振器阻尼弹簧　14—从动盘铆钉　15—从动盘铆钉隔套　16—压盘　17—离合器盖定位销　18—离合器壳　19—离合器盖　20—分离杠杆支承柱　21—摆动支片　22—浮动销　23—分离杠杆调整螺母　24—分离杠杆弹簧　25—分离杠杆　26—分离轴承　27—分离套筒回位弹簧　28—分离套筒　29—变速器第一轴轴承盖　30—分离叉　31—压紧弹簧　32—传动片铆钉　33—传动片

1．主动部分

发动机飞轮2、离合器盖19和压盘16是离合器的主动部分。离合器盖19和压盘之间是通过四组传动片33来传递转矩的。传动片用弹簧钢片制成，每组两片，其一端用传动片铆钉32铆在离合器盖19上，另一端则用传动片固定螺钉与压盘连接。离合器盖用螺钉固定在发动机飞轮上。因此，压盘能随飞轮一起旋转。在离合器分离时，弹性的传动片产生弯曲变形(其两端沿离合器轴向作相对位移)。为使离合器分离时不至于破坏压盘的对中和离合器的平衡，四组传动片相隔90°沿圆周切向呈均匀分布。传动片除具有将离合器盖的动力传给压盘的作用外，还对压盘起导向和定心作用。

2．从动部分

在飞轮和压盘之间装有一片带有扭转减振器的从动盘组件（以下简称从动盘)。从动部分即由从动盘和从动轴11组成。从动盘由从动盘毂10、从动盘本体4、摩擦衬片5和减振器盘6等组成。铆装在从动盘毂上的从动盘本体由薄钢片制成，故其转动惯量较小。从动盘本体4的两面各铆有一片石棉合成物制成的摩擦衬片5。从动盘毂的花键孔套在从动轴前端的花键上，并可沿花键轴向移动。

3．压紧装置

压紧装置由16个沿圆周分布于压盘和离合器盖之间的压紧弹簧31组成。在压紧弹簧压力作用下，压盘压向飞轮，并夹紧从动盘，使离合器处于接合状态。这样，在发动机工作时，发动机的转矩一部分由飞轮经与之接触的摩擦衬片直接传给从动盘本体；另一部分则由飞轮通过8个固定螺钉传给离合器盖19，并由此经四组传动片33传给压盘16，最后也通过摩擦衬片传给从动盘本体。从动盘本体再将转矩通过从动盘毂的花键传给从动轴11，由此输入变速器。为了减少压盘向压紧弹簧传热、防止压紧弹簧受热后弹力下降，在压盘与压紧弹簧接触处铸有肋板，以减小接触面积，并在接触面间加装隔热垫。

离合器须与曲轴飞轮组组装在一起进行动平衡校正。为了保持离合器重新组装后的动平衡，离合器盖与飞轮的相对角位置由定位销17确定。

4．操纵机构

操纵机构中的分离杠杆25、分离轴承26及分离套筒28、分离叉30装在离合器壳18的内部；而分离叉臂、分离杠杆、踏板轴、踏板臂和踏板等则装在离合器壳的外部。

离合器在压紧弹簧的作用下经常处于接合状态，只有在必要时才暂时分离。EQ1090E型汽车离合器有四个用薄钢板冲压而成的分离杠杆，它们沿周向均布并沿径向安装，其中部以支承柱20孔中的浮动销22为支点，外端通过摆动支片21抵靠在压盘的沟状凸起部。当在分离杠杆内端施加一个向前的水平推力时，分离杠杆绕支点摆动，其外端通过摆动支片推动压盘克服压紧弹簧的力而后移，从而解除对从动盘的压紧力，于是摩擦作用消失，离合器不再传递转矩，即进入了分离状态。

前端装有分离轴承26的分离套筒28，松套在变速器第一轴轴承盖29的管状延伸部分的外圆面上，并在回位弹簧27的作用下，以其两侧的凸台平面，抵靠在分离叉30两端的圆弧表面上。分离叉又以其两端轴颈支承在离合器壳孔中的衬套内，其外侧轴颈的延伸端固定着分离叉臂。分离叉绕其轴颈转动时，推动分离套筒向飞轮方向轴向移动，从而对分离杠杆内端施加推力。离合器工作时分离套筒不转动，分离杠杆则随离合器壳和压盘转动。为避免分离杠杆端部与分离套筒之间的直接摩擦，结构上设置了推力式或径向推力式的分离轴承 26。

当需要使离合器由分离状态恢复接合时，驾驶员放松离合器踏板。踏板和分离叉 30 分别在弹簧作用下退回原位，于是压紧弹簧 31 重又使离合器恢复接合状态。为使接合柔和，驾驶员应该逐渐放松踏板。

分离杠杆的防干涉措施已如前述。东风 EQ1090E 型汽车离合器采用的结构措施是分离杠杆支点采用了浮动销，而与压盘之间则采用了刀口支承形式，如图 2-14 所示。这一措施即为采用支点移动、重点摆动的综合式防干涉结构。

在离合器分离或接合过程中，压盘应沿轴线作平行移动，否则会使离合器分离不彻底，接合不平顺，汽车起步时产生颤抖现象。为此，四根分离杠杆内端的后端面沿离合器轴线方向的高度应相等（即分离杠杆内端的后端面应处于垂直轴线的同一平面内）。这一高度称为分离杠杆工作高度。转动调整螺母 23 可对工作高度进行调整。

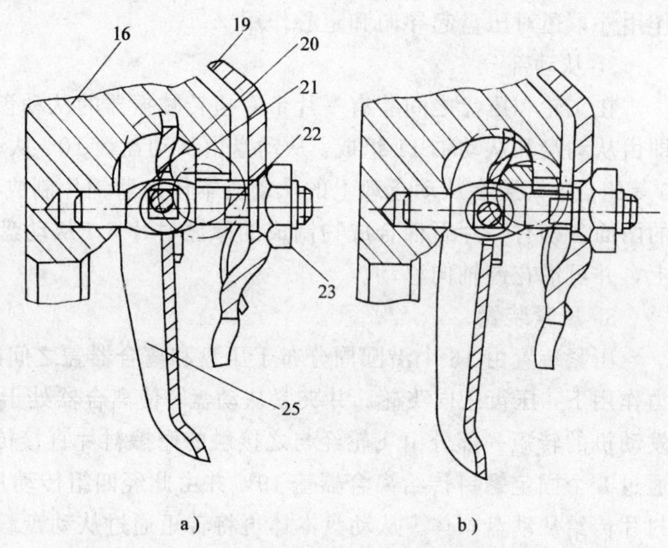

图 2-14　分离杠杆工作情况（图注同图 2-13）
a）接合位置　b）分离位置

东风 EQ1090E 型汽车离合器的调整除了分离杠杆 25 内端面的调整外，还有离合器踏板自由行程的调整。在离合器处于正常接合状态下，分离轴承 26 和分离杠杆 25 内端之间应留有 3～4mm 的间隙，以保证摩擦衬片在正常磨损后能处于完全接合状态。东风 EQ1090E 型汽车离合器自由行程为 30～40mm。离合器踏板自由行程的调整是通过拧动分离杠杆上的调整螺母来改变分离杠杆的有效长度，以调整离合器踏板自由行程的大小。拧入调整螺母，分离杠杆的内端与分离轴承之间的间隙越小，自由行程越小；反之则自由行程加大。

为了及时散出摩擦面间产生的热量，离合器盖一般用钢板冲压成特殊形状，在其侧面与飞轮接触处有 4 个缺口，装合后形成 4 个窗口，当离合器旋转时，空气将不断地循环流动，以使离合器通风散热。

为了增大离合器所能传递的转矩，并考虑到飞轮的径向尺寸有限，在重型货车上广泛采用了双盘离合器。图 2-15 所示为解放 CA1091 型载重汽车双盘离合器的结构图。

（四）从动盘和扭转减振器

发动机传到汽车传动系中的转矩是周期地不断变化着的，这就使得传动系中产生扭转振动。如果这一振动的频率与传动系的固有频率相重合，就将发生共振，这对传动系零件寿命有很大影响。此外，在不分离离合器的情况下进行紧急制动或猛烈接合离合器时，瞬时间内将造成对传动系极大的冲击载荷，从而缩短零件的使用寿命。为了避免共振，缓和传动系所受的冲击载荷，在不少汽车传动系中装设了扭转减振器。有些汽车上将扭转减振器制成单独的部件，但更多的是将扭转减振器附装在离合器从动盘中。

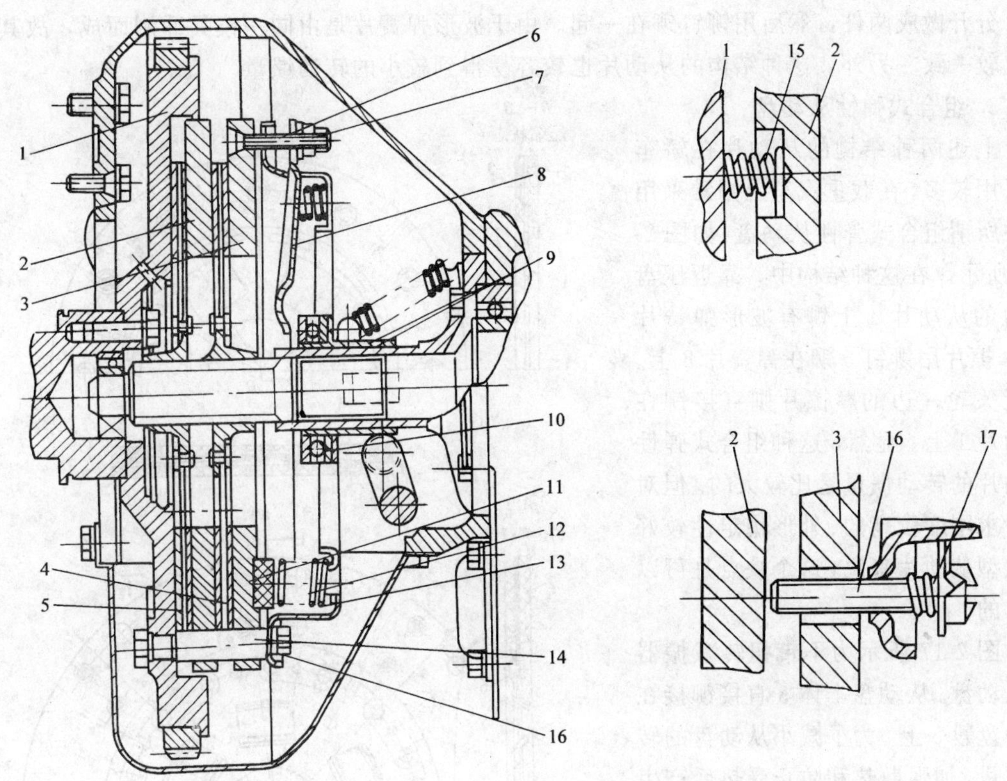

图 2-15　解放 CA1091 型载货汽车双盘离合器

1—飞轮　2—中间压盘　3—压盘　4、5—从动盘　6—分离杠杆螺钉　7—调整螺母　8—分离杠杆　9—分离轴承座　10—分离轴承　11—绝热垫　12—压紧弹簧　13—离合器盖　14—传动销　15—支承弹簧　16—调整螺钉　17—锁紧垫圈

因此，从动盘就有不带扭转减振器的和带扭转减振器的两种。不带扭转减振器的多用在双片离合器中，而带扭转减振器的则多用在单片离合器中，特别是轿车离合器中。不论从动盘是否带有扭转减振器，其主要部分都是由从动盘本体（又称为从动片）、摩擦片和从动盘毂三个基本部分组成。

为了使离合器接合柔和、起步平稳，从动盘应具有轴向弹性。具有轴向弹性的从动盘的结构形式大致有如图 2-16 所示的三种。

1. 整体式弹性从动盘

从动片沿半径方向开槽，将外缘部分分割成许多扇形，并将扇形部分冲压成依次向不同方向弯曲的波状形，使其具有轴向弹性。两边的摩擦片则分别铆在每相隔一个的扇形片上（图 2-16a）。在离合器接合时，从动片被压紧，弯曲的波状扇形部分逐渐被压平，从动盘上的压力和所传递的转矩逐渐增大，使接合过程较平顺柔和。在有些结构中，从动片是平面的，而在从动片上的两个扇形部分分别铆上一个波形的扇状弹簧片，摩擦片则分别与从动片和波形扇状弹簧片相铆接。

2. 分开式弹性从动盘

上述整体式弹性从动片能达到轴向弹性的要求，但是很难保证每片扇形部分的刚度完全一致。为了消除这个不足，从动盘有时采用图 2-16b 所示的分开式结构，波形弹簧片 3 与从动片 1 分开做成两件，然后用铆钉铆在一起。由于波形弹簧片是由同一模具冲制而成，故其刚度比较一致。另外，这种结构的从动片也较容易得到较小的转动惯量。

3. 组合式弹性从动盘

上述两种结构的从动片在轿车上采用较多，在载重汽车上则常采用一种所谓组合式弹性从动盘，如图 2-16c 所示。在这种结构中，靠近压盘一边的从动片 1 上铆有波形弹簧片 3，摩擦片用铆钉 5 铆在弹簧片 3 上。靠近飞轮一边的摩擦片则直接铆在从动片 1 上。显然，这种组合式弹性从动片的转动惯量是比较大的。但对于要求刚度较高的、外形稳定性较好的大型从动片来说，这个缺点是可以容忍的。

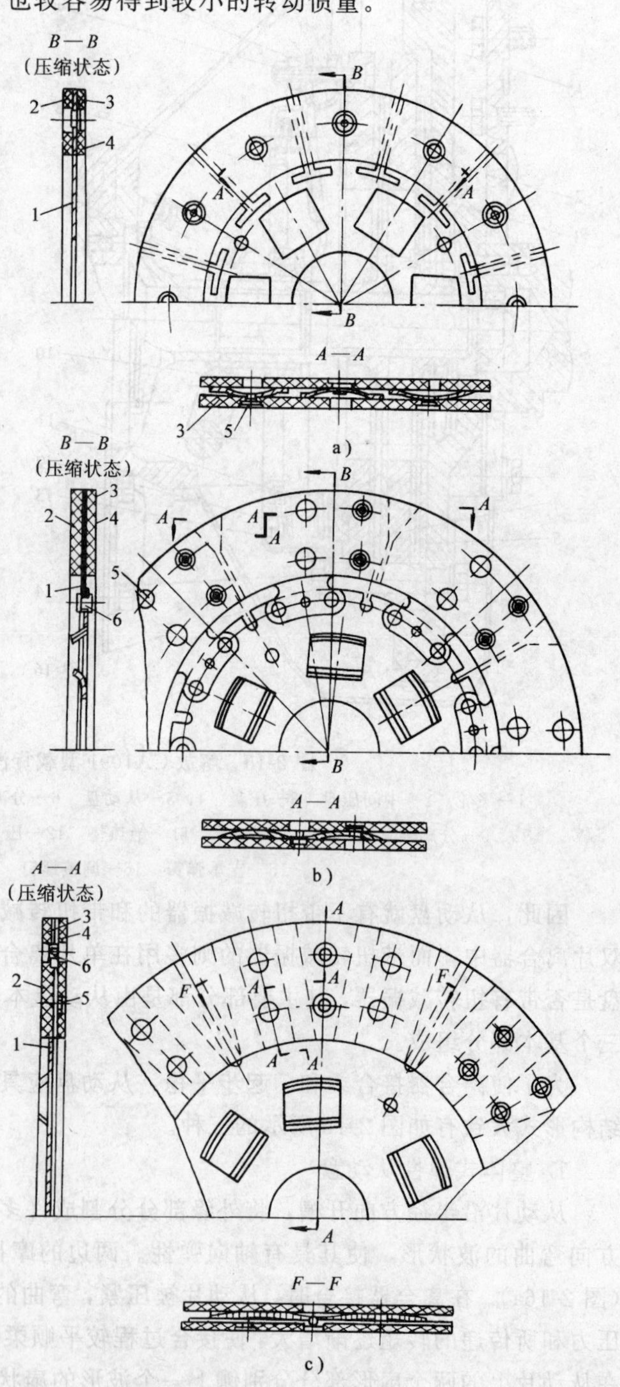

图 2-16　从动盘结构形式

a）整体式弹性从动盘　b）分开式弹性从动盘　c）组合式弹性从动盘

1—从动盘本体　2、4—摩擦片　3—波形弹簧片　5—摩擦片铆钉　6—波形弹簧片铆钉

图 2-17 所示为不带扭转减振器的从动盘。从动盘本体 3 直接铆接在从动盘毂 5 上，为了减小从动盘的转动惯量，加强散热和防止受热后产生扭曲变形，从动盘本体通常用薄弹簧钢板制成，并在其外缘部分开有径向窄切槽。为了提高接合的柔和性，在从动盘本体 3 与摩擦片 6 之间加铆波形弹性钢片 4，使从动盘轴向有一定弹性。为了获得足够的摩擦力矩，在从动盘本体（或波形弹性钢片）上铆接前后两片摩擦衬片 1 和 6，摩擦衬片常用石棉合成物制成，具有较大的摩擦因数，良好的耐磨性、耐热性和适当的弹性。

此外，由于双片离合器的接合是逐片逐渐进行的，接合比较柔和，故一般不采用从动盘轴向弹性装置，使从动盘的结构较为简单。

目前，轿车上无一例外地都采用带扭转减振器的从动盘。图 2-18 所示系英国 AP 公司生产的膜片弹簧离合器从动盘总成，它是离合器的从动部分。解放 CA1092 型汽车膜片弹簧离合器从动盘即从此公司引进生产的，其基本结构及原理相同。从动盘中从动片 14，其外圆沿周向铆接有由薄弹簧钢板制成的波形片 11，摩擦片 1、2 分别铆在波形片的两侧，从动片 14 通过三个止动销 12 与减振器盘 6 铆接，使摩擦衬片、从动片与减振器盘合为一体。在从动片和减振器盘上，沿圆周切线方向开有六个均布的窗孔。装在从动片和减振器盘之间的盘毂 8 的法兰上也开有同样的窗孔，窗孔中装有减振弹簧 10。这样的从动盘，不工作时（即不传递发动机转矩时）如图 2-19a 所示，从动片、盘毂及减振器盘三者的窗孔是相互重合的；从动盘工作时（即传递发动机转矩时）如图 2-19b 所示，由摩擦衬片传来的转矩首先通过波形片传到从动片和减振器盘上，再经六个减振器弹簧传给盘毂。这时弹簧被压缩，从动片、减振器盘与盘毂之间产生相对的角位移。从动片传递的转矩越大，角位移也越大。最大允许角位移由止动销及盘毂上相应的窗孔的大小及位置来确定。因此，由发动机曲轴传来的扭转振动所产生的冲击即被弹簧所缓和以及摩擦片所吸收，而不会传到变速器以后的总成部件上；同样，汽车行驶于不平路面上所引起的传动系角速度的变化也不会影响发动机。在从动片、减振器盘与盘毂之间还装有摩擦垫圈 3、摩擦板 7，它们都是阻尼元件，其作用是消耗扭转振动的能量，使扭转振动迅速衰减。碟形垫圈 4 用来补偿摩擦垫圈 3 磨损后预紧力（正压力）的损失，以维持阻尼滞后转矩值基本不变。

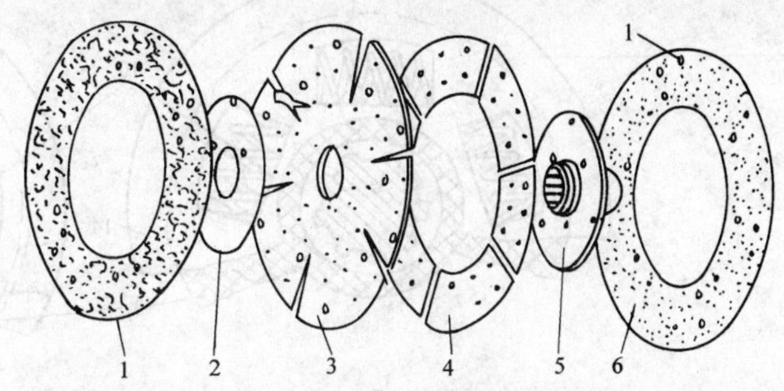

图 2-17 不带扭转减振器的从动盘

1、6—前、后摩擦衬片 2—压片 3—从动盘本体 4—波形弹性钢片 5—盘毂

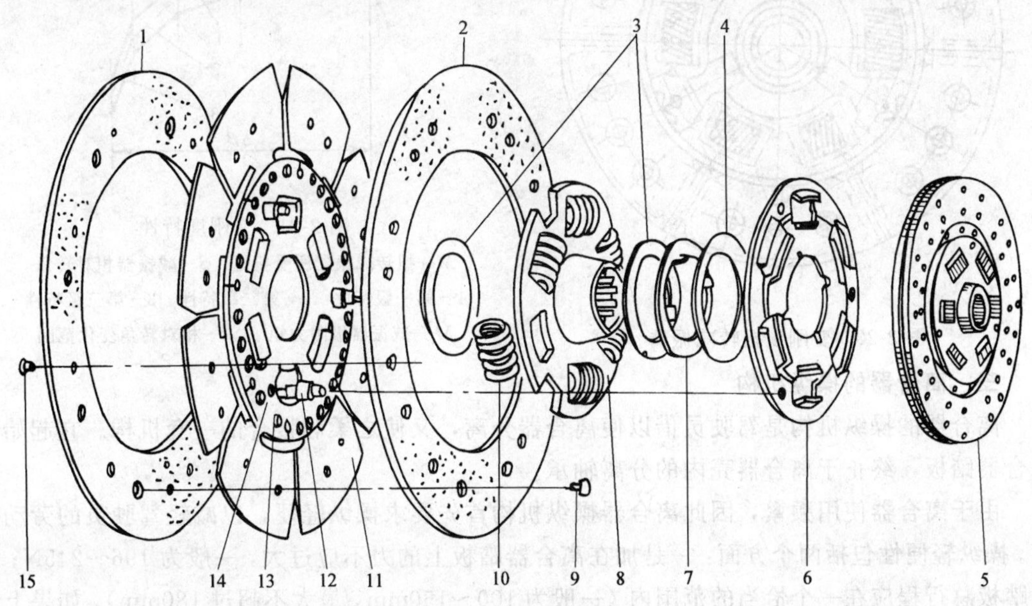

图 2-18 膜片弹簧离合器从动盘总成

1、2—摩擦衬片 3—摩擦垫圈 4—碟形垫圈 5—装合后的从动盘总成 6—减振器盘 7—摩擦板 8—盘毂 9、15—摩擦衬片铆钉 10—减振弹簧 11—波形片 12—止动销 13—波形片铆钉 14—从动片

波形片 11 在离合器接合过程中可以被压缩，因此离合器具有轴向弹性，使接合平顺，摩擦片磨损均匀。

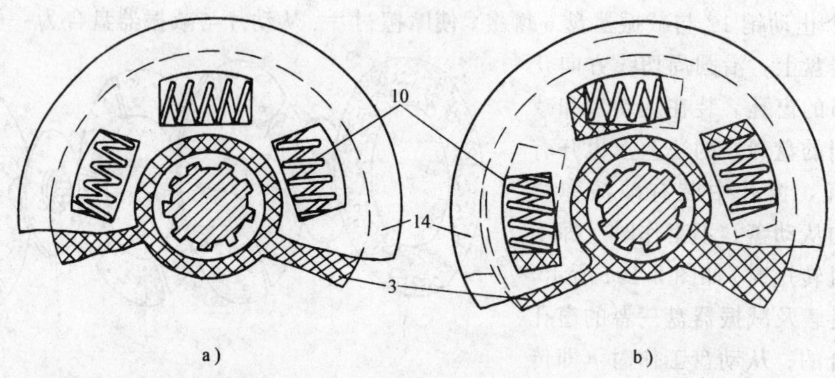

图 2-19　弹簧摩擦式扭转减振器工作示意图（图注同图 2-18）

a）不工作时　b）工作时

近年来在有些汽车离合器从动盘中采用两组或更多组刚度不同的减振器弹簧，并使装弹簧的窗口长度做成尺寸不一（图 2-20），利用弹簧先后起作用的办法获得变刚度特性（图 2-21）。这种变刚度特性可以避免不利的传动系共振，降低传动系噪声。

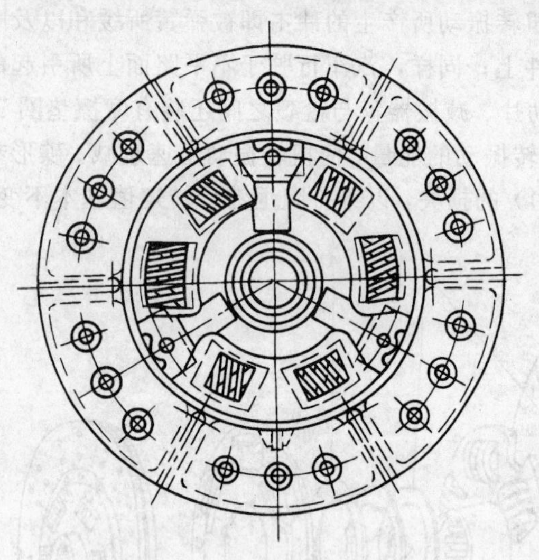

图 2-20　变刚度扭转减振器

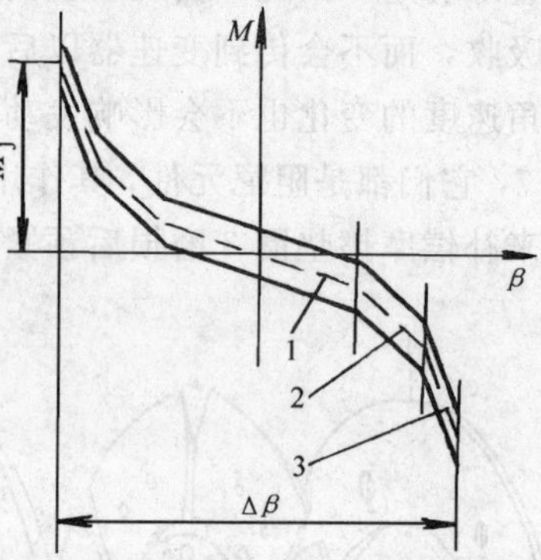

图 2-21　变刚度特性

M—扭转减振器所受扭矩　β—减振器相对转角

1—第一级特性　2—第二级特性　3—第三级特性

M_j—减振器极限力矩　$\Delta\beta$—相对转角变化范围

三、离合器的操纵机构

离合器的操纵机构是驾驶员借以使离合器分离，又使之柔和接合的一套机构。它起始于离合器踏板，终止于离合器壳内的分离轴承。

由于离合器使用频繁，因此离合器操纵机构首先要求操纵轻便，以减轻驾驶员的劳动强度。操纵轻便性包括两个方面：一是加在离合器踏板上的力不应过大，一般为 196～245N；二是踏板总行程应在一个恰当的范围内（一般为 100～150mm，最大不超过 180mm）。如果上述两方面要求无法协调时，则可采用加力机构。离合器操纵机构的另一个要求是应有踏板行程的校正机构，以便当摩擦片磨损时可以进行校正（使分离套筒上的止推轴承与分离杠杆间能保持正常间隙）。

按照分离离合器时所需的操纵能源的不同，离合器操纵机构分为人力式（机械式、液压式）、气压式和助力式。前者是以驾驶员作用在踏板上的力作为惟一的操纵能源。后者则是以发动机驱动的空气压缩机或其他形式能量作为主要操纵能源，而驾驶员的力只作为辅助或后备操纵能源。

虽然离合器操纵机构类型较多，但位于飞轮壳内的分离操纵机构其结构基本相同，且前已述及，故这里主要介绍其中飞轮壳外面的部分。

（一）人力式操纵机构

人力式操纵机构按所用传动装置的形式来分，有机械式和液压式两种。

1. 机械式操纵机构

机械式操纵机构有杆系传动和绳索传动两种形式。杆系传动机构如图 2-22 所示，其结构简单，工作可靠，广泛应用于各型汽车上。例如东风 EQ1090E 型汽车即为杆系传动机构。但杆系传动中杆件间铰接多，摩擦损失大，车架或车身变形以及发动机位移时会影响其正常工作。在平头车、后置发动机汽车等离合器需要远距离操纵时，合理布置杆系比较困难。

绳索传动机构（图 2-23）可消除杆系传动机构的一些缺点，并能采用便于驾驶员操纵的吊挂式踏板。但绳索寿命较短，拉伸刚度较小，故只适用于轻型、微型汽车和某些轿车。例如桑塔纳、捷达轿车离合器的操纵机构中，采用了绳索传动机构。

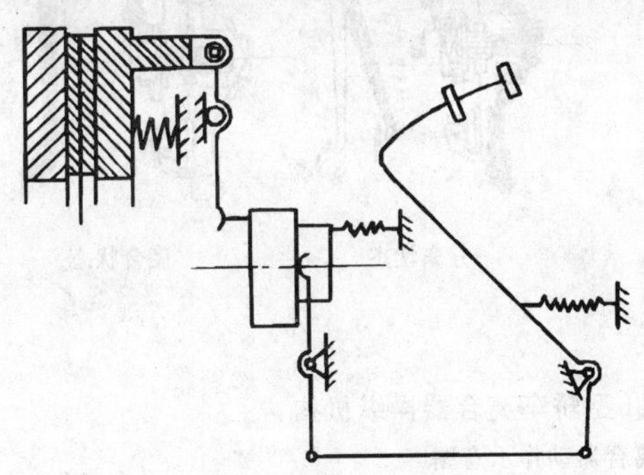

图 2-22　杆系传动机构

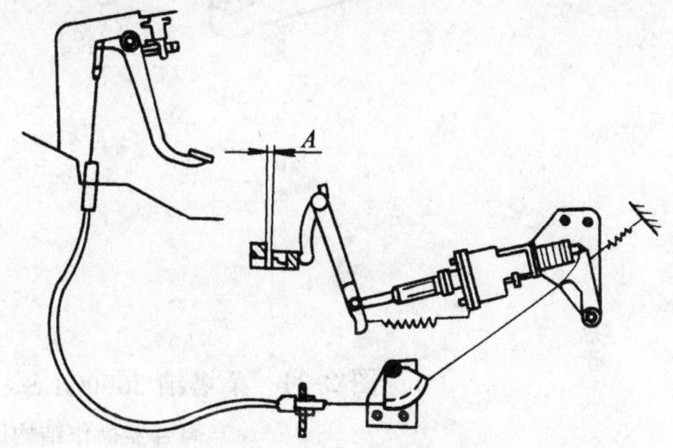

图 2-23　绳索传动机构

图 2-24 所示为桑塔纳 2000GLS 型轿车和桑塔纳 2000GLT 型轿车的离合器所采用的机械式绳索传动机构，主要由分离轴承 4、回位弹簧 5、分离轴 6、传动臂 7、拉索 8、踏板 9 等主要零部件组成，详见图 2-24a。离合器分离和接合则由操纵机构来执行，详见图 2-24b。

如前所述，机械式绳索传动装置中的关节点较多，摩擦损失较大，随着使用次数的增加，磨损加剧，最大踏板力将会增加。据调查，当桑塔纳 2000GLS 和桑塔纳 2000GLI 轿车行驶里程数达到 10 万 km 后，平均踏板力从 120N 上升到 200N，且因拉伸变形导致踏板行程损失过大。

捷达轿车离合器操纵机构不仅颇具特色，而且和离合器一样，是国产轿车中独一无二的能够自动调节离合器踏板自由行程的新型机构。它由外部操纵机构和内部操纵机构两大部分组成。

（1）外部操纵机构　外部操纵机构采用的是一种新型拉索式机构，具有自动调整离合器踏板自由行程的功能，如图 2-25 所示。拉索护套上端固定在驾驶室的底板上，拉索护套的下端固定在拉索下端固定架 11 上。在拉索护套的下端安装有波顿拉索弹簧 5，拉索护套的末端固联有锁止锥块 6。锁止锥块的外面包着滚子保持架 8 及滚子 7。在滚子保持架的下部是夹持块 9。拉索的上端固联在踏板臂上，拉索下端固定在离合器分离臂口上。分离杠杆轴 13 安装在变速器壳体内。

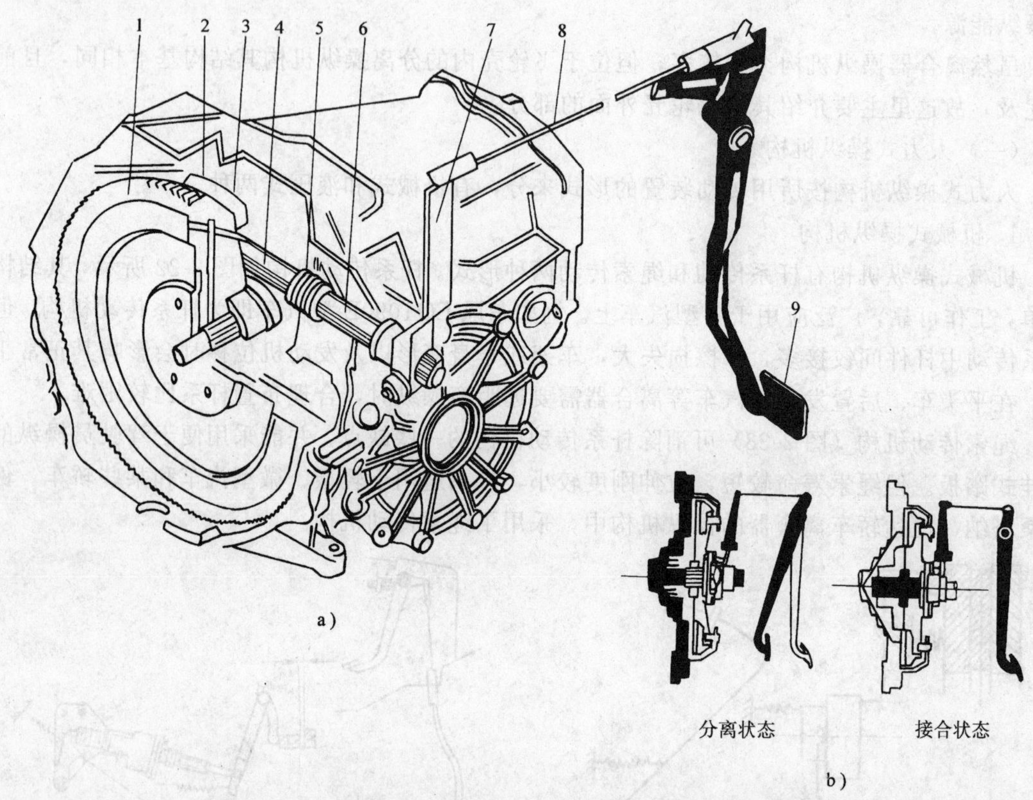

图 2-24　桑塔纳 2000GLS、2000GLI 型轿车离合器操纵机构

a）离合器操作结构图　b）离合器动作示意图

1—飞轮齿圈　2—飞轮　3—离合器总成　4—分离轴承　5—回位弹簧　6—分离轴　7—传动臂　8—拉索　9—踏板

离合器踏板自由行程自动调整拉索机构的工作原理是：

静止时，锁止锥块 6 在外壳体 10 上端波顿拉索弹簧 5 张力的作用下固定在滚子保持架 8 内，锁止锥块 6 和滚子 7 不接触。

当踏下离合器踏板时，拉索 3 被踏板臂拉出，拉索试图在上下固定点之间沿直线运动，而拉索护套 4 的弧度（拉索在任何情况下都不应是一条直线，它应是在上下固定点之间具有夹持的一条自由曲线，否则就无法补偿离合器踏板自由行程的变化）则阻碍了这种运动趋势。此外，随着离合器踏板的踏下，拉索的拉出，拉索上下固定点之间的弧长势必要缩短，若忽略拉索护套的微量变形，拉索护套下端及固定在护套下端的锁止锥块一同下移，直到锁止锥块将滚子保持架上的滚子 7 楔紧在外壳体 10 的内壁上。此时，离合器踏板自由行程自调机构被锁死。此拉索机构的工作情况和普通拉索机构一样，即拉索机构将离合器分离臂 12 拉起一定的角位移，分离杠杆轴跟随转动一定角度，进而通过安装在变速器内的内部操纵机构使离合器分离。

当松开离合器踏板时，在内部操纵机构回位弹簧的作用下，离合器分离臂带动拉索下端下移，夹持块在拉索摩擦力的作用下被拉到滚子保持架的底部。同时拉索护套 4 的下部在波顿拉索弹簧 5 张力的作用下，带动固联在护套末端的锁止锥块上移，并脱离与滚子的接触，锁止机构被松开，滚子保持架 8 在夹持块 9 和拉索弹簧 14 的共同作用下，保持在一个适当位置上。

离合器踏板自由行程的大小与滚子保持架 8 在外壳体 10 内的位置有关，而滚子保持架在壳体内的位置，是在锁止机构松开状态下由波顿拉索弹簧、拉索弹簧及夹持块与拉索之间的摩擦力决定的（前面已述及）。随着离合器摩擦片的不断磨损，离合器踏板处在自由状态时，离合器分离臂 12 活动端不断下移，在回位弹簧的作用下，拉索及拉索护套下部，克服波顿拉索弹簧张力随离合器分离臂 12 的活动端一起下移，同时，夹持块 9 在拉索摩擦力的作用下，带动滚子保持架 8 向下移动与拉索护套相同的距离，该距离便是摩擦片磨损所需要的修正量，从而起到了自动调整离合器踏板自由行程的作用。

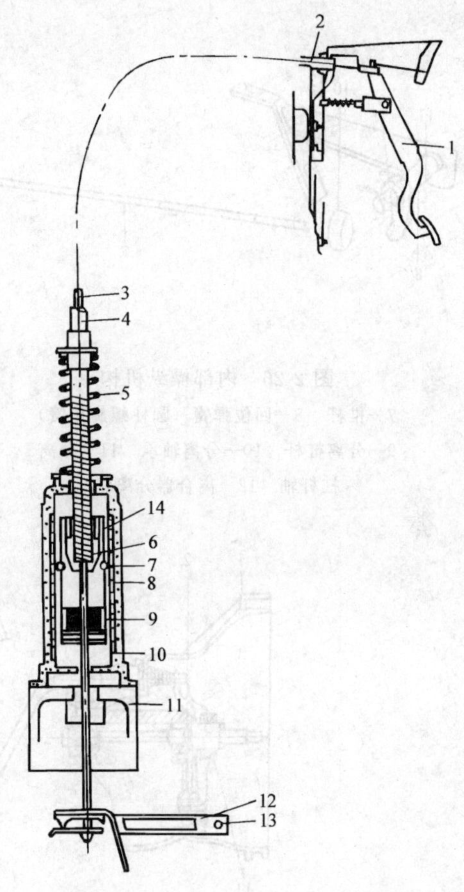

图 2-25　离合器拉索调整机构

1—离合器踏板　2—拉索上固定点　3—拉索　4—拉索护套　5—波顿拉索弹簧　6—锁止锥块　7—滚子　8—滚子保持架　9—夹持块　10—外壳体　11—拉索下端固定架　12—离合器分离臂　13—分离杠杆轴　14—拉索弹簧

（2）内部操纵机构　如图 2-12 和图 2-26 所示，离合器内部操纵机构主要由分离盘 4（参见图 2-12，下同）、安装在变速器输入轴中心的推杆 7、分离轴承 10、分离杠杆 9、回位弹簧 8 及一端固定在离合器分离臂上的分离杠杆轴 11 等组成，当踏下离合器踏板时，拉索机构拉动离合器分离臂 12，并带动分离杠杆轴 11 转动，分离杠杆 9 压向分离轴承 10，进而推动推杆 7 和分离盘 4 使离合器分离。

2. 液压式操纵机构

液压式操纵机构示意图如图 2-27 所示，主要由主缸 2、工作缸 7 以及管路系统组成。

液压式操纵机构具有摩擦阻力小、传动效率高、质量轻、接合柔和及布置方便等优点，并且不受车身车架变形的影响，因此其应用日益广泛。例如桑塔纳 2000GSI 型轿车，一汽红旗 CA7220 型轿车、奥迪 100 型及北京 BJ2020 型轻型越野车等汽车的离合器均采用液压式操纵机构。

桑塔纳 2000GSI 型汽车离合器的液压操纵机构如图 2-28 所示。

（1）液压操纵系统　液压操纵系统由离合器踏板 8、储液罐 4、进油软管 5、主缸 10、工作缸 3、油管总成 9、分离板 2、分离轴承 11 等组成。储液罐有两个出油孔，分别把制动液供给制动总泵和离合器液压操纵系统。

主缸构造如图 2-29 所示。主缸体借补偿孔 A、进油孔 B 通过进油软管与储液罐相通。主缸体内装有活塞，活塞中部较细，且为“十”字形断面，使活塞右方的主缸内腔形成油室。活塞两端装有皮碗。活塞左端中部装有止回阀，经小孔与活塞右方主缸内腔的油室相通。当离合器踏板处于初始位置时，活塞左端皮碗位于补偿孔 A 与进油孔 B 之间，两孔均开放。

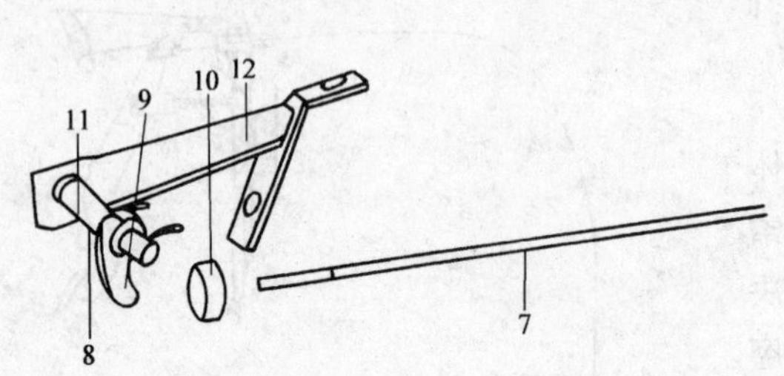

图 2-26　内部操纵机构

7—推杆　8—回位弹簧（圆柱螺旋扭簧）　9—分离杠杆　10—分离轴承　11—分离杠杆轴　12—离合器分离臂

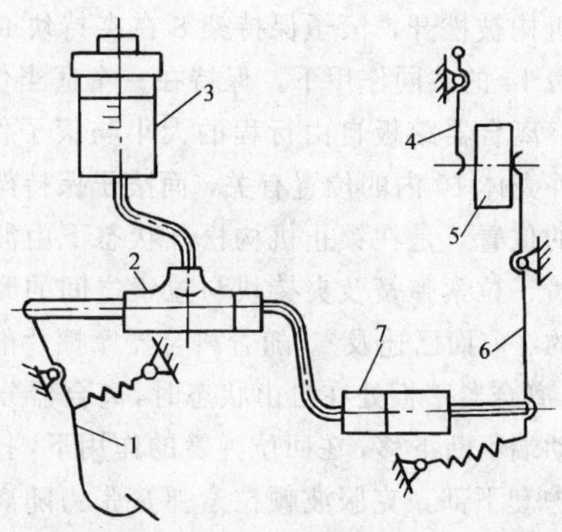

图 2-27　离合器液压式操纵机构示意图

1—踏板　2—主缸　3—储液罐　4—分离杠杆　5—分离轴承　6—分离叉　7—工作缸

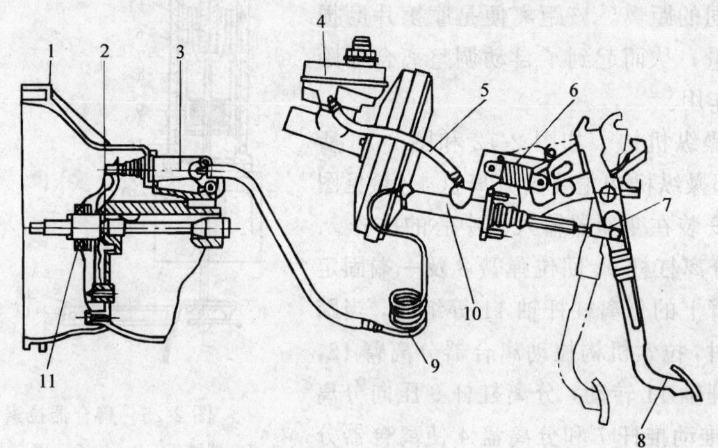

图 2-28　桑塔纳 2000GSI 离合器液压操纵系统图

1—变速箱壳体　2—分离板　3—工作缸　4—储液罐　5—进油软管　6—回位弹簧　7—推杆接头　8—离合器踏板　9—油管总成　10—主缸　11—分离轴承

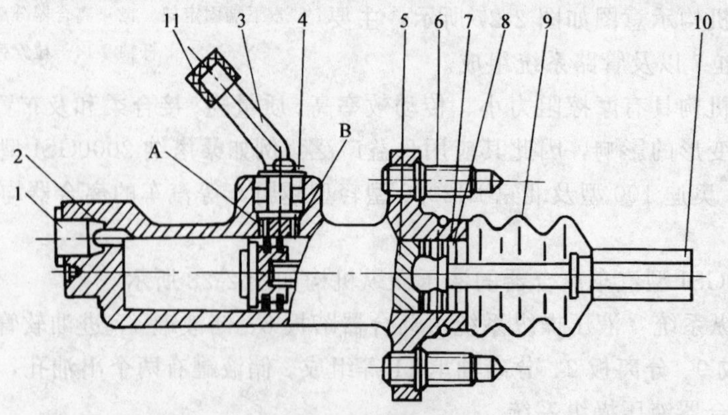

图 2-29　主缸构造图

1—保护塞　2—壳体　3—管接头　4—皮碗　5—阀芯　6—固定螺栓　7—卡簧　8—挡圈　9—护套　10—推杆　11—保护套　A—补偿孔　B—进油孔

工作缸构造如图 2-30 所示。工作缸内装有活塞、皮碗、推杆等，缸体上还设有放气螺塞。当管路内有空气存在而影响离合器操纵时，可拧松放气螺塞放气。

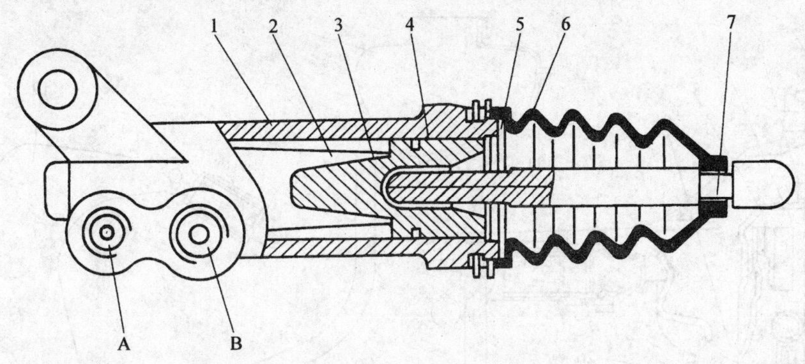

图 2-30　工作缸构造图

1—壳体　2—活塞　3—管接头　4—皮碗　5—挡圈　6—护套　7—推杆

A—放气孔　B—进油孔

踩下离合器踏板时，通过主缸推杆使活塞向左移动，止回阀关闭。当皮碗将补偿孔 A 关闭后，管路中油液受压，压力升高。在油压作用下，工作缸活塞被推向右移，工作缸推杆顶头直接推动分离板，从而带动分离轴承，使离合器分离。

工作缸活塞直径为 22.2mm，主缸活塞直径为 19.05mm。由于前者略大于后者，故液压系统稍有增力作用，以补偿液流通道的压力损失。

当迅速放松离合器踏板时，踏板复位弹簧通过主缸推杆使主缸活塞较快右移，而由于油液在管路中流动有一定阻力，流动较慢，使活塞左面可能形成一定的真空度。在左右压力差的作用下，少量油液通过进油孔经过主缸活塞的止回阀流到左面弥补真空。在原先已由主缸压到工作缸去的油液重又流回到主缸时，由于已有少量补偿油液经止回阀流入，故总油量过多。这多余的油液即从补偿孔 A 流回储液罐。当液压系统中因漏油或因温度变化引起油液的容积变化时，则借补偿孔 A 适时地使整个油路中油量得到适当的增减，以保证正常油压和液压系统工作的可靠性。

桑塔纳 2000GSI 型轿车离合器液压操纵系统与原机械式绳索传动装置相比有许多优点：其摩擦阻力小、质量轻、布置方便、接合柔和。经 15 万 km 城市道路试验（出租车）和 10 万 km 耐久道路试验，其踏板力没有明显上升（平均踏板力从 102N 上升到 112N），踏板行程亦无明显变化，且在踏板力较低的情况下，可以保证离合器具有足够的储备值（原桑塔纳轿车离合器安全储备系数为 1.26，而桑塔纳 2000GSI 轿车安全储备系数达 1.32），并能传递发动机最大转矩（从 150N·m 提高到 155N·m）。

(2) 主要技术参数　主要技术参数如下：

从动盘直径	ϕ210mm
踏板行程	132～139mm
最大踏板力（不计回位弹簧作用）	122N
系统压力	0.222MPa

一汽红旗 CA7220 型轿车及北京 BJ2020 越野汽车离合器的液压式操纵机械如图 2-31 和图 2-32 所示，该机构与桑塔纳 2000GSI 型汽车离合器液压式操纵机构基本相同，所不同之处

是北京 BJ2020 型汽车离合器液压操纵机构中离合器的主缸与液压制动系统中的制动主缸和储液罐三者铸成一体，储液罐与制动主缸共用。

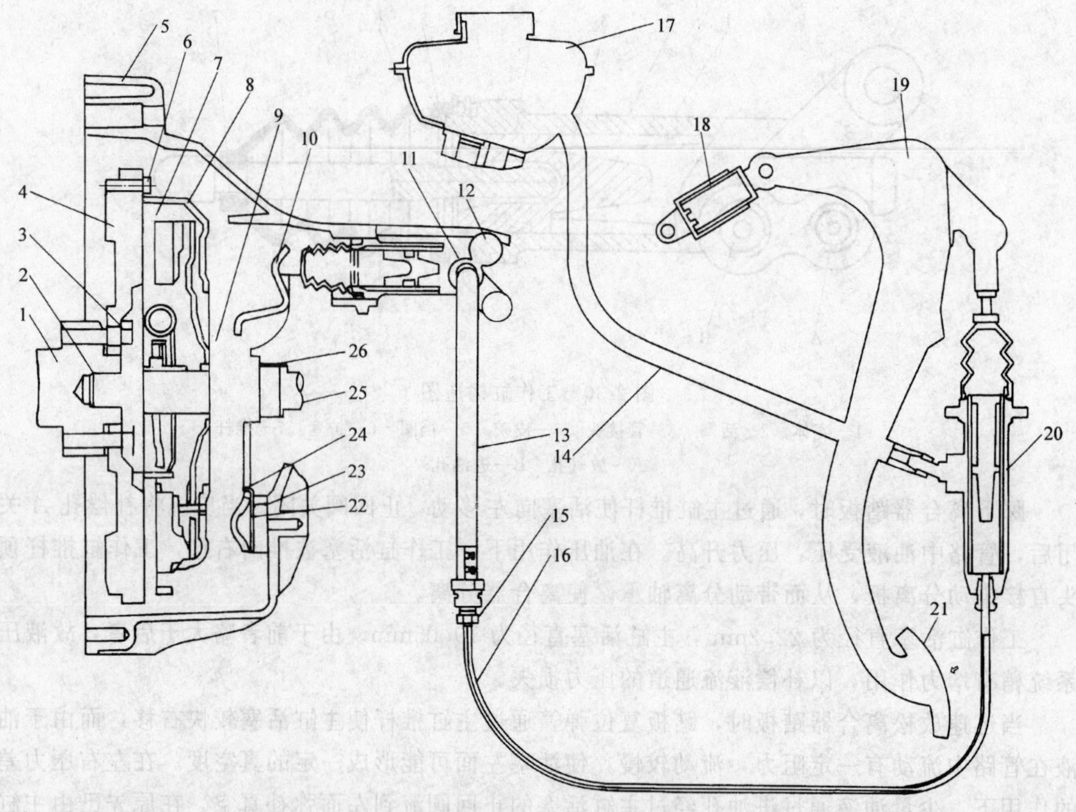

图 2-31 一汽红旗 CA7220 型轿车离合器操纵机构

1—曲轴 2—滚针轴承 3—螺栓 4—飞轮 5—飞轮壳 6—内六角螺栓 7—离合器从动盘总成 8—离合器盖及压盘总成 9—离合器分离轴承 10—离合器分离叉 11—离合器工作缸总成 12—通气阀总成 13—橡胶软管总成 14—进油管 15—油管接头 16—油管 17—储液罐总成 18—踏板助力回位总成 19—离合器踏板轴 20—离合器主缸总成 21—踏板 22—球头螺栓 23—分离叉座 24—弹簧卡 25—变速器第一轴 26—导向轴套

主缸和工作缸的构造如图 2-33 和图 2-34 所示。

（二）助力式操纵机构

在中型或重型汽车上，离合器压紧弹簧力很大，为了减小所需踏板力，又不致因传动机构杠杆比过大而加大踏板行程，可在机械式或液压式操纵机械基础上加设各种助力装置，其中常用的有弹簧式和气压式两种。

1. 弹簧助力机械式操纵机构

为了减轻驾驶员的劳动强度，在有些轿车离合器的操纵机构中，增设了弹簧助力装置。例如，捷达轿车离合器的操纵机构采用了弹簧助力装置（即弹簧助力机构式操纵机构），如图 2-35 所示。

离合器处于接合位置的初始状态时，销轴 B 位于销轴 A 与踏板轴 C 连线的下方。当踩下离合器踏板时，销轴 B 围绕踏板轴 C 顺时针转动，当转到 A、B、C 三点处在同一直线上时，助力弹簧对踏板不起助力作用。继续踩离合器踏板时，销轴 B 绕踏板轴 C 继续转动，当 B 点转到 A、C 点连线的上方时，则处于压缩状态的助力弹簧推动离合器踏板绕踏板轴 C 顺时针转动，对踏板施加一个附加作用力矩，此力矩与驾驶员踩踏板的力矩方向一致，从而起到助力作用。当驾驶员松开离合器踏板时，随着离合器踏板的回位，销轴 B 又回到 A、C 点连线的下方时，处于压缩状态的助力弹簧又推动离合器踏板绕踏板轴 C 逆时针转动，促使离合器踏板快速回位。

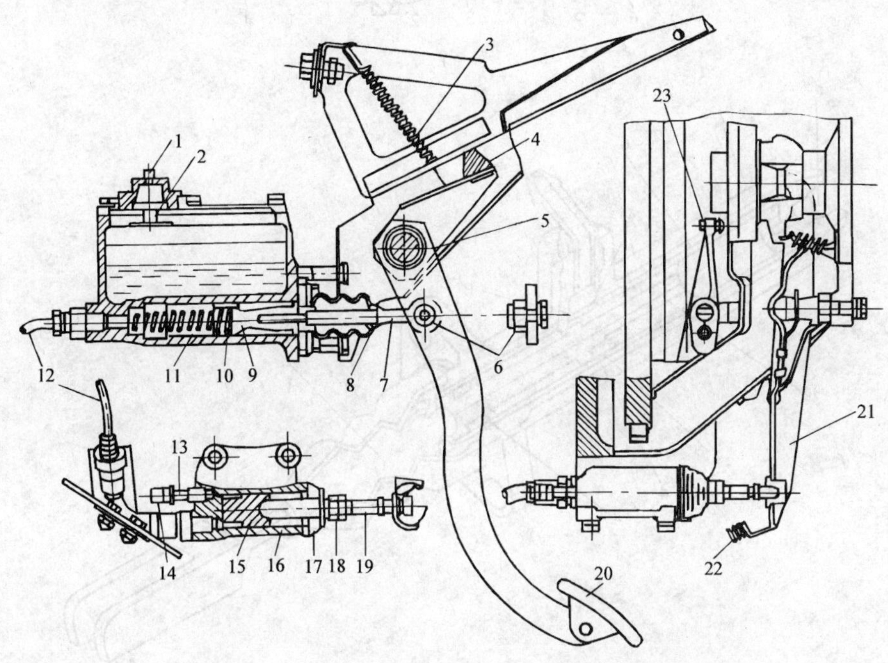

图 2-32　北京 BJ2020 型汽车离合器液压式操纵机构

1—主缸储液罐通气孔　2—储液罐螺塞　3—踏板回位弹簧　4—踏板限位块　5—踏板轴　6—偏心螺栓　7—主缸推杆　8—主缸护套　9—主缸活塞　10—主缸皮碗　11—主缸　12—油管　13—工作缸放气阀盖　14—工作缸放气阀　15—工作缸活塞　16—工作缸　17—工作缸防护罩　18—锁紧螺母　19—分离叉推杆　20—踏板　21—分离叉　22—分离叉回位弹簧　23—分离杠杆调整机构

助力弹簧的助力作用由负变正的过程是可以容许的，这是因为在离合器踏板的前段行程中，离合器压紧弹簧的压缩量和压缩力还不大，故所造成的踏板阻力与助力弹簧造成的踏板附加阻力的总和也在容许范围内。在踏板的后段行程中，压紧弹簧的压缩量和相应的作用力继续增加到最大值。在离合器彻底分离以后，为了变速器换档或制动，往往需要在一段时间内将踏板保持在这一最低位置，而这正是导致驾驶员疲劳的主要原因。所以，正是在后一段踏板行程中最需要助力。

2. 气压助力式操纵机构

气压助力式离合器操纵机构一般是利用由发动机带动的空气压缩机作为主要的操纵能源，驾驶员的肌体则作为辅助的和后备的操纵能源。由于包括空气压缩机、储气罐在内的一整套压缩空气源，结构较复杂，质量也大，所以单为离合器操纵机构设置整套能源系统是不适宜的，一般都是与汽车的气压制动系及其他气动设备共用一套压缩空气源。

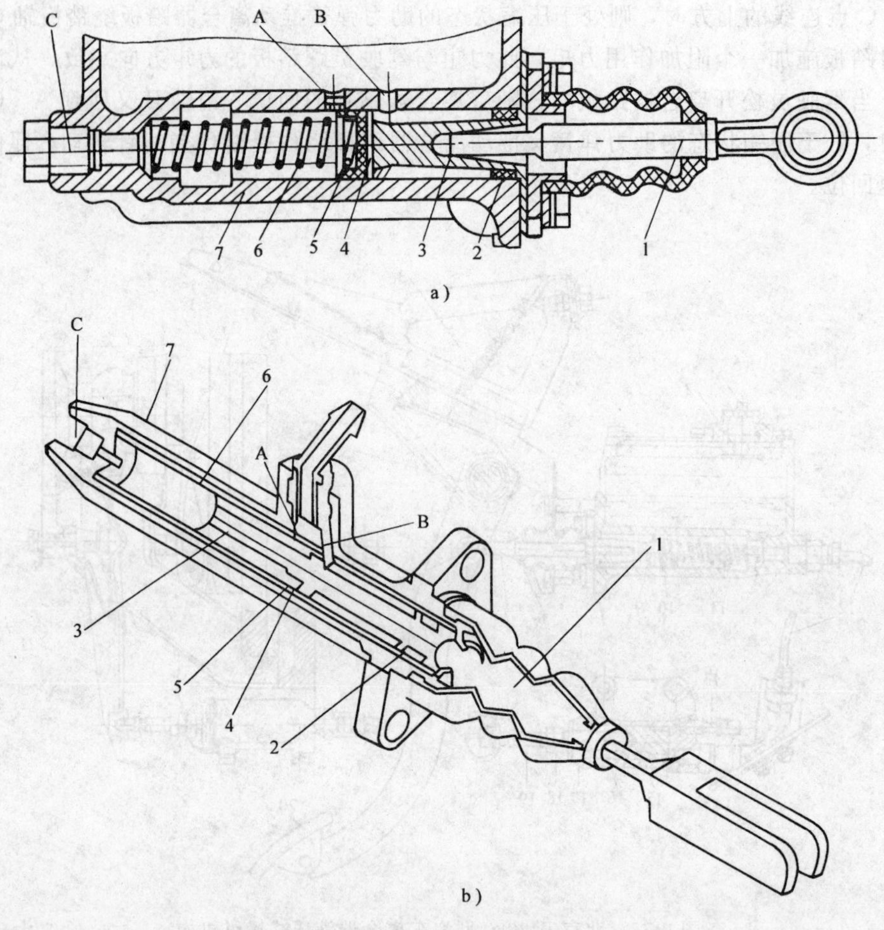

图 2-33　汽车离合器主缸

a）北京 BJ2020 型汽车离合器主缸　b）红旗 CA7220 型轿车离合器主缸

1—推杆　2—密封圈　3—活塞　4—活塞垫片　5—皮碗　6—活塞回位弹簧　7—主缸体

A—补偿孔　B—进油孔　C—出油孔

气压助力装置可以装设在机械式操纵机构（即气压助力机械式操纵机构）中，也可以装设在液压式操纵机构（即气压助力液压式操纵机构）中。

黄河 JN1181C13 型汽车离合器的气压助力液压式操纵机构如图 2-36 所示。该机构的主要部件为液压主缸Ⅰ和气压助力液压工作缸Ⅱ。气压助力液压工作缸是一个将液压工作缸、助力气缸和气压控制阀三者组合在一起的部件，其中的控制阀本身又受控于液压主缸的压力。

黄河 JN1181C13 型汽车的离合器主缸的特点是没有补偿孔，而设置了进油阀 6，主缸活塞 3 的中部切有通槽，限位螺钉 7 穿过通槽旋装在缸体上。主缸不工作时，空心的进油阀以其尾端支靠在螺钉 7 上，使阀保持开启，工作油液可从储液罐 4 经进油孔、活塞切槽和阀杆中的通道流入并充满主缸压力腔。踩下离合器踏板时，活塞 3 右移，而进油阀 6 则在弹簧作用下保持不动。到进油阀关闭后，活塞便进入有效行程。压力腔中的压力油沿油管 8 流入气压助力液压工作缸Ⅱ。

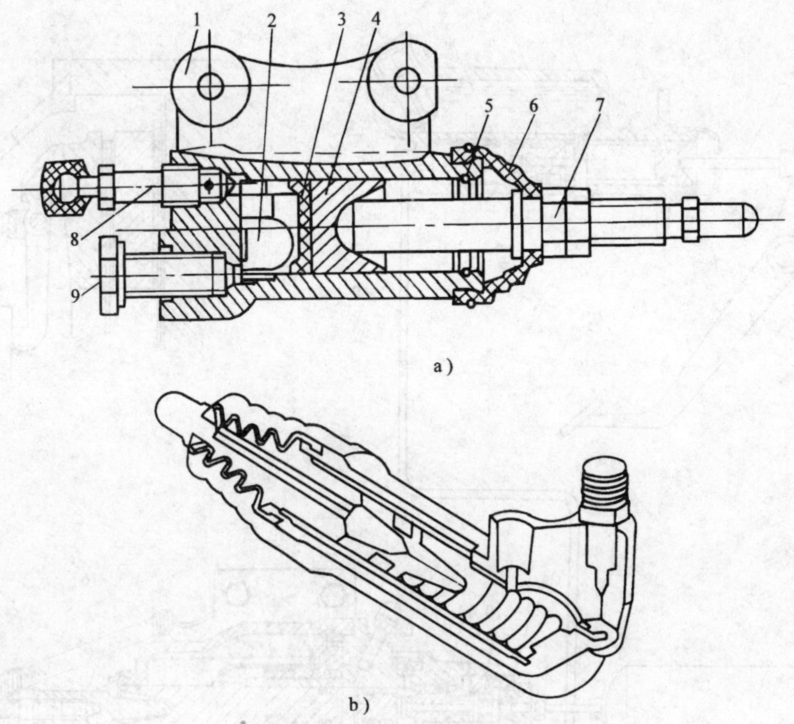

图 2-34　汽车离合器工作缸

a）北京 BJ2020 型汽车离合器工作缸　b）奥迪 100 型轿车离合器工作缸

1—工作缸体　2—活塞限位块　3—皮碗　4—活塞　5—挡环　6—护罩　7—分离叉推杆总成　8—放气螺钉　9—进油管接头

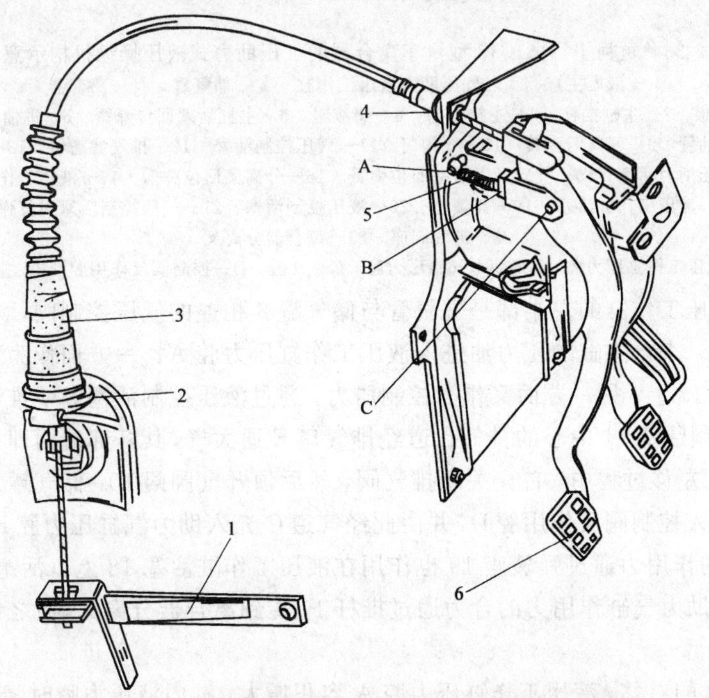

图 2-35　捷达轿车离合器操纵机构的弹簧助力装置

1—离合器分离杠杆　2、4—固定点　3—离合器绳索总成　5—助力弹簧　6—离合器踏板

A—助力弹簧导向杆与离合器踏板支架连接销轴　B—助力弹簧导向杆与离合器踏板连接销轴　C—离合器踏板轴

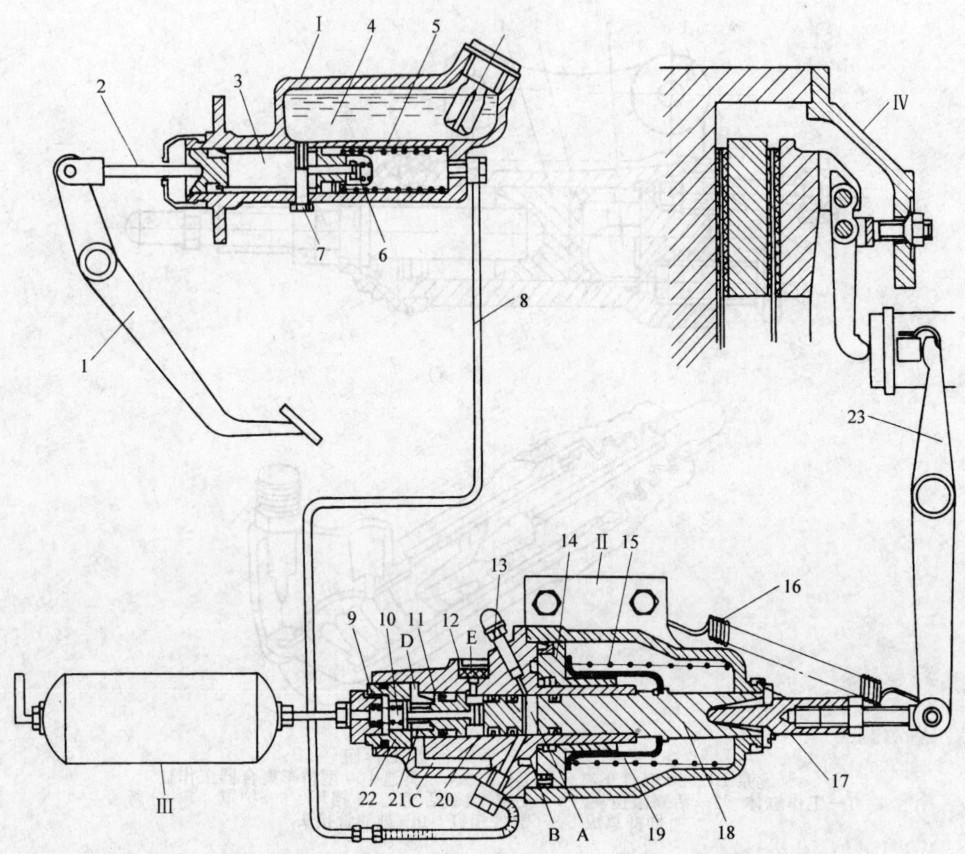

图 2-36　黄河 JN1181C13 型汽车离合器的气压助力式液压操纵机构示意图

Ⅰ—液压主缸　Ⅱ—气压助力液压工作缸　Ⅲ—储气罐　Ⅳ—离合器

1—离合器踏板　2—主缸推杆　3—主缸活塞　4—储液罐　5—主缸活塞回位弹簧　6—进油阀　7—限位螺钉　8—油管　9—气阀门弹簧　10—气阀门　11—气压控制活塞　12—排气滤清器　13—放气螺钉　14—气压助力活塞　15—气压助力活塞回位弹簧　16—分离叉回位弹簧　17—液压工作缸推杆　18—液压工作缸活塞　19—弹簧座　20—液压控制活塞　21—气压控制活塞回位弹簧　22—进气阀座　23—离合器分离叉

A—液压工作缸压力腔　B—助力气罐压力腔　C—气道　D—控制阀反作用腔　E—排气口

气压助力液压工作缸的左半部是进气管与储气罐Ⅲ相连的气压控制阀，右半部是液压工作缸和助力气室。来自主缸的压力油进入液压工作缸压力腔 A，一方面作为工作压力作用在液压工作缸活塞 18 上，另一方面又作为控制压力，通过液压控制活塞 20，推动气压控制活塞 11 左移。气压控制活塞 11 中心的排气孔道经排气口 E 通大气，其杆部端面即是排气阀座工作表面。在活塞 11 左移过程中，首先关闭排气阀，然后顶开气阀门 10，储气罐Ⅲ中的压缩空气便通过气阀门进入控制阀反作用腔 D，并由此经气道 C 充入助力气缸压力腔 B。B 腔气压对气压助力活塞 14 的作用力通过弹簧座 19 也作用在液压工作缸活塞 18 上。活塞 18 所受到的主缸液压作用力和助力气缸作用力的合力通过推杆 17 传到离合器分离叉，使之偏转以分离离合器。

随着活塞 18 的右移，液压工作缸压力腔 A 容积增大，缸内液压力瞬时降低，同时气压控制活塞 11 立即右移以资补偿。活塞 11 右移到进气阀关闭时，整个系统便达到平衡状态。助力气缸和反作用腔 D 的稳定气压值得以保持，从而整个气压助力液压工作缸的输出力，与所需的踏板力都与踏板行程成递增函数关系。在踏板回升过程（即离合器接合过程）中，也同样存在着这样的关系。

如果气压助力系统失效，驾驶员只要将离合器踏板行程稍微加大，以增加进入液压工作缸的油量，消除气压控制活塞 11 与进气阀座 22 之间的间隙后，便可加大踏板力，以形成足够的液压，直接推动液压工作缸活塞 18 及其推杆 17 右移，使离合器分离。

在备有压缩空气装置的汽车上也可采用气压操纵机构。它由操纵阀、工作缸和管路系统组成，如图 2-37 所示。气压式操纵机械是利用压缩空气作为操纵离合器的主要力源，因而操纵轻便。但结构不如液压式简单。

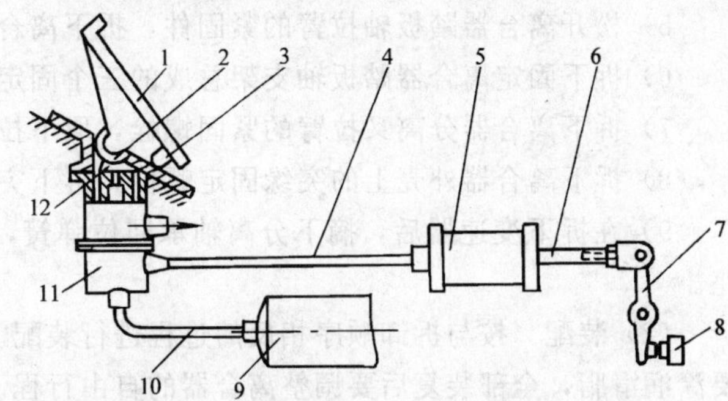

图 2-37　气压式操纵机构简图

1—离合器踏板　2—滚轮　3—踏板支承　4、10—管路　5—工作缸　6—推杆　7—分离拨叉　8—分离轴承　9—储气罐　11—操纵阀　12—操纵阀杯形支座

四、离合器的拆装调整与检修

（一）离合器操纵机构的拆卸与装配

1. 机械式操纵机构的拆装

桑塔纳、解放 CA1091 及东风 EQ1090 等均采用此种结构。图 2-38 所示为 CA1091 所用机械式离合器操纵机构分解图。下面以该机构为例介绍其拆装步骤。

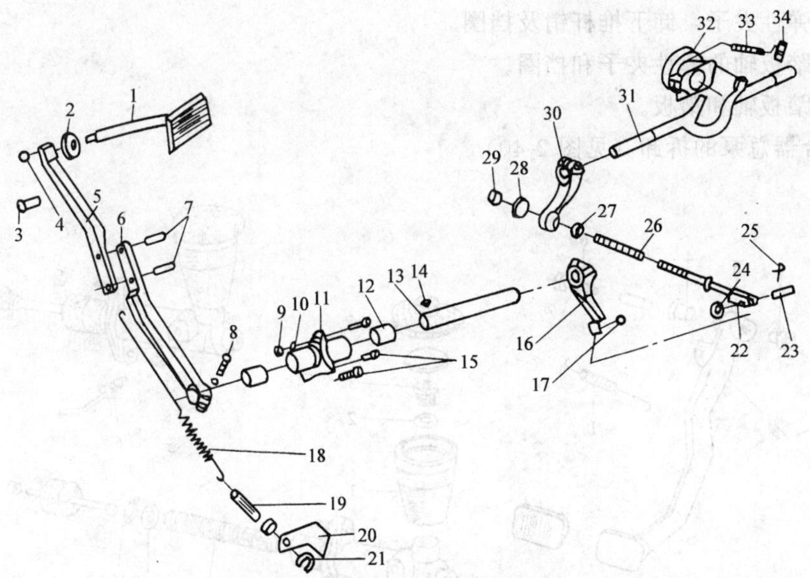

图 2-38　机械式离合器操纵机构分解图

1—离合器踏板及杆总成　2—密封垫　3—踏板杆固定螺栓　4—弹簧垫圈　5、6—踏板臂　7—铆钉　8—螺栓　9—固定螺母　10—弹簧垫圈　11—踏板轴支架　12—粉末冶金套　13—踏板轴　14—半圆键　15—螺栓　16—踏板轴拉臂　17—拉臂衬套　18—回动弹簧　19—调整螺栓　20—支架　21、28—调整螺母　22—分离杠杆总成　23—平头销　24、27—平垫圈　25—开口销　26—弹簧　29—垫圈　30—分离叉拉臂　31—分离叉　32—分离轴承座总成　33—分离轴承回位弹簧　34—钩环

（1）拆卸

1）拆下离合器踏板杆固定螺栓，取下踏板及踏板杆总成。

2）松开离合器踏板回动弹簧调整螺栓，拆下回动弹簧。

3）拆下球形螺母及锁紧螺母，拔下连接踏板轴拉臂与分离杠杆的开口销、平垫圈，拔下平头销，拆下离合器分离杠杆及弹簧。

4）松开离合器踏板臂的紧固螺栓，取下踏板臂及半圆键。

5）松开离合器踏板轴拉臂的紧固件，拆下离合器踏板轴拉臂，拆下踏板轴。

6）拆下固定离合器踏板轴支架总成的三个固定螺栓，将支架总成从车架上拆下。

7）拆下离合器分离叉拉臂的紧固螺栓，取下拉臂及半圆键。

8）拆下离合器外壳上的突缘固定螺栓，拆下突缘并取下分离叉。

9）在拆下变速器后，摘下分离轴承回位弹簧，从变速器第一轴上取下分离轴承及轴承座。

（2）装配　按与拆卸顺序相反的过程进行装配。装配前，粉末冶金套及拉臂衬套的内孔要涂润滑脂，全部装复后要调整离合器的自由行程。

2．液压式操纵机构的拆装

液压式离合器操纵机构在许多轿车上采用，如BJ2020、桑塔纳2000GSI、伏尔加24、奥迪100、切诺基吉普等。液压式离合器操纵机构由踏板、总泵、分泵等组成。下面以BJ2020为例讲述此种操纵机构的拆卸与装配过程。

（1）踏板的拆卸（见图2-39）

1）拆下踏板回位弹簧。

2）拆下弹性夹子，卸下推杆销及挡圈。

3）拆下踏板轴的弹性夹子和挡圈。

4）拆下踏板轴和踏板。

（2）离合器总泵的拆卸（见图2-40）

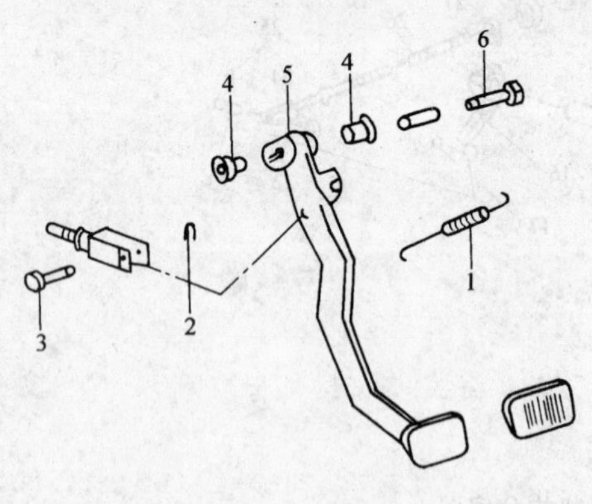

图2-39　离合器踏板解体图

1—踏板回位弹簧　2—弹性夹子　3—推杆销
4—挡圈　5—离合器踏板　6—踏板轴

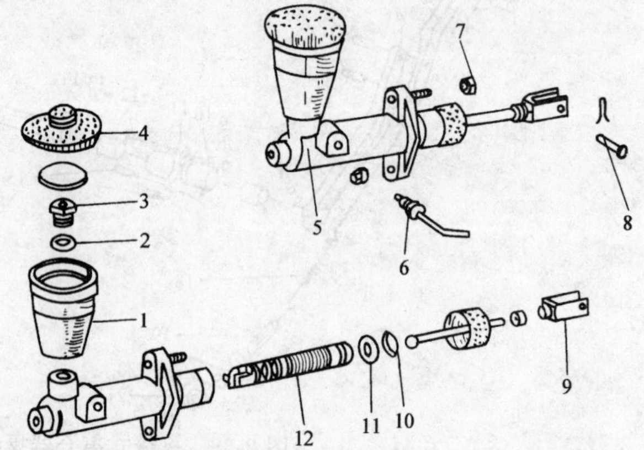

图2-40　离合器总泵解体图

1—储液罐　3—平垫圈　3—固定螺母　4—储油罐固定螺母
5—总泵缸体　6—油管接头螺母　7—螺母　8—推杆销
9—推杆总成　10—弹性挡圈　11—挡圈　12—总泵油塞弹簧

1）拆下弹簧夹及推杆销

2）拧开油管接头螺母，拆下油管。

3）拆下螺母 7，从车上取下离合器总泵总成。

4）从总泵的储液罐内放出液压油，拆下固定螺母 3 和平垫圈 2，然后取下储液罐。

5）拆下推杆总成 9。

6）拆下弹性挡圈 10 及挡圈 11。

7）抽出活塞、皮圈、皮碗及弹簧组件。

（3）离合器分泵的拆卸（图 2-41）

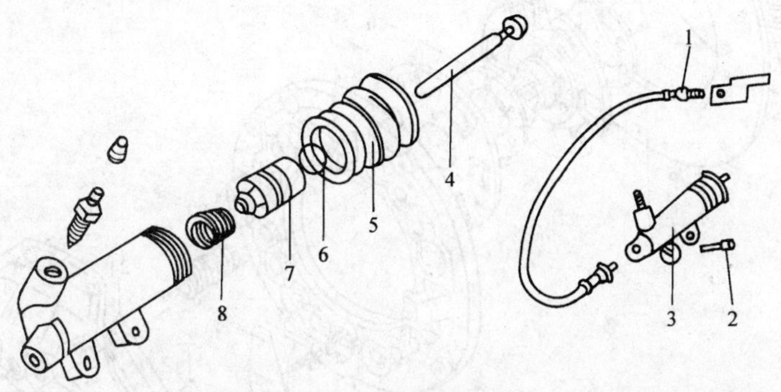

图 2-41　离合器分泵解体图

1—油管及夹子　2—螺栓　3—离合器分泵泵体　4—推杆　5—防尘套
6—弹性挡圈　7—活塞及皮碗　8—弹簧

1）拆下油管。

2）拆下分泵固定螺栓。

3）拆下推杆及防尘套。

4）拆下卡环。

5）抽出分泵活塞、皮碗及弹簧。

（4）装配　离合器总泵、分泵拆卸后须用酒精擦洗，检查后按与拆卸相反的顺序进行装配。装配时需要注意：所有的皮碗、皮圈要按正确的方向安装，且不得打褶。

（二）离合器总成的拆卸与装配

1. 螺旋弹簧离合器的拆装（以 EQ1090E 型汽车为例）

（1）拆卸　图 2-42 所示为东风 EQ1090E 型汽车离合器分解图，其拆卸顺序如下：

1）查看离合器压盘与飞轮上有无相应的装配记号，若没有，应做上标记。

2）从飞轮上拆下离合器盖与飞轮联接螺栓，从飞轮取下从动盘总成和离合器盖及压盘总成（注意：若螺栓上装有平衡片，应在离合器盖、平衡片上打上标记，以便原位装复，以免破坏曲轴总成的动平衡）。

3）把离合器盖及压盘总成用专用压板压紧，压缩离合器弹簧，拆卸分离杠杆调整螺钉 14 的锁紧螺母和调整螺母 20；拆卸传动片螺栓座 21 上的螺栓。

4）松开压板，离合器压盘及盖总成全部解体。

（2）装配　拆卸后，所有零件经过检查和相应修复，按与拆卸相反的顺序进行装配。装配时应注意以下几点：

1）润滑各部位。

2）安装从动盘时要注意正反面，毂长的一面应朝向变速器。

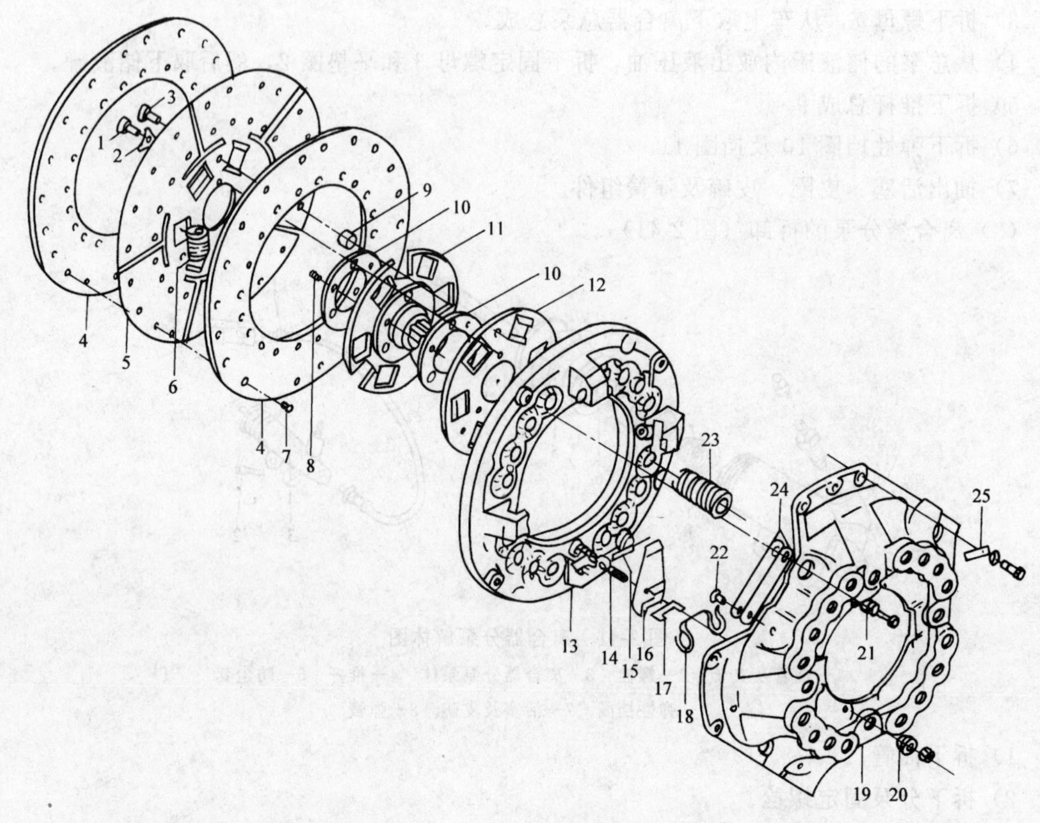

图 2-42　离合器分解图

1—减振器阻尼弹簧铆钉　2—减振器阻尼弹簧　3—从动盘铆钉　4—摩擦片　5—离合器从动盘　6—减振器弹簧　7—摩擦片铆钉　8—减振器阻尼片铆钉　9—从动盘铆钉隔套　10—减振器阻尼片　11—从动盘盘毂　12—离合器减振盘　13—离合器压盘　14—分离杠杆调整螺钉　15—分离杠杆浮动销　16—分离杠杆　17—分离杠杆摆动块　18—分离杠杆弹簧　19—离合器盖　20—分离杠杆调整螺母　21—压盘传动片螺栓座　22—压盘传动片铆钉　23—压盘弹簧　24—压盘传动片　25—离合器平衡片

3）装配后进行杠杆高度的调整及自由行程的调整。

2. 膜片弹簧离合器的拆卸与装配

图 2-43 所示为桑塔纳 2000 型轿车离合器。

拆装桑塔纳 2000 型轿车离合器可以在不拆卸发动机的情况下进行，但需借助一些专用工具。拆装步骤如下：

(1) 离合器的拆卸（见图 2-44）

1）离合器总成的拆卸与分解

a. 拆装离合器时，首先要拆下变速器。

b. 在离合器盖与飞轮上作装配记号。

c. 以对角拧松并拆下压盘与飞轮的固定螺栓，取下压盘总成、离合器从动盘。

d. 在离合器盖与压盘之间及膜片弹簧之间作对合标记，进行分解。

e. 拆下膜片弹簧装配螺栓，分离压盘及膜片与离合器盖。

2）分离叉轴的拆卸（见图 2-44）

a. 松开螺栓 14，拆下驱动臂。

b. 拆下分离轴承。

c. 松开螺栓 9 取下分离轴承导向套和橡胶防尘套、回位弹簧。

d. 用尖嘴钳取出卡簧 18 和分离轴承 5 后，分离叉轴即可取出。

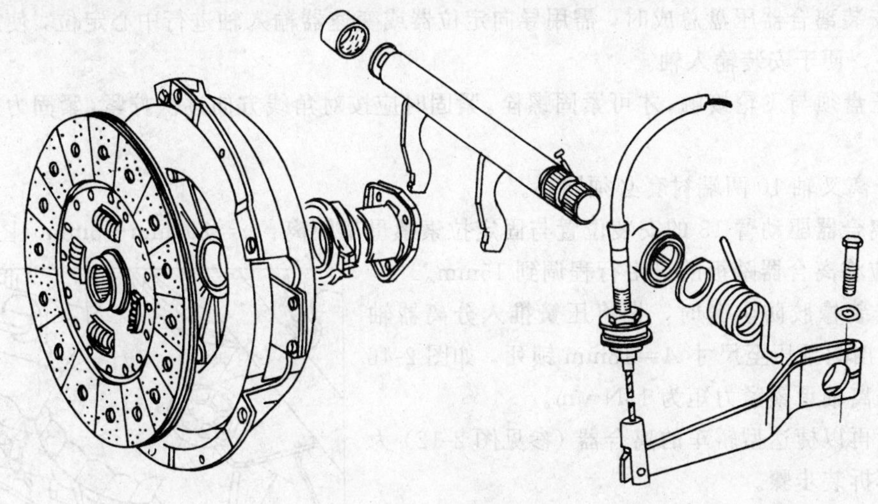

图 2-43 桑塔纳离合器

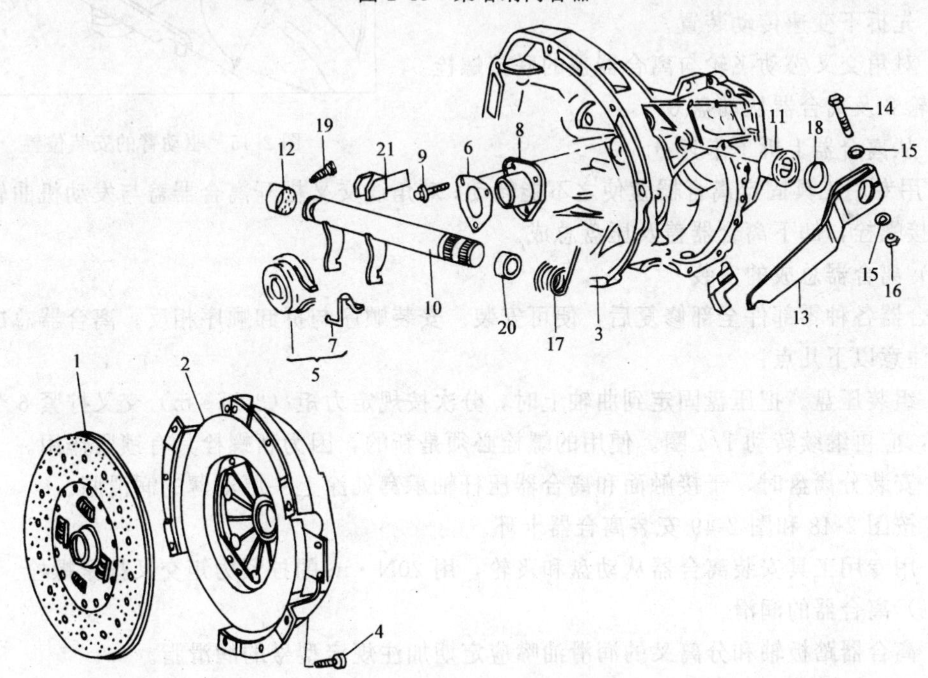

图 2-44 离合器分解图

1—离合器从动盘总成 2—离合器压盘总成 3—离合器罩壳 4、9、14—螺栓 5—分离轴承 6、15—垫圈 7—弹簧 8—分离轴承导向套 10—分离叉轴 11—衬套座 12—分离叉轴衬套 13—离合器驱动臂 16—螺母 17—回位弹簧 18—卡簧 19—固定螺钉 20—橡胶防尘套 21—拉索

（2）离合器的装配 离合器的装配应大致按拆卸相反顺序进行，但同时还应注意以下几点：

a. 离合器盖与压盘及膜片弹簧的对合标记要对齐。

b. 各支点和轴承表面以及分离轴承(轴承和套都是钢制的)在组装时应涂以锂基润滑脂。

c. 离合器从动盘有减振弹簧保持架的一面应朝向压盘方向安装。

d. 安装离合器压盘总成时，需用导向定位器或变速器输入轴进行中心定位，使从动盘与压盘同心，便于安装输入轴。

e. 压盘须与飞轮接触，才可紧固螺栓。紧固时应按对角线方向逐次拧紧，紧固力矩为25N·m。

f. 分离叉轴10两端衬套必须同心。

g. 离合器驱动臂13的安装位置与固定拉索螺母架距离：a=200mm±5mm（图2-45）。

h. 应将离合器踏板的自由行程调到15mm。

i. 安装橡胶防尘套时，先将压簧推入分离器轴承，再将挡圈预压至尺寸A=18mm锁死，如图2-46所示。分离轴承锁紧力矩为15N·m。

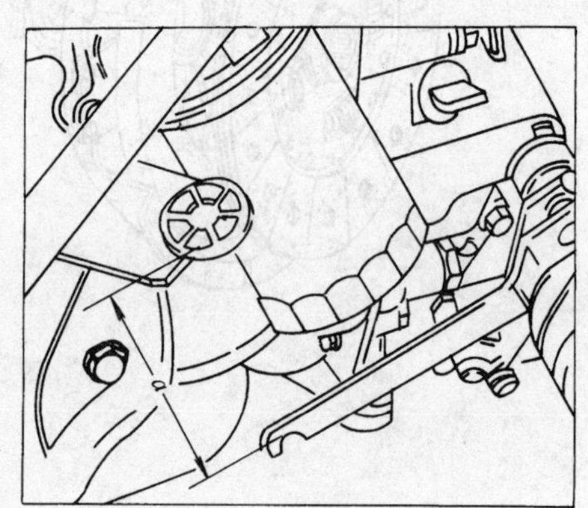

图2-45 驱动臂的安装位置

下面再以捷达型轿车的离合器（参见图2-12）为例介绍其拆装步骤。

(1) 离合器总成的拆卸

1) 先拆下变速传动装置。

2) 对角交叉松动飞轮与离合器盖的联接螺栓9，卸下飞轮8及离合器从动盘6。

3) 从离合器上拆下卡环5。

4) 用专用工具固定离合器盖使之不能转动，对角线交叉松开离合器盖与发动机曲轴法兰盘的联接螺栓，卸下离合器盖及压盘总成。

(2) 离合器总成的安装

离合器各种零部件全部修复后，便可安装。安装顺序与拆卸顺序相反。离合器总成安装时，应注意以下几点：

1) 组装压盘。把压盘固定到曲轴上时，分次按规定力矩（30N·m）交叉拧紧6个联接螺栓后，应再继续转动1/4圈。使用的螺栓必须是新的，因为新螺栓具有锁紧作用。

2) 安装分离盘时，于接触面和离合器压杆轴承窝处涂上一层薄薄的润滑脂。

3) 按图2-48和图2-49安装离合器卡环。

4) 用专用工具安装离合器从动盘和飞轮，用20N·m的拧紧力矩交叉拧紧螺栓。

(三) 离合器的润滑

1) 离合器踏板轴和分离叉的润滑油嘴应定期加注规定型号的润滑脂。

2) 现代汽车离合器分离轴承，多数采用含油轴承，维修时切忌浸泡于煤油或汽油中，只需用抹布擦去油污即可。

3) 东风EQ1090汽车采用封闭式分离轴承，平时不需要润滑，应在离合器拆散修理时，用压入法将油脂注入轴承。

注意：在润滑分离轴承时，加油不能过多，以免摩擦片沾油而产生打滑现象。

(四) 离合器的调整

1. 离合器分离杠杆高度的调整

离合器分离杠杆的内端与分离轴承必须同时接触，汽车才能平稳起步。若分离杠杆内端高低不一，离合器接合时将发生抖动现象。因此，装配维护时需查看各分离杠杆内端与分离轴承的接触情况，要求各分离杠杆内端位于同一平面，误差应符合原厂规定，一般不大于0.25mm。如果不符合要求，就应进行调整。方法是调整分离杠杆内端或在外端调整螺栓的位置。

对膜片弹簧离合器，若膜片弹簧分离指因磨损、锈蚀、破裂等致使膜片弹簧所受载荷不均匀或降低时，必须更新。膜片弹簧分离指在圆周上必须均匀排列，其极限偏差不大于0.5mm。同时各弹簧分离指高度应处于同一水平面上，其误差应不大于0.5mm。如弹簧分离指高低不平，将使汽车起步不稳、发抖，离合器也不能彻底分离。

2. 离合器踏板自由行程的调整

检查踏板自由行程的办法如图2-46所示，用一个钢直尺抵在驾驶室底板上，先测量踏板完全放松时的高度，再用手轻按踏板，当感到压力增大时，表示分离轴承端面已与分离杠杆内端接触，即停止推踏板，再测量踏板高度。两次测量的高度差，即为踏板的自由行程。

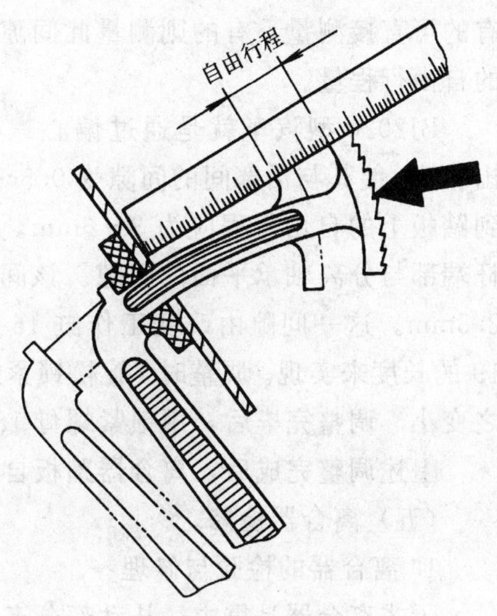

图2-46　用钢直尺检查踏板的自由行程

测量踏板的自由行程后，应与该车型的技术标准相比较，如果不符要求，应进行调整。部分车型离合器修理技术数据见表2-1所示。

表2-1　部分车型离合器修理技术数据

项　目	摩擦片厚度/mm		分离杠杆与轴承间隙/mm	踏板自由行程/mm
车　型	标准	使用极限		
解放CA1091	4	2.8	3～4	30～40
东风EQ1090E	4		3～4	30～40
一汽奥迪100			1.5～2.0	15～25
上海桑塔纳			1.50	15～20
捷达/高尔夫				15～20
天津夏利TJ7100				15～20
红旗7220				26～40
广州标致				15

踏板自由行程的调整，根据结构不一样，调正方法可分为：

1）机械操纵式离合器踏板自由行程的调整，一般是通过分离叉拉杆调整螺母调整拉杆或钢索长度。如上海桑塔纳轿车离合器踏板的自由行程为15～25mm，总行程为150mm±5mm。它是靠离合器拉索的调整来进行的，具体方法可通过改变图2-47所示的螺栓（箭头所指）来进行。

2）液压操纵式离合器踏板自由行程一般是主缸活塞与其推杆之间和分离杠杆内端与分离轴承之间两部分间隙之和在踏板上的反映。因此，踏板自由行程的调整实际上就是这两处间隙的调整。调整时先调整主缸活塞与推杆间隙，有的通过调整螺母调整推杆长度，有的通过踏板臂与推杆相连的偏心装置调整推杆伸出长度。其间隙量有的可直接测量，有的则测量此间隙在踏板上反映的自由行程量。

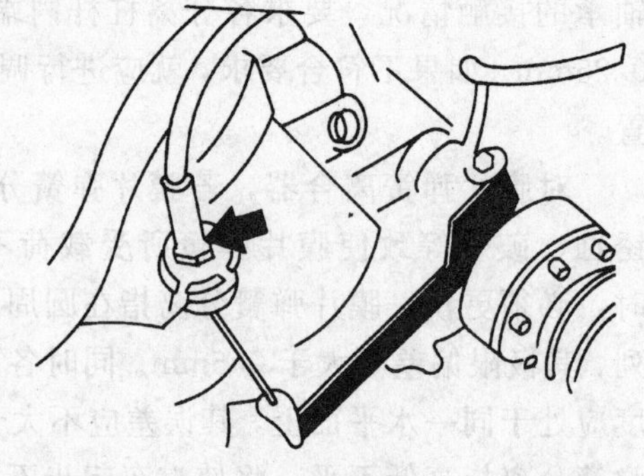

图 2-47　桑塔纳离合器踏板自由行程的调整

BJ2020 型汽车就是通过偏心螺栓调整推杆伸出长度，使其与活塞间的间隙为 0.5～1.0mm，反映到踏板上的自由行程应为 3～6mm。再调整分离杠杆端部与分离轴承平面的间隙。该间隙的规定值为 2.5mm。这一间隙由改变工作缸 16 的分离叉推杆 19 的长度来实现。调整时，旋松锁紧螺母 18，调整分离叉推杆 19 的长度，旋入间隙变大；反之变小。调整完毕后，用锁紧螺母 18 锁紧。

上述调整完成后，离合器踏板自由行程应为 32～40mm。

（五）离合器检修

1. 离合器的检验与修理

干式离合器是靠主、从动部分产生的摩擦力来传递扭矩，其摩擦力的大小取决于压紧力的数值和工作表面材料的性质。结构一定的离合器，虽然压紧力的数值和工作表面的材料性质是一定的，但是随着使用次数的增加或使用不当，压紧力会逐渐变小，工作表面的摩擦因数也会降低，同时离合器的其他零件也会发生磨损或损坏。这样，离合器主、从动部分产生的摩擦力就会减弱，或者摩擦力不均匀，使离合器在传递扭矩过程中出现，发抖、打滑、分离不彻底等故障，影响汽车的正常使用。因此，必须及时进行维修。

检验离合器工作状态的项目主要有离合器是否打滑、起步发抖、分离不彻底和噪声等。

1）打滑就是离合器在接合状态下，传递扭矩过程中的主、从动部分产生了相对滑转，其根本原因是摩擦元件的摩擦因数下降或压紧元件的压紧力下降所致。因此，摩擦件油污、烧损变质、摩擦材料磨薄、压紧弹簧失效和踏板自由行程不足等均可造成离合器打滑。

2）发抖是离合器接合过程中摩擦元件产生了不均匀滑转导致传动忽快忽慢，其根本原因是从动盘接合过程中沿圆周产生的摩擦力不均，摩擦片油污、烧损。另外，弹簧压紧力不均、分离杠杆或膜片弹簧分离指不等高，分离指前端局部磨损不均等，也会造成离合器起步发抖。

3）分离不彻底就是分离状态下主、从动盘不能完全脱离接触。主、从动盘破裂及翘曲变形，分离杠杆或膜片弹簧分离指高度不等或调整过低，踏板自由行程过大，双片离合器中压盘调整不当等，均可造成离合器分离不彻底。

4）噪声是因零件配合部位间隙过大造成运转时的冲击声响，如压盘传力部位、减振弹簧、分离轴承等处。

2. 从动盘的检验与修理

从动盘是离合器的摩擦元件，常见损伤是磨损、烧蚀、开裂、油污、铆钉松开和钢片翘曲变形。由于离合器在分离特别是接合过程中必然产生滑转，因而磨损、烧蚀和变质是主要损伤形式。油污主要是因变速器第一轴回油螺旋线回油能力降低使油从第一轴花键处漏出所致。从动盘钢片翘曲往往是由于变速器第一轴与曲轴中心线不同轴，使从动盘工作中产生周期性弯曲所致，这也是离合器从动盘加剧损坏的主要原因之一。另外，从动盘花键、减振弹簧与减振器盘的磨损是造成从动盘损伤的原因。

摩擦片有轻微的油污可用汽油清洗后，用喷灯火焰烘干；轻微硬化、烧损可用砂布打磨；磨损严重、铆钉头埋入深度小于 0.3～0.50mm，或有油污、裂纹、脱落、严重烧损时，应予换新。钢片翘曲变形，其外缘端面圆跳动一般应不超过 0.50～0.80mm。超过规定时可用专用板钳进行校正或换新。如图 2-48、图 2-49 所示。

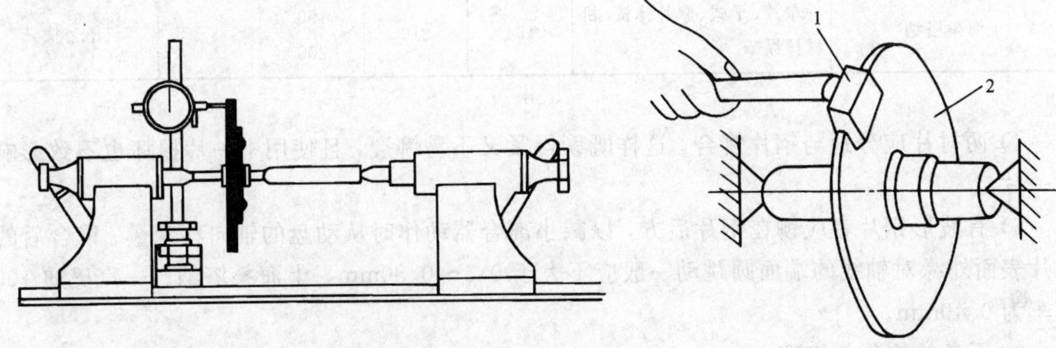

图 2-48　从动盘端面跳动的检查

图 2-49　从动盘的校正

1—校正钳　2—从动盘

花键与变速器第一轴花键的配合间隙应符合原厂规定，过大时应换新。摩擦衬片与钢片一般为铆接结合，随着粘贴工艺新技术的运用与发展，摩擦片的粘贴技术有着广阔的前景。这里主要介绍铆接工艺，其要点如下：

1）衬片和铆钉规格必须符合原设计要求。

2）钻铆钉孔时应将两衬片一同放在钢片同一侧夹紧，选择与钢片铆钉孔相同直径的钻头钻通所有铆钉孔。

3）选用与铆钉头同直径的钻头扩孔。扩孔有两种：通孔和埋头坑，二者应交叉排列，以便使两衬片分别与钢片铆合。钻埋头坑需用特制钻头。其坑深，含铜丝的衬片占片厚的 2/3，不含铜丝者占片厚的 1/2。铆钉头埋入深度不小于 1mm。钻孔时应快速进刀，否则易因摩擦热而烧损钻头。部分轿车离合器的检修数据见表 2-2。

表 2-2　离合器的检修数据

车　　型	离合器结构形式	摩擦衬片尺寸/mm		从动盘尺寸/mm		摩擦衬片铆钉头最小深度/mm
		内径	外径	外径	厚度	
红旗 CA7220	单片、干式、膜片弹簧、液压操纵			228	0.8～1.2	0.30
一汽奥迪 100	单片、干式、膜片弹簧、液压操纵					0.30
捷达/高尔夫	单片、干式、膜片弹簧、机械操纵			190 200		0.30
二汽神龙—富康	单片、干式、膜片弹簧、机械操纵	127	181.5		7.7±0.3	0.50

（续）

车　型	离合器结构形式	摩擦衬片尺寸/mm		从动盘尺寸/mm		摩擦衬片铆钉头最小深度/mm
		内径	外径	外径	厚度	
广州标致 GP7202SX（505）	单片、干式、膜片弹簧、机械操纵		215	215		0.50
天津夏利 TJ7100	单片、干式、膜片弹簧、机械操纵	120	170	170	3.1	0.30
上海桑塔纳	单片、干式、膜片弹簧、机械操纵	134	210	190 200		0.30

4）两衬片应分别与钢片铆合，这样既铆得紧又不易铆裂，且使用中一片损坏也不致影响另一片。

5）有波形钢片者应铆在钢片后方，以减小离合器动作时从动盘的轴向移动量。铆合后的衬片表面外缘对轴线的端面圆跳动一般应不大于 0.5～0.80mm，上海桑塔纳、一汽奥迪 100 轿车为 0.40mm。

3. 压盘的检验与修理

如压盘工作平面烧蚀、龟裂、划伤不严重时，可用油石打磨光滑。沟槽深度超过 0.5mm 或平面度误差超过 0.12～0.20mm 时应磨削修复，但磨削总量应不超过限度，一般限定为 1～1.5mm。磨削后的压盘应重新进行平衡。双片离合器中间压盘传力孔与销或传力槽与块的配合间隙超过规定时，可换位另开孔槽或换新。

1）离合器压盘弹簧因工作时间长久会出现疲劳、弯曲、折断或弹力减弱，而使离合器打滑。发现离合器打滑时应拆下离合器压盘，检查弹簧是否折断，弹力是否减弱或膜片弹簧磨损深度和宽度是否超标，一旦发现应及时更换。离合器压紧弹簧主要技术参数如表 2-3 所示。

表 2-3　离合器压紧弹簧主要技术参数

车　型	自由长度/mm	压缩长度/mm	压　力/N		
			生产厂规定	大修允许	使用限度
东风 EQ1090	67	43	617.4～695.8	588～695.8	568.4
解放 CA1090	70.5	42	480～550	430	390

2）分离轴承保养不当会发生严重磨损或烧死现象，离合器会产生异响。应拆开离合器检查轴承，沿轴线方向用手压紧内套转动，如有阻滞，说明轴承套或滚珠已磨损，应及时更换分离轴承。

4. 离合器盖的检验与修理

钢板冲压的离合器盖如有裂纹可焊修，如其传力窗（孔）磨损出现台阶可堆焊，如有翘曲变形应校正。

1）从动盘要清洁，各活动关节及摩擦面应涂少许润滑脂。

2）多簧式离合器的弹簧应按自由长度分组在周向均匀搭配，以使压紧力均匀。装配时应使用专用工具，防止离合器盖变形。

3）注意装配安装记号，离合器盖与压盘间、平衡片与离合器盖间、离合器盖与飞轮间均按原记号或位置装配，以防破坏平衡。

4）安装时应注意从动盘的方向：单片离合器从动盘花键毂短的一面朝向飞轮；双片离合器应按规定安装。如解放CA1091双片离合器是花键毂短的一面相对，奥迪100单片膜片弹簧离合器从动盘花键毂短的一面朝向飞轮。

5）为保证从动盘与曲轴的同轴度和便于安装变速器，离合器安装时可用该车型的另一变速器第一轴或专用导向心轴插入从动盘，并用曲轴后端导向轴承孔定位。

6）大修的离合器应在装车前与曲轴飞轮一起进行平衡。

5. 分离杠杆及其他零件的检验与修理

磨损是分离杠杆的主要损坏原因。

分离杠杆高度即分离杠杆内端至飞轮表面或压盘表面或其他规定平面的距离，应符合原厂规定，且各杠杆高度差应不超过要求。如东风EQ1090E规定分离杠杆内端至减振器盘后平面的距离为32.4mm，各杠杆高度差应不大于0.2mm。分离杠杆高度差的调整方法根据离合器结构有所不同，有的通过分离杠杆支点螺栓的调整螺母进行调整，如东风EQ1090E；有的则通过分离杠杆外端连接压盘的螺栓螺母进行调整，如解放CA1091双片离合器；也有个别车型通过分离杠杆内端调整螺钉进行调整。

6. 上海桑塔纳轿车离合器的检修步骤

（1）离合器从动盘

1）检查离合器盘的磨损程度。用卡尺测量铆钉头的深度，铆钉头的最小深度为0.3mm，超过极限时应更换摩擦片。

2）检查离合器盘的摆差量。用百分表检查离合器的摆差，从动盘端面摆差（距外边缘2.5mm处）不超过0.5mm；从动盘外圆表面的径向圆跳动不超过2.5mm。如摆差过大，应更换离合器盘。

3）检查摩擦片。摩擦片有裂纹、油污应更换。

（2）离合器压盘总成

1）离合器压盘壳不应有裂纹，平表度误差不大于0.2mm。可用钢直尺和塞尺检查。

2）膜片弹簧不应有裂纹、变形的现象；与分离轴承接触处的磨损不应大于0.6mm，并处在同一平面上；铆钉不应松动；钢丝环不应磨损；否则应更换总成。

（3）飞轮　飞轮的最大摆差量不超过0.2mm，否则，应修理或更换飞轮。

注：飞轮、离合器压盘，曲轴任意一零件更换都应作动平衡试验。

（4）离合器分离装置

1）分离轴承。分离轴承磨损严重、松旷应更换轴承。轴承不可清洗，只需擦净，如导向套筒是塑料的，装配时不可加注润滑脂。

2）回位弹簧。所有回位弹簧拆断或弹力不够均需更换。

五、离合器常见故障的诊断与排除

1. 离合器打滑

（1）现象

1）汽车用低挡起步时，放松离合器踏板后，汽车不能灵敏起步或起步困难。

2）汽车加速时，车速不能随发动机转速提高而加快及行驶无力。

3）当载客上坡时，打滑较明显，严重时会从离合器内散发出焦臭味。

（2）原因

1）离合器踏板自由行程太小或没有，分离轴承经常压在膜片弹簧上，使压盘处于半分离状态。

2）摩擦片磨损变薄、硬化、铆钉外露或沾有油污。

3）离合器和飞轮联接螺栓松动。

（3）判断与排除

1）拉紧手制动器，挂上低速挡，慢慢放松离合器踏板，逐渐加大油门，若汽车不动，发动机仍继续运转而不熄火，说明离合器打滑。

2）检查离合器踏板自由行程，如不符合规定应予以调整。

3）若自由行程正常，应拆下变速器罩壳，检查离合器与飞轮联接螺栓是否松动，如松动应予以拧紧。

4）经上述检查排除后仍然打滑时，应拆下离合器检查摩擦片的状况。若有油污，一般应用汽油清洗并烘干，然后找出油污来源，并设法排除。若摩擦片磨损过薄或多数铆钉头外露，应更换摩擦片。

5）如摩擦片完好，则应分解离合器，检查压盘膜片弹簧，若弹力过软应予更换。

2. 离合器分离不彻底

（1）现象

1）发动机怠速运转时，踩下离合器踏板，挂挡有齿轮撞击声，且难以挂入；虽强行挂入，但不放松踏板，汽车就向前驶动或造成发动机熄火。

2）变速时挂挡困难或挂不进挡，并从变速器端发出齿轮撞击声。

（2）原因

1）离合器踏板自由行程过大。

2）膜片弹簧指不处在同一平面上。

3）离合器从动盘翘曲，铆钉松脱或新换的摩擦片过厚。

4）从动盘毂键槽与变速器输入轴键锈蚀，使从动盘移动困难。

5）分离杠杆调整不当或分离杠杆弯曲、变形。

（3）判断和排除

1）将变速杆放到空挡位置，踏下离合器踏板，用旋具推动离合器从动盘，若能轻松推动，说明能分离；反之则分离不彻底。

2）检查、调整离合器踏板自由行程。

3）若新换摩擦片过厚，可在离合器盖与飞轮间增加适当厚度的垫片予以调整，但各垫片厚度应一致。

4）若上述检查调整仍无效时，应将离合器拆下分解和检查，必要时予以修理或换件。

3. 离合器发响

（1）现象　行驶中操纵离合器时有不正常响声。

（2）原因

1）分离轴承磨损严重或缺油，轴承回位弹簧过软、折断或脱落。

2）从动盘铆钉松动或减振弹簧折断。

3）踏板回位弹簧过软、脱落或折断。

（3）判断和排除

1）稍稍踩下离合器踏板，膜片弹簧与分离轴承接触，听到有“沙沙”的响声，为分离轴承响。若加油后仍响，为轴承磨损松旷或损坏，应予以更换。

2）踩下、放松离合器踏板时，如出现间断的碰击声，为分离轴承前后滑动响（分离轴支承弹簧失效），应更换支承弹簧。

3）发动机一起动就有响声，将踏板提起后响声消失，为踏板弹簧失效，应更换踏板弹簧。

4）连踩踏板，在离合器刚接触或分开时响，为从动盘铆钉松动和摩擦片铆钉外露，应修复铆钉。

4. 起步时发抖

（1）现象　起步时不能平稳结合，使车身产生抖动。

（2）原因

1）压盘和从动盘发生翘曲，或从动盘铆钉松动。

2）变速器与飞轮壳或者离合器盖与飞轮固定螺栓松动。

3）膜片弹簧弹力不均。

（3）判断与排除

1）让发动机怠速运转，挂上低速挡，缓慢松开离合器踏板并加大油门起步，如车身有明显的抖动，则为离合器发抖。

2）检查变速器与飞轮壳、离合器盖与飞轮固定螺钉是否松动，检查膜片弹簧的高度。

3）拆开离合器盖测量膜片弹簧的高度是否一致。

4）若上述各项均符合要求，则拆下离合器，分别检查压盘、从动盘是否变形，铆钉是否松动，膜片弹簧的弹力是否在允许范围内。

桑塔纳轿车离合器常见故障及排除方法总结于表 2-4 中。

表 2-4　桑塔纳轿车离合器常见故障、原因及排除方法

故障	原因	排除方法
离合器分离不彻底（换挡时发响）	离合器踏板自由行程过大 从动盘变形翘曲 从动盘摩擦片破裂或铆钉松动 踏板钢索损坏或驱动臂变形 从动盘花键槽与变速器第一轴花键卡滞	调整踏板自由行程 检查端面圆跳动<0.5mm，否则更换 检查更换 检查更换 检查修理
离合器打滑	离合器踏板没有自由行程 离合器摩擦片有油污 离合器摩擦片磨损过薄、烧蚀硬化、铆钉外露 离合器盖与分配结合螺栓松动或膜片弹簧弹力不足 分离机构发卡	调整踏板自由行程 清洗并检查变速器前油封是否漏油 检查更换摩擦片 紧固螺栓或更换压盘总成 检查或更换钢索

（续）

故障	原因	排除方法
离合器发抖	离合器盘表面翘曲不平，或盘毂铆钉松动 压盘起槽不平或膜片弹簧弹力不等 发动机脚固定螺栓松动 从动盘上减振器弹簧松弛或拆断，减振盘破裂	检查更换 修理或更换 紧固螺栓 检查更换从动盘
离合器发响	分离轴承缺油或损坏 离合器盘铆钉松动 分离轴承回位弹簧脱落或折断 发动机和变速器连接轴心线不在同一直线上 从动盘花键盘毂铆钉松动，铜片破裂，或减振弹簧折断	加注润滑油或更换轴承 更换从动盘 更换回位弹簧 检查调整 更换从动盘
离合器踏板沉重	润滑油沾上灰砂，使分离套筒在导向套管上滑动困难 分离套筒与导向套管润滑不良 拉索润滑不良或起槽	清洁 更换其中一个 润滑或更换拉索

注：离合器套筒和导向套管有钢制的，也有塑料的。都是钢制的，应润滑；一个钢制，一个塑料，不需润滑。

第二节　变　速　器

目前汽车上广泛采用的动力装置是汽油发动机和柴油发动机，它们的转矩与转速变化范围都较小，而汽车的行驶条件非常复杂，行驶速度和行驶阻力的变化范围很大。为了解决这一矛盾，在汽车传动系中设置了变速器。本节主要介绍普通齿轮变速器的基本组成、工作原理及国产轿车（例如桑塔纳、捷达）变速器的拆装、检修、故障诊断及排除。

一、概述

（一）变速器的功用

1. 实现变速变扭

改变传动比，扩大驱动轮转矩和转速的变化范围，以适应汽车在各种行驶条件下所需的牵引力和合适的行驶速度，并使发动机能够经常在功率较高而油耗率较低的有利工况下工作。因此，变速器中应具有合理的挡数和合适的传动比。

2. 实现倒车

现在的内燃活塞式发动机，其旋转方向都是不变的（面对曲轴前端看，为顺时针旋转），为了使汽车能倒向行驶，变速器中设有倒挡。

3. 实现中断动力传递

在发动机起动、怠速运转、变速器换挡和进行动力输出时，都要中断发动机至传动系的动力传递，故变速器中设有空挡。

（二）变速器的类型

变速器可以按照传动比或操纵方式来分类。

1. 按传动比变化方式分

（1）有级变速器　采用齿轮传动，具有若干个数值一定的传动比，从传动比等于1的直接挡（或小于1的超速挡）直到传动比最大的最低挡（一挡），速比成阶梯式的变化。这种变速器按其采用的齿轮系形式的不同，又可分为轴线固定的普通齿轮变速器和轴线旋转的行星齿轮变速器。普通齿轮变速器按前进挡时传递动力的轴数又可分为两轴式和三轴式。其中两轴式变速器广泛用于前置前驱动（FF）轿车，如夏利、桑塔纳、捷达、奥迪等。三轴式变速器应用最广泛，为绝大多数具有机械式传动系的车辆所采用。行星齿轮变速器在传动系中一般不单独采用，常用于液力式传动系，与液力变矩器一起组成液力机械变速器。

变速器的挡数是指前进挡的数目，不包括倒挡。目前，轿车和轻、中型货车变速器的传动比通常有3～5个前进挡和一个倒挡，少数也有6个挡位的（如CA1091汽车）。对于重型和超重型汽车，为了得到更多的挡位，又不使变速器体积和质量过大、结构复杂、拆装困难，将变速器做成主、副变速器两部分，主变速器挡数较多，一般有4～5个挡；副变速器挡数少，一般有2～4个挡，没有倒挡。这样就使整个变速系统得到8～20个挡位。这种变速器称为组合式变速器。

(2) 无级变速器　它的传动比在一定范围内是无限多级地连续变化的。如液力式传动系采用的液力变矩器、电力传动系中的直流串激电动机等均为无级变速传动元件。

(3) 综合式变速器　一般是指由液力变矩器和齿轮式有级变速器组成的液力机械式变速器，其传动比是在几个区段内无级变化，为部分无级式。这种结构既可得到较大的传动比，又可实现无级变速，目前应用较多。

2. 按操纵方式不同分

(1) 手动换挡式变速器　靠驾驶员直接操纵变速杆进行换挡。这种变速器换挡机构简单，工作可靠，目前应用最广。

(2) 自动操纵式变速器　传动比的选择和换挡是自动进行的。它是借助反映发动机负荷和车速的信号系统来控制换挡系统的执行元件来实现机械变速器的换挡，驾驶员只需操纵加速踏板以控制车速。

(3) 半自动式变速器　此种变速器有两种形式：一种是几个常用挡位可自动换挡，其余几个挡位要由驾驶员手动操作；另一种是预选式的，即驾驶员先用按钮选定挡位，在踩下离合器踏板或松开加速踏板时，接通自动控制和执行机构进行自动换挡。

本节仅介绍目前汽车上应用最广的手动操纵轴线固定式齿轮变速器。

变速器的基本构造包括：变速传动机构和操纵机构两部分。变速传动机构的主要作用是改变转矩的数值和方向；操纵机构的作用是实现传动比的变换——换挡。

（三）普通齿轮变速器的工作原理

普通齿轮式变速器是利用不同齿数的齿轮啮合传动实现转速和转矩改变的。

由齿轮传动的原理可知，一对齿数不同的齿轮啮合传动时可以变速，而且两齿轮的转速与其齿数成反比。设主动齿轮转速为n_1，齿数为z_1；从动齿轮转速为n_2，齿数为z_2。主动轮（即输入轴）转速与从动轮（即输出轴）转速之比值称为传动比，用字母i_{12}表示。即

$$i_{12}=\frac{n_1}{n_2}=\frac{z_2}{z_1}$$

因而

$$n_2=n_1\frac{z_1}{z_2}$$

如图2-50a所示，当以小齿轮为主动轮（即$z_1<z_2$），其转速经大齿轮传出时就降低了，即$n_2<n_1$，称为减速传动，此时传动比$i>1$；如图2-50b所示，当以大齿轮为主动轮（即$z_1>$

z_2），其转速经小齿轮传出时就升高了，即 $n_2>n_1$，称为增速传动，此时传动比 $i<1$。这就是齿轮传动的变速原理。

一对齿轮传动只能得到一个固定的传动比，从而得到一种输出转速，并构成一个挡位。为了扩大变速器输出转速的变化范围，普通齿轮变速器通常都采用多组大小不同的齿轮啮合传动，这样就构成了多个不同的挡位，对应于不同的挡位，均有不同的传动比值，从而可得到多种不同的输出转速。

图 2-51 所示为两级齿轮传动示意图。第一级传动中，小齿轮 1 为主动齿轮，其转速为 n_1，齿数为 z_1；大齿轮 2 为从动齿轮，转速为 n_2，齿数为 z_2。这对齿轮的传动比（或称速比）为

$$i_{12}=\frac{n_1}{n_2}=\frac{z_2}{z_1}$$

$$n_1=\frac{z_2}{z_1}n_2$$

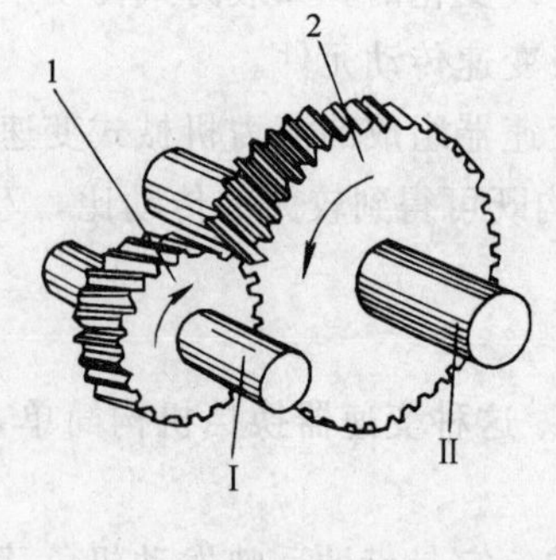

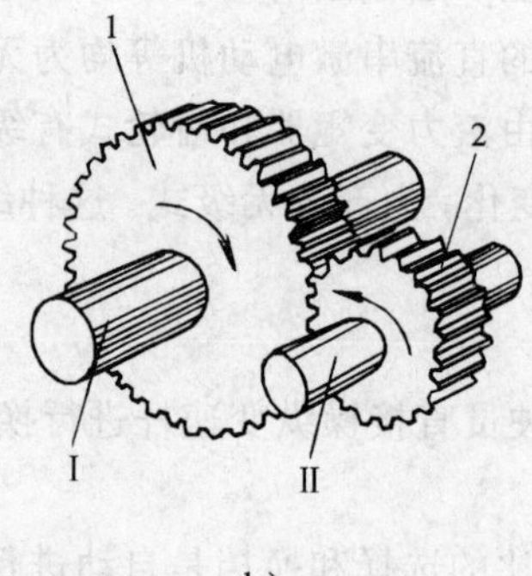

图 2-50　齿轮传动的基本原理

a）减速传动　b）增速传动

Ⅰ—输入轴　Ⅱ—输出轴

1—主动齿轮，齿数为 z_1　2—从动齿轮，齿数为 z_2

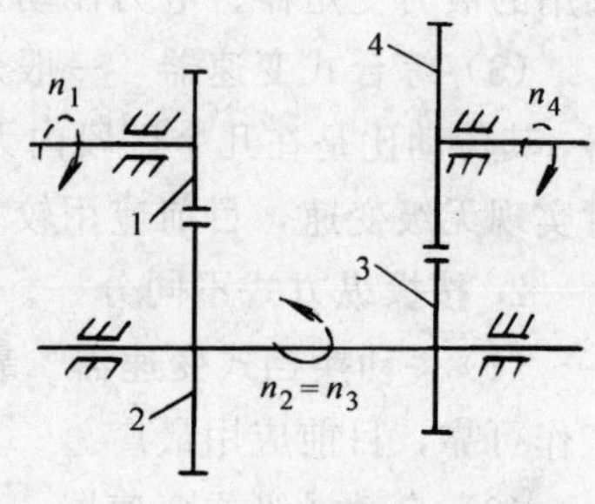

图 2-51　齿轮传动原理

1、3—主动齿轮　2、4—从动齿轮

第二级齿轮传动中，齿轮 3 为主动齿轮，转速为 n_3，齿数为 z_3；齿轮 4 为从动齿轮，转速为 n_4，齿数为 z_4。这对齿轮的传动比为

$$i_{34}=\frac{n_3}{n_4}=\frac{z_4}{z_3},\ n_4=\frac{z_3}{z_4}n_3$$

经过两对齿轮传动，总速比为 i_k

$$i_k=i_{14}=\frac{n_1}{n_4}=\frac{z_2}{z_1}n_2\bigg/\frac{z_3}{z_4}n_3$$

因为齿轮 2 和齿轮 3 是在同一根轴上，故 $n_2=n_3$，上式成为

$$i_k=\frac{z_2z_4}{z_1z_3}$$

因此，多级齿轮传动的传动比为

$$i=\frac{\text{所有从动齿轮齿数的乘积}}{\text{所有主动齿轮齿数的乘积}}=\text{各级齿轮传动比的连乘积}$$

在齿轮传动中，如不计能量损失，根据能量守恒定律，输入轴（主动齿轮）的功率 P_1 应等于输出轴（从动齿轮）的功率 P_2，即 $P_1=P_2$。而 $P_1=\frac{M_1n_1}{9550}$，$P_2=\frac{M_2n_2}{9550}$，式中 M_1、M_2 分

别为输入轴、输出轴上的转矩。由 $P_1=P_2$ 可得

$$i_{12}=\frac{n_1}{n_2}=\frac{M_2}{M_1}$$

同理可得

$$i_{14}=\frac{n_1}{n_4}=\frac{M_4}{M_1}$$

一般

$$i_k=\frac{n_{主动}}{n_{从动}}=\frac{M_{从动}}{M_{主动}}$$

对于变速器，其各挡的传动比 i_k 就是变速器输入轴的转速 $n_入$（或输出轴扭矩 $M_出$）与输出轴转速 $n_出$（或输入轴扭矩 $M_入$）之比。即

$$i_k=\frac{n_入}{n_出}=\frac{M_出}{M_入}$$

当 $i_k>1$ 时，$n_出<n_入$，$M_出>M_入$，为降速增扭（变速器低挡位）；$i_k=1$ 时，输入、输出轴上转速、转矩分别相等（变速器直接挡）；$i_k<1$ 时，$n_出>n_入$，$M_出<M_入$，为升速降扭（变速器超速挡）。在输入功率 $P_入=M_入 n_入$ 一定时，选用不同的 i_k，就使输出轴得到不同的转速和转矩。转速降低（增加）多少，扭矩就相应地增大（减小）多少。这就是变速器的工作原理。

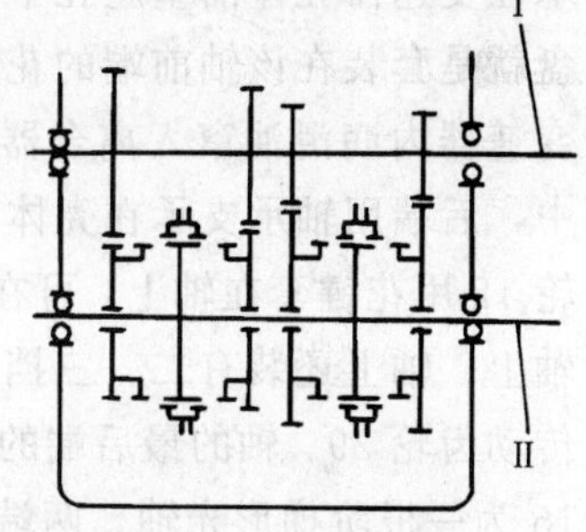

图 2-52　单级齿轮传动式变速器示意图
Ⅰ—输入轴　Ⅱ—输出轴

前已述及，机械式齿轮变速器的变速传动机构有两种：两轴式和三轴式。

汽车上使用的普通齿轮变速器常见的齿轮传动形式如前所述：有单级齿轮传动（参看图 2-50）和双级齿轮传动（参看图 2-51）两种。单级齿轮传动式变速器如图 2-52 所示，其前进挡由输入轴（也称为第一轴）和输出轴（也称为第二轴）两根轴及其齿轮组成，所以，通常称为两轴式变速器。所有各前进挡都由一对齿轮啮合传动，其主动齿轮都安装在输入轴上，从动齿轮都安装在输出轴上，各挡的传动比都等于该挡从动齿轮齿数与主动齿轮齿数之比值。变速器在前进挡时其输出轴旋转方向与输入轴旋转方向相反；倒挡则是在输入轴与输出轴之间加装了一根倒挡轴和倒挡齿轮（此为惰轮），使其输出轴旋转方向与前进挡时的旋转方向相同，从而可以使汽车倒向行驶。

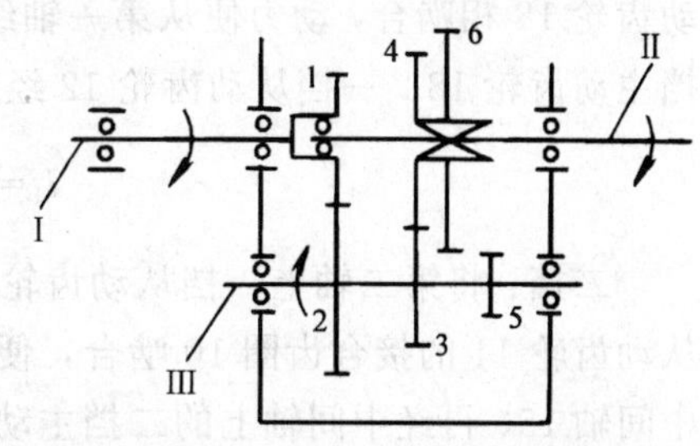

图 2-53　双级齿轮传动式变速器示意图
Ⅰ—输入轴　Ⅱ—输出轴　Ⅲ—中间轴
1—第一轴主动齿轮　2—中间轴从动齿轮
3、5—中间轴主动齿轮　4、6—第二轴从动齿轮

双级齿轮传动变速器如图 2-53 所示，其前进挡由输入轴（第一轴）、输出轴（第二轴）和中间轴三根轴及其齿轮组成，故通常称为三轴式变速器。输入轴与输出轴在同一条轴线上。输入轴上只有一个齿轮 1（为主动齿轮），与中间轴上的齿轮 2（为从动齿轮）常啮合，构成第一级齿轮传动；中间轴上的其他齿轮均作为主动轮分别与输出轴上相应的齿轮（为从动齿轮）相啮合，构成第二级齿轮传动。即每一挡位都由两对齿轮啮合传动实现双级齿轮传动。

三轴式变速器前进挡的输入轴与输出轴转向相同，其倒挡则是在中间轴与输出轴之间加装一根倒挡轴和倒挡齿轮，使输出轴与输入轴转向相反，从而可使汽车倒向行驶。

二、普通齿轮变速器的变速传动机构

变速传动机构是变速器的主体，主要由一系列相互啮合的齿轮副及其支承轴以及作为基础件的壳体组成。其作用是改变转速、改变转矩和改变旋转方向。下面分别介绍三轴式和两轴式普通齿轮变速器传动机构的基本构造和工作过程。

（一）三轴式变速传动机构

以东风 EQ1092 型汽车变速器为例介绍三轴式变速器结构。

1. 基本结构

图 2-54 所示为东风 EQ1092 型汽车五挡变速器传动示意图，图 2-55 所示为变速器结构图，两图上零部件编号相同，图 2-54 中括号内的数字是标号齿轮的齿数。该变速器有五个前进挡，一个倒挡，三根轴；第一轴（输入轴）、中间轴和第二轴（输出轴）。第一轴 1 一般与常啮合传动齿轮 2 制成一体，轴的前端用轴承支承在发动机飞轮的中心孔内，后端用轴承支承在变速器壳体前壁座孔中。第一轴既是变速器输入轴，又是离合器的输出轴，离合器从动盘就是套装在该轴前端的花键上。第一轴轴承盖 26 的内圆柱面切有回油螺纹（左旋），防止变速器内润滑油窜入离合器。第二轴 14 的前端用滚针轴承支承在常啮合传动齿轮 2 的内孔中，后端用轴承支承在壳体上。轴上装有一、二、三、四挡从动齿轮 12、11、7、6。一挡齿轮 12 用花键套在轴上，可在轴上沿轴向滑动。二、三、四挡齿轮均通过滚针轴承自由地套在轴上。轴上还装有二、三挡及四、五挡换挡同步器装置。第二轴后轴承的外侧还装有里程表传动齿轮 29。轴的最后端的花键上装有凸缘，它与万向传动装置中的万向节叉联结。中间轴 15 为一根阶梯形光轴，两端用轴承支承在壳体上。其上装有一、二、三、四挡主动齿轮 18、20、21、22 及常啮合传动齿轮 23，其中一挡齿轮 18 因尺寸小而与轴做成一体，其余齿轮均用半月键与轴联结。除上述三根轴外，变速器中还有一根倒挡轴 16，轴的两端分别支承在壳体上和箱体内的支承上，轴被锁片固定在壳体上，其上用滚针轴承自由地套装有倒挡中间齿轮 17、19。变速器中除一、倒挡齿轮为直齿齿轮外，其余齿轮均为斜齿齿轮。

2. 各挡传动路线及传动比

一挡：操纵变速杆，通过拨叉使第二轴上的一挡从动齿轮 12 左移，与中间轴上的一挡主动齿轮 18 相啮合，动力便从第一轴经常啮合主动齿轮 2、常啮合从动齿轮 23、中间轴 15、一挡主动齿轮 18、一挡从动齿轮 12 经花键传至第二轴 14 输出。一挡传动比为

$$i_1=\frac{z_{23}z_{12}}{z_2z_{18}}=\frac{42\times43}{19\times13}=7.31$$

二挡：将第二轴上一挡从动齿轮 12 退出啮合后，拨动带同步器的接合套 9 右移，与二挡从动齿轮 11 的接合齿圈 10 啮合，便从一挡换入二挡。动力从第一轴经常啮合齿轮 2、23 至中间轴 15、再经中间轴上的二挡主动齿轮 20 传至第二轴上的二挡从动齿轮 11，因齿轮 11 是空套在第二轴上，动力不能由齿轮 11 直接传到第二轴上，而是经其上的接合齿圈 10 传至接合套 9 再到花键毂 24，最后传至第二轴。二挡传动比为

$$i_2=\frac{z_{23}z_{11}}{z_2z_{20}}=\frac{42\times39}{19\times20}=4.31$$

三挡：将接合套 9 左移与接合齿圈 8 啮合，即挂入三挡。动力通过第一轴依次经常啮合

齿轮 2、23，中间轴 15，三挡主、从动齿轮 21、7，接合齿圈 8，接合套 9，花键毂 24 至第二轴。三挡传动比为

$$i_3=\frac{z_{23}z_7}{z_2z_{21}}=\frac{42\times 31}{19\times 28}=2.45$$

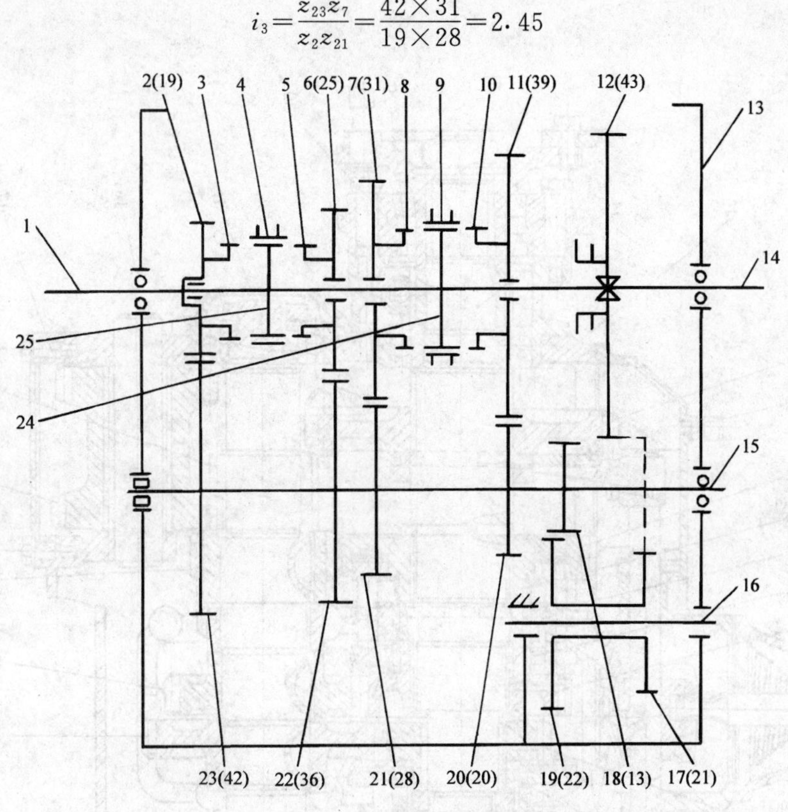

图 2-54　五挡变速器变速传动示意图

1—第一轴　2—第一轴常啮合传动齿轮　3—第一轴齿轮接合齿圈　4、9—接合套　5—四挡齿轮接合齿圈　6—第二轴四挡齿轮　7—第二轴三挡齿轮　8—三挡齿轮接合齿圈　10—二挡齿轮接合齿圈　11—第二轴二挡齿轮　12—第二轴一、倒挡滑动齿轮　13—变速器壳体　14—第二轴　15—中间轴　16—倒挡轴　17、19—倒挡中间齿轮　18—中间轴一、倒挡齿轮　20—中间轴二挡齿轮　21—中间轴三挡齿轮　22—中间轴四挡齿轮　23—中间轴常啮合传动齿轮　24、25—花键毂

四挡：将第二轴四、五挡接合套 4 向右移动，与接合齿圈 5 啮合，即可挂入四挡。动力通过第一轴依次经常啮合齿轮 2、23，中间轴 15，四挡主、从动齿轮 22、6，接合齿圈 5，接合套 4，花键毂 25，传至第二轴。四挡传动比为

$$i_4=\frac{z_{23}z_6}{z_2z_{22}}=\frac{42\times 25}{19\times 36}=1.54$$

五挡：将第二轴上接合套 4 左移与第一轴上常啮合主动齿轮 2 的接合齿圈 3 啮合，即挂入五挡。这时，第一轴经接合套 4 与第二轴通过花键毂 25 联成一体。动力从第一轴经齿轮 2、接合齿圈 3、接合套 4 和花键毂 25 直接传至第二轴，不再经过中间轴，故通常把这种挡位称为直接挡。直接挡动力传动路线最短，传动效率最高，在公路上行驶的车辆，经常都是用直接挡。五挡传动比为

$$i_5=1$$

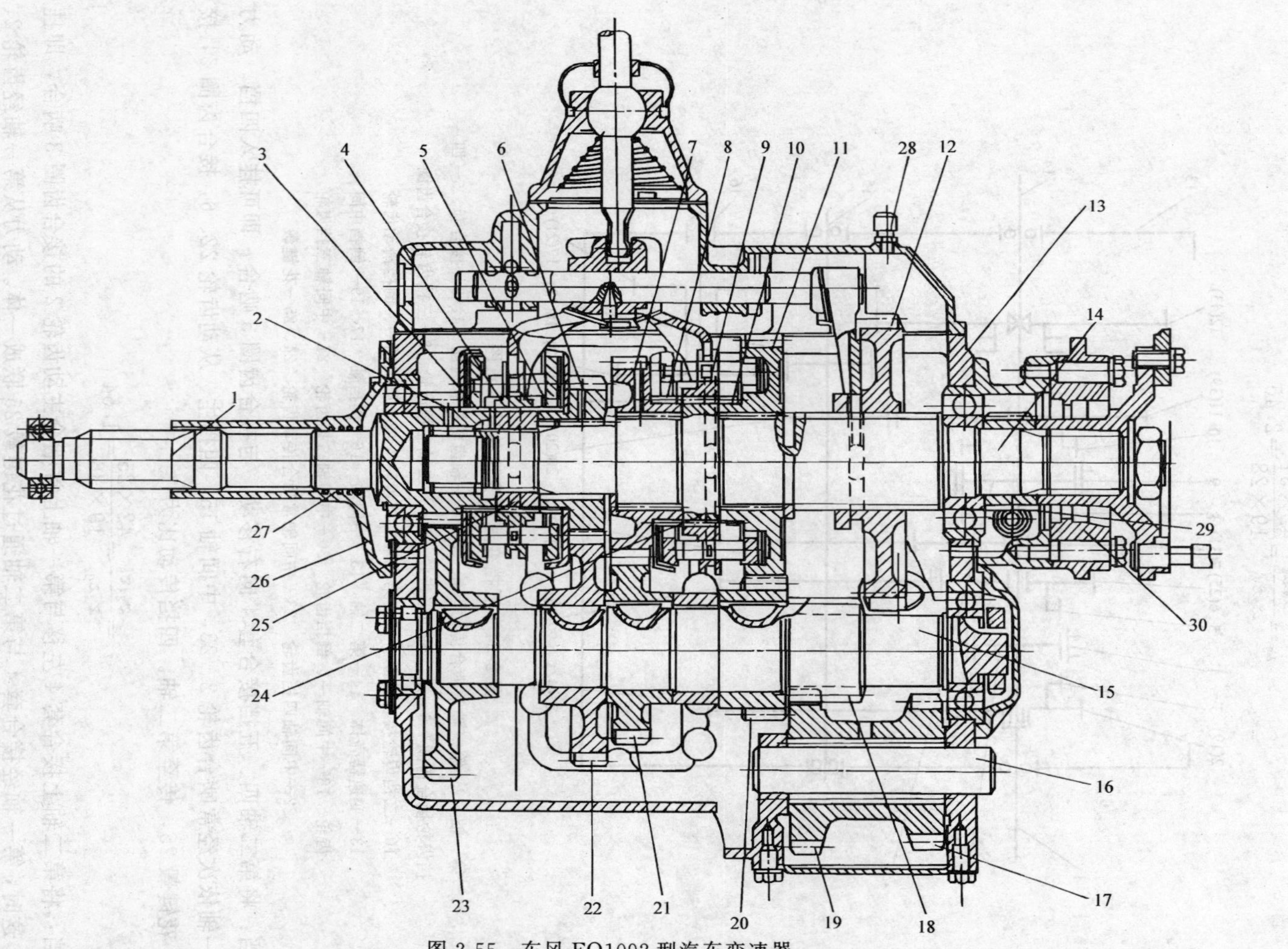

图 2-55　东风 EQ1092 型汽车变速器

1—第一轴　2—第一轴常啮合传动齿轮　3—第一轴齿轮接合齿圈　4、9—接合套　5—四挡齿轮接合齿圈　6—第二轴四挡齿轮　7—第二轴三挡齿轮　8—三挡齿轮接合齿圈　10—二挡齿轮接合齿圈　11—第二轴二挡齿轮　12—第二轴一、倒挡滑动齿轮　13—变速器壳体　14—第二轴　15—中间轴　16—倒挡轴　17、19—倒挡中间齿轮　18—中间轴一、倒挡齿轮　20—中间轴二挡齿轮　21—中间轴三挡齿轮　22—中间轴四挡齿轮　23—中间轴常啮合传动齿轮　24、25—花键毂　26—第一轴轴承盖　27—轴承盖回油螺纹　28—通气孔　29—里程表传动齿轮　30—中央制动器底座

上述一～五挡均为前进挡，动力从第一轴到第二轴一般均经两对齿轮传动（或第一轴、第二轴直接连接），故第二轴的旋转方向和第一轴相同。为使汽车能倒向行驶，应使第二轴的旋向与第一轴相反。这时从第一轴至第二轴应采用三对齿轮传动，就是倒挡传动路线。

倒挡：将第二轴一挡从动齿轮（也兼作倒挡从动齿轮）12 右移，与倒挡中间直齿齿轮 17 啮合，即挂入倒挡。动力由第一轴经常啮合齿轮 2、23，中间轴 15，一挡主动齿轮 18，倒挡中间齿轮 19 及 17 至一挡从动齿轮 12，经花键传至第二轴。倒挡传动比为

$$i_R=\frac{z_{23}z_{19}z_{12}}{z_2z_{18}z_{17}}=\frac{42\times22\times43}{19\times13\times21}=7.66$$

（二）二轴式变速传动机构

前已述及，对于发动机前置前轮驱动（FF 型）或发动机后置后轮驱动（RR 型）汽车中的传动系，由于总布置的需要，常采用两轴式传动机构的变速器。

目前，我国常见的几种国产轿车均采用发动机前置前轮驱动，如桑塔纳、捷达、奥迪、富康等轿车。

前置发动机又有纵向布置和横向布置两种形式，故与其配用的两轴式变速器也有两种不同的结构形式。当纵置时，主减速器齿轮和差速器齿轮就布置在离合器和变速器之间，主减速器齿轮为一对圆锥齿轮，如奥迪 100 型轿车、桑塔纳 2000 型轿车的传动系（见图 2-56 和图 2-57）；当横置时，由于主减速器的主动齿轮和从动齿轮轴线平行，故采用一对圆柱齿轮，如夏利轿车、捷达型轿车的传动系（见图 2-58）。

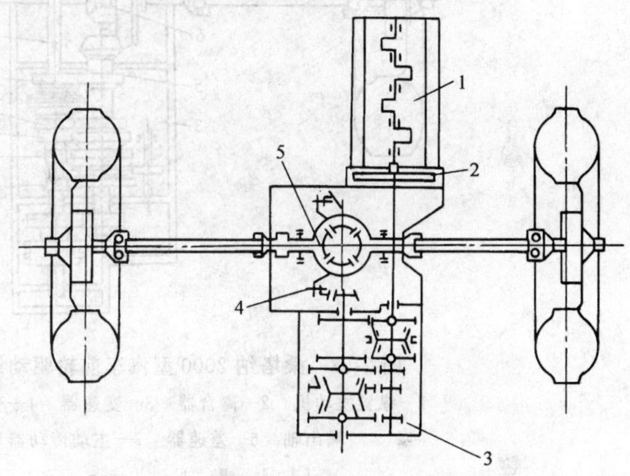

图 2-56 上海桑塔纳轿车四挡变速器传动示意图

1—发动机 2—离合器 3—变速器 4—主减速器 5—差速器

1. 发动机前置纵向布置的二轴式变速传动机构

图 2-59 所示为奥迪 100 型轿车变速器传动机构示意图。图 2-60 所示为其结构图。

变速器的变速传动机构有输入轴 2 和输出轴 19，二轴平行布置。该变速器具有五个前进挡和一个倒挡，全部采用同步器换挡。输入轴上有一～五挡主动齿轮，其中一、二挡主动齿轮 5、7 与轴制成一体，三、四挡主动齿轮 8、10 用滚针轴承空套在轴上，五挡主动齿轮 11 固定在轴上。输入轴的右端还有一个倒挡主动齿轮 13，它与轴做成一体。三、四挡同步器也装在输入轴上。变速器壳体分为前壳体 1（它与驱动桥壳做成一体）和后壳体 6。输入轴贯穿于前、后壳体，由四个轴承支承，其前端支承在发动机曲轴后端孔内的滚针轴承上，中间用一球轴承和一滚子轴承支承在变速器前壳体上，后端的滚子轴承支承在变速器后壳体上。输出轴 19 上有一～五挡从动齿轮，其中一、二挡从动齿轮 23、21 用滚针轴承空套在轴上，三、四挡从动齿轮 20、18 通过花键套装在轴上。五挡从动齿轮 16 用滚针轴承空套在轴上。轴的右端还有一个倒挡从动齿轮 14，也是用滚针轴承空套在轴上。一、二挡和五、倒挡同步器均装在输出轴上。输出轴的最左端是主减速器主动锥齿轮 24，它与轴制成一体。输出轴是由两个

圆锥滚子轴承支承在壳体上。在后壳体的右端，固装了倒挡中间轴 25，其上用滚针轴承套装有倒挡中间齿轮 26。

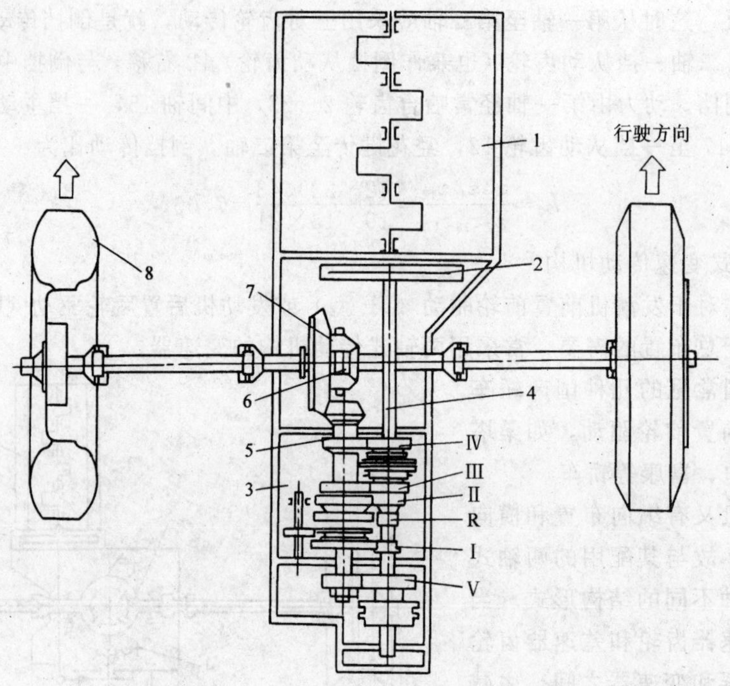

图 2-57　桑塔纳 2000 型汽车前轮驱动纵置变速器传动示意图

1—纵置发动机　2—离合器　3—变速器　4—变速器输入轴　5—主动齿轮输出轴　6—差速器　7—主动传动器从动齿轮　8—前轮

Ⅰ、Ⅱ、Ⅲ、Ⅳ、Ⅴ—一、二、三、四、五挡齿轮

R—倒挡齿轮

变速器各挡传动比为

一挡：
$$i_1=\frac{z_{23}}{z_5}=\frac{39}{11}=3.545$$

二挡：
$$i_2=\frac{z_{21}}{z_7}=\frac{40}{19}=2.105$$

三挡：
$$i_3=\frac{z_{20}}{z_8}=\frac{40}{28}=1.429$$

四挡：
$$i_4=\frac{z_{18}}{z_{10}}=\frac{35}{34}=1.029$$

五挡：
$$i_5=\frac{z_{16}}{z_{11}}=\frac{31}{37}=0.838$$

倒挡：
$$i_R=\frac{z_{26}\times z_{14}}{z_{13}\times z_{26}}=\frac{z_{35}}{z_{78}}=\frac{35}{10}=3.50$$

两轴式变速器从输入轴到输出轴只通过一对齿轮传动，倒挡传动路线中也只有一个中间齿轮，因而传动效率高，噪声小。但由于两轴传动中不可能有直接挡，因而不能获得直接传动时较高的机械效率。该变速器的五挡为传动比小于 1 的超速挡。它主要用于在良好路面上轻载或空车行驶的情况下，可以提高汽车的燃油经济性。该变速器（见图 2-60）中，若将输入轴 2 上的五挡主动齿轮 11 及输出轴 19 上的五挡从动齿轮 16 拆下，而分别以隔离套置换补

位后，原五挡变速器则变为四挡变速器。集油器 12 把飞溅的润滑油收集起来，并通过孔道流至输入轴和输出轴右端的轴承处，以保证其充分润滑。若将五挡变速器改为四挡变速器时，应更换输出轴，其右端的主减速器主动锥齿轮的齿数和模数均不同于原输出轴，以适应不同车速和转矩的需要。

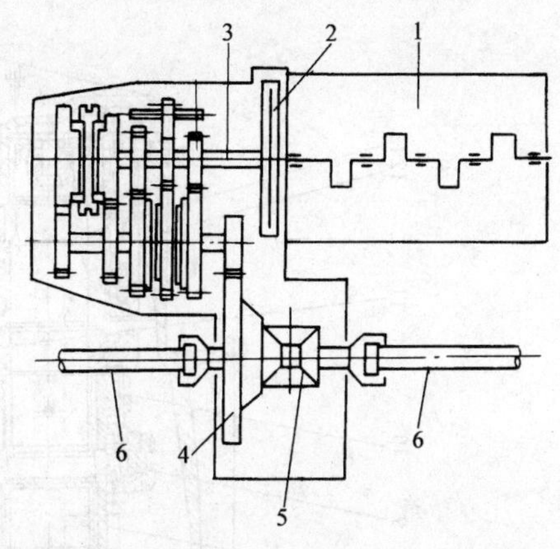

图 2-58 捷达轿车四挡变速器传动示意图
1—发动机 2—离合器 3—变速器 4—主减速器 5—差速器 6—带等角速万向节的半轴

桑塔纳轿车变速器目前主要有两个系列产品：一个是普通型桑塔纳用的四挡变速器。图 2-61 所示即为四挡变速器传动机构结构图，图 2-62 为四档变速器传动机构示意图。再一个是桑塔纳 2000 型用的五挡变速器。图 2-63 所示即为五挡变速器传动机构示意图，图 2-64 为五挡变速器传动机构结构图。五挡变速器是在四挡变速器的基础上改进设计的，两种变速器的通用性很强。

桑塔纳轿车变速器（不论是四挡还是五挡）其内部结构均采用二轴式布置形式，其中四挡变速器共有四个前进挡全部采用同步器操纵换挡，两个锁环式惯性同步器分别安装在输入轴和输出轴上；五挡变速器中的五个前进挡也全部采用同步器操纵换挡，而三个锁环式惯性同步器，一个安装在变速器的输出轴上，其他两个装在变速器输入轴上。输入轴的一、二挡齿轮和倒挡齿轮与轴制成一体，其他均为带衬套式齿轮。

桑塔纳 2000 型轿车五挡变速器的动力传递如图 2-63 所示，详细途径如表 2-5 所示。

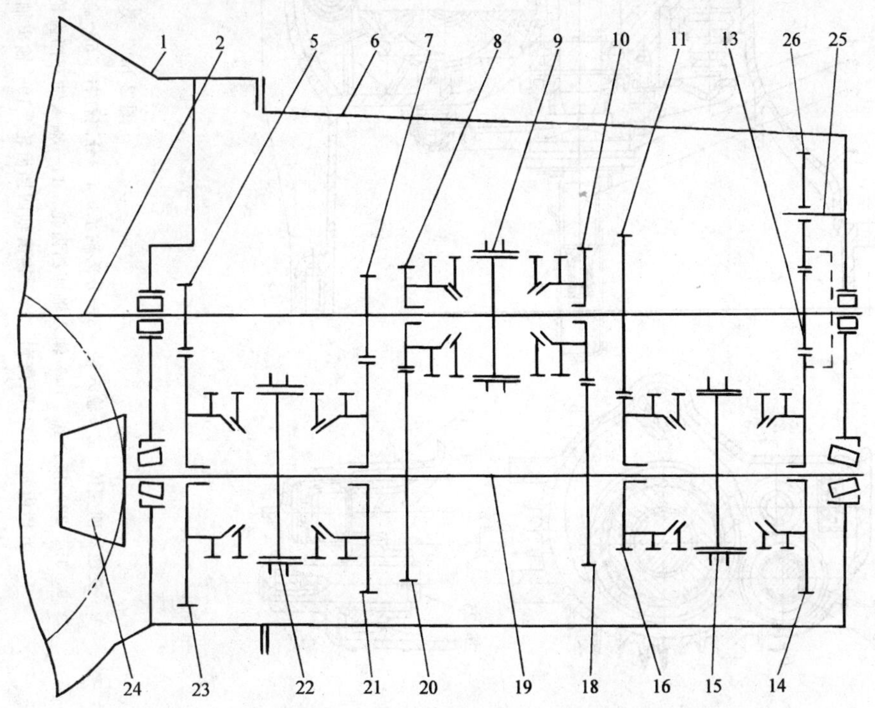

图 2-59 奥迪 100 轿车变速器传动机构示意图（图注同图 2-60）

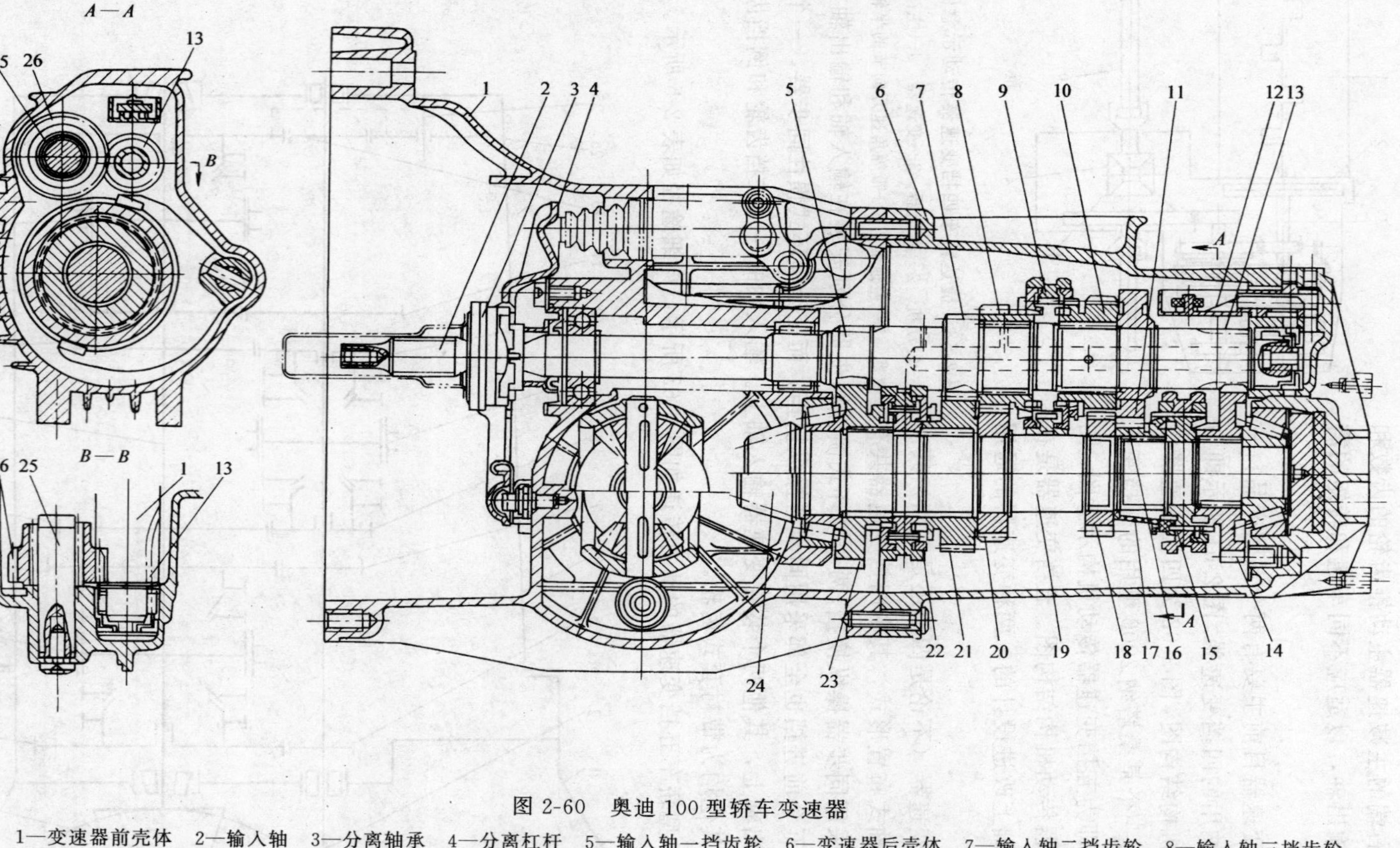

图 2-60 奥迪 100 型轿车变速器

1—变速器前壳体 2—输入轴 3—分离轴承 4—分离杠杆 5—输入轴一挡齿轮 6—变速器后壳体 7—输入轴二挡齿轮 8—输入轴三挡齿轮 9、15、22—接合套 10—输入轴四挡齿轮 11—输入轴五挡齿轮 12—集油器 13—输入轴倒挡齿轮 14—输出轴倒挡齿轮 16—输出轴五挡齿轮 17—隔离套 18—输出轴四挡齿轮 19—输出轴 20—输出轴三挡齿轮 21—输出轴二挡齿轮 23—输出轴一挡齿轮 24—主减速器主动锥齿轮 25—倒挡中间轴 26—倒挡中间齿轮

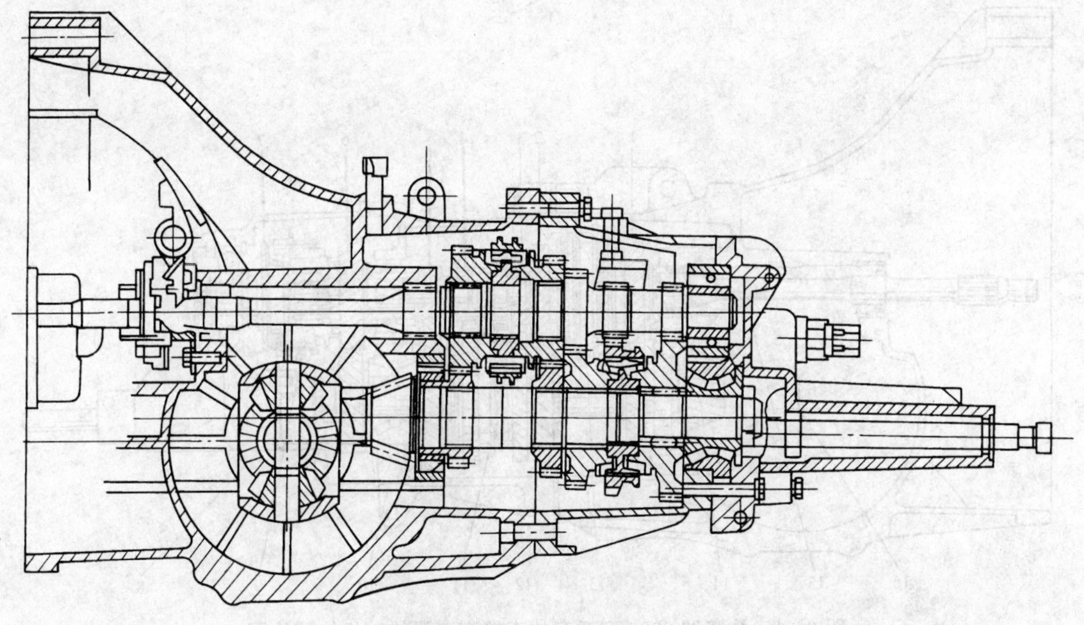

图 2-61　上海桑塔纳轿车四挡变速器传动机构结构图

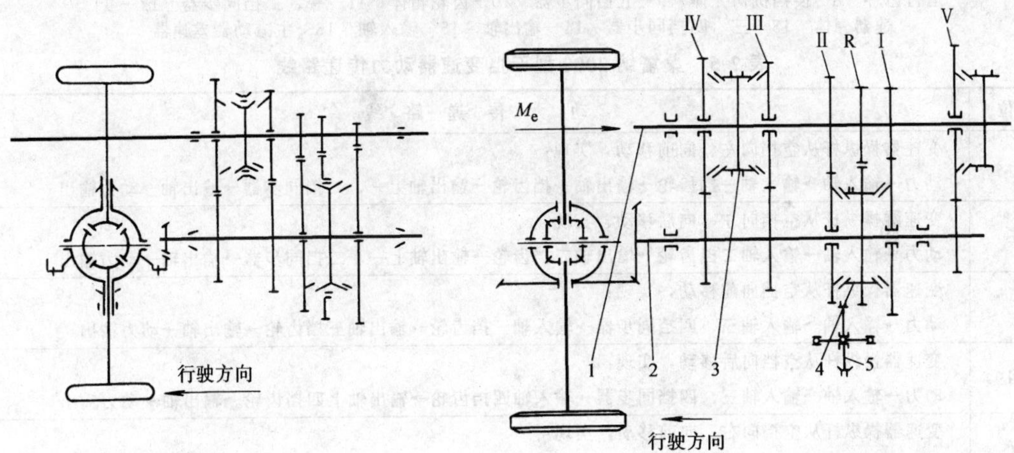

图 2-62　桑塔纳轿车四挡变速器传动机构示意图

图 2-63　桑塔纳 2000 型五挡变速器传动机构示意图

1—输入轴　2—输出轴　3—三、四挡同步器
4—一、二挡同步器　5—倒挡轴倒挡齿轮
Ⅰ—一挡齿轮　Ⅱ—二挡齿轮　Ⅲ—三挡齿轮
Ⅳ—四挡齿轮　Ⅴ—五挡齿轮　R—倒挡齿轮

桑塔纳变速器主要技术参数见表 2-6。

2. 发动机前置横向布置的二轴式变速器传动机构

捷达型轿车传动系采用的是发动机前置横向布置的形式，如图 2-65 是捷达轿车变速器传动机构示意图；图 2-66 为变速器结构图。捷达轿车普通型装用四挡全同步机械式变速器，捷达王轿车装用五挡全同步机械式变速器。五挡变速器的结构形式与四挡变速器基本一致，所不同的是五挡变速器比四挡变速器多了一对常啮合齿轮（五挡齿轮对）和一个五挡同步齿。

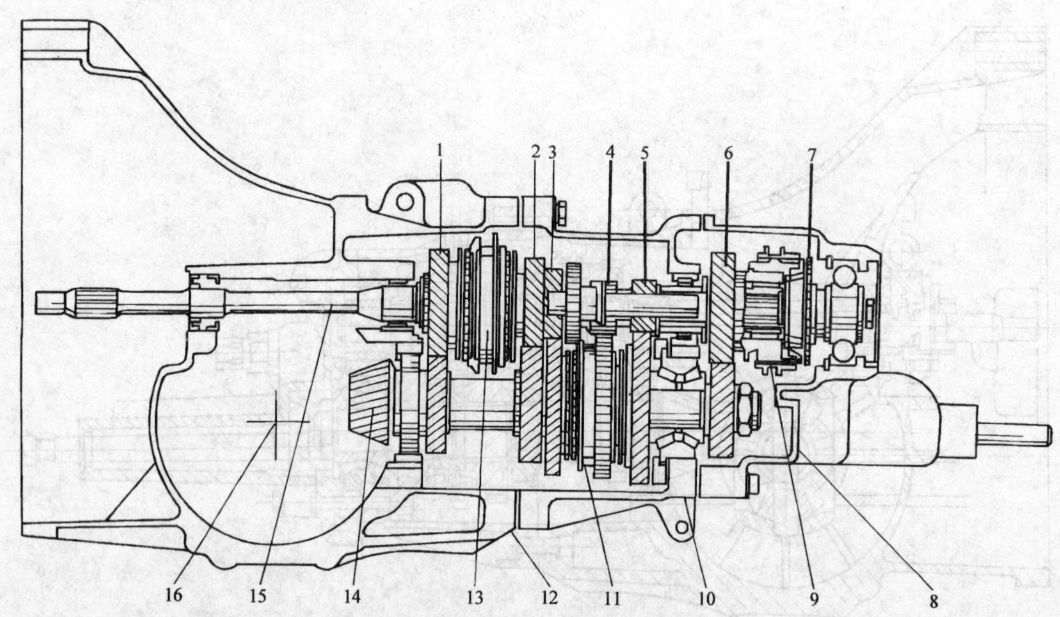

图 2-64　桑塔纳 2000 型轿车的五挡变速器传动机构结构图

1—四挡齿轮　2—三挡齿轮　3—二挡齿轮　4—倒挡齿轮　5—一挡齿轮　6—五挡齿轮　7—五挡运行齿环　8—换挡机构壳体　9—五挡同步器　10—齿轮箱体　11—一、二挡同步器　12—变速器壳体　13—三、四挡同步器　14—输出轴　15—输入轴　16—主减动器差速器

表 2-5　桑塔纳 2000 型五挡变速器动力传递路线

挡位	动　力　传　递　路　线
一	变速器操纵杆从空挡向左、向前移动，实现： 动力→输入轴→输入轴一挡齿轮→输出轴一挡齿轮→输出轴上一、二挡同步器→输出轴→动力输出
二	变速器操纵杆从空挡向左、向后移动，实现： 动力→输入轴→输入轴二挡齿轮→输出轴二挡齿轮→输出轴上一、二挡同步器→输出轴→动力输出
三	变速器操纵杆从空挡向前移动，实现： 动力→输入轴→输入轴三、四挡同步器→输入轴三挡齿轮→输出轴三挡齿轮→输出轴→动力输出
四	变速器操纵杆从空挡向后移动，实现： 动力→输入轴→输入轴三、四挡同步器→输入轴四挡齿轮→输出轴上四挡齿轮→输出轴→动力输出
五	变速器操纵杆从空挡向右、向前移动，实现： 动力→输入轴→输入轴上五挡同步器→输入轴上五挡齿轮→输出轴五挡齿轮→输出轴→动力输出
倒	变速器换挡操纵杆从空挡向右、向后移动，实现： 动力→输出轴→输出轴倒挡齿轮→倒挡轴上倒挡齿轮→输出轴倒挡齿轮→输出轴→动力反向输出

表 2-6　桑塔纳变速器主要技术参数

参数＼变速器		五挡变速器	四挡变速器	参数＼变速器		五挡变速器	四挡变速器
装配车型		桑塔纳 2000	桑塔纳普通型	速比 $z_2:z_1=i$	倒挡	38：12=3.167	
速比 $z_2:z_1=i$	一挡	38：11=3.455			车速表		
	二挡	35：18=1.944					
	三挡	36：28=1.286		变速器轮廓尺寸（长/mm×宽/mm×高/mm）		712×410×362	622×413×362
	四挡	30：33=0.909					
	五挡	24：30=0.8		质量/kg		36	32.7

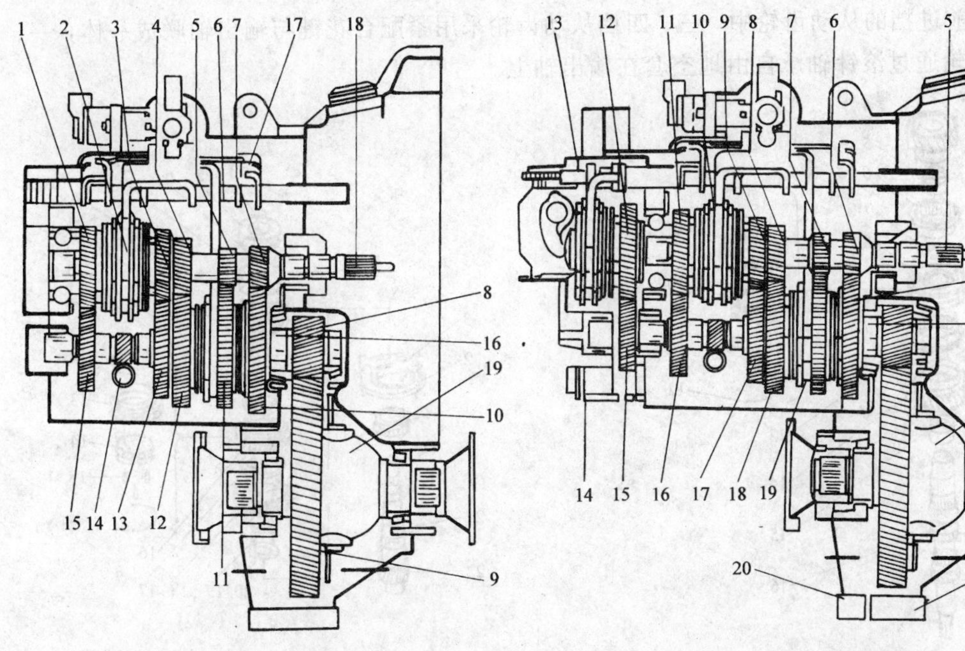

图 2-65　变速器传动机构示意图

1、3、4、5、7—四、三、二、倒、一挡主动齿轮　2—二、三挡同步器啮合套　6—换挡选挡轴　8—主减速器主动齿轮　9—主减速器从动齿轮　10、11、12、13、15—一、倒、二、三、四挡从动齿轮　14—速度表传动机构　16—输出轴　17—拔叉机构　18—输入轴　19—差速器

图 2-66　五挡变速器结构图

1—离合器壳体　2—差速器　3—输出轴　4、15、16、17、18—一、五、四、三、二挡从动齿轮　5—输入轴　6、7、8、9、11、12—一、倒、二、三、四、五挡主动齿轮　10—三、四挡同步器　13—五挡同步器　14—变速器壳体盖　19—一、二挡同步器

捷达轿车四挡和五挡变速器速比见表 2-7。

表 2-7　捷达轿车四、五挡变速器速比

变速器 / 挡位	四挡变速器	五挡变速器	变速器 / 挡位	四挡变速器	五挡变速器
一挡	38：11＝3.455	3.455	四挡	30：33＝0.909	1.032
二挡	35：18＝1.944	1.944	五挡	—	0.850
三挡	36：28＝1.286	1.370	倒挡	38：12＝3.167	3.167

四挡变速器变速传动机构采用的是二轴式结构，输入轴和输出轴平行安装，每挡均由一对常啮合斜齿圆柱齿轮组成。输入轴与一挡主动齿轮 1、倒挡主动齿轮 2 及二挡主动齿轮 3 制成一体，如图 2-67 所示。它是一根空心轴，中心安装有一根推杆，用来推动离合器分离盘。输入轴上还有三挡和四挡主动齿轮，三、四挡主动齿轮和输入轴之间安装有滚针轴承。三、四挡主动齿轮之间安装有锁环式同步器，同步器齿毂与输入轴上的花键呈紧配合。

输出轴与主减速器主动齿轮制成一体，如图 2-68 所示。输出轴的两端均采用圆锥滚子轴承支承。输出轴上装有四个前进挡及倒挡的从动齿轮，在一、二挡从动齿轮之间安装的是一、二挡同步器，倒挡从动齿轮兼起滑动换挡齿的作用。一、二挡同步器齿毂与该轴上的花键紧配合。四个前进挡的从动齿轮中，三、四挡从动齿轮采用紧配合花键与输出轴联成一体，一、二挡从动齿轮通过滚针轴承自由地空套在输出轴上。

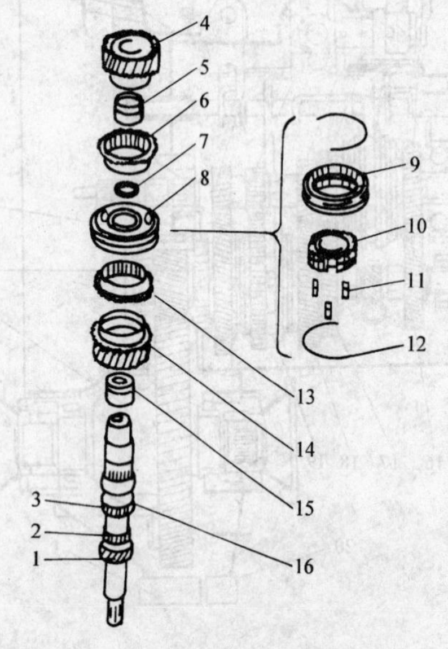

图 2-67　变速器输入轴

1—一挡主动齿轮　2—倒挡主动齿轮　3—二挡主动齿轮　4—四挡主动齿轮　5—四挡滚针轴承　6—四挡锁环　7—弹性挡圈　8—三、四挡同步器接合套与花键毂　9—接合套　10—花键毂　11—滑块　12—同步器弹簧　13—三挡锁环　14—三挡主动齿轮　15—三挡滚针轴承　16—变速器输入轴

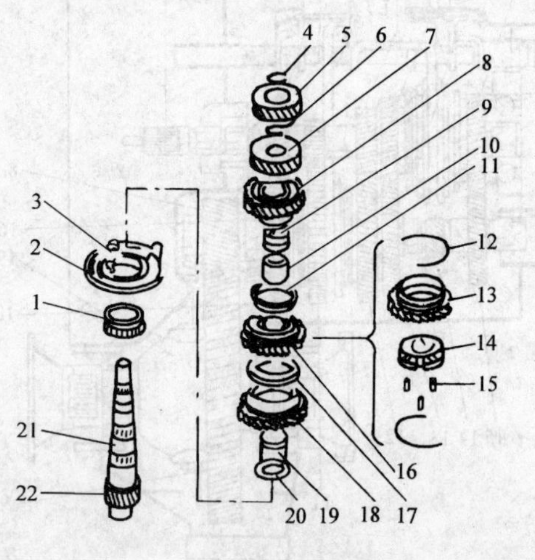

图 2-68　变速器输出轴

1—轴承内圈　2—轴承压盘　3—螺栓　4、6—弹性挡圈　5—四挡主动齿轮　7—三挡主动齿轮　8—二挡齿轮　9—二挡滚针轴承　10—二挡滚针轴承内圈　11—二挡同步器锁环　12—同步器弹簧　13—接合套　14—花键毂　15—滑块　16—一、二挡同步器接合套与花键毂　17—一挡锁环　18—一挡主动齿轮　19—一挡滚针轴承　20—止推垫圈　21—输出轴　22—主减速器主动齿轮

捷达轿车四挡变速器传动比依次为

$$i_1=\frac{z_{10}}{z_7}=\frac{38}{11}=3.455$$

$$i_2=\frac{z_{12}}{z_4}=\frac{35}{18}=1.944$$

$$i_3=\frac{z_{13}}{z_3}=\frac{36}{28}=1.286$$

$$i_4=\frac{z_{15}}{z_1}=\frac{30}{33}=0.909$$

$$i_R=\frac{z_{11}}{z_R}\cdot\frac{z_R}{z_5}=\frac{z_{11}}{z_5}=\frac{38}{12}=3.167$$

捷达王轿车五挡变速器各挡传动比依次为（参看图 2-76）

$$i_1=\frac{z_4}{z_6}=\frac{38}{11}=3.455$$

$$i_2=\frac{z_{18}}{z_8}=\frac{35}{18}=1.944$$

$$i_3=\frac{z_{17}}{z_9}=\frac{37}{27}=1.370$$

$$i_4=\frac{z_{16}}{z_{11}}=\frac{32}{11}=1.032$$

$$i_5=\frac{z_{15}}{z_{12}}=\frac{34}{40}=0.850$$

$$i_R=\frac{z_{19}}{z_R}\cdot\frac{z_R}{z_7}=\frac{z_{19}}{z_7}=\frac{38}{12}=3.167$$

捷达轿车变速器由于各前进挡均采用了同步器，因此操纵方便，换挡迅速。同步器采用的是锁环式同步器。

三、同步器

(一) 齿轮变速器换挡过程的同步要求

变速器换挡方式有三种：直齿滑动齿轮式换挡、接合套式换挡和同步器式换挡。

1. 直齿滑动齿轮式换挡装置

移动齿轮直接换挡结构，齿轮一般为直齿，内孔有花键孔套在花键轴上，由拨叉移动齿轮与另一轴上的齿轮进入啮合或退出啮合。这种换挡结构最简单，除齿轮本身之外不需要其他的零件。但由于一对即将进入啮合的齿轮轮齿上的圆周速度不相等，使其强行进入啮合时，在轮齿齿端必然产生较大的冲击，易于磨损，产生噪声，严重时将使齿端损坏，所以在变速器中一般很少采用。在有些变速器中，为使结构简单，把移动齿轮直接换挡用于一、倒挡，因这两个挡位的使用率很低，不经常换挡。在这种变速器中，一、倒挡齿轮均制成直齿，例如东风 EQ1092 汽车变速器（图 2-55）中的一、倒挡等。

2. 接合套式换挡装置

接合套换挡，是利用移动套在花键毂上（固定在轴上）的接合套（内齿环）与做在传动齿轮上的接合齿圈（外齿）相啮合或退出来进行换挡。由于接合套与对应接合齿圈的圆周速度（或角速度）不相同，二者强行进入啮合时，在齿端也要产生冲击力。但由于接合套与接合齿圈整个圆周上所有的齿都同时进入啮合，故分摊到每对齿的齿端上的冲击力就较小，不像移动齿轮换挡时，全部冲击力仅由一二个齿来承受。接合套式较移动齿轮式有较大改进，但还是不能避免换挡冲击。这种换挡方式常用于某些变速器的一、倒挡，例如解放 CA1091 型汽车变速器的倒挡。

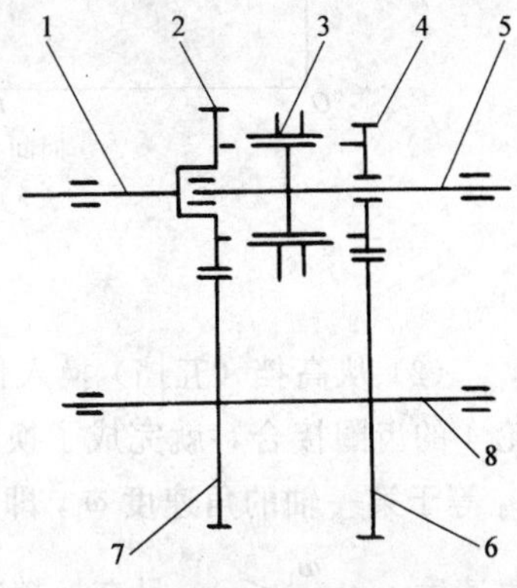

图 2-69 无同步器的五挡变速器四、五挡齿轮示意图

1—第一轴 2—第一轴齿轮 3—接合套 4—第二轴五挡齿轮 5—第二轴 6—中间轴五挡齿轮 7—中间轴常啮传动齿轮 8—中间轴

上面分析中说到由于即将进入啮合的一对齿轮或接合套与接合齿圈，其圆周速度不相等而产生冲击，下面就来分析它们的圆周速度为什么不相等。以图 2-69 所示某变速器中四、五两挡的换挡过程为例。四、五挡是用接合套换挡。第一轴 1 及其齿轮 2 直接与离合器从动盘连接，五挡从动齿轮 4 则通过五挡主动齿轮 6、中间轴 8 和常啮合从动齿轮 7 及常啮合主动齿轮 2 保持传动关系。接合套 3 借花键毂与第二轴 5 相连，而第二轴又依次通过万向传动装置、驱动桥和车轮相连，因而整个汽车平移质量产生的巨大惯量将通过车

轮、驱动桥、万向传动装置回传到变速器第二轴上。而第一轴上的惯量很小，主要是同离合器从动盘、第一轴、中间轴及其上的齿轮和与中间轴齿轮常啮合的空套在第二轴上的齿轮等回转质量产生的。这个惯量与第二轴上的惯量相比是微不足道的。换挡时驾驶员踩下离合器踏板，中断动力传递。这时第一轴及与其相连的回转件由于惯量小，其角速度必然很快下降。而第二轴及其相连的回转件及整车平移质量由于惯量大，可以认为在换挡（摘挡与挂挡之间）的瞬间，第二轴及与其相连的回转件的角速度保持不变。下面分两种情况来分析：

（1）从低档（四档）换入高挡（五挡） 变速器在低速挡工作时，接合套 3 与齿轮 4 的角接合齿圈相连，接合套 3 与齿轮 4 的速度就是第二轴的角速度 ω_5，它与第一轴角速度 ω_1 之间的关系为 $\omega_5=\frac{\omega_1}{i_4}$，因 $i_4>1$，故 $\omega_5<\omega_1$。换挡时，当接合套 3 从齿轮 4 的接合齿圈上退下后（左移），接合套 3 在向左移动挂入五挡（直接挡）期间，其角速度保持不变，仍为 ω_5。图 2-70a 中，ω_5 为与时间坐标平行的直线，而换挡前，齿轮 2 上的接合齿圈的角速度就是 ω_1，它高于 ω_5，但由于第一轴上的惯量小，在换挡期间，ω_1 随时间的增长而迅速降低，由图 2-70a 可见，两条角速度变化曲线在某一时刻 t_0 时正好相交，即在此时刻接合套 3 的角速度（ω_5）正好等于齿轮 2 上接合齿圈的角速度（ω_1），如在此时刻驾驶员正好将接合套 3 左移接入齿轮 2 上的接合齿圈，由于二者角速度相等（圆周速度亦相等），就不会产生冲击。如错过此时刻，换挡必然产生冲击。所以，驾驶员在低挡换高挡时，在摘下低挡后“等待时机”，以便捕捉到最佳时刻 t_0 时换入高挡，可避免换挡冲击。

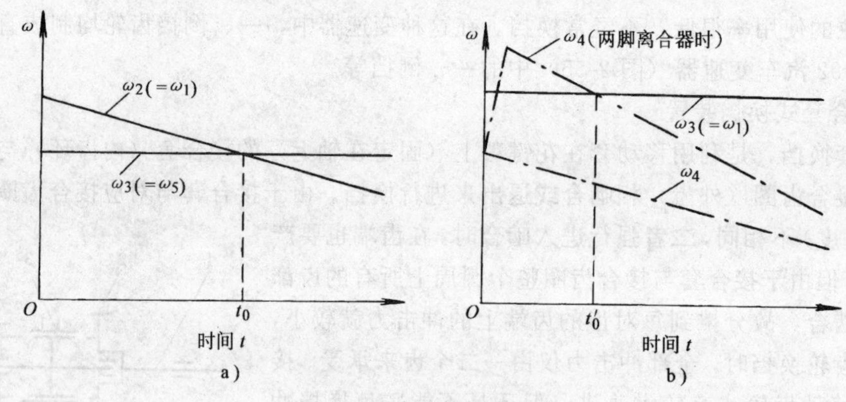

图 2-70 变速器换挡过程

a）低挡换高挡 b）高挡换低挡

（2）从高挡（五挡）换入低挡（四挡） 即接合套 3 从齿轮 2 的齿圈上退出，再右移与齿轮 4 的齿圈接合，就完成了换挡。同样道理，当变速器在高速挡工作时，接合套 3 的角速度 ω_3 等于第一轴的角速度 ω_1，即 $\omega_3=\omega_1$，且在换入低挡时 ω_3 保持不变。而齿轮 4 及其上齿圈的角速度 $\omega_4=\frac{\omega_1}{i_4}<\omega_1$，且在换挡期间迅速下降。从图 2-70b 可见，接合套 3 的角速度 $\omega_3(=\omega_1)$，与齿圈的角速度 ω_4 之间的差距随时间增长而迅速增大。就是说，在任何时刻挂挡都会产生冲击。为了避免换挡冲击，驾驶员在高挡换低挡时常采用“两脚离合器”的操作步骤。即第一次踩下离合器踏板，切断动力，变速器从高挡退出回到空挡位置。然后松开离合器踏板，接通动力，踩油门加油，提高发动机转速，因而齿轮 4 及其齿圈的转速也提高，直至 $\omega_4>\omega_3$。第二次再踩离合器踏板，切断动力，这时 ω_4 迅速下降，直至到某时刻 t_0'，ω_4 恰好等于 ω_3，如在此最佳时刻挂入低挡，即可避免冲击。图 2-70b 中的点划线就表示“两脚离合器”操作中 ω_4 的变化情况。

从以上分析可见，采用移动齿轮直接换挡和接合套换挡，都存在换挡冲击，虽然在换挡操作上可以采取一些措施来尽量避免，但因受驾驶经验及其他诸多因素的影响，实际上是不能完全做到换挡无冲击。采用同步器换挡可完全实现换挡无冲击。现代汽车变速器中大部分常用挡位均采用同步器换挡。有些汽车变速器中所有挡位都采用同步器换挡，即所谓“全同步”。

（二）同步器的构造和工作原理

接合套换挡时，由于接合套与接合齿圈的角速度不一致，在强行挂挡时就产生冲击。同步器是在接合套换挡结构的基础上改进而成的。同步器的基本工作原理就是换挡时，在接合套与接合齿圈的角速度不一致（不同步）时，二者不能进入啮合，只有二者角速度达到相等（同步）时才能进入啮合。也就是说，接合套与接合齿圈不同步就挂不上挡，只有达到同步时才能挂上挡，因而挂挡时就不会产生冲击。根据这一基本原理，同步器结构就是在接合套换挡结构基础上，在接合套与接合齿圈之间加装了一套同步装置，该装置的作用有二：①在接合套与接合齿圈未达同步之前，锁住接合套，使其不能与接合齿圈进入啮合；②促进接合套与接合齿圈迅速达到同步。

同步器有常压式、惯性式、自行增力式等类型。目前应用最广泛的是惯性式同步器。

根据惯性式同步器中所采用的锁止机构不同，常用的有锁环式惯性同步器和锁销式惯性同步器两种。

1. 锁环式惯性同步器

图 2-71 所示为北京 2020 型汽车三挡变速器中二、三挡所用的锁环式惯性同步器。

(1) 锁环式惯性同步器的构造　锁环式惯性同步器各部分的构造如下：

花键毂 7 有内、外花键。内花键套装在第二轴上，并用垫圈和卡环轴向固定；外花键与接合套 8 相连。圆周上有三个轴向槽 11。

接合套 8 的外圆有装拨叉的环槽，内孔有花键齿，齿的中部切有一环槽 10，齿的两端部都有倒角 β（见图 2-72 中齿 16）。

锁环（或称同步环）9 和 5 置于接合套和齿轮的花键齿之间。外圆上

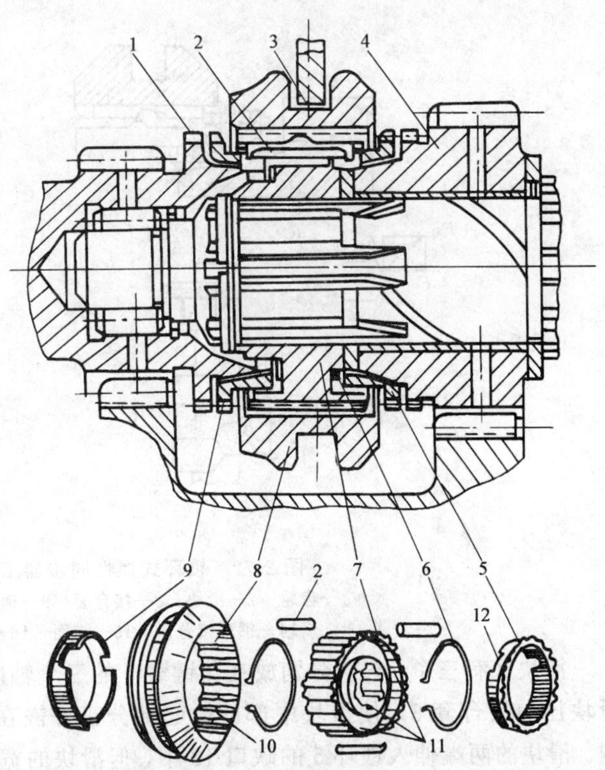

图 2-71　锁环式惯性同步器

1—第一轴齿轮　2—滑块　3—拨叉　4—第二轴齿轮
5、9—锁环　6—弹簧圈　7—花键毂　8—接合套
10—环槽　11—三个轴向槽　12—缺口

有花键齿圈，齿的各参数与接合套花键齿及齿轮花键齿相同。花键齿对着接合套的一端，也制成倒角 β（图 2-72 中齿 14）。锁环在没有花键齿的圆周上有三个缺口 12。锁环内孔为圆锥面，其上切制有细而密的螺纹槽，用以破坏油膜、增加摩擦。

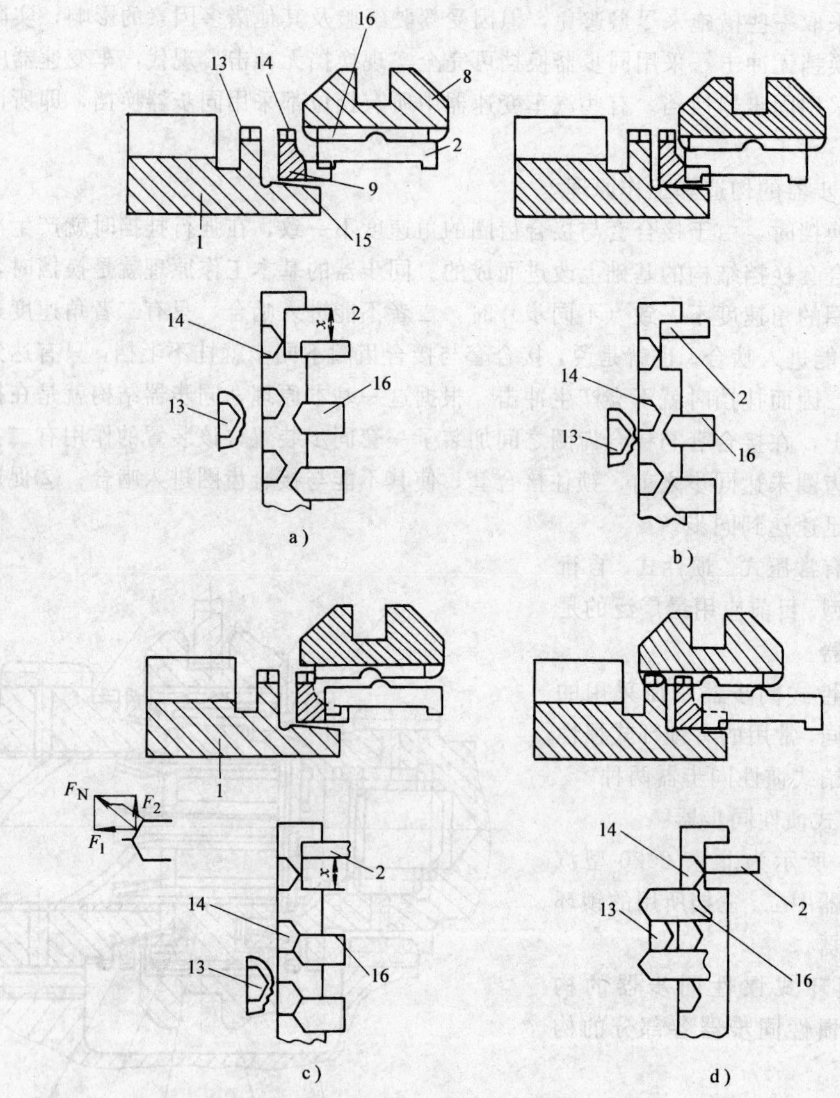

图 2-72　锁环式惯性同步器工作过程示意图

1—齿轮　2—滑块　8—接合套　9—锁环　13—齿轮接合齿
14—锁环接合齿　15—锥面　16—接合套接合齿

滑块 2 有三个，它们分别放在花键毂 7 的三个轴向槽 11 中，并被两个外涨式弹簧圈 6 将滑块压向接合套 8，使滑块中部的凸起部分正好嵌在接合套内花键孔中部加工出的环槽 10 内。滑块的两端伸入锁环 5 的缺口 12 中，但滑块的宽度较缺口宽度为小，二者之差略大于锁环上的花键齿宽。滑块 2 可以在花键毂的轴向槽 11 内轴向移动。

(2) 工作原理　同步器工作原理可以以该变速器从空挡位置换入直接挡的一系列过程来叙述。

1) 空挡位置如图 2-72a 所示，此时齿轮 1 和接合套 8（连同锁环 9）都在本身及其所联系的一系列运动件的惯性作用下，顺时针方向（从左向右看）转动，其角速度为ω_1。接合套8通过滑块2（靠在锁环缺口的右侧）推动锁环一起旋转，其角速度为ω_9。此时锁环9是轴向自由的，故其内锥面与齿轮1的外锥面15并不接触。

2）滑块接触锁环状态。当要挂入直接挡时，通过变速杆使拨叉3推动接合套8并带动滑块2一起向齿轮1移动。当滑块前端面与锁环9的缺口12端面接触时，便推动锁环9移向齿轮1，使两锥面接触（图2-72b）并压紧，产生摩擦力矩。因齿轮1的角速度ω_1大于锁环9的角速度ω_9，在摩擦力矩的作用下，齿轮1即带动锁环9相对于接合套8顺时针转过一个角度，使锁环缺口12的左侧与滑块2压紧，同时使缺口和滑块另一侧出现较花键齿宽略大一些的间隙x。此时锁环9上的锁环接合齿14的倒角斜面正好与接合套8上的接合套接合键齿16的倒角斜面相对。

3）锁止状态。当接合套继续移向齿轮1，两组相对峙的接合齿14与16的倒角斜面相抵（图2-72c），此时接合套不能再前移，即被“锁止”。由于驾驶员始终作用在接合套上一个轴向推力，于是在相互抵触的倒角斜面上产生正压力F_N。F_N可分解为轴向力F_1和切向力F_2两个分力。F_2所形成的力矩有力图使锁环相对于接合套反向转动的趋势，此力矩称为拨环力矩（M_2）；轴向力F_1则使锁环9与齿轮1二者的锥面继续压紧，保持产生摩擦力矩的作用。摩擦力矩促使快转的齿轮1的角速度ω_1迅速与慢转的锁环9的角速度ω_9同步。锁环连同接合套通过花键毂7与变速器输出轴相连。前已述及，换挡瞬间，输出轴的角速度可以认为是不变化的，即ω_9不变。这样，只有ω_1迅速降低到ω_9（即具有负加速度），齿轮1和接合套8才能同步。由于齿轮1减速转动，必然产生一惯性力矩（M_1），其方向与齿轮1转向相同（即顺时针方向），它是力图阻止锁环向后退转。如果$M_1>M_2$，则锁环9不可能反转，锁止作用继续保持，接合套接合齿16不能通过锁环而与齿轮1的接合齿13接合。在设计同步器时，适当地选择锁止角和摩擦锥面的锥角，便能保证在达到同步（$\omega_1=\omega_9$）之前，M_1总是大于M_2，因而，不论驾驶员通过操纵机构加在接合套上的轴向推力有多大，接合套齿端与锁环齿端部是互相抵触而不能接合。这说明锁环9对接合套的“锁止”作用是齿轮1的惯性力矩造成的，此即“惯性式”名称的由来。

4）达到同步完成换挡。随着驾驶员继续加于接合套上的推力加大，摩擦锥面上的摩擦力矩增加，使齿轮1的角速度迅速下降，直至与锁环9、接合套8达到同步，并一起保持同步等速旋转（换挡瞬间，假定输出轴角速度保持不变）。由于角加速度为零，惯性力矩$M_1=0$。这时，拨环力矩M_2仍存在（因锁环与接合套接合齿端倒角斜面上的正压力N还存在，因而切向分力F_2仍存在），M_2使锁环及其接合齿14相对于接合套向后（与齿轮1转向相反）退转一个角度，两个接合齿14和16不再抵触，接合套可以移向齿轮1，先与锁环接合齿进入接合，这时，轴向力F_1不再存在，锥面间的摩擦力矩也就消失。接合套继续前移，如果此时接合套接合齿与齿轮接合键齿13发生抵触，则与上述相似，作用在齿轮接合齿端斜面上的切向分力，使接合齿13及其相连零件相对于锁环及接合套转过一个角度，使接合套与接合齿13进入接合（图2-82d），完成了换入直接挡的全过程。

这种同步器还有另外一种形式，如图2-73所示，常称为滑块式惯性同步器，它与前述锁环式同步器结构基本相同，区别仅在于它没有弹簧圈，装在花键毂外表面三个轴向槽中的滑块2中部没有凸起，而是在中部制有小孔，孔中装钢球，钢球靠在花键毂中的弹簧压在接合套8内表面的环槽内，以保证同步器在空挡时有正确的位置。

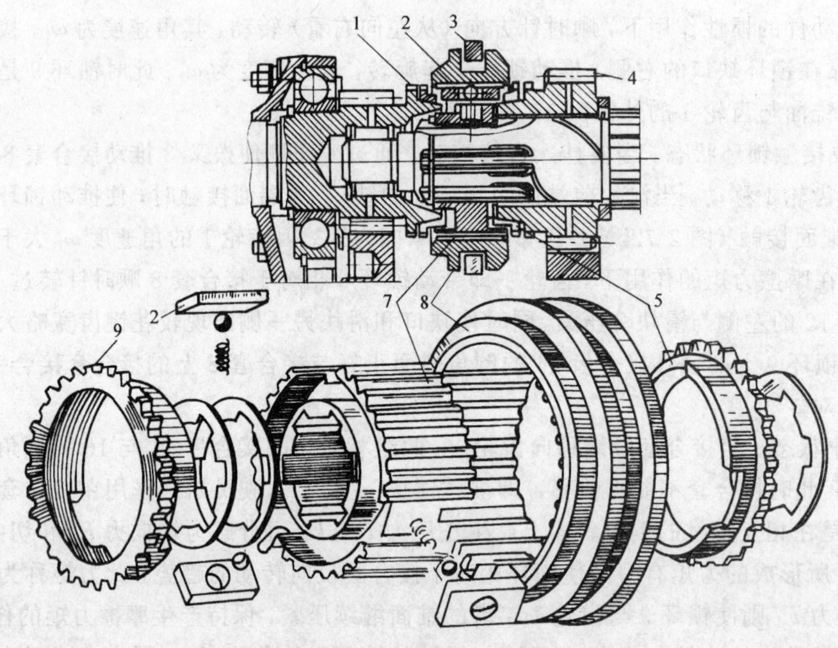

图 2-73　滑块式惯性同步器（图注同图 2-71）

锁环式同步器和滑块式同步器的共同特点是径向尺寸小，结构紧凑，故广泛用于轿车和轻型车的变速器。例如夏利、桑塔纳、奥迪等轿车均采用锁环式同步器。这种同步器因为径向尺寸小，因而其摩擦锥面的摩擦半径也小，所能产生的摩擦力矩也就小，不能满足载重量较大的中型以上货车的要求，故这类汽车一般不采用这种同步器。

2. 锁销式惯性同步器

目前中型及大型载货汽车较普遍地采用了锁销式同步器。以东风 EQ1090E 型汽车变速器的四、五挡同步器为例，来说明锁销式惯性同步器的基本结构和工作原理。

（1）锁销式惯性同步器的基本结构　图 2-74 所示为东风 EQ1090E 汽车变速器中的四、五挡同步器。两个有内锥面的摩擦锥盘 2 分别固定在带有外花键齿圈的常啮合主动齿轮 1 和四挡从动齿轮 6 上。与之相配合的两个有外锥面的摩擦锥环 3，通过三个锁销 8 和三个定位销 4 与接合套 5 连接。锁销 8 的两端固定在摩擦锥环 3 的孔中，其两端的工作表面直径与接合套凸缘上相应的销孔的内径相等，其中部直径则小于孔径。只有在锁销与接合套孔对中时，接合套方能沿锁销轴向移动。锁销 8 中部和接合套 5 上相应的销孔两端有角度相同的倒角——锁止角。在接合套上定位销孔中部钻有斜孔（图 2-74 上的左上图，即 A—A 剖面），内装弹簧 11，把钢球 10 顶向定位销中部的环槽，以保证同步器处于正确的空挡位置。定位销 4 两端伸入锥环内侧面。但有间隙，故定位销可随接合套 5 轴向移动。

（2）工作原理　锁销式惯性同步器的工作原理与锁环式惯性同步器基本相同，其换挡过程也相似。换挡时，接合套 5 受到拨叉轴向推力的作用，通过钢球 10 和定位销 4 带动摩擦锥环 3 向左（或向右）移动，使之与对应的摩擦锥盘接触。具有转速差的摩擦锥环与摩擦锥盘一经接触，靠接触面的摩擦使锥环连同锁销一起相对接合套转过一个角度，因而锁销 8 的轴线相对接合套上销孔的轴线产生偏移，于是锁销中部倒角与销孔端的倒角互相抵触，以阻止接合套继续前移。此时锁止面上的法向压紧力 N 的轴向分力 F_1 作用在锥环上并使之与锥盘压紧，因而接合套与待接合的花键齿圈迅速达到同步。只有达到同步时，起锁止作用的齿轮1的惯性力矩消失，作用在锁销上的切向分力 F_2 才能通过锁销使摩擦锥环3、摩擦锥盘2和齿轮一同相对于接合套转过一个角度，使锁销重新与销孔对中，于是接合套便能轻易地克服钢球10的阻力，而沿锁销移动，直至与齿轮1（或齿轮6）的花键齿圈接合，实现挂挡。

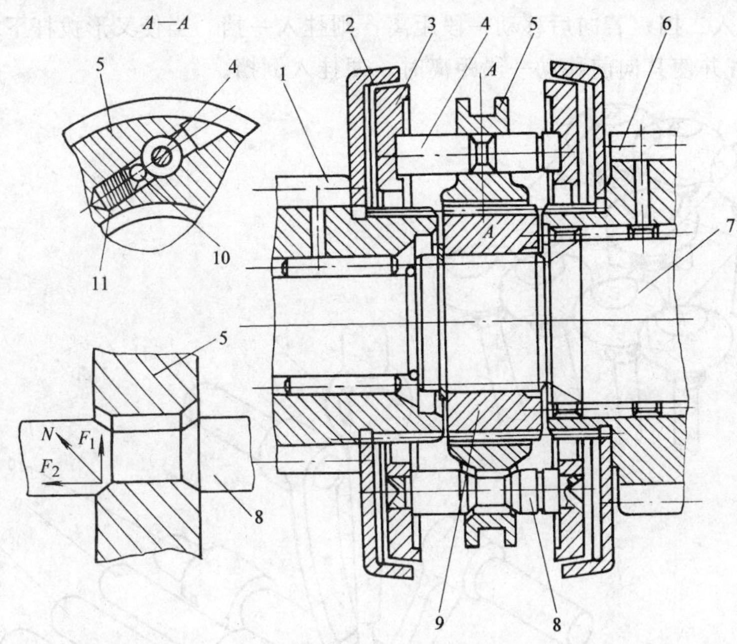

图 2-74　锁销式惯性同步器

1—第一轴齿轮　2—摩擦锥盘　3—摩擦锥环　4—定位销　5—接合套　6—第二轴四挡齿轮　7—第二轴　8—锁销　9—花键毂　10—钢球　11—弹簧

锁销式惯性同步器由于其摩擦锥面的摩擦半径大，摩擦力矩也就大，因而其同步容量大，故在中型以上的货车的其他类型的汽车上广泛采用这种同步器。

四、变速器操纵及锁止机构

对于机械式变速器，换挡操作均是由驾驶员拨动变速杆再通过一套操纵机构来完成的。变速器操纵机构应保证驾驶员能准确可靠地使变速器挂入所需要的任一挡位工作，并可随时使之退到空挡。

（一）操纵机构

变速器操纵机构根据其变速操纵杆（简称变速杆）与变速器的相互位置不同，可分为直接操纵式和远距离操纵式两种类型。

1. 直接操纵式

大多数汽车的变速器布置在驾驶员座位附近，变速杆由驾驶室底板伸出，驾驶员可直接操纵。这种操纵机构称为直接操纵式变速器操纵机构。它一般由变速杆、拨块、拨叉、拨叉轴以及安全装置等组成，多集装于上盖或侧盖内，结构简单，操纵方便。

图 2-75 所示为解放 CA1091 型汽车六挡变速器操纵机构的组成与布置示意图。拨叉轴7、8、9和10的两端均支承于变速器盖的相应孔中，可以轴向滑动。所有的拨叉和拨块都以弹性销固定于相应的拨叉轴上。三、四挡拨叉2的上端具有拨块。拨叉2和拨块3、4、14的顶部制有凹槽。变速器处于空挡时，各凹槽在横向平面内对齐，叉形拨杆13下端的球头即伸入这

些凹槽中。选挡时可使变速杆绕其中部球形支点横向摆动，则其下端推动叉形拨杆 13 绕换挡轴 11 的轴线摆动，从而使叉形拨杆下端球头对准与所选挡位对应的拨块凹槽，然后使变速杆纵向摆动，带动拨叉轴及拨叉向前或向后移动，即可实现挂挡。例如，横向摆动变速杆使叉形拨杆下端球头深入拨块 3 顶部凹槽中，拨块 3 连同拨叉轴 9 和拨叉 5 即沿纵向向前移动一定距离，便可挂入二挡；若向后移动一段距离，则挂入一挡。当使叉形拨杆下端球头深入拨块 14 的凹槽中，并使其向前移动一段距离时，便挂入倒挡。

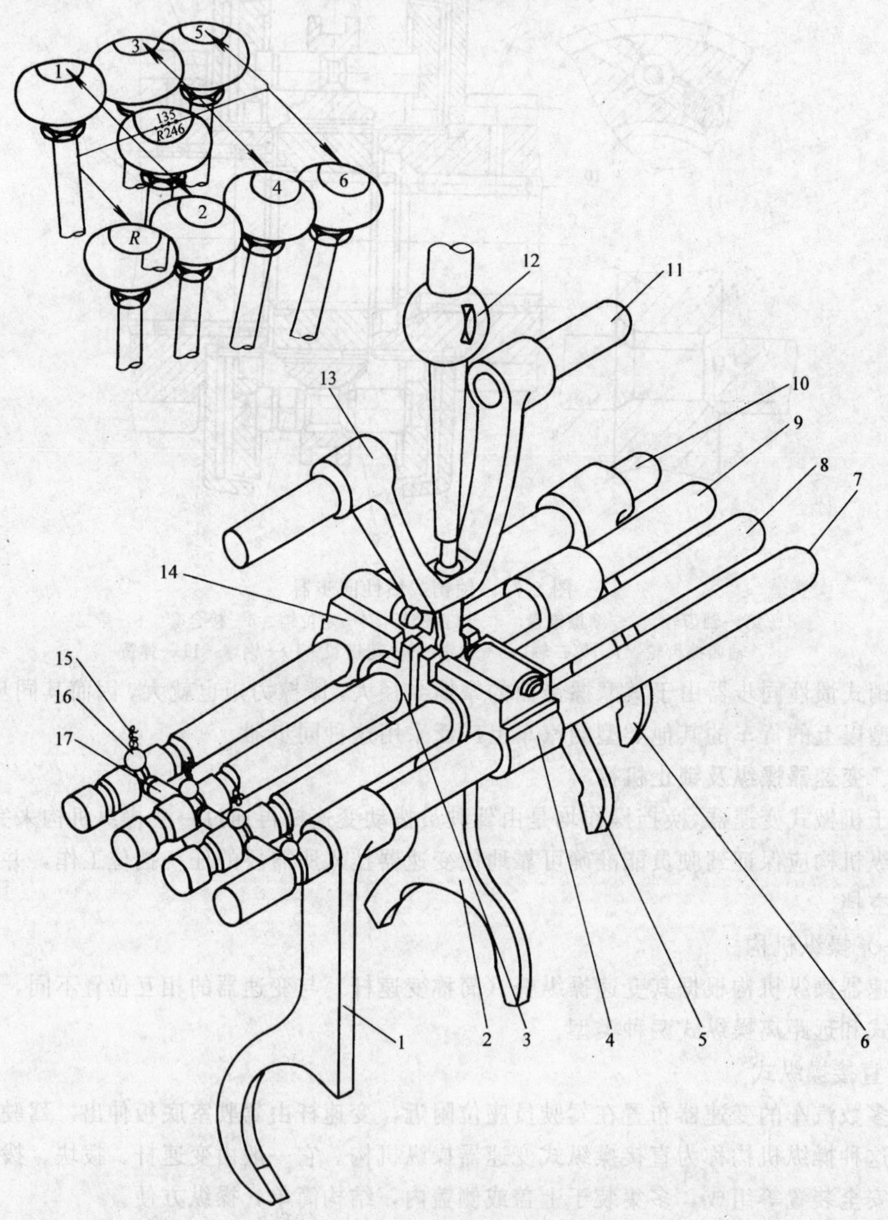

图 2-75　六挡变速器操纵机构示意图

1—五、六挡拨叉　2—三、四挡拨叉　3—一、二挡拨块　4—五、六挡拨块　5—一、二挡拨叉　6—倒挡拨叉　7—五、六挡拨叉轴　8—三、四挡拨叉轴　9—一、二挡拨叉轴　10—倒挡拨叉轴　11—换挡轴　12—变速杆　13—叉形拨杆　14—倒挡拨块　15—自锁弹簧　16—自锁钢球　17—互锁柱销

显然，不同变速器其挡数和操纵机构的结构与布置都可能不同，从而相应于各挡位的变速杆上端手柄位置排列，即挡位排列也不相同。因此，通常在汽车驾驶室仪表板上（或变速器操纵手柄上）标有该车变速器挡位排列图（如图 2-75 左上方图）。

2. 远距离操纵

在有些汽车上，由于变速器离驾驶员座位较远，则需要在变速杆与拨叉之间加装一些辅助杠杆或一套传动机构，构成远距离操纵。这种操纵机构称为间接操纵式变速器操纵机构。该操纵机构应有足够的刚性，且各连接件间隙不能过大，否则换挡时手感不明显。由于布置上的原因，它多用在轿车和轻型汽车上。

图 2-76 所示为奥迪 100 型轿车变速器的操纵机构，由于其变速器安装在前驱动桥处，不在驾驶员的座位附近，变速器不能直接操纵，因此它是间接操纵式变速器操纵机构。

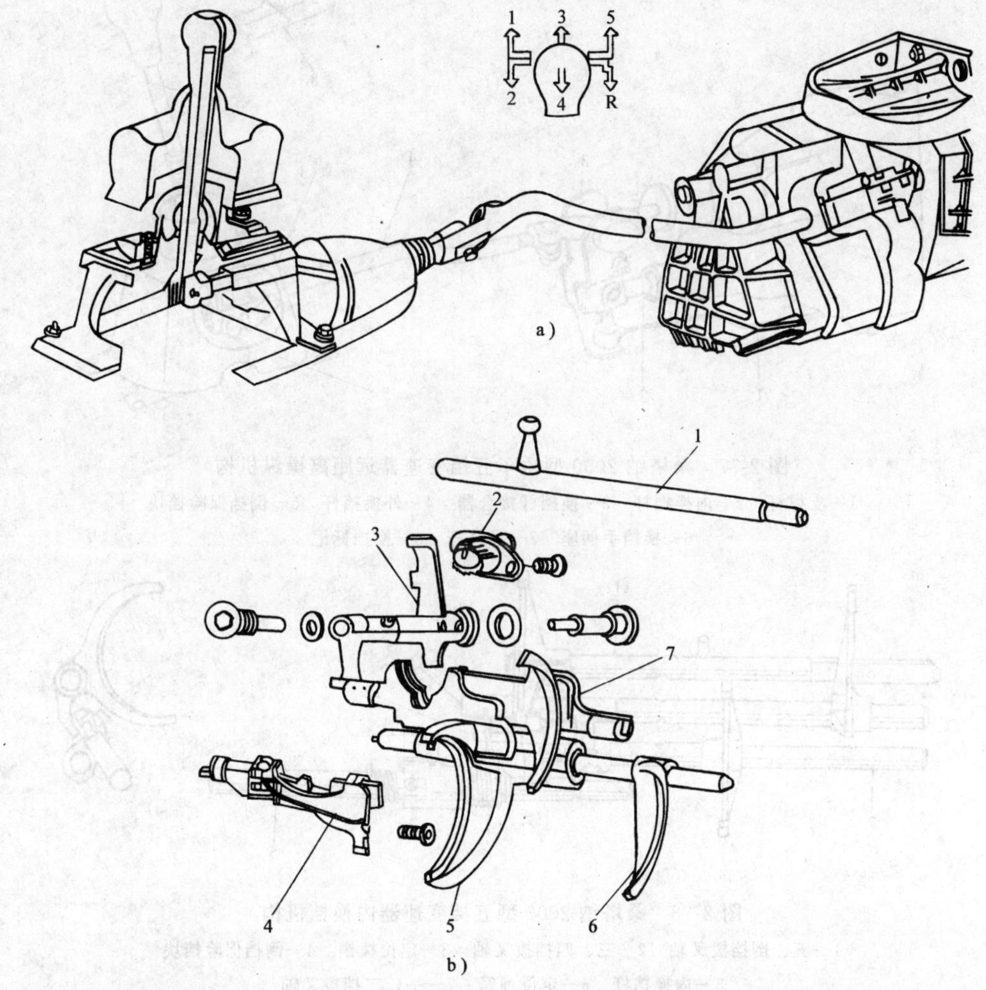

图 2-76　奥迪 100 型轿车变速器操纵机构

a）变速器外操纵机构　b）变速器内操纵机构

1—内换挡轴　2—倒挡锁止机构　3—选换挡横轴　4—挡位锁止机构　5、6、7—换挡拨叉轴及拨叉

外操纵机构（图 2-76a）由驾驶员座位附近的变速操纵杆、铰链、限位及防护装置、中间连接杆位（直通到变速器壳体外）构成。变速杆通过一系列中间连接杆件操纵变速器的内操

纵机构，以进行选挡、换挡。变速杆以球形铰链为支点，可以直接前后、左右摆动。各连接杆具有足够的刚度，且连接点处间隙小，否则将影响换挡时的手感。

内操纵机构（图 2-76b）由内换挡轴 1，选换挡横轴 3，换挡拨叉轴及拨叉 5、6、7，挡位锁止机构（自锁装置）4，倒挡锁止机构 2 组成。内换挡轴 1 与选换挡横轴 3 用球铰链连接，在外操纵机构作用下，使内换挡轴 1 作轴向移动。当它轴向移动时，给选换挡横轴 3 以回转力矩，从而推动所选挡位的拨叉轴作轴向移动，拨叉轴上的拨叉推动同步器接合套进行换挡。当内换挡轴 1 转动时，使选换挡横轴 3 作轴向移动，可选择不同挡位的拨叉轴，实现选挡动作。选换挡横轴 3 上有换挡拨爪，用于推动换挡拨叉轴作轴向移动，进行选、换挡。

桑塔纳型、捷达型轿车也采用类似的远距离操纵机构（图 2-77 和图 2-78）。

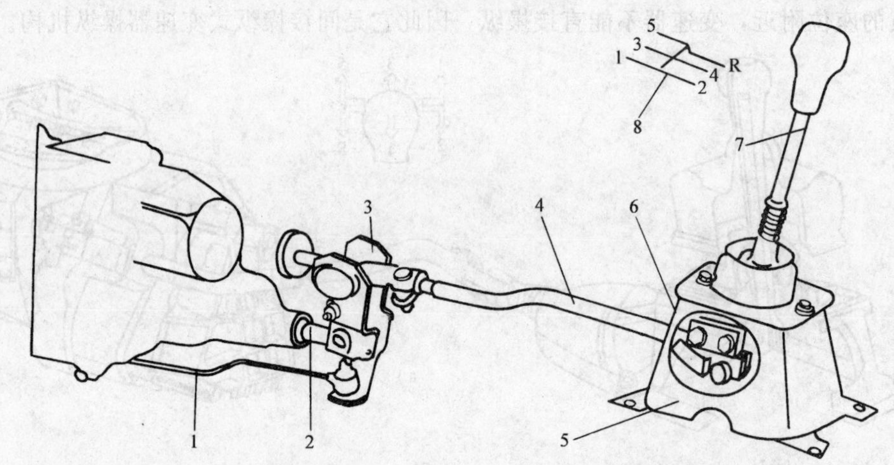

图 2-77　桑塔纳 2000 型轿车五挡变速器远距离操纵机构

1—支撑杆　2—内换挡杆　3—换挡杆接合器　4—外换挡杆　5—倒挡保险挡块
6—换挡手柄座　7—操纵杆　8—换挡标记

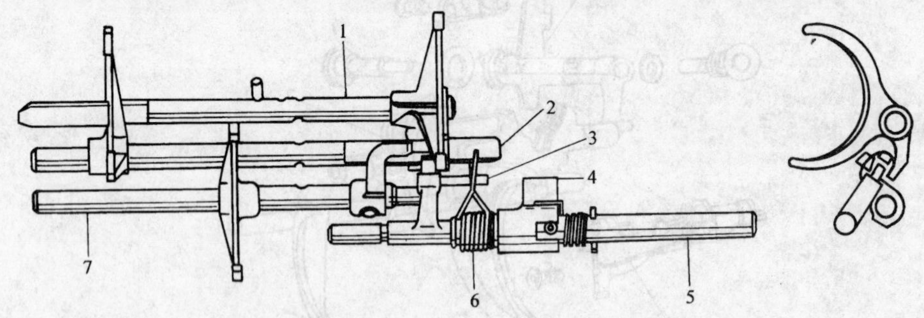

图 2-78　桑塔纳 2000 型五挡变速器内换挡机构

1—五、倒挡拨叉轴　2—三、四挡拨叉轴　3—定位拨销　4—倒挡保险挡块
5—内换挡杆　6—定位弹簧　7—一、二挡拨叉轴

（二）锁止装置

为保证变速器在任何情况下都能准确、安全、可靠地工作，对变速器操纵机构提出如下要求：①为保证变速器不自行脱挡或挂挡，在操纵机构中应设有自锁装置；②为保证变速器不同时挂入两个挡位，在操纵机构内应设互锁装置；③为防止误挂倒挡，在变速器操纵机构中应设有倒挡锁。

为了达到上述要求，在变速器操纵机构中设置了自锁装置、互锁装置和倒挡锁装置。三种装置都装在变速器盖内。

1. 自锁装置

挂挡过程中，若操纵变速杆推动拨叉前移或后移的距离不足时，则滑动齿轮（或接合套）与相应的齿轮（或接合齿圈）将不能在全齿宽上啮合，因而降低了齿轮的使用寿命。即使达到全齿宽啮合，也可能由于汽车振动或其他原因，使滑动齿轮或接合套自行轴向移动，因而使啮合宽度减小，甚至完全脱离啮合，即自动脱挡。自锁装置就是用来防止自动脱挡并保证轮齿以全齿宽啮合的装置。

图 2-79 所示为东风 EQ1090E 型汽车变速器自锁和互锁装置。在变速器盖前端 3 有三个凸起并钻有三个深孔，孔的中心线通过拨叉轴中心，每个孔内都装有定位钢球 1 和自锁弹簧 2。钢球 1 在弹簧 2 的作用下压靠在拨叉轴上。因为一根拨叉轴（连同固定其上的拨叉）可以完成两个挡位的挂挡，即拨叉轴前移挂上一个挡，拨叉轴后移挂上另一挡。拨叉轴在中间位置为空挡，因此在拨叉轴上制有三个凹槽，移动拨叉轴，挂入某一挡位（或回到空挡）后，钢球 1 在弹簧 2 的推力作用下，正好落入拨叉轴的凹槽内，拨叉轴的轴向位置即被固定，不能自行脱出，从而滑动齿轮或接合套也被固定在某一挡位的工作位置或空挡位置，形成自锁。拨叉轴上相邻凹槽之间的距离，即等于为保证全齿宽上啮合或是完全退出啮合所必需的拨叉及其轴的移动距离。当需要换挡时，驾驶员通过变速杆对拨叉轴施加一定的轴向力，克服由于弹簧 2 加于钢球 1 的压力，将钢球经凹槽边缘挤回孔内，拨叉轴再进行轴向移动，直至钢球又落入相邻的另一凹槽，就挂上了另一挡位或退回空挡。

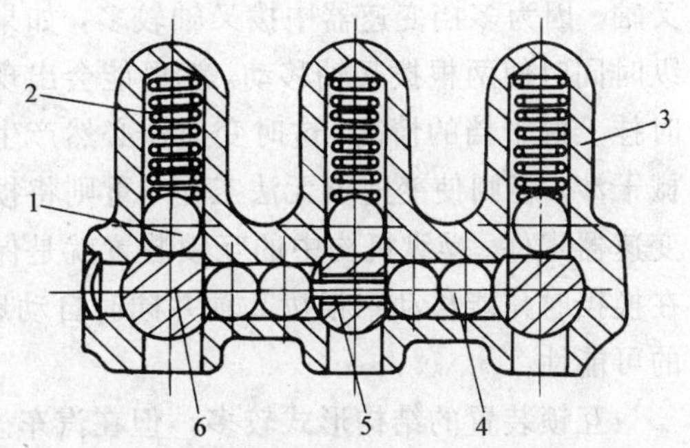

图 2-79　东风 EQ109E 型汽车变速器自锁和互锁装置

1—自锁钢球　2—自锁弹簧　3—变速器盖（前端）　4—互锁钢球　5—互锁销　6—拨叉轴

除了采用自锁装置防止自动脱挡外，往往还在换挡齿轮或花键齿的结构上采取一些措施来防止自动跳挡。图 2-80 所示为 CA1091 型汽车变速器采用的齿端倒斜面结构。在该变速器的所有接合齿圈及同步器接合套齿的端部两侧都制有倒斜面。当同步器的接合套 2 左移与接合齿圈 1 接合时（图示位置），接合齿圈将转矩传到接合套齿的一侧，再经接合套齿的另一侧传给花键毂 3。由于接合齿圈 1 与接合套 2 齿端部为斜面接触，便产生了垂直斜面的正压力 F_N，其分力分别为 F_F 和 F_Q，向左的分力 F_Q 即为防止跳挡的轴向力。

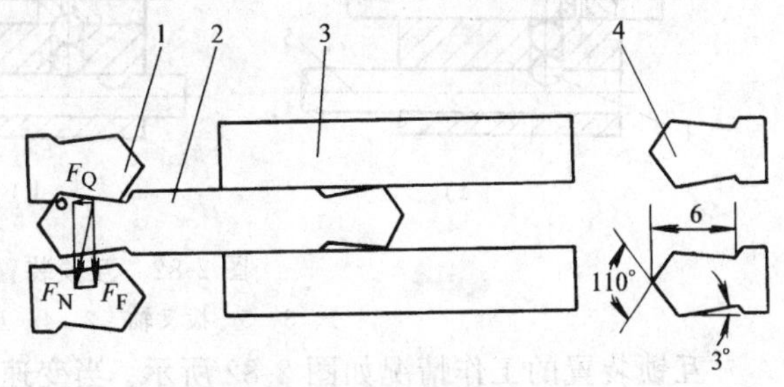

图 2-80　防止跳挡的齿端倒斜面结构示意图

1、4—接合齿圈　2—接合套　3—花键毂

F_F—圆周力　F_N—倒锥齿面正压力　F_Q—防止跳挡的轴向力

图 2-81 所示为东风 1090 型汽车五挡变速器中采用减薄齿来防止自动跳挡的结构示意。在该变速器二、三挡与四、五挡同步器花键毂齿圈 3 的两端，齿厚各减薄 0.3～0.4mm，使各

轮齿中部形成一凸台。当同步器的接合套左移与接合齿圈接合时（图示位置），接合齿圈 1 将转矩传到接合套 2 的一侧，再由接合套的另一侧传给花键毂。由于接合套齿的后端被凸台挡住，在接触面上作用一个力 F_N，其轴向分力 F_Q 即为防止跳挡的阻力。

2. 互锁装置

由于一个拨叉轴可以控制两个挡位，故对于三挡变速器（再加一个倒挡）只需两根拨叉轴，对于四、五挡变速器（再加一个倒挡）就需要三根拨叉轴，对于六挡变速器就需四根拨叉轴。因为多挡变速器中拨叉轴较多，如果操纵时同时使两根拨叉轴移动，就可能会出现同时挂上两个挡的情况。这时变速器必然产生机械干涉，轻则使变速器无法工作，重则将损坏变速器零件。操纵机构中的互锁装置就是保证在换挡时只能移动一根拨叉轴并同时自动地锁住其余拨叉轴，这样就消除了同时挂上两个挡的可能性。

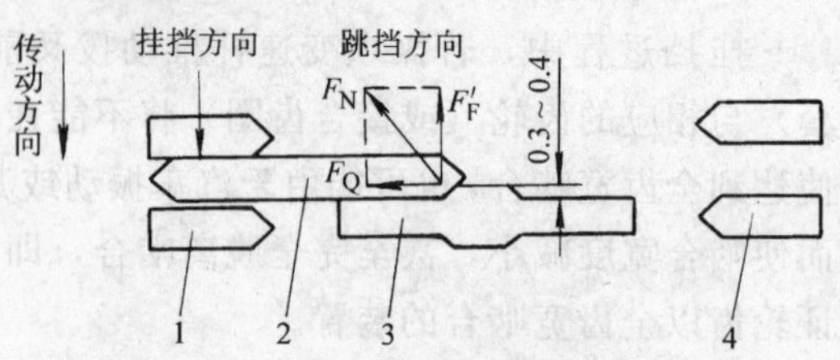

图 2-81　减薄齿防止跳挡的结构示意图

1—接合齿圈　2—接合套　3—花键毂　4—接合齿圈

F_F—圆周力 $F_F=F_{F'}$　F_N—凸台对接合套的总阻力

F_Q—防止跳挡的轴向力

互锁装置的结构形式较多，但在汽车上用得最广泛的是钢球（或柱销）式互锁装置。它与自锁机构装在一起，结构紧凑，工作可靠。

图 2-82 所示的互锁装置由互锁钢球 4 和互锁销 6 组成。每根拨叉轴的朝向互锁钢球的侧表面上均制出一个深度相等的凹槽。任一拨叉轴处于空挡位置时，其侧面凹槽都正好对准钢球 4。两个互锁钢球的直径之和正好等于相邻两轴表面之间的距离加上一个凹槽的深度。中间拨叉轴上两个侧面凹槽之间有孔相通，孔中有一根可以滑移的互锁销 6，锁的长度等于拨叉轴的直径减去一个凹槽的深度。

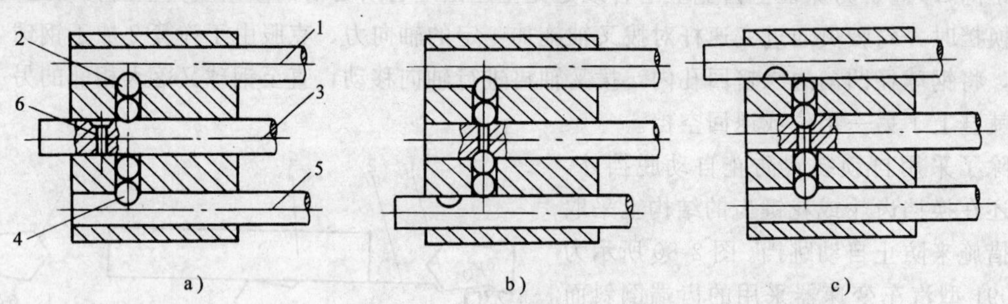

图 2-82　互锁装置工作示意图

1、3、5—拨叉轴　2、4—互锁钢球　6—互锁销

互锁装置的工作情况如图 2-82 所示。当变速器处于空挡时，所有拨叉轴的侧面凹槽同钢球、互锁销都在一条直线上。当移动中间拨叉轴 3 时（图 2-82a），轴 3 两侧的内钢球从其侧凹槽中被挤出，而两外钢球 2 和 4 则分别嵌入拨叉轴 1 和轴 5 的侧面凹槽中，因而将轴 1 和轴 5 刚性地锁止在其空挡位置。若欲移动拨叉轴 5，则应先将拨叉轴 3 退回到空挡位置（图 2-82b）。于是在移动拨叉轴 5 时，钢球 4 便从轴 5 的凹槽中被挤出，同时通过互锁销 6 和其他钢球将轴 3 和轴 1 均锁止在空挡位置。同理，当移动拨叉轴 1 时，则轴 3 和轴 5 被锁止在空挡位置（图 2-82c）。由此可知，互锁装置的作用是当驾驶员用变速杆推动某一拨叉轴时，自动锁止其余拨叉轴。

北京 BJ2020 型越野汽车所使用的是三挡变速器，故只需两根拨叉轴，它将自锁装置和互锁装置合二为一（图 2-83）。两个空心锁销 1 套在弹簧 2 的两端。两个锁销长度之和 $2a$ 等于两拨叉轴表面间距离 c 加上一个凹槽深度 b。其工作原理同上所述。即两个锁销的长度保证换挡时只能移动一根拨叉轴。当移动其中一根拨叉轴时，锁销即从此拨叉轴凹槽中被挤出顶紧另一锁销而将另一拨叉轴锁止。

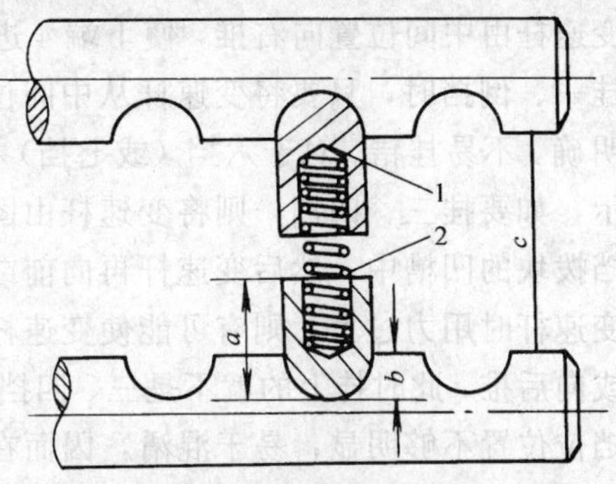

图 2-83　北京 BJ2020 型汽车变速器挡位锁止装置

1—锁销　2—锁止弹簧

3. 倒挡锁装置

当汽车在前进行驶中，换挡时由于疏忽而误挂入倒挡，将会使轮齿间产生极大的冲击。此外，若汽车起步时误挂倒挡则容易发生事故。为防止误挂倒挡，操纵机构中应设有倒挡锁。

倒挡锁的结构形式有多种，如弹簧锁销式、锁片式、扭簧式、锁簧式等。但应用最多的是弹簧锁销式。

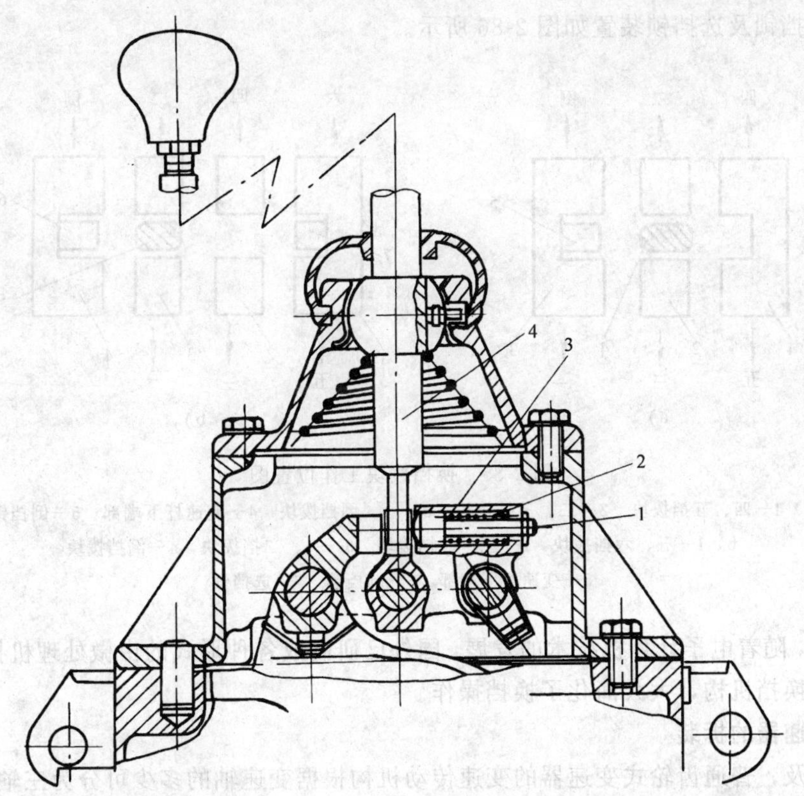

图 2-84　东风 EQ1090E 型汽车五挡变速器倒挡锁装置

1—倒挡锁销　2—倒挡锁弹簧　3—倒挡拨块　4—变速杆

图 2-84 所示为 EQ1090E 型汽车五挡变速器的倒挡锁装置。它是由一、倒挡拨块 3 中的倒挡锁销 1 及弹簧 2 组成。当驾驶员要挂一挡或倒挡时，必须用较大的力使变速杆 4 下端压缩弹簧 2，将锁销 1 推入锁销孔内，才能使变速杆下端进入拨块 3 的凹槽内。以拨动一、倒挡拨叉轴而挂入一挡或倒挡。由此可见，倒挡锁的作用是使驾驶员必须对变速杆施加更大的力，方

能挂入倒挡，起到警示注意作用，以防误挂倒挡。

对于具有三根拨叉轴的四挡或五挡变速器（图 2-85a 为五挡），则如图所示，将变速杆由中间位置向后推（其下端 4 向前）就挂入二挡，变速杆向前就挂入三挡。要想挂入四、五挡，变速杆由中间位置向右推，使下端 4 进入四、五挡拨块 1 的凹槽，然后再向前或向后。同理，挂一、倒挡时，只要将变速杆从中间位置向左推，然后再向前或向后。各个挡位的位置非常明确，不易挂错。对于六挡（或七挡）变速器，就需有四根拨叉轴和四个拨块。如图 2-85b 所示，如要挂三、四挡，则将变速杆由图示的中间位置向右推，使变速杆下端部 5 移到三、四挡拨块的凹槽中，然后变速杆再向前或向后推就挂入三挡或四挡。但如果驾驶员在向右拨动变速杆时用力过大，则有可能使变速杆下端 5 落入五、六挡拨块的凹槽中，再将变速杆向前或向后推，此时挂上的就不是三、四挡而是五、六挡了。所以，具有四根拨叉轴的变速器，其挡位位置不够明显，易于混淆，因而在当前汽车使用的不带副变速器的多挡变速器中，以五挡变速器为最多。对于具有四根拨叉轴的六挡（或七挡）变速器，为了解决上述矛盾，常在图 2-85b 所示的五、六挡拨块凹槽中，设置一个选挡锁 7，其结构和作用与倒挡锁相同，即是使驾驶员在挂五、六挡时比较费力，以警示其与挂三、四挡的区别。解放 CA1091 型汽车六挡变速器的倒挡锁及选挡锁装置如图 2-86 所示。

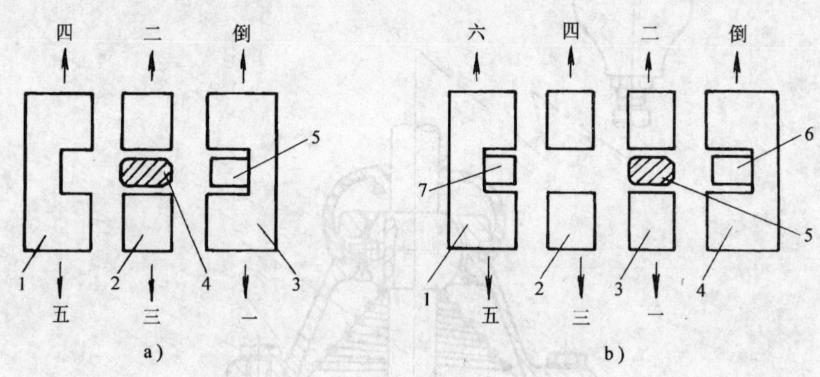

图 2-85 换挡拨块工作位置图

a）1—四、五挡拨块 2—二、三挡拨块 3—一、倒挡拨块 4—变速杆下端部 5—倒挡锁
b）1—五、六挡拨块 2—三、四挡拨块 3—一、二挡拨块 4—倒挡拨块
5—变速杆下端部 6—倒挡锁 7—选挡锁

近年来，随着电子计算机技术的发展，国外已研制成各种形式的由微处理机控制的自动、半自动同步换挡机构，大大简化了换挡操作。

五、变速器的拆装

前已述及，普通齿轮式变速器的变速传动机构根据变速轴的多少可分为三轴式变速器和二轴式变速器，其操纵机构可分为直接操纵式和远距离操纵式两种。下面以东风 EQ1090E 型汽车变速器和奥迪 100 型变速器为例，分别说明直接操纵的三轴式变速器和远距离操纵的二轴式变速器的拆装过程。

（一）东风 EQ1090E 型汽车变速器的拆装步骤

东风 EQ1090E 型汽车变速器为直接操纵式的三轴式变速器

1. 变速器的拆卸

1）旋出放油螺塞，放净变速器内的润滑油，拆卸传动轴，拆去变速器与离合器壳的四个紧固螺栓，变速器带离合器分离轴承座和驻车制动器总成即可平行退出。

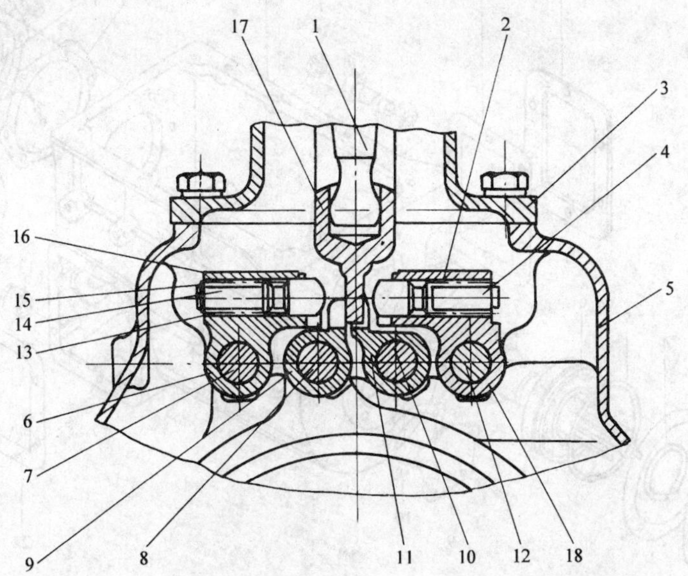

图 2-86　解放 CA1091 型汽车变速器倒挡锁及选挡锁装置

1—变速杆　2—倒挡锁弹簧　3—变速器顶盖　4—倒挡锁销　5—变速器上盖　6—倒挡拨块　7—倒挡拨叉轴　8—一、二挡拨叉轴　9—一、二挡拨块　10—三、四挡拨叉轴　11—三、四挡拨块　12—五、六挡拨叉轴　13—选挡锁销弹簧　14—选挡锁销　15—锁片　16—五、六挡拨块　17—叉形拨杆　18—五、六挡拨块

2）从变速器第一轴轴承盖上取下分离轴承。

3）拆下驻车制动鼓上两个固定螺栓，取下驻车制动鼓，拧松螺母 58（图 2-98），取下碟形弹簧 57，拉出突缘，然后拆去驻车制动机构的各连接件。

4）拆下变速器上盖总成。

5）拆下变速器第二轴后轴承盖 16（图 2-87）。

6）从变速器前端拆下紧固轴承盖 2 的螺栓上的钢丝锁线和螺栓，然后取下轴承盖（图 2-97）。

7）用铜棒从左右轻轻敲击第一轴 7，将第一轴连同轴承 6 一起从前端拔出，然后从第一轴中取出第二轴前端轴承 8。

8）用手托起第二轴前端上下晃动，并用铜棒左右敲击第二轴的后端，将第二轴向后退出稍许，用顶拔器从二轴上取下后端轴承后，将第二轴总成从变速器壳体内拿出（图 2-88）。

9）从第二轴取下四、五挡同步器锥环总成 25，拆下四、五挡固定齿座锁环 32，取下止推环 33，则第二轴上二、三挡同步器锥环总成 42 和它前面的所有零件可以依次从轴上取下。

10）从壳体上拆卸中间轴前后轴承盖 9、21（图 2-87），撬开后轴承锁片 71（图 2-89），拧下锁紧螺母 72，拆卸倒挡齿轮检查孔盖板 23（图 2-87），取下倒挡齿轮轴锁片 76（图 2-89），利用倒挡轴后端的螺纹孔，用专用工具将轴拔出，并从倒挡检查孔取出倒挡齿轮 74 和轴承 8 及隔套 73。

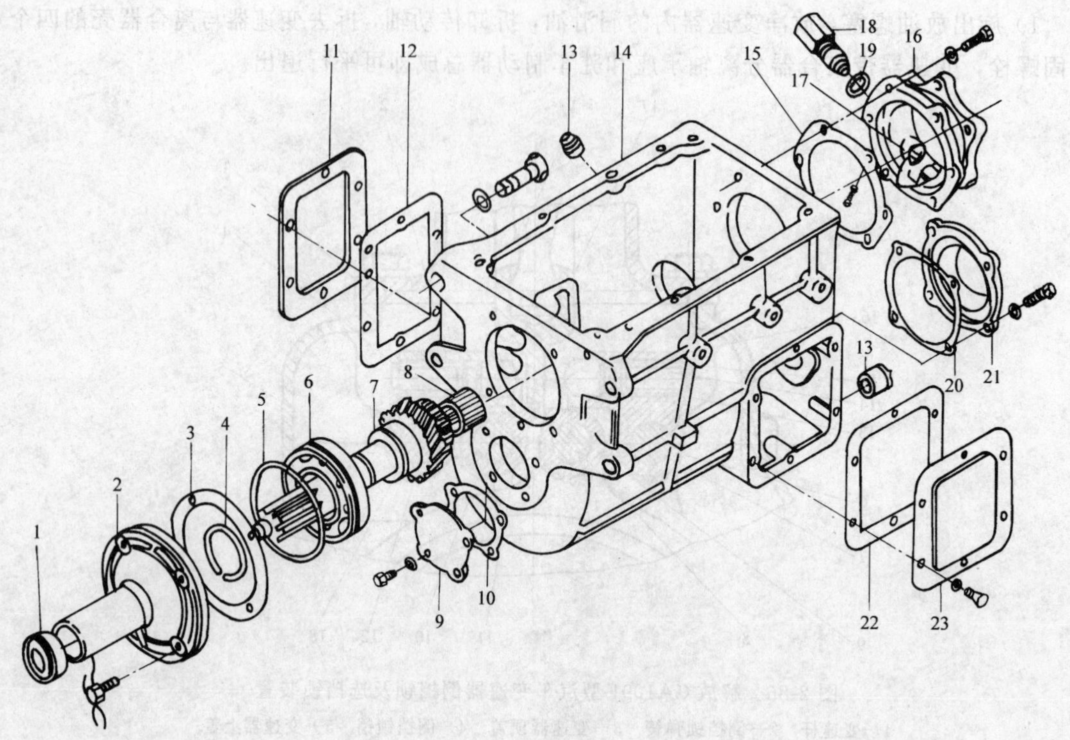

图 2-87 变速器壳体和第一轴

1—第一轴前轴承（装于飞轮中心座孔中） 2—第一轴轴承盖 3—衬垫 4—第一轴后轴承挡圈 5—第一轴后轴承外缘挡圈 6—第一轴后球轴承 7—第一轴 8—第二轴前轴承 9—中间轴前轴承盖 10、12、15、20、22—衬垫 11—取力孔盖板 13—放油螺塞 14—变速器壳体 16—第二轴后轴承盖 17—里程表从动齿轮油封 18—里程表软轴接头 19—接头密封圈 21—中间轴后轴承盖 23—倒齿轮检查孔盖板

将铜棒顶在中间轴前端，用锤敲击铜棒，于是中间轴总成带后轴承 69 从壳体向后脱出。用顶拔器从轴上拉下后轴承后，中间轴总成便可从壳体内取出。再用铜棒在壳体内侧顶住中间轴前轴承外圈，用锤敲击铜棒，取出中间轴前轴承 59。

11）从中间轴上取下弹性挡圈 60（图 2-89），用压床将常啮合齿轮 61 压出。

12）变速器顶盖的拆卸（图 2-90）：拆下顶盖总成 2 后，拆除弹簧 7，顶盖总成即可解体。

13）拆除变速器叉 17、18、25 和导块 21 上的铜丝锁线，拧松止动螺栓 19，用专用工具顶住变速器叉轴后端，用力冲击，使变速叉轴顶掉变速器盖上的三个塞片 10。这样，叉轴便从箱盖前端脱出，并取出变速叉（注意：当变速叉轴从上盖内向前伸出一定距离时，可用手握住，边转动边向前拉，同时还要防止锁止弹簧 11 和钢球 12 从盖上弹出）。

2. 变速器的装配

1）装合中间轴总成，齿轮应依次压入（注意：齿轮的内凹槽必须对准轴上的半圆键，以免零件压坏）。装合第二轴总成，并注意二、三挡同步器滑动齿套凸出的一面朝前。

2）将变速器壳体 14（图 2-87）固定在工作台上，把装好的中间轴总成放入中间轴孔中，两端套上轴承 59、69（图 2-89）。

从倒挡齿轮检查孔放入倒挡齿轮 74，齿轮内孔中放入轴承 8 和隔套 73，从变速器后端插入倒挡齿轮轴。

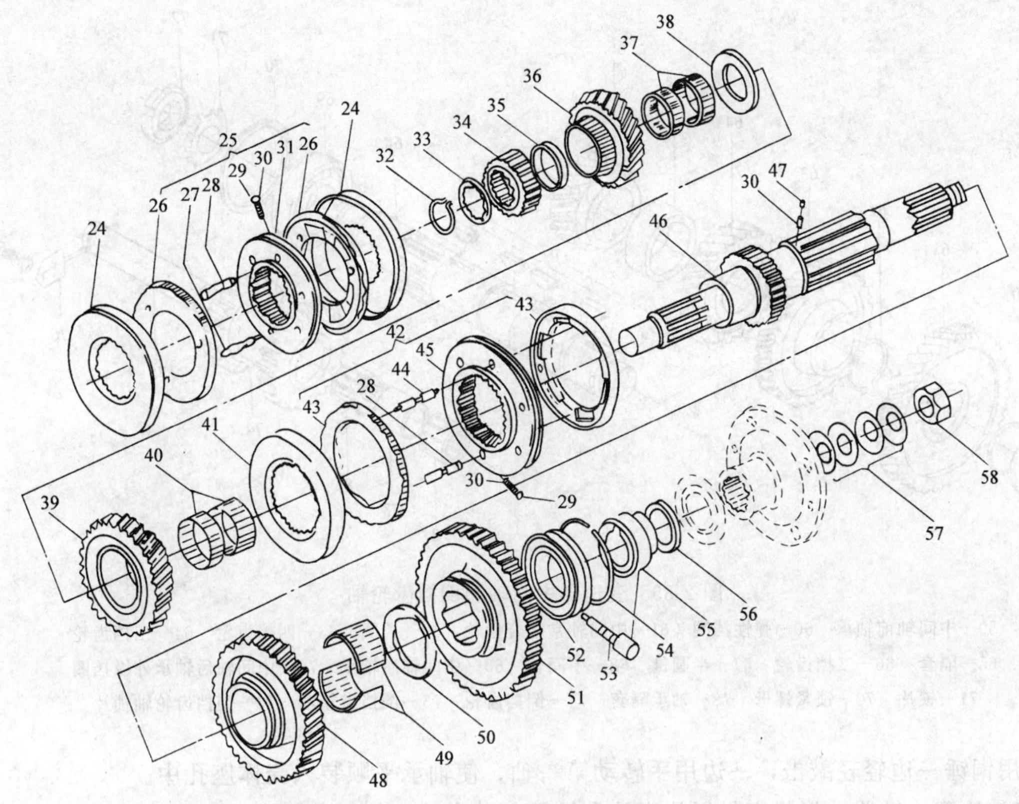

图 2-88 变速器第二轴

24—四、五挡同步器锥盘 25—四、五挡同步器锥环总成 26—锥环 27—锁销 28—同步器定位销 29—定位钢球 30—锁销定位弹簧 31—四、五挡滑动齿套 32—固定齿座锁环 33—固定齿座止推环 34—四、五挡固定齿座 35—四挡齿轮滚针轴承挡圈 36—四挡齿轮 37—四挡齿轮滚针轴承 38—四挡齿轮止推环 39—三挡齿轮 40—三挡齿轮滚针轴承 41—三挡同步器锥盘 42—二、三挡同步器锥环总成 43—锥环 44—锁销 45—二、三挡滑动齿套 46—第二轴 47—二挡齿轮止推环锁销 48—二挡齿轮 49—二挡齿轮滚针轴承 50—二挡齿轮止推环 51——挡及倒挡齿轮 52—第二轴后轴承 53—里程表从动齿轮 54—第二轴后轴承外缘挡圈 55—里程表主动齿轮 56—隔套 57—碟形垫圈 58—凸缘锁紧螺母

3）用铜棒把中间轴前后轴承 59、69 敲入轴承座孔，把倒挡轴 75 敲到安装位置。中间轴后端轴承贴紧轴颈台阶后，套上锁片 71，并将螺母 72 拧紧，然后用锁片 71 把螺母 72 锁止(图 2-89)。

倒挡轴到位后，卡上锁片 76，并用螺栓固定锁片。

在中间轴后轴承外圈外缘上套上挡圈 70。装上前后轴承盖 9、11（图 2-87）和倒挡齿轮检查孔盖板 23（注意：装盖板时要装衬垫，然后用螺栓对称紧固）。

4）将装好的第二轴总成放到壳体里。把四、五挡同步器总成套在第二轴上。

5）从第二轴后端套上后轴承 52（图 2-88）并用铜棒轻轻敲击，使轴承靠到花键部分的台肩上，套入里程表主动齿轮 55 和隔套 56，然后在轴承外圈上装上挡圈 54。

6）在变速器第一轴前端压入轴承 6，装上挡圈 5、4，在后端主动齿轮内孔中装入第二轴支承轴承 8，然后把第一轴装到壳体前端轴承孔中，使第二轴前端轴颈对准第一轴轴承孔（图 2-87）。

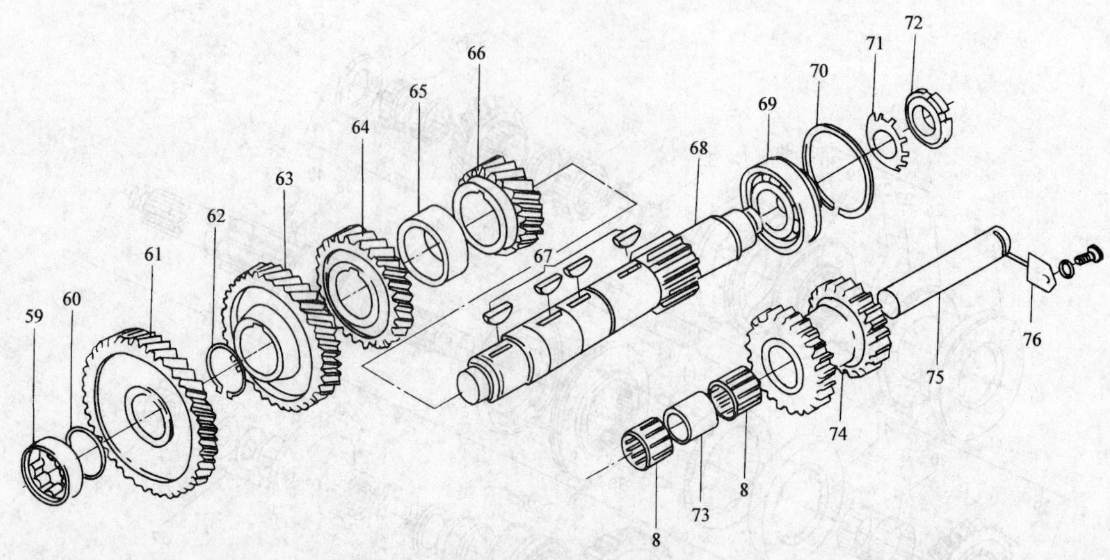

图 2-89　变速器中间轴和倒挡齿轮轴

59—中间轴前轴承　60—弹性挡圈　61—中间轴常啮合齿轮　62—挡圈　63—四挡齿轮　64—三挡齿轮　65—隔套　66—二挡齿轮　67—半圆键　68—中间轴　69—中间轴后轴承　70—中间轴后轴承外缘挡圈　71—锁片　72—锁紧螺母　73—轴承隔套　74—倒挡齿轮　75—倒挡齿轮轴　76—倒挡齿轮轴锁片

用铜锤一边轻轻敲击，一边用手转动第一轴，使轴承平顺装入壳体座孔中。

7）从第一轴前端先将密封纸垫安放在轴承盖贴合处，套上轴承盖，用螺栓对称紧固，并用铜丝锁线以“8”字形穿入螺柱头的孔中拧紧。

8）在壳体上装上第二轴后轴承盖，并加上纸垫，用螺柱对称紧固。装上甩油环，把已装好的驻车制动器总成固定在轴承盖上。把驻车制动器突缘套在第二轴上，装上碟形垫圈 57（图 2-88），用锁紧螺母紧固（拧紧力矩为 200～250N·m）。

9）装复变速器盖（图 2-90）：将变速器叉轴装在变速器盖相应的孔位中，同时装上锁止弹簧 11 及钢球 12、互锁圆柱销 15 及钢球 14、变速叉 17、18、25 和导块等；拧入变速叉止动螺栓 19，拧紧后用钢丝锁线分别将螺栓 19 锁紧在叉轴上；打入变速器盖前端座孔塞片 10。

10）在变速器处于空挡位置时，装上密封衬垫 28，盖上变速器盖总成（图 2-90）。

11）按拆卸的相反程序，装上衬垫，装复变速器顶盖总成。拧下放油螺塞，加注润滑油至规定油面高度，再拧上加油螺塞。

（二）奥迪 100 型车用变速器的拆装

前已述及，奥迪 100 型和桑塔纳型轿车的车用变速器都是远距离操纵的二轴式变速器，二者的结构基本相似。

1. 操纵机械的拆卸与装配

（1）外操纵机构的拆卸　图 2-91 所示为外操纵机构分解图，其拆卸顺序如下：

1）在拆变速器前，先拆下固定螺栓，然后把换挡铰链总成及连动杆一起拆下。

2）拆下固定螺栓 5，根据需要拆下换挡后连杆 6 和变速杆总成。

（2）内操纵机构的拆卸（图 2-92）

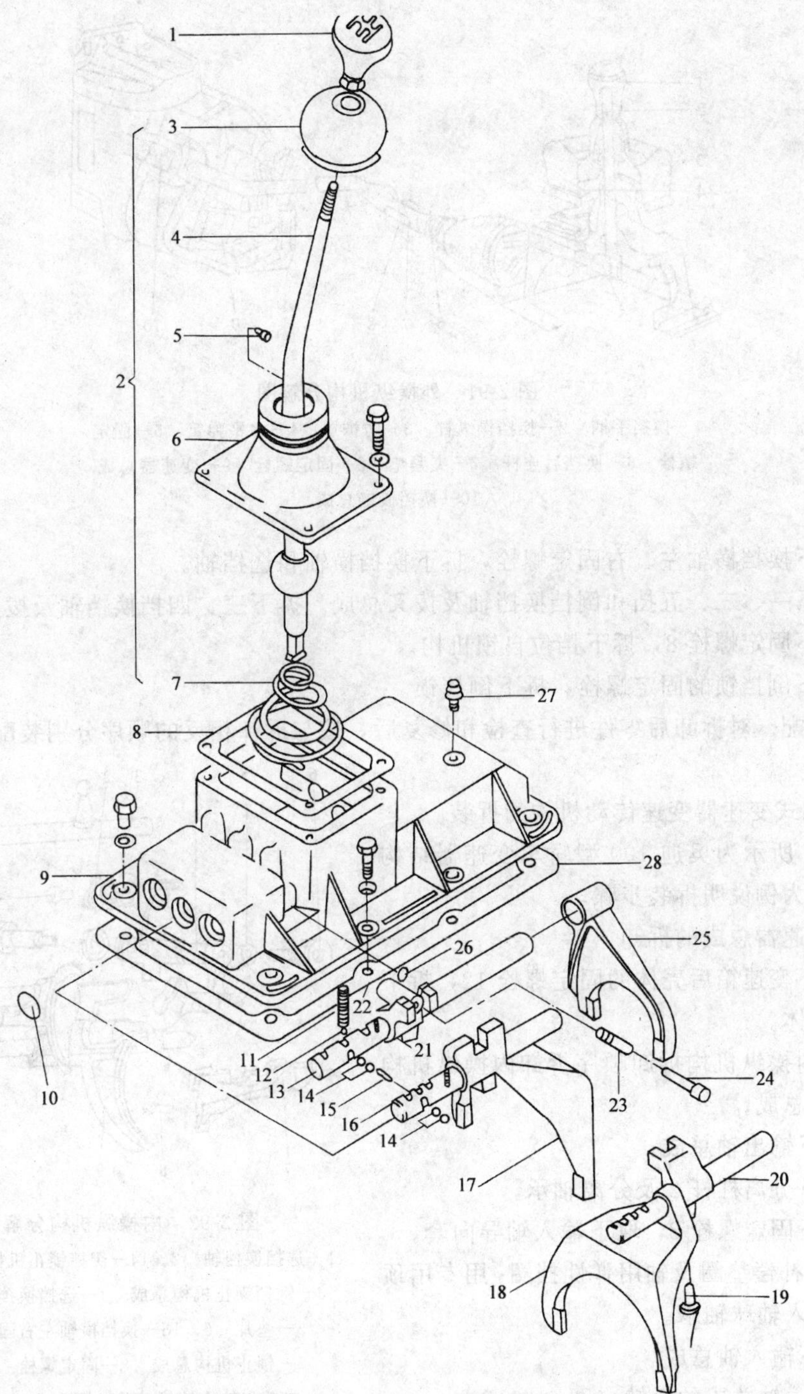

图 2-90 变速器盖及操纵机构

1—操纵手柄 2—顶盖总成 3—防尘罩 4—操纵杆 5—操纵杆限位锁 6—顶盖带衬套总成 7—弹簧 8、28—衬垫 9—上盖、10、26—塞片 11—变速叉轴锁止弹簧 12—自锁钢球 13—一、倒挡变速叉轴 14—互锁钢球 15—互锁圆柱锁 16—二、三挡变速叉轴 17—二、三挡变速叉 18—四、五挡变速叉 19—变速叉止动螺栓 20—四、五挡变速叉轴 21—一、倒挡导块 22—挡圈 23—安全止柱弹簧 24—安全止柱 25—一、倒挡变速叉 27—通气塞

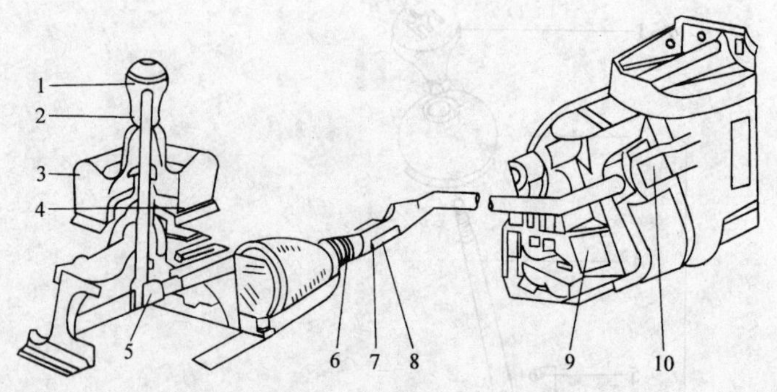

图 2-91　外操纵机构分解图

1—换挡手柄　2—换挡操纵杆　3—防护罩　4—水平弹簧　5—固定螺栓　6—换挡后连杆　7—夹紧垫　8—固定螺栓　9—变速器总成　10—换挡铰链总成

1）拆下换挡横轴左、右固定螺栓，拆下换挡横轴和选挡轴。

2）拆下一、二、五挡和倒挡换挡轴及拨叉总成。拆下三、四挡换挡轴及拨叉总成。

3）拆下固定螺栓 8，拆下挡位自锁机构。

4）拆下倒挡锁的固定螺栓，拆下倒挡锁。

（3）装配　对拆卸后零件进行查检和修复后，按与拆卸相反的顺序分别装配内、外操纵机构。

2．二轴式变速器变速传动机构的拆装

图 2-93 所示为奥迪 100 型轿车变速器结构图。现以其为例说明拆装步骤。

（1）变速器总成的拆卸

1）拆下变速箱后壳体的固定螺栓 12，拆下变速箱后壳体。

2）按内操纵机构拆卸顺序拆卸内操纵机构的各部件及总成。

3）拆下输出轴总成。

4）拆下分离杠杆 2 及分离轴承。

5）拆下固定螺栓 3，取下输入轴导向套。

6）拆下补偿垫圈及轴用弹性挡圈，用专用顶拔器拉下输入轴球轴承。

7）拆下输入轴总成。

（2）输入轴总成的拆卸（图 2-94）

1）拆下轴用弹性挡圈 2，用压床或顶拔器拆下五挡主动齿轮。

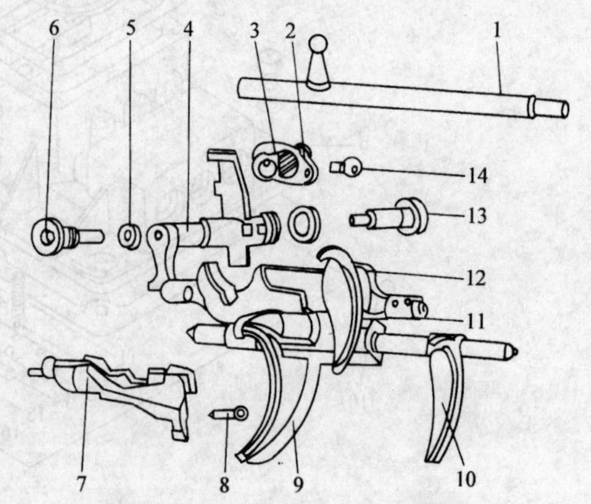

图 2-92　内操纵机构分解图

1—选挡换挡轴　2、14—倒挡锁止机构固定螺栓　3—倒挡锁止机构总成　4—选挡换挡横轴总成　5—垫片　6、13—换挡横轴左右固定螺栓　7—锁止机构总成　8—固定螺栓　9—一、二挡齿轮换挡拨叉及拨板总成　10—五、倒挡换挡拨叉及叉轴总成　11—三、四挡齿轮拨叉及叉轴总成　12—叉轴板

2）拆下四挡主动齿轮及轴承 4、四挡同步器同步环和同步器弹簧。

3）拆下轴用弹性挡圈 6、拆下同步器啮合套、同步器齿毂、同步器弹簧和同步环。

4）拆下轴用弹性挡圈 10，拆下三挡主动齿轮及轴承 14。

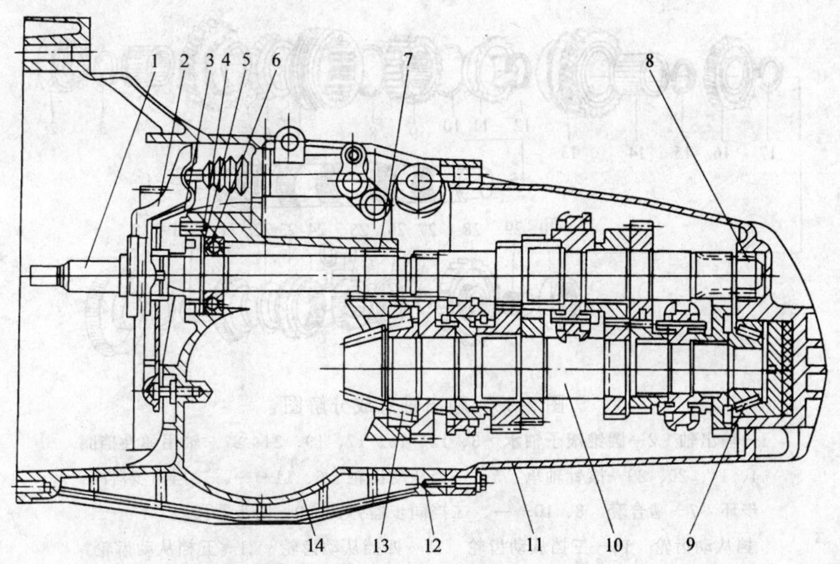

图 2-93 二轴式变速器结构图

1—输入轴总成 2—离合器分离杠杆 3、12—固定螺栓 4—调整垫片 5—轴用弹性挡圈 6—输入轴球轴承 7—输入轴带套滚柱轴承 8—带导油套滚柱轴承 9—输出轴小圆锥轴承 10—输出轴总成 11—后壳体 13—输出轴大圆锥轴承 14—差速器壳体

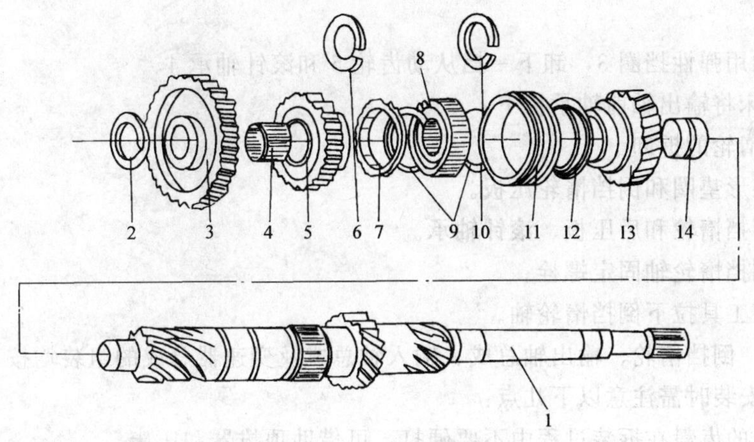

图 2-94 输入轴总成分解图

1—输入轴 2、6、10—轴用弹性挡圈 3—五挡主动齿 4、14—滚针轴承 5—四挡主动齿轮 7、12—同步环 8—三、四挡同步器齿轮 9—同步器弹簧 11—啮合套 13—三挡主动齿轮

（3）输出轴总成的拆卸（图 2-95）。

1）用顶拔器拉下圆锥滚子轴承 30 的内圈。

2）拆下倒挡从动齿轮 28 及滚针轴承 29。

3）拆下轴用弹性挡圈 27，卸下五、倒挡同步器总成。

4）拆下轴用弹性挡圈 24，卸下五挡从动齿轮 21 及滚针轴承 20。

5）拆下轴用弹性挡圈 19，用顶拔器拆下四挡从动齿轮 18。

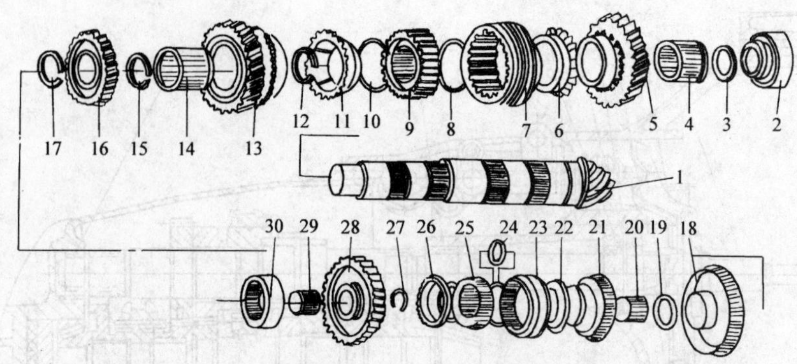

图 2-95 输出轴总成分解图

1—输出轴 2—圆锥滚子轴承 3、12、15、17、19、24、27—轴用弹性挡圈 4、14、20、29—滚针轴承 5—一挡从动齿轮 6、11—一、二挡同步器同步环 7—啮合套 8、10—一、二挡同步器弹簧 9—同步器齿毂 13—二挡从动齿轮 16—三挡从动齿轮 18—四挡从动齿轮 21—五档从动齿轮 22、26—五、倒档同步器同步环 23—五、倒档啮合套 25—同步器齿轮 28—倒档从动齿轮 30—输出轴后圆锥滚子轴承

6）拆下轴用弹性挡圈 17，卸下三挡从动齿轮 16。

7）拆下轴用弹性挡圈 15，卸下二挡从动齿轮 13 和滚针轴承 14。

8）拆下轴用弹性挡圈 12，卸下一、二挡同步器齿毂 9、弹簧 8 和 10、啮合套 7 及同步环 6 和 11。

9）拆下轴用弹性挡圈 3，卸下一挡从动齿轮 5 和滚针轴承 4。

10）用压床将输出轴前轴承拆下。

（4）倒挡惰轮的拆卸

1）拆下碟形垫圈和倒挡惰轮压板。

2）拆下倒挡惰轮和后压板、滚针轴承。

3）拆下倒挡惰轮轴固定螺栓。

4）用专用工具拉下倒挡惰轮轴。

（5）装配 倒挡惰轮、输出轴总成、输入轴总成及变速器总成的组装均按与拆卸相反的顺序进行。在安装时需注意以下几点：

1）同步器的齿毂在拆装过程中不要硬打，可借助顶拔器和压床。

2）各种轴用弹性挡圈的拆装应采用专用夹钳。

3）在装配五挡主动齿轮时，应先将其加热到 80～100℃。

4）装配后各齿轮的轴向间隙、同步器同步环的间隙应符合技术要求。

5）输出轴两端锥轴承的预紧度应合适；操纵机构应灵活可靠。

六、变速器的检测与维修

变速器的主要功用就在于改变由发动机传到驱动轮上的转矩和转速，以适应各种行驶条件的需要。由此可知变速器内零件工作时，其相互间的相对运动很频繁，而零件本身又承受了各种力的作用。这样，随着汽车行驶里程的增加，变速器内各零件的磨损和变形也随之加大，以致造成零件配合的失准，并引起一系列的故障。

因此，应对变速器常见故障进行分析，找出零件损坏的原因和部位，加以适时的维护修理，保持变速器总成状态的完好，满足汽车在各种条件下行驶的需要。

（一）变速器的检验与修理

1. 传动齿轮

齿轮的损伤形式主要有齿面磨损、齿端磨损、疲劳剥落、腐蚀斑点、轮齿破碎或断裂等。其原因主要是由于齿轮间的摩擦、齿轮工作时所受的机械应力以及润滑油变质腐蚀所致。修理齿轮时应按照以下要求：

1）轮齿工作表面上有小斑点，如果面积不超过齿面面积的20%～25%时，允许继续使用。

2）齿顶有细小剥落，允许继续使用，但必须整修和磨光其锋边利角。

3）轮齿表面如有不大于0.25mm痕迹或阶梯形磨损时，允许修平使用。

4）轮齿磨损超过0.25mm，啮合间隙超过0.50mm，长度方向上磨损超过全齿长的30%时，必须予以更换。

5）齿轮上无论何处产生裂纹，必须更换。

2. 第一轴

在工作过程中，由于受转矩、弯矩、冲击和滑磨等影响，变速器轴往往产生弯曲变形、轴颈磨损及键齿磨损等。第一轴的检验与修理要求如下：

1）将第一轴装在车床中心顶尖上，用百分表检查其弯曲度，若其中部摆差超过0.10mm时，应进行校正或更换。

2）常啮合齿磨损超过0.25mm，且啮合齿隙超过0.50mm时，应予以更换。

3）直接传动接合齿磨损超过0.40mm，啮合齿隙超过0.60mm，且其长度方向上的磨损超过全长的30%时，应予以更换。

4）花键磨损超过使用极限时应予更换。

5）轴承、轴承挡圈及轴颈如有损坏或轴颈磨损超过轴颈与轴承配合间隙允许的极限时（国产载货汽车一般不超过0.07mm），必须更换。

6）轴体上不得有任何性质的裂纹，否则应更换。

3. 中间轴

1）中间轴中部摆差大于0.10mm时应进行校正或更换。

2）各轴颈磨损超过0.02mm时，应采用镀铬修复或更换。

3）带齿轮的中间轴，其轮齿磨损超过0.25mm、啮合齿超过0.50mm时，应予以更换中间轴。

4）轴体上不得有任何性质的裂纹。

4. 第二轴（如图2-96所示）

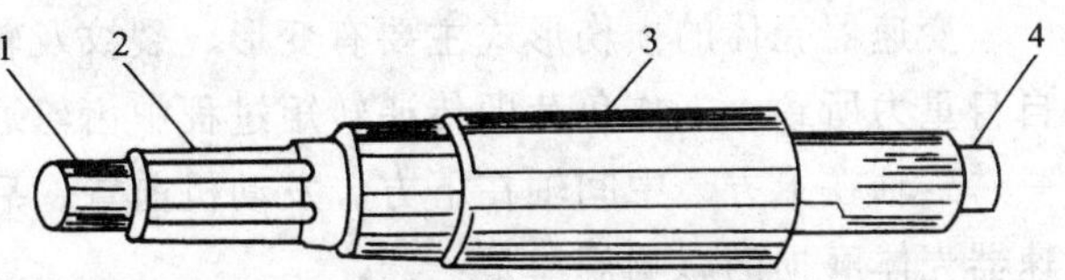

图2-96 变速器第二轴损伤情况

1—小轴颈 2、3—花键齿 4—后螺纹

1）轴中部摆差大于0.10mm时应进行校正或更换。

2）轴颈1磨损超过0.02mm时，应采用镀铬修复或更换。

3）花键2、3磨损超过使用极限时应予以更换。

4）轴体上不得有任何性质的裂纹，后螺纹4的损伤超过两牙时，必须重新清螺纹配螺母堆焊后加工螺纹。

5. 变速器换挡拔叉

变速器换挡拔叉（简称变速叉）的损坏主要是叉的弯曲和扭曲。其检验可按图 2-97 所示方法进行。一旦产生弯曲和扭曲变形，可采用敲击或冷压方法进行校正。当变速叉上端导动块凹槽磨损及下端端面磨损后，往往影响齿轮的正常啮合，使齿面产生不均匀磨损，严重时将导致变速器产生自动脱挡故障，因此变速叉上端导动块凹槽及下端端面磨损超过其使用极限，或其相应的配合间隙超过使用极限时，必须修复或更换新件。

6. 变速叉轴和定位互锁装置

变速叉轴的弯曲、磨损，定位球凹槽、互锁销凹槽的磨损以及定位球、互锁销的磨损和定位弹簧的疲劳损伤等达到一定程度时，也将导致变速器出现自动脱挡等故障。变速叉轴弯曲变形可用百分表或平板进行检查，如图 2-98 所示。测量的摆差值或缝隙值若超过车辆的使用极限（国产中型货车通常为 0.20mm）时，应进行冷压校正或更换。

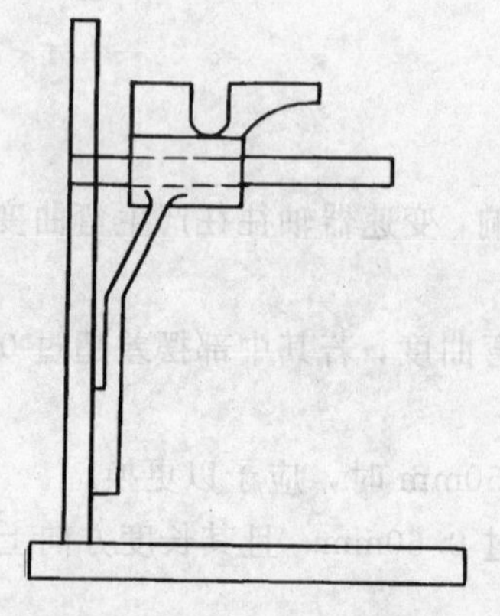

图 2-97　换挡拔叉的检验

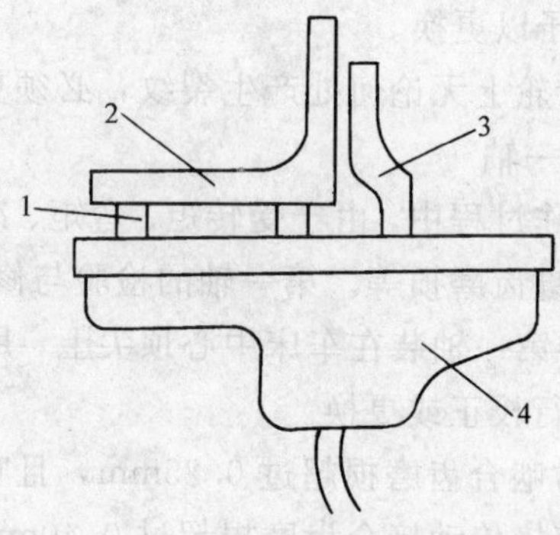

图 2-98　变速器叉垂直度的检验

1—垫块　2—90°角尺　3—变速叉　4—变速器盖

变速叉轴磨损超过 0.15mm 时，或与变速器盖上叉孔配合间隙超过 0.25mm 时，均应将叉轴经车、磨后镀铬修复或予以更换。定位球凹槽、互锁销凹槽轴向磨损有明显沟痕或其深度超过 0.70mm 以上时，可堆焊高硬度合金后用砂轮进行修整。

定位球、互锁销磨损严重，定位弹簧疲劳损伤或折断，均应更换。定位弹簧的自由长度弹性检查方法是将弹簧放入变速器盖上的定位孔内，当弹簧与孔的上边缘平齐或接近平齐即为合适，否则为不合适，应及时更换。

7. 变速器壳体

变速器壳体的损伤形式主要有变形、裂纹及轴承孔的磨损。主要原因是由于工作负荷和自身重力所致。工作负荷即传递转矩过程中齿轮通过轴与轴承作用于壳体的力。对常见的第一、二轴在上方、中间轴在下方、发动机前置、后桥驱动的汽车变速器来说，工作负荷对变速器壳体磨损的影响规律是：

1）第一轴与中间轴和中间轴与第二轴齿轮传动中的径向分力通过轴与轴承施加于壳体前、后端，造成轴承孔偏磨和壳体变形，从而使上、下两轴线间距加大，且后端大于前端，这将导致两轴线在其公共平面内产生平行度误差。

2）齿轮传动所产生的力，将造成壳体扭转导致上、下轴线在其垂直于公共平面的方向产生偏斜和翘曲变形。

3）频繁使用紧急制动（包括中央驻车制动器）时，也会使壳体发生扭转，但与前进方向所产生的扭转变形方向相反。

4）当汽车在繁重工作条件下较多使用低速挡运行时，壳体承受很大扭曲力矩，更易出现由上述变形所产生的形位误差。

变速器壳体所产生的上述轴线平行度误差，将使圆柱齿轮（或套合齿）传动如同锥齿轮和斜齿轮传动而产生轴向分力，从而导致变速器自动脱挡。同时，轴线不平行还使齿轮啮合印痕减小、单位压力增加及引起齿面接触处传力过程中的弹性变形加大而发生边缘啮合，这将加大齿轮传动中的不等速和扭矩不均匀性。这是产生啮合冲击噪声和加剧齿轮磨损的原因之一。

对于悬臂式固定于发动机机体或飞轮壳体后端面的变速器来说，在自身重力及其冲击力的作用下，前端面将发生微动磨损和变形，甚至固定螺栓孔处发生断裂。由于平面下方受挤压压力大，其磨损和变形的可能性加大，将造成壳体前端面与第一、二轴轴线不垂直，其后果与飞轮壳体后端面与曲轴轴线不垂直相同，即变速器直接挡易自动脱挡、第一轴轴承易损坏、第一轴回油螺旋线处易漏油以及离合器从动盘易损坏。变速器壳体通常容易在变速器壳体与变速器盖（或飞轮壳体）结合的平面处产生翘曲变形。

变速器壳体与盖结合平面的平面度误差，特别是对非上置式盖者可造成漏油现象。如仅是结合处的变形修理，则应将该平面与平板贴合，或将两配合表面扣在一起检查缝隙，当缝隙超过 0.50mm 时，用铲刀或锉刀修整后即可使用。

变速器壳体上的裂纹一般用目测或敲击法检查。凡未延伸到轴承孔的裂纹均可用环氧树脂胶粘接，或用螺钉填补法修复，也可用焊接法修复。但应特别注意保证修复质量，以防再次开裂。在条件许可的条件下，应更换壳体，因为任何形式的裂纹，均属非正常的工况现象。

变速器壳体轴承孔的磨损，将导致变速器轴轴线的偏移，使变速器各轴之间难以保持正常的平行关系，从而加剧齿轮的磨损或轴的弯曲变形。修理时应检查第一轴、中间轴及第二轴两两中心线的不平行度与倾斜度。在 300mm 长度内不平行度和倾斜度不应超过 0.15mm，否则应堆焊轴承孔后再镗孔或更换壳体。

8. 变速器盖

变速器盖的损伤主要有裂纹和球节座的磨损。

目测检查变速器盖边缘上的裂纹，当其长度不超过 50mm、并且不通过变速叉轴安装孔、数目不多于 3 条时，可用环氧树脂胶粘接、螺钉填补或焊接修复；当裂纹较严重时，应予以更换。

9. 变速器换挡操纵机构的检查与调整

1）换挡操纵机构各铰接点球头严重磨损或间隙过大时，会使变速操纵杆产生抖动，也有可能造成换挡位置不准、换入的各挡不能完全到位，以致在使用中发生换挡困难和跳、脱挡现象。此时应旋紧各球头螺塞，以消除过量间隙。调整后的铰接点球头应转动灵活、无摩擦、无松旷。

2）每六个月调整一次操纵机构各铰接点球头与球座的间隙，并加注润滑脂。

3）以空挡位置为换挡操纵机构的原始位置，对手操纵杆件进行调整。

（二）变速器的检修实例

桑塔纳轿车变速器采用的是机械式变速器，与一般通用的修理方法相同。下面仅介绍变速器主要零件的检修。

1. 齿轮的检修

1）齿面有轻微斑点，或边缘有破损，在不影响质量情况下可用油石修磨。当齿厚磨损超过 0.2mm，齿长磨损超过原齿长的 15%，或斑点超过齿面 15%以上的，则应更换。

2）装好滚针轴承和内座圈后，用百分表检查齿轮和内座圈之间的间隙，如图 2-99 所示。标准游隙为 0.009～0.060mm，间隙为 0.15mm，若超过极限，则应修整或更换。

2. 输入和输出轴的检修

1）轴不应有裂纹，各轴颈及花键不应有严重磨损，轴上的固定齿轮不应有断齿和严重磨损，否则应更换或涂镀（磨损轴颈）修理。

2）轴的径向圆跳动不得超过 0.05mm，如图 2-100 所示，否则应校正或更换。

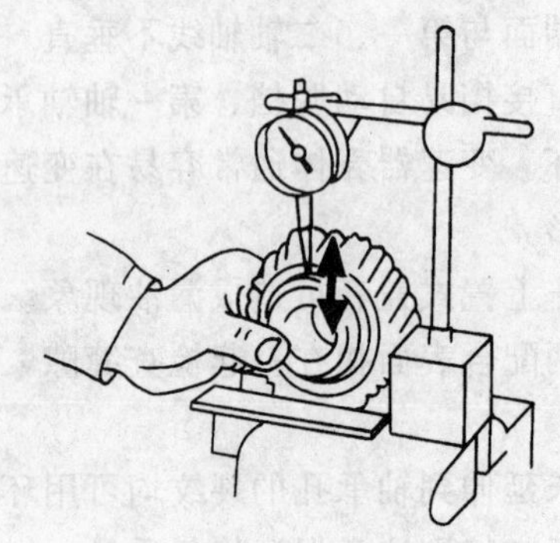

图 2-99 检查齿轮的游隙

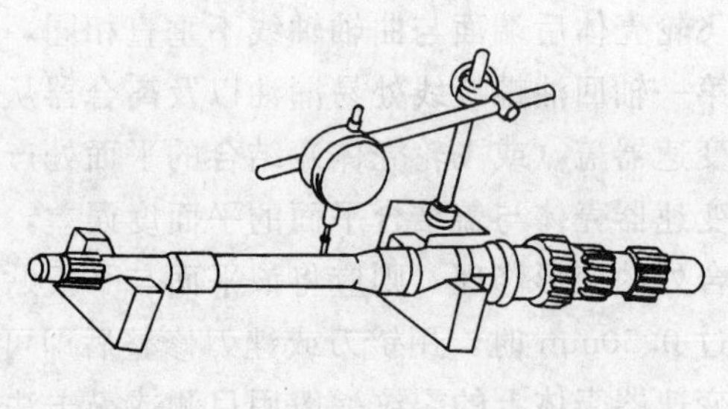

图 2-100 检查轴的径向圆跳动

3. 同步器的检查

1）将同步环压到换挡齿轮锥面上，按压转动同步环时要有阻力，用塞尺测量环齿与轮齿之间的间隙，如图 2-101 所示，其间隙如表 2-8 所列。若不符合规定，必须更换同步环。

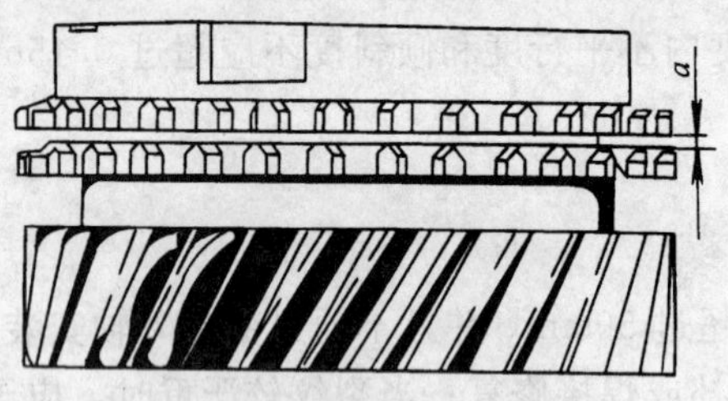

图 2-101 检查同步器间隙

表 2-8 同步器环齿与轮齿的间隙

间隙尺寸 a	安装尺寸（新）/mm	磨损极限 /mm
第一挡和第二挡	1.1～1.7	0.5
	1.35～1.9	0.5

2）滑块弹簧不应失效或折断。

4. 变速器壳体的检修

1）变速器壳体如有裂纹、砂眼均应更换，如砂眼较小可用密封剂填补修理。

2）变速器轴承孔磨损过大应予更换，不宜采用镶套修理。

3）壳体接合面翘曲变形，平面度误差不应大于 0.15/100mm；如超过，应用刨、铲、铣等方法修复或更换。

5. 操纵部分检修

1）变速叉。变速叉弯曲可用敲击法校正。导动块和叉下端面磨损严重应焊修或更换新件。

2）拔叉轴。拔叉轴弯曲应校正或更换。定位销孔磨损应更换新件。

3）自锁及互锁装置。定位球、锁销磨损严重，弹簧变软或折断，均应更换。

6. 变速器操纵装置的检查与调整

1）换挡操纵性能检查。挂入一挡，将变速杆向左压足，用一个手指将变速杆固定住，让它慢慢地弹回到压力点，在变速杆手柄处测量弹簧的压缩量应为5～10mm。

2）变速杆的调整。如果弹簧的压缩量达不到要求，调整变速杆，其方法如下：

如果弹簧的压缩量达不到5～10mm，可将变速杆支架从侧面推向长形孔内，对变速控制器进行微调。变速杆支架向右移动，可减少第一挡弹簧压缩量减少；变速杆支架向左移动，可增加第一挡弹簧压缩量。

七、变速器的常见故障诊断

变速器一般不会出现故障。但随着行驶里程的增加，以及不正常的操作，使其零件的磨损、变形随之加大，会出现异常响声、挂挡困难、跳挡、乱挡、发热、漏油等故障。

（一）变速器的异常声响

主要是由于轴承磨损松旷和齿轮间不正常的啮合而引起的噪声。大致表现在空挡发响和挂挡后发响。

1. 空挡发响

（1）现象　发动机怠速运转，变速器处于空挡位置有异响，踏下离合器踏板时响声消失。

（2）原因

1）变速器与发动机安装时曲轴与变速器第一轴中心线不同心，或变速器壳体变形。

2）第二轴前轴承磨损、污垢、起毛。

3）变速器常啮合齿轮磨损，齿侧间隙过大，或个别齿轮牙齿破裂。

4）常啮合齿轮未成对更换，啮合不良。

5）轴承松旷、损坏，齿轮轴向间隙大。

6）拔叉与接合套间隙过大。

2. 挂挡后发响

（1）现象

1）变速器挂入挡位后发响。

2）当汽车以40kM/h以上车速行驶时，发出一种不正常声响，且车速愈高声响越大，而当滑行或低速时响声减小或消失。

（2）原因

1）轴的弯曲变形，轴的花键与滑动齿轮毂配合松旷。

2）齿轮啮合不当，或轴承松旷。

3）操纵机构各联接处松动，变速叉变形。

4）主、从动锥齿轮配合间隙过大。

（3）诊断　变速器产生响声，是由齿轮或轴的振动及其他声源开始，然后扩散到变速器壳壁产生共振而形成的，诊断步骤为：

1）发动机怠速运转，变速器空挡有异响，踩下离合器踏板后声响消失，多为常啮合齿轮啮合不良。

2）变速器各挡均有声响，多为基础件、轴、齿轮、花键磨损使形位误差超限。

3）挂入某挡，声响严重，则说明该挡齿轮磨损严重。

（二）变速器跳挡

（1）现象　汽车行驶中，变速杆自动跳回空挡位置（一般多在中、高速负荷时突然变化或汽车剧烈振动时发生）。

（2）原因

1）变速器齿轮或齿套磨损过量，沿齿长方向磨成锥形。

2）变速叉轴凹槽及定位球磨损，以及定位弹簧过软或折断，使自锁装置失效。

3）变速器轴、轴承磨损松旷或轴向间隙过大，使轴转动时齿轮啮合不足而发生跳动和轴向窜动。

4）操纵机构变形松旷，使齿轮在齿长位置啮合不足。

（3）诊断

1）发现某挡跳挡时，仍将变速杆挂入该挡，然后拆下变速器盖察看齿轮啮合情况，如啮合良好，应检查换挡机构。

2）用手推动变速杆，如无阻力或阻力甚小，说明自锁装置失效，应检查自锁钢球和变速叉轴上的凹槽是否磨损过甚，自锁钢球弹簧是否过软、折断，如是则应更换。

3）如齿轮未完全啮合，应检查拨叉是否磨损或变形，如是弯曲应校正。

4）如换挡机构良好，应检查齿轮是否磨成锥形，轴承是否松旷，必要时应拆下修理或更换。

（三）挂挡困难

（1）现象　挂挡时，不能顺利挂入挡位，常发生齿轮撞击声。

（2）原因

1）变速叉轴弯曲变形。

2）自锁或互锁钢环破裂、毛糙卡滞。

3）变速联接杆调整不当或损坏。

4）同步器耗损或有缺陷。

5）变速器轴弯曲变形或花键损坏。

除了变速器故障外，离合器分离不彻底，齿轮油规格不符，也会造成挂挡困难。

（3）诊断

1）检查变速叉轴是否弯曲变形，自锁和互锁钢球是否损坏，弹簧是否过硬。

2）检查操纵机构是否有变形或卡滞。

3）如上述检查正常，应检查是否损坏。主要检视同步器是否散架，同步器锥环内锥面螺旋槽是否磨损，滑块是否磨损，弹簧弹力是否过软。

4）如同步器正常，应进而检视变速器第一轴是否弯曲，其花键是否耗损。

（四）变速器乱挡

（1）现象　汽车起步挂挡或行驶中换挡，所挂挡与需要挡位不符，或虽然挂入所需挡位但不能退回空挡，或一次挂入两个挡位。

（2）原因

1）换挡杆与换挡杆拨动端松旷、损坏或换挡杆拨动端内孔磨损过大。

2）变速控制器弹簧压缩量达不到规定的要求。

3）换挡滑杆互锁销磨损过大，失去互锁作用。

(3) 诊断

1）变速换挡杆如能任意摆动，且能打圈，则为夹箍销钉折断或失落所致。

2）挂挡时，变速换挡杆稍偏离一点位置，就会挂上不需要的挡位，这是换挡杆拨动端工作面磨损过大之故。

3）如同时能挂上两个挡位，这是互锁机构失效所致。

（五）变速器发热

(1) 现象　汽车行驶一段路程后，用手触摸变速器时，有烫手感觉。

(2) 原因

1）轴承装配过紧。

2）齿轮啮合间隙过小。

3）缺少齿轮油或齿轮油粘度太小。

(3) 诊断　应结合发热部位，逐项检查予以排除。

（六）变速器漏油

(1) 现象　变速器内的齿轮油从轴承盖或接合部位渗漏出来。

(2) 原因

1）变速器各部密封衬垫密封不良、油封损坏，或紧固螺栓松动。

2）变速器壳体破裂。

3）齿轮油过多。

4）变速器放油螺栓或通气孔堵塞。

(3) 诊断　可根据油迹部位来诊断漏油原因。

第三节　液力机械自动变速器

一、液力机械自动变速器概述

自动变速器具有自动变速、连续变矩、换挡时不中断动力传递的特点，并具有操作轻便、换挡平稳、乘座舒适、过载保护性能好等优点。目前越来越多的汽车，尤其是轿车，装备了自动变速器。液力机械自动变速器又是汽车中采用最多的一种自动变速器。本节着重阐述液力机械自动变速器的结构组成及功用、拆卸与安装方法。

汽车液力机械自动变速器的结构复杂，不同型号变速器的局部结构又各有所不同，使得自动变速器的结构多样化。因此，了解基本概念，掌握共性，就显得非常重要。自动变速器的结构虽然复杂，但无论是哪一种，大致都由以下6部分组成：液力变矩器、行星齿轮变速器、液压操纵系统、电子或液压控制系统、油冷却和滤清装置及壳体，如图2-102所示。

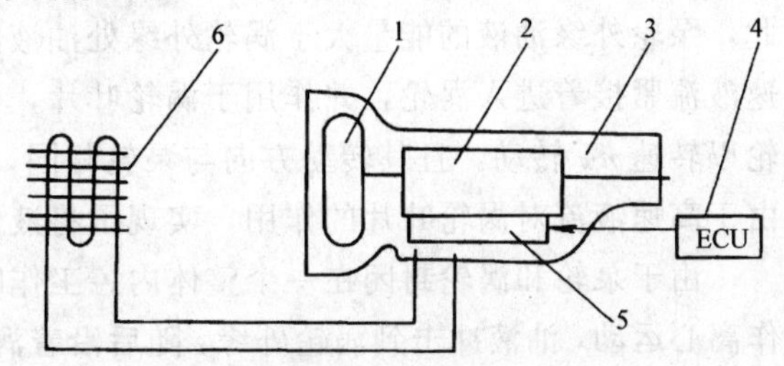

图2-102　液力机械自动变速器基本组成
1—液力变矩器　2—行星齿轮变速器　3—壳体　4—电子控制系统　5—液压操纵系统　6—油冷却和滤清装置

二、液力变矩器

1. 液力耦合器

液力耦合器是一种液力传动装置，若忽略其机械损失，则输出转矩与输入转矩相等。液力耦合器的结构如图 2-103a、b 所示。它主要由泵轮 B 和涡轮 W 两个工作轮组成，这两个工作轮是能量转换和动力传递的基本元件。泵轮 B 和涡轮 W 具有相同内外径，都安装有径向排列的叶片。泵轮和涡轮相对安装，两者的端面留有约 3～4mm 间距。泵轮与涡轮装合后成一整体，其轴线断面一般为圆形，内腔有工作液。

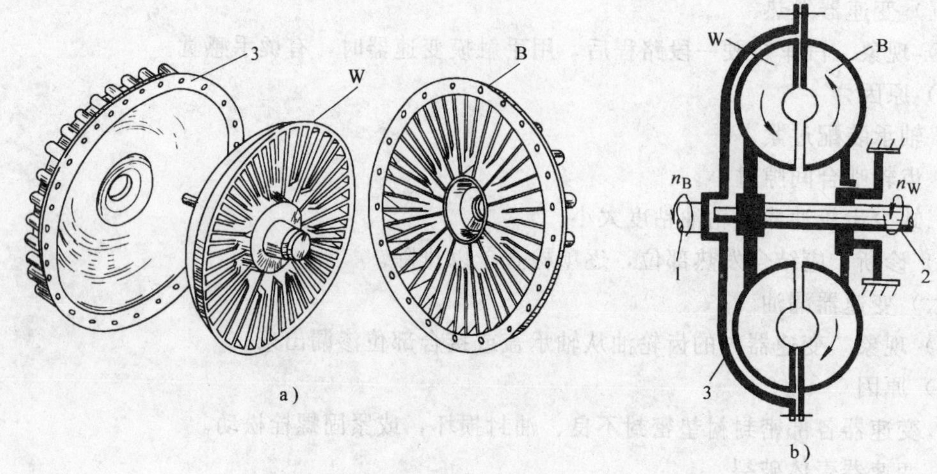

图 2-103　液力耦合器结构示意图

B—泵轮　W—涡轮　1—输入轴　2—输出轴　3—变矩器壳

液力耦合器工作时，就像两台电风扇对置，其中一台电风扇接通电源，而另一台电风扇不接电源，前者转动时，产生的气流可以吹动后者的叶片使其转动。液力耦合器的泵轮相当于接通电源的电风扇，液力耦合器的涡轮相当于不接电源的电风扇，液力耦合器内的自动变速器油（简称 AT 油）相当于空气。

液力耦合器实际工作时，发动机的动力经输入轴 1 传给泵轮，驱动泵轮以转速 n_B 转动。由于泵轮叶片的作用，使耦合器内的工作油液也随叶片一起绕轴线旋转，在离心力的作用下，迫使油液沿叶片间通道，向半径外边缘处流动。经泵轮叶片的作用，油液在到达叶片外缘将离开泵轮时，已成为具有一定压力和速度的高速液流，实现了将发动机的机械能转换为工作油液的能量。泵轮是主动元件，在一般情况下，被动元件涡轮的转速总是低于泵轮的转速，因此，泵轮外缘油液的能量大于涡轮外缘处油液的能量。在此能量差作用下，离开泵轮后的高速液流紧接着进入涡轮，并作用于涡轮叶片，当克服涡轮转动所产生阻力和负载时，推动涡轮以转速 n_W 转动，且其转动方向与泵轮相同，使涡轮获得一定的机械能，经输出轴 2 输出。由于高速液流对涡轮叶片的作用，实现了将液体能量转换为涡轮输出轴上的机械能。

由于泵轮和涡轮封闭在一个整体内，工作时，工作液体在离心力作用下甩向泵轮外缘是作离心运动，油液冲击到涡轮外缘，随后沿着涡轮叶片间通道向涡轮内缘流动是作向心运动，然后返回到泵轮的内缘。于是工作油液就这样从泵轮流向涡轮，又从涡轮返回泵轮，如此不断循环，形成沿轴线截面循环圆的环流。

工作油液在液力耦合器中同时具有两种旋转运动，其一是随同工作轮一起，作绕工作轴的圆周运动（牵连运动）；其二是经泵轮到涡轮，又从涡轮返回泵轮，反复循环，油液沿工作腔循环圆作环流运动，即轴面循环圆运动（相对运动），如图 2-104a 所示。故油液的绝对运动是两种旋转运动的合成，运动方向是斜对着涡轮冲击涡轮叶片（在作液体质点的绝对运动）。这样油液质点的流线是一条首尾相接的环行螺旋线，如图 2-104b 所示。

油液沿循环圆作环流运动是液力耦合器能够正常传递动力的必要条件。为了能形成沿循环圆的环流运动，泵轮和涡轮之间必须存在转速差，即 $n_B > n_W$，转速差愈大，泵轮外缘处与涡轮外缘处的能量差亦愈大，工作油液传递的动力也愈大。若泵轮与涡轮两者转速相等，泵轮外缘处与涡轮外缘处的能量差消失，循环圆内油液的循环流即停止，液力耦合器就不再有传递动力的作用。

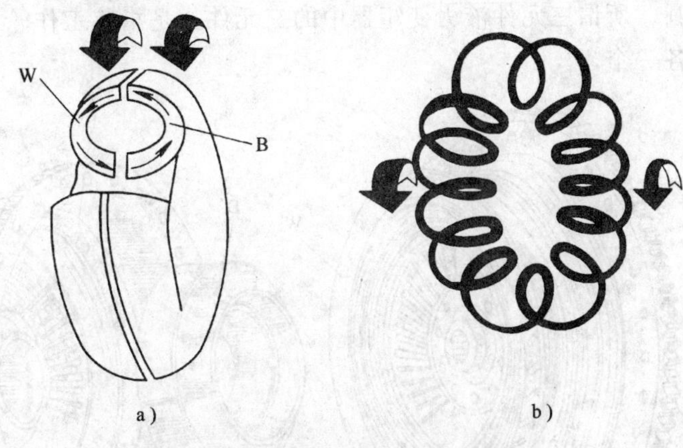

图 2-104　液力耦合器内油液流运动
a）两种旋转运动　b）两种旋转运动合成

设泵轮转速为 n_B，涡轮转速为 n_W，则液力耦合器的传动效率 η 为

$$\eta=\frac{N_W}{N_B}=\frac{M_W n_W}{M_B n_B} \tag{2-1}$$

式中，η 为传动效率；N_W 为涡轮输出功率；N_B 为泵轮输入功率；M_W 为涡轮输出转矩；M_B 为泵轮输入转矩。

因作用在液力耦合器上的泵轮和涡轮的转矩相同，即 $M_B=M_W$，则

$$\eta=\frac{n_W}{n_B}=i \tag{2-2}$$

也就是说，液力耦合器的传动效率等于其传动比。涡轮与泵轮的转速差愈大，传动比愈小，传动效率就愈低；反之，传动比愈大，传动效率愈高。

根据式（2-2）当传动比 $i=1$ 时，传动效率 $\eta=100\%$。但实际上，如果涡轮转速等于泵轮转速，则涡轮与泵轮叶片外边缘处的液压力将相等，从而使得液力耦合器内的循环流动停止，泵轮与涡轮之间不再有能量传递，传动效率为 0。一般而言，液力耦合器的最高效率可达 97%左右。

由于液力耦合器是以液体作为传动介质，因而可使汽车平稳地起步和加速，能够衰减传动系统的扭转振动并防止传动系过载，还能在暂时停车时不脱开传动系而维持发动机的怠速运转。但因液力耦合器不能改变其所传递的转矩大小，使得相应的变速机构需要增加挡位。此外，由于液力耦合器不能使发动机与传动系彻底分离，为解决换挡问题，在液力耦合器和机械变速器之间还需安装一个换挡用离合器，从而增大了整个传动系的重量，增加了纵向尺寸。

20 世纪 60 年代，英国生产的劳斯莱斯轿车，美国生产的奥兹莫比尔轿车，前苏联生产的吉姆轿车，所用的自动变速器，都装用过液力耦合器。但由于其上述缺点，近年来生产的轿车已基本上不再采用液力耦合器，而使用液力变矩器。

2. 三元件液力变矩器

液力变矩器结构与液力耦合器结构基本相似，所不同的是，在液力变矩器的泵轮和涡轮之间，安装有导轮D，并与泵轮和涡轮保持一定的轴向间距，导轮通过导轮固定套固定在变速器壳体上，如图2-105a、b所示。所有工作轮在装配后，形成的环状体的断面称为变矩器循环圆。所谓三元件液力变矩器中的三元件，是指其工作轮的数目为三个，即泵轮、涡轮和导轮各一个。

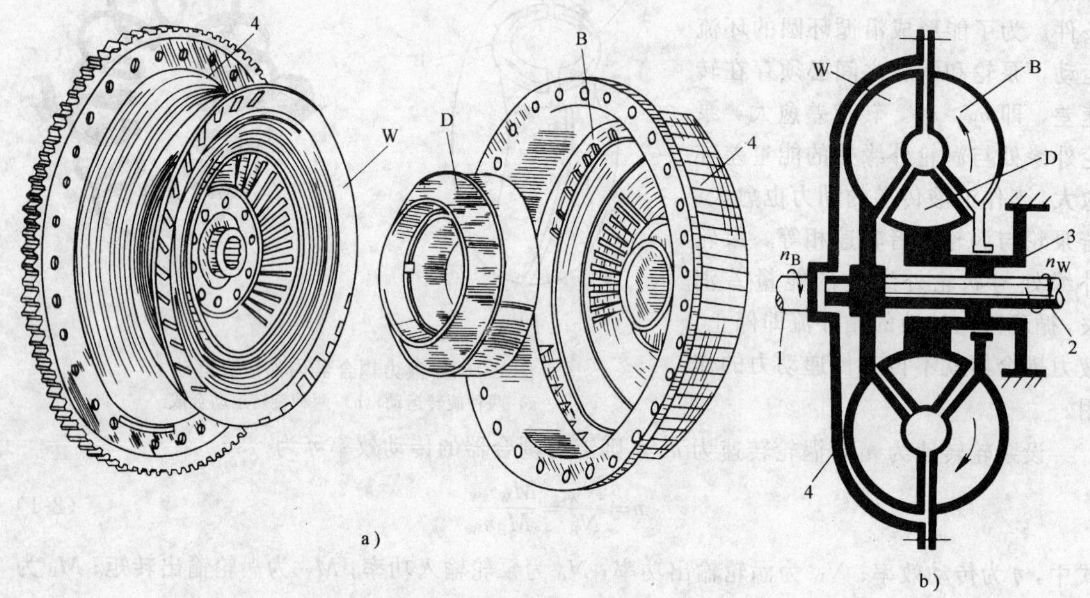

图2-105　三元件液力变矩器结构示意图

B—泵轮　W—涡轮　D—导轮　1—输入轴　2—输出轴　3—导轮轴　4—变矩器壳

汽车所用液力变矩器的工作轮一般都用钢板经冲压焊接而成，而工程机械和一些军用车辆所用液力变矩器的工作轮则是用铝合金经精密铸造而成。

和液力耦合器一样，液力变矩器在正常工作时，储于环行腔内的油液，除有绕变矩器轴线的圆周运动外，还有在循环圆中如箭头所示的循环流动，故可将转矩从泵轮传至涡轮。

与液力耦合器不同的是，液力变矩器不仅能传递转矩，而且能在泵轮转矩不变的情况下，随着涡轮转速的不同自动地改变涡轮输出的转矩值，即“变矩”。

液力变矩器之所以能起变矩作用，就是因为在结构上比液力耦合器多了一个导轮机构。如图2-106所示，在液体循环流动的过程中，固定不动的导轮给涡轮一个反作用力矩，使涡轮输出的转矩不同于泵轮输入的转矩。

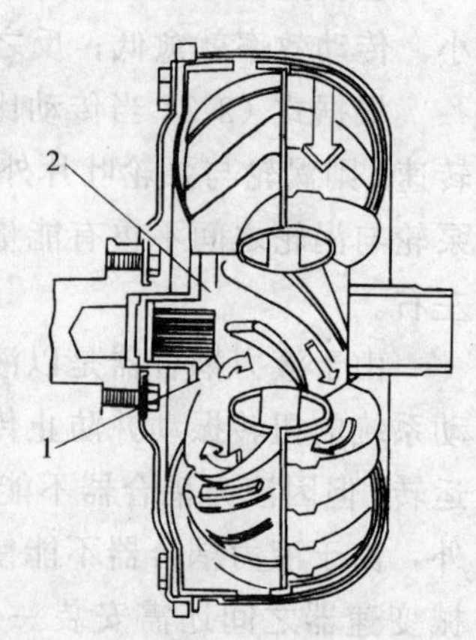

图2-106　导轮对工作油液的作用

1—循环流动　2—导轮改变工作油液流动方向

存在循环流动才可以增大转矩。当泵轮转速高于涡轮转速时才发生转矩增大。在涡轮低转速时，导轮引起回流的工作液产生高速的循环运动，这使泵轮转动更有效，并且增大推动涡轮工作液的作用力。例如，当汽车需要的转矩大于发动机的输出转矩时，涡轮转速下降并且使循环运动速度增加，这引起转矩增大作用升高；反之，随着循环运动的减弱，转矩增大作用减小。

在涡轮以低于泵轮转速90%以下转动时，就产生增加转矩的作用。大多数液力变矩器的最大变矩系数处于1.7∶1～2.8∶1的范围内。

在涡轮的转速接近泵轮转速的95%时，液力变矩器转入为液力耦合器的工作状况。液力耦合器工作状况只是发生在某一特定的转速或条件下。当涡轮的转速接近泵轮的转速时，液力变矩器就会转入液力耦合器工作状况。这是由于涡轮的转速接近泵轮的转速时，流向导轮叶片工作液的方向与来自泵轮的液流方向相同，即导轮不改变液流方向。

液力变矩器的特性，可以用几个与外界负载有关的特性参数来评价。描述液力变矩器的特性参数主要有传动比、变矩系数、效率等。

(1) 传动比 i

$$i=\frac{n_W}{n_B} \tag{2-3}$$

式中，n_W 为涡轮输出转速；n_B 为泵轮输入转速。

(2) 变矩系数 K

$$K=\frac{M_W}{M_B} \tag{2-4}$$

式中，M_W 为涡轮输出转矩；M_B 为泵轮输入转矩。

由变矩原理分析可知，变矩系数 K 是随涡轮转速 n_W 或传动比 i 而变化的。

当 $K>1$ 时，称为变矩工况；若涡轮转速 $n_W=0$，即 $i=0$ 时，称为零速工况，也称为启动工况或制动工况，在此工况下变矩系数为最大；当 $K=1$ 时，称为偶合工况。

(3) 效率 η

$$\eta=\frac{N_W}{N_B} \tag{2-5}$$

式中，N_W 为涡轮输出功率；N_B 为泵轮输入功率。

因为功率等于转速与转矩乘积，故式（2-5）可改写为

$$\eta=\frac{N_W}{N_B}=\frac{M_W n_W}{M_B n_B}=Ki \tag{2-6}$$

故液力变矩器的效率等于变矩系数与传动比的乘积。

3. 带单向离合器与锁止离合器的液力变矩器

带单向离合器与锁止离合器的液力变矩器也称为锁止综合式液力变矩器，如图2-107所示。其中的单向离合器，是指液力变矩器中的导轮D与导轮轴3不再为刚性连接，而是在导轮D与导轮轴3之间装有单向自由轮机构——单向离合器4。其中的锁止离合器，是指液力变矩器中通常采用的湿式、片式摩擦离合器。锁止离合器的主动部分与输入轴1连接，被动部分与输出轴2连接。

图2-108所示为常见的滚柱式单向离合器结构。外座圈2与导轮D连为一体，内座圈4与导轮轴刚性连接。若液流冲击导轮叶片正面，使外座圈2按逆时针方向转动（按图2-108所示），滚柱3将卡死在内、外圈之间的楔形槽内，形成楔紧状态，使内外圈结合，由于导轮轴是固定不动的，故导轮锁止，固定不动，液流可获得导轮D的反作用力矩，变矩器起增大输入转矩的作用。若液流冲击导轮叶片的背面，使外座圈2按顺时针方向转动，滚柱便有向楔

形槽宽阔部分移动的趋势，使其与内、外圈表面接触压力很小，不能楔紧而处于分离状态，于是外圈即导轮可以朝顺时针方向自由地转动，导轮成为自由轮，此时导轮与涡轮同向旋转，对液流不再有反作用力，液力变矩器就相当于只有泵轮和涡轮工作，如同液力偶合器一样。这种可以转入液力偶合器工况工作的变矩器称为综合式变矩器。

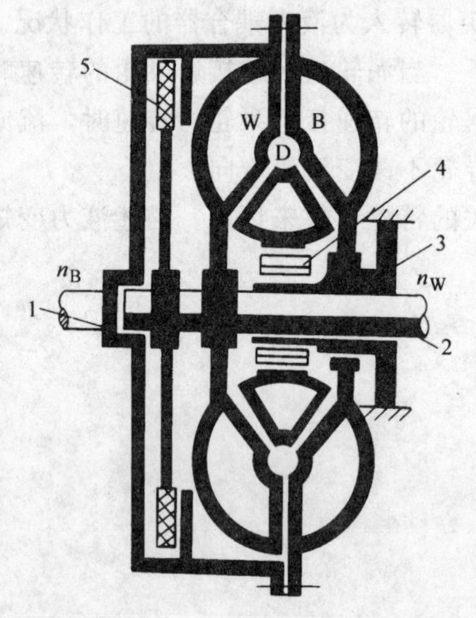

图 2-107 综合式液力变矩器结构示意图

B—泵轮 W—涡轮 D—导轮 1—输入轴 2—输出轴 3—导轮轴 4—单向离合器 5—锁定离合器

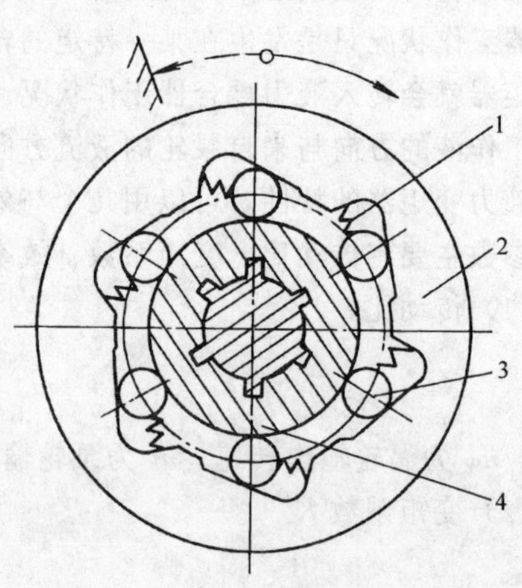

图 2-108 滚柱式单向离合器结构示意图

1—叠片弹簧 2—外座圈 3—滚柱 4—内座圈

液力变矩器中的锁止离合器，根据锁止形式的不同可分为液力锁止、离心力锁止和粘液离合器锁止三种形式，其中液力锁止的锁止离合器是目前广泛使用的变矩器锁止形式。液力锁止的锁止离合器的结构是在涡轮背面加装了一个摩擦式压盘（也称离合器盘），压盘上粘有一圈摩擦环。液力锁止的锁止离合器的接合和分离由专门的控制机构来控制。当锁止离合器处于分离状态时（如图 2-107 所示），仍具有变矩和偶合两种工况。动力传递路线为：动力输入轴 1→泵轮 B→导轮 D（变矩时）→涡轮 W→动力输出轴 2。当锁止离合器处于接合状态时，变矩器不起作用，动力传递路线为：动力输入轴 1→锁定离合器 5→动力输出轴 2。

典型的带锁止离合器的液力变矩器如图 2-109 所示。锁止离合器的主动部分为传力盘 8 和液压缸活塞 6，它们与泵轮 11 一起旋转。装在涡轮轮毂 14 外花键上的从动盘是离合器的从动部分，压力油经液压油道 5 进入后，推动活塞右移，压紧从动盘使锁止离合器接合，于是泵轮与涡轮刚性接合为一体旋转，变矩器不起作用。当压力油卸压时，锁止离合器分离，变矩器恢复正常工作。

随着涡轮转速不同，从涡轮流入导轮的油液方向也不同，这一方向的变化影响着变矩器的变矩效果和传动效率。为使变矩器在低速区自动变矩，在高速区允许导轮按泵轮转动的方向自由转动，减小导轮叶片背面通过油液对涡轮的有害反作用力，使变矩器成为偶合器，在液力变矩器中广泛使用了导轮单向离合器。另外，液力变矩器在高速偶合区工作时，自动变速和变矩的作用不再明显，但由于泵轮与涡轮之间存在约 4%～5%的转速差，使变矩器的传动效率达不到 100%，即存在能量损失。为防止这种能量损失，变矩器增设锁止离合器，在高速偶合区将泵轮和涡轮机械连接起来，使发动机功率100%地传给涡轮，此时变矩器的变矩系数和传动效率均为1，从而提高了汽车的行驶速度和燃料经济性。因此，现代电子控制液力自动变速器基本上都采用锁定综合式液力变矩器。

三、行星齿轮变速器

利用行星齿轮系统进行传动和变速，具有体积小、结构简单、操作容易、变速比大等优点，所以，行星齿轮系统在自动变速器中使用很广泛。当汽车处于重负荷或启动时，自动变速器可为汽车在发动机与驱动轮之间提供高传动比，也就是使发动机高速转动输出变为驱动轮所需要的低速转动及增大的转矩；当汽车处于较低负荷或启动以后，自动变速器为汽车在发动机与驱动轮之间提供低传动比，也就是使发动机高速转动输出变为驱动轮所需要的较高速转动及相对较小的转矩就能保持汽车运动。所以说，在整个驱动范围内，自动变速器为汽车动力性和经济性的提高创造了条件。由于行星齿轮机构可以按汽车需要的行驶方向和车速提供不同的传动比，因此多数自动变速器采用行星齿轮机构提供不同的传动比。传动比可以由司机手动选择或由液压控制系统通过接合和释放换挡离合器和制动器自动选择。汽车自动变速器中的行星齿轮变速器一般由多排行星齿轮机构和换挡执行机构等组成。

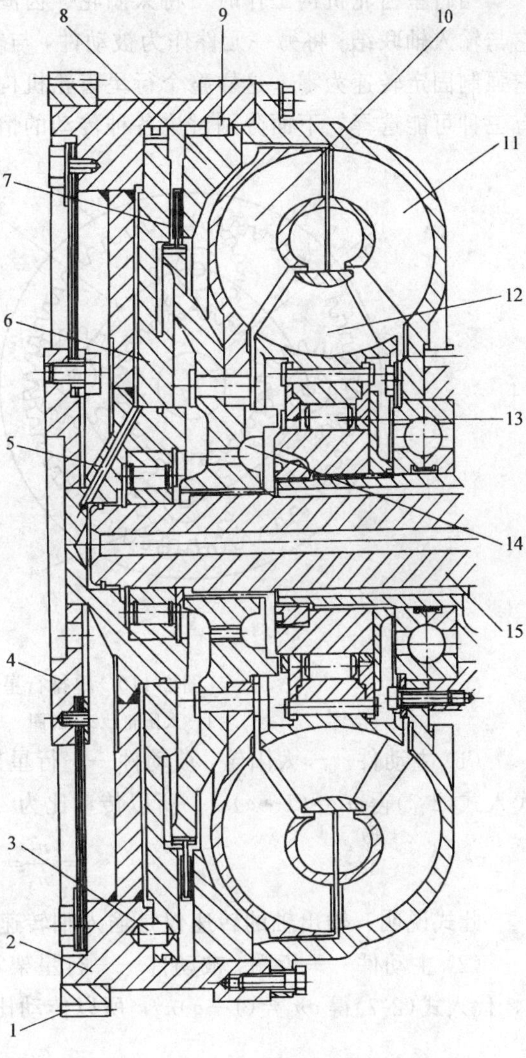

图 2-109　典型带锁止离合器的液力变矩器

1—启动齿圈　2—锁止离合操纵液压缸　3—导向销　4—曲轴凸缘　5—液压油道　6—液压缸活塞　7—从动盘　8—传力盘　9—键　10—涡轮　11—泵轮　12—导轮　13—单向离合器　14—涡轮轮毂　15—变矩器输出轴

1. 单排行星齿轮变速传动原理

单排行星齿轮机构是由一个太阳轮、一个带有两个或多个行星齿轮的行星架和一个齿圈所组成，它们一般均采用典型的斜齿轮，如图2-110所示。因为行星齿轮总是处于常啮合状态，因此这种结构可迅速、平稳、准确地换挡而不会产生齿轮碰撞或不完全啮合的现象。

根据能量守恒定律，由作用在单排行星齿轮机构各元件上的力矩和结构参数，可导出表示单排行星齿轮机构一般运动规律的特性方程式

$$n_1+\alpha n_2-(1+\alpha)n_3=0 \tag{2-7}$$

式中，n_1 为太阳轮转速；n_2 为齿圈转速；n_3 为行星架转速；α 为齿圈齿数 z_2 与太阳轮齿数 z_1

之比，即 $\alpha=\frac{z_2}{z_1}$，且 $\alpha>1$。

当行星齿轮机构工作时，将太阳轮、齿圈和行星架这三者中的任一元件作为主动件，使它与输入轴联结；将另一元件作为被动件，与输出轴相联；再将第三个元件加以约束制动，使它强制固定转速为零。这样整个行星齿轮机构即以一定的传动比传递动力。每个基本元件都有三种可能选择。下面分别讨论各种传动的情况。

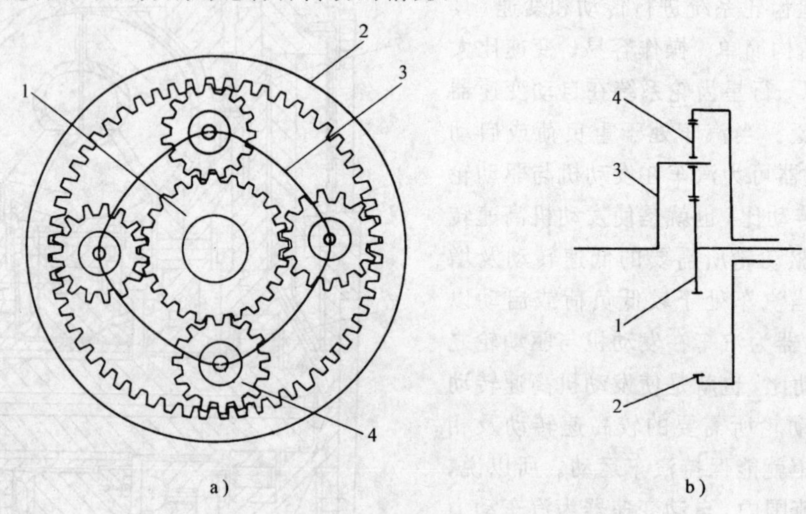

图 2-110 单排行星齿轮机构组成及简图

1—太阳轮 2—齿圈 3—行星架 4—行星齿轮

(1) 主动件——太阳轮，被动件——行星架，固定件——齿圈 当齿圈被固定时，$n_2=0$，代入式(2-7)得 $n_1=(1+\alpha)n_3$，所以传动比为

$$i=\frac{n_1}{n_3}=1+\alpha>1$$

此式说明，输出轴的转速仅是输入轴转速的 $1/(1+\alpha)$，这是一种减速增矩传动。

(2) 主动件——齿圈，被动件——行星架，固定件——太阳轮 当太阳轮被固定时，$n_1=0$，代入式(2-7)得 $\alpha n_2=(1+\alpha)n_3$，所以传动比为

$$i=\frac{n_2}{n_3}=\frac{1+\alpha}{\alpha}>1$$

此时说明，输出轴的转速是输入轴转速的 $\alpha/(1+\alpha)$，也是一种减速增矩传动，但减速比相对要小。

(3) 主动件——太阳轮，被动件——齿圈，固定件——行星架 当行星架被固定时，$n_3=0$，代入式(2-7)得 $n_1+\alpha n_2=0$，所以传动比为

$$i=\frac{n_1}{n_2}=-\alpha$$

此时说明，输出轴的转速是输入轴转速的 $-1/\alpha$，负号表示齿圈的转动方向与太阳轮转动方向相反，也就是所谓倒挡，但绝对值 $\left|-\frac{1}{\alpha}\right|<1$，故仍为一种减速增矩传动。

(4) 主动件——行星架，被动件——齿圈，固定件——太阳轮 当太阳轮被固定时，$n_1=0$，代入式(2-7)得 $\alpha n_2=(1+\alpha)n_3$，所以传动比为

$$i=\frac{n_3}{n_2}=\frac{\alpha}{1+\alpha}<1$$

此式说明，输出轴的转速是输入轴转速的$(1+\alpha)/\alpha$，这是一种增速减矩传动。

(5) 主动件——行星架，被动件——太阳轮，固定件——齿圈　当齿圈被固定时，$n_2=0$，代入式(2-7)得$n_1=(1+\alpha)n_3$，所以传动比为

$$i=\frac{n_3}{n_1}=\frac{1}{1+\alpha}<1$$

此式说明，输出轴的转速是输入轴转速的$(1+\alpha)$，这也是一种增速减矩传动，但增速相对较大。

(6) 主动件——齿圈，被动件——太阳轮，固定件——行星架　当行星架被固定时，$n_3=0$，代入式(2-7)得$n_1+\alpha n_2=0$，所以传动比为

$$i=\frac{n_2}{n_1}=-\frac{1}{\alpha}$$

此式说明，输出轴的转速是输入轴转速的$-\alpha$，负号表示太阳轮的转动方向与齿圈转动方向相反，这也是倒转，但绝对值$|-\alpha|>1$，故也是一种增速减矩传动。

(7) 直接传动　当太阳轮和齿圈连成一体转动时，即$n_1=n_2$，代入式(2-7)得$n_1=n_2=n_3$，所以传动比为

$$i=1$$

此式说明，行星齿轮机构三元件间没有相对运动，形成直接传动。同样道理得出结论，当太阳轮、齿圈和行星架三元件中任二个元件连成一体时，则第三个元件必然与前二者转速相同，形成直接传动。

(8) 自由转动　主动件——太阳轮，被动件——行星架，齿圈不固定，此时因齿圈处于无负荷自由状态，来自太阳轮的转矩均通过行星轮传至齿圈，使齿圈旋转，而行星架无转矩输出。同样道理可以得出，如果所有元件都不受约束，可以自由转动，则行星齿轮机构失去传动作用，此种状态相当于空档。

表2-9所示为单排行星齿轮机构的传动方案。

表2-9　单排行星齿轮机构的传动方案

传动类型	主动件	被动件	固定件	传动比
减速增矩	太阳轮	行星架	齿圈	$i=\frac{n_1}{n_3}=1+\alpha>1$
	齿圈	行星架	太阳轮	$i=\frac{n_2}{n_3}=\frac{1+\alpha}{\alpha}>1$
	太阳轮	齿圈	行星架	$i=\frac{n_1}{n_2}=-\alpha$
增速减矩	行星架	齿圈	太阳轮	$i=\frac{n_3}{n_2}=\frac{\alpha}{1+\alpha}<1$
	行星架	太阳轮	齿圈	$i=\frac{n_3}{n_1}=\frac{1}{1+\alpha}<1$
	齿圈	太阳轮	行星架	$i=\frac{n_2}{n_1}=-\frac{1}{\alpha}$
直接传动	任二个元件连成一体			$i=1$
没有传动	三元件均不受固定约束			三元件自由转动

2. 行星齿轮变速器的换挡执行机构工作原理

从单排行星齿轮变速传动分析可以知道，要想实现行星齿轮变速传动，就要对行星齿轮机构的基本元件进行不同的约束，也就是固定或连接某些基本元件。能对这些基本元件实施约束的机构，就是行星齿轮变速器的换挡执行机构。

行星齿轮变速器的换挡执行机构通常由离合器、制动器和单向离合器三种执行元件组成。离合器和制动器是以液压方式控制行星齿轮机构元件的旋转的，而单向离合器则是以机械方式对行星齿轮机构的元件进行锁止。

下面分别阐述行星齿轮变速器中离合器、制动器和单向离合器的功用、工作原理、组成等。

(1) 离合器　离合器的作用是连接行星齿轮机构中的输入或输出轴和某个基本元件，或将行星齿轮机构中的某两个基本元件连接在一起，使之成为一个整体转动。

行星齿轮变速器中所用的离合器为湿式多片离合器，通常由离合器鼓、离合器活塞、回位弹簧、钢片、摩擦片、花键毂组成，如图 2-111、图 2-112 所示。

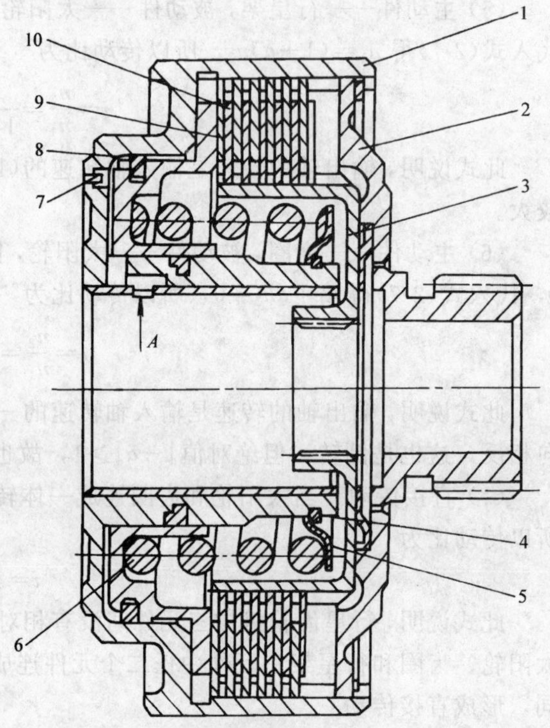

图 2-111　多片式离合器

1—离合器鼓　2—连接太阳轮　3—花键毂　4—卡环　5—弹簧支承盖　6—弹簧　7—安全阀　8—环形活塞　9—摩擦片　10—钢片

离合器鼓是一个液压缸，鼓内有内花键齿圈，内圆轴颈上有进油孔以控制油路相通。离合器活塞为环状，内外圆上有密封圈，安装在离合器鼓内。钢片和摩擦片交错排列，二者统称为离合器片，均使用钢材料制成，但摩擦片的两面烧结有铜基粉末冶金的摩擦材料，与钢片组成钢-粉末冶金摩擦副，目前摩擦片广泛使用纸质浸树脂材料，其性能优于粉末冶金摩擦材料。为了离合器接合柔和并且较好散热，通常将离合器片浸在油液中工作，所以称为湿式离合器。钢片带有外花键齿，与离合器鼓的内花键齿圈连接，并可轴向移动。摩擦片则以内花键齿与花键毂的外花键槽配合，也可作轴向移动。

花键毂和离合器鼓分别与变速器输入轴和行星齿轮机构的某个基本元件相连。当压力油经油道进入活塞左面的液压缸时，液压力克服弹簧力使活塞右移，将所有离合器片压紧，也就是离合器接合。当控制阀将作用在离合器液压缸的油压力撤除后，离合器活塞在回位弹簧的作用下回复原位，并将缸内的变速器油从进油孔排出，离合器分离。

离合器处于分离状态时，离合器片之间有一定的轴向间隙，以保证钢片和摩擦片之间无轴向压力，这一间隙称为离合器的自由间隙。一般离合器自由间隙的标准值为 0.5～2.0mm，其数值取决于离合器片的片数、离合器在变速器中的位置。通常离合器片数越多，或离合器交替工作越频繁，自由间隙的值就越大。

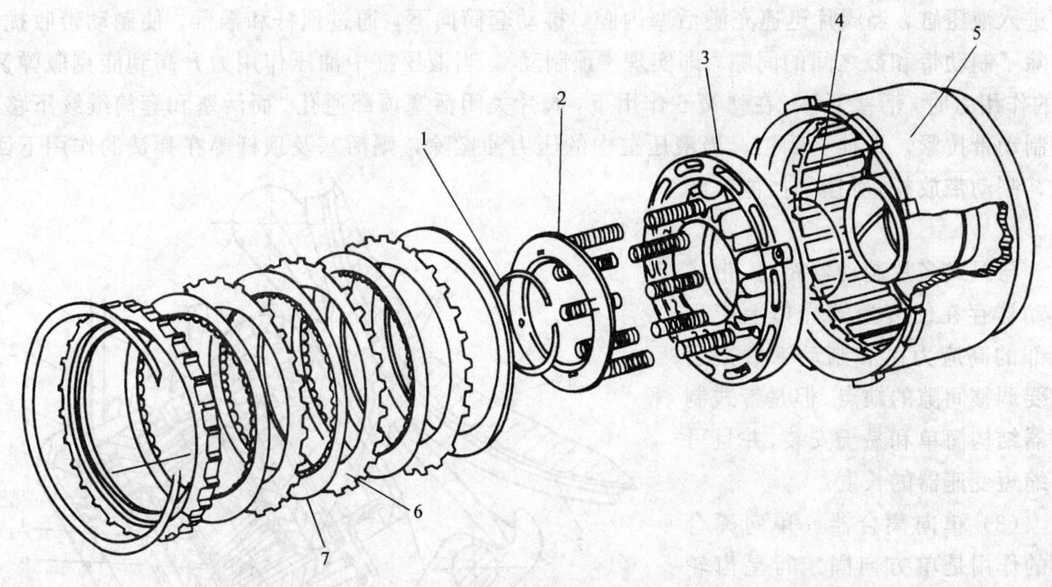

图 2-112　离合器零件图

1—卡环　2—回位弹簧　3—活塞　4—密封圈　5—离合器鼓和液压缸　6—钢片　7—摩擦片

离合器所能传递转矩的大小与摩擦片的面积、片数及离合器片的压紧力有关。在同一个行星齿轮变速器内通常有几个离合器。为使离合器通用化、标准化，将离合器的尺寸做成基本相同或相近，而通过调整每个离合器所使用的摩擦片的片数，来保证不同的离合器传递不同的转矩，传递的转矩越大，摩擦片的片数越多。另一方面，同一厂家生产的同一类型的自动变速器，可以在不改变离合器外型和尺寸的条件下，通过增减摩擦片的片数来满足不同排量车型传递转矩的要求。增加或减少摩擦片的片数时，要相应减少或增加钢片的片数，或者增减调整垫片的厚度，以保证离合器的自由间隙不变。

在离合器活塞或离合器鼓左端的壁面上设有一个由钢球组成的安全阀。当压力油进入液压缸时，钢球在油压的作用下压紧在阀座上，安全阀处于关闭状态，保证了液压缸的密封。当液压缸内的压力油通过油路排出时，缸体内的液压力下降，安全阀的钢球在离心力作用下离开阀座，安全阀处于开启状态，残留在缸内的液压油因离心力的作用从安全阀的阀孔中排出，使离合器得以彻底分离。

(2) 制动器　制动器的作用是约束行星齿轮机构中的基本元件，使某个基本元件与变速器壳体相连。在行星齿轮变速器中，常用的制动器有湿式多片制动器和带式制动器。

1) 湿式多片制动器。制动器与湿式多片离合器具有相同的结构和工作原理，其不同之处为，离合器鼓连同液压缸也就是它的壳体是一个主动部件，而制动器鼓连同液压缸也就是它的壳体是固定不转动的。通常湿式多片制动器的壳体就是行星齿轮变速器的壳体。

湿式多片制动器的工作平顺性较好，还能通过增减摩擦片的片数来满足不同排量发动机的要求，所以近年来在轿车自动变速器中使用得越来越多。

2) 带式制动器。带式制动器由制动鼓、制动带、液压缸及活塞等组成，如图 2-113 所示。

制动鼓与行星齿轮机构的一个基本元件或与离合器外壳相连，作为一个组件一起旋转。制动带的一端用销钉固定在变速器壳体的制动带支架或制动带调整螺钉上，另一端与制动缸活塞的推杆接触。图 2-113 所示为一个倒挡用带式制动器，当手动控制阀处于倒挡位置时，压力油进入液压缸，经阀片迅速充满活塞内腔，推动套筒向下，通过顶杆和摇臂，使制动带收拢，消除了制动带和鼓之间的间隙，即实现“预制动”。当液压缸中油压作用力升高到能克服弹簧4的作用力时，活塞下移。在弹簧6作用下，阀片关闭活塞顶部通孔。而活塞和套筒继续下移，使制动带拉紧，即挂上倒挡。当液压缸中的压力油撤除，则活塞及顶杆等在弹簧的作用下回位，制动带放松，所挂的挡位被解除。

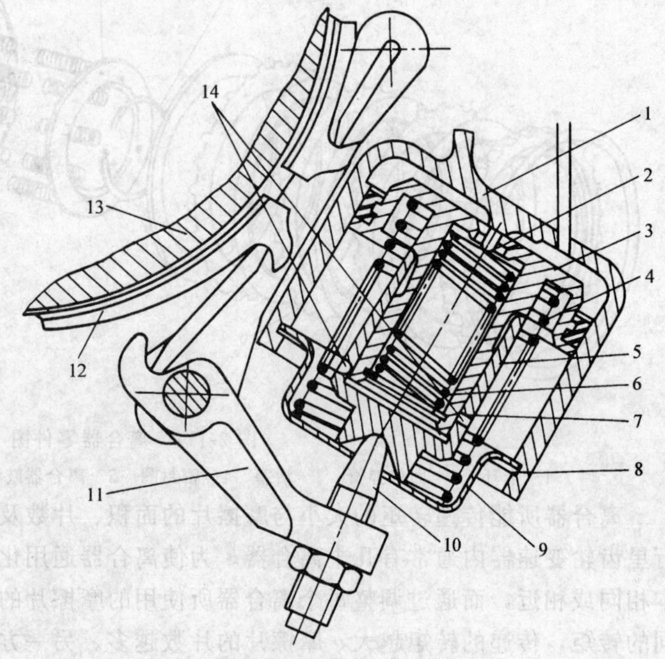

图 2-113 带式制动器

1—液压缸 2—阀片 3—活塞 4、6—弹簧 5—套筒 7、8—卡环 9—弹簧支承盘 10—顶杆 11—摇臂 12—制动带 13—制动鼓 14—量孔

与湿式多片制动器相比，带式制动器存在使变速器壳体上产生局部的高应力区和制动带磨损后需要调整间隙的缺点。但是带式制动器结构简单和易于安装，并且可以缩短变速器的长度。

(3) 单向离合器　单向离合器的作用是单方向固定行星齿轮机构中某个基本元件的转动。单向离合器工作时完全是由与之相连的元件的相对运动方向控制的，当与其连接的行星齿轮机构基本元件的相对运动方向发生变化的瞬间，单向离合器就产生接合或脱离，可使换挡平顺无冲击，所以单向离合器的工作不需另外的控制机构。

单向离合器的常见形式有两种：滚柱斜槽式和楔块式。液力变矩器通常采用滚柱斜槽式单向离合器，而行星齿轮变速器通常采用楔块单向离合器，如图 2-114 所示。

楔块式单向离合器由外圈、内圈、滚子等组成。其滚子是特殊形状的楔块，楔块的一条对角线 $A-A$ 的长度略大于另一条对角线 $B-B$ 的长度，当外圈相对于内圈顺时针方向旋转时，楔块在摩擦力的作用下绕自己的中心顺时针旋转而倾斜，自锁解除，内外圈可以相对转动，单向离合器处于自由状态。当外圈相对于内圈逆时针方向旋转时，楔块在摩擦力的作用下绕自己的中心作逆时针转动而立起，由于自锁作用被卡死在内外圈之间，使内外圈无法作相对转动，单向离合器处于锁止状态。楔块式单向离合器的锁止方向取决于楔块的安装方向，装配时不能装反，否则就不起作用。

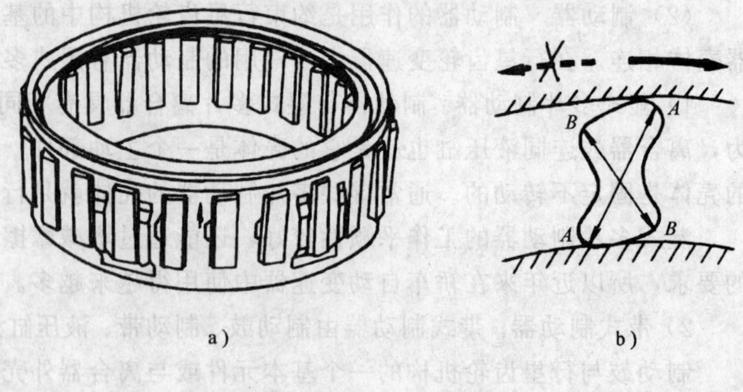

图 2-114 楔块式单向离合器

a) 结构外形 b) 工作原理

3. 三挡辛普森式行星齿轮变速器

单排行星齿轮机构能提供的实际适用的传动比数目很有限，一方面是某些传动比的效率低，另一方面是实现某些传动比的行星齿轮机构的结构复杂。为了满足汽车行驶需要的多种传动比，可以增加行星齿轮机构来实现。一般具有三挡或四挡的自动变速器至少需要两排行星齿轮机构连接在一起。

多排行星齿轮机构一般有两种布置形式：一种是两排行星齿轮机构共用一个太阳轮的辛普森式行星齿轮机构；另一种是有两个太阳轮，两排行星齿轮共用一个齿圈的拉威捺式行星齿轮机构。还有一些自动变速器配备一套附加的单排行星齿轮机构，实现超速挡。

下面以三挡辛普森式行星齿轮变速器为例阐述其结构和工作原理及各挡的传动路线。

辛普森式行星齿轮变速器由辛普森式行星齿轮机构和换挡执行元件组成，其中辛普森式行星齿轮机构采用双行星排，前后两个行星排的太阳轮连为一个整体，称为太阳轮组件，前排的行星架和后排的齿圈连为一体，称为前行星架和后齿圈组件，输出轴通常与该组件相连。如图 2-115 所示，辛普森式行星齿轮机构只有 4 个独立元件：前齿圈、太阳轮组件、后行星架、前行星架和后齿圈组件。而换挡执行元件包括 2 个离合器、3 个制动器和 2 个单向离合器。

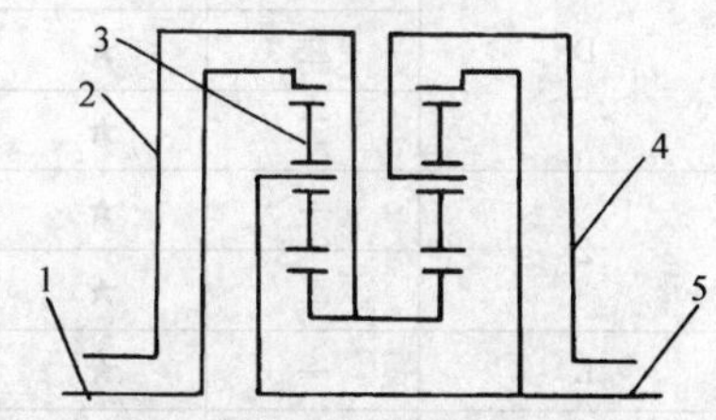

图 2-115　辛普森式行星齿轮机构简图

1—前齿圈　2—太阳轮组件　3—行星齿轮　4—后行星架　5—前行星架和后齿圈组件

辛普森式行星齿轮变速器布置如图 2-116a 所示，变速器的传动原理如图 2-116b 所示。

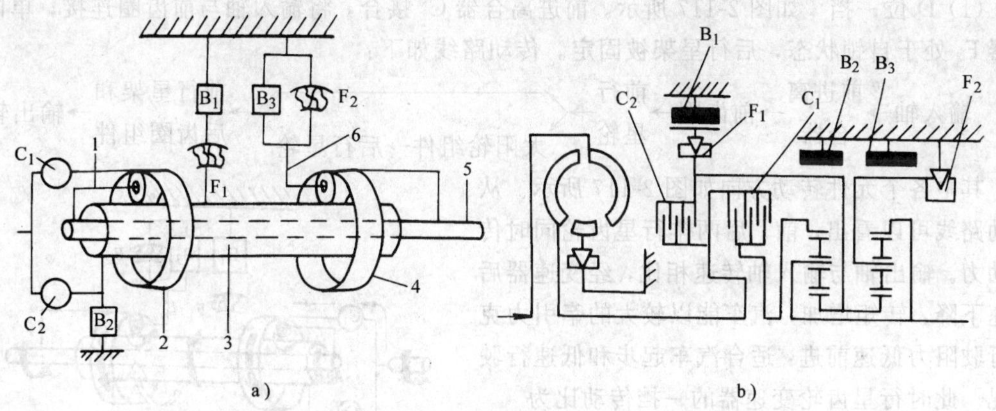

图 2-116　行星齿轮变速器的布置和传动原理图

1—前行星架　2—前齿圈　3—太阳轮组件　4—后齿圈　5—输出轴　6—后行星架

C_1—前离合器　C_2—倒挡和高挡离合器　B_1—2 挡制动器　B_2—2 挡强制制动器

B_3—低挡和倒挡离合器　F_1—2 挡单向离合器　F_2—低挡单向离合器

装备有自动变速器的汽车，驾驶室内设有挡位选择杆，驾驶员根据行驶情况可以选择挡位选择杆的各个位置，挡位选择杆的动作带动自动变速器电子液压控制系统中手动阀位置的改变，从而可以选定不同的自动换挡范围。就三挡辛普森式行星齿轮变速器来说，挡位选择杆的位置有 6 个：

P——停车位，R——倒车位，N——空挡位，D——前进挡位，2——锁定挡位，L 或 1——低挡位。

其中，D——前进挡位具有 3 个挡，可以使自动变速器自动地在一～三挡之间变速。

2——锁定挡位具有 2 个挡，可以在一～二挡之间变速。

L 或 1——抵挡位，只允许以一挡行驶。

辛普森式行星齿轮变速器各挡位与换挡执行元件的关系如表 2-10 所示。

表 2-10　辛普森式行星齿轮变速器挡位与执行元件关系表

选择杆位置	挡位	换挡执行元件						
		C_1	C_2	B_1	B_2	B_3	F_1	F_2
D	一	★						★
	二	★		★			★	
	三	★	★					
2	一	★				★		★
	二	★		★	★		★	
L	一	★				★		★
R	倒挡		★			★		
P	停车					★		
N	空挡							

注：★为工作执行元件。

三挡辛普森式行星齿轮变速器各挡的传动路线分析如下。

(1) D 位一挡　如图 2-117 所示。前进离合器 C_1 接合，将输入轴与前齿圈连接，单向离合器 F_2 处于自锁状态，后行星架被固定。传动路线如下：

输入轴→前进离合器→前齿圈→前行星轮→（前行星轮→前行星架和后齿圈组件；前行星轮→太阳轮组件→后行星轮→前行星架和后齿圈组件）→输出轴

其中各个元件转动方向如图 2-117 所示。从传动路线可以看出，前、后两排行星齿轮同时传递动力。输出轴与输入轴转速相比，经变速器后转速下降，转矩增加，汽车能以较大的牵引力克服行驶阻力低速前进，适合汽车起步和低速行驶情况。此时行星齿轮变速器的一挡传动比为

$$i_1 = \frac{1 + a_1 + a_2}{a_1}$$

式中，a_1 为前行星排的齿圈齿数与太阳轮齿数之比；a_2 为后行星排的齿圈齿数与太阳轮齿数之比。

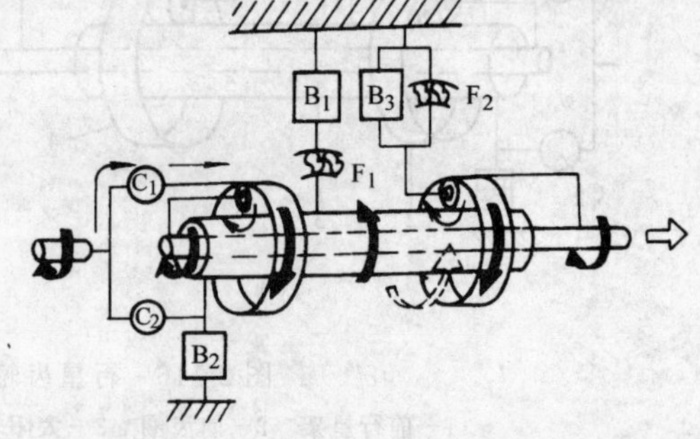

图 2-117　D 位一挡传动示意图

当汽车以 D 位一挡行驶时，如果驾驶员突然松开节气门踏板，发动机立即进入怠速工况，而汽车在惯性作用下仍以原来的车速行驶。此时，驱动轮将通过自动变速器输出轴反向带动行星齿轮机构运转，前行星架和后齿圈组件成为主动件，前齿圈成为从动件。

当前行星架和后齿圈组件向顺时针方向带动前排行星轮按相同方向作公转时，因前齿圈转速较低，前排行星轮是作逆时针自转，从而驱动太阳轮组件以较高速度作顺时针转动，带

动后排行星轮在作逆时针自转的同时对后行星架产生顺时针方向的转矩。由于单向离合器 F_2 对后行星架在顺时针方向的转动无锁止作用，使后行星架在行星轮的带动下向顺时针方向转动。此时，行星齿轮机构的 4 个独立元件中太阳轮组件、后行星架两个元件处于自由状态，机构失去传递动力的作用，来自变速器输出轴的反向力不能经过行星齿轮变速器传给输入轴，即在下坡时无法利用发动机的怠速运行阻力来实现汽车的减速。

(2) D 位二挡　如图 2-118 所示。前进离合器 C_1 接合，将输入轴与前齿圈连接，2 挡制动器 B_1 工作，单向离合器 F_1 处于自锁状态，太阳轮组件被制动器 B_1 和单向离合器 F_1 同时固定。只有制动器 B_1 工作时单向离合器 F_1 才有可能工作。传动路线如下：

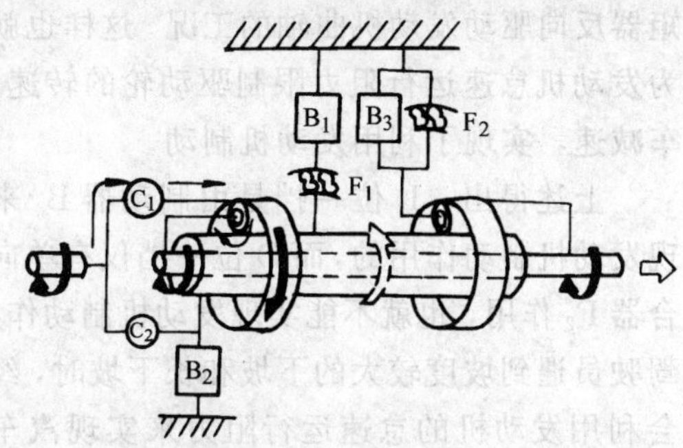

图 2-118　D 位二挡传动示意图

输入轴→前进离合器 C_1→前齿圈→前排行星轮→前行星架和后齿圈组件→输出轴

此时后行星排处于自由状态，发动机的动力全部经前行星排传至输出轴。行星齿轮变速器二挡的传动比为

$$i_2=\frac{1+a_1}{a_1}$$

D 位二挡与 D 位一挡相同，单向离合器 F_1 只能锁住太阳轮组件不作逆时针方向转动。当松开发动机油门，发动机进入怠速工况时，汽车作滑行行驶，若汽车正处于下坡，则无法利用发动机的低转速进行减速制动。

(3) D 位三挡　如图 2-119 所示。前进离合器 C_1 接合，将输入轴与前齿圈连接，倒挡和高挡离合器 C_2 接合，将输入轴与太阳轮组件连接，这样前齿圈与太阳轮组件转速相同，前行星排被连接成一个整体同速转动。传动路线如下：

输入轴→{前进离合器 C_1→前齿圈；倒挡和高挡离合器 C_2→太阳轮组件}→前行星架和后齿圈组件→输出轴

此时后行星架虽然与输出轴同速，但只是作空转。行星齿轮变速器 3 挡的传动比为

$$i_3=1$$

即 D 位三挡为直接挡。

由于前行星架和后齿圈组件与太阳轮组件被连接成一体，此时的行星齿轮变速器具有反向传递动力的能力，在汽车怠速工况滑行时可实现发动机的低转速制动作用。

(4) L 位一挡（或 1 位一挡）　如图 2-120 所示。前进离合器 C_1 接合，将输入轴与前齿圈连接，低档和倒挡制动器 B_3 接合，后行星架始终被固定。

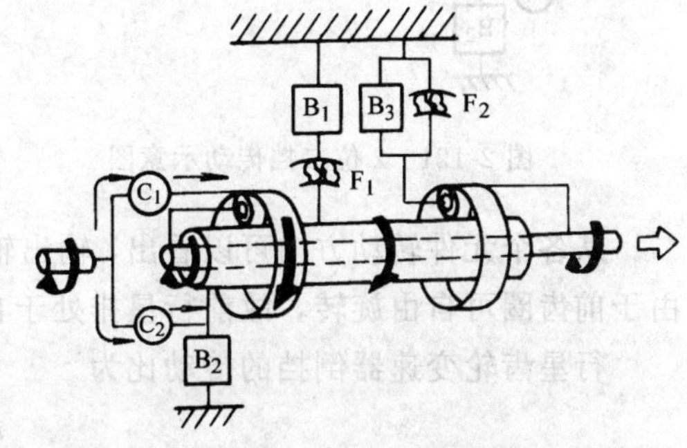

图 2-119　D 位三挡传动示意图

传动路线与 D 位一挡相同。与 D 位一挡不同之处是当发动机处于怠速工况时，汽车在惯

性作用下滑行，汽车驱动轮通过自动变速器输出轴驱动行星齿轮机构，由于后行星架始终被B_3固定，这时反向驱动行星齿轮变速器输入轴以原来的转速转动，从而使与变速器输入轴连接的变矩器涡轮的转速高于与发动机曲轴连接的变矩器泵轮的转速，成为汽车驱动轮通过变矩器反向驱动发动机曲轴的工况。这样也就成为发动机怠速运行阻力限制驱动轮的转速，汽车减速，实现了利用发动机制动。

上述得出，L位一挡是由制动器B_3来实现发动机制动作用的，而D位一挡仅有单向离合器F_2作用，也就不能实现发动机制动作用。驾驶员遇到坡度较大的下坡和长下坡时，经常会利用发动机的怠速运行阻力来实现汽车的减速。

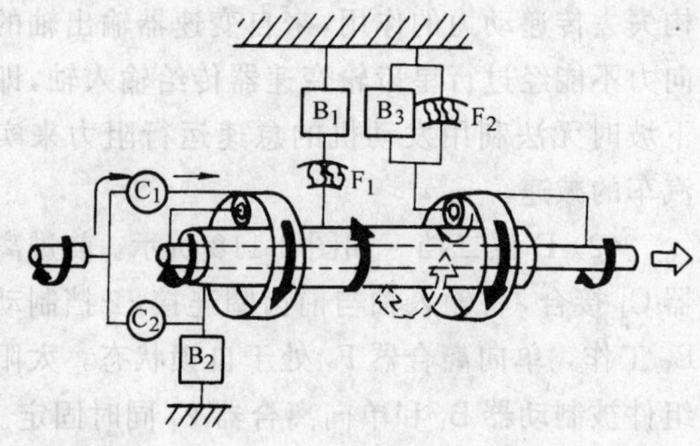

图 2-120　L位一挡传动示意图

(5) 2位二挡　如图2-121所示。前进离合器C_1接合，将输入轴与前齿圈连接，二挡强制制动器B_2接合，太阳轮组件始终被制动器B_2固定。

传动路线与D位二挡相同。与D位二挡不同之处是当发动机处于怠速而汽车进行滑行时，汽车驱动轮通过变速器输出轴驱动行星齿轮机构，由于太阳轮组件始终被B_2固定，行星齿轮变速器输入轴被反向驱动，仍以原来的转速转动，变矩器涡轮转速高于泵轮的转速，成为汽车驱动轮通过变矩器反向驱动发动机曲轴的工况，所以可利用发动机制动。

(6) R位倒挡　如图2-122所示。倒挡和高挡离合器C_2接合，将输入轴与太阳轮组件连接，低挡和倒挡制动器B_3接合，后行星架始终被固定。传动路线如下：

输入轴→倒挡和高挡离合器C_2→太阳轮组件→后排行星轮→后齿圈→输出轴

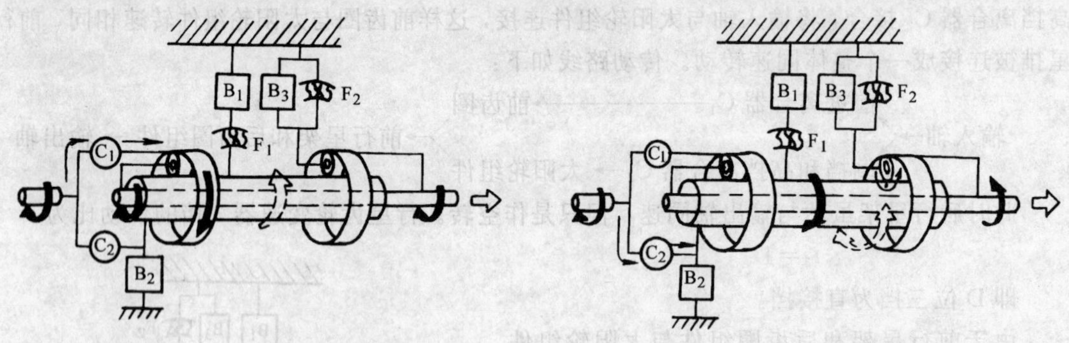

图 2-121　2位二挡传动示意图　　图 2-122　R位倒挡传动示意图

从各个元件转动方向可以看出，输出轴的转向与输入轴的转向相反，实现了倒挡。此时，由于前齿圈可自由旋转，故前行星排处于自由状态，不参加工作。

行星齿轮变速器倒挡的传动比为

$$i_D = -a_2$$

(7) N位空挡　N位空挡时，各离合器和制动器均不工作，液力变矩器的动力不能传至行星齿轮变速器，也就是空挡。

(8) P位停车挡　当换挡手柄置于P位时，行星齿轮变速器内各离合器和制动器均不工作，也就是空挡。如图 2-123 所示，推动停车闭锁凸轮，使停车闭锁爪上的齿嵌入变速器输出轴的外齿中。由于停车闭锁爪固定在变速器外壳上，所以输出轴也被固定不能传动，从而锁住了驱动轮，即变速器为 P 位停车挡，汽车不能移动。但在汽车行驶时，不能使用停车挡，否则会损坏闭锁爪。

实际上，有些执行元件的设立并不是换挡功能的要求，而是换挡质量的要求。比如，单向离合器 F_1 就是为了改善二挡换至三挡的平顺性设置的。当行星齿轮变速器处于二挡时，前进离合器 C_1 和 2 挡制动器 B_1 也在工作，汽车加速时，太阳轮组件的受力方向为逆时针方向，但其旋转趋势被制动器 B_1 和单向离合器 F_1 锁止。当行星齿轮变速器由二挡换入三挡时，若二挡制动器 B_1 还未释放，倒挡和高挡离合器 C_2 就已接合，随着离合器 C_2 接合之后，太阳轮组件的受力方向改变为顺时针方向，但由于单向离合器 F_1 对太阳轮组件顺时针方向的运动没有锁止作用，太阳轮组件仍可在顺时针方向旋转，换挡得以平顺进行。如果不设置单向离合器 F_1，上述情况就会使行星齿轮变速器各元件之间产生运动干涉或换挡冲击，加剧变速器内摩擦片或制动带的磨损。

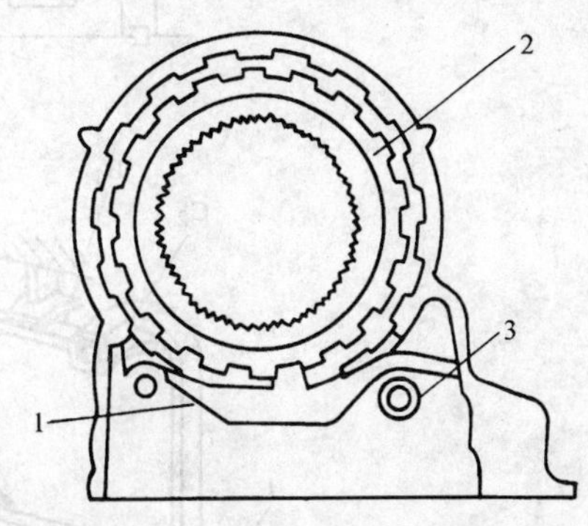

图 2-123 停车挡锁止机构简图
1—停车闭锁爪 2—输出轴 3—闭锁凸轮

4. 四挡拉威捺式行星齿轮变速器

正如有三挡、四挡辛普森式行星齿轮变速器一样，拉威捺式行星齿轮变速器也有三挡、四挡之分。为了更好地理解带有超速四挡的行星齿轮变速器，这里阐述四挡拉威捺式行星齿轮变速器的结构和工作原理。

拉威捺式行星齿轮变速器由拉威捺式行星齿轮机构和换挡执行元件组成。其中拉威捺式行星齿轮机构也采用双行星排，前后两个行星排的行星架连为一个整体，称为行星架组件，简称行星架。同样，前后两个行星排的齿圈连为一体，称为齿圈组件，简称齿圈。输出轴通常与齿圈相连。如图 2-124 所示，拉威捺式行星齿轮机构只有 4 个独立元件：前太阳轮、后太阳轮、行星架和齿圈。前太阳轮、长行星轮、行星架和齿圈组成一个单行星轮式行星排，而后太阳轮、短行星轮、长行星轮、行星架和齿圈组成一个双行星轮式行星排。

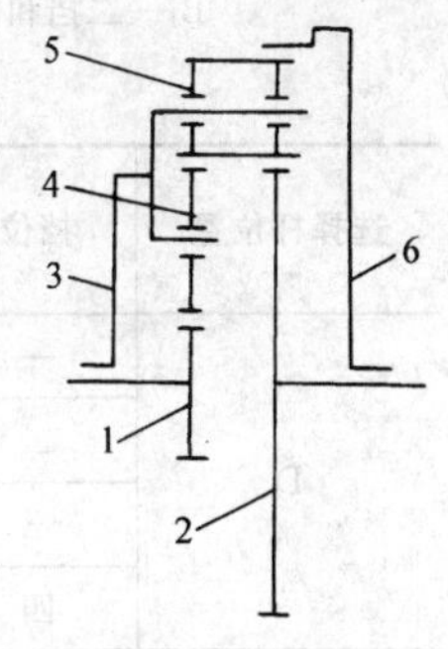

图 2-124 拉威捺式行星齿轮机构简图
1—前太阳轮 2—后太阳轮 3—行星架 4—短行星轮 5—长行星轮 6—齿圈

四挡拉威捺式行星齿轮变速器的换挡执行元件包括 4 个离合器、2 个制动器和 2 个单向离合器。

四挡拉威捺式行星齿轮变速器传动原理如图 2-125a 所示，变速器的布置如图 2-125b 所示。

拉威捺式行星齿轮变速器各挡位与换挡执行元件的关系如表 2-11 所示。

四挡拉威捺式行星齿轮变速器各挡的传动路线分析如下。

(1) D 位一挡 前进离合器 C_1 接合，前进单向离合器 F_2 处于自锁状态，将输入轴与后太阳轮连接，单向离合器 F_1 处于自锁状态，行星架被固定。传动路线为：

输入轴→离合器 C_1→单向离合器 F_2→后太阳轮→短行星轮→长行星轮→齿圈→输出轴

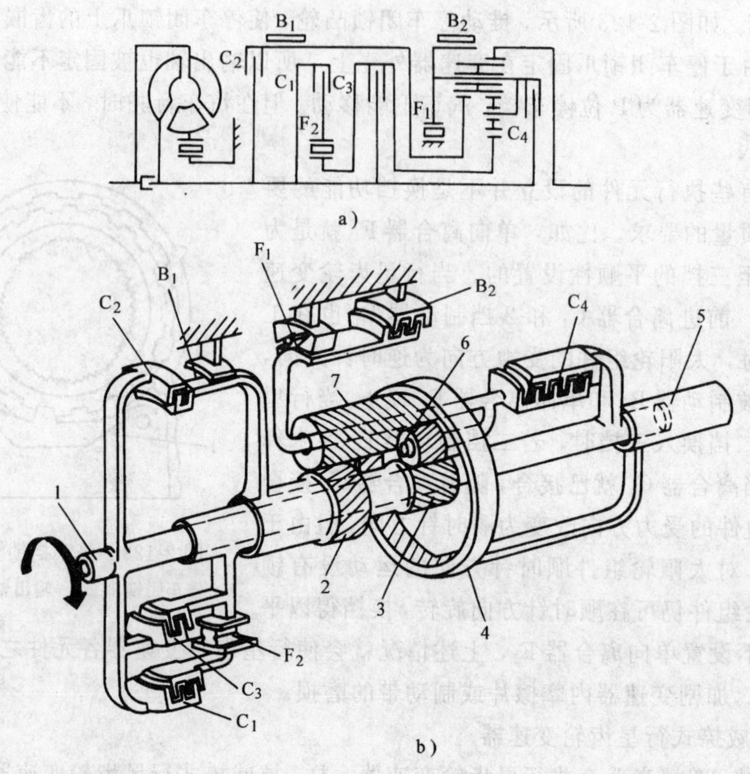

图 2-125　拉威捺式四挡行星齿轮变速器传动原理和布置简图

1—输入轴　2—前太阳轮　3—后太阳轮　4—齿圈　5—输出轴　6—短行星轮　7—长行星轮

C_1—前进离合器　C_2—倒挡离合器　C_3—前进强制离合器　C_4—高挡离合器

B_1—二挡和四挡制动器　B_2—低挡和倒挡制动器　F_1—低挡单向离合器　F_2—前进单向离合器

表 2-11　拉威捺式行星齿轮变速器挡位与执行元件关系表

选择杆位置	挡位	换挡执行元件							
		C_1	C_2	C_3	C_4	B_1	B_2	F_1	F_2
D	一	★						★	★
	二	★				★			★
	三	★			★				★
	四	★			★	★			
L或2、1	一			★			★		
	二			★		★			
	三			★	★				
R	倒挡		★				★		

注：★为工作执行元件。

D位一挡的传动比为

$$i_1 = a_2$$

式中，a_2 为行星排的齿圈齿数与后太阳轮齿数之比。

与辛普森式行星排类似，当发动机进入怠速工况，汽车在惯性作用下仍以原来的车速行驶时，输出轴反向驱动行星齿轮变速器、齿圈通过长行星轮对行星架产生顺时针方向的力矩，此时单向离合器 F_1 处于解锁状态，行星架可在顺时针方向自由转动；另外，单向离合器 F_2 也处于解锁状态，后太阳轮可自由转动，因此行星齿轮机构失去传递动力的能力，无法利用发动机制动。

(2) D 位二挡　前进离合器 C_1 接合，前进单向离合器 F_2 处于自锁状态，将输入轴与后太阳轮连接，二挡和四挡制动器 B_1 接合，前太阳轮被固定。传动路线为：

输入轴→离合器 C_1→单向离合器 F_2→后太阳轮→短行星轮→长行星轮→行星架→齿圈→输出轴

D 位二挡的传动比为

$$i_2=\frac{a_1+a_2}{1+a_1}$$

式中，a_1 为行星排的齿圈齿数与前太阳轮齿数之比。

当汽车滑行时，单向离合器 F_2 处于解锁状态，后太阳轮可自由转动，行星齿轮变速器失去反向传递动力的能力，D 位二挡没有发动机制动作用。

(3) D 位三挡　前进离合器 C_1 接合，单向离合器 F_2 处于自锁状态，将输入轴与后太阳轮连接，高挡离合器 C_4 也接合，将输入轴与行星架连接，这样后太阳轮与行星架被连接为一体，使齿圈随其一起转动，形成直接挡。

D 位三挡的传动比为

$$i_3=1$$

D 位三挡同 D 位二挡一样也没有发动机制动作用。

(4) D 位四挡　高挡离合器接合，将输入轴与行星架连接，前制动器 B_1 工作，前太阳轮被固定。传动路线为：

输入轴→离合器 C_4→行星架→长行星轮→齿圈→输出轴

D 位四挡的传动比为

$$i_4=\frac{a_1}{1+a_2}$$

i_4 的值小于 1，所以称为超速挡。

(5) L 位一挡（或 1 位一挡，或 2 位一挡）　前进离合器 C_3 接合，将输入轴与后太阳轮连接，低挡和倒挡制动器 B_2 工作，行星架被固定，传动路线与 D 位一挡相同。但是由于单向离合器 F_2 不起作用，制动器 B_2 又代替了单向离合器 F_1 的工作，从而使汽车滑行时可以用发动机制动。

(6) L 位二挡（或 1 位二挡，或 2 位二挡）　前进离合器 C_3 接合，将输入轴与后太阳轮连接，二挡制动器 B_1 工作，前太阳轮被固定，传动路线与 D 位二挡相同。但单向离合器 F_2 不起作用，使汽车滑行时可以用发动机制动。

(7) 1 位三挡（或 2 位三挡）　前进离合器 C_3 接合，将输入轴与后太阳轮连接，高挡离合器 C_4 也接合，将输入轴与行星架连接，使后太阳轮与行星架一起带动齿圈随转动，形成直接挡。传动路线与 D 位三挡相同。

当汽车滑行时，离合器 C_3 与离合器 C_4 都能反向传递动力，所以可利用发动机的制动作用。

(8) R 位倒挡　倒挡离合器 C_2 工作，将输入轴与前太阳轮连接，低挡和倒挡制动器 B_2 制动，行星架被固定。传动路线如下：

输入轴→离合器 C_2→前太阳轮（顺时针）→长行星轮→齿圈（逆时针）→输出轴

R 位倒挡的传动比为

$$i_D = -a_1$$

式中负号表示输出轴与输入轴转向相反。

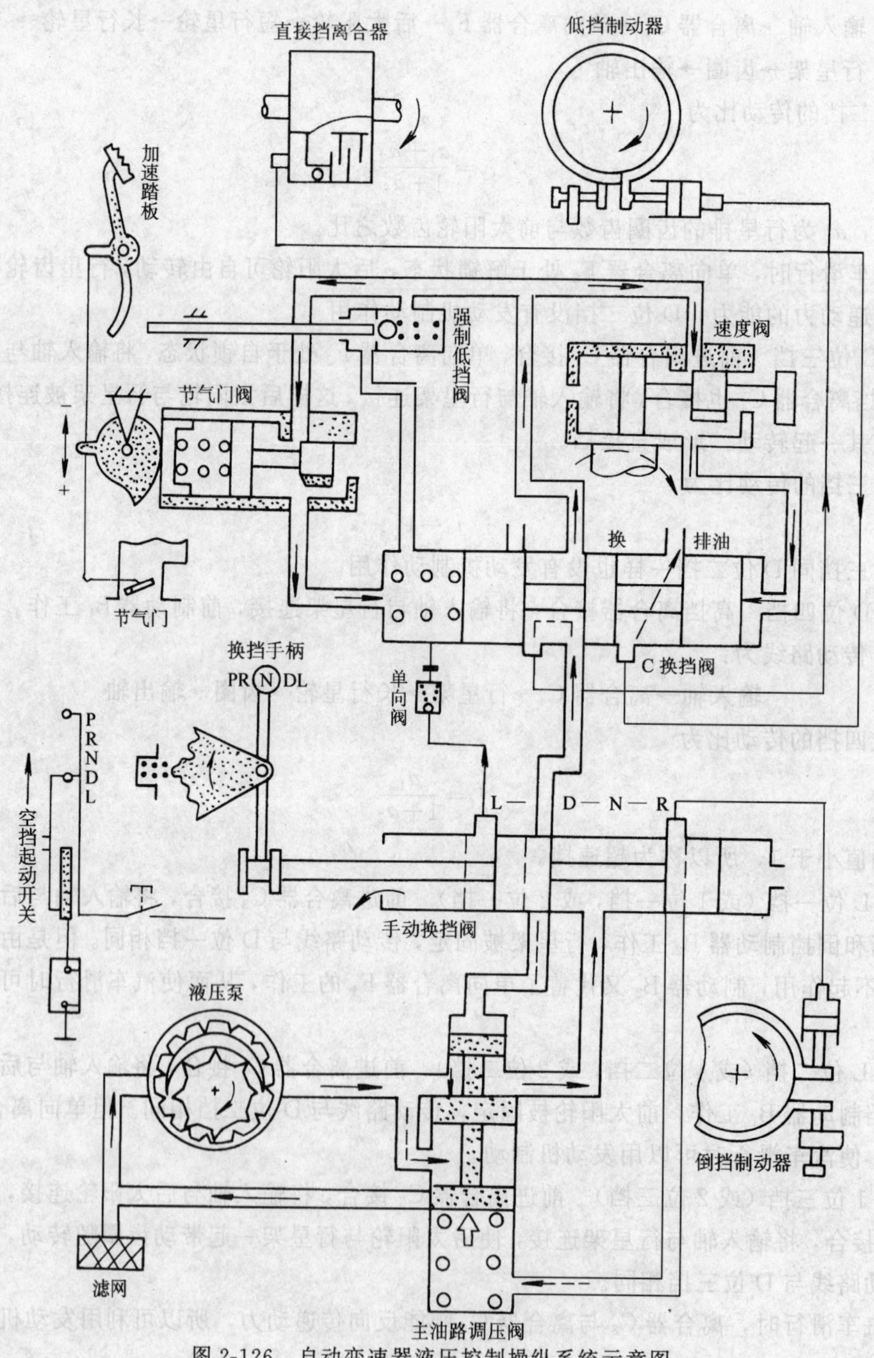

图 2-126　自动变速器液压控制操纵系统示意图

四、自动控制与操纵系统

自动变速器的自动控制与操纵系统主要由动力源、执行机构和控制机构3部分组成。动力源是指通常被液力变矩器泵轮驱动的液压泵。液压泵用于向控制机构和执行机构提供压力油以实现换挡，向液力变矩器提供冷却补偿油，向行星齿轮变速器提供润滑油。执行机构是指各离合器、制动器及其伺服装置。控制系统是指主油路系统、换挡信号系统、换挡阀系统和缓冲安全系统。根据换挡信号系统与换挡阀系统采用的是全液压元件还是电子控制元件，控制机构分为液压控制式和电子控制式两种类型。

1. 液压控制操纵系统

液压控制操纵系统主要由动力源部分的液压泵，执行机构部分的制动器和离合器等，液压控制部分的控制阀体及蓄压器等组成，如图2-126和图2-127所示。有关制动器、离合器的内容已在本节行星齿轮变速器的换挡执行机构中阐述，这里重点介绍液压泵、控制阀体等的结构与工作原理。

(1) 液压泵　自动变速器液压泵一般有3种类型：齿轮式泵、转子式泵和叶片式泵。使用最多的是齿轮泵。齿轮泵又分为内啮合与外啮合两种。由于内啮合齿轮泵结构紧凑，更适合于小型变速器，所以应用更为广泛。内啮合齿轮泵主要由主动齿轮、从动齿轮、月牙形隔板、壳体等组成，如图2-128所示。

在壳体上有进油口与滤油网相通。出油口通过油道与有关的液压控制阀相通。主动齿轮的内圈上有2个键与液力变矩器外壳的键槽相啮合，这样只要发动机工作，液压泵就开始工作。

月牙形隔板的作用是将主动齿轮和从动齿轮之间的工作腔分成吸油腔和压油腔。当液压泵工作时，主动齿轮带动从动齿轮以相同方向转动，在齿轮脱离啮合的一端也就是吸油腔，通过进油口将油液吸入液压泵。在齿轮进入啮合的一端也就是压油腔，容积由大变小，油压升高，将油以一定压力泵出。

(2) 控制阀体中的控制阀　在液压控制操纵系统中，通常由分别反映发动机负荷的节气门阀和反映车速的离心调速阀提供的油压，作为自动变速器各个控制阀的换挡信号，所以也称两参数控制换挡自动变速器。

1) 主油路调压阀。由于液压泵是由发动机通过液力变矩器直接驱动的，所以液压泵转速随发动机转速改变而变化，其排油量和油压也随转速成正比变化。通常在液压泵的输出主油路中安装调压阀，限制液压泵最高输出压力，稳定油压，同时满足主油路系统在不同工况、不同挡位时，具有不同油压的功能要求。主油路调压阀通常采用阶梯型滑阀，如图2-129所示。

主油路调压阀根据发动机的转速和节气门的开度自动调节整个液压控制系统的油压，并保证各系统的油压稳定。阶梯型调压阀由阀芯、柱塞套筒及调压弹簧组成，如图2-129所示。上端A处受到来自液压泵的液压力作用，下端C处受到来自节气门阀的液压力和调压弹簧力作用，这些力的平衡，决定阀体所处的位置。

当液压泵压力升高，上端A处受到的液压力增大，推动阀体下移压缩弹簧，出油口打开，部分液压油被排出。通过调节出油口的面积，使工作油压被调整到规定值。若加大节气门开度，发动机转速提高，液压泵随着加快，由液压泵产生的液压力也升高，向下的液压作用力增大。但此时，随着开度变化的节气门阀油压也增强，使下端C处受到的向上作用力也增大，这样主油路调压阀仍然保持平衡，满足了发动机功率增加时主油路油压增大的要求。倒挡时，手动阀打开另一条油路，将压力油引入调压阀柱塞的B腔，使得向上推动阀体的液压作用力增加，阀芯上移，出油口被关小，主油路压力增高，从而可以获得满足倒挡所需要的液压回路压力。

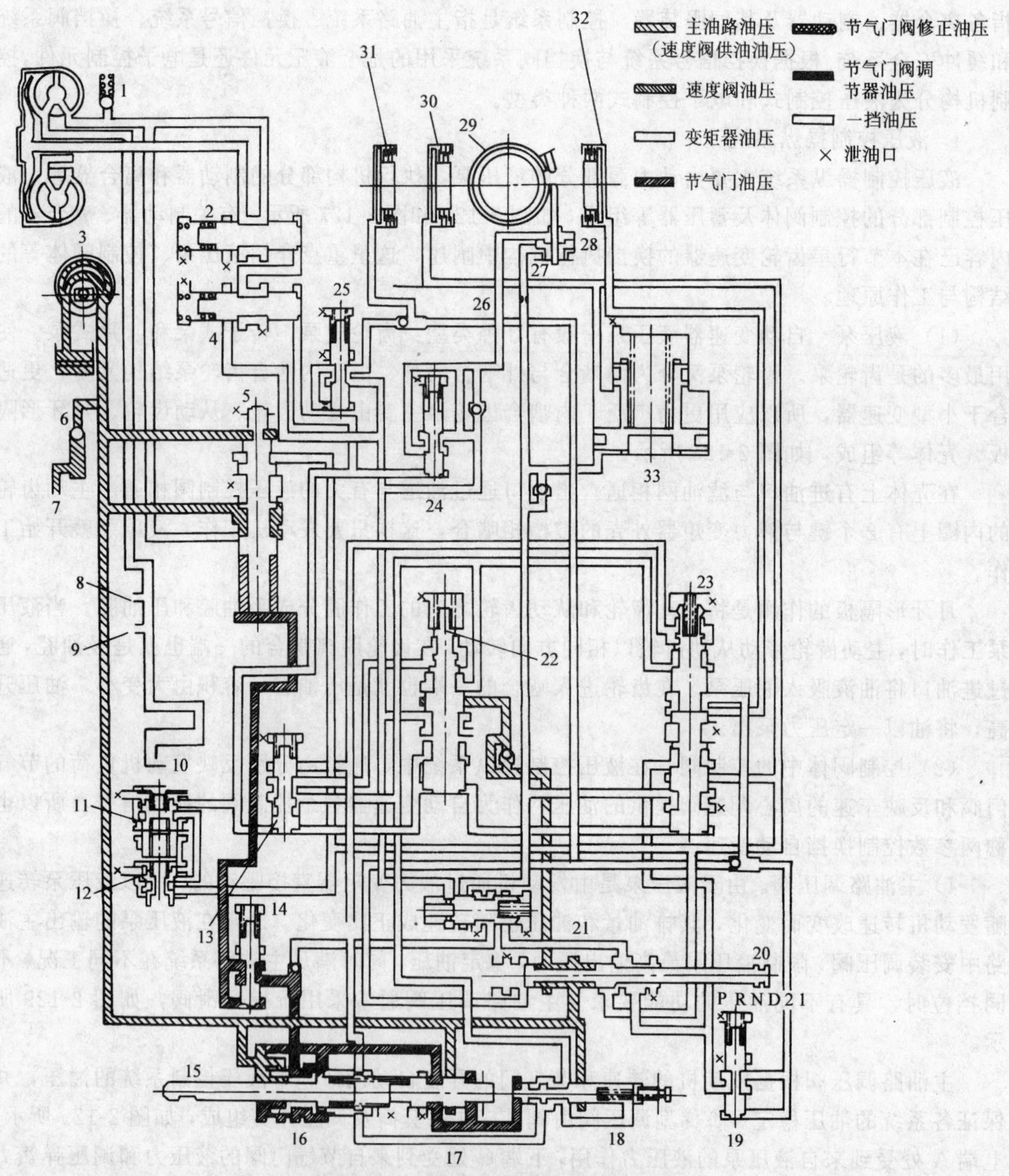

图 2-127 自动变速器的典型液压系统

1—变矩器安全阀 2—锁止离合器控制阀 3—液压泵 4—减速阀 5—调压阀（PRV） 6—前离合器鼓润滑阀 7—至前离合器鼓润滑 8—前盖轴承润滑 9—液压泵壳体前部润滑 10—太阳轮后部润滑 11—初级速度阀 12—次级速度阀 13—三、二挡降挡阀（TDV） 14—压力修正阀（PMV） 15—停车爪阀（DTV） 16—故障安全阀（FAV） 17—节气门阀（THV） 18—节气门调节器阀（TMV） 19—一挡减压阀（FRV） 20—手动换挡阀（MNV） 21—倒车阀（BUV） 22—二、三挡换挡阀（SSV） 23—一、二挡换挡阀（FSV） 24—三、二挡定时阀 25—最高挡减压阀（TRV） 26—释放侧 27—施力侧 28—制动带伺服装置 29—制动带 30—前进挡离合器（后） 31—高挡、倒挡离合器（前） 32—低挡和倒挡离合器 33—蓄压器（ACL）

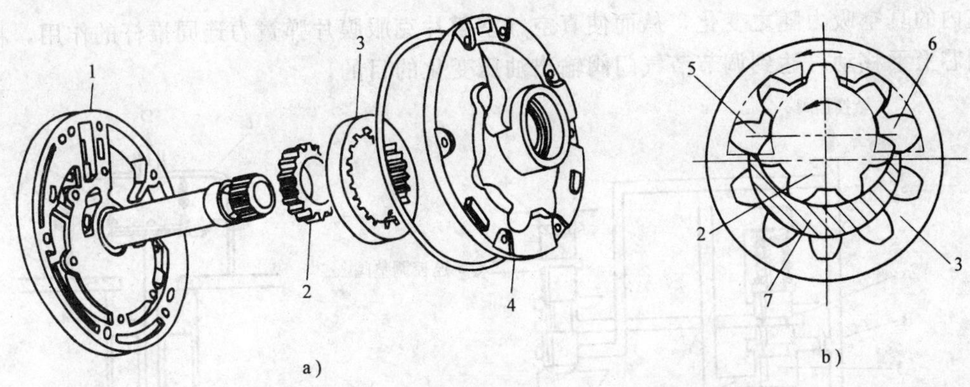

图 2-128 内啮合齿轮泵零件与工作示意图

1—泵盖 2—主动齿轮 3—从动齿轮 4—泵体 5—吸油腔 6—压油腔 7—月牙形隔板

2）节气门阀。在液压控制系统中反映节气门开度参数变化的信号液压阀，也是反映发动机负荷大小参数变化的信号液压阀，称为节气门调压阀。根据节气门开度信号输入方式的不同，将节气门开度大小变换为控制液压信号的方式通常有两种，也就是机械式和真空式。这两种方式的节气门阀，它们的输出油压的变化规律通常都是正变化，即随着节气门开度的增大输出的油压也增大。

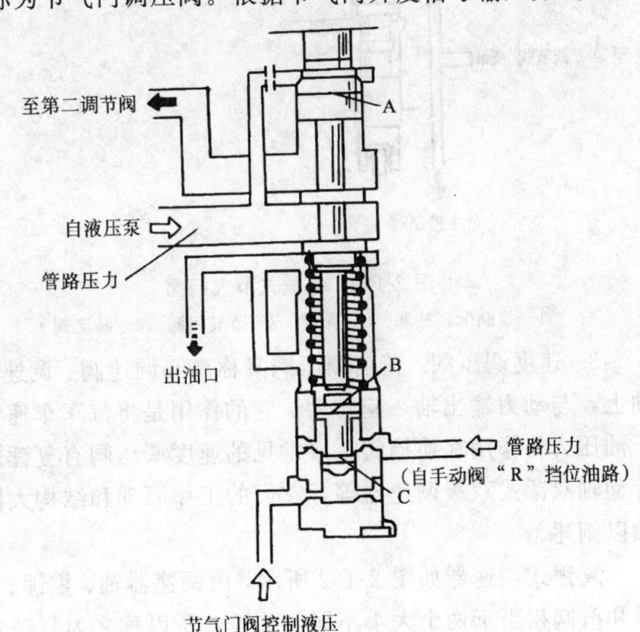

图 2-129 主油路调压阀工作原理示意图

常见的机械式节气门阀如图 2-130 所示，由上部的节气门阀体、回位弹簧、下部的强制低挡柱塞和调压弹簧等组成。其中节气门阀体和强制低挡柱塞并不直接接触，而是通过调压弹簧连接在一起。强制低挡柱塞下装有滚轮与节气门凸轮接触。节气门阀凸轮经钢丝绳与加速踏板相连。

当发动机怠速运行时，由于节气门阀体在 A、B 处受到向下的液压作用力，使阀体上进油口处的节流口开度很小，输出的油压很低。当踩下加速踏板时，节气门缆绳被拉动，节气门阀凸轮转动，将强制低挡柱塞上推，压缩调压弹簧。调压弹簧推动节气门阀体向上，使节流口开大，从节气门输出的油压力增高。随着发动机节气门开度加大，节气门阀凸轮转动角度也越大，强制低挡柱塞上移越多，节气门阀体向上移动也越多，节流口也就越大，从而使节气门阀输出的油压力越高。也就是发动机节气门开度，即发动机负荷大小，与自动变速器节气门阀输出的油压有正比对应关系。

采用真空罐元件作为输入信号装置，如图 2-131 所示。真空气室与发动机节气门后的进气歧管相通。随着节气门开度大小的变化，进气歧管中出现的真空度也在变化，使节气门阀真空气室内的真空吸力随之变化，从而使真空气室膜片克服膜片弹簧力连同推杆的作用，将滑阀的阀芯上下移动，达到调节节气门阀输出油压变化的目的。

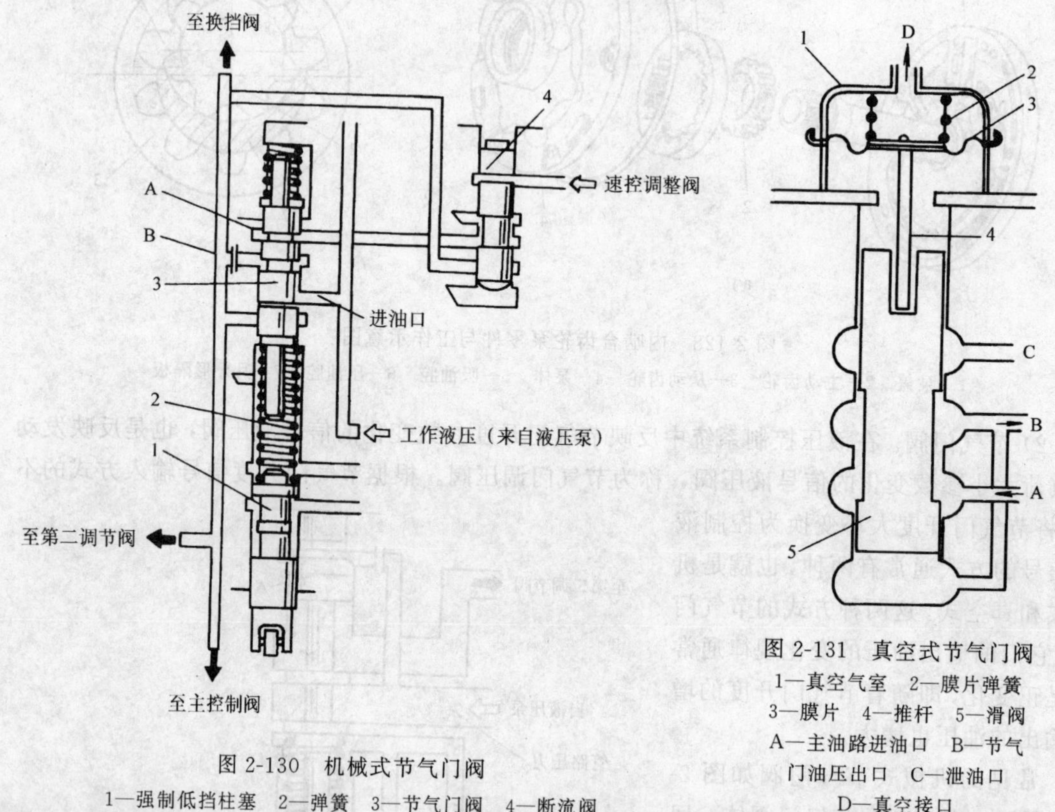

图 2-130　机械式节气门阀

1—强制低挡柱塞　2—弹簧　3—节气门阀　4—断流阀

图 2-131　真空式节气门阀

1—真空气室　2—膜片弹簧　3—膜片　4—推杆　5—滑阀　A—主油路进油口　B—节气门油压出口　C—泄油口　D—真空接口

3）速度调压阀。速度调压阀又称离心调速阀、调速器等，安装在自动变速器的动力输出轴上，与动力输出轴一起转动。它的作用是将汽车车速参数转换为相对应的油压输出，该液压油压力将作用在换挡阀上。常见的速度调压阀有复锤式调速器、双锤式双级调速器、中间传动轴双锤式双级调速器等，它们的工作原理和结构大同小异，这里仅以复锤式调速器为例加以阐述。

复锤式调速器如图 2-132 所示，由调速器轴、重锤、调速器滑阀、壳体和弹簧等组成。重锤和滑阀相当于两个大小不同的重锤，所以称之为复锤式调速器。

在汽车行驶中，作用在滑阀的力有向外的离心力和向内的调速器油液压力。当车速处于低速时，调速器轴和滑阀构成一体，在重锤及滑阀的离心力作用下使滑阀向外移动，此时调速器油压随车速升高而迅速增大。当车速升高至一定值后，调速器轴移动被调速器壳凸台限位，重锤的离心力被壳体承受，此时滑阀要向外移动仅能靠自身的离心力，因此，调速器输出的油压随转速的升高而较缓慢增大。由此可知，调速器输出的油压与动力输出轴转速的关系是分两级的。

4）手动换挡阀。通过汽车驾驶室内的挡位选择杆，可以控制自动变速器中手动阀位置的改变，而手动换挡阀也就是自动变速器液压控制系统中的多路换向阀。手动换挡阀的结构如图 2-133 所示。

在阀体上有多条油道，一条进油道与液压泵主油路相连，其他为出油道，分别通至挡位选择杆 D、2、L、P 和 R 挡位相应的滑阀或直接通往换挡执行元件。

例如，挡位选择杆在 D 位时，对四挡自动变速器来说，将使手动换挡阀控制进油道与液压泵主油路相连，使手动换挡阀多个出油道中仅“D、2 和 L 挡”的出油道与相应油道连通。自动变速器可以根据换挡信号在一——二—四挡之间自动变换。

5）换挡阀。自动变速器为实现自动换挡，均设有换挡控制阀，也称为换挡阀。换挡阀的作用如同一个液压开关，控制车速从一个挡位换到另一个挡位。自动变速器中换挡阀的数量，根据其前进挡位数而定。例如，自动变速器具有四个前进挡位时需要三个换挡阀，即一、二挡、二、三挡和三、四挡换挡阀。这里仅以辛普森式三挡行星齿轮传动结构的 2—3 挡换挡阀为例，阐述换挡阀的结构和工作原理，其他换挡阀类同。

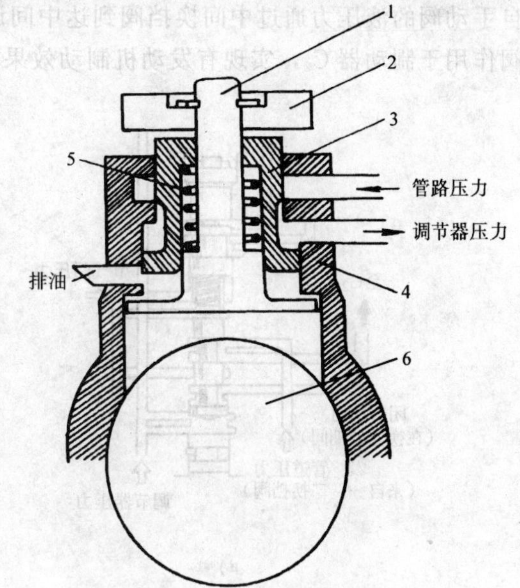

图 2-132　复锤式调速器

1—调速器轴　2—重锤　3—调速器滑阀　4—壳体　5—弹簧　6—动力输出轴

由本节上述可知，在辛普森式三挡行星齿轮传动结构中，二挡与三挡操纵元件的区别就是倒挡和高挡离合器 C_2，该离合器分离时变速器挂二挡，而该离合器接合时挂三挡，所以只要使二、三挡换挡阀控制离合器 C_2 的分离、接合，就能实现二、三挡之间的自动换挡。

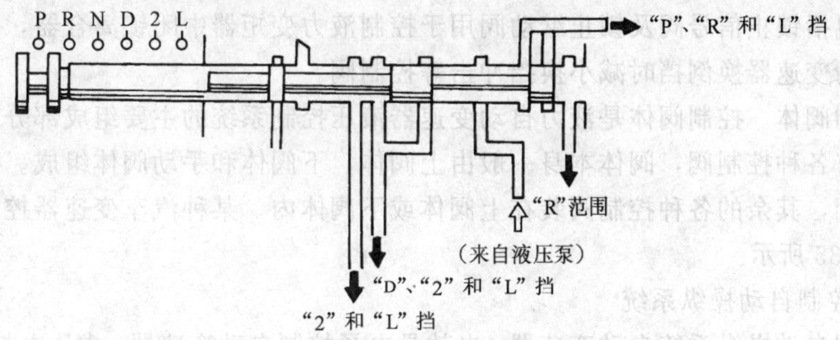

图 2-133　手动换挡阀结构示意图

二、三挡换挡阀的结构原理如图 2-134 所示，它由换挡阀芯、弹簧等组成。

如果自动变速器在二挡工作，二、三挡换挡阀芯处于下端，随着车速提高，作用在阀芯下端的速度调压阀压力升高到一定程度时，阀芯将克服节气门压力和弹簧力的阻力被推向上，来自一、二挡换挡阀的液压力经阀芯环形通道进入离合器 C_2，变速器由二挡自动升入三挡。

如果汽车在以三挡行驶时遇到较大的行驶阻力，车速下降，作用在阀芯下端的速度调压阀压力也随之降低，节气门压力和弹簧力将阀芯推动下移，使通向离合器 C_2 的油道关闭，变速器由三挡降至二挡。

由于二、三挡阀芯的结构，使三挡工作时的速度调压阀压力作用面积比二挡时大，所以降二挡时的车速低于升三挡时的车速。变速器在三挡时，如果节气门开度超过 85%，闭锁压力将通过强制低挡阀进入二、三挡换挡阀使阀芯下移，切断通向离合器 C_2 的油道，实现强制降挡操作。当挡位选择杆在 2 位时，来自手动阀的液压力进入中间换挡阀阀芯上方，使其下移压住二、三挡阀芯，由于二、三挡阀芯不能上移，所以此时不可能实现三挡传动。同时来自手动阀的液压力通过中间换挡阀到达中间调节器阀，使中间调节器压力经过一、二挡换挡阀作用于制动器 C_2，实现有发动机制动效果的二挡制动。

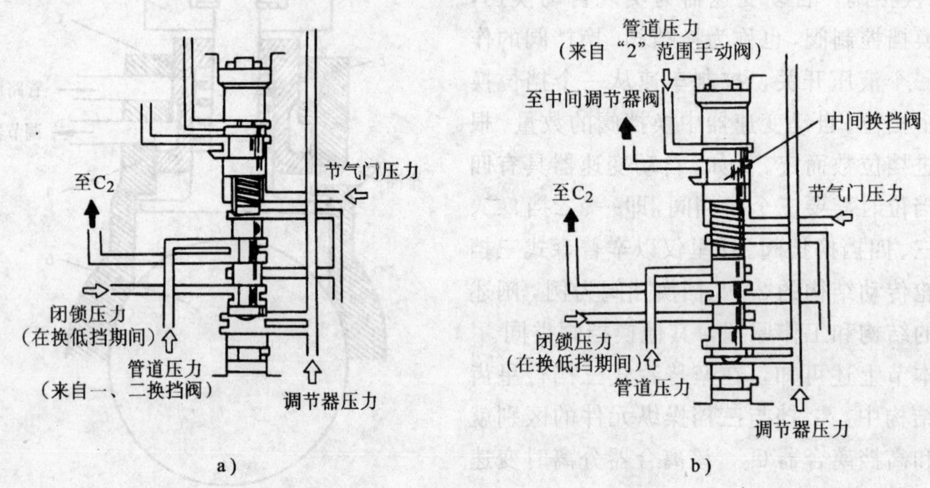

图 2-134　二、三挡换挡阀结构原理示意图

除上述的主油路调压阀、节气门阀、速度调压阀、手动换挡阀和换挡阀外，控制阀体中的控制阀还包括锁止信号阀及锁止继动阀用于控制液力变矩器中闭锁离合器，倒挡离合器顺序阀用于自动变速器换倒挡时减小换挡冲击等控制阀。

（3）控制阀体　控制阀体是液力自动变速器液压控制系统的主要组成部分，通常在控制阀体内安装有各种控制阀，阀体本身一般由上阀体、下阀体和手动阀体组成。手动阀阀体内只装有手动阀，其余的各种控制阀装在上阀体或下阀体内。某种汽车变速器控制阀的阀体分解图如图 2-135 所示。

2. 电子控制自动操纵系统

电子控制自动操纵系统自动变速器，也就是电子控制自动变速器，或称电控自动变速器。其中，电子控制自动操纵系统由传感器、电子控制单元、执行元件三部分组成，如图 2-136 所示。

传感器包括节气门开度传感器、车速传感器、冷却液温度传感器、变速器油温传感器以及空挡开关、制动开关、强制降挡开关、超速挡开关、模式选择开关等，其作用是检测车速、水温、节气门开度等，并以电信号形式输入到电子控制单元。电子控制单元采用微处理器，也称 ECU，其作用是根据各传感器输入的电信号确定换挡和锁定离合器的时间，确定换挡规律，发出信号控制执行器。执行元件是安装在自动变速器阀体中的电磁阀，其作用是根据电子控制单元的指令接通或断开，控制换挡阀的油道，改变作用在阀体上的油压，从而控制离合器与制动器，实现换挡变速。

电控自动变速器的电器元件作用关系示意图如图 2-137 所示。

（1）传感器

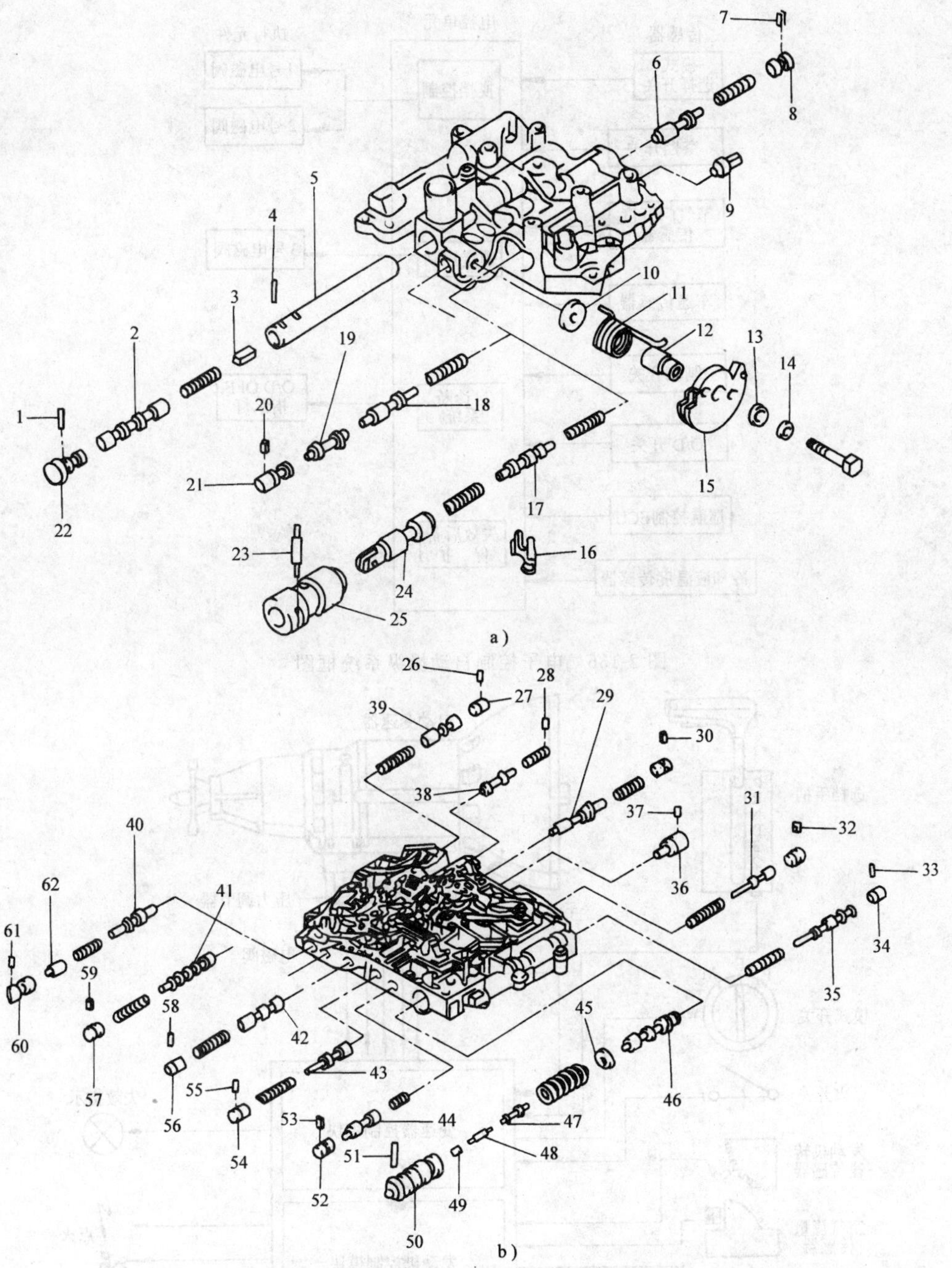

图 2-135　控制阀上阀体下阀体分解图

1、4、12、23、51—销子　2—锁止继动阀　3—锁止继动阀控制阀　5、25、36、50、60—套筒　6—低速滑行调节阀　7、20、26、28、30、32、33、37、53、55、58、59、61—键　8、21、22、27、34、49、52、54、56、57—塞子　9—节气门阀调整螺钉　10—垫片　11—弹簧　13—板状垫圈　14—波形垫圈　15—凸轮　16—阀体振动挡块　17—节气门阀　18—二挡滑行制动器节流孔控制阀　19—二挡滑行制动器节流孔控制阀阀芯　24—强制降挡塞子　29—二挡滑行调节阀　31—电磁调节阀　35—次级调压阀　38—二挡锁止阀　39—三、四挡换挡阀　40—蓄压器控制阀　41—二、三挡换挡阀　42—一、二挡换挡阀　43—倒挡控制阀　44—减压阀　45—垫圈　46—主油路调压阀　47—1 号阀芯　48—2 号阀芯　62—蓄压器控制阀阀芯

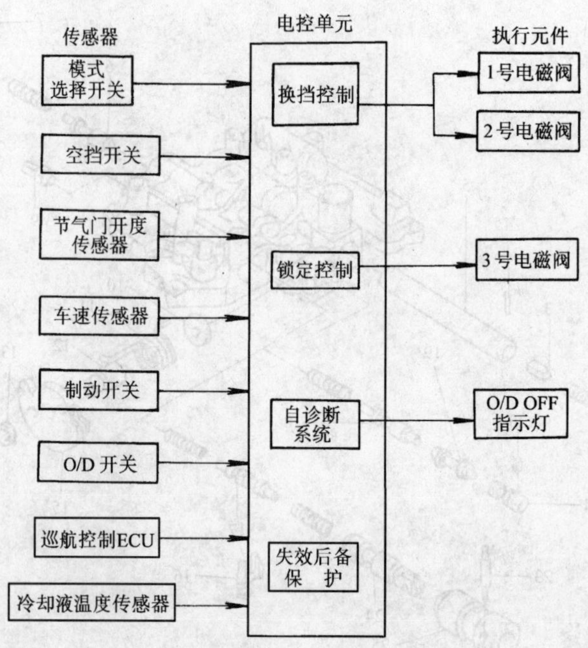

图 2-136 电子控制自动操纵系统框图

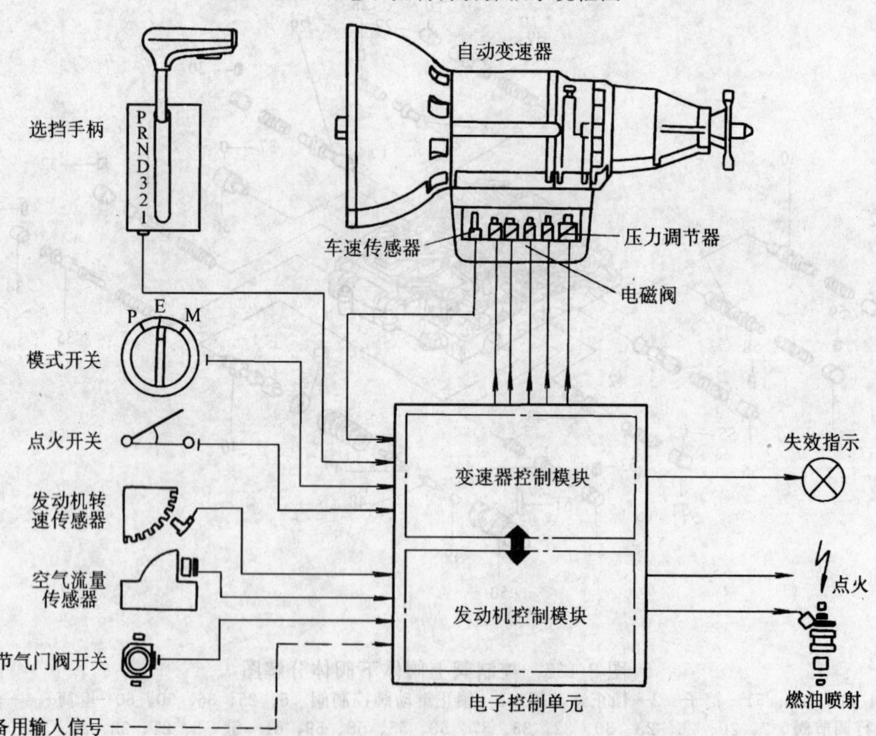

图 2-137 自动变速器电器元件作用关系示意图

1）节气门开度传感器　节气门开度传感器安装在发动机节气门体上并与节气门联动，其作用是通过节气门开度的大小，反映发动机负荷的变化，输出随发动机负荷变化的电信号，作为自动变速器的控制信号。装用自动变速器的汽车基本上都是采用线性输出的节气门开度传感器，其原理结构如图 2-138 所示。

传感器有两个与节气门联动的可动电刷触点，一个触点可在电阻体上滑动，利用变化的电阻值测得与节气门开度对应的线性输出电压，根据输出的电压值，微处理器 ECU 可知节气门的开度，其中 V_C 端接来自 ECU 的 5V 电源，V_{TA}端接 ECU 作为反映节气门开度的信号电压。另一个触点在节气门全关闭时与怠速接点 IDL 接触。IDL 触点信号主要用于判断发动机在怠速时的工况，以及在行车过程中用于断油控制的点火提前角的修正。

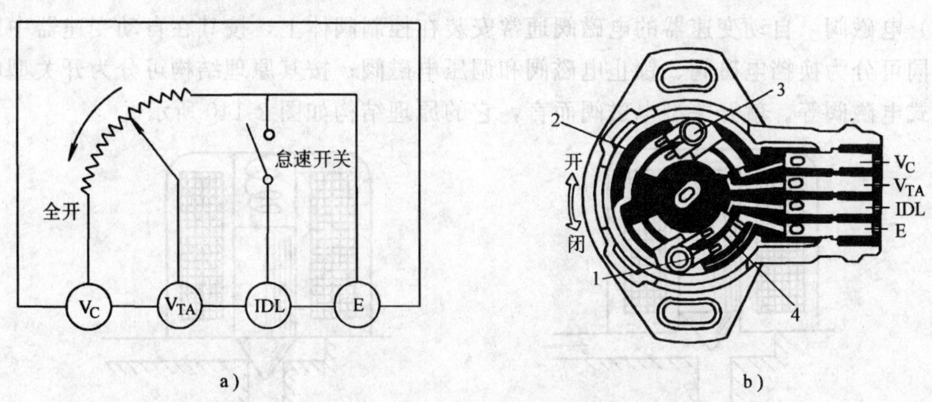

图 2-138 节气门开度传感器原理和结构

1—怠速信号动触点 2—电阻膜 3—节气门开度信号动触点 4—绝缘体

2）车速传感器。车速传感器常用的有光电式、笛簧开关式和电磁感应式等。这里仅介绍使用较多的电磁感应式车速传感器，如图 2-139 所示。

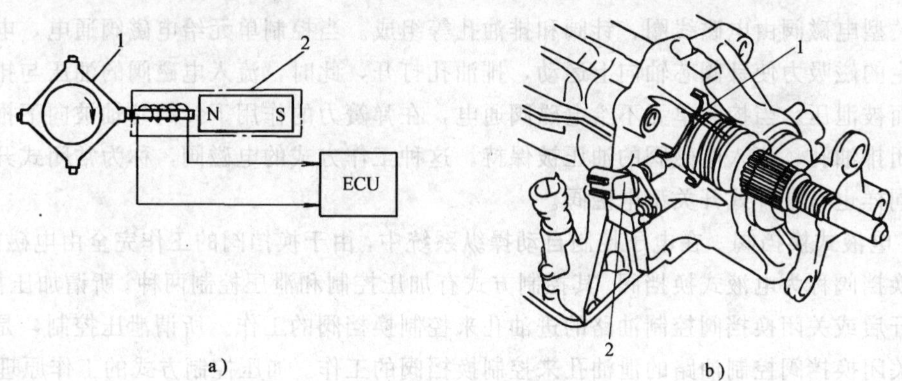

图 2-139 电磁感应式车速传感器

1—转子 2—2 号车速传感器

电磁感应式车速传感器主要由信号转子、永久磁铁和信号线圈等组成。信号转子上带有凸轮，当其旋转时，信号转子与线圈铁心之间的气隙产生周期性变化，通过信号线圈的磁通也发生变化，随着磁通的变化，在信号线圈上就会产生感应电压。

通常汽车上装有两个车速传感器，其中 1 号车速传感器负责里程表，多为机械式，2 号车速传感器负责向微处理器 ECU 提供车速的电压信号，为自动变速器提供速度油压信号。电磁感应式车速传感器作为 2 号车速传感器安装在变速器输出轴附近。

3）模式选择开关　模式选择开关又称程序开关，用于选择自动变速器的换挡规律，也就是选择自动变速器的控制模式。驾驶员可通过模式选择开关分别选择普通模式（Normal）、动力模式（Power)、经济模式（Economic）和手动模式等。模式开关通常安装在驾驶室挡位选择杆旁。对于液压控制操纵系统，也就是全液压控制自动变速器来说，不易实现多种换挡规律，因此没有模式开关，这是电控自动变速器和液控自动变速器的主要区别之一。

经济模式是指使汽车获得最佳燃油经济性的换挡规律，通常是在发动机转速相对较低时就会换入高一挡，也就是提前升挡。动力模式是指使汽车获得最大动力性的换挡规律，通常是在发动机转速相对较高时才能换入高一挡，也就是延迟升挡。

(2) 电磁阀　自动变速器的电磁阀通常安装在控制阀体上，按其在自动变速器中所起的作用不同可分为换挡电磁阀、锁止电磁阀和调压电磁阀；按其原理结构可分为开关型电磁阀和脉冲式电磁阀等。就开关型电磁阀而言，它的原理结构如图 2-140 所示。

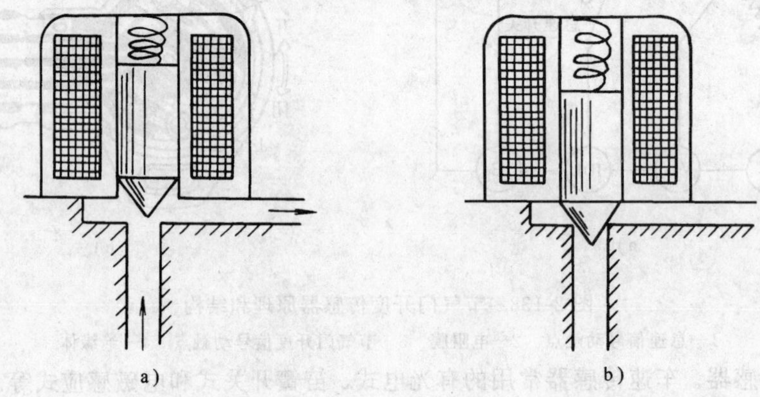

图 2-140　开关型电磁阀原理结构示意图

开关型电磁阀由电磁线圈、针阀和排油孔等组成。当控制单元给电磁阀通电，电磁线圈通电产生的磁吸力使针阀芯轴向上运动，排油孔打开，此时，流入电磁阀的油压与排油孔相通，从而被泄压。当控制单元不给电磁阀通电，在弹簧力的作用下针阀芯轴被向下推，针阀芯轴关闭排油孔，流入电磁阀的油压被保持。这种工作方式的电磁阀，称为常闭式开关型电磁阀。同样也有常开式开关型电磁阀。

(3) 电液式换挡阀　在电子控制自动操纵系统中，由于换挡阀的工作完全由电磁阀控制，所以将换挡阀称为电液式换挡阀。其控制方式有加压控制和泄压控制两种。所谓加压控制，是指通过开启或关闭换挡阀控制油路的进油孔来控制换挡阀的工作。所谓泄压控制，是指通过开启或关闭换挡阀控制油路的泄油孔来控制换挡阀的工作。加压控制方式的工作原理如图 2-141 所示。

当电磁阀关闭时，没有油压作用在换挡阀左端，换挡阀在右端弹簧力的作用下移向左端。当电磁阀开启时，压力油作用在换挡阀左端，使换挡阀克服弹簧力右移，从而改变油路，实现挡位变换。

电子控制系统和液压控制系统的换挡控制和油压控制的互换框图如图 2-142 所示，将有助于更好地理解电子控制自动（液压）操纵系统与液压控制自动（液压）操纵系统的异同。

五、大众公司 01M 自动变速器简介

本节前已介绍了自动变速器内相关零部件的结构和工作原理。为了更好地理解自动变速器的整体性能和工作情况，这里以“一汽大众”公司出品的捷达牌都市先锋轿车装备的电液控制换挡的 01M 自动变速器为例进行阐述。

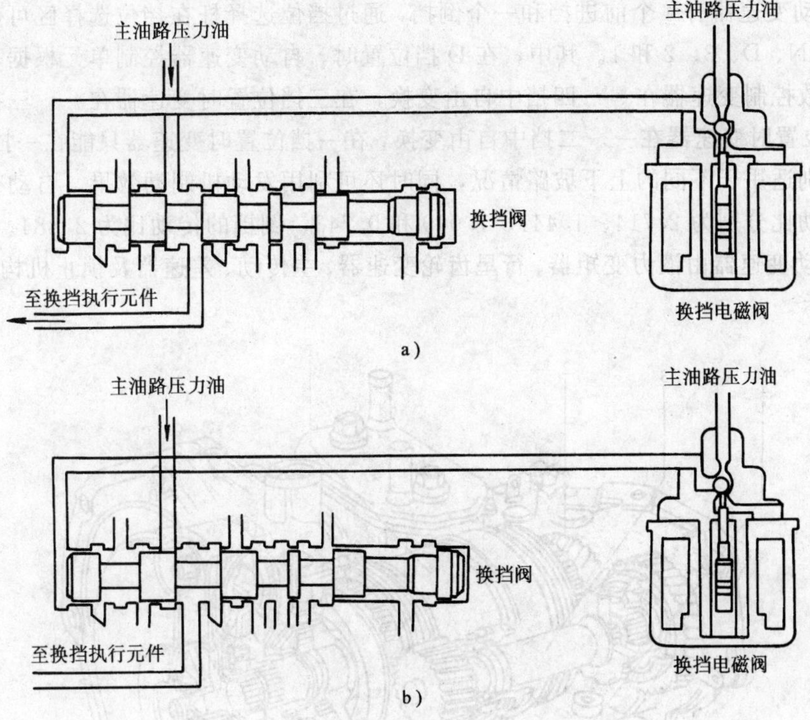

图 2-141　电液式换挡阀工作原理示意图

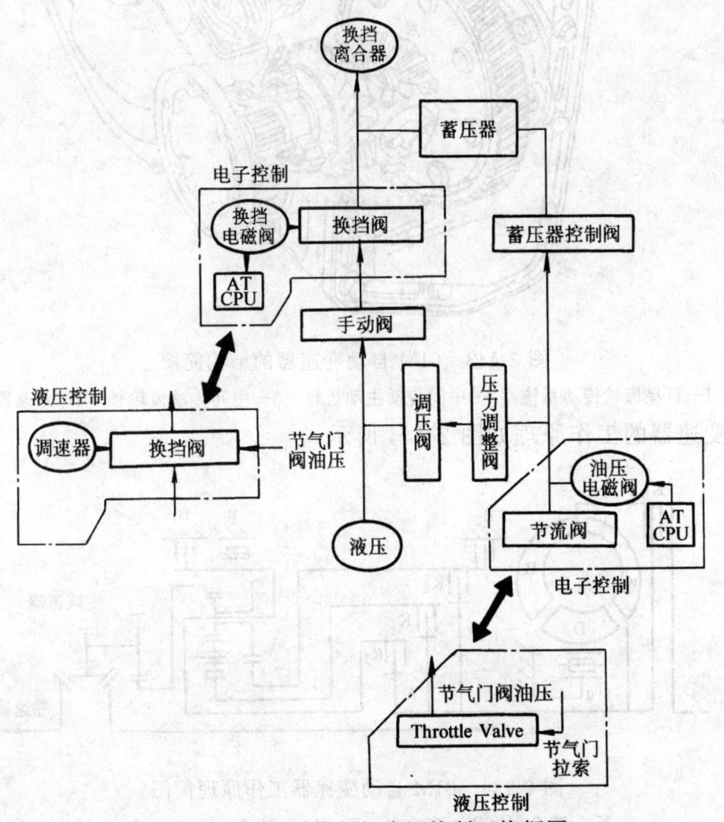

图 2-142　电子控制与液压控制互换框图

01M 自动变速器有 4 个前进挡和一个倒挡，通过挡位选择杆在挡位选择区可供选择的位置有 P、R、N、D、3、2 和 1。其中，在 D 挡位置时，自动变速器控制单元根据车速和发动机负荷等参数控制变速器在一～四挡中自由变换，在三挡位置时变速器在一～三挡中自由变换，在二挡位置时变速器在一～二挡中自由变换，在一挡位置时变速器只能在一挡状态，一、二和三挡分别适用于不同的上下坡路情况，同时还可利用发动机制动效果。自动变速器 4 个前进挡的传动比分别为 2.714、1.441、1.000 和 0.743，倒挡的传动比为 2.884。

01M 自动变速器由液力变矩器、行星齿轮变速器、主传动、差速器及锁止机构等组成，如图 2-143 所示。

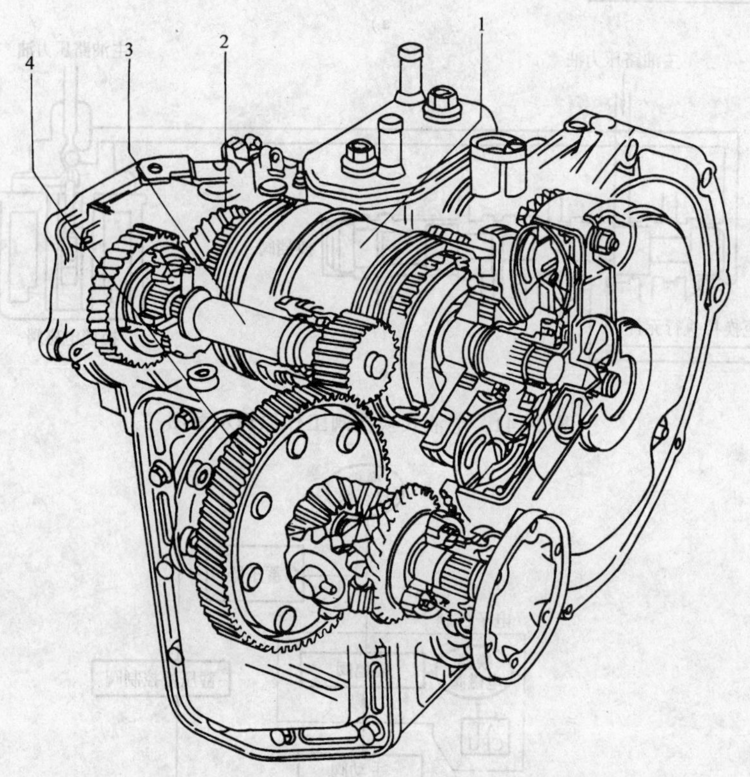

图 2-143　01M 自动变速器的结构简图

1—行星齿轮传动系统　2—中间传动主动齿轮　3—中间传动齿轮轴　4—差速器

01M 自动变速器的工作原理如图 2-144 所示。

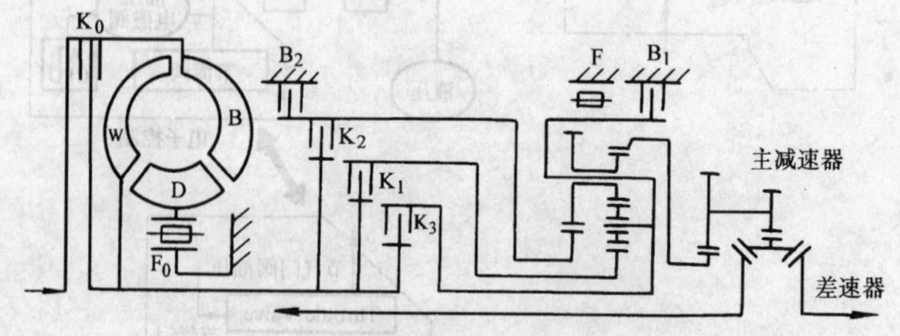

图 2-144　01M 自动变速器工作原理简图

K_n—离合器　B_n—离合器　F_n—制动器（n=0，1，2…）

1. 闭锁式液力变矩器

闭锁式液力变矩器主要由泵轮、涡轮、导轮和带扭转减振器的锁止离合器组成，可实现液力变矩器传动和机械直接传动两种工况。

闭锁式液力变矩器内有一个由液压操纵的闭锁离合器，如图 2-145 所示。闭锁（或称锁止）离合器的主动盘是变矩器的壳体，从动盘是可在轴向移动的压盘，从动盘内圈上带有弹性减振盘，并与涡轮输出轴连接。主动盘和从动盘相接触的工作面上有摩擦片，压盘两侧的油压由阀体内的锁止控制电磁阀控制。

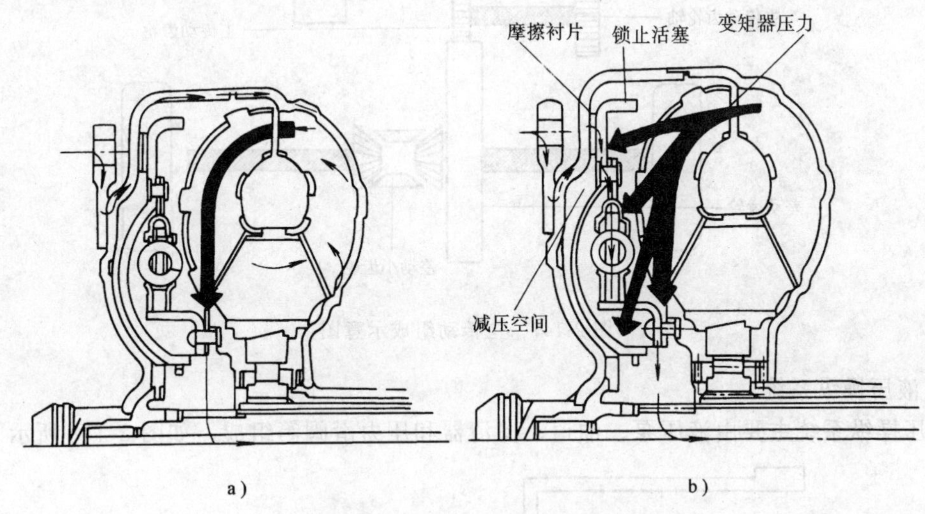

图 2-145　闭锁式液力变矩器闭锁离合器工作原理

a）分离状态　b）接合状态

当压盘左右两侧保持相同的压力时，闭锁离合器处于分离状态，如图 2-145a 所示，动力需经液力变矩器传递。当闭锁电磁阀控制压盘左侧的油压降低，而压盘右侧的油压仍较高时，在此压差的作用下，压盘通过摩擦片压紧在主动盘上，闭锁离合器接合，如图 2-145b 所示，变矩器输入（即泵轮轴）与输出（即涡轮轴）刚性连接。

2. 行星齿轮变速器

行星齿轮变速器主要由行星齿轮、片式离合器、盘式制动器和单向离合器等组成。行星齿轮机构采用四挡拉威捺式行星齿轮变速器，如图 2-146 所示。它由大太阳轮 1、太阳轮 2、3 个长行星齿轮 3、3 个短行星齿轮 4、行星齿轮架和齿圈组成。其中短行星齿轮与长行星齿轮及小太阳轮啮合，长行星齿轮同时与大太阳轮、短行星齿轮及齿圈啮合，动力通过齿圈输出。

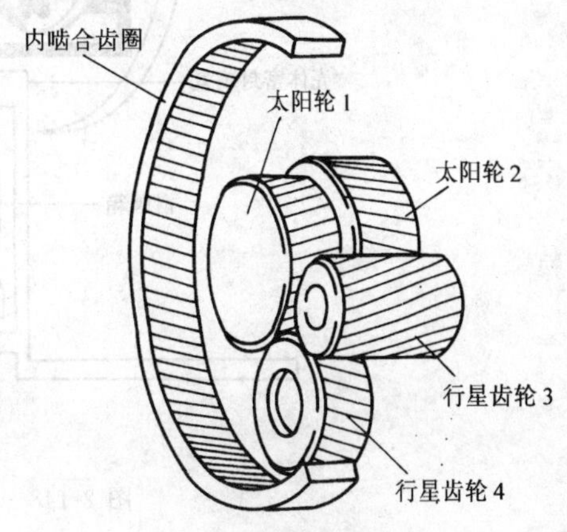

图 2-146　四挡拉威捺式行星齿轮机构的结构示意图

行星齿轮变速器的换挡执行机构主要由离合器、制动器和单向离合器三种执行元件组成。有关四挡拉威捺式行星齿轮机构的速度变换和动力传递，本节已作过分析，这里就不再赘述。

3. 主传动

主传动由减速器和差速器组成，如图 2-147 所示，动力经过行星齿轮机构的输出齿轮传递到主传动齿轮轴，再传递到差速器，通过差速器分配给左右车轮。

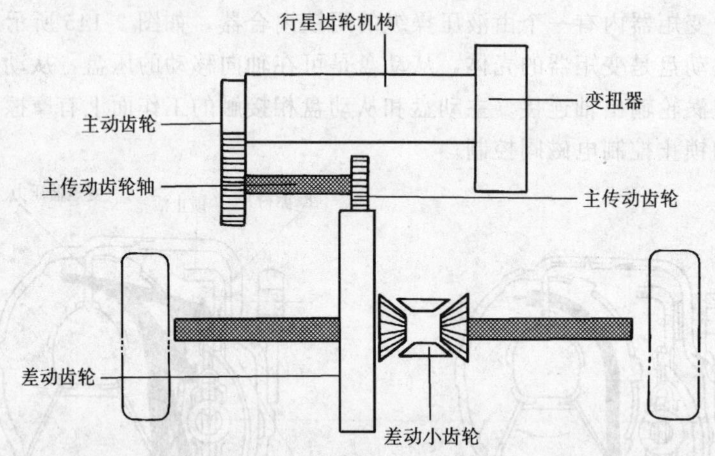

图 2-147　主传动组成示意图

4. 液压操纵系统

液压操纵系统主要由液压泵、油道、滤清器和压力滑阀等组成，如图 2-148 所示。

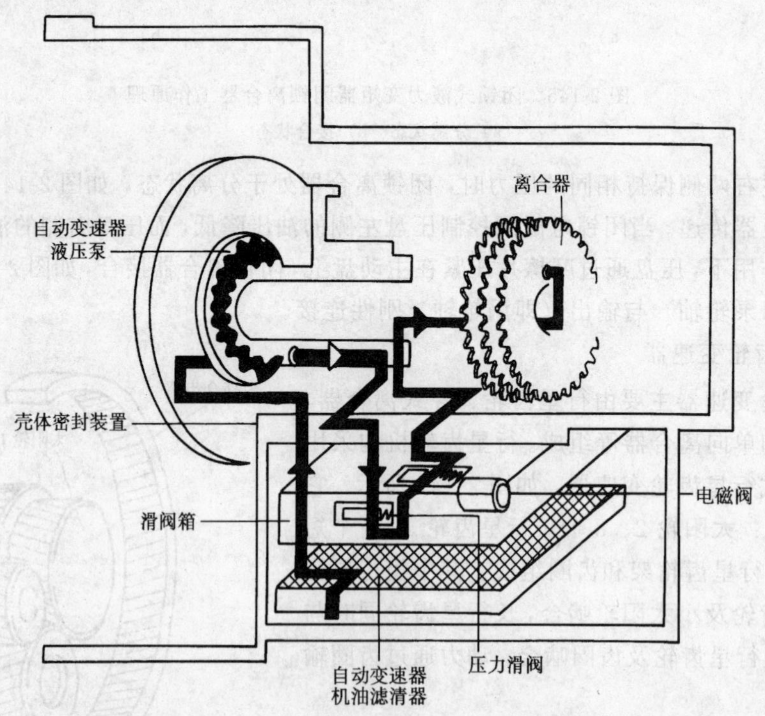

图 2-148　液压操纵系统液压油路示意图

有关液压泵、压力滑阀等结构及工作原理在本节也有过阐述。

5. 电子控制系统

01M 自动变速器的电子控制装置由传感器、控制开关、变速器控制单元等部件组成，如图 2-149 所示。

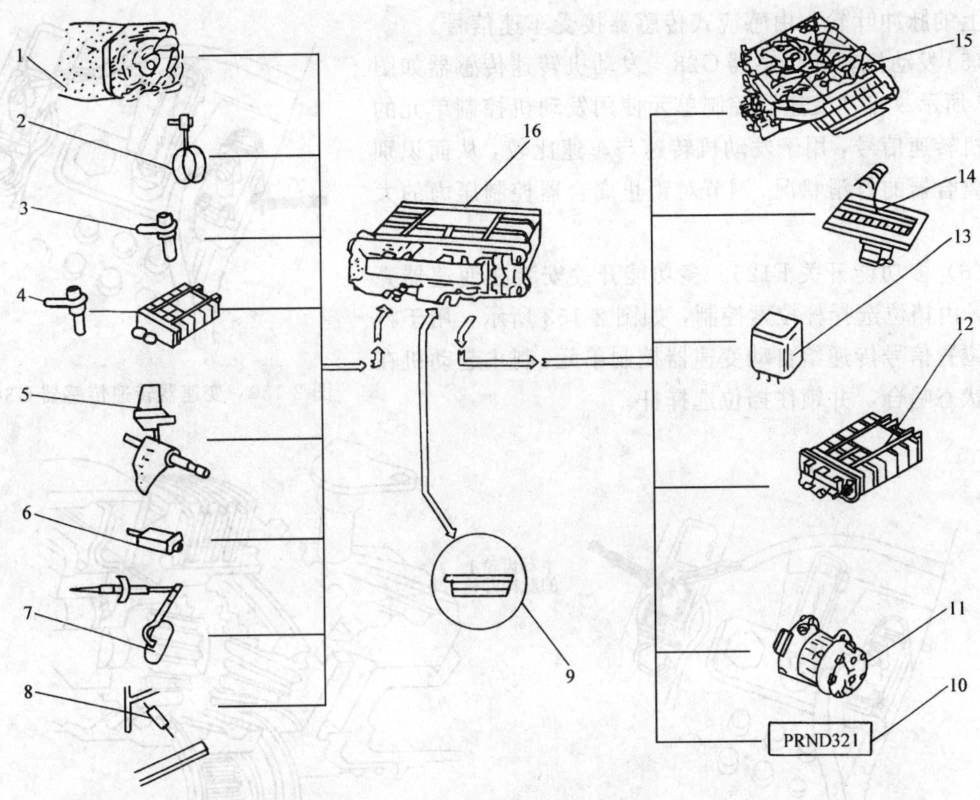

图 2-149　01M 自动变速器电子控制系统的组成

1—节气门传感器 G69　2—变速器转速传感器 G38　3—车速传感器 G68　4—发动机转速传感器 G28　5—多功能开关 F125　6—制动灯开关 F　7—强制低挡开关 F8　8—变速器机油温度传感器 G93　9—自诊断接口　10—挡位选择杆指示板　11—空调装置　12—发动机控制单元 J220　13—启动锁和倒车灯继电器 J226　14—挡位选择杆锁止电磁阀 N110　15—带电磁阀的控制阀体　16—变速器控制单元 J217

(1) 控制单元 J217　自动变速器的控制单元根据各种传感器所测得的节气门开度、汽车车速、变速器油温等运行参数，以及各种控制开关传来的当前状态信号，进行比较和分析，调用设定的控制程序，向各个执行元件发出指令，使各个液压控制阀动作，从而实现对自动变速器的控制。

01M 自动变速器在控制单元内设定了两个换挡程序。一个是与行车阻力有关的换挡程序，它可以识别出上坡、下坡和顶风等，控制单元按车速、节气门位置、发动机转速和加速的情况，计算出行车阻力，确定换挡时刻。另一个是与驾驶和行车状况有关的换挡程序，它是根据驾驶员踏下节气门踏板所产生的信号按照模糊逻辑原理进行换挡控制的。

(2)节气门传感器 G69　节气门传感器与节气门连接在一起，不断将节气门开度和节气门踏板踏下速度的信号传给发动机控制单元，再由发动机控制单元传给自动变速器控制单元。

(3) 变速器转速传感器 G38　变速器转速传感器安装在变速器壳体内，如图 2-150 所示，用于识别行星齿轮机构中大太阳轮的转速，使控制单元确定换挡时刻，控制多片离合器，在控制过程中通过减小点火角来减小发动机转矩。

(4) 车速传感器G68　车速传感器安装在变速器壳体内，如图 2-151a、b 所示，通过主动齿轮上的脉冲叶轮，由感应式传感器接受车速信号。

(5) 发动机转速传感器G28　发动机转速传感器如图 2-152 所示。自动变速器控制单元使用发动机控制单元的发动机转速信号，用于发动机转速与车速比较，从而识别锁止离合器的打滑状况，调节对锁止离合器控制压力的大小。

(6) 多功能开关F125　多功能开关安装在变速器壳体内，由挡位选择杆拉索控制，如图 2-153 所示，用于将选挡位置信号传递给自动变速器控制单元，制止起动机在行驶状态啮合，并锁住挡位选择杆。

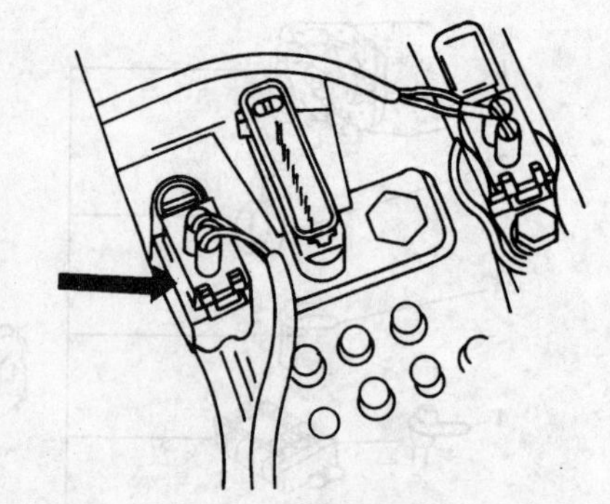

图 2-150　变速器转速传感器 G38

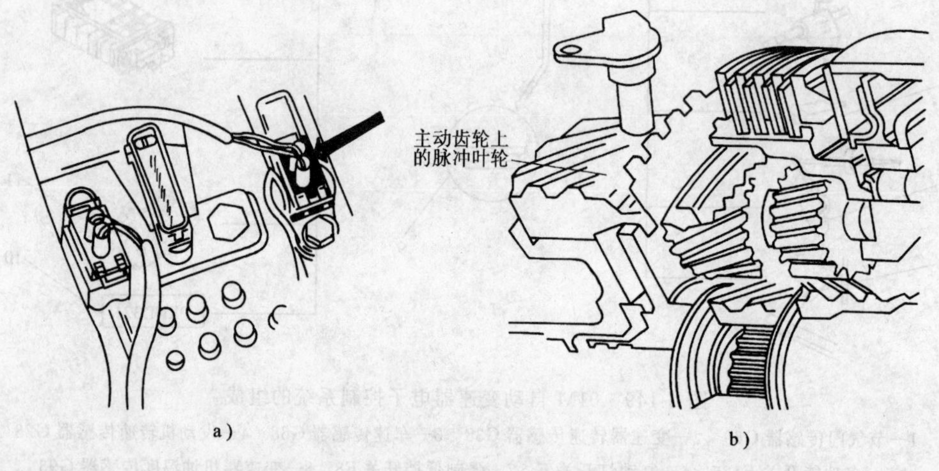

图 2-151　车速传感器安装位置与脉冲叶轮

a) 安装位置　b) 主动齿轮上的脉冲叶轮

(7) 制动灯开关F　制动灯开关安装在脚踏板支架上，如图 2-154 所示。若汽车制动，制动灯开关的信号用于锁止挡位选择杆。静止车辆只有踏下制动踏板，挡位选择杆才能脱离 P 或 N 挡位置。

(8) 强制低挡开关F8　强制低挡开关与节气门拉索装在一起，如图 2-155 所示。当节气门踏板踏到底并超过节气门全开点时，强制低挡开关工作，此时自动变速器立即强制换入相邻低挡。

(9) 变速器机油温度传感器G93　变速器机油温度传感器安装在自动变速器内控制阀体上的传输线上，如图 2-156 所示。机油温度传感器为一个负温度系数电阻，用于感应变速器机油温度，随机油温度升高，其电阻降低。若机油温度

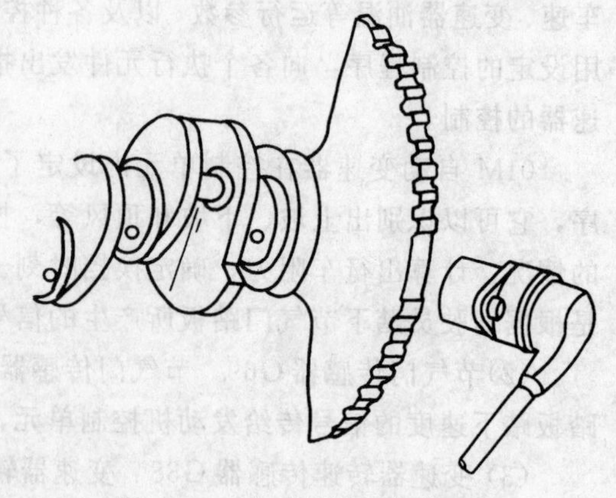

图 2-152　发动机转速传感器

升到 150℃ 时，锁止离合器接合，液力变矩器卸荷，自动变速器开始冷却。如果机油温度还不下降，控制单元使变速器降一挡。

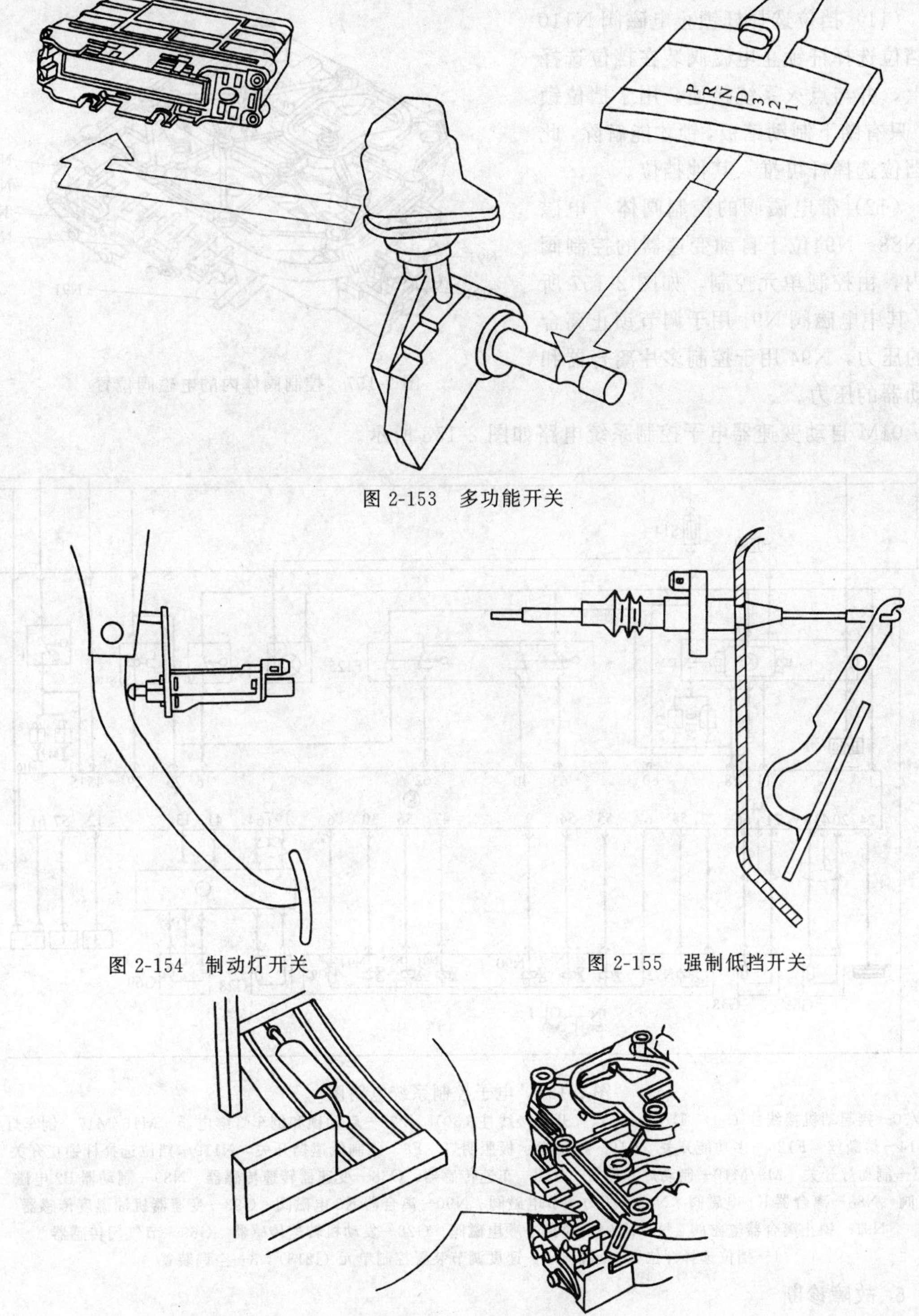

图 2-153　多功能开关

图 2-154　制动灯开关

图 2-155　强制低挡开关

图 2-156　自动变速器机油温度传感器

(10) 启动锁和倒车灯继电器 J226　启动锁和倒车灯继电器为一组合继电器，安装在中央继电器盘上，用于接受多功能开关的信号，防止挂挡后汽车起动机启动。若挂倒挡就接通倒车灯。

(11) 挡位选择杆锁止电磁阀 N110　挡位选择杆锁止电磁阀装在挡位选择杆上，并与点火系统接通，用于挡位锁止。只有踏下制动踏板，锁才能解除，此时挡位选择杆可推入其他挡位。

(12) 带电磁阀的控制阀体　电磁阀 N88～N94位于自动变速器的控制阀体内，由控制单元控制，如图 2-157 所示。其中电磁阀 N91 用于调节锁止离合器的压力，N94 用于控制多片离合器和制动器的压力。

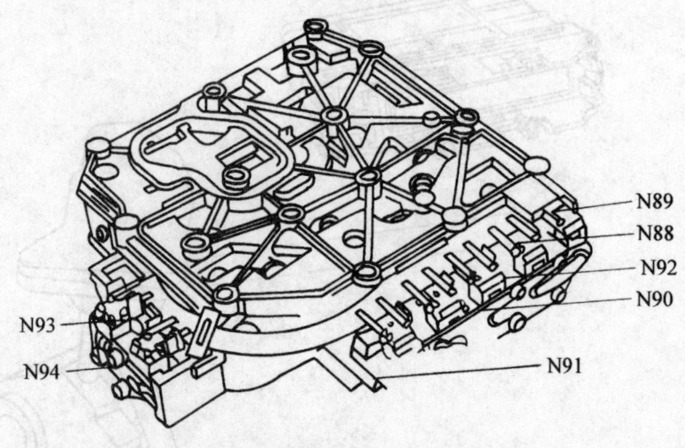

图 2-157　控制阀体内的电磁阀位置

01M 自动变速器电子控制系统电路如图 2-158 所示。

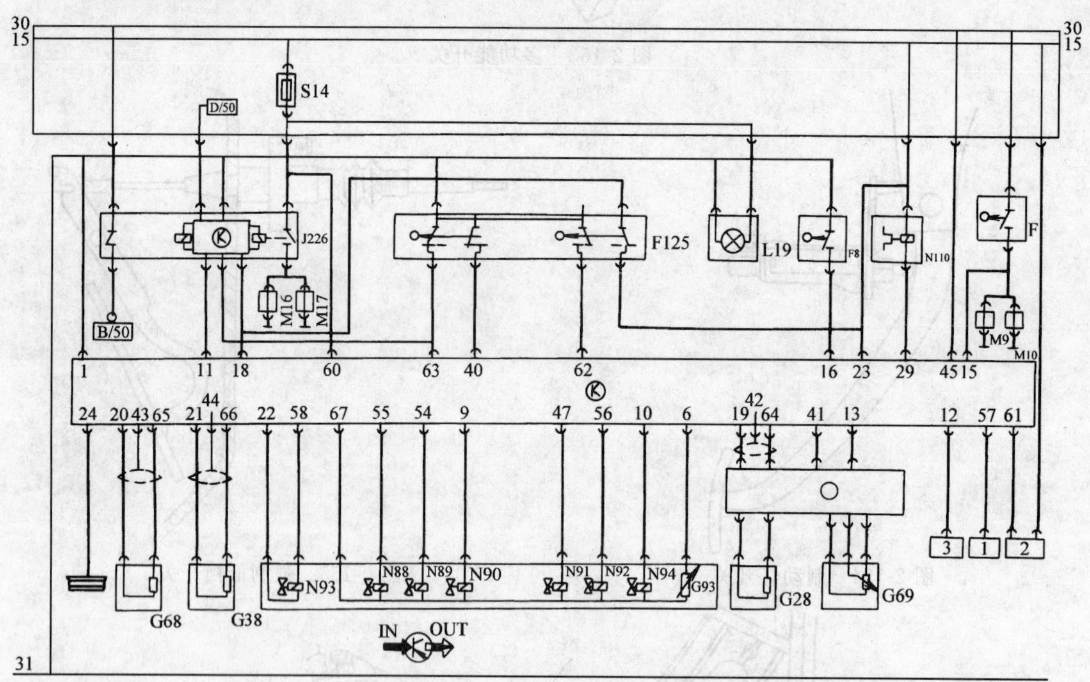

图 2-158　电子控制系统电路图

B/50—接起动机接线柱（50）　D/50—接点火开关接线柱（50）　J226—启动锁和倒车灯继电器　M16/M17—倒车灯　S14—熔断丝　F125—多功能开关　L19—挡位指示板照明灯　F8—强制低速挡开关　N110—挡位选择杆锁止开关　F—制动灯开关　M9/M10—制动灯和尾灯　G68—车速传感器　G38—变速器转速传感器　N89—制动器 B2 电磁阀　N88—离合器 K1 电磁阀　N93—压力调节电磁阀　N90—离合器 K3 电磁阀　G93—变速器机油温度传感器　N91—锁止离合器电磁阀　N92、N94—换挡平顺电磁阀　G28—发动机转速传感器　G69—节气门传感器　1—挡位选择杆位置指示板　2—速度调节装置控制单元（J213）　3—空调装置

6. 故障诊断

01M 自动变速器设有自诊断系统，用于监控传感器信号和执行元件动作。控制单元中有

一个故障存储器，如果被监控的部件或导线出现故障，故障连同故障说明一起被存入故障存储器中。如果出现故障，该故障作为稳定故障存入存储器，经过一定时间或距离后，若故障不再出现则为偶然故障，汽车行驶 1000kM 或 20h 后，偶然故障标记自动从故障存储器中清除。

自诊断功能使用专用仪器 V. A. G1551 可以解读。故障阅读器 V. A. G1551 与自诊断线 V. A. G1551/3 的 5 脚插头一侧连接，再将自诊断线 V. A. G1551/3 的 16 脚插头一侧与车上位于烟灰盒上方、护板后面的自诊断接口连接，如图 2-159 所示。

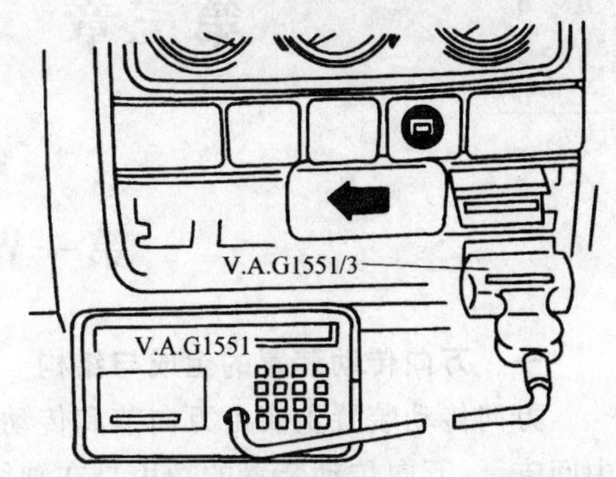

图 2-159　故障阅读器 V. A. G1551 的连接

图中箭头为推开护板方向

在已经连接的故障阅读器 V. A. G1551 上，输入地址码 02 进入自动变速器电子控制系统，可以很方便地查询 01M 自动变速器控制单元的故障记忆。有关故障码的内涵可查阅 01M 自动变速器维修手册。

习　题

1. 汽车传动系中为什么要装离合器？摩擦式离合器分为哪些类型？
2. 试述摩擦式离合器的基本组成和工作原理。
3. 为什么要求离合器从动盘有轴向弹性？实现轴向弹性的结构措施有哪些？
4. 简述带扭转减振器的从动盘的构造和工作情况。
5. 离合器的操纵机构有哪些类型？各有何特点？
6. 检修离合器各总成时应注意哪些方面的问题？
7. 以捷达型轿车为例简述离合器装配注意事项。
8. 如何调整离合器踏板自由行程？
9. 离合器的常见故障有哪些？以桑塔纳型轿车为例，说明如何诊断和排除。
10. 变速器有何功用？有哪些类型？
11. 机械有级式变速器有几种类型？各用于什么场合？
12. 变速器换挡装置有哪些结构形式？防止自动脱挡的结构有哪些？
13. 试分析惯性式同步器（以锁环式为例）的工作原理。
14. 对变速器操纵机构有哪些要求？各用什么装置和措施来保证？
15. 变速器齿轮损伤的形式有哪些？产生的原因是什么？
16. 变速器常见的故障有哪些？以桑塔纳型轿车为例，说明如何诊断和排除。

第三章　汽车传动系（二）

第一节　万向传动装置

一、万向传动装置的组成与结构

万向传动装置主要由万向节和传动轴组成，对于传动距离较远的分段式传动轴还要加装中间支承。万向传动装置的功用是在轴线相交且相互位置经常变化的两转轴之间传递动力。图3-1 所示即为变速器与驱动桥之间万向传动装置的示意图。

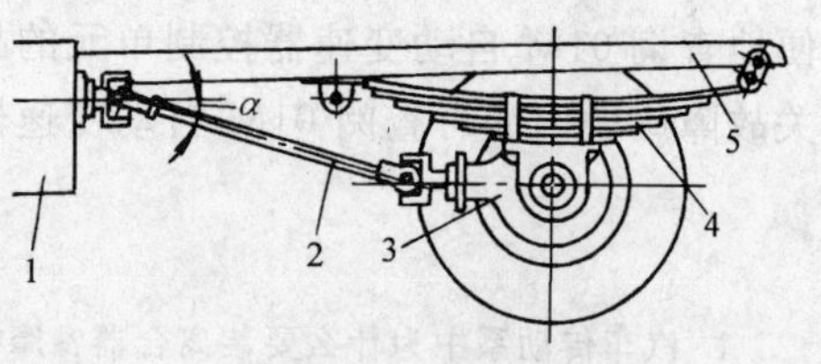

图 3-1　变速器与驱动桥之间的万向传动装置

1—变速器　2—万向传动装置　3—驱动桥　4—后悬架　5—车架

（一）万向节

万向节的功用是在轴间夹角及相互位置不断变化的两转轴之间传递动力。万向节按其在扭转方向上是否有明显的弹性分为刚性万向节和挠性万向节。前者是靠刚性铰链式零件传递动力　而后者则是靠弹性组件传递动力，且具有缓冲减振作用。汽车上普遍采用用刚性万向节。刚性万向节又可分为不等速万向节（常用的为十字轴式）、准等速万向节（三销式、双联式等）和等速万向节（球叉式、球笼式等）。

1．十字轴式刚性万向节

(1)十字轴式刚性万向节的构造　图 3-2 所示为十字轴式刚性万向节。它主要由万向节叉2 和 6、十字轴 4 及轴组成。两万向节叉 2 和 6 上的孔分别活套在十字轴 4 的两对轴颈上。当主动轴转动时，从动轴也随着转动，同时又可绕十字轴中心在任意方向摆动。为了减少摩擦和磨损，提高传动效率，在十字轴轴颈和万向节叉孔间装有由滚针 8 和套筒 9 组成的滚针轴承，并用螺钉和盖 1 将套筒 9 固定在万向节叉上。然后用锁片将螺钉锁紧，以防止轴承在离心力作用下从万向节叉内脱出。为了润滑轴承，十字轴做成中空的，并有油路通向轴颈，润滑油则用注油嘴注入十字轴内腔。为避免润滑油流出及尘垢进入轴承，在十字轴的轴颈上套着装在金属座圈内的油封 7。另外，在十字轴的中部，还装有带弹簧的安全阀 5。如果十字轴内腔的润滑油压力大于允许值，安全阀即被顶开而润滑油外溢，使油封不致因油压过高而损坏。

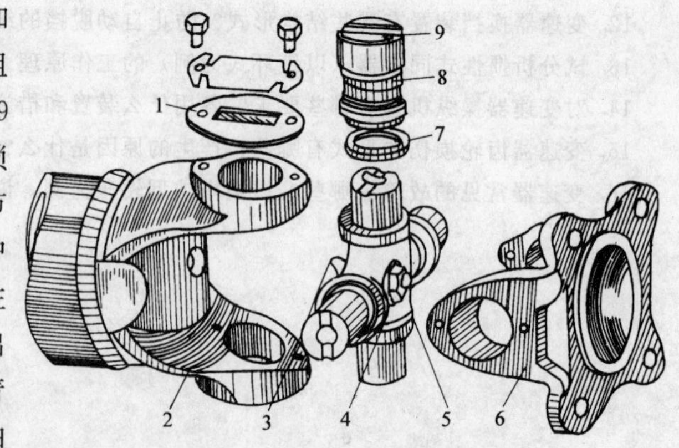

图 3-2　十字轴式刚性万向节

1—轴承盖　2、6—万向节叉　3—油嘴　4—十字轴　5—安全阀　7—油封　8—滚针　9—套筒

万向节中常见的滚针轴承轴向定位方式，除上述盖板式外，还可采用互盖式、U形螺栓式及卡圈固定式等结构。

近年来在十字轴式刚性万向节上多用橡胶油封，其密封性能好，而且当十字轴内腔润滑脂压力超过允许值时，润滑脂就从油封与轴颈配合面溢出，故可以不装安全阀。

上述刚性万向节的优点是：可以保证在轴向交角变化时可靠地传动，结构简单，并有较高的传动效率，因此在现代汽车上被广泛采用。其缺点是：单个万向节在输入轴和输出轴之间有夹角时，两轴的角速度不相等。

（2）十字轴式刚性万向节的不等速性与等速排列　万向节在运动过程中，有两个特殊位置：主动叉处于垂直位置，十字轴平面与主动叉轴相垂直；主动叉处于水平位置，十字轴平面与从动叉轴相垂直。下面通过这两个特殊的运动，来分析说明单个万向节传动的不等速性。

如图 3-3 所示为十字轴式刚性万向节传动示意图。设主动叉轴 1 为垂直布置而且以 ω_1 等角速度旋转，从动叉轴 2 与主动叉轴 1 有夹角 α，其角速度为 ω_2。十字轴旋转半径 OA 与 OB 相等，设其为 r。

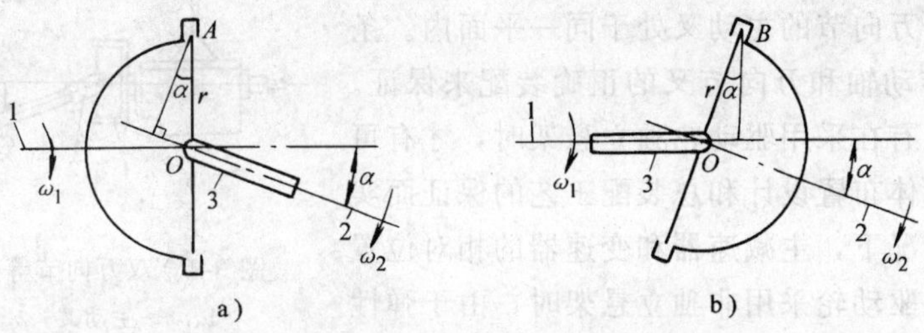

图 3-3　十字轴式刚性万向节传动的速度特性分析

1—主动叉轴　2—从动叉轴　3—十字轴

当万向节转动到图 3-3a 所示位置即主动叉处于垂直位置，十字轴平面与主动叉轴相垂直时，十字轴上 A 点的线速度 v_A 为：

视十字轴随主动叉轴 1 一起转动时

$$v_{A1}=\omega_1 r$$

视十字轴随从动叉轴 2 一起转动时

$$v_{A2}=\omega_2 r\cos\alpha$$

因为 $v_{A1}=v_{A2}$，故 $\omega_2=\omega_1/\cos\alpha$

此时，$\omega_2>\omega_1$

当万向节再转动 90°到图 3-3b 所示位置（即主动叉处于水平位置，十字轴平面与从动叉轴 2 相垂直）时，十字轴 B 点的线速度 V_B 也可求出。即

$$v_{B1}=\omega_1 r\cos\alpha$$

$$v_{B2}=\omega_2 r$$

因为 $v_{B1}=v_{B2}$　　故 $\omega_2=\omega_1\cos\alpha$

此时　$\omega_2<\omega_1$

通过上述两个特殊位置分析可以看出，当主动叉轴 1 以等角速度转动时，从动叉轴 2 是不等角速度转动的，即主动轴与从动轴的瞬时角速度不相等。这就是十字轴式刚性万向节传

动的不等速性。从图 3-3a 位置转动到图 3-3b 位置转动了 90°，从动轴 2 的角速度由最大值 $\omega_1/\cos\alpha$ 变为最小值 $\omega_1\cos\alpha$；再转 90°，又回到图 3-3a 位置，从动轴的角速度 ω_2 又由最小值 $\omega_1\cos\alpha$ 变为最大值 $\omega_1/\cos\alpha$。可见，从动轴角速度的变化以 180°为一个周期，在 180°内时快时慢，且不等角速度程度随轴间夹角 α 的增大而增大。但两轴的平均速度相等，即主动轴转一周，从动轴也转一周。因此，传动的不等速度性是指从动轴在转动一周内其角度不均匀而言。

单个十字轴式刚性万向节的不等速性，会使从动轴及与其相连的传动部件产生扭转振动，从而产生附加交变载荷，影响部件的使用寿命。但是，十字轴式刚性万向节优点是结构简单，工作可靠，允许在轴间夹角为 15°～20°的两轴间传递动力，且采用两个或两个以上万向节可近似地满足等速传动，因此在汽车传动系中被广泛应用。

从以上分析可以想到，在两轴（例如变速器的输出轴和驱动桥的输入轴）之间，如采用如图 3-4 所示双万向节传动，则第一个万向节的不等速性效应就有可能被第二个万向节的不等速效应所抵消，从而实现两轴间的等角速传动。依运动学分析可知，要达到这一目的，必须满足两个条件：①第一个万向节两轴间夹角 α_1，与第二个万向节两轴间夹角 α_2 相等；②第一个万向节的从动叉与第二个万向节的主动叉处于同一平面内。条件②完全可由传动轴和万向节叉的正确装配来保证。但是，条件①只有在采用驱动轮独立悬架时，才有可能通过整车的总体布置设计和总装配工艺的保证而实现。因为在此情况下，主减速器和变速器的相对位置是固定的。如果驱动轮采用非独立悬架时，由于弹性悬架的振动，驱动桥输入轴与变速器输出轴的相对位置不断变化，不可能任何时候都保证条件①成立，故此时该两部件之间的万向传动只能做到使传动的不等速性尽可能小。但对每一个万向节而言，只要存在交角，万向节在工作中内部各零件之间就存在相对运动，因而导致摩擦损失。交角越大，摩擦损失越大，故在汽车总体布置应尽量减小交角。

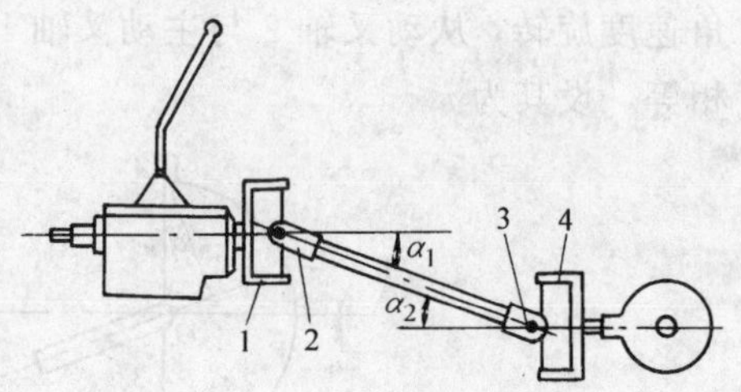

图 3-4　双万向节等速传动布置图

1、3—主动叉　2、4—从动叉

上述双万向节传动虽能近似地解决了等速传动问题，但在某些情况下已难以适应实际需要。经过长期实践，人们创造了各种形式的等速和准等速万向节。只要用一个这样的万向节，就能实现或基本实现等角速传动。在转向驱动桥及独立悬架的后驱动桥中广泛采用了等速万向节。

2. 准等速万向节和等速万向节

（1）准等速万向节　准等速万向节实际上是根据上述双万向节实现等速传动的原理设计而成的。常见有三销轴式、双联式两种。

三销轴式万向节如图 3-5 所示，主要由主动偏心轴叉 1 和从动偏心轴叉 3、两个三销轴 2 和 4 以及六个轴承、密封件等组成。主、从动偏心轴叉分别与转向驱动桥的内、外半轴制成一体。叉孔中心线与销轴中心线互相垂直但不相交。主、从动叉由两个三销轴连接。三销轴的大端有一穿通的轴承孔，其中心线与小端轴颈中心线重合。靠近大端两侧有轴颈，其中心线与小端轴颈中心线垂直并且相交。装合时每一偏心轴叉的两叉孔与一个三销轴的大端两轴颈配合，而后两个三销轴的小端轴颈互相插入对方的大端轴孔内，这样便形成 Q_1-Q_1'、Q_2-Q_2' 和 R-R' 三极轴线。为减小摩擦，轴颈与孔的配合面装有轴承，并用卡环 5 轴向限位。

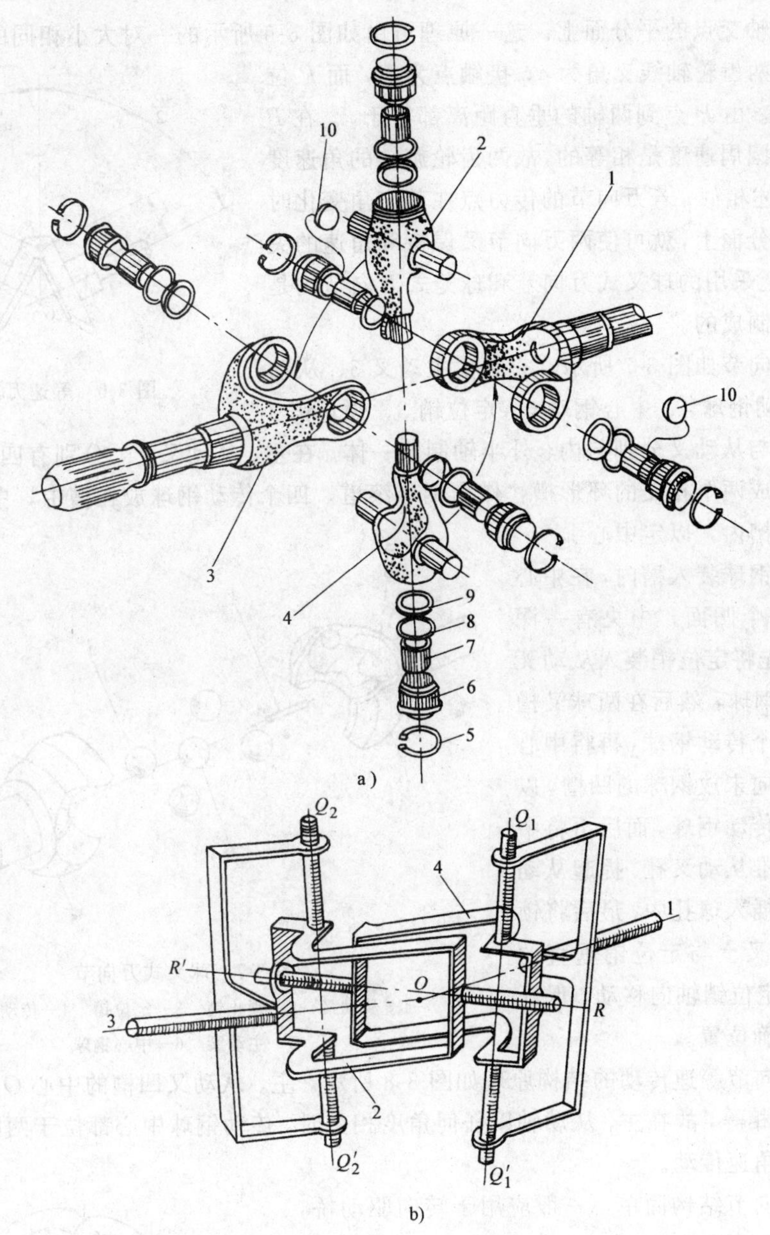

图 3-5　三销轴式准等速万向节

a）零件形状　b）装配示意图

1—主动偏心轴叉　2、4—三销轴　3—从动偏心轴叉　5—卡环　6—轴承座

7—衬套　8—毛毡圈　9—密封罩　10—推力垫片

在与主动偏心轴叉 1 相连的三销轴 4 的两个轴颈端面和轴承座 6 之间装有推力垫片 10。其余各轴颈端面均无推力垫片，且端面与轴承座间留有较大的空隙，以保证在转向时三销轴万向节不发生运动干涉而损坏万向节。

（2）等速万向节　等速万向节的基本原理是从结构上保证万向节在工作过程中，其传力点永远位于两轴交点的平分面上。这一原理可由如图 3-6 所示的一对大小相同的锥齿轮的传动来说明。设两齿轮轴线交角为 α，接触点为 P，而 P 位于 α 平分面上。由 P 点到两轴的垂直距离都等于 r。在 P 点处两齿轮的圆周速度是相等的，故两齿轮旋转的角速度也相等。与上述相似，若万向节的传力点在其交角变化时始终位于角平分面上，就可使两万向节叉保持等角速的关系。目前较广泛采用的球叉式万向节和球笼式万向节均是根据这一原理制成的。

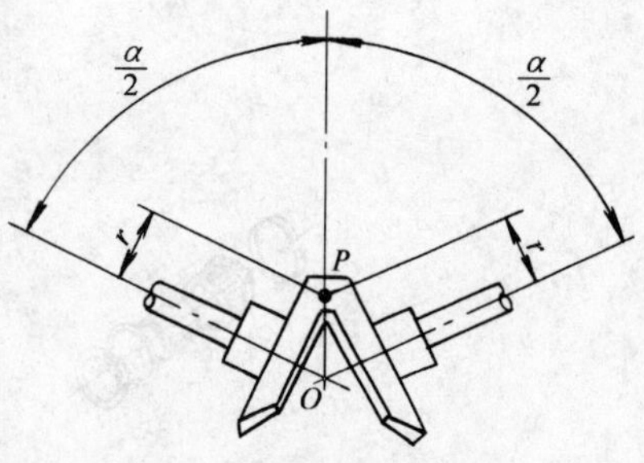

图 3-6　等速万向节

球叉式万向节如图 3-7 所示，它是由主动叉 5、从动叉 1、四个传动钢球 4、中心钢球 6、定位销 3、锁止销 2 组成。主动叉与从动叉分别与内、外半轴制成一体。在主、从动叉上，分别有四个曲面凹槽，装配后，则形成两个相交的环形槽，作为钢球滚道。四个传动钢球放在槽中，中心钢球放在两叉中心的凹槽内，以定中心。

为方便将钢球装入槽内，在中心钢球上铣出一个凹面，中央有一深孔。装配时，先将定位销装入从动叉内，放入中心钢球，然后在两球叉槽中陆续装入三个传动钢球，再将中心钢球的凹面对向未放钢球的凹槽，以便装入第四个传动钢球，而后再将中心钢球的孔对准从动叉孔，提起从动叉轴使定位销插入球孔中，最后将锁止销插入从动叉上与定位销垂直的孔中，以限制定位销轴向移动，保证中心钢球的正确位置。

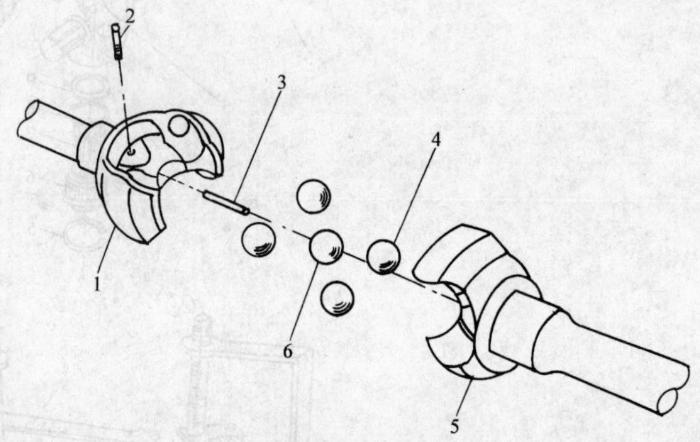

图 3-7　球叉式万向节

1—从动叉　2—锁止销　3—定位销　4—传动钢球　5—主动叉　6—中心钢球

球叉式万向节等速传动的结构原理如图 3-8 所示。主、从动叉凹槽的中心 O_1、O_2 与万向节中心 O 距离相等，故在主、从动轴以任何角度相交时，传动钢球中心都位于两圆的交点上，因而保证了等角速传动。

球叉式万向节结构简单，一般应用于转向驱动桥中，其允许最大交角为 32°～33°

在目前的有些球叉式万向节中，省去了定位销和锁止销，中心钢球也不铣凹面，而靠压力装配，这样结构更简单。但拆装不方便。

工作时，球叉式万向节只有两个钢球传力，反转时，由另两个钢球传力，故钢球与曲面凹槽之间的单位压力较大，磨损快，影响使用寿命。

球笼式万向节按内、外滚道结构不同又分为 RF 型球笼式万向节、球笼式双补偿万向节和 VL 型万向节等。

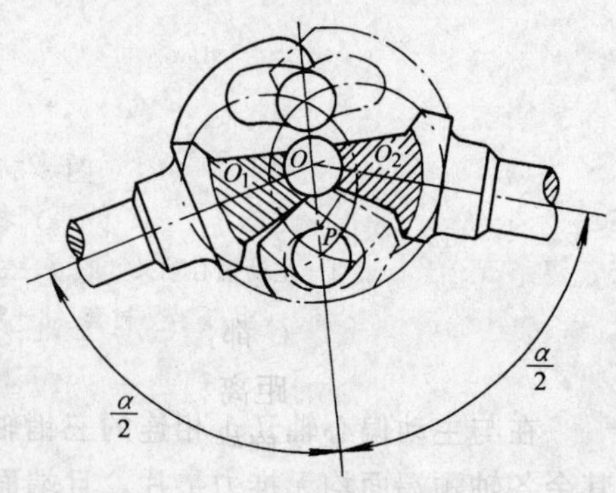

图 3-8　球叉式万向节等角速传动原理

1) RF 型球笼式万向节。RF 型球笼式万向节的结构如图 3-9 所示，它主要由六个钢球 6、星形套 7、球形壳 8 和保持架 4 等组成。

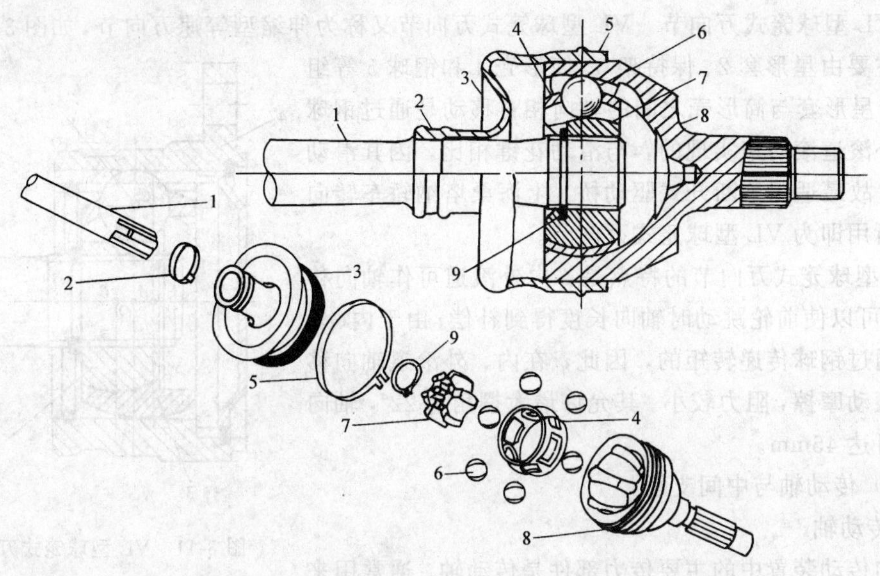

图 3-9 RF 型球笼式万向节

1—主动轴 2、5—钢带箍 3—外罩 4—保持架（球笼） 6—钢球 7—星形套（内滚道）
8—球形壳（外滚道） 9—卡环

内滚道通过花键与中段半轴相连接，用卡环、隔套和碟形垫圈轴向限位。内滚道的外表面制有六条曲面凹槽。外滚道与带花键的外半轴制成一体，内表面制有相应的六条曲面凹槽。球笼上有六个窗孔。装合后，六个钢球分别装在六条凹槽中，并由球笼使钢球保持在一个平面内。动力由中段半轴传至内球座，经六个钢球、外球座输出，传给转向驱动轮。

图 3-10 所示为 RF 型球笼式万向节等速传动的结构原理图。外滚道中心 A 与内滚道中心 B 不重合，分别位于万向节中心 O 的两边，且与 O 等距离。钢球中心 C 到 A、B 两点的距离也相等。球笼的内外球面、内滚道（星形套）的外球面和外滚道的内球面均以万向节中心 O 为球心。因此，当两轴交角变化时，球笼可沿内外球面滑动，以保持钢球在一定位置。

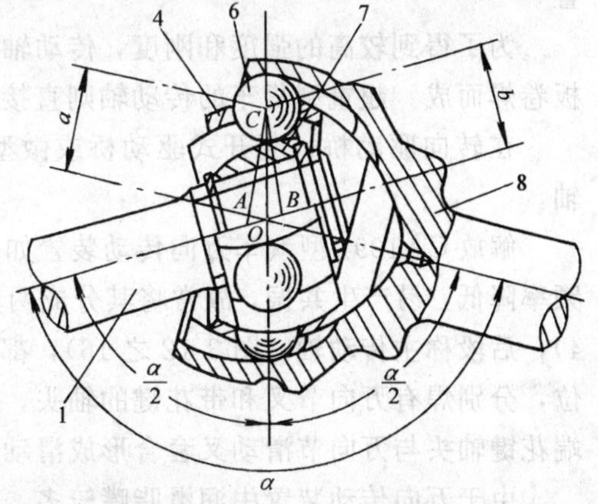

图 3-10 RF 型球笼式万向节等速性分析

(图注同 3-9)

O—万向节中心 A—外滚道中心 B—内滚道中心
C—钢球中心 α—两轴交角(钝角)

由图 3-10 可见，由于 $OA=OB$，$CA=CB$，CO 为共边，那么，两个三角形 $\triangle COA$ 与 $\triangle COB$ 全等，因此，$\angle COA$ 与 $\angle COB$ 相等，即两轴相交任意交角 α 时，传力的钢球 C 都位于交角平分面上。此时钢球到主、从动轴的距离相等，从而保证了主、从动轴以相等的角速度旋转。

RF 型球笼式万向节最大摆角达 47°，且在工作时，无论传动方向如何，六个钢球全部传力。与球叉式万向节相比，其承载能力大，结构紧凑，磨损小，拆装方便，因此应用越来越广泛。

2) VL 型球笼式万向节　VL 型球笼式万向节又称为伸缩型等速万向节，如图 3-11 所示。其结构主要由星形套 2、保持架 3、筒形壳 4 和钢球 5 等组成。由于星形套与筒形壳之间的轴向相对移动是通过钢球沿内、外滚道滚动来实现的，与滑动花键相比，因其滑动阻力小，故最适用于断开式驱动桥。上海桑塔纳轿车转向驱动桥所用即为 VL 型球笼式万向节。

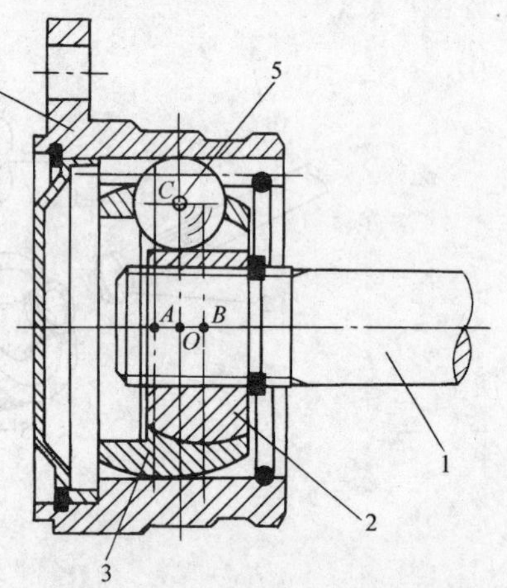

图 3-11　VL 型球笼式万向节
1—主动轴　2—星形套（内滚道）　3—保持架（球笼）　4—筒形壳（外滚道）　5—钢球

VL 型球笼式万向节的特点是：内外滚道可作轴向移动，从而可以使前轮跳动时轴向长度得到补偿；由于内、外滚道是通过钢球传递转矩的，因此，在内、外滚道轴向移动时为滚动摩擦，阻力较小。其允许最大摆角为 22°，轴向伸缩量可达 45mm。

（二）传动轴与中间支承

1. 传动轴

万向传动装置中的主要传力部件是传动轴。通常用来连接变速器（分动器）和驱动桥，在转向驱动桥和断开式驱动桥中，则用来连接差速器和驱动轮。

汽车在行驶过程中，驱动桥与变速器的相对位置经常变化，为避免运动干涉，传动轴中设有由滑动叉和花键轴组成的滑动花键连接，以实现传动轴长度的变化。为减少摩擦，还装有用以加注润滑油的油嘴、油封、堵盖和防尘套。

传动轴在工作过程中处于高速旋转状态，由于离心力作用将产生剧烈振动。因此，在转动轴和万向节装配后，必须满足动平衡要求。图 3-12 中的零件 3 即为平衡用的平衡片。平衡后，在滑动叉 13 与主传动轴 16 上刻箭头记号 21，以便拆装时保持二者的相对位置。

为了得到较高的强度和刚度，传动轴多做成空心的，一般用厚度为 1.5～3.0mm 的薄钢板卷焊而成。超重型货车的传动轴则直接采用无缝钢管。

在转向驱动桥、断开式驱动桥或微型汽车的万向传动装置中，通常将传动轴制成实心轴。

解放 CA1091 型汽车万向传动装置如图 3-12 所示。因传动距离远，传动轴过长而使自振频率降低，易产生共振，故常将其分成两段并加中间支承。前段称为中间传动轴（图 3-12 之 4），后段称主传动轴（图 3-12 之 16），都是用薄钢板卷焊而成。中间传动轴的两端用止口定位，分别焊有万向节叉和带花键的轴头，花键轴头与凸缘连接，并用螺母紧固。主传动轴前端花键轴头与万向节滑动叉套合形成滑动花键连接，使主传动轴可以轴向伸缩。

由于万向传动装置中润滑脂嘴较多，为了加注方便，装配正确的万向传动装置应保证所用润滑脂嘴处于同一条母线上，且十字轴上的润滑脂嘴指向传动轴。

2. 中间支承

传动轴分段时需加中间支承。通常中间支承安装在车架横梁上，应能补偿传动轴轴向和角度方向的安装误差，以及车辆行驶过程中由于发动机窜动或车架等变形所引起的位移。

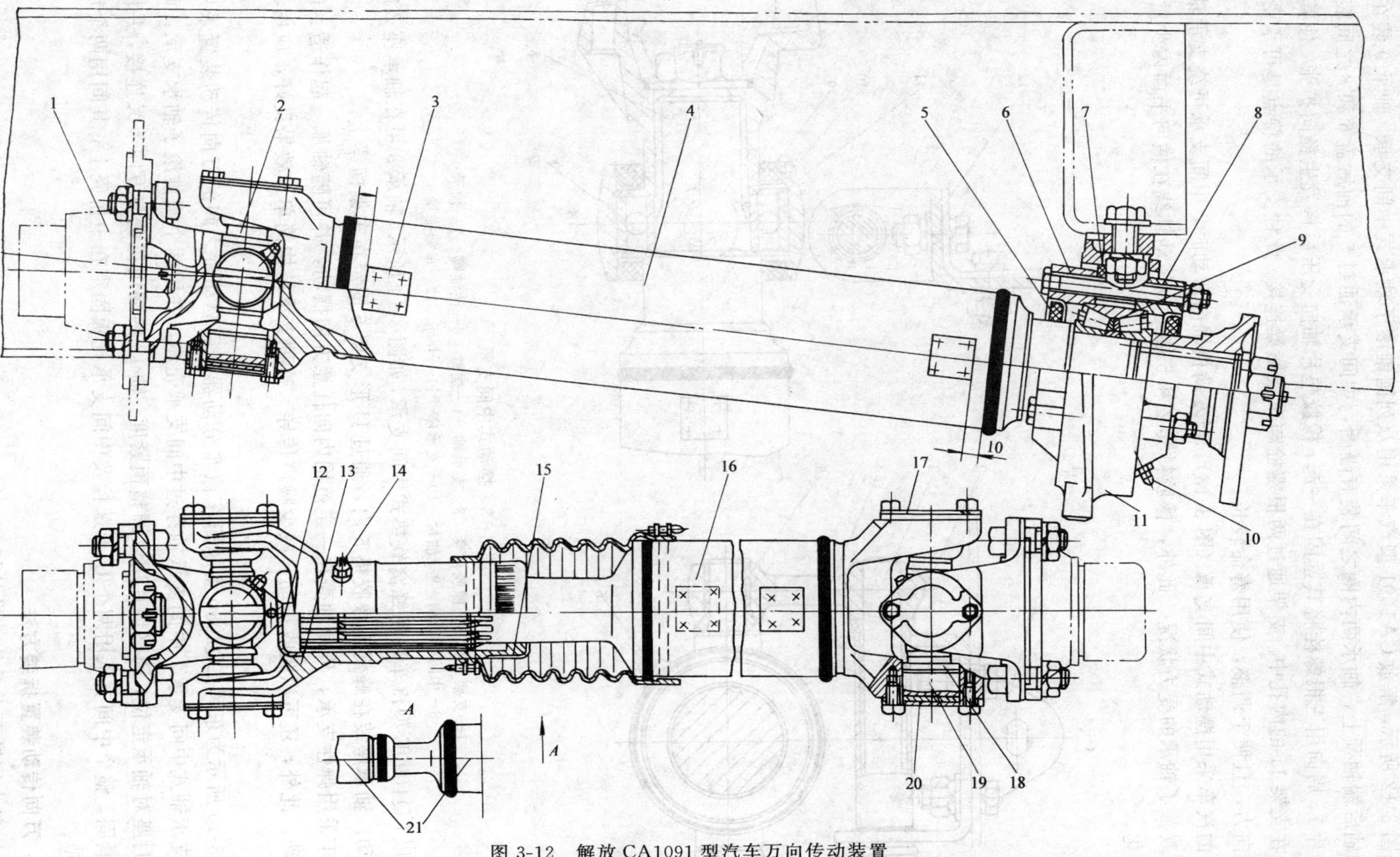

图 3-12 解放 CA1091 型汽车万向传动装置

1—凸缘叉 2—万向十字轴 3—平衡片 4—中间传动轴 5、15—中间支承油封 6—中间支承前盖 7—橡胶垫片 8—中间支承后盖 9—双列圆锥滚子轴承 10、14—润滑油脂嘴 11—支架 12—堵盖 13—滑动叉 16—主传动轴 17—锁片 18—滚针轴承油封 19—万向节滚针轴承 20—滚针轴承轴承盖 21—装配位置标记

如图 3-12 所示，解放 CA1091 型汽车采用双列圆锥滚子轴承式中间支承。轴承 9 装在中间传动轴后端轴颈上，轴承两内圈之间装有隔圈，中间支承油封 5 的前后盖 6 和 8 之间装有橡胶垫片 7，周向用三根螺栓将其紧固在一起，橡胶垫片轴向受压后将发生径向扩张，使其外圆挤紧在支架 11 的内孔中。支架通过两根螺栓与车架横梁连接。此种支承的特点是可承受较大的轴向力，且便于调整，使用寿命较长。

有的汽车采用摆动式中间支承（图 3-13）。当发动机轴向窜动时，中间支承可绕支承轴 3 摆动，改善了轴承的受力状况。此外，橡胶衬套 2 和 5 能适应传动轴线在横向平面内少量的位置变化。

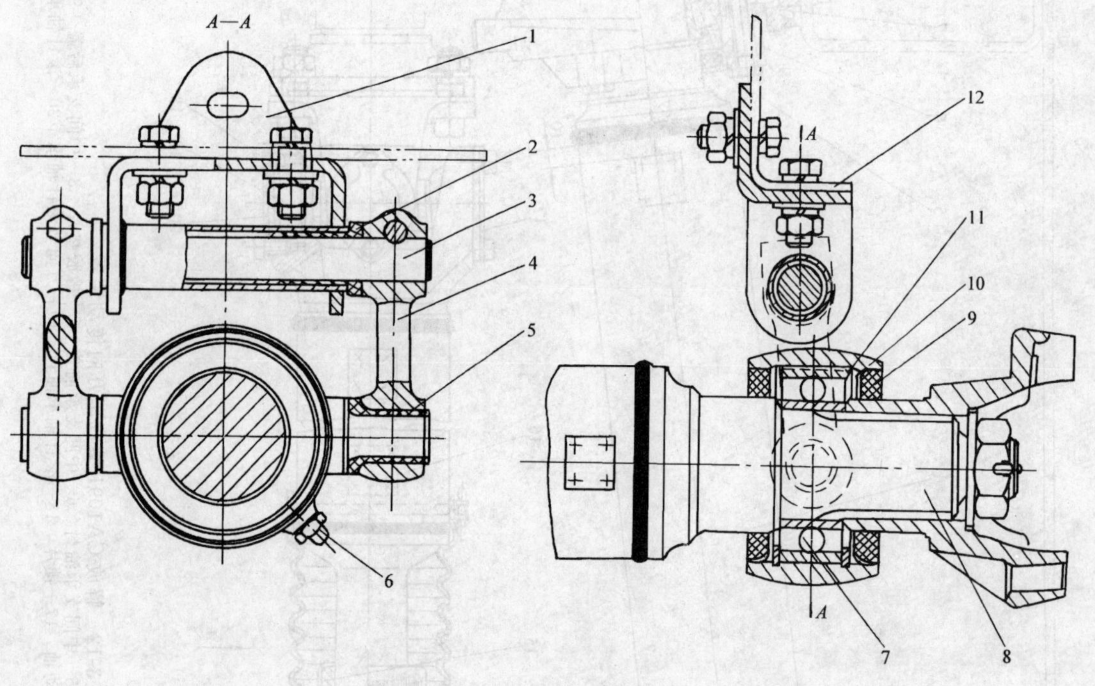

图 3-13　摆动式中间支承

1—支架　2、5—橡胶衬套　3—支承轴　4—摆臂　6—注油嘴　7—轴承　8—中间传动轴　9—油封　10—支承座　11—卡环　12—车架横梁

东风 EQ1090E 型汽车采用蜂窝软垫式中间支承，如图 3-14 所示。轴承 3 可在轴承座 2 内轴向滑动。轴承座装在蜂窝形橡胶垫 5 内，通过 U 形支架 6 固定在车架横梁上。

由于采用弹性支承，传动轴壳在一定范围内向任意方向摆动，并可随轴承一起作适当的轴向移动。此外，还可以吸收振动、减少噪声传导。这种支承结构简单，效果良好，应用较广泛。

图 3-15 所示为东风 EQ2080 型越野车汽车分动器到后驱动桥之间的万向传动装置采用的中间支承轴式中间支承。中间支承轴穿过中间支承壳体，并用两个圆锥滚子轴承支承，两端用油封座对轴承定位，调整垫片用以调整预紧度。轴 13 两端用花键与万向节叉连接，并用螺母 5 紧固。整个中间支承用两个 U 形螺栓及中间支承托板固定在中桥壳上，其间用两个定位销定位。

二、万向传动装置拆装方法

（一）单十字轴万向节传动轴的拆装

1. 传动轴总成从车上的拆装

拆卸时，第一步，先把汽车的前后轮制住，拆下传动轴后端与后桥主轴突缘连接的四个螺栓。拆卸前，应在各突缘叉和传动轴上做好标记。第二步，拆下后传动轴前端与中间传动轴后突缘的四个固定螺栓，边用锤子敲打向后推动滑动叉，拆下后传动轴。第三步，拆下中间传动轴与手制动鼓上突缘相联的螺栓　拆下中间支撑与车架中横梁相联的螺栓，连同中间支撑一起拆下中间传动轴。

装配时，装配的顺序与拆卸相反，但装配一定要注意以下几点：①一定要严格按拆卸前做的记号进行装配；②重新装配后的传动轴，其润滑油加注嘴应在一条线上；③安装好的传动轴第一主动叉、第二主动叉、第三被动叉应在一个平面内；④中间支撑与中间梁上的固定螺栓、中间支撑轴承盖的螺栓先不要拧紧，待整车装复后，短距离路试后再紧固。

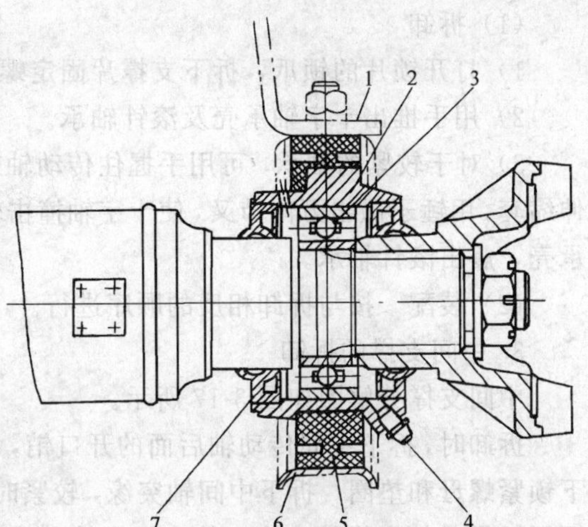

图 3-14　东风 EQ1090E 型汽车传动轴中间支承

1—车架横梁　2—轴承座　3—轴承　4—注油嘴　5—蜂窝形橡胶　6—U 形支架　7—油封

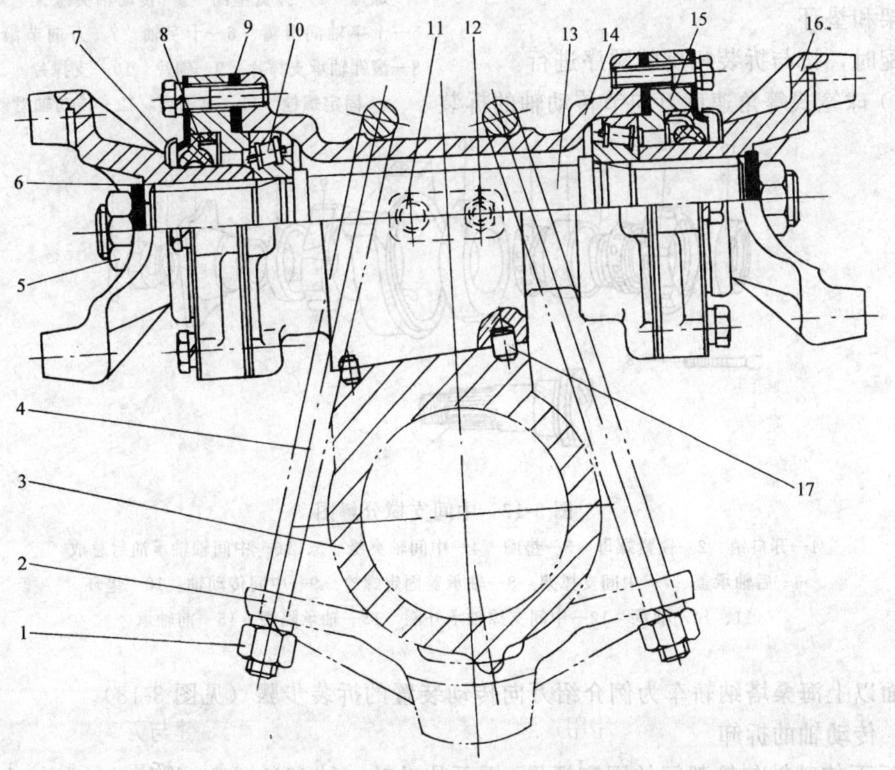

图 3-15　东风 EQ2080 型越野汽车传动轴中间支承

1—U 形螺栓紧固螺母　2—中间支承托板　3—中桥壳　4—U 形螺栓　5—万向节叉紧固螺母　6—垫片　7—防尘罩　8—油封　9—调整垫片　10—圆锥滚子轴承　11—通气塞　12—油封嘴　13—中间支承轴　14—中间支承壳体　15—油封座　16—万向节叉　17—定位销

2. 十字轴万向节的拆装

十字轴总成分解图如图 3-16 所示。

(1) 拆卸

1) 打开锁片的锁爪，拆下支撑片固定螺栓，取下锁片及支撑片。

2) 用手推出十字轴承壳及滚针轴承。

3) 对于较紧的轴承，可用手握住传动轴或伸缩套，用锤子敲击万向节叉，使十字轴撞击轴承壳，震出滚针轴承。

(2) 装配　按与拆卸相反的顺序进行。

3. 中间支撑的拆卸

中间支撑分解图如图 3-17 所示。

拆卸时，拆下中间传动轴后面的开口销，拿下锁紧螺母和垫圈　拆下中间轴突缘，较紧时，可用锤子敲打突缘的边缘　从中间支撑总成上拆下中间传动轴。拆下紧固轴承座的螺栓，依次取下前后轴承盖、中间轴轴承油封总成、轴承、中间支撑轴承外圈、中间支撑轴承隔套，拆开中间轴承架和垫环。

装配时，按与拆装相反的顺序进行。

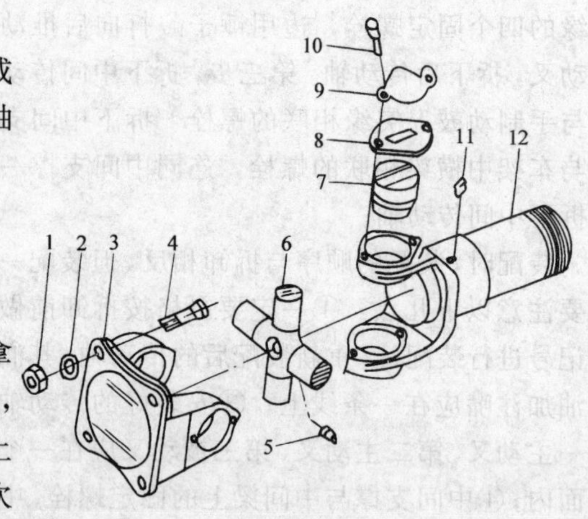

图 3-16　十字轴总成分解图

1—螺母　2—弹簧垫圈　3—传动轴突缘叉　4—螺栓　5—十字轴润滑嘴　6—十字轴　7—万向节滚针轴承　8—滚针轴承支撑片　9—锁片　10—支撑片固定螺栓　11—黄油嘴　12—传动轴滑动叉

(二) 球笼式等角速度万向节传动轴的拆装

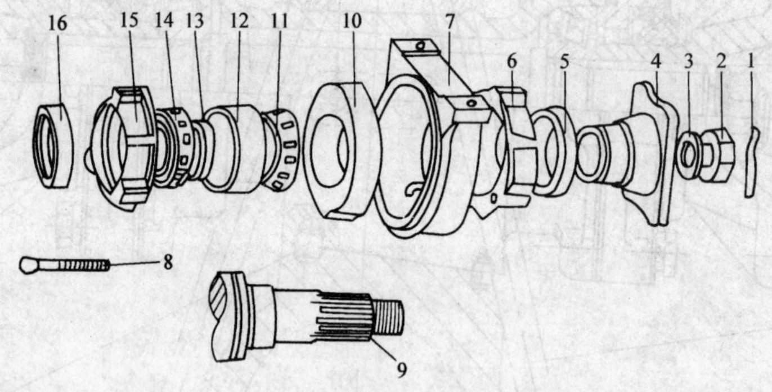

图 3-17　中间支撑分解图

1—开口销　2—锁紧螺母　3—垫圈　4—中间轴突缘　5、16—中间轴轴承油封总成　6—后轴承盖　7—中间支撑架　8—轴承盖固定螺栓　9—中间传动轴　10—垫环　11、14—轴承　12—中间支撑轴承外圈　13—轴承隔圈　15—前轴承

下面以上海桑塔纳轿车为例介绍万向传动装置的拆装步骤 (见图 3-18)。

(1) 传动轴的拆卸

1) 拆下传动轴与轮毂间的固定螺母。拆下传动轴与结合盘螺栓，将传动轴与结合盘分开，从车轮轴承壳内拆下传动轴。

2) 拆下传动轴时，要注意球形接头与前悬挂上臂连接的位置，并从前悬挂下臂上拆下球形接头。

3）从 1984 年 3 月起，在五缸发动机汽车轮毂内的传动轴涂有防护剂，粘接较牢。拆卸时，应使用压力装置，不允许采用加热轮毂的方法卸传动轴，否则会损坏轮毂轴承。

4 拆卸时，应先拆下车轮，再将压力装置安装在轮毂的凸缘上，如图 3-19 所示，将传动轴压出。压出过程中，应注意内等角速度万向节与变速器之间的空间。

（2）万向节的分解

1）用钢锯锯开原装卡箍。拆下软管卡箍或夹头，拆下防尘罩。

2）万向节内、外圈解体。先拆弹簧卡环，再用木锤敲打万向节外圈使之从传动轴上卸下，然后用专用工具压出万向节内圈，如图 3-20 所示。

3）等角速万向节解体。分解前，在钢球球笼和壳上标出球毂位置，然后从传动轴毂、球笼中，依次取出钢球。用力转动球笼使两个方孔与壳体对上，将球毂、球笼一起拆下。将球毂上扇形齿旋入球笼的方孔里，然后从球笼中取出球毂。

4）内等角速万向节解体。转动球笼和球毂，按垂直向前的方向压出球笼里的钢球，从球槽上面取出球笼里的球毂。因球毂与壳体是选配件，拆卸时注意将球毂与壳体成对放置，不允许互换。

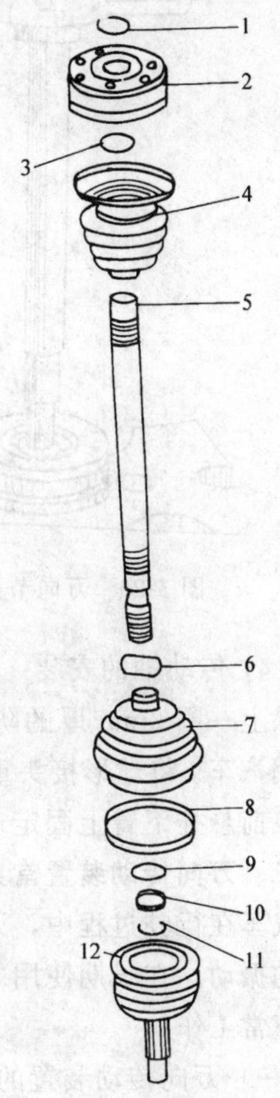

图 3-18　桑塔纳的传动轴结构
1—弹簧挡圈　2—内等角速万向节　3—碟形座圈　4—万向节保护套　5—传动轴　6—夹箍　7—防尘罩　8—软管卡箍　9—垫片　10—隔套圈　11—弹簧挡圈　12—外等角速外向节

（3）万向节的装配

1）外等角速万向节的装配。将润滑脂注入到万向节里，将球笼连同球壳一起装入球笼壳体。要对角交替地压入钢球，必须保持球壳在球笼及球笼壳原先位置。将弹簧挡圈装入球毂，并将剩余的润滑脂压入万向节。

2）内等角速万向节的装配。对准凹槽，将星形套嵌入球笼，再将钢球压入球笼。装配时，注意球形壳上的宽间隙应对准星形套上的窄间隙，如图 3-21 所示，且球形壳花键齿上的倒角必须对准球笼的大直径端。转动星形套，星形套就能转出球笼。安装时应保证球形壳体中的球槽有足够间隙。最后检查万向节功能，如果用手能将星形套在轴向范围内来回灵活推动，则表明球形壳装配正确。

3)碟形座圈的安装。将碟形座圈装在传动轴带齿端配合位置上，其安装位置如图 3-18 所示。

4）压入万向节内圈。先用专用工具压入万向节内圈，再将万向节压入轴座使其与卡环贴合。装配时，必须使球毂花键齿上的倒角面向传动轴靠肩。

5）安装防尘罩。万向节防尘罩受到挤压后内部将产生真空，所以安装防尘罩小口径后，要稍微充点气，使其压力平衡，不产生皱折。

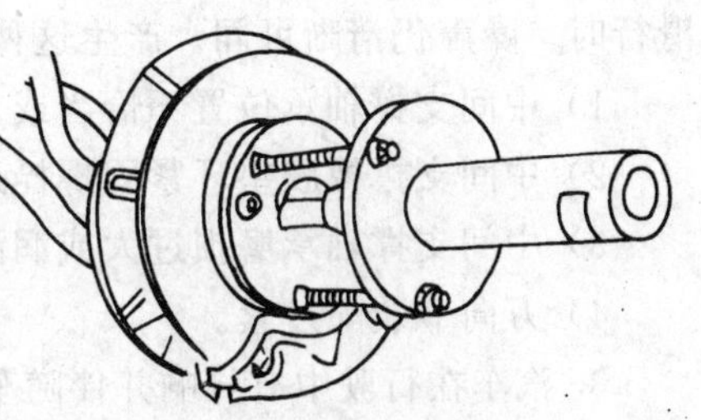
图 3-19　压出传动轴

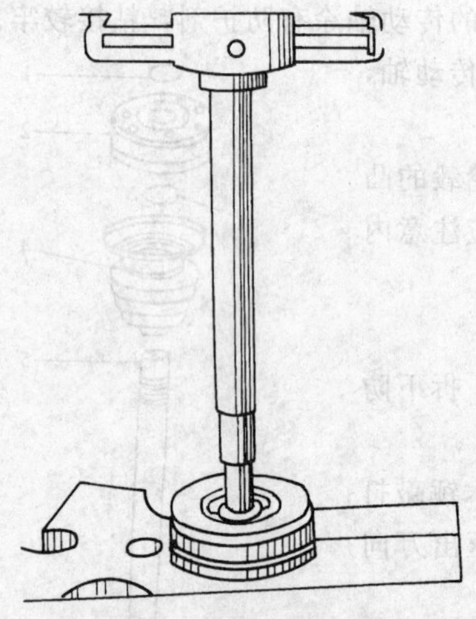
图 3-20 万向节内圈分解

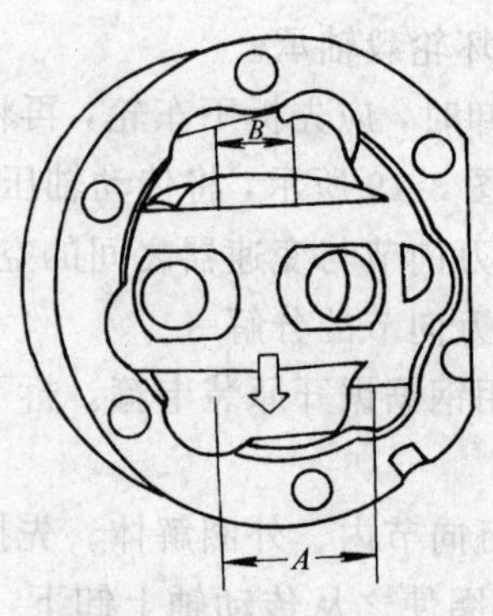

图 3-21 星形套与球形壳安装位置

(4) 传动轴的安装 装配前，应将传动轴与轮毂花键上的油污擦净，再将等速万向节的花键涂上一圈 5mm 厚的防护剂，然后装上传动轴花键套。注意涂上防护剂后应停车 1h 后方可使用汽车。将球形接头重新装配在原位置，拧紧螺母，拧紧力矩为 50N·m。检查前轮外倾角，在前悬挂下臂上固定球形接头。注意不要损坏波纹管护套。

三、万向传动装置常见故障诊断与排除

汽车在行驶过程中，万向传动装置要承受很大的扭矩和冲击载荷，并且因高速转动伴随不断的振动。在长期使用之后，各部零件会发生磨损、变形等损坏，结果将影响万向传动装置的正常工作。

(一) 万向传动装置的常见故障

1. 汽车起步或行驶中车速变换时的撞击声

汽车起步时，车身发抖并伴有撞击声，当改变车速时，响声更加明显。产生此种响声的主要原因有：

1) 万向节十字轴及滚针磨损松旷或滚针破碎。

2) 传动轴与滑动叉配合花键磨损过甚。

3) 各连接部分的紧固螺栓松动或中间支撑松动等。

2. 汽车行驶中有异响

汽车在起步时没有异响，但在行驶中发生严重噪声，而且车速越快，噪声越大。当脱档滑行时，噪声仍清晰可闻。产生这种故障的主要原因有：

1) 中间支撑轴承位置不恰当或支架偏斜。

2) 中间支撑橡胶垫环紧固螺栓过紧或过松，橡胶垫环损坏。

3) 中间支撑轴承磨损过大或润滑不良。

4) 万向节装配过紧。

3. 汽车在行驶中有异响并伴随车身振抖

汽车行驶过程中发生异响，并随着车速的提高响声也增大，严重时使车身振抖。产生此现象的原因主要有：

1）传动轴弯曲变形。

2）传动轴装配时未按标记装配，或平衡片脱落，或轴管凹陷，破坏了动平衡。

3）万向节轴承磨损过大或已损坏。

4）传动轴花键齿面与键槽配合松旷，或传动轴各连接部分的固定螺栓松动，或中间支撑的固定螺栓松动。

5）中间支撑轴承损坏

万向传动装置如发生故障，就会影响到其他传动部分，使其他传动机件加速磨损或损坏。因此，必须经常对万向传动装置进行检查，发现损坏必须及时修理。

（二）万向传动装置的检修

1. 万向节的检修

在进行分解万向节作业时，可用专用工具拆下滚针轴承。在没有专用工具时，可用手握住传动轴，用锤子敲击万向节叉边缘，使十字轴撞击其轴承壳，将其轴承壳震出来。敲击时应注意，万向节叉安装轴承壳的孔的边缘处不能用锤子击打，以免产生变形，使轴承壳不能脱出；也不可用锤子硬击轴承壳底部，以免打坏。

万向节分解完成后，需要用煤油或柴油清洗各零件，以便暴露出零件的损伤、磨损情况，而且应按以下要求检查和修复。

1）检查滚针轴承，如果滚针断裂、油封失效，应更换新件。

2）检查十字轴轴颈磨损、压痕剥落等情况。十字轴轴颈轻微磨损、轻微压痕或剥落，仍可继续使用，如果轴颈磨损过甚、严重压痕（深度超过 0.1mm）或严重剥落时，应予以更换。

3）检查万向节叉不得有裂纹或其他严重损伤，否则更换新件。

4）万向节装配完毕后，可用手扳动十字轴进行检验，以转动自如没有松旷感觉为合适。若装配过紧或过松，应查明原因，必要时应拆检及重新装配。

2. 传动轴及中间支撑的检修

在解体传动轴时，首先要注意总成上装配标记是否清晰、齐全。如果标记不清晰或不齐全，应在拆检前作出标记，以便装配时按原位装复，确保总成的平衡精度，否则会因不平衡而产生振动、噪声和附加载荷。

检验传动轴花键轴键齿与滑动叉花键槽配合情况时，可用手握住传动轴，来回转动滑动叉，以没有过大的松旷感觉为宜。或把滑动叉夹持在台钳上，将花键轴按装配标记插入滑动叉中，并使部分花键露在外面，转动花键轴，用百分表测出某花键侧面的读数变化值，此值即滑动副的配合间隙。一般该间隙不得大于 0.5mm，磨损过甚或花键有扭曲、弯曲变形时应予以更换。

传动轴弯曲变形的检查，可在车床上或放在平板上面的两块 U 形铁上，用百分表测量轴管外圆的径向圆跳动量。传动轴中间最大弯曲度一般不得超过 1mm。超过时允许在压床上进行冷态校正。校正达不到技术要求时，应更换新件。

经校正修复或更换主要零件（如花键轴、滑动叉、万向节叉）的传动轴，应进行平衡试验，试验时应带两端的万向节。中型载货汽车，其传动轴的动不平衡一般应不大于 100g·cm。超过时，可采用在轴管两端加焊平衡片的方法来校正不平衡量。但每端不得多于两片。

经过动平衡达到技术要求后，应在万向节叉与传动轴、滑动叉与传动轴花键轴上分别打上装配标记，以便以后拆装时按记号装配，避免破坏其平衡精度。

中间支撑拆散后，应清洗轴承等零件。中间支撑轴承如有麻点、凹痕、退火变色、磨损过甚等损坏情况，都应更换新件。轴承磨损情况的检查，可将轴承外圈夹在台钳上，轴向推动内圈用百分表测量其轴向间隙。

中间支撑油封如有损坏或失效、橡胶垫环开裂，均应更换新件。

以上所述是十字轴式万向传动装置的一般检修方法。

3. 上海桑塔纳轿车万向传动装置的检修

检修作业，主要是检查内、外等角速万向节中各组件的磨损情况和装置游隙。一般外等角速万向节酌情单件更换。内等角速万向节，如某组件磨损严重，则应整体更换。

外等角速万向节的 6 颗钢球要求有一定的配合公差，并与星形套一起组成一组配合件。检查轴、球笼、星形套与钢球有无凹陷与磨损，若万向节游隙过大，需更换万向节。

内等角速万向节的检修要检查球笼壳、球毂、球笼及钢球有无凹陷与磨损，如磨损严重则应更换。内等角速万向节只能整体调换，不可单个更换。

检查传动轴如有弯曲、凹陷等损坏，应更换。

防尘罩及卡箍、弹簧挡圈等损坏时，应予以更换。

第二节　驱　动　桥

一、驱动桥基本组成及构造

驱动桥由主减速器、差速器、半轴和驱动桥壳等组成，是传动系的最后一个总成。它的功用是将万向传动装置传来的发动机转矩传给驱动轮，并经降速增大转矩、改变动力传递方向，使汽车行驶，而且允许左右驱动轮以不同的转速旋转。

一般汽车的驱动桥如图 3-22 所示。它由主减速器、差速器、半轴、桥壳和轮毂等组成。转矩首先传到主减速器，在这里增大转矩并相应降低转速后，经差速器分配给左右两半轴，最后通过半轴外端的凸缘盘传至驱动车轮的轮毂。驱动桥壳由主减速器壳和半轴套管组成。轮毂借助轴承支承在半轴套管上。

按悬架结构不同，驱动桥可分为非断开式驱动桥和断开式驱动桥。非断开式驱动桥又称为整体式驱动桥。整个驱动桥通过弹性悬架与车架连接，由于半轴套管与主减速器壳是刚性连成一体的，因而两侧的半轴和驱动轮不可能在横向平面内作相对运动。有些轿车和越野车为了提高行驶平顺性和通过性，车的全部或部分驱动轮采用独立悬架，将两侧的驱动轮分别用弹性悬架与车架相联系，两轮可彼此独立地相对

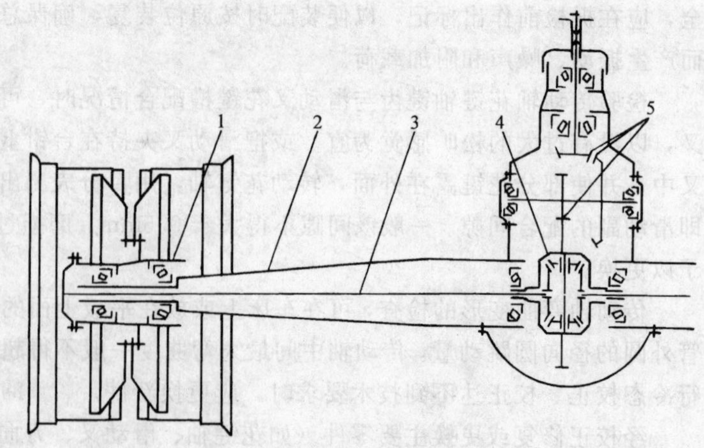

图 3-22　解放 CA1091 型汽车整体式驱动桥示意图

1—轮毂　2—桥壳　3—半轴　4—差速器　5—主减速器

于车架上下跳动。与此相应，主减速器壳固定在车架上，驱动桥壳应制成分段并通过铰链连接，这种驱动桥称为断开式驱动桥，如图 3-23 所示，主减速器与驱动轮之间通过摆臂铰链连接，半轴分段并用万向节连接。

（一）主减速器

主减速器的功用是将输入的转矩增大并相应降低转速，以及当发动机纵置时还具有可变转矩旋转方向的作用。

根据不同的使用要求，主减速器的结构形式也有所不同。

按参加减速传动的齿轮副数目分，有单级式主减速器和双级式主减速器。在双级式主减速器中，若第二级减速器齿轮有两副，并分置于两侧车轮附近，实际上成为独立部件，则称为轮边减速器。

按主减速器传动比档数可分为单速式和双速式主减速器。单速式的转动比是固定的，而双速式则有两个传动比供驾驶员选择。

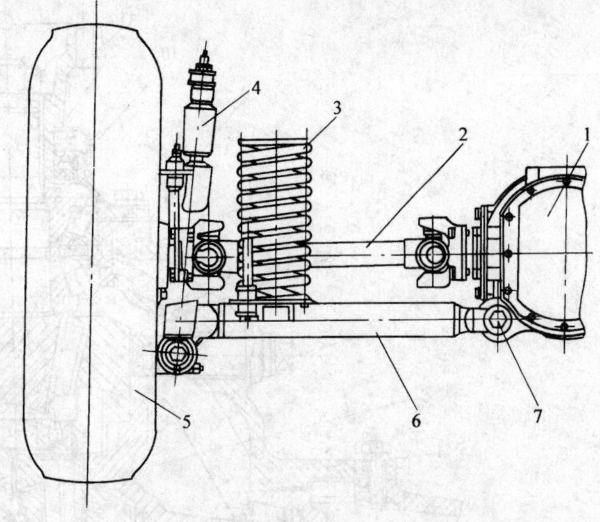

图 3-23 断开式驱动桥的构造

1—主减速器 2—半轴 3—弹性组件 4—减振器 5—驱动轮 6—摆臂 7—摆臂轴

按齿轮副结构形式，可分为圆柱齿轮式（又分为轴线固定式和轴线旋转式即行星齿轮式）、圆锥齿轮式和准双曲面齿轮式。

1. 单级主减速器

单级主减速器结构简单，既可满足轿车和一般轻、中型货车的动力性要求，又具有体积小、重量轻和传动效率高等优点。

如图 3-24 所示为东风 EQ1090E 型汽车单级主减速器。它的减速传动机构是一对准双曲面齿轮 18 和 7。主动齿轮有 6 个齿，从动齿轮有 38 个齿，故主传动比 $i_o=38:6=6.33$。

若要使主、从动齿轮啮合传动时冲击噪声小，必须使主动和从动齿轮间有正确的相对位置，而且轮齿沿其长度方向磨损比较均匀。故此，在结构上一方面要使主动和从动锥齿轮有足够的支承刚度，使其在传动过程中不至于发生较大变形而影响正常啮合，另一方面应有必要的啮合调整装置。

为了保证主动锥齿轮有足够的支承刚度，主动锥齿轮与轴制成一体，前端支承在互相贴近而小端相向的两个圆锥滚子轴承 13 和 17 上，后端支承在圆柱滚子轴承 19 上，形成跨置式支承。在从动锥齿轮的后面，装有支承螺柱，以限制从动锥齿轮过度变形而影响齿轮的正常工作。装配时，支承螺柱与从动锥齿轮端面之间隙为 0.3～0.5mm。从动锥齿轮连接在差速器壳上，而差速器壳则用两个圆锥滚子轴承支承在主减速器壳的座孔中。

为了减小在锥齿轮传动过程中产生轴向力引起齿轮轴的轴向位移，以提高轴的支承刚度，保证锥齿轮副的正常啮合，装配主减速器时，圆锥滚子轴承应有一定的装配预紧度，即在消除轴承间隙的基础上，再给予一定的压力。但也不能过紧，否则传动效率低，且易加速轴承磨损。

在两轴承内座圈之间的隔离套的一端装有一组厚度不同的调整垫片，其目的是为了调整圆锥滚子轴承的预紧度。若发现过紧，则增加垫片的总厚度；反之，减少垫片的总厚度。这里应该特别指出的是：圆锥滚子轴承预紧度的调整必须在齿轮啮合调整之前进行。

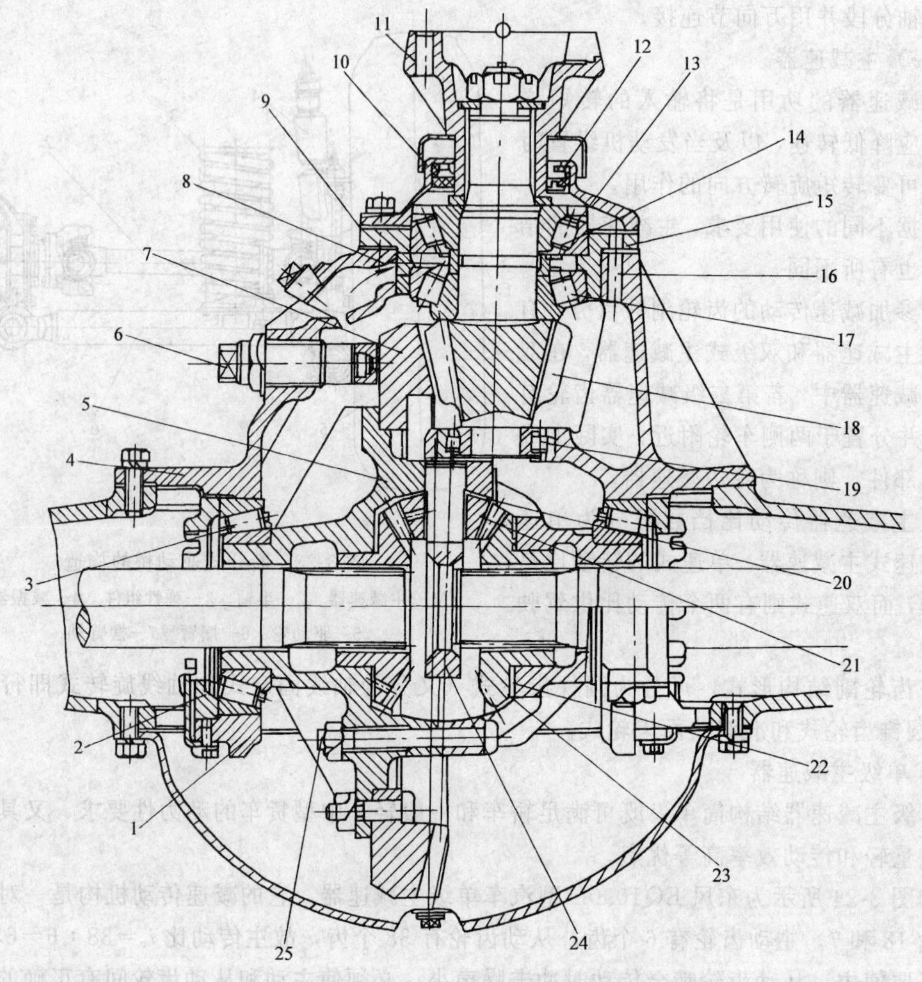

图 3-24 东风 EQ1090E 型汽车单级主减速器及差速器

1—差速器轴承盖 2—轴承调整螺母 3、13、17—圆锥滚子轴承 4—主减速器壳 5—差速器壳 6—支承螺栓 7—从动锥齿轮 8—进油道 9、14—调整垫片 10—防尘罩 11—叉形凸缘 12—油封 15—轴承座 16—回油道 18—主动锥齿轮 19—圆柱滚子轴承 20—行星齿轮垫片 21—行星齿轮 22—半轴齿轮推力垫片 23—半轴齿轮 24—行星齿轮（十字轴） 25—螺栓

啮合间隙的调整方法是拧动调整螺母 2 以改变从动锥齿轮的位置。轮齿啮合间隙应在 0.15～0.40mm 范围内。若间隙大于规定值，应使从动锥齿轮靠近主动锥齿轮；反之则离开。为保持已调好的差速器圆锥滚子轴承预紧度不变，一端调整螺母拧入的圈数应等于另一端调整螺母拧出的圈数。

准双曲面齿轮与螺旋锥齿轮相比，前者不仅齿轮的工作稳定性好，轮齿的弯曲强度和接触强度更高，还具有主动齿轮的轴线可相对从动齿轮轴线偏移的特点，所以，近年来准双曲面齿轮在广泛用于轿车的基础上，越来越多地在中、重型货车上得到采用。但准双曲面齿轮的缺点是在工作时齿面间有较大的相时滑动，且齿面压力很大，齿面油膜易被破坏。为减少摩擦，提高效率，必须采用含防刮伤添加剂的双曲面齿轮油，绝不允许用普通齿轮油代替，否则将会使齿面迅速擦伤和磨损，大大降低使用寿命。

为了保证主动齿轮轴前端的圆锥滚子轴承得到可靠润滑，在主减速器壳体中铸出了进油道和回油道。齿轮转动时，飞溅起的润滑油从进油道通过轴承座的孔进入两圆锥轴承小端之间，在离心力作用下，润滑油自轴承小端流向大端。流出圆锥滚子轴承大端的润滑油经回油道流回主减速器内。主减速器壳中所储齿轮油，靠从动锥齿轮转动时甩溅到各齿轮轴和轴承上进行润滑。在主减速器壳体上装有通气塞，防止壳内气压过高而使润滑油渗漏。

图 3-25 所示为上海桑塔纳轿车主减速器及差速器的布置位置。它是采用发动机前置、前驱动的布置形式。主减速器的主动锥齿轮与变速器输出轴制成一体，从动锥齿轮通过螺栓固定在差速器壳凸缘上，差速器壳通过两端的圆锥滚子轴承支承于变速器的前壳体中。

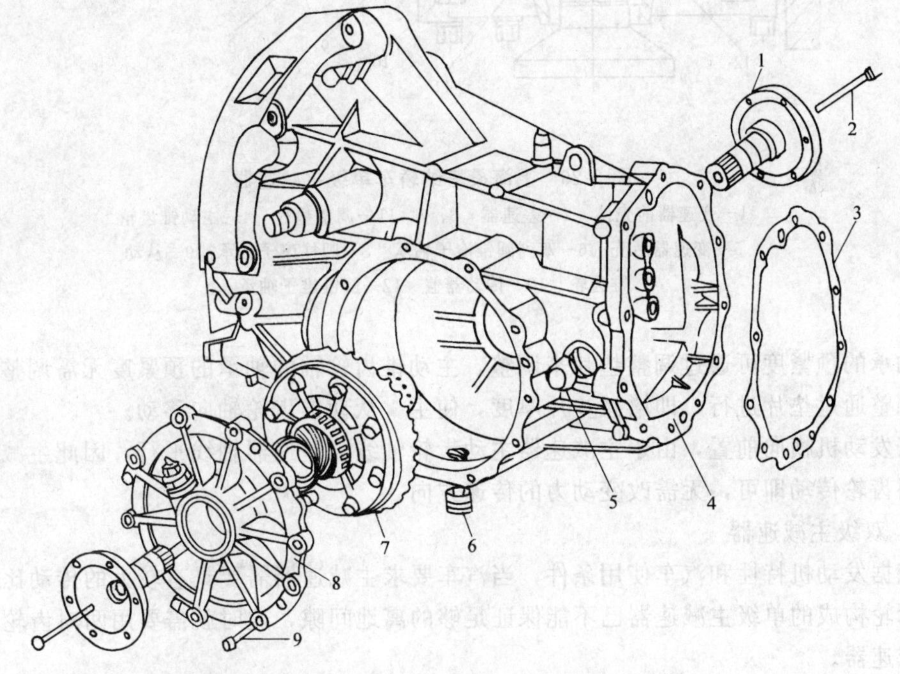

图 3-25　上海桑塔纳轿车主减速器及差速器的结构分解图

1—半轴　2—半轴固定螺栓　3—密封垫　4—变速器前壳体　5—加油螺塞　6—放油螺塞　7—主减速器从动圆锥齿轮及差速器总成　8—轴承盖　9—螺栓

上海桑塔纳轿车采用的是准双曲面锥齿轮单级主减速器，工作过程中，变速器前端的主动锥齿轮将动力直接传给安装在变速器前壳体中的主减速器。

图 3-26 所示为上海桑塔纳轿车单级主减速器。因为发动机纵向前置前轮驱动。整个传动系都集中布置在汽车前部，因此其主减速器装于变速器壳体内，没有专门的主减速壳体。由于省去了变速器到主减速器之间的万向传动装置，所以变速器输出轴即为主减速器主动轴。

主减速器由一对双曲面锥齿轮组成。主动锥齿轮与变速器输出轴制为一体，用双列圆锥滚子轴承和圆柱滚子轴承支承在变速器壳体内。环状的从动锥齿轮靠凸缘定位，并用螺钉与差速器连接。差速器壳由一对圆锥滚子轴承支承在变速器壳体上。

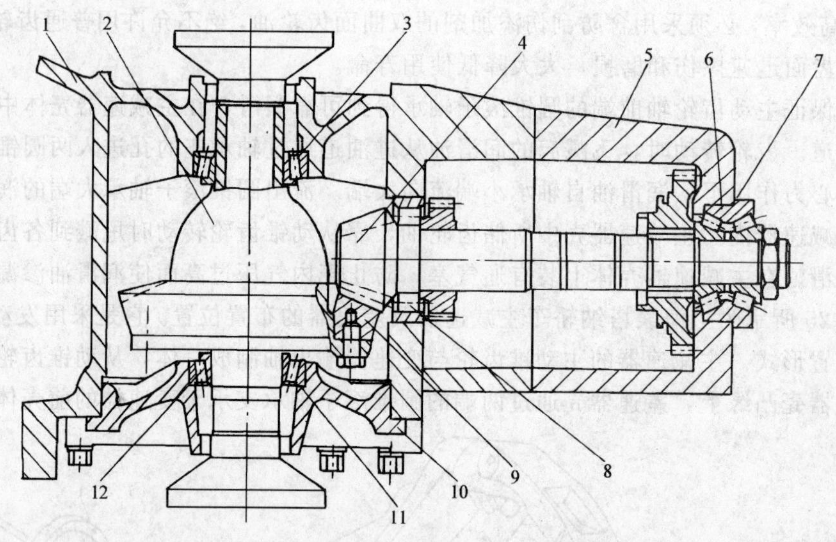

图 3-26 上海桑塔纳轿车单级主减速器

1—变速器前壳体 2—差速器 3、7、11—调整垫片 4—主动锥齿轮 5—变速器后壳 6—双列圆锥滚子轴承 8—圆柱滚子轴承 9—从动锥齿轮 10—传动器盖 12—圆锥锥子轴承

轴承的预紧度可通过调整垫片来调整。主动锥齿轮轴的轴承的预紧度无需调整。齿轮啮合的调整通过垫片进行，即增减垫片厚度，使主、从动锥齿轮轴向移动。

若发动机横向前置，由于主减速器主动齿轮轴线与差速器轴线平行，因此主减速器采用一对斜齿轮传动即可，无需改变动力的传递方向。

2. 双级主减速器

依据发动机特性和汽车使用条件，当汽车要求主减速器需要具有较大的传动比时，由一对锥齿轮构成的单级主减速器已不能保证足够的离地间隙，这时就需要用两对齿轮降速的双级主减速器。

图 3-27 所示为解放 CA1091 型汽车双级主减速器及差速器剖面图。解放 CA1091 型汽车驱动桥即为双级主减速器。它的第一级传动比由一对螺旋锥齿轮副所决定，第二级传动比由一对斜齿圆柱齿轮副所决定。目前，该车主减速器主传动比有三种：其一主动圆锥齿轮和从动圆锥齿轮的齿数分别为 13 和 25，第二级主、从动斜齿圆柱齿轮齿数分别为 15 和 45，主传动比为 $i_o=\frac{25}{15}\times\frac{45}{15}=5.77$；其二主动传动比为 $i_o=\frac{25}{12}\times\frac{45}{15}=6.25$；其三主传动比为 $i_o=\frac{25}{11}\times\frac{47}{14}=7.63$。

主动锥齿轮 11 与轴 9 制成一体，采用悬臂式支承。即主动锥齿轮轴支承在位于齿轮同一侧的两个相距较远的圆锥滚子轴承上，而主动锥齿轮悬伸在轴承之外。这种支承形式的结构比较简单，但支承刚度不如跨置式的。一般双级主减速器中，主动齿轮轴多用悬臂式支承的原因有两点：一是第一级齿轮传动比较小，相应的从动锥齿轮直径较小，因而在主动齿轮外端要再加一个支承，布置上很困难；二是传动比小，主动锥齿轮及轴颈尺寸有可能做得较大，同时尽可能将两轴承的距离加大同样可得到足够的支承刚度。

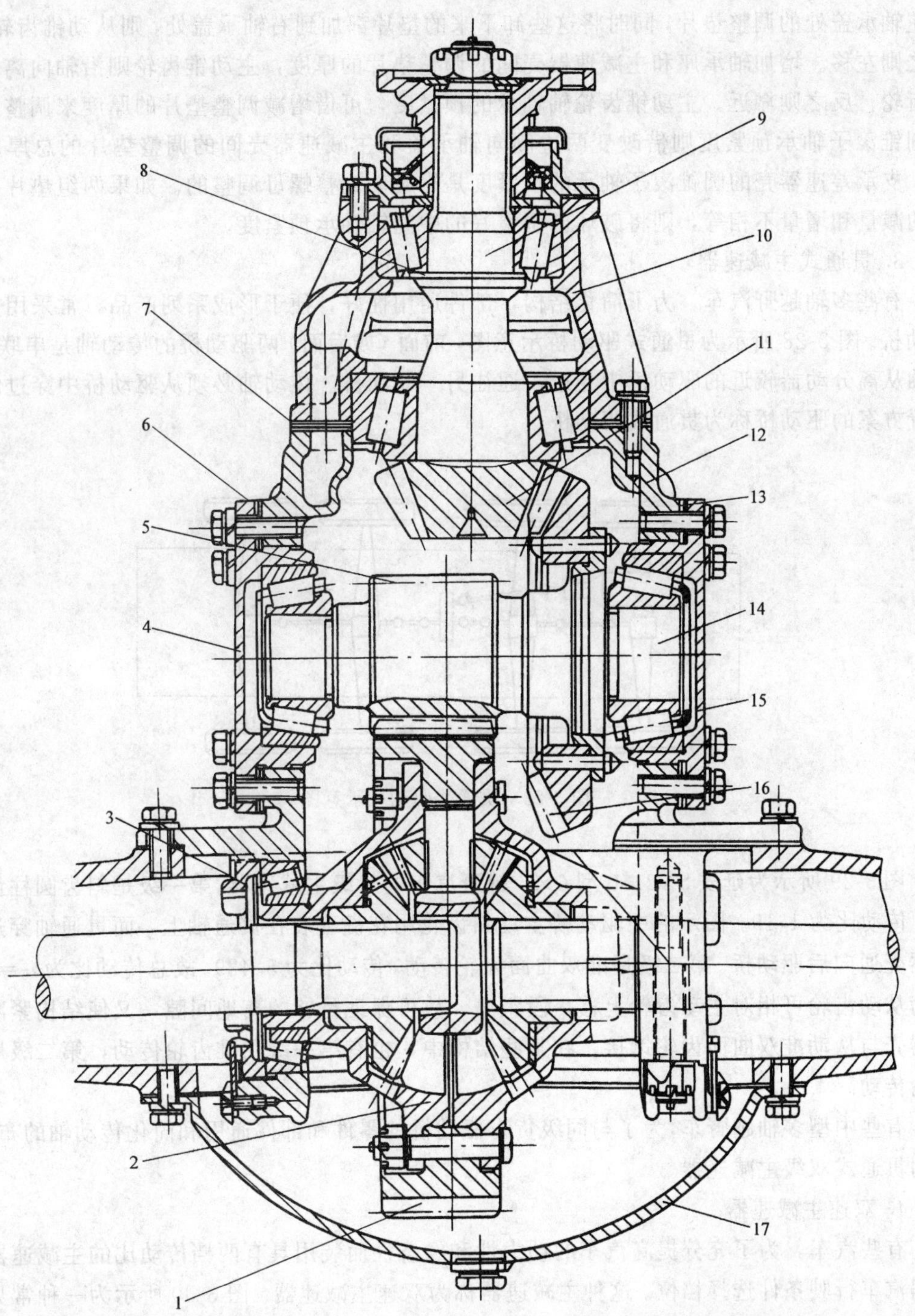

图 3-27 解放 CA1091 型汽车双级主减速器及差速器剖面图

1—第二级从动齿轮 2—差速器 3—调整螺母 4、15—轴承盖 5—第二级主动齿轮 6、7、8、13—调整垫片 9—第一级主动齿轮轴 10—轴承座 11—第一级主动齿轮 12—主减速器 14—中间轴 16—第一级从动齿轮 17—后盖

为便于进行锥齿轮副的啮合调整，主动和从动锥齿轮的轴向位置都可以略加移动。若减少左轴承盖处的调整垫片，同时将这些卸下来的垫片都加到右轴承盖处，则从动锥齿轮右移；反之则左移。增加轴承座和主减速器壳间的调整垫片的厚度，主动锥齿轮则沿轴向离开从动锥齿轮；反之则靠近。主动锥齿轮轴轴承的预紧度，可借增减调整垫片的厚度来调整。中间轴圆锥滚子轴承预紧度则借改变两边侧向轴承盖和主减速器壳间的调整垫片的总厚度来调整。支承差速器壳的圆锥滚子轴承的预紧度是靠旋动调整螺母调整的。如果两组垫片的总厚度的减量和增量不相等，则将破坏已调整好的中间轴轴承预紧度。

3. 贯通式主减速器

有些多轴越野汽车，为了简化结构，部件通用性好，便于形成系列产品，常采用贯通式驱动桥。图 3-28 所示为贯通式驱动桥示意图，前面（或后面）两驱动桥的传动轴是串联的，传动轴从离分动器较近的驱动桥中穿过，通往另一驱动桥。传动轴必须从驱动桥中穿过的这种布置方案的驱动桥称为贯通式驱动桥。

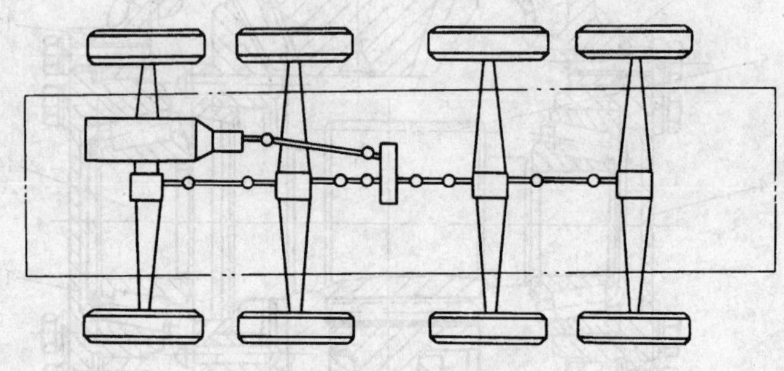

图 3-28　贯通式驱动桥示意图

图 3-29 所示为延安 SX2150 型 6×6 越野汽车的双级主减速器。第一级是斜齿圆柱齿轮传动，传动比为 1.19。图示的中驱动桥主动斜齿轮用花键套装在贯通轴上，而贯通轴穿过主减速器壳通向后驱动桥。第二级是准双曲面齿轮转动，传动比为 5.429。故总传动比为 $i_0=6.46$。因为从动齿轮可相对主动齿轮上移一段距离，故可保证足够的离地间隙，又使结构紧凑。差速器壳与从动准双曲面齿轮铆接。在某些结构中，也有第一级用锥齿轮传动，第二级用圆柱齿轮传动。

有些中型多轴越野车，为了与同级货车驱动桥的零件和部件通用和简化传动轴的布置，也采用贯通式双级主减速器。

4. 双速主减速器

有些汽车，为了充分提高汽车的动力性和经济性而装用具有两档传动比的主减速器，可依据汽车行驶条件选择档位。这种主减速器称为双速主减速器。图 3-30 所示为一种常见的双速主减速器结构形式，其结构如图 3-31 所示。这种双速主减速器是行星齿轮式的。它由一对圆锥齿轮和一个行星齿轮机构组成。行星架与差速器的壳体刚性连接。齿圈和从动锥齿轮连成一体。动力由锥齿轮副经行星齿轮机构传给差速器，最后由半轴输给驱动轮。在左半轴上滑套着一个接合套。接合套上有短齿接合齿圈 A 和长齿接合齿圈 D（即太阳轮）。

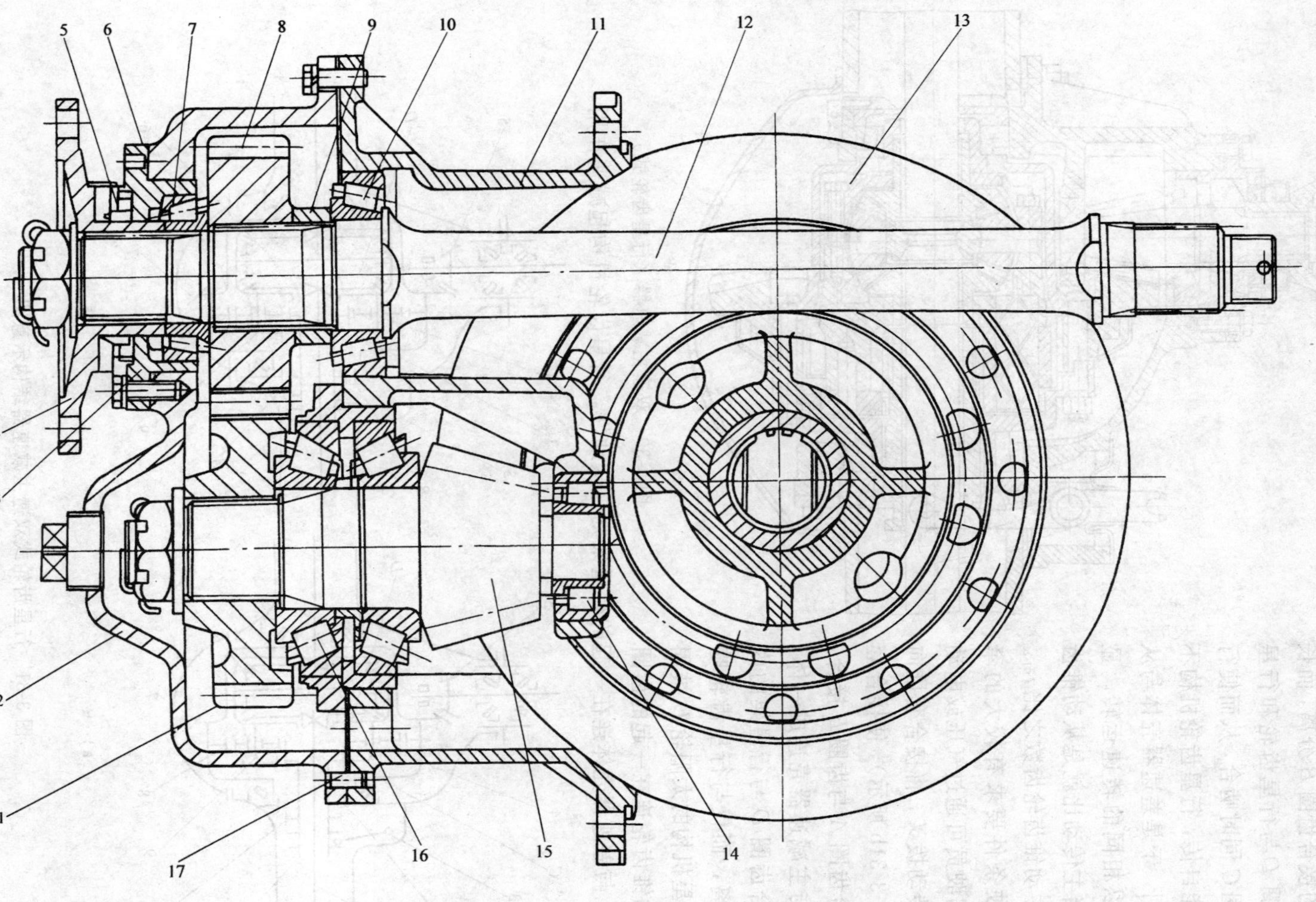

图 3-29　延安 SX2150 型 6×6 越野汽车的双级主减速器

1—从动圆柱齿轮　2—主减速器盖　3—轴承　4—传动凸缘　5—油封　6—调整垫片　7、10、16—圆锥滚子轴承　8—主动圆柱齿轮　9—隔套　11—主减速器壳　12—贯通轴　13—从动准双曲面齿轮　14—圆柱滚子轴承　15—主动准双曲面齿轮　17—定位销

一般行驶条件下，用高档传动。此时拨叉将接合套保持在左方位置（见图 3-31a）。接合套短齿接合齿圈 A 与固定在主减速器壳上的接合齿圈 B 分离，而长齿接合齿圈 D 与行星齿轮和行星架的内齿圈 C 同时啮合，从而使行星齿轮不能自传，行星齿轮机构不起减速作用，于是差速器壳体与从动锥齿轮以相同的转速运转。显然，高速档主传动比就是从动锥齿轮齿数与主动锥齿轮齿数之比 i_{01}。

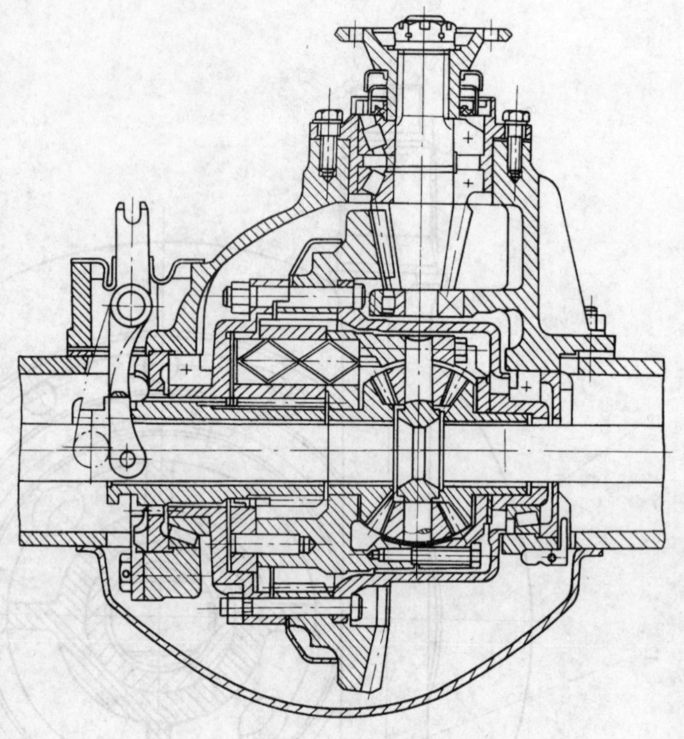

图 3-30 双速主减速器（行星齿轮式）

当行驶条件要求有较大的牵引力时，驾驶员可通过气压或电动操纵系统转动拨叉，将接合套推向右方（如图 3-31b 所示），使接合套的短齿接合齿圈 A 与齿圈 B 接合，接合套即与主减速器壳连成一体，其长齿接合齿圈 D 与行星架的内齿圈 C 分离，而仅与行星齿轮啮合，于是行星机构的太阳轮 D 被固定。与从动锥齿轮连在一起的齿圈是主动件，与差速器壳体连在一起的行星架则是从动件，行星齿轮机构起减速作用。

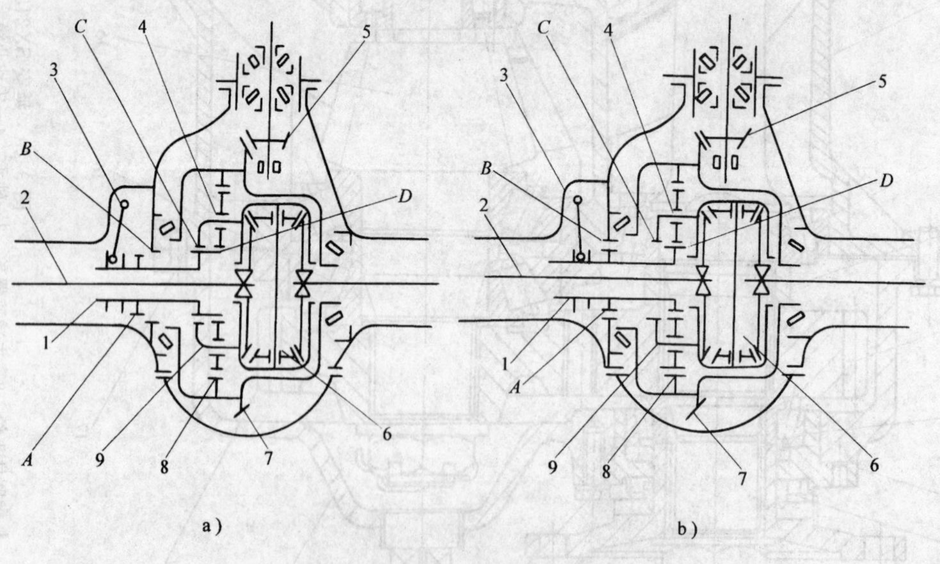

图 3-31 行星齿轮式双速主减速器结构示意图

a）高速档单级传动 b）低速档双级传动

1—接合套 2—半轴 3—拨叉 4—行星齿轮 5—主动锥齿轮 6—差速器 7—从动锥齿轮 8—齿圈 9—行星架

行星齿轮机构的传动比为

$$i_{02}=1+\frac{\text{太阳轮 }D\text{ 的齿数 }z_1}{\text{齿圈 8 的齿数 }z_2}$$

整个主减速器的主传动比为圆锥齿轮副的传动比与行星齿轮机构传动比的乘积，即

$$i_0=i_{01}\times i_{02}$$

5. 轮边减速器

有些重型汽车、越野车或大型客车上，如果要求有较大的离地间隙和较大的主传动比时，经常将双级主减速器中的第二级减速齿轮机构制成同样两套，分别装在两侧驱动轮的近旁，而第一级即为主减速器，称为轮边减速器。

轮边减速器又有定轴轮系和行星轮系两种结构形式。

图 3-32 所示为上海 SH3540A 型汽车轮边减速器。装载 32t 的上海 SH3540A 型自卸车，驱动桥减速机构分为两级。第一级是一对螺旋锥齿轮，装在驱动桥中部主减速器壳中，传动比 $i_{01}=\frac{41}{11}=3.73$。被增大了的转矩由从动锥齿轮经差速器、半轴输入两侧的第二级减速机构——行星齿轮式轮边减速器，它由齿圈、行星齿轮、行星架和太阳轮等组成。齿圈与齿圈座用螺钉连接，而齿圈座用花键与半轴套管连接，并以锁紧螺母固定其轴向位置，因而不能转动。轮边减速器太阳轮以花键与半轴连接，随半轴转动。在太阳轮和齿圈之间装有三个行星齿轮。行星齿轮是通过圆锥滚子轴承和轴支承在行星架上。行星架用螺栓与轮毂相连。

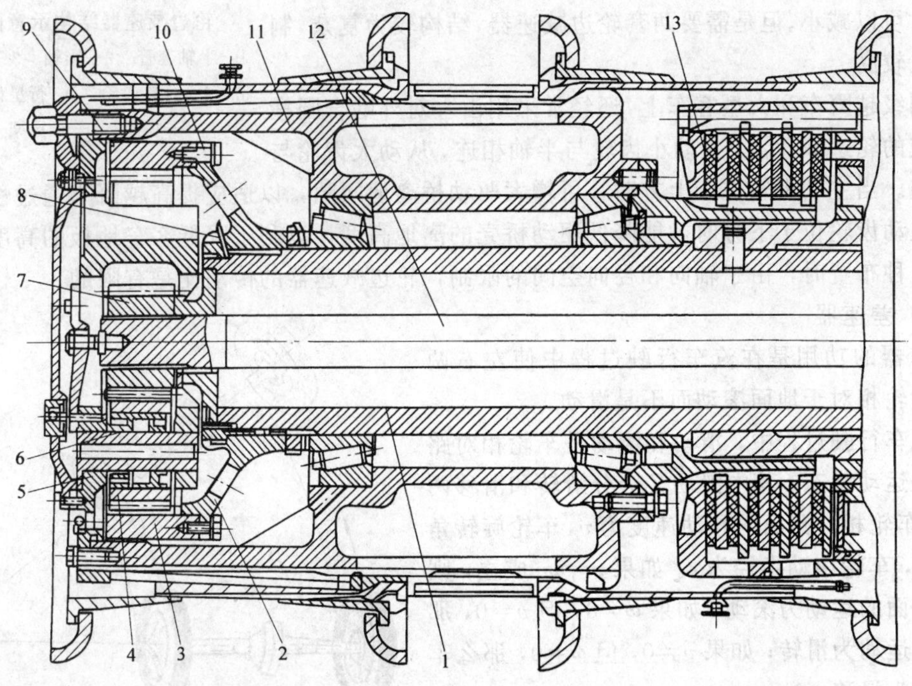

图 3-32 上海 SH3540A 型汽车轮边减速器

1—半轴套管 2—齿圈座 3—齿圈 4—行星齿轮 5—行星架 6—行星齿轮轴 7—太阳轮 8—锁紧螺母 9、10—螺钉 11—轮毂 12—半轴 13—多片盘式制动器

差速器输出的动力即从半轴经太阳轮、行星齿轮、行星架等传给轮毂而使驱动轮旋转。其中太阳轮是主动件，行星架是从动件，齿圈固定不动，其传动比 $i_{02}=1+\frac{z_3}{z_7}=5$。式中，$z_3$ 为太阳轮齿数，z_7 为行星架齿数。

图 3-33 所示为上海 SH3540A 汽车轮边减速器结构示意图。可见，轮边减速器是一个行星齿轮机构，齿圈与半轴套管固定在一起，半轴传来的动力经太阳轮、行星齿轮、行星齿轮轴、行星架传给车轮。其传动比 $i_{02}=1+\frac{z_2}{z_1}$。其中，z_2 为齿圈齿数，z_1 为太阳轮齿数。则总传动比为

$$i_0=i_{01}\times i_{02}=\frac{41}{11}\times\left(1+\frac{z_2}{z_1}\right)=3.727\times5=18.64。$$

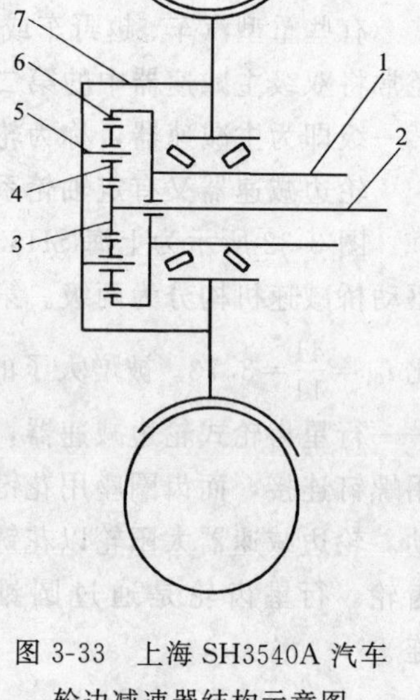

图 3-33　上海 SH3540A 汽车轮边减速器结构示意图

1—半轴套管　2—半轴　3—太阳轮　4—行星齿轮　5—行星齿轮轴　6—齿圈　7—行星架

轮边减速器的润滑系统是独立的，在行星架的端盖上设有加油孔和螺塞。而行星架端面上有放油孔和螺塞。为了便于加油和放油，装配时应将它们调整到车轮中心线的同一侧。为固定半轴和太阳轮的轴向位置，在半轴端面中心孔位置处装有止推螺钉，并用可调的止推螺钉顶住。

综上所述，轮边减速器可使驱动桥中主减速器尺寸减小，从而保证了足够的离地间隙，并可得到较大的主传动比。因半轴在轮边减速器之前，所承受的转矩大为减少，所以半轴和差速器等零件尺寸可以减小。但是需要两套轮边减速器，结构较为复杂，制造成本也较高。

在同级越野车和大型客车上，还经常采用由一对外啮合圆柱齿轮组成的轮边减速器。主动小齿轮与半轴相连，从动大齿轮与轮毂相连。当主动齿轮位于上方时，可增大驱动桥离地间隙，以适应提高越野车通过性的需要。当主动齿轮位于下方时，能降低驱动桥壳的离地高度，以利于降低客车地板的高度。但是采用这种布置时，由于轴向和径向空间的限制，轮边减速器的传动比是有限的。

（二）差速器

差速器的功用是在汽车行驶过程中使左右两侧的驱动轮相对于地面滚动而不是滑动。

在汽车行驶过程中，滑动和滚动是车轮相对路面的两种运动状态。其中滑动又会分滑转和滑移两种。假设车轮相对路面的移动速度为 v，车轮旋转角速度为 ω，车轮滚动半径为 r。如果 $v=\omega r$ 成立，则车轮对路面的运动为滚动；如果 $\omega\neq0$，但 $v=0$，那么车轮的运动为滑转；如果 $v\neq0$，但 $\omega=0$，那么车轮的运动为滑移。

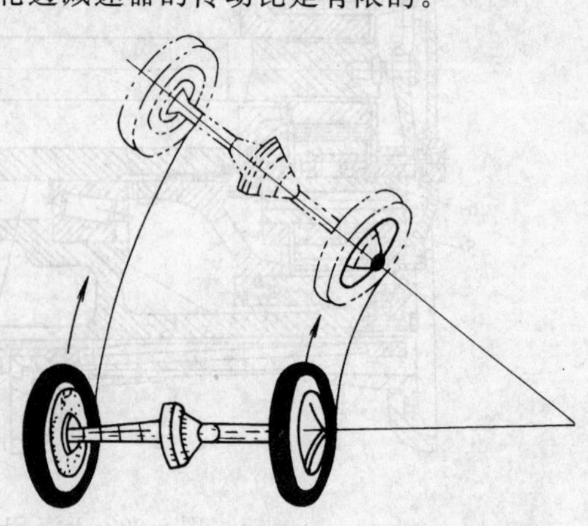
图 3-34　汽车转向时驱动轮运动示意图

图 3-34 所示为汽车转向时的驱动轮运动示意图。这时，内外两侧车轮中心在同一时间内移过的

曲线距离显然不同，即外侧车轮移过的距离大，内侧车轮移过的距离小。若两侧车轮都固定在同一刚性转轴上，两轮角速度相等，那么此时外侧轮必然是边滚动边滑移，内侧轮必然是边滚动边滑转。同样，汽车在不平整的路面上行驶时，两侧车轮实际移过的曲线距离也不相等。因此，在角速度相同的条件下，在波形较显著的路面上运动时，一侧车轮是边滚动边滑移，另一侧车轮是边滚动边滑转。即使汽车直线行驶，由于路面不平或诸多因素造成的轮胎有效半径不相等，都会使两侧车轮实际移过的距离不相等，从而产生上述滑转和滑移现象。

车轮相对路面的滑动不仅会加速轮胎磨损，增加汽车的动力消耗，而且还可能导致转向和制动性能的恶化。因此，在正常行驶条件下，应使车轮尽可能不发生滑动。为此，在汽车结构上，必须保证各个车轮有可能以不同的角速度旋转。对从动车轮而言，这一点是不成问题的，因为它们分别用轴承支承在心轴上，当然可以在任何角速度情况下旋转。驱动轮的情况就不一样，它们是与其转轴刚性连接的。

为了使两侧驱动轮可以用不同的角速度旋转，就必须将两侧车轮的驱动轴分开，而由主减速器从动齿轮通过一个差速齿轮系统——差速器分别驱动两侧半轴和驱动轮。这种装在同一驱动桥两侧驱动轮之间的差速器称为轮间差速器。多桥驱动的汽车各驱动桥之间也同样存在上述驱动车轮相对于地面的滑转和滑移现象。为此，在多轴驱动的汽车的驱动桥之间也装有差速器，称为轴间差速器。当遇到左、右或前、后驱动轮与路面之间的附着条件相差较大的情况时，简单的齿轮式差速器就不能保证汽车得到足够的牵引力。在经常遇到这种情况的汽车上，采用抗滑差速器。它可以在这种情况下将输入转矩更多地甚至全部分配到附着条件较好、滑转程度较小的驱动轮，以保证汽车继续行驶。

无论是轮间差速器还是轴间差速器，按其工作特性均可分为普通轮式差速器和防滑差速器两大类。抗滑差速器常见的形式有强制锁止式齿轮差速器、高摩擦自锁差速器以及自由轮式差速器等。

1. 齿轮式差速器

齿轮式差速器有锥齿轮式和圆柱齿轮式两种。由于锥齿轮式差速器结构简单紧凑，工作平稳，因此目前应用最广。

按两侧的输出转矩是否相等，齿轮差速器有对称式和不对称式两类。对称式用作轮间差速器或由平衡悬架联系的两驱动桥之间的轴间差速器。不对称式用作前、后驱动桥之间或前驱动桥与中、后驱动桥之间的轴间差速器。

由于对称式锥齿轮差速器应用广泛，以下着重以对称式锥齿轮差速器为例来介绍它的结构与工作原理。

对称式锥齿轮轮间差速器由圆锥行星齿轮、行星齿轮轴、圆锥半轴齿轮和差速器壳组成，如图 3-35 所示。差速器壳由用螺栓固紧的两部分 1 和 5 组成。主减速器的从动齿轮用铆钉或螺栓固定在差速器壳左半部 1 的凸缘上。装配时，十字形的行星齿轮轴 8 的四个轴颈嵌在差速器壳两半端面上相应的凹槽所形成的孔内，差速器壳的剖分面通过行星齿轮轴各轴颈中心线。每个轴颈上浮套着一个直齿圆锥行星齿轮 4，它们均与两个直齿圆锥半轴齿轮 3 啮合。而半轴齿轮的轴径分别支承在差速器壳相应的左右座孔中，并借花键与半轴相连。动力自主减速器从动齿轮依次经差速器壳、十字轴、行星齿轮、半轴齿轮、半轴输出给驱动轮。当两侧车轮以相同转速转动时，行星齿轮绕半轴轴线转动——公转。若两侧车轮阻力不同，则行星齿轮在作上述公转运动的同时，还绕自身轴线转动——自转，因而两半轴齿轮带动两侧车轮以不同转速转动。

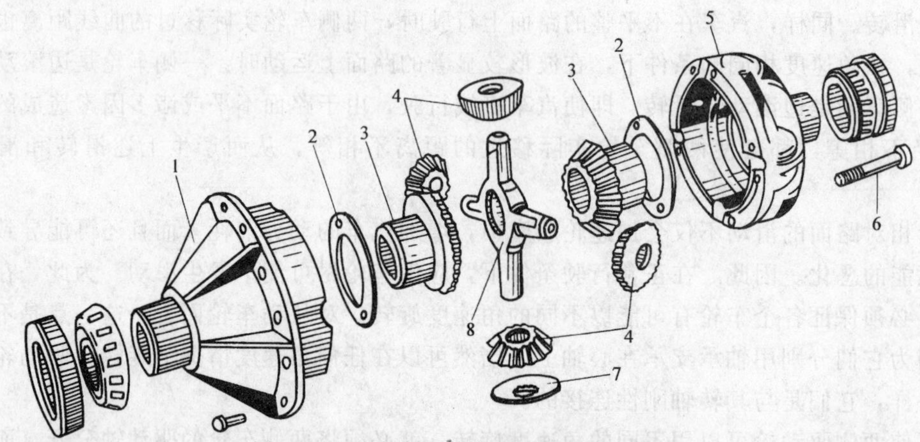

图 3-35 对称式锥齿轮差速器零件分解图

1、5—差速器壳 2—半轴齿轮推力垫片 3—半轴齿轮 4—行星齿轮 6—螺栓 7—行星齿轮球面垫片 8—行星齿轮轴（十字轴）

为了保证行星齿轮对正中心利于两个半轴齿轮正确地啮合，行星齿轮的背后和差速器壳相应位置的内表面都做成球面。

因为行星齿轮和半轴齿轮是锥齿轮传动，在传递转矩时，沿行星齿轮和半轴齿轮的轴线作用着很大的轴向力，而齿轮和差速器壳间又有相对运动，所以为减少齿轮和壳的磨损，在半轴齿轮和差速器壳之间装着推力垫片 2，而在行星齿轮与差速器壳之间装着球面垫片 7。当汽车行驶到一定里程时，垫片磨损后可换上新垫片，以提高差速器的使用寿命。垫片通常用铜或者聚甲醛塑料制成。

为保证行星齿轮和十字轴轴颈之间有良好的润滑，在十字轴轴颈上铣出一个平面，并在行星齿轮的齿间钻有油孔。

差速器靠主减速器壳体中的润滑油润滑。在差速器壳体上开有窗口，供润滑油进出。

一般中级以下的轿车，因主减速器输出的转矩不大，故可用两个行星齿轮，因而行星齿轮轴相应为一根直销轴，差速器壳也不必分成左右两半而制成整体式的，其前后两侧都开有大窗孔，以便拆装行星齿轮和半轴齿轮。上海桑塔纳轿车差速器即采用这种结构，如图 3-36 所示。差速器壳 9 为一整体框架结构。行星齿轮轴 5 装入差速器壳后用止动销 6 定位。半轴齿轮 2 背面也制成球面，其背面的推力垫片与行星齿轮背面的推力垫片制成一个整体，称为复合式推力垫片。螺纹套 3 用来紧固半轴齿轮。

图 3-37 所示为差速器中各组件的运动关系，即差速原理。

对称式锥齿轮差速器是一种行星齿轮机构。差速器壳 3 与行星齿轮轴连成一体，形成行星架，因为它又与主减速器的从动齿轮 6 固定连接，因此为主动件。设其角速度为 ω_0，半轴齿轮 1 和 2 为从动件，其角速度为 ω_1 和 ω_2。A、B 两点分别为行星齿轮 4 与两半轴齿轮啮合点。行星齿轮的中心点为 C，A、B、C 点到差速器旋转轴线的距离均为 r。

当行星齿轮只是随同行星架绕差速器旋转轴线公转时，显然，处在同一半径 r 上的 A、B、C 三点的圆周速度都相等（见图 3-37b），其值为 $\omega_0 r$。于是 ω_1、ω_2、ω_0 相等，也就是差速器不起差速作用，两半轴角速度等于差速器壳 3 的角速度。

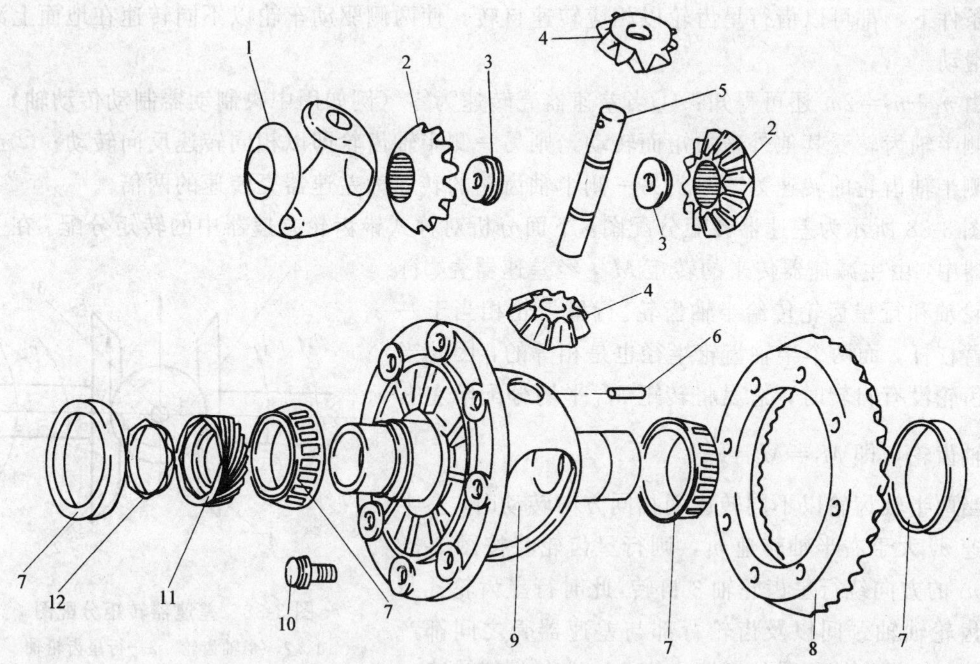

图 3-36 上海桑塔纳轿车差速器

1—复合式推力垫片 2—半轴齿轮 3—螺纹套 4—行星齿轮 5—行星齿轮轴 6—止动销 7—圆锥滚子轴承 8—主减速器从动锥齿轮 9—差速器壳 10—螺栓 11—车速表齿轮 12—车速表齿轮锁紧套筒

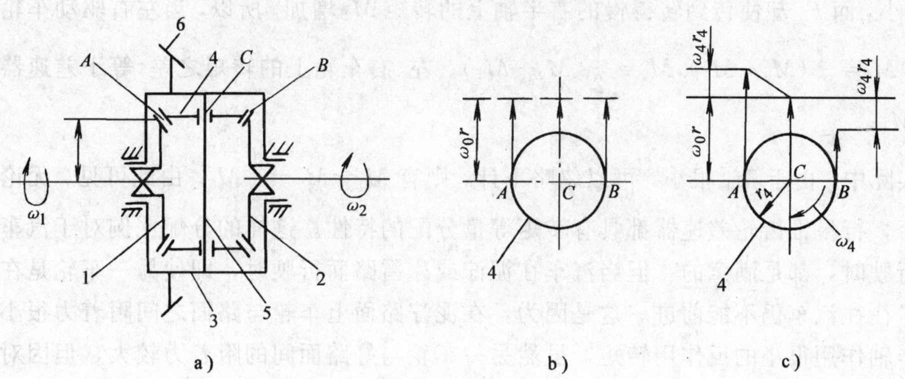

图 3-37 差速器运动原理

1、2—半轴齿轮 3—差速器壳 4—行星齿轮 5—行星齿轮轴 6—主减速器从动齿轮

当行星齿轮除公转外还绕本身的轴 5 以角速度 ω_4 自转时（见图 3-37c），啮合点 A 的圆周速度为 $\omega_1 r=\omega_0 r+\omega_4 r_4$，啮合点 B 的圆周速度为 $\omega_2 r=\omega_0 r-\omega_4 r_4$。

因此 $\omega_1 r+\omega_2 r=(\omega_0 r+\omega_4 r_4)+(\omega_0 r-\omega_4 r_4)$

即 $\omega_1+\omega_2=2\omega_0$

若角速度用每分钟转数 n 表示，则

$$n_1+n_2=2n_0$$

此即两半轴齿轮直径相等的对称式锥齿轮差速器的运动特性方程式。它表明，左右两侧半轴齿轮的转速之和等于差速器壳转速的两倍，而与行星齿轮转速无关。所以，汽车在任何行驶条件下，都可以借行星齿轮以相应转速自转，使两侧驱动车轮以不同转速在地面上滚动而无滑动。

由 $n_1+n_2=2n_0$ 还可得知：①当差速器壳转速为零（例如用中央制动器制动传动轴）时，若一侧半轴齿轮受其他外来力矩而转动，则另一侧半轴齿轮即以相同转速反向转动；②当任何一侧半轴齿轮的转速为零时，另一侧半轴齿轮的转速为差速器壳转速的两倍。

图 3-38 所示为差速器转矩分配图。下面分析对称式锥齿轮差速器中的转矩分配。在上述差速器中，由主减速器传来的转矩 M_0，经差速器壳、行星齿轮轴和行星齿轮传给半轴齿轮。行星齿轮相当于一个等臂杠杆，而两个半轴齿轮半径也是相等的，因此当行星齿轮没有自转时，总是将转矩 M_0 平均分配给左右两半轴齿轮，即 $M_1=M_2=\frac{M_0}{2}$。

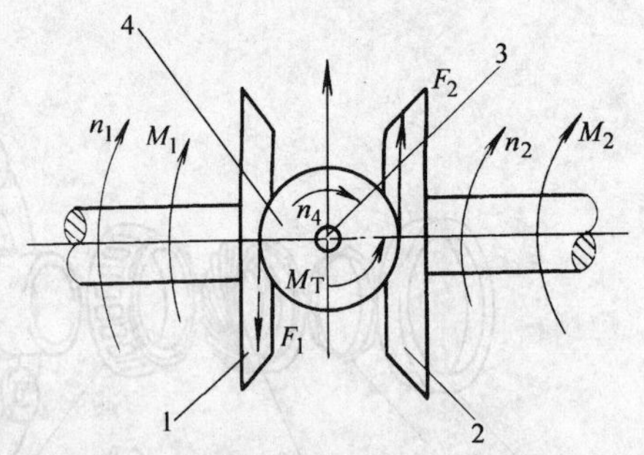

图 3-38　差速器转矩分配图
1、2—半轴齿轮　3—行星齿轮轴
4—行星齿轮

当两半轴齿轮以不同转速朝相同方向转动时，左半轴转速 n_1 大于右半轴转速 n_2，则行星齿轮将按图 3-38 所示 n_4 的方向绕行星齿轮轴 3 自转，此时行星齿轮孔与行星齿轮轴轴颈间以及齿轮背部与差速器壳之间都产生摩擦。行星齿轮所受的摩擦力矩 M_T 方向与其转速 n_4 方向相反，此摩擦力矩使行星齿轮分别对左、右半轴齿轮附加作用了大小相等而方向相反的两个圆周力 F_1 和 F_2。F_1 使传到转得快的左半轴上的转矩 M_1 减小，而 F_2 却使传到转得慢的右半轴上的转矩 M_2 增加。所以，当左右驱动车轮存在转速差时，$M_1=\frac{1}{2}(M_0-M_T)$，$M_2=\frac{1}{2}(M_0+M_T)$。左、右车轮上的转矩之差，等于差速器的内摩擦力矩 M_T。

在实际中，由于 M_T 很小，可以忽略不计，则有 $M_1=M_2=\frac{1}{2}M_0$。由此可见，无论差速器差速与否，行星锥齿轮差速器都具有转矩等量分配的特性。这样的分配比例对于汽车在任何路面上行驶时，都是满意的。但当汽车在泥泞或冰雪路面行驶时，即使另一车轮是在良好的路面上，往往汽车仍不能前进。这是因为，在泥泞路面上车轮与路面之间附着力很小，路面只能对半轴作用很小的反作用转矩，虽然另一车轮与好路面间的附着力较大，但因对称式锥齿轮差速器平均分配转矩的特点，使这一个车轮分配到的转矩只能与传到滑转的驱动轮上的很小的转矩相等，以致牵引力不足以克服行驶阻力，汽车就不能行驶。

为了提高汽车在坏路面上的通过能力，可采用各种形式的抗滑差速器。其共同出发点都是在一个驱动轮滑转时，设法使大部分转矩甚至全部转矩传给不滑转的驱动轮，以充分利用这一驱动轮的附着力而产生足够牵引力使汽车能继续行驶。

2. 防滑差速器

为了实现汽车在坏路面上行驶时仍能为驱动轮提供足够的转矩，最简单的办法就是在对称式锥齿轮差速器上设置差速锁，使之成为强制锁止式差速器。

（1）强制锁止式差速器　强制锁止式差速器就是在行星锥齿轮差速器上装设了差速锁。当一侧驱动轮滑转时，可利用差速锁使差速器不起差速作用。

图 3-39 所示为奔驰 2026A 型汽车强制锁止式差速器。它的差速锁由牙嵌式接合器及其

操纵机构两大部分组成。牙嵌式接合器的固定接合套26用花键与差速器壳24左端连接，并用弹性挡圈套27轴向限位。滑动接合套28用花键与半轴29连接，并可在轴上轴向滑动。操纵机构的拨叉37装在拨叉轴36上，并可沿导向轴39轴向滑动，其叉形部分插入滑动接合套28的环槽中。

当汽车在好路面上行驶不需要锁止差速器时，牙嵌式接合器的固定接合套26与滑动接合套28不嵌合，即处于分离状态，此时为普通行星锥齿轮差速器。

当汽车通过坏路面需要锁止时，通过驾驶员的操纵，压缩空气由气管接头30进入气动活塞缸左腔，推动活塞31右移，并经调整螺钉33和拨叉轴36推动拨叉37压缩弹簧38右移，从而拨动滑动接合套28右移与固定接合套26嵌合，将左半轴29与差速器壳24连成一个整体，则左右两半轴被联锁成一体随差速器壳24一起转动，即差速器被锁止，不起差速作用。这样，转矩可全部分配给好路面上的车轮。与此同时，差速锁指示灯开关32接通，驾驶室内指示灯亮，以提醒驾驶员差速器处于锁止状态，汽车驶出坏路面后应及时摘下差速锁。

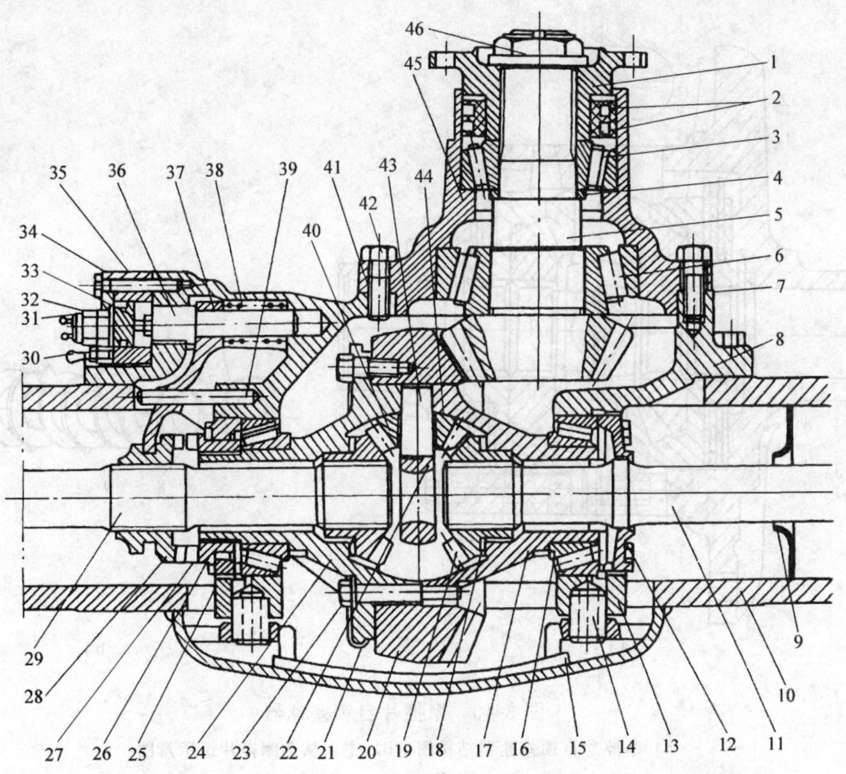

图3-39 奔驰2026A型汽车强制锁止式差速器

1—传动凸缘 2—油封 3、6、16—轴承 4—调整隔圈 5—主减速器主动齿轮 7—调整垫片 8—主减速器壳 9—挡油盘 10—桥壳 11、29—半轴 12—带挡油盘的调整螺母 13—轴承盖 14—定位销 15—集油槽 17—差速器壳 18—推力垫片 19—半轴齿轮 20—主减速器从动齿轮 21—锁板 22—衬套 23—螺栓 24—差速器壳 25—调整螺母 26—固定接合套 27—弹性挡圈 28—滑动接合套 30—气管接头 31—带密封圈的活塞 32—差速锁指示灯开关 33—调整螺钉及其锁紧螺母 34—缸盖 35—缸体 36—拨叉轴 37—拨叉 38 弹簧 39—导向轴 40—行星齿轮 41—密封圈 42—螺栓 43—十字轴 44—推力垫圈 45—轴承座 46—螺母

当需要解除差速器的锁止时，通过操纵机构放掉气缸内压缩空气，作用在活塞左端面的气压消失，拨叉 37 及滑动接合套 28 在弹簧 38 作用下左移回位，接合器分离，差速器恢复差速作用，同时差速器指示灯熄灭。强制锁止式差速锁结构简单，易于制造。但操纵不便，一般要在停车时进行。而且如果过早接上或过晚摘下差速锁，亦即在好路段上左、右车轮仍刚性连接，则将产生前已述及的无差速器情况下出现的一系列问题。

(2) 摩擦片式差速器　图 3-40 所示为摩擦片式差速器。它是在对称式锥齿轮差速器的基础上发展而成的。为增加差速器内摩擦力矩，在半轴齿轮与差速器壳 1 之间装有摩擦片组 2。十字轴由两根互相垂直的行星齿轮轴组成，其端部均切出凸 V 形斜面 6，相应地差速器壳孔也有凹 V 形斜面，两根行星齿轮轴的 V 形面是反向安装的。每个半轴齿轮的背面有推力压盘 3 和主、从动摩擦片 8、9。推力压盘以内花键与半轴相连，而其轴颈处用外花键与从动摩擦片连接。主动摩擦片则用花键与差速器壳 1 相连。推力压盘和主、从动摩擦片均可作微小的轴向移动。

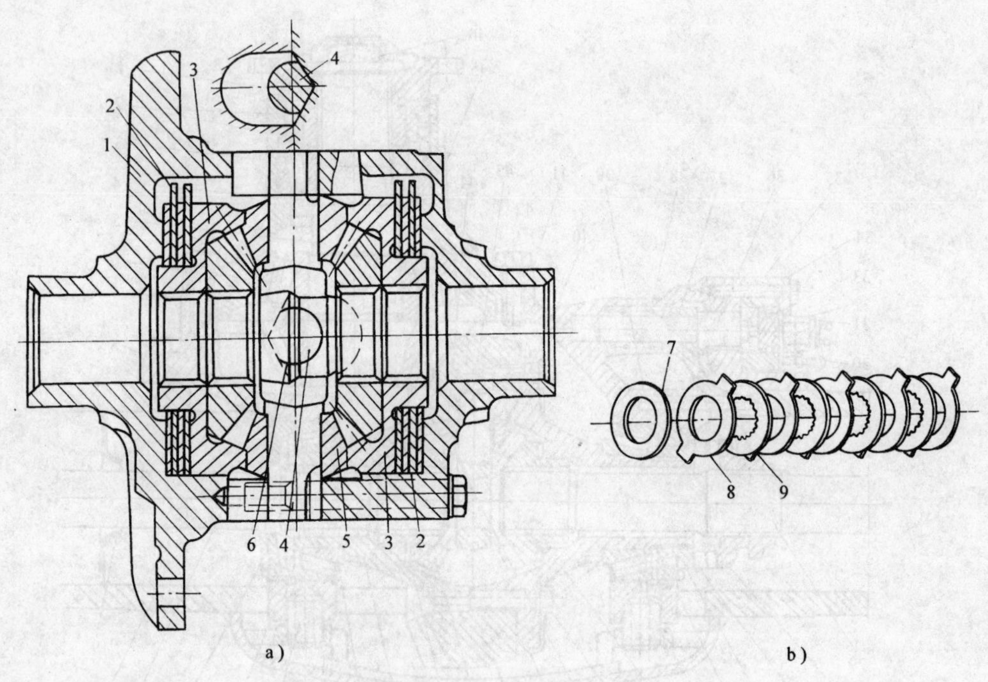

图 3-40　摩擦片自锁差速器

a) 摩擦片自锁差速器结构图　b) 主、从动摩擦片组示意图

1—差速器壳　2—主、从动摩擦片组　3—推力压盘　4—十字轴　5—行星齿轮　6—V 形面　7—薄钢片　8—主动摩擦片　9—从动摩擦片

当汽车直线行驶时，两半轴无转速差，转矩平均分配给两半轴，由于差速器壳通过斜面对行星齿轮轴两端压紧，斜面上产生的轴向力迫使两行星齿轮轴分别向左、右两方向略微移动，通过行星齿轮使推力压盘压紧摩擦片。此时转矩经两条路线传给半轴：一路经行星齿轮轴、行星齿轮和半轴齿轮将大部分转矩传给半轴；另一路则由差速器经主、从动摩擦片、推力压盘传给半轴。

当一侧车轮在坏路面上滑转或转弯时，差速器由于差速作用，使两半轴转速不相等，即一侧半轴的转速高于差速器壳的转速，另一侧低于差速器壳的转速。这样，由于轴向力和转速差的存在，主、从动摩擦片间将产生摩擦力矩，且经从动摩擦片及推力压盘传给两半轴的摩擦力矩方向相反：与快转半轴的转向相反，而与慢转半轴的转向相同。因而使得慢转半轴所分配到的转矩大于快转半轴所分配到的转矩。摩擦作用越强，两半轴的转矩差越大，最大可达 5～7 倍。

（3）滑块凸轮式轴间差速器　图 3-41 为交通 SH3281 型汽车滑块凸轮式轴间差速器。它是利用滑块与凸轮之间产生较大数值内摩擦力矩以提高锁紧系数的一种高摩擦自锁式差速器，其转矩由凸缘盘 1 和轴间差速器分配给中桥主动螺旋锥齿轮 18 和后桥传动轴 26。

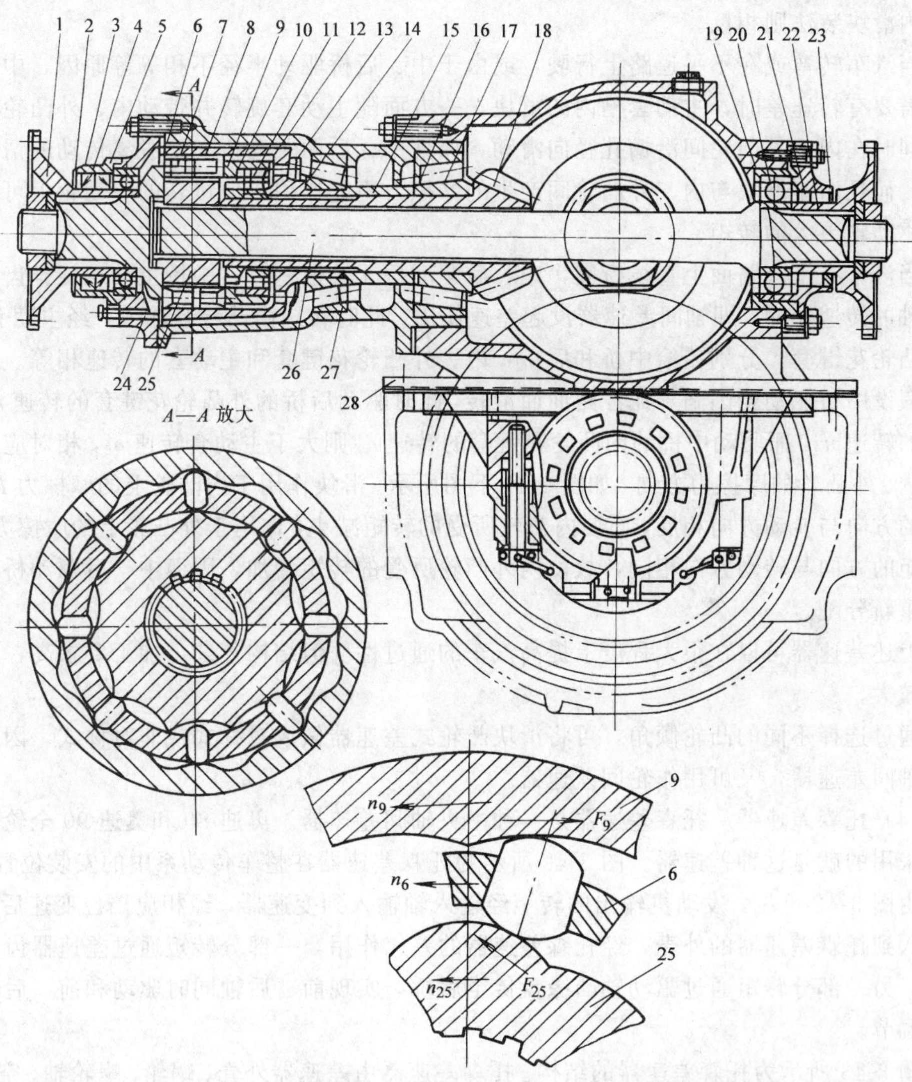

图 3-41　交通 SH3281 型汽车滑块凸轮式轴间差速器

1—凸缘盘　2—防尘罩　3—密封垫　4—油封　5—油封壳　6—主动套　7—短滑块　8—长滑块　9—接中桥内凸轮花键套　10—螺母　11—垫圈　12—滚子轴承　13—中桥花键套护罩　14、17—圆锥滚子轴承　15—挡圈　16—调整垫圈　18—中桥主动螺旋锥齿轮　19—轴承座　20—球轴承　21—轴承盖　22—油封　23—防尘毡　24—轴间差速器盖　25—接后桥外凸轮花键套　26—后桥传动轴　27—轴间差速器壳　28—主减速器壳

轴间差速器由主动套、8个短滑块及8个长滑块、接中桥内凸轮花键套、接后桥外凸轮花键套及轴间差速器壳和轴间差速器盖组成。

接中桥内凸轮花键套用花键与中桥主动螺旋锥齿轮相连，其前端内表面有13个圆弧凹面。接后桥外凸轮花键套用花键与后桥传动轴相连，其外表面有11个圆弧凹面。主动套前端与凸缘盘用花键连接，后端空心套筒部分即装在内、外凸轮之间，空心套筒铣出8条穿通槽，每条槽内各装长短滑块一个。所有的滑块均可在槽内沿径向自由滑动。为了使滑块及内、外凸轮磨损均匀，相邻两槽内滑块的装法不同，其中一个槽内长滑块在前，短滑块在后，而另一槽内滑块装法则相反。

当汽车转弯或在不平道路上行驶，或由于中、后桥驱动半径不相等等原因，中、后两驱动桥需要有转速差时，主动套槽内的滑块，一方面随主动套旋转并带动内、外凸轮花键套旋转，同时在内、外凸轮间沿槽孔径向滑动，保证中、后两驱动桥在不脱离传动的情况下实现差速，而且由于滑块与内、外凸轮间产生的摩擦力矩起作用，使慢转的驱动轮上可以得到比快转驱动轮更大的转矩。

当汽车在平直路面上直线行驶，中、后驱动桥无转速差时，中桥主动螺旋锥齿轮和后桥传动轴的转速相同，即轴间差速器没起差速作用。此时转矩由凸缘盘输入，经主动套、滑块、内外凸轮花键套，分别传给中桥和后桥，内、外凸轮花键套和主动套的转速相等。

假设中桥驱动轮因陷于泥泞路面而滑转，此时驱动后桥的外凸轮花键套的转速n_{25}小于主动套的转速n_6，而驱动中桥的内凸轮花键套的转速n_9则大于主动套转速n_6，相对应的滑块作用于内、外凸轮的摩擦力方向，如图3-41下图所示。滑块作用于内凸轮上的摩擦力F_9造成的力矩的方向与转动方向相反，而使内凸轮所受的转矩减小，作用于外凸轮上的摩擦力F_{25}造成的力矩的方向与转动方向相同，故使内外凸轮所受的转矩增加，因而中、后驱动桥上的转矩得到重新分配。

上述差速器可以在很大程度上提高汽车的通过性。但结构复杂，加工要求高，摩擦件的磨损较大。

通过选择不同的凸轮倾角，可将滑块凸轮式差速器做成对称式或非对称式，因此它既可用作轴间差速器，又可用作轮间差速器。

（4）托森差速器　托森差速器是一种中央轴间差速器。奥迪80和奥迪90全轮驱动的轿车上采用的就是这种差速器。图3-42所示为托森差速器在整车传动系中的安装位置。

由图3-42可见，发动机输出的转矩经输入轴输入到变速器，经相应挡位变速后，由输出轴输入到托森差速器的外壳，经托森差速器的差速作用，一部分转矩通过差速器齿轮轴传至前桥，另一部分转矩通过驱动轴凸缘盘传至后桥，实现前、后轴同时驱动和前、后轴转矩的自动调节。

图3-43所示为托森差速器的结构。托森差速器由差速器外壳、蜗轮、蜗轮轴、空心轴、前轴蜗杆、后轴蜗杆等组成。空心轴和差速器外壳通过花键相连而一同转动。

蜗轮通过蜗轮轴固定在差速器壳上，三对蜗轮分别与前轴蜗杆及后轴蜗杆相啮合，每个蜗轮上固定有两个圆柱直齿轮。与前、后轴蜗杆相啮合的蜗轮彼此通过直齿圆柱齿轮相啮合，前轴蜗杆和驱动前桥的差速器齿轮轴为一体，后轴蜗杆和驱动后桥的驱动轴凸缘盘为一体。当汽车驱动时，来自发动机的驱动力通过空心轴传至差速器外壳，差速器外壳通过蜗轮轴传至蜗轮，再传到蜗杆，前轴蜗杆通过差速器齿轮轴将驱动力传至前桥，后轴蜗杆通过驱动轴凸

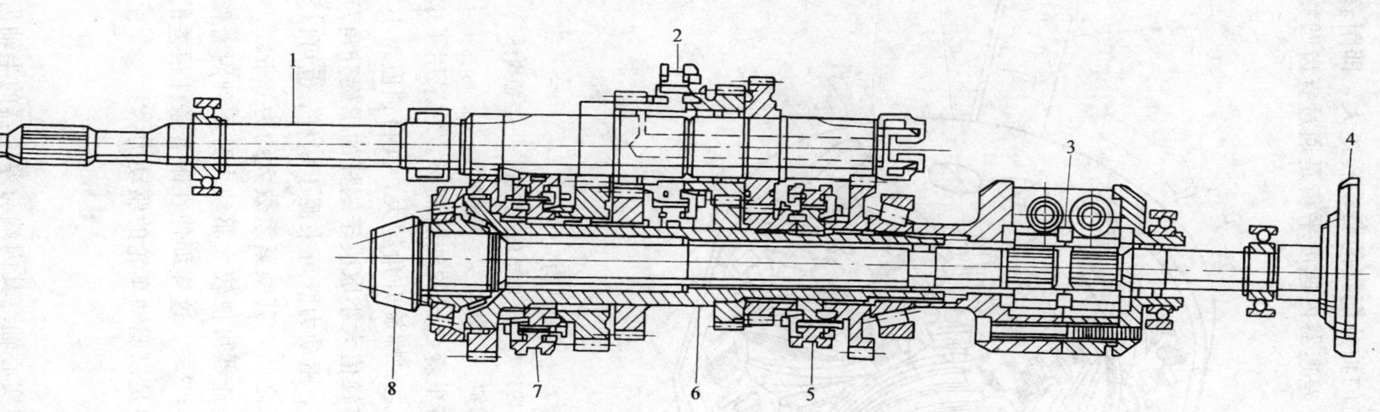

图 3-42 奥迪全轮驱动轿车变速器和托森差速器传动位置

1—输入轴 2—三、四挡传动齿轮副 3—托森差速器 4—驱动轴凸缘盘 5—五挡和倒挡传动齿轮副 6—空心轴 7—一、二挡传动齿轮副 8—差速器齿轮轴

缘盘将驱动力传至后桥，从而实现前后驱动桥的驱动牵引作用。当汽车转向时，前、后驱动轴出现转速差，通过啮合的直齿圆柱齿轮相对转动，使一轴转速加快，另一轴转速下降，实现差速作用。差速器能使转速低的轴比转速高的轴分配到的驱动转矩大，即附着力大的轴比附着力小的轴得到的驱动转矩大。由此可见，差速器内速度平衡是通过直齿圆柱齿轮来完成的。

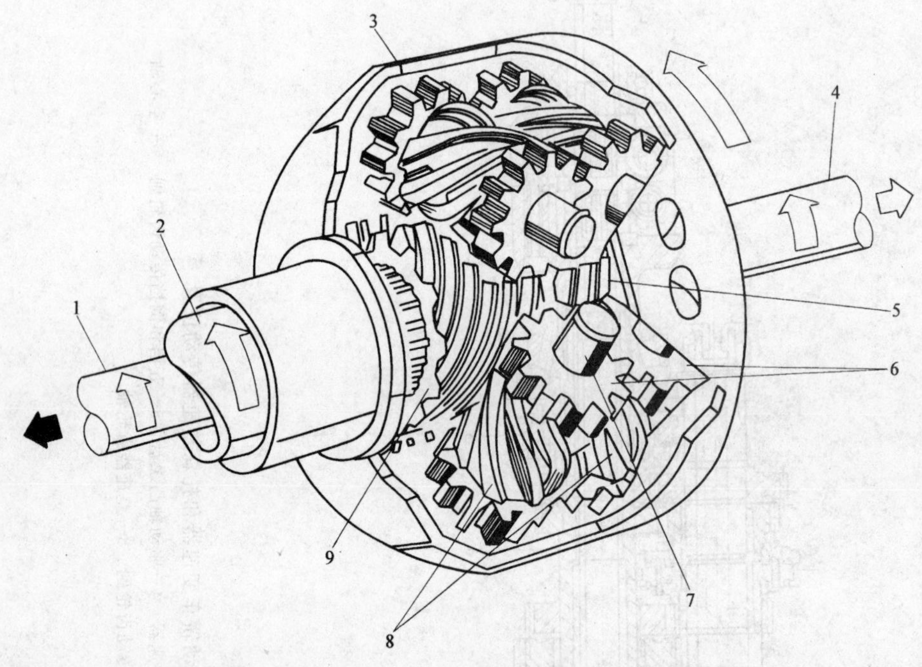

图 3-43　托森差速器的结构

1—差速器齿轮轴　2—空心轴　3—差速器外壳　4—驱动轴凸缘盘　5—后轴蜗杆
6—直齿圆柱齿轮　7—蜗轮轴　8—蜗轮　9—前轴蜗杆

“托森”表示“转矩—灵敏差速器”，是格里森公司的注册商标。它采用了蜗轮—蜗杆传动基本原理，螺旋升角越小，自锁值越大；反之，螺旋升角越大，其自锁值越小。在设计时，可使蜗轮—蜗杆具有高、低不同的自锁值。自锁值大小取决于蜗杆的螺旋升角及传动的摩擦条件。当所设计的蜗轮—蜗杆没有自锁作用时，驱动力既可来源于蜗杆，也可以来源于蜗轮。托森差速器自锁值的设计应介于上述两种状态之间，其锁紧系数大约为 3.5。

当某一驱动轴的附着力下降低时，托森差速器可使较大驱动力分配到附着作用较好的车轴上，前后两驱动轴分配驱动力最大比值为 1∶3.5，这样即使在附着条件很差的情况下，即一轴在冰面上，另一轴在雪地上，也可以传递足以驱动车轮的驱动力。

（三）半轴与桥壳

1. 半轴

半轴是在差速器与驱动轮之间传递动力的实心轴，其内端与差速器的半轴齿轮连接，外端则与驱动轮的轮毂相连。半轴的功用是将差速器传来的动力传给驱动轮。因为传递转矩较大，故半轴常制成实心轴。半轴与驱动轮的轮毂在桥壳上的支承形式，决定了半轴的受力状况。全浮式半轴支承和半浮式半轴支承是现代汽车采用的两种基本形式。

（1）全浮式半轴支承　全浮式半轴支承广泛应用于各型货车上。图 3-44 所示为东风

EQ1090E 型汽车全浮式半轴支承。它表明汽车半轴外端与轮毂及桥壳的连接情况。半轴外端锻出凸缘，借螺柱和轮毂连接。轮毂通过两个相距较远的圆锥滚子轴承支承在半轴套管上。半轴套与空心梁配成一体，组成驱动桥壳。用这样的支承形式，半轴与桥壳没有直接联系。半轴的内端用花键与差速器的半轴齿轮连接。半轴齿轮的毂部支承于差速器壳两侧轴颈的孔内，而差速器又以其两侧轴颈借助轴承直接支承在桥壳上。

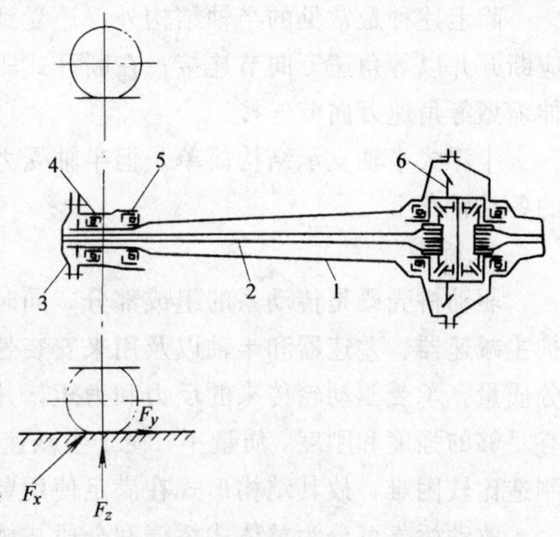

图 3-44　全浮式半轴支承

1—桥壳　2—半轴　3—半轴凸缘　4—轮毂
5—轴承　6—主减速器从动锥齿轮

为防止轮毂连同半轴在侧向力作用下发生轴向窜动，轮毂内的两个圆锥滚子轴承的安装方向必须使它们能分别承受向内和向外的轴向力。轴承的紧度可借助调整螺母调整，并用垫圈和螺母锁紧。

全浮式支承的半轴易于拆装，只需拧下半轴凸缘上的螺钉，即可将半轴从半轴套管中抽出，而车轮与桥壳照样能支撑住汽车。

（2）半浮式半轴支承　图 3-45 所示为红旗 CA7560 型高级轿车半浮式半轴支承形式的驱动桥。半轴外端的锥形锥面上切有纵向键槽，最外端有螺纹。半轴内端的支承方法与全浮式半轴支承相同，半轴内端不受力及弯矩。轮毂上有相应的锥形孔与半轴配合，用键连接，并用螺母拧紧。半轴用轴承直接支承在桥壳凸缘内。此时，作用在车轮上的各反力都必须经过半轴传给驱动桥壳。由于这种支承形式只能使半轴内端免受弯矩，而外端却承受全部弯矩，因此称为半浮式。

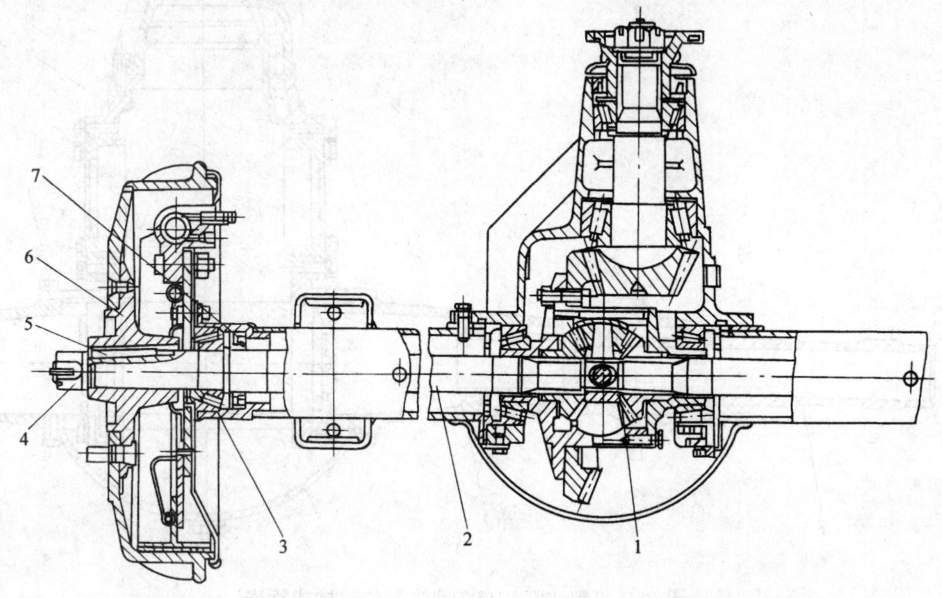

图 3-45　红旗 CA7560 型高级轿车半浮式半轴支承形式的驱动桥

1—止推块　2—半轴　3—圆锥滚子轴承　4—锁紧螺母　5—键　6—轮毂　7—桥壳凸缘

一般来讲，半浮式支承中，半轴与桥壳间的轴承只用一个。为使半轴和车轮不致被向外的侧向力拉出，该轴承必须能承受向外的轴向力。另外，在差速器行星齿轮轴的中部浮套着止推块，半轴内端正好能顶靠在止推块的平面上，因而不致在朝内的侧向力作用下向内窜动。

除上述种最常见的半轴结构外，还受到驱动桥结构形式的影响：在转向驱动桥中，半轴应断开并以等角速万向节连接；在断开式驱动桥中，半轴也应分段并用万向节和滑动花键或伸缩型等角速万向节连接。

半浮式半轴支承结构简单。但半轴受力情况复杂且拆装不方便，多用于反力、弯矩较小的各类轿车上。

2. 桥壳

驱动桥壳既是传动系的组成部分，同时也是行驶系的组成部分，其功用是用来安装并保护主减速器、差速器和半轴以及用来安装悬架或轮毂，与从动桥一起支承汽车悬架以上各部分质量，承受驱动轮传来的反力和力矩，并在驱动轮和悬架之间传力。因此，要求桥壳应具有足够的强度和刚度，质量小，便于主减速器的拆装和调整。由于桥壳的尺寸和质量比较大，制造比较困难，故其结构形式在满足使用要求的前提下，要尽可能便于制造。

驱动桥壳可分为整体式桥壳和分段式桥壳两种类型。

(1) 整体式桥壳　图 3-46 所示为解放 CA1092 型汽车的整体式桥壳。它由中部的空心梁、半轴套管、主减速器壳及后盖等组成。空心梁用球墨铸铁铸成，中部有一环形大通孔，前端用来安装主减速器及差速器总成。后端的大孔用来检查驱动桥内主减速器和差速器的工作情况。后盖用螺钉装于后端面，上面装有检查油面用的螺塞。主减速器壳上另有加油孔和放油

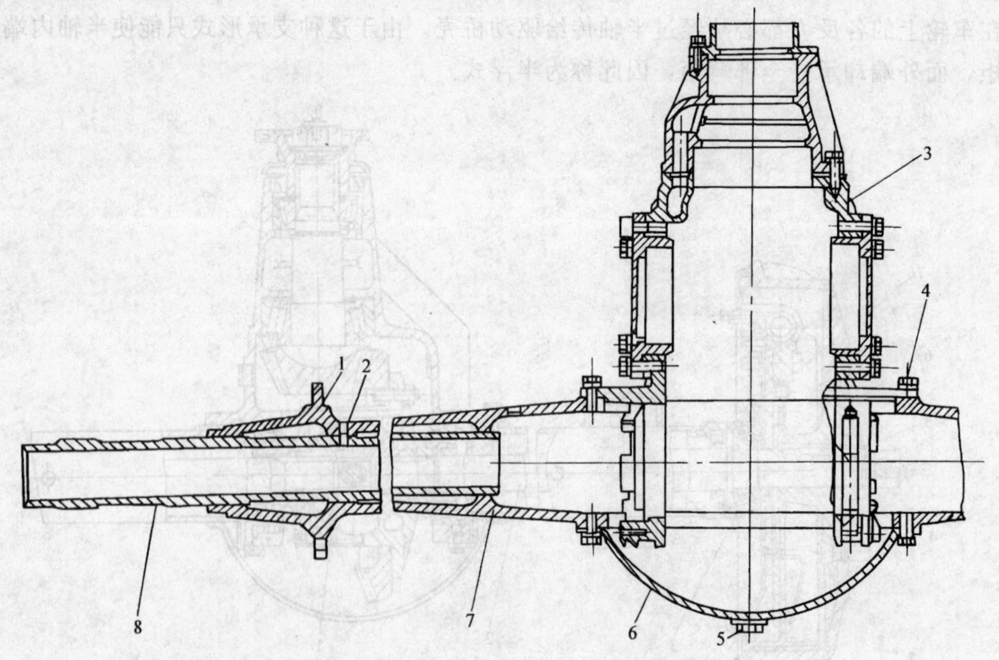

图 3-46　解放 CA1092 型汽车的整体式桥壳

1—凸缘盘　2—止动螺钉　3—主减速器壳　4—固定螺钉　5—油面检查螺塞
6—后盖　7—空心梁　8—半轴套管

孔。空心梁上凸缘盘用以固定制动底板，两端压入钢制半轴套管，并用止动螺钉限定位置。半轴套管外端轴颈用以安装轮毂轴承。为了对轴承进行限位及调整轴承预紧度，最外端还制有螺纹。

整体式桥壳具有较大的刚度和强度，且便于主减速内的装配、调整和维修，因此普遍应用于各类汽车上。

图 3-47 所示为北京 BJ1040 型汽车的钢板冲压焊接驱动桥壳。它主要由冲压成形的上、下两个桥壳主件、四块三角形镶块、前后两加强环、一个后盖以及两端两个半轴套管组焊成。为了防止桥壳内润滑油外溢，有的汽车在桥壳轴管处焊有档油环或加装油封。

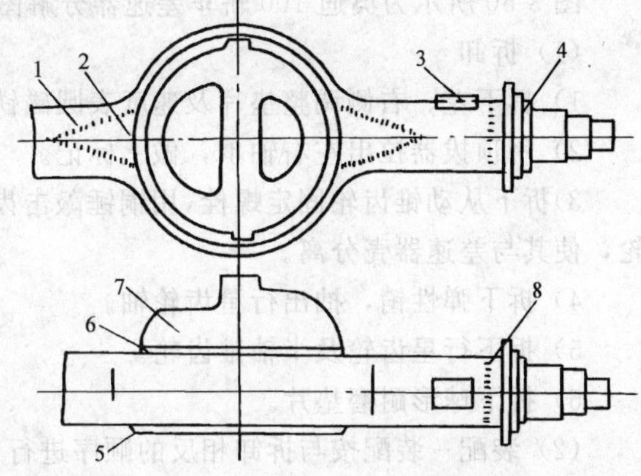

图 3-47 北京 BJ1040 型汽车的钢板冲压焊接驱动桥壳

1—桥壳主件 2—三角形镶块 3—钢板弹簧座 4—半轴套管 5—前加强环 6—后加强环 7—后盖 8—焊缝

(2) 分段式桥壳 图 3-48 所示为分段式驱动桥壳。它一般分为两段，由螺栓将两段连成一体。它由主减速器、盖、两个半轴套管及凸缘盘等组成。分段式桥壳比整体式桥壳易于铸造，加工简便，但维修保养不便。当拆检主减速器时，必须把整个驱动桥从汽车上拆卸下来，目前已很少采用。

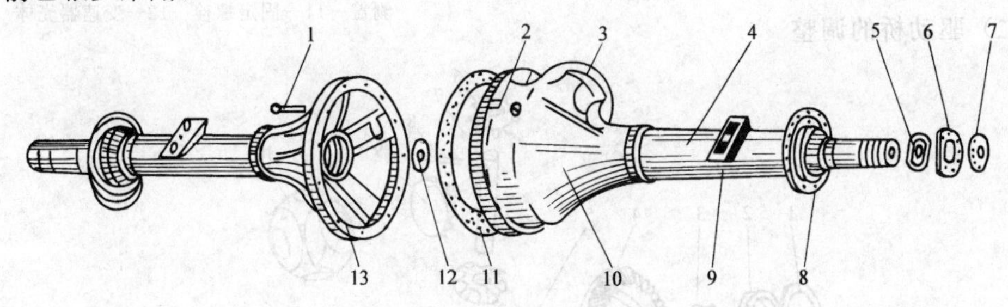

图 3-48 分段式驱动桥壳

1—螺栓 2—注油孔 3—主减速器壳颈部 4—半轴套管 5—调整螺母 6—止动垫片 7—锁紧螺母 8—凸缘盘 9—弹簧座 10—主减速器壳 11—垫片 12—油封 13—盖

二、驱动桥的拆装与调整

(一) 驱动桥的拆装

以一汽奥迪 100 轿车的驱动桥为例介绍其拆装步骤。图 3-49 所示为奥迪 100 轿车驱动桥结构图。

1. 主减速器的拆装

(1) 拆卸 拆下左、右传动轴，拆下速度表传感器的联接线，用顶拔器卸下左右半轴上的突缘；拆下差速器侧盖的固定螺栓，卸下侧盖，从减速器壳体内抽出差速器总成及减速器从动齿轮，卸下主动锥齿轮，用卡钳拆下内半轴内侧的弹性挡圈，抽出左、右内半轴。

(2) 装配 装配按与拆卸相反的顺序进行，但要注意以下几点：①差速器轴承的预紧度要按标准调整；②差速器侧盖与变速器壳体的接合面装复时要涂密封胶；③侧盖固定螺栓要按规定的扭矩拧紧。

2. 差速器的拆装

图 3-50 所示为奥迪 100 轿车差速器分解图。

(1) 拆卸

1) 拆下左、右侧调整垫片及速度表圆磁铁，注意应对左、右调整垫片做好标记。

2) 用顶拔器拉出左右轴承，做上标记。

3)拆下从动锥齿轮固定螺栓，用铜锤敲击齿轮，使其与差速器壳分离。

4) 拆下弹性销，抽出行星齿轮轴。

5) 拆下行星齿轮及半轴锥齿轮。

6) 拆下球形耐磨垫片。

(2) 装配　装配按与拆卸相反的顺序进行，但应注意以下几点：

1)耐磨垫片的厚度要合适，以保证行星齿轮及半轴锥齿轮的正常工作。

2) 弹性销装复后应牢固可靠。

3) 锥齿轮装配前应加热到 100℃ 左右。

4)锥齿轮的固定螺栓应按规定的扭矩拧紧。

5) 差速器轴承装配时可用压床压入。

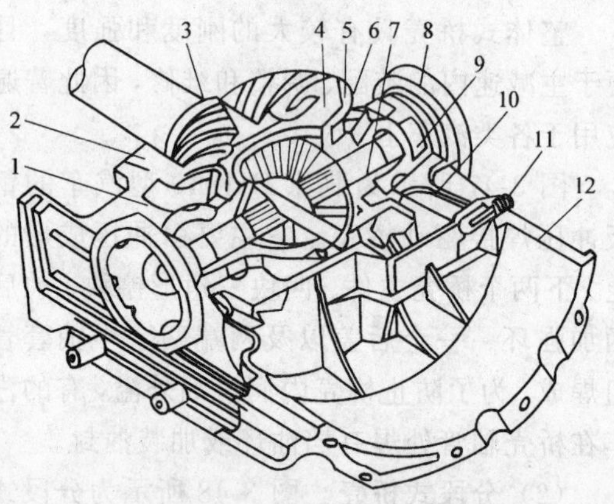

图 3-49　奥迪 100 轿车驱动桥结构图

1、9—差速器轴承　2—主动锥齿轮轴承　3—主动锥齿轮　4—从动锥齿轮　5—差速器壳体　6—从动锥齿轮固定螺栓　7—半轴　8—半轴凸缘　10—差速器侧盖　11—固定螺栓　12—变速器壳体

(二) 驱动桥的调整

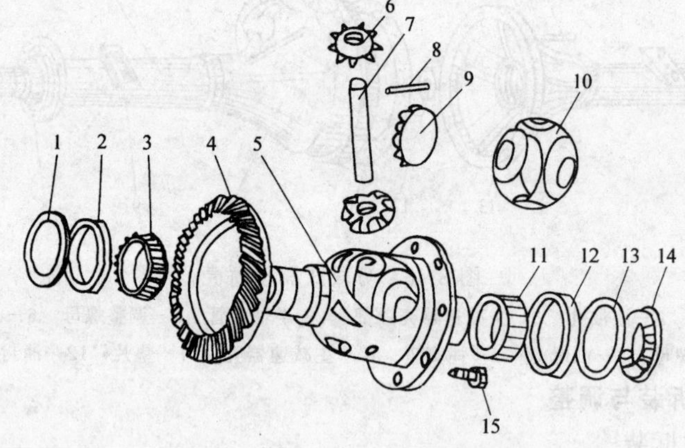

图 3-50　奥迪 100 轿车差速器分解图

1、13—左右调整垫片　2、3、11、12—左右侧轴承内外座圈　4—从动锥齿轮　5—差速器　6—行星齿轮　7—行星齿轮轴　8—弹性圆柱销　9—半轴锥齿轮　10—球形耐磨垫片　14—速度表圆磁铁　15—从动锥齿轮紧固螺栓

1. 主、从动锥齿轮轴承预紧度的装配与调整

主、从动锥齿轮轴的轴承，安装时都应具有一定的预紧力，以消除轴承多余的轴向间隙，平衡一部分前后轴承轴向负荷，这对主、从动锥齿轮工作时保持正确的啮合和前后轴承获得比较均匀的磨损，都是必要的。

主动锥齿轮轴承预紧度广泛使用调整片调整，其中又多是两轴承距离已定，用增减两轴承内圈之间的距离来调整，如图 3-51a 和图 3-51b 所示。其中图 3-51a 两轴承之间有隔套 2，图 3-51b 主动齿轮轴上有轴肩，在隔套或轴肩前面装有调整垫片 3，增减垫片 3 的厚度即可改变两轴承内圈压紧后的距离，从而使轴承预紧度得到调整。东风 EQ1090E、解放 CA1091 等汽车都属于这种形式。与此类同，有的汽车不用调整垫片，而是通过精选隔套长度来调整。另外，也有的两轴承内圈之间的距离已定，在主减速器油封后面装有调整垫片 3（图 3-51c），增减此垫片厚度即可改变两轴承外圈之间的距离，以调整轴承预紧度。

近年来已有较多的汽车上将隔套改为弹性波形套调整轴承预紧度。波形套采用冷拔低碳无缝钢管制造，其上有一波形框或其他容易产生轴向变形的结构。当轴承预紧后，波形套便超过了弹性极限而进入塑性变形范围，使波形套在较宽的变形范围内其最大轴向支撑力基本不变，从而使轴承预紧度保持在规定范围内。所以弹性波形套是一种调整迅速、精确有效的装置。但由于塑性变形，波形套拆装一次就缩短一次，便需加一层垫圈。一个新圈经拆装 3～4 次就会因屈服点过分降低而报废，这是其主要缺点。

主动锥齿轮轴承预紧度都是按预紧力矩来检查的，而其装配与调整方法也大致相同。

但北京 BJ2023C 汽车因主动齿轮壳直接装在后桥内，所以为了减少拆装次数，应在从动锥齿轮轴承预紧度调整后进行。

装配时，先将轴承外圈涂上机油，压入轴承座孔内，并将后轴承压入主动锥齿轮轴颈上，装入轴承座壳内，依次装入调整垫片、前轴承、万向节凸缘、平垫圈，按规定力矩（如解放 CA1091 的规定力矩为 196～294N·m）拧紧锁紧螺母后，检查轴承的预紧度。注意安装锁紧螺母时，应一面转动轴承座壳，一面旋紧螺母，以免轴承在座上歪斜。

检查时，将轴承座壳夹在台虎钳上，用弹簧秤沿凸缘的切向测量转动轴所需的拉力。如解放 CA1091 为 24.5～57.1N。如拉力过大，应增加前轴承内座圈端面上的调整垫片，反之则应减少。注意：测量时轴承应予润滑，并在顺一个方向旋转不少于 5 圈后进行。如无弹簧称，亦可凭经验检查，用手转动凸缘应转动灵活无阻滞，沿轴向推拉凸缘应感觉不到轴向间隙，即为合适。

有的汽车规定用量具测量方法来调整主动锥齿轮轴承的预紧度，如标志、桑塔纳，这样可以减少调整时拆装次数及使装合趋向仪表化。

从动锥齿轮轴承预紧度的调整方法，根据主减速器的结构形式不同而有所区别。

如解放 CA1091 汽车是以改变中间轴承盖下两边调整垫片的厚度来进行调整。将中间轴及轴承装入主减速器壳内（注意从动锥齿轮应装在壳上有加油口一侧，否则从动锥齿轮将反向旋转），再装两边调整垫片和轴承盖（靠近从动锥齿轮一边的轴承盖上的垫片可稍厚一些，以免下一步调整啮合时齿隙过小而齿轮被卡住），拧紧轴承盖固定螺钉。检查时用手转动从动锥齿轮应能灵活转动，再将百分表固定在主减速器壳上，触头抵住从动锥齿轮背面，用撬棒左右撬动，表上指示的轴向移动量应小于 0.05mm。如不用百分表，则撬动时应感觉不到轴向移动即可。

2. 主、从动锥齿轮啮合印痕和啮合间隙的调整装置

锥齿轮必须有正确的啮合印痕和啮合间隙才能正常工作和达到正常的使用寿命。正确的啮合印痕和间隙是通过齿轮的轴向移动改变其相对位置来实现的。因此，锥齿轮都有轴向位移调整装置，即啮合印痕和啮合间隙调整装置。

(1) 主、从动锥齿轮常见的调整装置

1) 通过增减主动锥齿轮轴承座与主减速器壳之间的调整垫片厚度来调整（图 3-51a 中垫片 1)。如东风 EQ1090E 主减速器是通过增减调整垫片的厚度来使主动锥齿轮相对于从动锥齿轮向外或向里移动。

2) 通过增减主动锥齿轮背面与轴承之间的垫片厚度来调整（图 3-51b 中垫片 1)。这种结构若轴承预紧度调整垫片是靠在轴肩上，则调整锥齿轮轴向位移的同时，也必须等量增减轴承预紧度的调整垫片，否则由于轴肩轴向位置的移动将改变已调好的轴承预紧度。该形式每次调整都需将主动锥齿轮上的轴承压下来，因此维修调整不方便。

3) 通过增减主动锥齿轮轴肩前面的调整垫片来调整（图 3-51c 中垫片 1)。

4) 用调整螺栓配合调整垫片以调整轴承外圈的轴向位置，如图 3-51d 所示。通过增减调整垫片 1 并使前端锥度的调整螺栓 9 旋进旋出，就可调整前轴承的轴向位置，也就调整了主动锥齿轮的轴向位置。

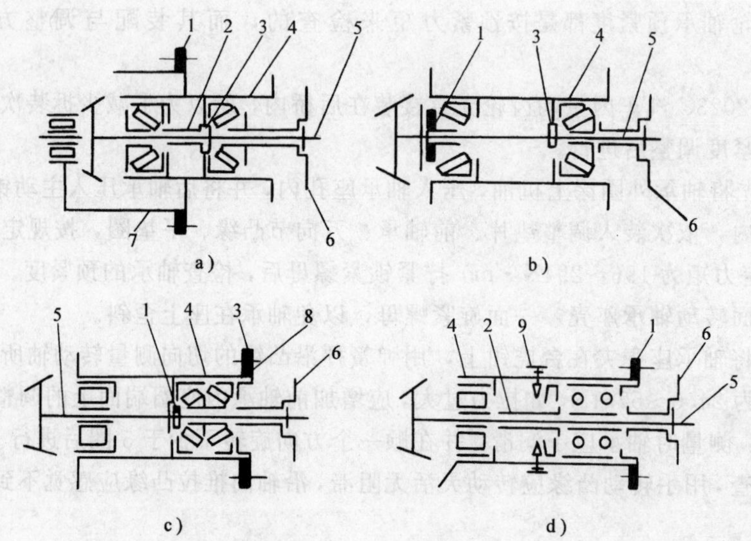

图 3-51 主动锥齿轮的支撑型式及调整装置

a) 跨置式 b)、c)、d) 悬臂式

1—主动锥齿轮啮合状况调整垫片 2—隔套 3—轴承预紧度调整片 4—主动锥齿轮轴承座 5—主动锥齿轮轴 6—凸缘叉 7—主减速器 8—油封盖 9—调整螺栓

(2) 从动锥齿轮的调整装置

从动锥齿轮轴向位移的调整装置与轴承预紧度的调整是共享的。在预紧度调整好后，只要将左、右两侧的调整垫片从一侧调到另一侧，或左、右侧的调整螺母一侧松出多少另一侧等量紧进多少，就可以在保持轴承预紧度不变的情况下，达到啮合状况调整的目的。

3. 主、从动锥齿轮啮合的调整

(1) 啮合调整的要求

1) 齿面接触印痕。目前载货汽车主减速器所用的齿轮，大多为螺旋锥齿轮，齿形曲面为圆弧。为了使齿轮副能正常地工作，两齿轮必须有正确的齿面接触区和齿侧间隙，而两者中，尤以齿面接触区更为重要。

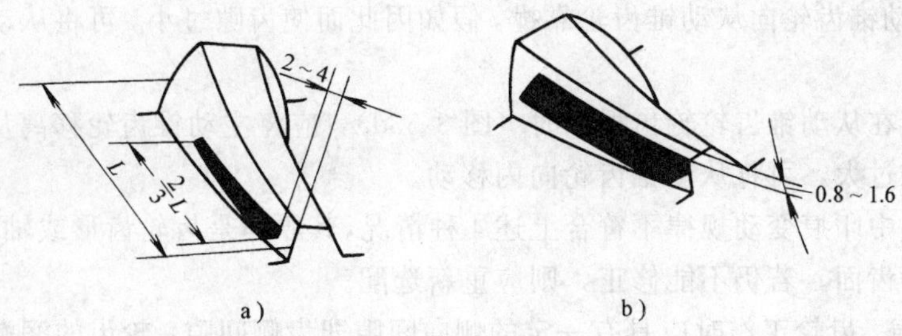

图 3-52　从动锥齿轮的正确接触情况
a）装配时　b）在负荷情况下

从理论上要求，为使螺旋锥齿轮的轮齿能沿其全长接触，必须使两齿轮的圆锥母线在圆锥顶点会合，并使两齿相啮合的曲面具有完全一致的曲率半径。但是，在汽车工作过程中，特别是在较大载荷的作用下，由于轴、轴承和壳体变形以及装配调整中偏差的影响，两齿轮必然略有偏移，这将引起载荷偏向于轮齿的一端，造成应力集中，磨损剧烈甚至引起轮齿断裂。为了消除这一危险，在齿轮制造时，规定两齿轮的轮齿不允许全长接触，只沿齿长方向接触1/2～2/3，以及接触区偏向于小端，这可在制造时使齿轮凸面的曲率半径稍小于凹面曲率半径来达到。这样，在负荷作用下接触区逐渐移向大端，其长度及高度均有所扩大，因而保证了工作时在齿的中部接触，如图 3-52 所示。在修理过程中，不能更换齿轮副中的某一件，也不能将配好的齿轮副搞乱，否则在调整的过程中会遇到困难。

检验齿轮啮合位置是否正确，一般是用齿面接触印痕来判断。在齿面上涂上薄层红铅油或氧化铅与机油混合物，然后转动齿轮，使其相互啮合数次后，观察齿面上所压的红色印痕是否正确。装配中，较常见的印痕位置是偏大端或偏小端，以及偏齿顶或偏齿根的接触。调整时，则利用改变两锥齿轮的装配中心距，即使两锥齿轮作相互靠近或离开的轴向移动来实现，具体的调整方法如图 3-53 所示。

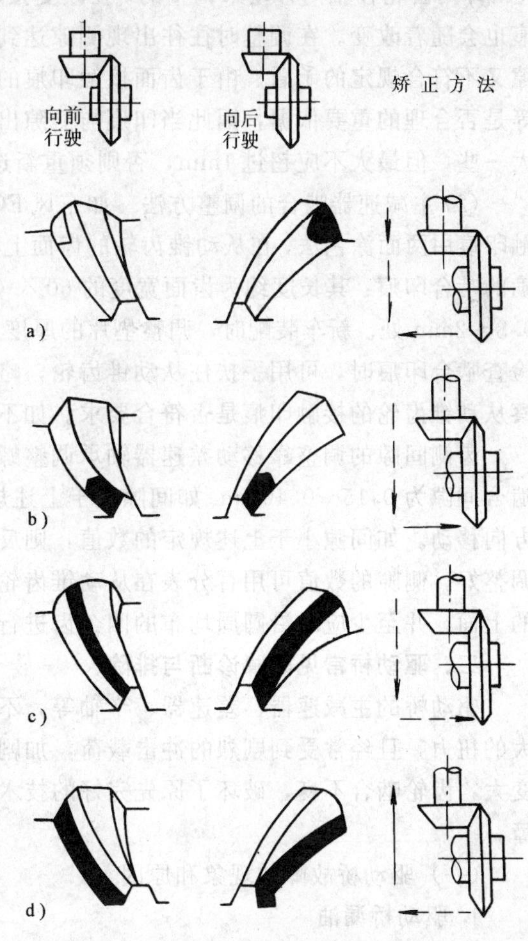

图 3-53　锥齿轮的啮合情况和齿侧间隙的调整

当接触印痕在从动锥齿轮轮齿大端时（图 3-53a），应将从动锥齿轮向主动锥齿轮靠拢，假如因此而使齿隙过小，可将主动锥齿轮向外移动。

当接触印痕在从动锥齿轮轮齿小端时（图 3-53b），应将从动锥齿轮移离主动锥齿轮，假如因此而使齿隙过大，可将主动锥齿轮向内移动。

当接触印痕在从动锥齿轮轮齿顶端时（图

3-53c)，应将主动锥齿轮向从动锥齿轮靠拢，假如因此而使齿隙过小，可将从动锥齿轮向外移动。

当接触印痕在从动锥齿轮轮齿根部时（图 3-53d)，应将主动锥齿轮移离从动锥齿轮，假如因此而使齿隙过大，可将从动锥齿轮向内移动。

如果在调整中印痕变动规律不符合上述 4 种情况，其原因是齿轮齿形或轴线位置不正确，可用手砂轮修磨齿面。若仍不能修正，则应重新选配。

2）齿侧间隙。齿轮工作时应具有一定的侧向间隙即齿侧间隙，轮齿的润滑全靠这个间隙来保证。间隙过小，不能在齿面之间形成一定厚度的油膜，轮齿工作面的润滑和冷却不够，将产生噪声和发热，并加速齿面磨损，甚至导致卡死和轮齿折断。当侧隙过大时，齿面会产生冲击负荷，破坏油膜，并出现冲击响声，同样会加速齿面磨损，严重时会折断轮齿。

侧隙值的大小，取决于齿轮的端面模数和工作条件，即端面模数越大，工作条件越恶劣，侧隙值越大。技术规范规定，主、从动锥齿轮的侧隙为 0.20～0.60mm。侧隙的调整，也是靠主、从动锥齿轮的轴向移动来进行。两齿轮靠近，侧隙减小；反之，两齿轮离开，侧隙增大。

由此可见，主、从动锥齿轮齿面接触印痕和齿侧间隙，都是利用改变两齿轮的装配中心距，即两齿轮作轴向移动来调整的。在改变接触印痕时，侧隙也随着变化。而改变侧隙时，印痕也会随着改变。在调整时往往出现侧隙达到规定但印痕不符合要求，或印痕符合要求而侧隙又不符合规定的矛盾。由于齿面接触印痕的好坏是判断齿面接触面积、装配中心距和齿形等是否合理的重要依据，因此当印痕与侧隙出现互相矛盾时，应尽可能迁就印痕，侧隙可稍大一些，但最大不应超过 1mm，否则须重新选配齿轮。

(2) 主减速器啮合的调整方法　如东风 EQ1090E 首先应进行齿面啮合的调整。齿面的接触印痕用两面涂色法，在从动锥齿轮的齿面上检查，沿圆周均布 3～4 处，每处 1～2 个齿。正确的啮合印痕：其长度约为齿面宽度的 60%（25～30mm），位置略偏于齿的小端和低于齿顶 0.8～2mm 处。新车装配时，调整垫片的厚度有 0.1mm、0.2mm、0.5mm、和 1.0mm 四种。检查啮合印痕时，可用手扶住从动锥齿轮，略加一些负荷，从两个方向旋转主动锥齿轮，观察从动锥齿轮的接触印痕是否符合要求。如不正确，要重新调整，使之符合要求。

齿侧间隙的调整靠移动差速器轴承调整螺母，即移动从动锥齿轮的位置来达到。正确的啮合间隙为 0.15～0.40mm。如间隙大于上述规定的极值，则应使从动锥齿轮往主动锥齿轮的方向移动。如间隙小于上述规定的数值，则反方向移动。调整前应先将差速器轴承的预紧度调整好。侧隙的数值可用百分表在从动锥齿轮轮齿大端上测量，百分表的触头应垂直于大端的上面，并至少应对沿圆周均布的四个齿进行测量。

三、驱动桥常见故障诊断与排除

驱动桥的主减速器、差速器、半轴等，不仅承受很大的径向力和轴向力，而且要承受巨大的扭力，且经常受到剧烈的冲击载荷，加剧其零部件磨损。相对位置发生变化，配合间隙变大，齿轮啮合不良，破坏了原先完好的技术状况，将使其在工作中产生异响及功能性的故障。

(一) 驱动桥故障的现象和原因

1. 驱动桥漏油

(1) 现象　齿轮润滑油从后桥减速器和半轴油封或其他衬垫处向外渗漏。

(2) 原因

1）壳盖各部螺孔螺纹多次拆装，螺纹间隙增大，润滑油从螺纹处渗油。

2）长期使用，尘土、油污、泥水粘附，使通气孔堵塞，空气流通不畅。

3）油封座老化变质、磨损松旷或装配不当。

4）衬垫损坏或紧固螺栓松动，导致接合面不严密。

5）油封配合的轴颈磨损或表面有沟槽。

6）润滑油加注过多，运转中壳体内压增高，润滑油渗出。

7）放油螺栓松动或壳体有裂缝。

2．驱动桥发响

（1）现象

1）行驶时驱动桥有异响，脱档滑行时异响减弱或消失。

2）行驶时驱动桥有异响，脱档滑行时亦有异响。

3）汽车直线行驶时无异响，当汽车转弯时驱动桥处有异响。

4）汽车上坡或下坡时后桥有异响，或上、下坡时驱动桥都有异响。

5）车轮有运转噪声或沉重的异响。

（2）原因

1）圆锥和圆柱主从动齿轮、行星齿轮、半轴齿轮啮合间隙过大；半轴齿轮花键槽与半轴的配合松旷；主、从动锥齿轮啮合不良；圆锥和圆柱主从动齿轮啮合间隙不均；齿轮齿面损伤或轮齿折断。

2）主动锥齿轮轴承松旷；主动圆柱齿轮轴承松旷；差速器圆锥滚子轴承松旷；后桥中某个轴承由于预紧力过大，导致间隙过小；主、从动锥齿轮调整不当，间隙过小。

3）差速器行星齿轮半轴齿轮不匹配，使其啮合不良；行星齿轮、半轴齿轮磨损或折断；差速器十字轴轴颈磨损；行星齿轮支承垫圈磨薄；行星齿轮与差速器十字轴卡滞或装配不当(如行星齿轮支承垫圈过厚)，使行星齿轮转动困难；减速器从动齿轮与差速器壳的紧固铆钉松动。

4）驱动桥某一部位的齿轮啮合间隙过小，导致汽车上坡时发响；后桥某一部位的齿轮啮合间隙过大，导致汽车下坡时发响；后桥某一部位的齿轮啮合印痕不当或齿轮轴支承轴承松旷，导致汽车上、下坡时都发响。

5）车轮轮毂轴承损坏，轴承外圈松动；制动鼓内有异物；车轮轮辋破碎；车轮轮辋轮胎螺栓孔磨损过大，使轮辋固定不牢。

3．驱动桥发热

（1）现象　汽车行驶一定里程后，用手触摸后桥，非常烫手。

（2）原因

1）驱动桥主、从动齿轮啮合间隙过小。

2）驱动桥轴承装配过紧。

3）润滑油变质、量少或型号规格不符。

（二）上海桑塔纳主减速器和差速器的检修调整

1．主减速器和差速器的检修

1）检查车速表主动锥齿轮锁紧螺母是否损坏；检查车速表齿轮有无损坏，齿轮与轴颈配合有无松动。

2）检查差速器中星行齿轮的磨损情况，看其是否有裂纹、缺齿及烧蚀等现象。

3）检查复合式止推垫圈有无磨损和折断现象；检查行星齿轮轴轴颈磨损情况。

4）检查法兰盘花键与半轴齿轮花键磨损情况。

2. 主减速器和差速器的调整

（1）调整说明　桑塔纳轿车主动锥齿轮和从动锥齿轮调整是否恰当，对于主传动器的使用寿命、运转平稳性起着决定性作用。因此，在修理中，当更换某些组件或机件后，必须通过精确的测量，计算和选出合适的调整垫片，通过轴向移动主动锥齿轮求得平稳运转的最佳位置，并使啮合间隙达到规定的公差范围。

1）主动锥齿轮和从动锥齿轮标志。主动锥齿轮和从动锥齿轮的标志如图 3-54 所示。图中字母和数字含义如下：

● 0937 是标记，表示传动比为 9∶37。

● 312 表示主动锥齿轮与从动锥齿轮的配对号码。

● r(25) 在生产过程中使用特殊检验机器测量的校对规的偏差“r”。偏差“r”是以 1/100mm 标出的，25 就意味 $r=0.25$mm。

● V_0 表示双曲线偏心距为 13mm。

● R_0 表示用特殊检验机器使用校对规的长度，$R_0=50.70$mm。

● R 表示从动锥齿轮轴和主动锥齿轮端面之间的实际尺寸（当这套组件处于最平稳运转时）。

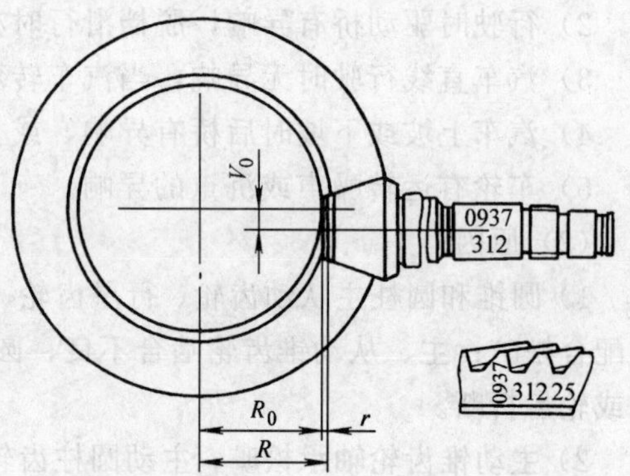

图 3-54　主、从动锥齿轮组件配对标记及调整

2）主减速器和差速器的调整项目。主动锥齿轮轴承预紧度的调整、差速器轴承预紧度的调整以及主、从动锥齿轮印痕（正确的接触面）与间隙（0.08～0.12mm）的调整。

3）调整部位。桑塔纳轿车驱动桥的调整部位有三处，它是通过改变从动锥齿轮调整垫片以及主动锥齿轮的调整垫片的厚度来达到正确啮合及合适的预紧度。

（2）主减速器主、从动锥齿轮调整的内容

1）差速器轴承预紧度的调整。

2）主、从动锥齿轮啮合间隙和齿面之间接触面积的调整。

（3）主减速器主、从动锥齿轮的调整方法概述　主减速器主、从动锥齿轮的调整方法有两种：不使用专用工具调整和使用专用工具调整。原厂规定方法需使用专用工具，比较精确，但较复杂。传统方法不使用专用工具，比较简单，但不够精确。

（4）用传统方法调整主、从动锥齿轮　分解前应检查主、从动锥齿轮的侧隙、差速器轴承的间隙。分解时应分别放好调整垫片只有当主从动锥齿轮侧隙大于 0.30mm，或运行时噪声过大时，才应调整。

1）先用从动锥齿轮调整垫片调整好差速器轴承的预紧度　在拧紧左、右半轴后，盆形齿轮既应转动灵活，又要没有可感到的轴向间隙。

2）齿轮标准侧隙应在 0.08～0.15mm，相邻两个齿的侧隙差不大于 0.03mm，所有齿的侧隙差应不大于 0.06mm。侧隙不当可左右移动垫片也可增减垫片。

3）调整主、从动锥齿轮齿面接触情况（见图 3-55）。

4）调整好的主、从动锥齿轮，转动转矩为 1.47～2.45N·m，试车时允许在一个低速范围内有不大的噪声（5～7km/h）。

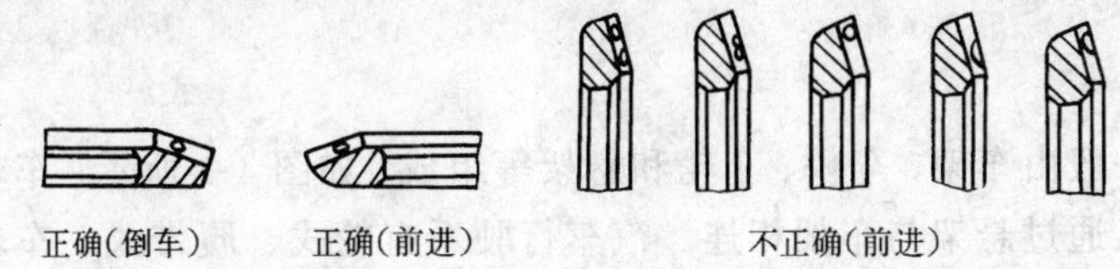

图 3-55　主、从动锥齿轮齿面接触情况

习　题

3-1　汽车万向传动装置的功用是什么？主要用在什么地方？

3-2　十字轴万向节有什么传动特点？十字轴万向节如何实现等角速传动？

3-3　举出两种等角速万向节，并说明它们的工作原理。

3-4　汽车驱动桥有几种？各有什么特点？

3-5　驱动桥主要由几部分组成？

3-6　主减速器怎样进行润滑和调整？

3-7　全浮支承和半浮支承各有何特点？

3-8　传动轴和万向传动装置怎样进行检修？

3-9　差速器怎样进行检修与调整？

3-10　驱动桥发热的原因有哪些？如何进行判断？

3-11　汽车行驶中有异响，并伴随车身抖动的原因有哪些？如何诊断？

第四章　汽车行驶系

汽车行驶系一般由车架、车桥、车轮和悬架等组成，如图 4-1 所示。车轮经轮毂轴承安装在车桥上，车桥又通过悬架与车架相连。汽车行驶系有轮式、履带式、车轮履带式、水陆两用等多种形式，本章只介绍轮式行驶系。

汽车行驶系的主要作用是：①支承汽车的总质量；②接受传动系输出的转矩，通过驱动轮与路面的附着作用，转化为汽车行驶的驱动力；③减少不平路面对车身的振动，缓和冲击，保证汽车平顺行驶。

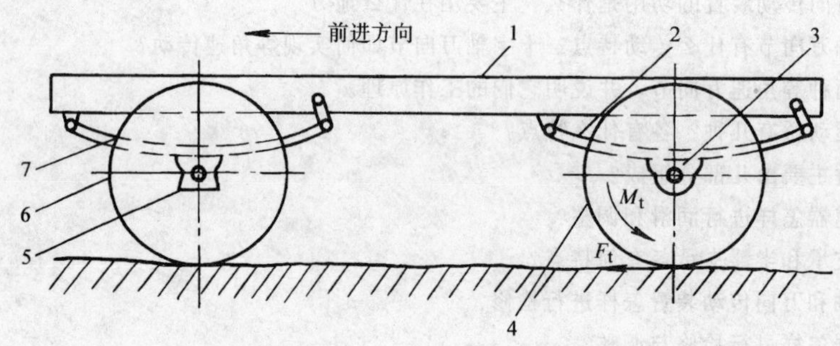

图 4-1　行驶系的组成

1—车架　2—后悬架　3—驱动桥　4—后轮　5—转向桥　6—前轮　7—前悬架

第一节　车架和车桥

一、车架的构造和检修

（一）车架的功用和要求

汽车车架俗称“汽车大梁”，它是汽车装配的基础件，发动机、变速器、传动机构、操纵机构和车身等都安装在车架上。车架不仅承受各总成的静载荷，还要承受汽车行驶时产生的复杂动载荷，如汽车加速、制动、转弯、上下坡、装载不均、高速以及在不良道路上行驶。这就要求车架要有足够的强度和合适的刚度，并且要结构简单，质量轻，还应尽可能地降低汽车的质心和获得较大的前轮转向角度，以提高汽车行驶的稳定性和转向灵活性。因此，车架大都制成形状复杂的刚性构架。

（二）车架的类型和构造

汽车上装用的车架按其结构形式不同可分为：边梁式车架、中梁式车架、综合式车架和无梁式车架。

1. 边梁式车架

边梁式车架一般是用铆接或焊接的方法，将两边的纵梁和若干根横梁牢固连接的桥式结构。边梁式车架便于安装支架和布置总成，有利于改装变型车和发展多种车型的需要，所以目前被广泛应用。

纵梁一般用低碳合金钢板冲压而成。纵梁的断面形状一般为槽形、Z 字形、工字形或箱形断面。纵梁上还钻有多个孔，用来安装踏脚板、转向器、燃油箱、储气筒、蓄电池和车身等零部件的支架，有的用于穿过管道或电线等。边梁式车架的横梁一般也由低碳钢钢板冲压成槽形，以增强车架的抗扭强度，同时还用于支承汽车上的主要部件。图 4-2 所示为东风 EQ1092 型汽车车架。

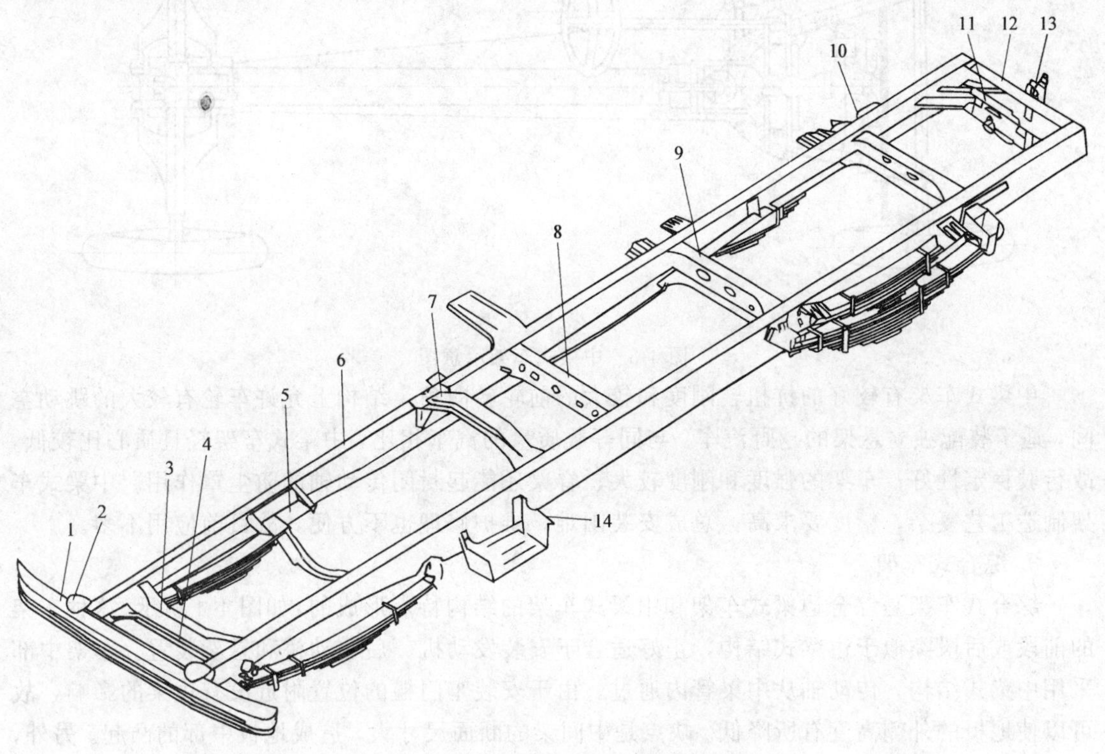

图 4-2　东风 EQ1092 型汽车车架

1—保险杠　2—挂钩　3—前横梁　4—发动机前悬置横梁　5—发动机后悬支架及横梁　6—纵梁　7—驾驶室后悬置横梁　8—第四横梁　9—后钢板弹簧前支架横梁　10—后钢板弹簧后支架横梁　11—角撑横梁组件　12—后横梁　13—拖钩　14—蓄电池托架

东风 EQ1092 型汽车车架主要由两根纵梁和八根横梁铆接而成。

纵梁为槽形不等高断面梁。由于纵梁中部受到的弯矩最大，为使应力分布比较均匀，同时又减轻质量，故中部断面高度最大，由此向两端高度逐渐减小。

车架前端装有起缓冲作用的横梁式保险杠 1，上装有挂钩 2 以便于车辆牵引。

横梁 3 上安装冷却水散热器，横梁 4 是发动机的前悬支座。为尽可能降低发动机位置，横梁 4 和 5 做成下凹形。在横梁 7 的上面安装驾驶室后悬置，下面安装传动轴的中间轴承支架。由于传动轴安装位置的限制，横梁 7 做成上拱形，其余横梁做成简单的直槽形。

后横梁 12 中部装有拖带挂车用的拖钩 13。由于拖钩上的作用力很大，故后横梁用角撑加强。

2. 中梁式车架

中梁式车架又称脊骨式车架，只有一根纵梁位于中央而贯穿汽车全长，如图 4-3 所示。

中梁的断面形状做成管形、槽形或箱形。中梁的前端做成外伸支架，用来固定发动机，而主减速器壳通常固定在中梁的尾端，形成断开式后驱动桥。中梁上的悬伸托架用来支承汽车车身和安装其他机件。如果中梁是管形的，传动轴可在管内穿过。

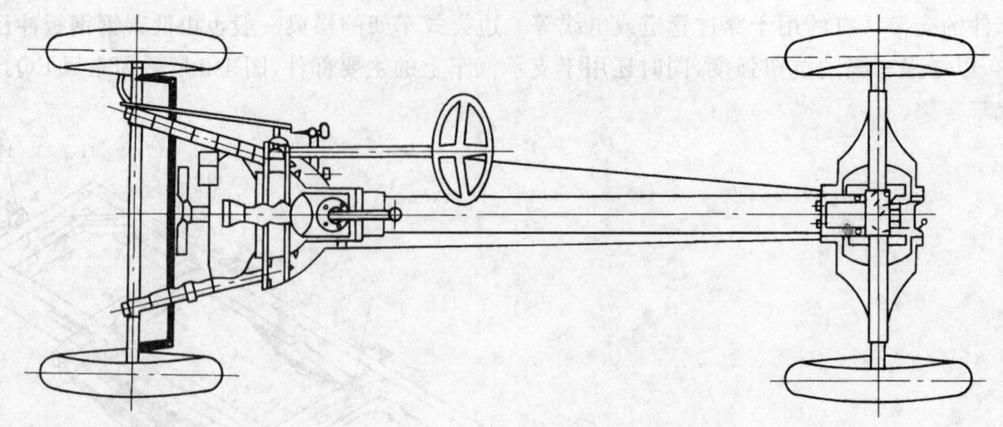

图 4-3　中梁式车架示意图

中梁式车架有较好的抗扭转刚度和较大的前轮转向角，结构上允许车轮有较大的跳动空间，适于装配独立悬架的越野汽车。与同等载质量的汽车相比，中梁式车架轻且质心比较低，故行驶稳定性好；车架的强度和刚度较大；脊梁还能起封闭传动轴的防尘罩作用。中梁式车架制造工艺复杂，精度要求高，总成安装困难，维护修理也不方便，故目前应用不多。

3. 综合式车架

综合式车架是综合边梁式车架和中梁式车架的结构特点形成的，如图 4-4 所示。这种车架的前段或后段类似于边梁式结构，正好适合于安装发动机、后驱动桥和悬架装置。车架中部采用中梁式结构，传动轴从中梁管内通过。由于安装车门槛的位置附近没有边梁的影响，故可以使地板的外侧高度有所降低。缺点是中间梁的断面尺寸大，造成地板中部的凸起。另外，不规则的结构构件增加了车架制造难度。

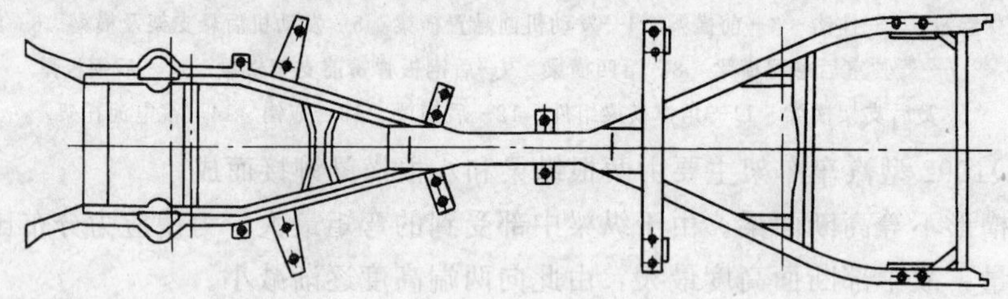

图 4-4　综合式车架结构

4. 无梁式车架

无梁式车架是用车身兼做车架，所有的零部件都安装在车身上，全部作用力由车身承受，故这种车身又称为承载式车身。这种结构的车身底板用纵梁和横梁进行加固，车身刚度较好，质量较轻，但制造要求较高，目前多用于轿车和部分客车，如图 4-5 所示。

有的高级轿车为了提高乘坐舒适性，减轻发动机的振动，缓和汽车行驶时从路面通过悬架系统传来的冲击，常常采用独立的车架和非承载式车身。

（三）车架检修

由于结构和使用方面的原因，车架往往会出现变形、裂纹和锈蚀等失效形式。

车架承受各总成的质量和自身质量，容易在车架最大弯曲应力处产生弯曲变形；汽车在不平的道路上行驶时，某一个车轮被抬起或下陷，与其他车轮不在同一平面上，从而使车架连带车身一起歪斜，引起车架的扭转变形。车架变形会使汽车各总成之间的相互位置发生变化，还将引起轮胎不正常磨损、操纵稳定性变差、制动效能变坏和油耗增加。

汽车行驶过程中，由于路面不平产生的附加动载荷的作用，车架纵梁、横梁以及它们的连接处，由于弯曲应力和应力集中往往引发疲劳裂纹或断裂。车架在使用过程中若发生断裂，后果十分严重。

恶劣的工作环境往往使汽车车架锈蚀，这会在很大程度上降低车架的疲劳强度，引起早期失效。还有路面不平产生的冲击振动使螺栓、铆钉等连接松动等。

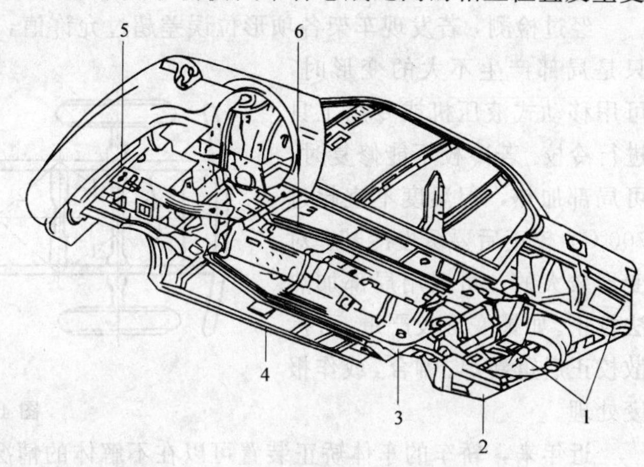

图 4-5　承载式车身结构

1—后底板横梁　2—后侧底板构架　3—后底板边梁　4—底板边梁　5—发动机固定中心梁　6—前底板加强梁

如果车架出现上述变形、断裂、锈蚀和铆接松动等现象，就会破坏各总成的正确安装位置，不仅降低汽车的使用寿命，还会影响汽车正常行驶。因此车架日常维护和检修是十分必要的。

1. 车架维护保养

车架的使用寿命与汽车行驶条件、工作条件以及维护保养密切相关。为保证车架有足够的使用寿命，在使用中应注意以下事项：

1）按期清洗车架上的泥垢。清洗时只能用水冲或用毛刷子洗擦，不能用硬铁片铲泥垢，以免造成车架漆层脱落，引起锈蚀。

2）定期紧固各部件、总成的联接螺栓。

3）避免超载和装载不均匀。

4）在崎岖不平道路上行驶时，应降低车速。

5）带拖车时起步应缓慢，以免挂钩或牵引钩断裂或车架变形。

6）各部位的漆面破坏后，应及时补好。

2. 车架检修

车架检修通常在二级保养和大修时进行。

(1) 外观检查　车架检修前应除去锈层和旧漆，然后从外观上寻找车架是否产生严重的弯曲和扭转变形，是否有开裂、脱焊、锈蚀及铆接松动现象。对肉眼不易直接看到的裂纹，可用水将车架清洗干净后再涂上滑石粉，用手锤敲打找出裂纹。

(2) 车架变形的检修　车架产生较大的弯曲和扭斜变形，用肉眼可以看出。变形较小时，常采用专用的底盘校正器检查或拉线法配以 90°角尺、钢直尺等量具来检验。

车架扭斜通常通过测量对角线法加以判别。如图 4-6 所示，选择车架上平面较大的平整的部位作为基准平面。在钢板弹簧固定支架销承孔轴线或与车架侧面左右等距离的对称点，引出四个在基准面上的投影点，测出四点间对角线的长度差即可。车架各段对角线 1—1、2—2、

3—3、4—4 长度差允许值不超过 5mm。

车架纵梁直线度检查：一般纵梁平面直线度允许误差为 1000mm 长度上不大于 3mm。

经过检测，若发现车架各项形位误差超过允许值，则应进行校正。当车架总成情况良好，只是局部产生不大的变形时，可用移动式液压机或专用工具进行冷校。若冷校不能修复时，可局部加热，但温度不宜超过 700℃，校正后要缓慢冷却。对变形较大的，可采用局部加热法校正。如果变形较严重，可拆散校正后重新焊、铆合，或作报废处理。

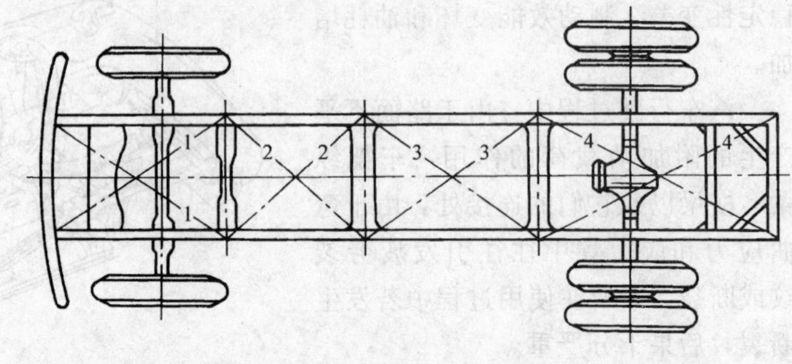

图 4-6 车架扭斜的检查

近年来，轿车的车体矫正装置可以在不解体的情况下，通过测量车体上规定点的三维坐标值，并与标准值进行比较找出车体的变形，然后用附带的拉、压装置进行校正。

(3) 铆接松动的检修　用锤子锤击铆钉进行敲击检查，听响声来判断是否松动。如有松动、错头、歪斜、钉头龟裂或锈蚀严重的铆钉均应去掉，重新铆接。拆旧铆钉时，一般用稍小于铆钉孔直径的钻头钻除或铲除旧铆钉。不可用气焊枪切割，以免扩大铆钉孔。

如果铆钉孔尺寸变大、失圆变形，应进行扩孔，并选配加大直径的铆钉。一般孔径应比铆钉直径大 1mm，铆钉尾部露出长度为直径的 1.5～1.7 倍。

车架铆接可采用冷铆或热铆。冷铆铆接质量高，但需要施加较大的铆合力；热铆是先将铆钉加热到樱红色（1000～1100℃），然后利用铆枪或手工锤击铆合，其铆合力较小，应用较多。

铆钉铆合后，铆接面应贴合紧密；铆钉杆应充满铆钉孔，不得歪斜；铆钉头不得有残缺、裂纹、偏移等现象。凡原设计用铆钉连接的部位，均不准用螺栓代替。

(4) 车架裂纹的检修　车架出现裂纹时，应根据裂纹的长短及所在部位的不同，采用不同的方法进行修复。

1) 裂纹较短且受力不大的部位，可直接进行焊接修复。焊前应在裂纹两端钻止扩孔，并沿裂缝开 V 形槽。

2) 裂纹较长但未扩展到整个断面，且在受力不大的部位，应先将裂纹按技术要求焊好并修平，然后再用三角形腹板进行加强，如图 4-7 所示。也可以按椭圆形、三角形、菱形或矩形将车架纵梁裂纹部位切除，并按照相同的形状和尺寸制成腹板，嵌入切除部位，用手工电弧焊正反面焊牢。

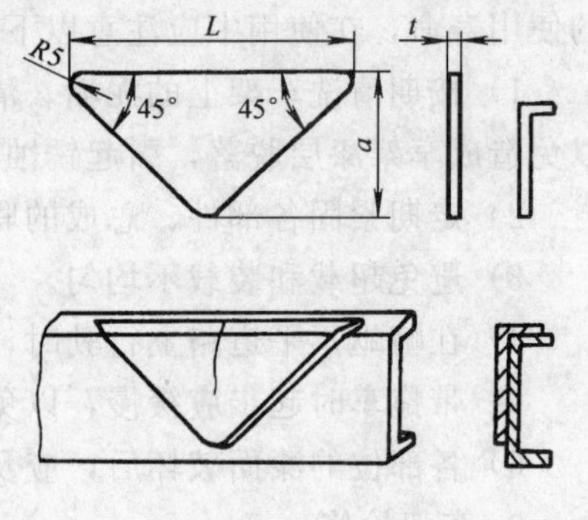

图 4-7　三角形加强腹板

3) 当裂纹已扩展到整个断面，或虽未达到整个断面但在受力较大的部位时，应先对裂纹进行焊接，然后用角形或槽形腹板对纵梁翼面及腹面同时进行加强（腹板两端应做成逐渐减小的斜角形），如图 4-8 所示。

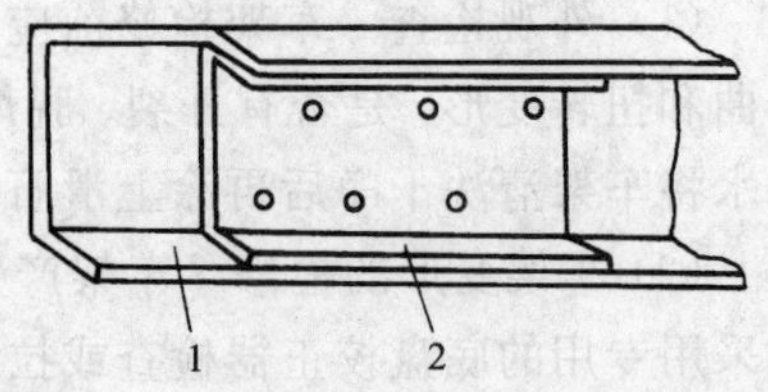

图 4-8　槽形腹板

1—纵梁　2—加强腹板

除裂纹外，车架产生严重锈蚀失去原有强度时，也应采用腹板进行加强。加强腹板在车架上的固定可通过铆接、焊接或铆焊结合的方法来实现。采用铆接时，应尽量利用纵梁上原有的铆钉孔，以免新开铆钉孔对车架产生不良影响。而且铆钉孔应上下交错排列，如图 4-8 所示。采用铆焊结合的方法时，应先焊后铆，以免降低铆接质量；采用焊接的方法时，应尽量减小焊接部位的应力集中。

二、转向桥与转向驱动桥构造

（一）车桥的作用及分类

车桥是用来安装和支承车轮的部件，并通过悬架与车架（或承载式车身）连接。车架所受的载荷通过悬架和车桥传给车轮，而车轮上的滚动阻力、驱动力、制动力和侧向力及其弯矩、扭矩又通过车桥传递给悬架和车架，车桥的作用是传递车架与车轮之间各方向的作用力及其所产生的弯矩和转矩。

根据悬架结构的不同，车桥分为整体式和断开式两种。整体式车桥是刚性的实心或空心梁，它与非独立悬架配用。断开式车桥为活动关节式结构，它与独立悬架配用。

根据车桥的功用，车桥又可分为转向桥、驱动桥、转向驱动桥和支持桥四种，其中转向桥和支持桥都属于从动桥。一般汽车多以前桥为转向桥，后桥为驱动桥；越野汽车和部分轿车的前桥为转向驱动桥；挂车上的车桥都是支持桥。驱动桥已在传动系中叙述，支持桥除不能转向外，其他功能和结构与转向桥基本相同。本节主要讨论转向桥和转向驱动桥。

（二）转向桥

汽车的转向桥能使安装在两端的车轮偏转一定的角度，以实现汽车转向的目的；同时也承受车架与车轮之间的作用力及其所产生的弯矩和转矩。

各种类型汽车的转向桥结构基本相同，主要由前轴、转向节、主销和轮毂等四部分组成，如图 4-9 所示。

1. 前轴

前轴 14 是转向桥的主体，其断面形状一般采用工字形或管状，用以提高抗弯强度、减轻质量。为提高抗扭强度，前轴两端加粗并呈拳形，主销 5 插入拳形上的通孔内，将前轴与转向节 8 连接起来。在主销孔内侧装有楔形锁销 11，用以固定主销。

汽车前轴的中部呈下凹形，这是为了降低发动机的安装高度，从而降低汽车质心，并扩展驾驶员视野，同时还减小了传动轴与变速器输出轴之间的夹角。

在前轴凹形上平面的两端各有一块安装钢板弹簧用的底座，其上钻有安装 U 形螺栓用的四个通孔和一个位于中心的钢板弹簧定位孔。在前轴两端还制有转向轮最大转向角的限位凸块。

前轴材料一般采用中碳钢，经模锻和热处理。

2. 转向节

左转向节 8（右转向节 17）是一个叉形零件。它的外侧是内粗外细的悬臂轴，用来安装车轮内、外轮毂轴承 33 和 27。靠近两叉根部有呈方形的突缘，突缘四周有螺栓孔，用来固定制动底板。

转向节内侧上下两叉有两个同轴孔，通过主销 5 与前轴两端的拳形部分相连，使前轮可以绕主销 5 偏转一定角度从而使汽车转向。为了减小磨损，转向节销孔内压入青铜衬套 7。衬套是用装在转向节上的油嘴 15 注入润滑脂进行润滑。为使转向灵活，在转向节下叉与前轴拳形部分之间装有止推轴承18。在转向节上叉与拳形部分之间还装有调整垫片12，以调整间隙大小。

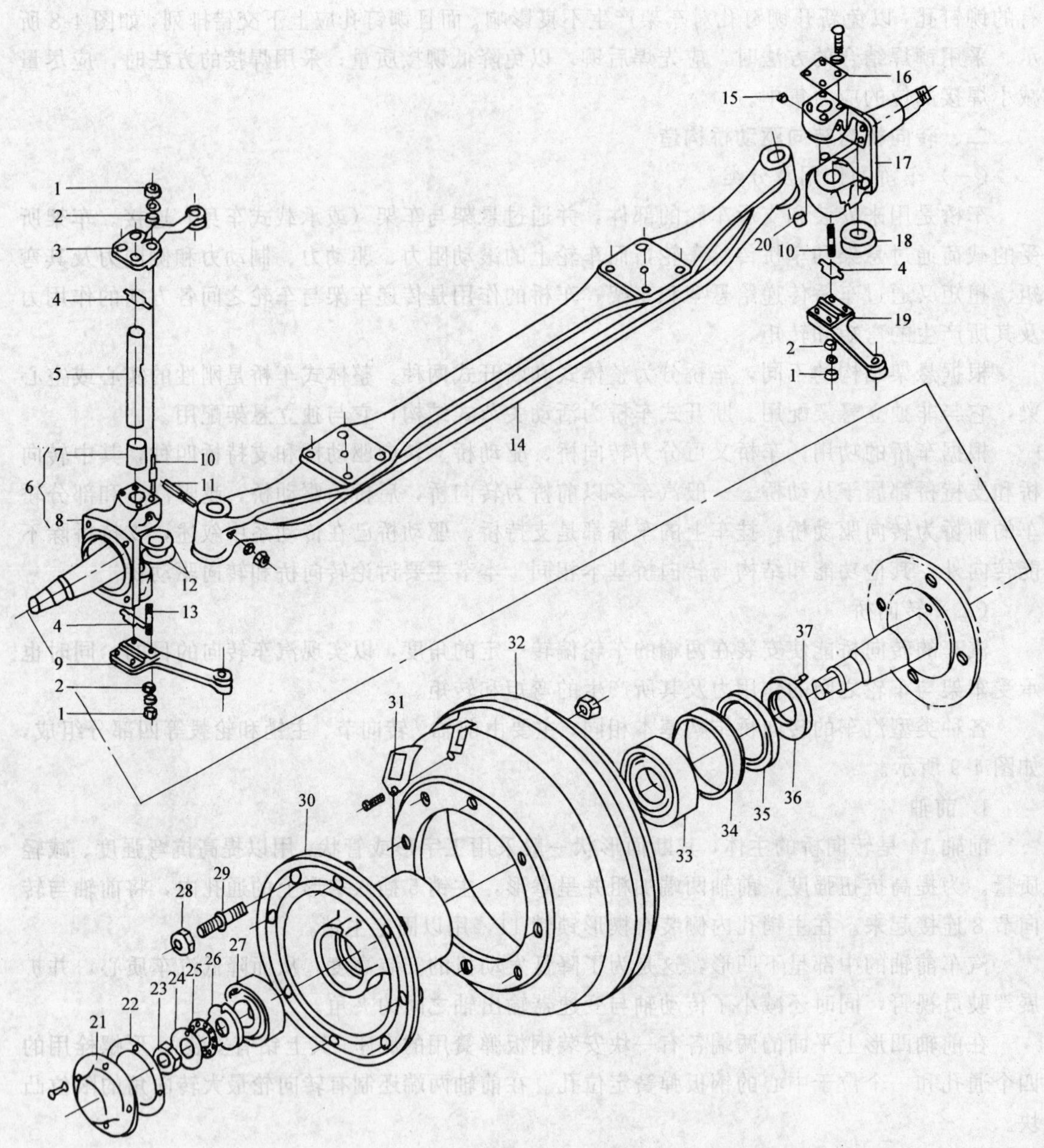

图 4-9 转向桥分解图

1—紧固螺母 2—锥套 3—左转向节上臂 4—密封垫 5—主销 6—左转向节总成 7—衬套 8—左转向节 9—左转向节臂 10、13—双头螺栓 11—楔形锁销 12—调整垫片 14—前轴 15—油嘴 16—右转向节上盖 17—右转向节 18—止推轴承 19—右转向节臂 20—限位螺栓 21—轮毂端盖 22—衬垫 23—锁紧螺母 24—止动垫圈 25—锁紧垫圈 26—调整螺母 27—前轮毂外轴承 28—螺母 29—螺栓 30—车轮轮毂 31—检查孔堵塞 32—制动鼓 33—前轮毂内轴承 34—轮毂油封外圈 35—轮毂油封总成 36—轮毂油封内圈 37—定位销

在左、右转向节下叉的下端各装有与转向节臂 9 和 19 制成一体的端盖。左、右转向节臂 9 和 19与横拉杆（图中未画出）相连接。在左转向节上叉的上端装有与左转向节上臂制成一体的端盖，这样就可以通过转向直拉杆前后推拉左转向节上臂 3，使左、右转向节同时绕主销摆动，实现转向。

为了防止转向时轮胎与转向直拉杆或翼子板相碰擦，转向轮的最大转角不能超过规定值，为此在转向节上装有限位螺栓 20。它与前轴两端的限位凸块相配合，可以调整转向轮的最大转角。东风 EQ1092 型、桑塔纳轿车的最大转角分别为 37°31′和 40°18′。

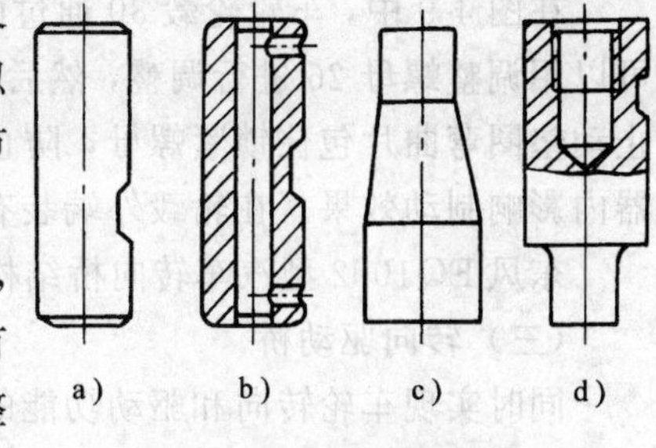

图 4-10　主销的形式

a）实心圆柱销　b）空实心圆柱销

c）圆锥销　d）阶梯销

3. 主销

销的作用是铰接前轴与转向节，使转向节绕着主销摆动，以实现车轮的转向。主销 5 的中部切有凹槽，安装时用楔形锁销 11 与凹槽配合，将主销固定在前轴的拳形孔中。主销与转向节上的销孔是动配合。

常见的主销结构形式有四种，如图 4-10 所示。

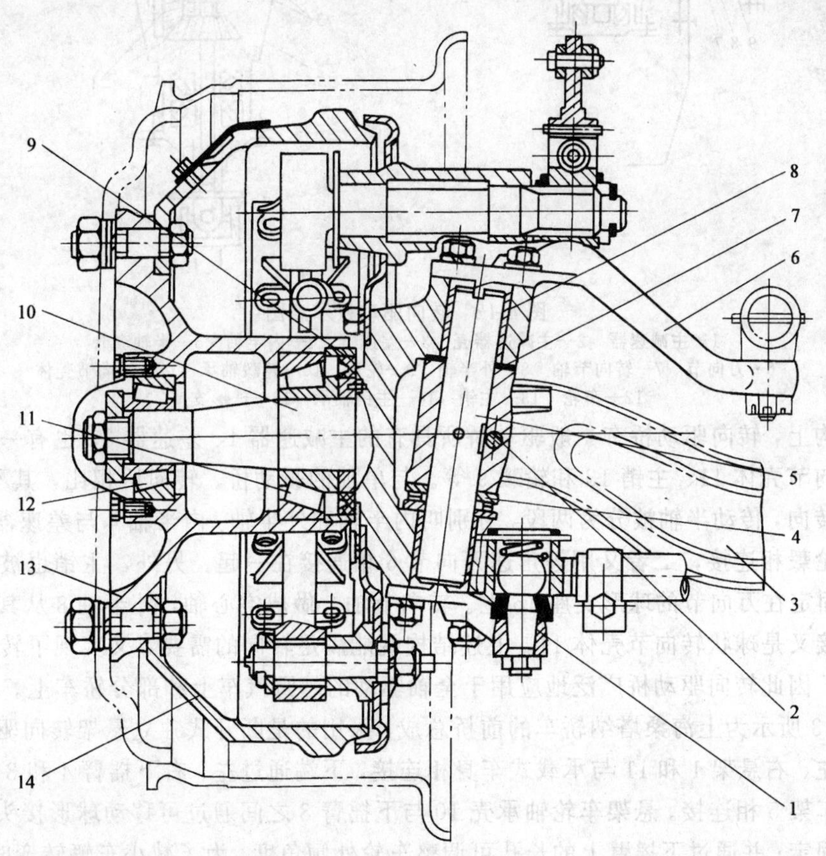

图 4-11　东风 EQ1092 型汽车转向桥结构

1—梯形臂　2—锥形锁销　3—前轴　4—推力轴承　5—主销　6—转向节臂　7—调整垫

8—衬套　9—油封　10—转向节　11、12—轮毂轴承　13—轮毂　14—制动鼓

4. 轮毂

在图 4-9 中，车轮轮毂 30 通过两个轮毂轴承安装在转向节外端的轴颈上，轴承的预紧度可以用调整螺母 26 进行调整，然后套上锁紧垫圈 25 和止动垫圈 24，拧紧锁紧螺母 23，并将止动垫圈弯曲片包住锁紧螺母，防止松动。轮毂内侧装有油封 35，以防润滑脂进入车轮制动器内影响制动效果。在轮毂外端装有轮毂端盖 21，以防泥水和尘土侵入。

东风 EQ1092 型汽车转向桥结构如图 4-11 所示。

（三）转向驱动桥

同时实现车轮转向和驱动功能的车桥叫做转向驱动桥，其组成如图 4-12 所示。

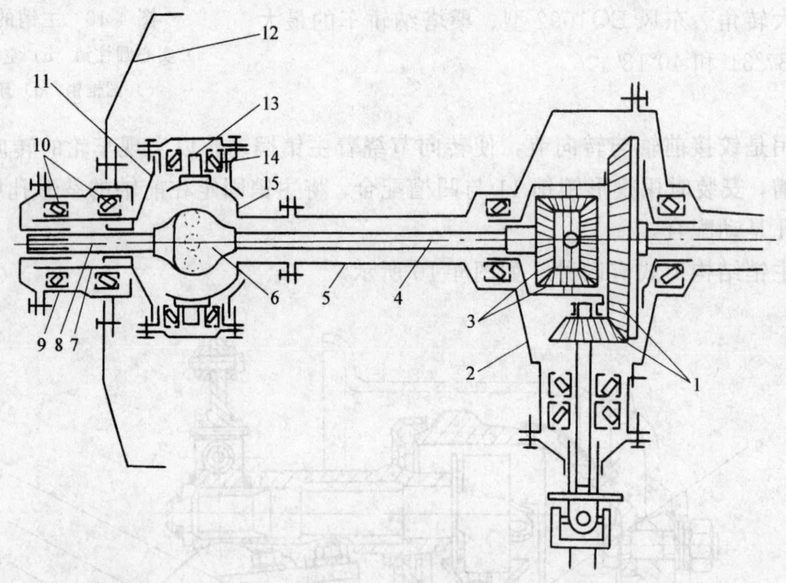

图 4-12 转向驱动桥示意图

1—主减速器 2—主减速器壳 3—差速器 4—内半轴 5—半轴套管 6—万向节 7—转向节轴 8—外半轴 9—轮毂 10—轮毂轴承 11—转向节壳体 12—车轮 13—主销 14—主销轴承 15—球形支座

在结构上，转向驱动桥有一般驱动桥所具有的主减速器 1、差速器 3；也有一般转向桥所具有的转向节壳体 11、主销 13 和轮毂 9 等。与单独的驱动桥、转向桥相比，其不同之处是：由于需要转向，传动半轴被分为两段，分别叫内半轴和外半轴。内半轴 4 与差速器相连接，外半轴 8 与轮毂相连接，二者又用等角速万向节 6 相连接在一起。另外，主销也被分成上下两段，分别固定在万向节的球形支座 15 上。转向节轴 7 做成空心轴，外半轴 8 从其中穿过。转向节的连接叉是球状转向节壳体 11。上述结构既能满足转向的需要，又实现了转向节的传递转矩功能。因此转向驱动桥广泛地应用于全轴驱动的越野汽车上和部分轿车上。

图 4-13 所示为上海桑塔纳轿车的前桥总成，采用的是断开式独立悬架转向驱动桥。车桥上端通过左、右悬架 1 和 11 与承载式车身相连接，下端通过左、右下摇臂 4 和 8 与固定在车身上的副车架 5 相连接。悬架车轮轴承壳 10 与下摇臂 8 之间通过可移动球形接头 9 连接，从而使前轮固定；并通过下摇臂上的长孔可调整车轮外倾角度。为了减小车辆转弯时的倾斜度，在副车架与下摇臂之间还装有横向稳定杆 6。

桑塔纳轿车的动力由主减速器和差速器（见第二章驱动桥部分）经传动半轴驱动车轮旋转。传动半轴总成的结构如图 4-14 所示。

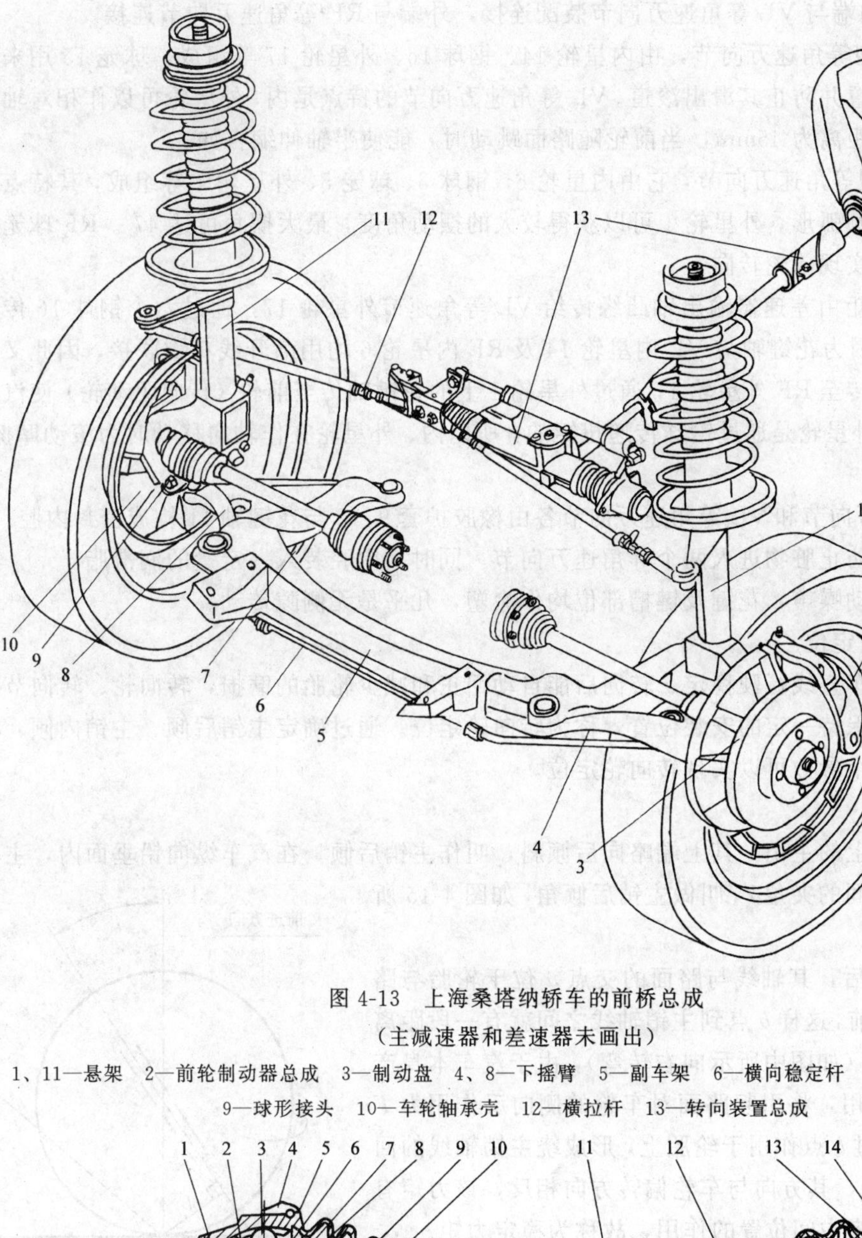

图 4-13　上海桑塔纳轿车的前桥总成

（主减速器和差速器未画出）

1、11—悬架　2—前轮制动器总成　3—制动盘　4、8—下摇臂　5—副车架　6—横向稳定杆　7—传动半轴总成　9—球形接头　10—车轮轴承壳　12—横拉杆　13—转向装置总成

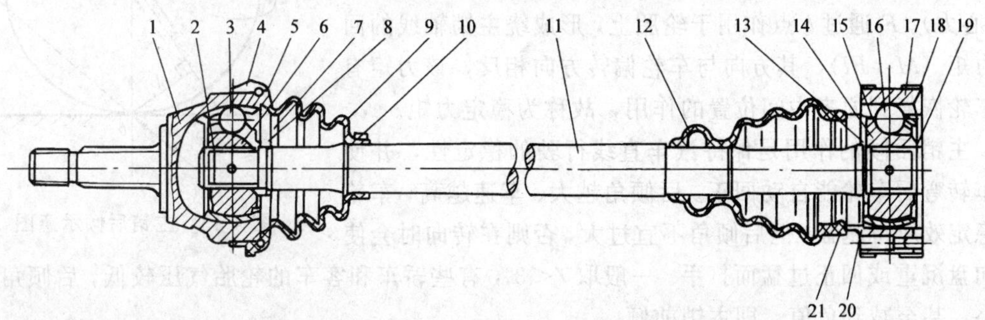

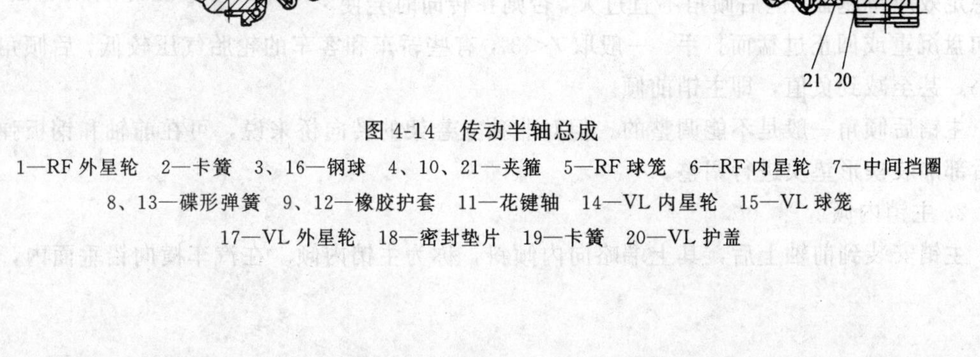

图 4-14　传动半轴总成

1—RF 外星轮　2—卡簧　3、16—钢球　4、10、21—夹箍　5—RF 球笼　6—RF 内星轮　7—中间挡圈　8、13—碟形弹簧　9、12—橡胶护套　11—花键轴　14—VL 内星轮　15—VL 球笼　17—VL 外星轮　18—密封垫片　19—卡簧　20—VL 护盖

花键轴 11 内端与 VL 等角速万向节装配连接，外端与 RF 等角速万向节连接。

VL 为伸缩型等角速万向节，由内星轮 14、钢球 16、外星轮 17 等组成，球笼 15 用来保持六个钢球的位置并防止其滑出滚道。VL 等角速万向节的特点是内、外星轮可以作相对轴向移动，最大移动距离为 45mm，当前轮随路面跳动时，能使半轴伸缩自如。

RF 为固定型等角速万向节，它由内星轮 6、钢球 3、球笼 5、外星轮 1 等组成，其特点是钢球 3 的滚道为圆弧形，外星轮 1 可以获得较大的摆动角度，最大摆角可达 47°。RF 球笼等角速万向节用于实现前轮转向。

工作时，转矩由差速器输出轴凸缘传给 VL 等角速节外星轮 17，通过六个钢球 16 传给 VL 内星轮 14，因为花键轴与 VL 内星轮 14 及 RF 内星轮 6 均用渐开线花键联接，因此又将扭矩通过钢球 3 传至 RF 外星轮 1，通过外星轮 1 上的花键轴传至前轮（转向驱动轮）使汽车行驶。由于内、外星轮是通过钢球传递扭矩的，所以内、外星轮在作轴向移动时为滚动摩擦，摩擦阻力较小。

RF 等角速万向节和 VL 等角速万向节各由橡胶护套 9、12 与花键轴 11 构成密封内腔。橡胶护套的作用是防止脏物进入两个等角速万向节，同时其内腔装入一定量的润滑脂。

为了减少传动噪声，花键及键槽部位均作涂塑，几乎是无侧隙传动。

（四）转向轮定位

为了保证汽车直线行驶稳定、转向后能自动回正和减少轮胎的磨损，转向轮、转向节和前轴三者之间应保持一定的安装位置，称为转向轮定位。通过确定主销后倾、主销内倾、车轮外倾和前束四个参数可以实现转向轮定位。

1. 主销后倾

安装在前轴上的主销，其上端略向后倾斜，叫作主销后倾。在汽车纵向铅垂面内，主销轴线与铅垂线之间的夹角 γ，叫做主销后倾角，如图 4-15 所示。

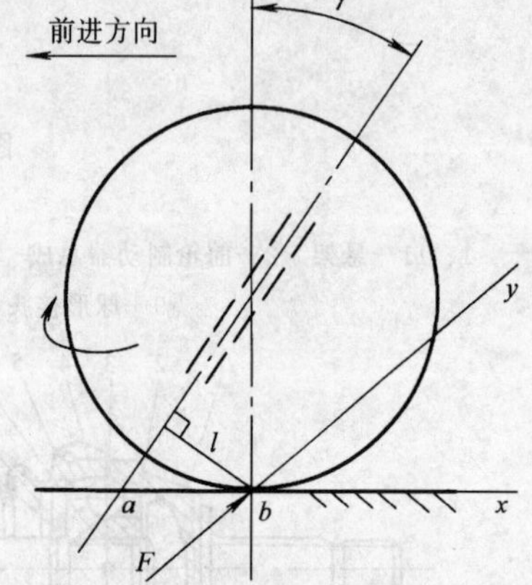

图 4-15　主销后倾示意图

主销后倾之后，其轴线与路面的交点 a 位于轮胎与路面的接触点 b 之前，这样 b 点到主销轴线之间就有一段距离 l。在汽车转弯时（如图中所示向右转弯），由于汽车本身产生的惯性力的作用，将引起路面对车轮的侧向反作用力 F（向心力）。F 通过 b 点作用于轮胎上，形成绕主销轴线的回正力矩（$M=Fl$），其方向与车轮偏转方向相反，该力矩有使车轮恢复到原来中间位置的作用，故称为稳定力矩。

主销后倾的作用是保持汽车直线行驶的稳定性，并使汽车转弯后车轮能自动回正。后倾角越大、车速越高，车轮的稳定效应也越强；但后倾角不宜过大，否则在转向时会使转向盘沉重或回正过猛而打手。一般取 $\gamma<3°$，有些轿车和客车的轮胎气压较低，后倾角可以减小，甚至减到负值，即主销前倾。

主销后倾角一般是不能调整的。但对非独立悬架的转向桥来说，可在前轴和钢板弹簧底座后部加装楔形垫块进行调整。

2. 主销内倾

主销安装到前轴上后，其上端略向内倾斜，称为主销内倾。在汽车横向铅垂面内，主销轴线与铅垂线之间的夹角 β 叫主销内倾角，如图 4-16 所示。

主销内倾的作用是使车轮转向后能自动回正，且转向操纵轻便。

(1) 车轮转向后自动回正　当车轮在外力的作用下绕主销旋转，由 A 点旋转到 B 点（为解释方便，假设旋转 180°，如图 4-16b 所示的假想位置），因为主销是向内倾斜的，故车轮旋转到 B 点后它的最低点将陷入路面以下 h 处，即与地面发生干涉。实际上车轮不可能陷入路面以下，而是地面将前轴连同汽车前部向上托起相应的高度 h。一旦外力消失，车轮就在汽车前部重力作用下力图恢复到原来的直线行驶位置，这就是自动回正的原因。

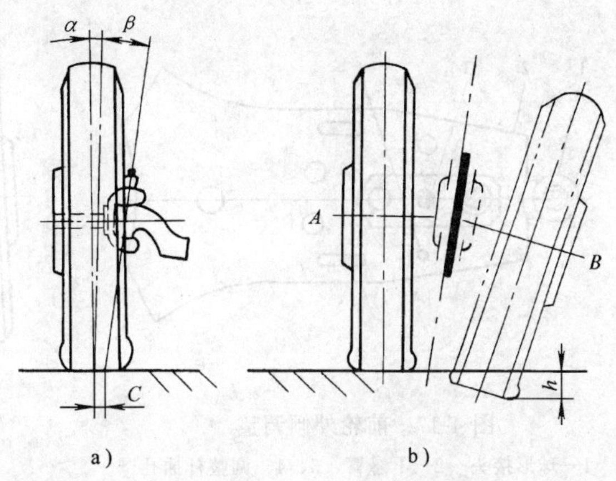

图 4-16　主销内倾示意图

主销内倾角越大或车轮旋转角度越大，则汽车前部抬起越高，车轮的自动回正作用就越强；但转动转向盘费力，且轮胎磨损增加。反之，内倾角越小或车轮转角越小，车轮的自动回正作用也就越弱。一般内倾角 β 在 5°～8°之间。

(2) 转向轻便　主销内倾后，主销轴线与路面的交点到车轮与路面的接触点之间的距离 c 减小，车轮转向时路面作用在车轮上的阻力矩减小，从而使转向操纵轻便，同时还可减小从车轮传到转向盘上的冲击力。力臂 c 越小，转向越轻便；但是力臂 c 过小，易使方向不稳，前轮摇摆。一般 c 值在 40～60mm 之间。

主销内倾角是制造前轴时使主销孔轴线的上端向内倾斜而获得的。在非独立悬架的转向桥上，主销内倾角是不能单独调整的。

综上所述，主销后倾和内倾都有使汽车转向后自动回正、保持汽车直线行驶的作用，只是主销后倾的回正作用与车速有关，而主销内倾的回正作用与车速无关。因此，高速时后倾的回正作用大，而低速时主要靠内倾的回正作用。直线行驶时车轮偶尔遇到冲击而偏转时，也主要是依靠主销内倾起回正作用。

3. 车轮外倾

车轮旋转平面上方略向外倾斜，称为车轮外倾。车轮旋转平面与汽车纵向铅垂面之间的夹角称为车轮外倾角 α，如图 4-16a 所示。

车轮外倾的作用是为了提高车轮行驶的安全性和转向操纵轻便性。由于主销与衬套、轮毂与轴承之间等都存在间隙，满载后上述各处间隙将发生变化以及车桥变形，可能出现车轮内倾。车轮内倾后，路面对车轮的垂直反力便产生一沿转向节轴颈向外的分力，使外轴承及其锁紧螺母等零件的载荷增大，寿命缩短，严重时使车轮脱出。当预留有车轮外倾角时，就能防止上述不良影响，还能使车轮与拱形路面相适应，这对于行驶安全是有利的。此外，车轮外倾与主销内倾相配合还能使汽车转向轻便。

非独立悬架车轮外倾角是由转向节的结构确定的。转向节安装到前轴后，其轴颈相对于水平面向下倾斜，从而使车轮安装后外倾，一般不能调整。但使用独立悬架的转向桥大多可以调整。桑塔纳轿车的前轮外倾角是通过移动下悬臂球铰链位置来进行的，如图 4-17 所示。调整时松开下悬臂球形接头的固定螺母，将专用工具插入调整杆插孔，横向移动球形接头，直到外倾角合适为止。注意：当调整好车轮外倾角后，必须重新检查前轮前束值。

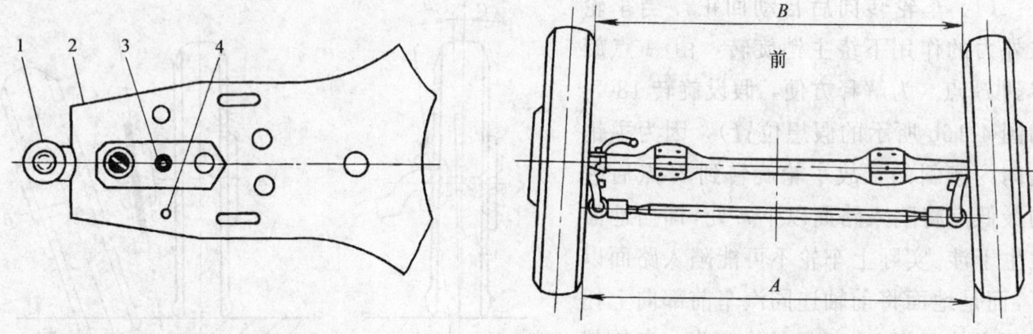

图 4-17　前轮外倾调整

1—球形接头　2—下悬臂　3、4—调整杆插孔

图 4-18　前轮前束

车轮外倾角虽然对安全和操纵有利，但是过大的外倾角将使轮胎横向偏磨增加，油耗增多。一般车轮外倾角为 1°左右。

4．前轮前束

汽车两个前轮的旋转平面不平行，前端略向内收，这种现象叫做前轮前束。两轮前端距离 B，后端距离 A，其差值即为前束值，如图 4-18 所示。

前轮前束的作用是减小或消除汽车前进中因车轮外倾和纵向阻力致使车轮前端向外滚开所造成的滑移。

车轮外倾后，向前滚动时就类似滚锥绕着锥尖滚动，其运动轨迹不再是直线，而是逐渐向外偏斜。但受车桥和转向横拉杆的约束，车轮不可能作向外偏斜的纯滚动，只能是向外侧滚动的同时向内侧横向滑动，结果使轮胎横向偏磨增加，轮毂轴承载荷增大。车轮有了前束后，向前滚动的轨迹将向内偏斜，只要前束和车轮外倾配合适当，就可以使车轮每一瞬时滚动方向接近于向着正前方，从而减轻或消除由于车轮外倾引起的轮胎和零件磨损。

一般较多地采用指针式前束尺来测量和调整前轮前束，方法如下：

1）轮胎按规定气压充足气，轮毂轴承间隙调整符合规定后，将汽车停放在水平路面上并处于直线行驶位置。

2）在左、右轮胎正前方的胎面中心或轮辋画上“＋”字记号，用前束尺测量出 B 值；转动车轮（或推动汽车）180°，将记号转到正后方测得 A 值；其差值 $A-B$ 即为前束数值。该值若不符合规定，应进行调整，如图 4-19 所示。

3）调整时，松开横拉杆上的卡箍螺栓，用管钳转动横拉杆（图 4-19），使横拉杆两端距离伸长或缩短，从而改变前束值。

4）调整符合规定值后，拧紧夹紧螺栓。

5）对于桑塔纳轿车前轮前束的调整，需使用专用定中心装置及光学测试仪。调整时，将专用工具插入转向机构的顶部和转向横拉杆托架的孔中，平分总前束值，分别在左、右横拉杆上调整。

几种国产汽车的车轮定位参数如表 4-1 所示。

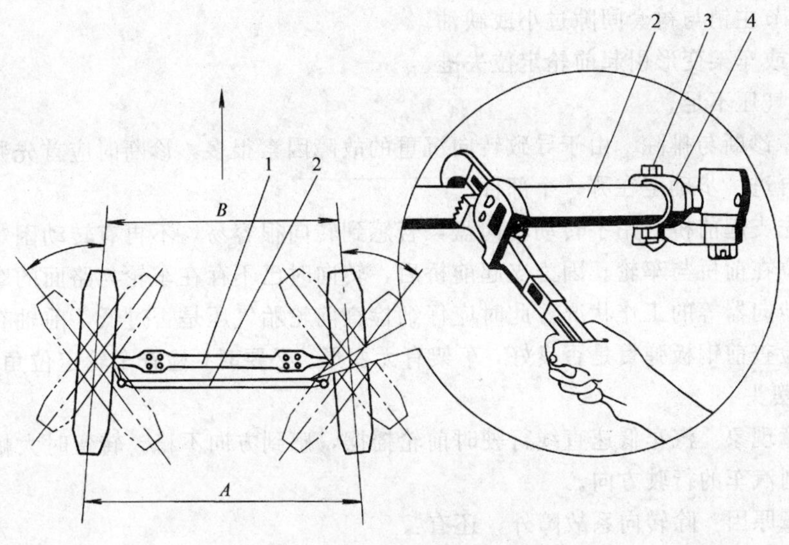

图 4-19　前轮前束的调整

1—前桥　2—横拉杆　3—夹紧螺栓　4—横拉杆接头

表 4-1　几种国产汽车的车轮定位参数

车　　型	主销后倾	主销内倾	车轮外倾	前束/mm
东风 EQ1092	2°30′	6°	1°	1～5
解放 CA1092	1°30′	8°	1°	2～4
上海桑塔纳	50′±30′	14°12′	−30′±20′	−1～3
捷达	1°30′±20′		30′±20′	0°±10′
神龙富康	1°30′±40′	10°45′±40′	0°±40′	0～2
奥迪 100	1°10′	14°12′	−30′±20′	0.5～1

三、车桥常见故障诊断与排除

汽车的转向系、传动系以及制动系的执行件都是安装在车桥上，如果车桥的技术状况变差，就会导致汽车的操纵性能、制动性能和传动性能变坏，影响汽车的正常行驶。因此，对车桥的故障要及时诊断与排除。

（一）前桥

本节主要讨论转向桥以及转向驱动桥的常见故障诊断与排除。

转向桥和转向驱动桥的故障现象往往和转向系联系在一起，常见的故障有转向沉重，低速摆头，行驶跑偏，高速摆振，轮胎不正常磨损等。

1. 转向沉重

（1）故障现象

1）汽车转弯时，转动方向盘感到沉重费力。

2）无回正感。

（2）故障原因　除了转向器等故障外，转向桥部分的故障原因有：

1）转向节臂变形。

2）转向节止推轴承缺油或损坏。

3）转向节主销与衬套间隙过小或缺油。

4）前轴或车架变形引起前轮定位失准。

5）轮胎气压不足。

(3) 故障诊断与排除　由于导致转向沉重的故障因素很多，诊断时应首先判明故障所在部位，然后再进一步确定在哪一个部件。

诊断时先支起前桥，用手转动转向盘，若感到转向很容易，不再有转动困难的感觉，这说明故障部位在前桥与车轮。因为支起前桥后，转向时已不存在车轮与路面的摩擦阻力，而只是取决于转向器等的工作状况。此时应仔细检查前轮胎气压是否过低，前轴有无变形；同时也要考虑检查前钢板弹簧是否良好，车架有无变形。必要时，检查车轮定位角度是否正确。

2. 低速摆头

(1) 故障现象　汽车低速直线行驶时前轮摇摆，感到方向不稳。转弯时大幅度转动方向盘，才能控制汽车的行驶方向。

(2) 故障原因　除转向系故障外，还有：

1）转向节臂装置松动。

2）转向节主销与衬套磨损松旷，配合间隙增大。

3）轮毂轴承间隙过大。

4）前束过大。

5）轮毂螺栓松动或数量不全。

(3) 故障诊断与排除　前轮低速摆头和转向盘自由空程大，一般是各部分间隙过大或有连接松动现象，诊断时应采用分段区分的方法进行检查。可支起前桥，并用手沿转向节轴轴向推拉前轮，凭感觉判断是否松旷。若松旷，说明转向节主销与衬套的配合间隙过大或前轴主销孔与主销配合间隙过大。若此处不松旷，说明前轮毂轴承松旷，应重新调整轴承的预紧度。若非上述原因，应检查前轮定位是否正确，检查前轴是否变形。如果前轮轮胎异常磨损，则应检查前束是否正确。

3. 高速摆振

(1) 故障现象　高速摆振有两种情况：一种是随着车速的提高，摆振逐渐增大；一种是在某一较高车速范围内出现摆振，出现行驶不稳，甚至还会造成方向盘抖动。

(2) 故障原因　高速摆振可能由以下原因引起：

1）轮毂轴承松旷，使车轮歪斜，在运行时摇摆。

2）轮盘不正或制动鼓磨损过度失圆，歪斜失正。

3）使用翻新轮胎。

4）转向节主销或止推轴承磨损松旷。

5）横、直拉杆弯曲。

6）前轮定位值调整不当。前束失调，两前轮主销后倾角或内倾角不一致等，汽车向前行驶时，前轮摇摆晃动。

7）轮胎钢圈偏摇，前轮胎螺栓数量不等引起车轮动不平衡。

8）转向节弯曲。

9）前钢板弹簧刚度不一致。

(3) 故障诊断与排除

1）在进行高速摆振故障的诊断时，应先检查前桥、转向器以及转向传动机构连接是否松动，悬架弹簧是否固定可靠。

2）支起驱动桥，用楔块固定非驱动轮，起动发动机并逐步换入高速档，使驱动轮达到产生摆振的转速。若这时转向盘出现抖动，说明是传动轴动不平衡引起的，应拆下传动轴进行检查；若此时不出现明显抖动，则说明摆振原因在汽车转向桥部分。

3）怀疑摆振的原因在前桥部分时，应架起前桥试转车轮，检查车轮是否晃动，车轮静平衡是否良好，以及车轮钢圈是否偏摆过大。

4）检查车架是否变形，铆钉有无松动以及前轴是否变形。另外还需检查前钢板弹簧的刚度。

5）检查前轮定位是否正确。

6）检查高速摆振的故障，有时还需借助一定的测试仪具。当缺少必要的测试仪具时，也可以采用替换法。例如在怀疑某车轮有动不平衡时，可以另换一车轮试验，或者将可能引起的高速摆振的车轮拆装到不发生摆振的车辆上进行对比试验。

4. 行驶跑偏

(1) 故障现象　汽车在直线行驶时，必须紧握方向盘，方能保持直线行驶。若稍放松方向盘，汽车会自动偏向一边行驶。

(2) 故障原因

1）前轮定位值不正确，前束调整不当，过大或过小。

2）左、右前轮主销后倾角或车轮外倾角不相等。

3）制动鼓与制动蹄摩擦片间隙调整不均匀，一边过紧，一边过松。

4）钢板弹簧一边折断，造成两边弹力不等。

5）转向节或转向节臂弯曲变形。

6）前轴或车架弯曲或扭转。

7）右两边轮胎气压不相等，一边偏高，一边偏低。

8）车架变形或左、右轴距不相等。

9）前轮毂轴承调整不当，左、右轮毂轴承松紧度不一致。

(3) 故障诊断与排除

1）检查左、右前轮轮胎气压是否一致：如果是在换上新轮胎后出现跑偏现象，则应检查左、右轮胎规格以及轮胎花纹是否一致。

2）用手触摸一下跑偏一侧的制动鼓和轮毂轴承部位是否发热。若发热，说明制动拖滞或是车轮轮毂轴承调整过紧，造成一边紧一边松的现象。

3）测量左　右轴距是否相等。

4）检查前钢板弹簧有无折断，前轴是否变形。

5）若以上均属正常，应对前轮定位进行检查调整。

5. 轮胎不正常磨损

(1) 轮胎磨损特征　轮胎在使用中出现磨损速度加快，胎面形状异常磨损，如图 4-20 所示。

1）胎肩处磨损（图 4-20a），主要是轮胎长时间气压不足。

2）胎面中央磨损（图 4-20b），主要是轮胎长时间气压过高。

3）胎面内侧磨损（图 4-20c），前轮负外倾或前束调整不当。

4）胎面外侧磨损（图 4-20d），前轮外倾过大或前束调整不当。

5）胎面呈羽状磨损斜面（图 4-20e），前束过大。

6）倒羽状磨损（图 4-20f），前束过小。

7）胎肩碟片状磨损和波浪状磨损（图 4-20g），车轮不平衡，轮毂轴承松旷，轮辋变形，经常使用紧急制动或制动拖滞。

（2）故障原因　轮胎不正常磨损与转向桥部分有关的故障原因有：

1）前轮定位调整不正确，或其他零件有故障所造成的影响。

2）前轮轮毂轴承调整不当，过松或过紧。

3）转向节主销与前轴主销孔磨损，止推轴承磨损，止推轴承座孔不平整。

4）车轮盘的损伤或制动鼓磨损不匀。

5）制动鼓与制动蹄摩擦片调整不当，结合不紧密。

6）转向节臂弯曲变形。

7）转向节弯曲变形。

8）轮胎气压不足，或左、右两胎气压不相等。

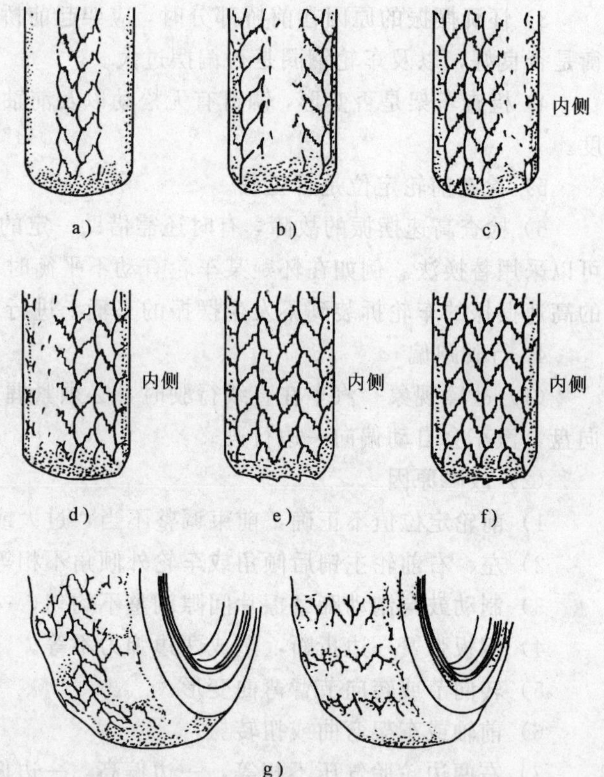

图 4-20　轮胎胎面异常磨损

由上可知，影响汽车操纵和行驶性能的故障因素很多与车桥有关，分析判断故障时，必须明确汽车操纵的稳定性主要取决于前轮定位的准确程度。前轮定位调整不准确，前桥各配合部位松旷，非独立悬架的前轴的变形，独立悬架支撑架、摆臂、稳定杆与支撑架的变形，以及车架的变形，都会破坏前轮定位的准确性，产生一系列故障，影响汽车操纵的稳定性和轻便性。

（二）后桥

由于驱动桥已在第二章中作过介绍，故这里只介绍支持桥的常见故障。

支持桥常见于拖挂车和一些轿车的后桥，如桑塔纳、捷达和奥迪 100 等。后桥常见故障诊断有：

1. 行驶有异响

（1）故障现象　汽车行驶时，后桥产生噪声或敲击声。

（2）故障原因

1）制动鼓内轮毂轴承损坏或回位弹簧折断。

2）独立悬架的减振器损坏、减振器固定松动或衬套损坏、橡胶金属支承损坏、减振弹簧折断或衰老发软。消声器吊环损坏也会发生敲击声。

发现后桥异响时，应检查紧固松旷的各部件，及时更换损杯的零部件。

2. 汽车偏离直线行驶

(1) 故障现象　汽车直行时，其运动轨迹偏离直行轨迹，后轮胎磨损异常。

(2) 故障原因

1) 一侧后悬架弹簧损坏或变软。

2) 后悬架下悬臂变形，橡胶金属支承磨损过甚，致使后桥移位。

3) 桥体变形。

检修时，不允许对后桥体施以焊接或校正工艺，只能更换。

第二节　车身构造与维修

汽车车身是容纳乘客、货物和驾驶员工作的场所。车身为驾驶员提供便利的工作条件，使乘客和货物免受风吹日晒、尘土雨雪的侵袭，以及减轻汽车行驶中的振动、噪声和废气的影响。车身上的一些设施和结构还有助于减轻事故后果和行车安全。

车身的合理造型能有效地引导周围的气流，减少行驶中空气阻力和燃料消耗，而且有助于提高汽车行驶稳定性和改善发动机冷却条件，保证车身内部通风良好。

车身是汽车质量和价格的主要体现，除了实现交通工具的基本使用功能外，现代汽车车身造型、设施、色彩等还应满足人们对物质和精神的追求。

一、车身的基本组成

(一) 车身的组成和分类

车身是汽车最大的部件，它决定汽车的基本形状、大小和用途。

1. 车身的组成

汽车车身主要包括：车身壳体、车门、车窗、前后钣金件、车身附件、车身内外装饰件、座椅以及通风、暖气、冷却、空调装置等。货车和专用汽车上还包括货箱和其他专用设备。

车身壳体是所有车身零、部件的安装基础。它是由纵梁、横梁、支柱等承力构件和金属薄板或玻璃钢材料组成的刚性空间结构。

前后钣金件包括发动机罩、散热器框架、前后翼子、行李箱、挡泥板等。这些钣金件形成了发动机舱和前后轮转动空间。

另外，车身还安装有一些附件，如门锁、门铰链、后视镜、拉手、玻璃升降器、各种密封件、风窗刮水器、风窗洗涤器、遮阳板、点烟器、烟灰盒、收放音机、无线电话、电视机、小型电冰箱等附属设备，以及现代汽车上的安全带、头枕、防撞气囊、包垫等装置。

2. 车身分类

按承载情况，车身分为非承载式、半承载式、承载式三种结构形式。

(1) 非承载式车身　也称有车架式车身。其特点是车身与车架通过弹性元件连接。发动机、底盘各部件的质量，以及汽车行驶时外加载荷等都由车架承受。非承载式车身仅承受本身和所装载客货的重力和汽车行驶时的惯性力与空气阻力。

(2) 承载式车身　又称无车架式车身。发动机和底盘各总成都安装在车身底架上，全部载荷由车身来承受。其优点是抗弯、抗扭强度较高，车身质量轻，离地高度较小，能更有效地利用车内空间。普通轿车、小型客车多采用这种结构。

（3）半承载式车身　其结构特点是车身与前支架用焊接的方法或螺栓刚性连接，二者成为一体而承受载荷。它实际上是另一种无车架车身，只是发动机和悬架均安装在车身前支架上，起着部分车架的作用。

车身又分为骨架式、半骨架式、无骨架式三种形式。客车车身都有明显的骨架，而轿车车身和货车驾驶室大多数没有明显的骨架。

（二）车身结构及门窗

1．轿车车身

按车身外形的不同，轿车车身大体上可分为普通轿车、旅行轿车、高级轿车、活顶轿车等，如图 4-21 所示。按车门数不同，轿车还可以分为双门和四门轿车车身。

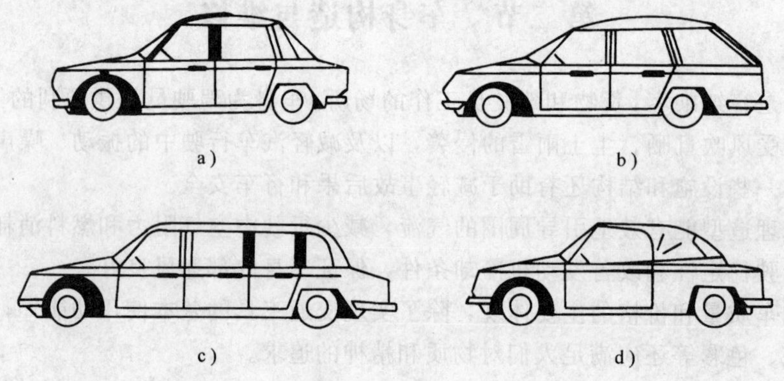

图 4-21　轿车车身的外形与名称
a）普通轿车　b）旅行轿车　c）高级轿车　d）篷布活顶轿车

轿车车身一般是用冲压成形的外部覆盖件和内部钣金件经焊接而成空间结构。它由发动机罩、顶盖、底板、行李箱、前后翼板、散热器框架、门窗、仪表板、支柱、侧梁、门槛、保险杠、车轮装饰罩、车内外装饰及车灯等构成。

为减轻车身自重和降低高度，普通轿车和微型轿车广泛采用承载式车身，如图 4-22 所示。承载式车身底板代替车架，钣金较厚，且有完整的纵、横承力构件。在承载车身前部有两根断面尺寸粗大的纵梁 7，与两侧的前挡泥板 5、散热器固定框 6 等焊接成刚性较好的空间构架，用以安装发动机和前悬架等部件。

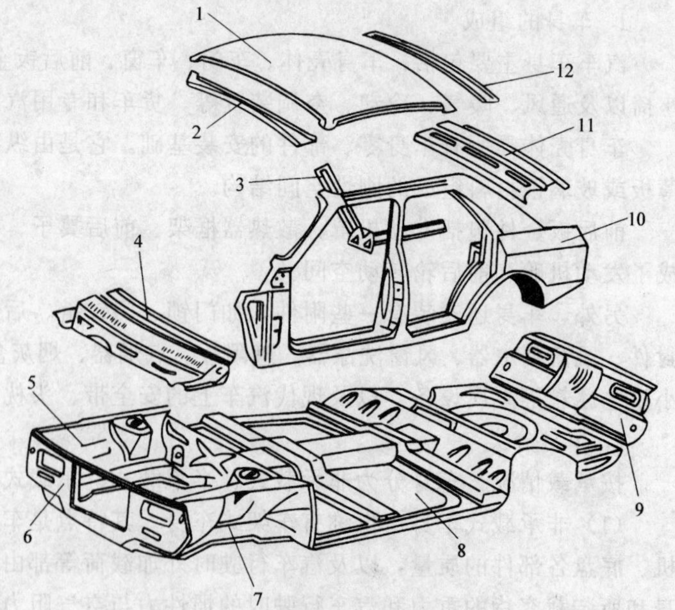

图 4-22　典型的承载式轿车车身壳体
1—顶盖　2—前窗上框　3—加强撑　4—前围盖板　5—前挡泥板
6—散热器固定框　7—前纵梁　8—地板总成　9—后围板
10—侧门框主件　11—后围盖板　12—后窗上框

高级轿车为了减轻底盘振动和噪声对车身的影响，保证良好的乘坐舒适性，多采用非承载式车身，车身底座借助橡胶软垫固装在单独的车架上。车前钣金件不是焊接在车身壳体上，而是用螺钉安装在其车架上的。

中级轿车车身有采用非承载式，也有采用承载式结构的。

2. 客车车身

客车车身由车厢壳体、顶盖、左右侧围、前后围、内饰、地板、门窗、座椅及室内外附件组成。

一般小型客车（面包车、旅行车）多采用金属蒙皮结构，而大中型客车采用有骨架的承载式车身。承载式车身分为基础承载式和整体承载式两种。

图 4-23 所示为基础承载式结构，它有贯通式纵梁和一些与车身等宽的横梁，车身骨架与这些横梁刚性连接，使整个车身和底架形成一个刚性空间承载系统。为在保证刚度和强度的前提下减轻质量，底架纵梁和横梁采用薄壁管或薄钢板制造。由于底架高度较大，车箱内高度较小，不可能布置站席，但地板下方较大的空间可用作行李舱，故适用于大型长途客车。

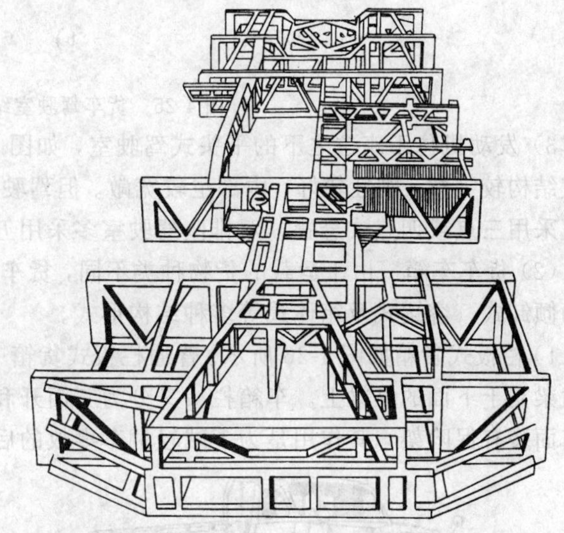

图 4-23　大型客车的基础承载式底架

图 4-24 所示为整体式客车承载车身。车身底部取消了贯通式纵梁，而采用一种“格子梁式结构”，骨架内外都有蒙皮，所有的车身壳体构件都参与承载。这种车身充分发挥材料的最大潜力，使车身质量最轻而强度最大。

3. 货车车身

货车车身主要包括驾驶室与货箱。

(1) 货车驾驶室　货车驾驶室大多采用无骨架的全金属壳体结构，用薄钢板压型件焊接而成。由于驾驶室只占汽车长度的小部分，故不宜采用承载式结构。驾驶室大多是通过三点或四点悬置在车架上。悬置部位采用了弹性元件，以减轻汽车振动和车架歪扭变形对驾驶室的影响。

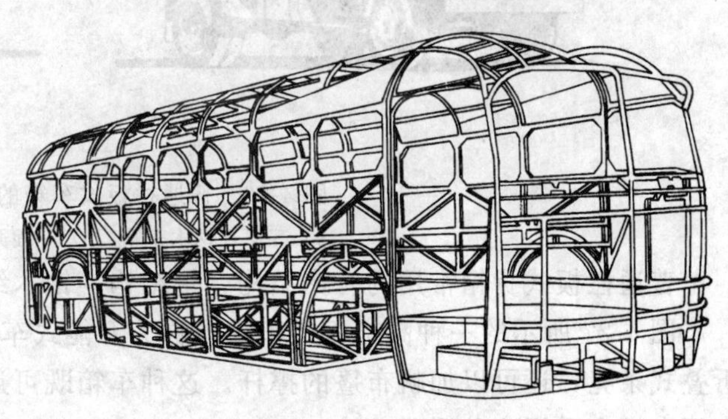

图 4-24　整体承载式客车车身

常见的驾驶室结构类型有如下三种：

1) 位于发动机之后的长头式驾驶室，如图 4-25a 所示。这种驾驶室高度和宽度都较小，结构紧凑，刚性也较好，通常采用三点式悬置。

2) 发动机位于两侧座位之间的平头式驾驶室，如图 4-25b 所示。这种驾驶室虽然外部尺寸较宽大，但因中部有高出底板的发动机，占去了很大的空间，故仍显得拥挤。由于底板中部有较大的开口，前围较大的散热器通风口，削弱了驾驶室的刚性，需要在开口的边缘设置加强梁或加强肋。这种结构通常采用四点式悬置。

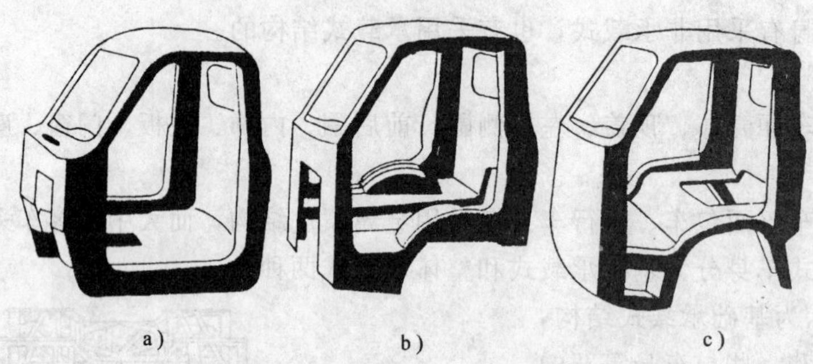

a)　　b)　　c)

图 4-25　货车驾驶室结构类型

3）发动机位于座位之下的平头式驾驶室，如图 4-25c 所示。与第二种结构相比，这种驾驶室结构较完整，刚性较好，内部也较宽敞。但驾驶室高度较大。适用于向前倾翻的驾驶室。通常采用三点或四点式悬置。双排座驾驶室多采用五点式或六点式悬置。

(2) 货车车箱　由于运载的货物种类不同，货车车箱有栏板式、带有顶篷式的普通货箱、自动倾卸式、容罐式及箱体式等多种结构形式。

1）栏板式货箱如图 4-26 所示。普通栏板式货箱一般有四块周边栏板和一块底板。底板通过横梁支于下面的纵梁上。车箱栏板又分为三面开和一面开两种形式。多数普通栏板式货箱的前面装有保险架，其作用是为了减轻翻车事故的后果，并可运载少量超长货物。

a)　　b)

图 4-26　普通栏板式车箱的载货汽车

a）三面开钢木车箱　b）一面开全钢车箱

普通栏板式货箱常用的有木结构、钢结构、钢木结构三种。

图 4-27 所示的一种高栏板式车箱也称为万能式车箱。车箱的两块边板中部可放平，形成折叠式条凳，还可以加帆布篷的撑杆。这种车箱既可运载各种货物，也可运载人员。军用和农用车辆多采用这种形式。

2）专用车箱。由于运输的货物不同，专用车箱的种类较多，如图 4-28 所示。

运输日用货物、食品等易损货物常用普通闭式车箱，如图 4-28a 所示。用于运送沙土矿石类货物的自卸汽车车箱如图 4-28b 所示，车箱有后翻和侧翻两种。自卸汽车备有液压举升机构，可使车箱倾斜一定角度，从而实现自动卸货。还有用于运送液体容罐车和散粒货物的容罐车，如图 4-28c 所示。

图 4-28d 所示为集装箱运输车。集装箱的外廓和吊装尺寸统一按国际标准或国家标准制造。集装箱运输是一种先进的方法，便于公路、铁路、水路和航空联运以及国际联运。具有保存货物完好、减少装卸工作量和加速货物周转从而降低运输成本等许多显著优点。

图 4-27　高栏板式车箱

a）　b）

c）　d）

图 4-28　汽车专用车箱形式

a）闭式车箱　b）自卸汽车　c）散装水泥罐车　d）集装箱运输车

4. 车门、车窗及附件

（1）车门　车门的结构形式很多，有旋转式、水平移动式、折叠式、外摆式及上掀式等，如图 4-29 所示。轿车和货车多采用旋转门；微型、小型客车的侧门多为水平移动式车门；折叠式和外摆门广泛用于大、中型客车：上掀式或飞翼式主要用于轿车、小型客车以及救护车等的后门，也用于低矮汽车的前门。

旋转式车门由门内板、门外板、附件和内饰盖板等组成，如图 4-30 所示。车门内板是各种附件的安装基础，其上装有门铰链、门锁、车门开度限位器、旋转窗、玻璃升降器、升降玻璃及导轨。有的车门还装有暖气通道和立体声音响等。车门用门铰链安装在车身上，开度限位器限制车门的最大开度。由于汽车行驶时车身壳体将产生反复扭转变形，车门与门框之间应有较大的间隙，以防相互摩擦产生噪声，间隙靠橡胶密封条来密封。

（2）车窗及附件　现代汽车的前、后车窗广泛采用视野大的曲线玻璃，用橡胶密封条或粘合剂安装在窗框上。前车窗一般用较安全的夹层玻璃，玻璃中间夹有树脂薄膜，具有较高冲击韧度，受冲击后只是产生蜘蛛网状的裂纹，中间的树脂膜可防止玻璃碎片的飞溅，减少了乘员被刺伤的二次伤害。但夹层玻璃容易产生划痕，因光反射紊乱而影响视野。后车窗可用钢化玻璃，当尖锐物刺伤某一部分时，整张玻璃便出现非常细密裂纹，完全丧失视野。

图 4-29　车门的形式

1—逆开旋转门　2—顺开旋转门　3—折叠式　4—水平移动式　5、6—上掀式

为便于自然通风，汽车的侧窗玻璃通常可上下或前后移动，在玻璃与导轨之间装有呢绒或植绒橡胶等密封材料，上下移动时，在车门内安装有手动或电动玻璃升降器。装有完善的冷暖气、通风空调的高级客车，为提高车身的密封性，侧窗玻璃通常不可移动。有些汽车的侧窗玻璃采用茶色或隔热层，可使车内保温并具有宁静的舒适感。

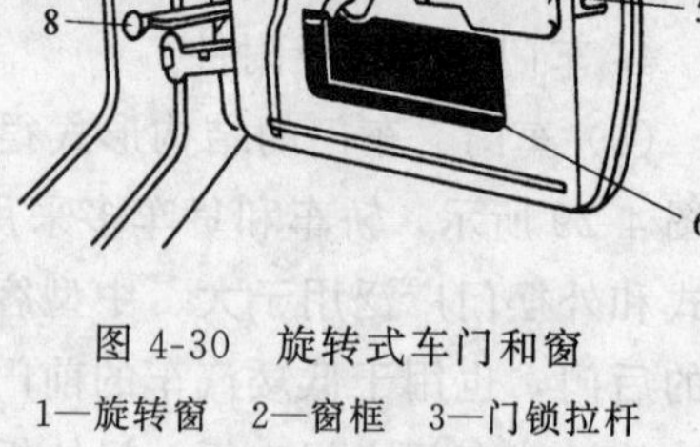

图 4-30　旋转式车门和窗

1—旋转窗　2—窗框　3—门锁拉杆　4—门锁　5—导向楔　6—玻璃升降器　7—门铰链　8—开度限制器

二、车身校正及表面涂层修复

汽车在长期使用中，车身不可避免地会产生一些损坏，主要有整体或局部变形、连接部位裂纹、断裂、锈蚀、脱焊，以及车身表面划伤、油漆剥落等。

造成汽车车身损坏的原因大致有：

1）车身的结构设计和制造的薄弱环节。

2）用户使用操作不当，发生交通事故，还有道路行驶条件、工作强度、车辆维护等方面因素造成损坏。

3）自然环境、气候造成的损坏，如金属件腐蚀、油漆失去光泽以及橡胶的老化龟裂等。

根据汽车车身损坏程度不同，可以进行相应的维修。车身损坏程度较小时，局部针对性小修；车身有严重损坏时，恢复性整修或更换新件。

（一）车身变形与校正

由于车身大都用薄钢板压型件覆盖和包容，如发动机罩、翼子板、行李箱盖、车顶、车门与壳体蒙皮等，一旦受到碰撞或挤压，就会产生凹陷、凸起、弯曲扭斜、皱褶变形，以及裂纹和断裂等损伤。

整修车身损伤，主要是钣金整形。校正车身钣金件有着不同于其他金属材料的工艺方法与要求。一般先用机具进行粗整，再用手工具进行精整；先校正车身变形，然后进行手工敲平作业，直至损伤消除或车身变形复原。车身整形常用的机具有液压千斤顶、移动式车身整形机、固定式车身整形台等。

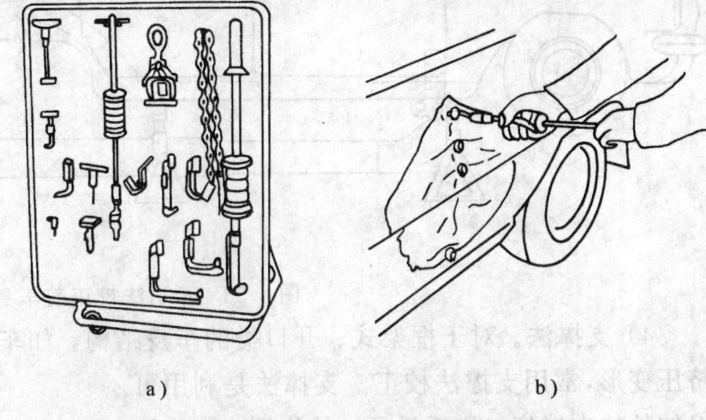

图 4-31　惯性锤组件及应用

a）惯性锤组件　b）用惯性锤矫正车身凹陷

车身检查是车身整形的前提和基础。通过对车身损伤状况、车身连接部位和关联部件进行检查，制定出合理的修复方案。对于车身整体变形，还应进行一些必要的测量。

1．车身变形的校正方法

1）吸引法。车身壳体外蒙皮与车门等薄板类零件，极易发生大面积凹陷。如果是表面变形大但过渡较为圆滑，或金属板的变形呈弹性状态，局部未发生较大的延伸变形，可以使用真空橡胶吸盘或电磁吸盘，在车身或车门外侧将变形部分吸牢，凭手牵拉将凹陷变形的车身钢板复位。如果采用锤击法校正，一方面需要拆除车内的装饰板及其他关联零件；另一方面，则很难避免表面涂层不被破坏，甚至还会因锤击而造成二次损伤。

2）惯性锤法。图 4-31 所示为用惯性锤组件校正变形的示意图。校正时，先将拉杆的一端用定位装置与变形部位固定，用手握住滑块迅速向与变形相反的方向滑动，利用滑块沿杆身滑动时的惯性力，冲击杆端并带动定位装置使变形得到校正。惯性锤法的校正力完全依赖手动，故仅适于校正较小的变形和强度、刚度不高的构件。

3）牵引法。对于箱式断面的梁式构件和较为严重的变形，可采用牵引法校正。牵引法是借助外力的牵拉作用，来实现对骨架、横纵梁、翼子板、门槛等变形的矫正。如图 4-32 所示，选用合适的装卡定位装置，与车门或车身的变形部位固定后，就可以借助牵引力轻而易举地将变形校正过来。

牵引法的特点：牵引的校正力可以从零开始逐渐加大，直到最大值；牵引法还可以从不同角度同时进行牵引，这对矫正综合变形更有利。可见，牵引法更适合于矫正大型构件的多方位变形，尤其是矫正车身的整体变形。图 4-33 所示为牵引的操作实例。它是借助焊上去的拉板并使用牵引设备来校正前车身变形的。

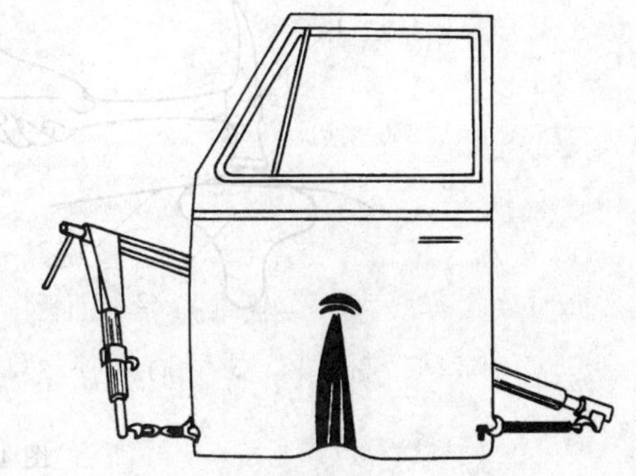

图 4-32　牵引法校正车门变形

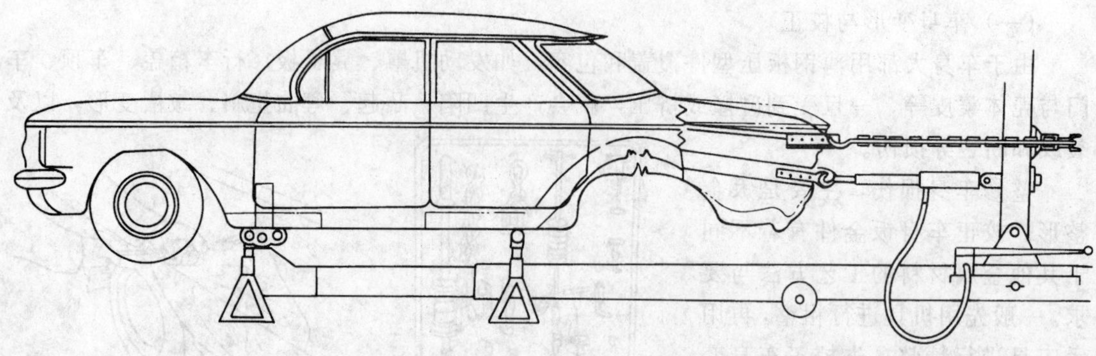

图 4-33　牵引法校正前车身变形

4）支撑法。对于框架式、开口类的车身结构，如车门框、窗框、发动机室、行李箱等的挤压变形，常用支撑法校正。支撑法是利用可以伸长的支撑杆（如千斤顶）的作用力，将框架式构件顶压至要求的位置。支撑法不需要连接就可实现对变形的校正，使用起来也方便灵活，可以适应于车身上的不同部位。支撑法使用的机具有液压和机械式两种，其中液压式使用性能较好。

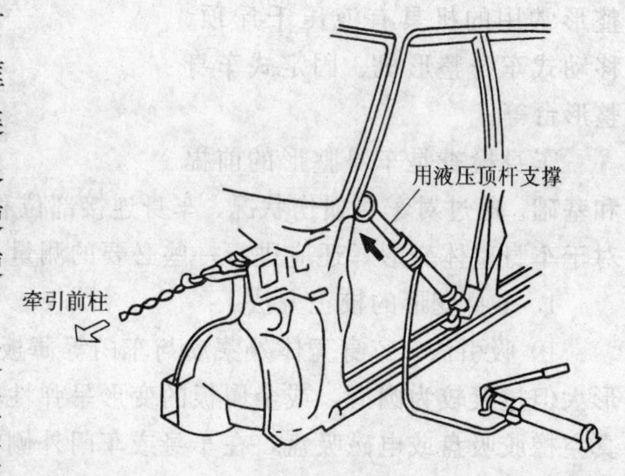

图 4-34　牵引法与支撑法配合校正

5）综合法。车身钣金件的变形往往比较复杂。对于一些综合变形，往往需要将几种校正方法配合使用。如图 4-34 所示，翼子板的严重变形波及到了窗柱，仅用支撑法直接校正窗柱，翼子板的变形不能恢复；仅用牵引法校正前部的变形，窗柱也很难复原。两种方法配合运用，就可以获得比较满意的整修效果。

2. 车身变形钣金敲平作业

对于车身覆盖件较小的局部变形、凹瘪和柱类零件的弯曲等，可以运用钣金锤（锤子、平锤、鹤嘴锤、木锤、尼龙锤、橡皮锤）、顶铁（托模）、修平刀（撬板）、木块等工具，直接敲击变形部位修复构件。一般钣金整形主要有以下整形技术：

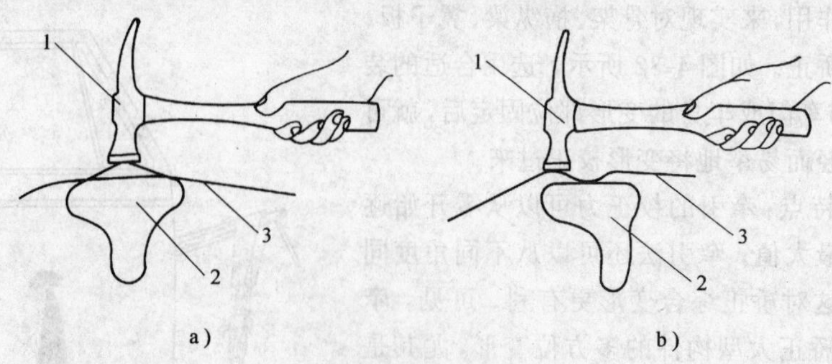

图 4-35　凸凹面敲平

a）凸面敲平　b）凹面敲平

1—钣金锤　2—顶铁　3—钢板

(1) 凸面敲平　如图 4-35a 所示，使钣金锤与中心对正，然后轻握锤子进行敲击。应注意顶铁表面形状应适应车身表面曲线，硬度应高于车身钢板。

(2) 凹面敲平　如图 4-35b 所示，钣金顶铁置于金属板背面的最低处，在另一面敲击变形的最高处，锤击时顶铁也作为敲击工具一并修复变形。

(3) 皱褶面敲平　如图 4-36 所示，首先利用火焰缓慢加热凹面的中间部位，然后在中间部位下侧用顶铁顶起，去掉加热火焰后用平锤敲击隆起部位，锤击点按次序向中心滑动，最后形成大的平面为止。

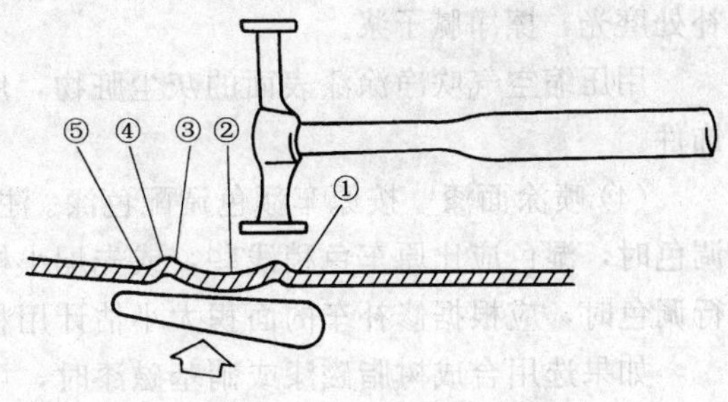

图 4-36　皱褶面的敲平

(4) 狭窄处凹瘪敲平　对于难以放入顶铁的弧形凹陷，需要按图 4-37 所示的方法，将修平刀插入并抵住凹陷部位，用木锤或尼龙锤敲击凹陷周围隆起部位，使变形逐渐减轻。当修平至一定程度时，再改用金属锤对变形进一步修整。

(二) 车身局部修补涂装

由于受气候和环境的影响，如风吹、雨淋、酸碱侵蚀、冷热变化、因事故造成破损或经过修理等，使汽车车身涂层表面发生龟裂、粉化、变色、脱落等，都需要进行修补或在新表面上涂装。

修补涂装面对的是车型复杂、颜色多变、工艺不同，尤其是局部补漆要达到外观完美、颜色基本一致，这就要求操作者要有丰富的经验和高超的技术水平。

a)

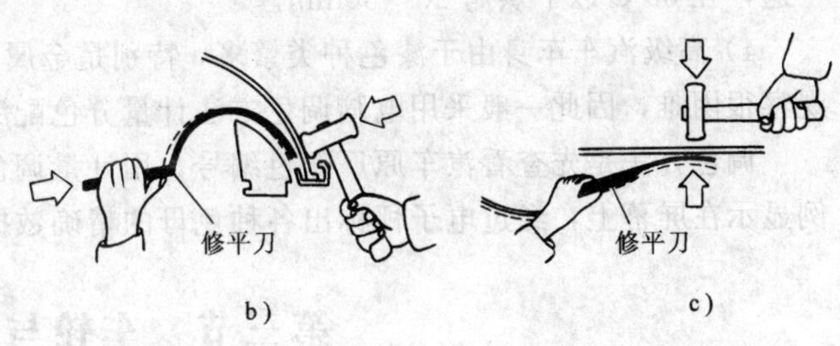

图 4-37　借助修平刀敲平

a) 修平刀的类型　b) 大曲面敲平　c) 手不易深入的平面敲平

1. 局部涂装的作业程序

(1) 清洁表面　用铲刀、钢丝刷等清除表面涂层、铁锈及焊渣，焊口较大处用砂轮打磨平整，再用砂布打磨，然后擦净表面油污，吹净灰尘。

(2) 刮磨腻子　根据覆盖件修整情况，采用原子灰速干腻子刮涂 3～4 道，其中头一道涂厚一些，随着次数的增加，逐渐减薄但应更细致。大小凹坑处都应刮平，按车体造形修正，补齐棱线。

每道腻子晾干后，进行一遍打磨。可采用砂布干打磨或水砂纸湿打磨。第一、二道腻子可用 1～2 号砂布或 180 号水砂纸打磨；第三、四道腻子用 1 号砂布或用 300 号水砂纸打磨。打磨时应先用硬胶块垫砂纸找平，后用手掌垫砂纸磨光，最后将不喷漆处盖好、遮严。

(3) 喷涂中间层　由于修补涂装要求时间短，一般采用干燥快的底漆或二道底漆做中间涂层，如 Q06—5 硝基漆、C06—10 醇酸二道底漆等，喷涂 2～3 遍常温或低温烘干。然后检查涂层表面是否有细小缺陷和砂眼，用速干腻子仔细找补一次，晾干后用 400 号水砂纸将修补处磨光，擦净腻子浆。

用压缩空气吹净涂漆表面的灰尘脏物，用胶带纸和报纸把不涂漆的部位遮盖好，卸下装饰件。

(4) 喷涂面漆　按原车颜色调配色漆。注意尽可能选用与原车色漆配套的面漆调配颜色。调色时，湿色应比原车色稍浅些，或先配小样待干后对照，避免过浅或过深。按配色方法进行调色时，应根据修补车的面积大小估计用料，防止涂料不够或过多造成浪费。

如果选用合成树脂磁漆或硝基磁漆时，可连续喷涂 2～3 遍。如果用硝基过氯乙烯磁漆，要喷涂 4～6 遍，喷完后常温干燥或低温烘干即可。

为了使局部补漆达到理想效果，接口处用 600～800 号水砂纸磨光，喷涂面积稍大一些。在末道漆未干时，用高沸点溶剂（如环乙酮）将接口处喷涂湿润，这样使新老涂膜熔为一体，干后不易看出补漆痕迹。

(5) 后期作业　去掉保护纸罩，安装装饰件。如果是具备抛光条件的面漆，可抛光打蜡。清扫擦净车身。

2. 高级轿车车身的修补喷涂工艺

高级轿车车身的涂料的构成比较复杂且品质要求更高，补修工艺要求更加严格。

1) 刮磨原子灰腻子，砂布、砂纸标号更高，打磨更加仔细，

2) 中间涂层采用进口涂料，如德国施必快、保丽光快干中间漆 7460 等。

3) 喷涂修补面漆。将调对好的金属漆或素色磁漆先喷涂在试板上，待干燥后与原车颜色对比，如有差别应及时调对准确。要多次喷涂面漆，最后接口处接口稀料于漆未干时再喷涂一遍，在 80℃ 以下烘烤 20～30min。

4) 高级汽车车身由于漆色种类繁多，特别是金属漆、珍珠系列漆色母较为复杂，用肉眼观察很困难，因此一般采用电脑调色方法计量分色配漆。

调色方法是先查看汽车原厂颜色编号，用计量调色机将微缩胶片储存的涂料色母数据比例显示在屏幕上，经过电子秤称出各种色母的精确数据，最后调出配漆的颜色。

第三节　车轮与轮胎

一、车轮与轮胎功用

车轮总成一般由轮毂、轮盘和轮辋三部分组成。轮毂通过圆锥滚柱轴承套装在车桥或转向节轴颈上（参见图 4-11）。轮辋用于安装轮胎。轮盘和轮辋为一个整体，通过螺栓联接将轮盘安装在轮毂上，一起随轮毂转动。轿车轮盘外侧装有车轮装饰罩，如图 4-38 所示。

车轮与轮胎是汽车行驶系中的重要部件，汽车通过车轮轮胎与地面接触实现行驶或停车。车轮和轮胎的主要功用是：①支承汽车总质量；②保证轮胎与路面有良好附着性能，以提高汽车的驱动力和制动力；③缓和吸收汽车行驶时所受到的冲击和振动；④产生平衡汽车转弯行驶时的侧向力，并通过轮胎产生自动回正力矩。

(一) 车轮

按轮盘的结构形式，车轮可分为辐板式和辐条式两种。

1. 辐板式车轮

目前，普通轿车和轻、中型载货汽车广泛采用辐板式车轮。图 4-39 所示为货车辐板式车轮。辐板 3 与轮辋 4 通过焊接或铆接固定成整体，通过辐板 3 上的大中心孔及周围的螺栓孔安装在轮毂 1 上。螺栓孔两端都做成球面或锥面凹坑，相应的紧固螺母的端部也制有凸起，以便于安装时对正中心，也利于互换。与轮辋连接处的辐板上，开有若干个半圆形的通孔用以减轻质量，也有利于制动鼓散热。由于货车后轴载荷大，后桥一般使用双式后轮，即在同一轮毂上背靠背安装两个辐板式车轮。

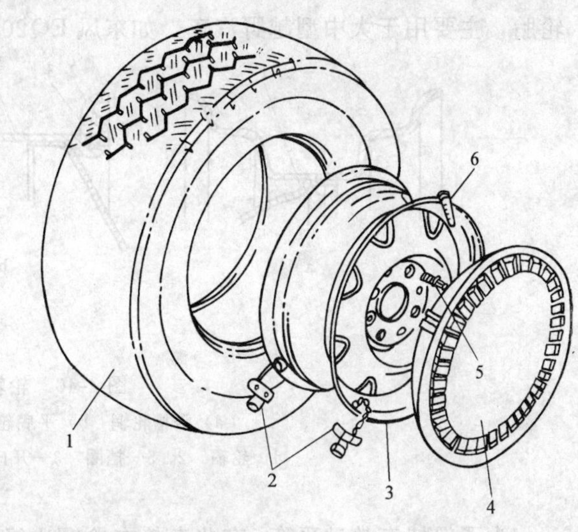

图 4-38 车轮总成

1—轮胎 2—平衡块 3—轮辋 4—装饰罩 5—螺栓 6—气门嘴

为防止车轮在行驶中自行松脱，汽车左、右侧固定辐板的螺柱、螺母采用旋向不同的螺纹，即左轮用左旋螺纹，右轮用右旋螺纹。目前，一些车轮上采用了球面弹簧垫圈，可以防止螺母的自行松脱，故左、右车轮上都用右旋螺纹联接。

2. 辐条式车轮

辐条式车轮是用辐条把轮辋与轮毂连接成一体的。辐条有铸造辐条和钢丝辐条。铸造辐条多用于重型载货汽车；钢丝辐条仅用于赛车和一些高级轿车。

3. 轮辋

轮辋用来安装和固定轮胎。按其结构特点不同，分为深槽轮辋、平底轮辋和对开式轮辋三种，如图 4-40 所示。

(1) 深槽轮辋（图 4-40a） 深槽轮辋是用钢板冲压成形的整体结构，中部制成便于拆装轮胎用的深凹槽，凹槽两侧的台阶略向中间倾斜。这种轮辋结构简单、刚度大、质量轻，适用于安装尺寸小、弹性较大的轮胎。深槽轮辋主要用于轿车及轻型越野汽车，如上海桑塔纳轿车、北京切诺基吉普车等。

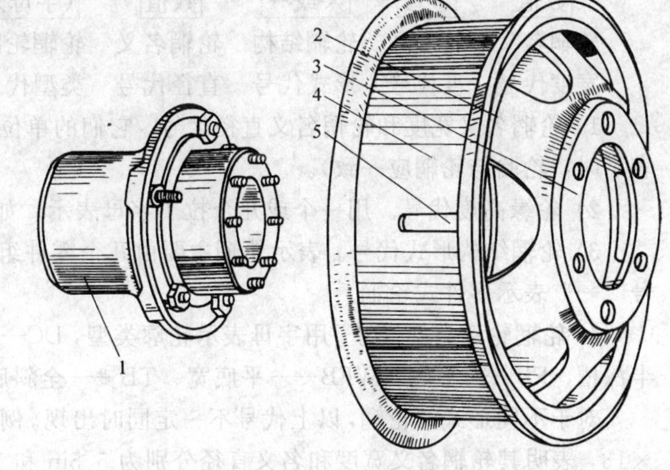

图 4-39 辐板式车轮

1—轮毂 2—挡圈 3—辐板 4—轮辋 5—气门嘴出口

(2) 平底轮辋（图 4-40b） 平底轮辋底部呈平环状，它的一边有凸缘，而另一边是可拆卸的挡圈 2 做凸缘，开口锁圈 3 具有弹性，它嵌入轮辋 4 与挡圈 2 之间的环槽内可以限止挡圈脱出。这种轮辋适于装尺寸较大而弹性较小的轮胎，如解放 CA1092 型和东风 EQ1092 型汽车均采用平底轮辋。

(3) 对开式轮辋（图 4-40c） 这种轮辋由两部分组成，其中一部分与轮辐制成一体，二者用螺栓 6 联接成一整体。拆装轮胎时，只需旋下螺栓上的螺母即可。这种轮辋只能装单个轮胎，主要用于大中型越野汽车，如东风 EQ2080 型汽车。

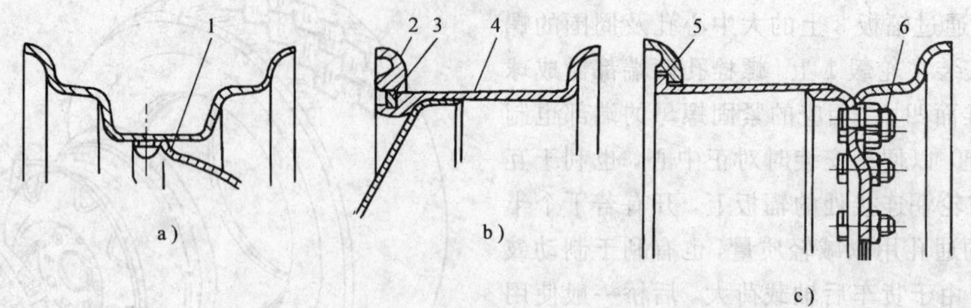

图 4-40　轮辋的形式

a）深槽轮辋　b）平底轮辋　c）对开式轮辋

1—轮辐　2、5—挡圈　3—开口锁圈　4—轮辋　6—螺栓

为了保持车轮动平衡，有些车轮在轮辋边缘夹装平衡块，如图 4-38 所示。拆装维修车轮，会破坏原有的平衡状态，故应进行平衡试验以重新确定平衡块的质量和装夹位置。

轮辋与轮胎装配，原则上每种轮胎只配用一种标准轮辋，如果轮辋与轮胎配合不当，会造成轮胎过早损坏。不得已也可配用与标准轮辋相近似的允许轮辋。

(4) 国产轮辋规格的表示方法　我国汽车轮辋规格用一组数字、符号和字母表示，含义及具体内容如下：

数值	字母	×或—	数值	(字母)	GB/T 2933—1995
轮辋名义宽度代号	轮缘高度代号	轮辋结构形式代号	轮辋名义直径代号	轮辋轮廓类型代号	国标号

1）轮辋名义宽度和轮辋名义直径代号。它们的单位为英寸，一般取两位小数（当用毫米表示时，轮胎与轮辋应一致）。

2）轮缘高度代号。用一个或几个拉丁字母表示，如 C、D、E、F、JJ、JK、L、V 等。

3）轮辋结构形式代号。表示轮辋主要由几个零件组成，符号“×”表示一件式轮辋，符号“—”表示多件式轮辋。

4）轮辋轮廓类型代号。用字母表示轮廓类型，DC——深槽，WDC——深槽宽、SDC——半深槽、FB——平底、WFB——平底宽、TB——全斜底、DT——对开式。

对于不同形式的轮辋，以上代号不一定同时出现。例如，上海桑塔纳轿车轮辋规格为 5.5J×13，表明其轮辋名义宽度和名义直径分别为 5.5in 和 13in，轮缘高度为 17.27mm，属一件式轮辋；解放 CA1092 型汽车轮辋为 6.5—20，表明该轮辋是名义宽度和名义直径分别为 6.5in 和 20in 的多件轮辋。

（二）轮胎

1. 轮胎的功用和分类

轮胎安装在轮辋上，支承汽车的全部质量；轮胎直接与路面接触，要与路面附着良好，以产生足够的驱动力和制动力；缓和吸收汽车行驶时受到的冲击和振动。

现代汽车几乎全部采用充气轮胎。按结构不同，充气轮胎可分为有内胎轮胎和无内胎轮胎两种。

充气轮胎根据工作气压的大小可分为：高压胎、低压胎和超低压胎三种。高压胎的滚动阻力小，节省燃料。低压胎胎面较宽，附着力大且弹性好，吸收振动的能力较强。超低压胎断面宽度大，在松软路面上具有良好的通过性，多应用在越野车上。目前汽车广泛应用的是低压胎。

为使轮胎与路面之间有良好的附着性能，轮胎胎面上制有各种凹凸花纹。根据花纹的不同，轮胎可分为普通花纹轮胎、越野花纹轮胎和混合花纹轮胎，如图 4-41 所示。

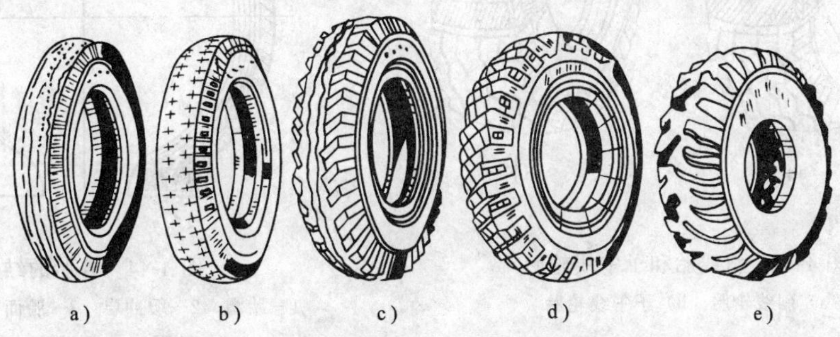

图 4-41 轮胎花纹

a)、b）普通花纹轮胎 c）混合花纹轮胎 d)、e）越野花纹轮胎

普通花纹轮胎的花纹沟槽细而浅，花纹块的接地面积较大，适用于较好路面。它有纵向花纹和横向花纹两种。横向花纹轮胎耐磨性好，不易夹石子；但散热性能差，工作噪声较大，不宜高速行驶。纵向花纹的轮胎滚动阻力小，噪声小，防侧滑和散热性好，高速行驶性能好；但甩石性和排水性较差。

越野花纹轮胎的花纹沟槽深而宽，花纹块接地面积较小，防滑性能好。在安装人字形花纹轮胎时，应注意要将“人”字尖端指向汽车前进方向，以提高排泥性能。

混合花纹轮胎的特点介于普通花纹和越野花纹之间，胎冠中部花纹多为菱形或纵向锯齿形，两边为横向大块越野花纹。其缺点是耐磨性能较差，行车噪声大以及胎面磨损不均匀等。

2. 充气轮胎的构造

有内胎轮胎由外胎、内胎和垫带组成，如图 4-42 所示。

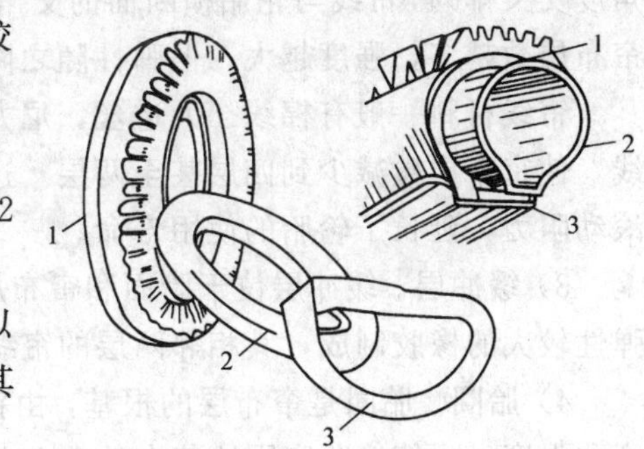

图 4-42 有内胎轮胎

1—外胎 2—内胎 3—垫带

内胎是一个环形的橡胶管，上面装有气门嘴，以便充气或排气。为在充气状态下内胎不产生折皱，其尺寸稍小于外胎内壁尺寸。

垫带是一个环形的橡胶带，它垫在内胎与轮辋之间，保护内胎不被轮辋和胎圈擦伤，还可防止尘土及水汽侵入胎内。

外胎是保护内胎的强度较高而又有一定弹性的外壳，用耐磨橡胶制成，直接与地面接触。按外胎体中帘线排列方向的不同，分为普通斜线胎和子午线胎两种，如图 4-43 所示。

（1）普通斜线胎　普通斜线胎的外胎由胎圈、缓冲层、胎面和帘布层等组成，如图 4-44 所示。

1）胎面。胎面是外胎的外表层，包括胎冠、胎肩和胎侧三部分。

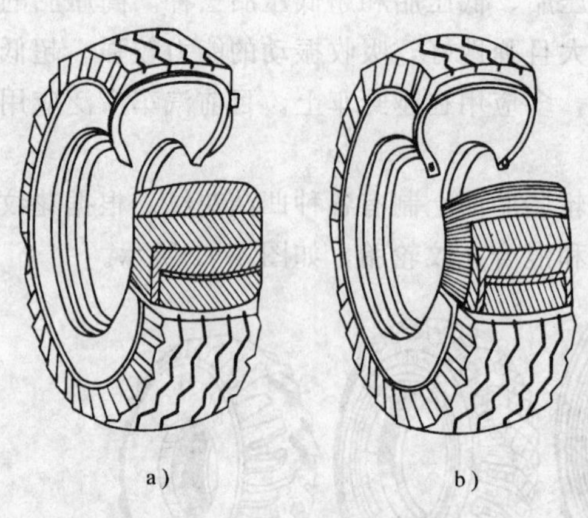

图 4-43 斜线胎和子午线轮胎

a）斜线轮胎 b）子午线轮胎

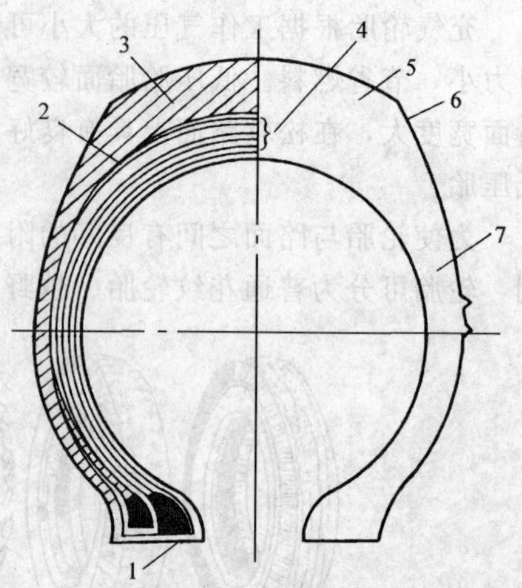

图 4-44 外胎的结构

1—胎圈 2—缓冲层 3—胎面 4—帘布层 5—胎冠 6—胎肩 7—胎侧

胎冠与路面接触，直接承受冲击与摩擦，并保护胎体免受机械损伤。因此胎冠部分橡胶层厚，其上制有各种花纹，以增加附着力。

胎肩是较厚的胎冠与较薄的胎侧间的过渡部分，除了起保护帘布层的作用外，一般也制有各种花纹，以利于防滑和散热。

胎侧是贴在帘布层侧壁的薄橡胶层，其作用是保护帘布层免受机械损伤及水分侵蚀。胎侧可承受较大的挠曲变形。

2）帘布层。帘布层是外胎的骨架，也称胎体。主要作用是承受负荷，保持外胎的形状和尺寸，使外胎具有一定的强度。通常由多层挂胶帘线用橡胶粘合而成。帘布层的帘线按一定角度交叉排列，帘线与轮胎横断面的交角通常为 50°。为使负荷均匀分布，帘布层数多为偶数。帘布层数越多，强度越大，但弹性随之降低。一般在外胎表面上标注有帘布层数。

帘线材料一般有棉线、人造丝、尼龙和钢丝等。现在多采用聚酰胺纤维和金属丝作帘布线，使帘布层数减少到四层甚至两层。这样既减少了橡胶消耗和提高了轮胎质量，又降低了滚动阻力，延长了轮胎的使用寿命。

3）缓冲层。缓冲层位于胎面和帘布层之间，质软而弹性大。一般用两层较稀疏的帘线和弹性较大的橡胶制成，其相邻两层的帘线也呈交叉排列。

4）胎圈。胎圈是帘布层的根基，由钢丝圈、帘布层包边和胎圈包布组成，具有较大的刚度和强度，可使轮胎牢固地装在轮辋上。

（2）子午线轮胎 如图 4-43b 所示，子午线轮胎帘布层帘线排列的方向与轮胎横断面一致，即垂直于轮胎圆周中心线，类似于地球仪上的子午线。这种帘线排列方式可使帘线的强度得到充分利用，帘布层数可比普通斜线胎减少一半。由于在圆周方向上只是靠橡胶来连接，不能承受汽车行驶时产生的较大切向力，为此在帘布层外又增加了与轮胎圆周中心线夹角很小、强度高、不易拉伸的束带层，又称刚性缓冲层。束带是用橡胶、高强度纤维线或钢丝把帘布层箍起来，从而增强了胎面的刚度。

与普通斜线轮胎相比，子午线轮胎有如下的优点：

1）由于有刚性缓冲层，轮胎在路面上滚动时周向变形小，滑移小；轮胎接触地面的面积大，单位压力小，胎面耐磨性好，使用寿命延长约 50%。

2）由于帘布层少，轮胎质量轻，行驶温度低，散热快，滚动阻力减少 25%～30%，油耗下降 6%～8%。

3）充分利用帘线强度，承载能力提高约 14%。

此外，子午线轮胎还具有附着性能、缓冲性能好，不易被尖锐物穿刺等优点。其缺点是胎侧易裂口，由于侧面变形大使汽车侧向稳定性稍差，制造技术要求高，成本也高。由于子午线轮胎具有很多优点，故近年来得到了广泛使用。

子午线轮胎与普通斜线胎使用相同的轮辋，但不能与普通轮胎混装在同一辆汽车上。

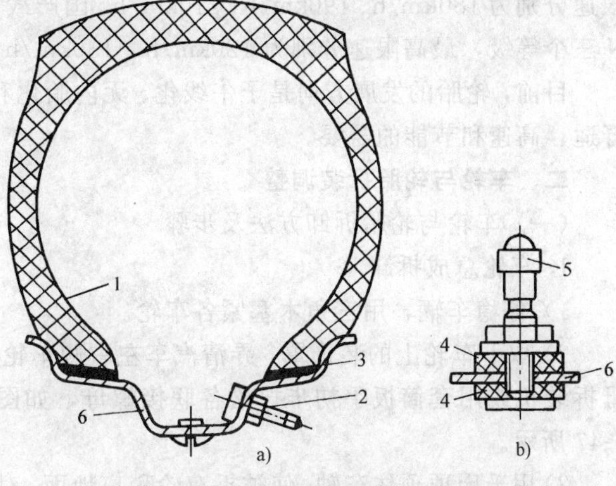

图 4-45　无内胎轮胎

a）无内胎轮胎结构　b）气门嘴结构

1—橡胶密封层　2—气门嘴总成　3—胎圈橡胶密封层

4—橡胶密封垫　5—气门螺母　6—轮辋

（3）无内胎轮胎　无内胎轮胎在外观上与普通轮胎相近似，但是没有内胎及垫带。它的气门嘴用橡胶垫圈和螺母直接固定在轮辋上，空气直接充入外胎中，其密封性由外胎和轮辋来保证，如图 4-45 所示。

无内胎轮胎的内壁有一层橡胶密封层，有的在该层下面还有一层自粘层，能自行将刺穿的孔粘合。在胎圈外侧也有一层橡胶密封层，用以加强胎圈与轮辋之间的气密性。轮辋底部是倾斜的，并涂有均匀的漆层。

无内胎轮胎一旦被刺破，穿孔不会扩大，故漏气缓慢，胎压不会急剧下降，仍能继续行驶一定距离，可消除爆破危险。因无内胎，摩擦生热少、散热快，适用于高速行驶；此外，结构简单，质量较轻，维修也方便。但密封层和自粘层易漏气，途中修理也较困难。

无内胎轮胎必须配用深式轮辋，故目前在轿车上应用较多。

3. 轮胎规格的表示方法

制造轮胎时，通常都将轮胎规格标注在轮胎的侧壁上以方便选用。

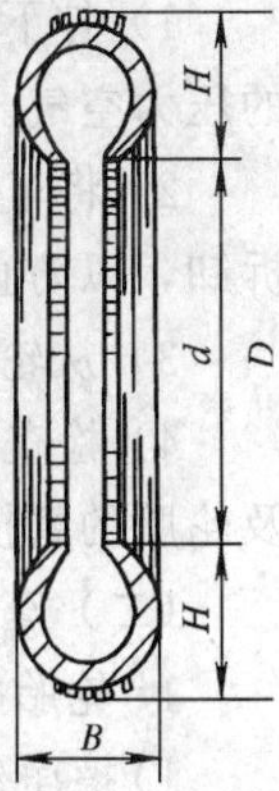

轮胎规格的表示方法有米制和英制两种。目前大多数国家采用英制，我国也用英制，但均逐渐向米制过渡。轮胎的尺寸标注如图 4-46 所示。

图 4-46　轮胎的尺寸标注

高压胎一般用 $D \times B$ 表示。D 为轮胎名义直径（in），B 为轮胎断面宽度（in），×表示高压胎。

低压胎用 $B—d$ 表示。B 为轮胎断面宽度（in），d 为轮辋直径（in），—表示低压胎。超低压胎的表示方法与低压胎相同。

我国国家标准规定：在外胎两侧标有轮胎规格、制造商标、层级、最大负荷及相应气压、生产编号及平衡标志（○、□、△）等。胎侧还标有汉语拼音字母，以便于识别胎体帘线材料，如：M——棉帘线，R——人造丝帘线，N——尼龙帘线，G——钢丝帘线等，这些字母一般写在规格尺寸的后面。有的胎侧还标有适用的轮辋规格。

子午线轮胎标注有Z字母，也有用英文字母R表示。子午线轮胎上标有最高速度级别，没有速度标志的轮胎不宜上高速公路。轿车子午线轮胎速度级别分为S、T、H三个等级，最高限速分别为180km/h、190km/h、210km/h。国产载货车子午线轮胎速度级别一般分为L、M、N三个等级，最高限速分别为120km/h、130km/h、210km/h。

目前，轮胎的发展方向是子午线化、无内胎化和扁平化趋于一体，以适应现代汽车安全、舒适、高速和节能的需要。

二、车轮与轮胎拆装调整

（一）车轮与轮胎拆卸方法及步骤

1．车轮总成拆卸

1）停稳车辆，用三角木塞紧各车轮。

2）取下车轮上的装饰罩，弄清汽车左右侧车轮与轮毂联接螺栓的螺旋方向，使用车轮螺母拆装机或用套筒扳手初步拧松各联接螺母，如图4-47所示。

3）用千斤顶顶住车轴，使被拆车轮稍离地面：对于轿车，千斤顶要顶在指定的位置上。

4）拧下车轮与轮毂联接的全部螺母，取下垫圈，并摆放整齐。

5）边向外拉边左右晃动车轮，从车轴上取下车轮总成。

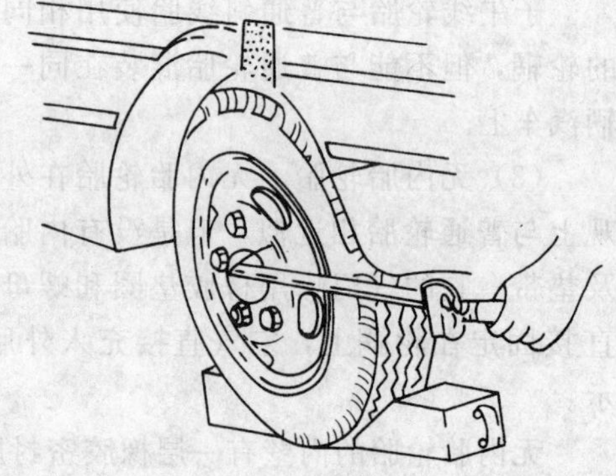

图4-47　车轮拆卸

2．轮胎拆卸

1）拧下气门嘴帽，旋出气门针阀，放出轮胎内的压力空气。

2）将车轮水平放置，拆下车轮开口锁圈，取下挡圈。对于轿车轮胎，应使用轮胎拆装机拆卸，以防止损坏轮胎和轮辋。

3）从轮辋中取出轮胎及垫带。

4）检查轮辋有无锈蚀、变形、裂纹或其他损坏；检查轮胎有无漏气，气门嘴是否完好以及轮胎的磨损情况。

（二）车轮、轮胎外胎安装方法及步骤

1．轮胎的安装

1）擦净外胎内部和内胎外表面，在接触表面涂上一层细滑石粉。将内胎及衬带装入外胎，并将气门嘴对准气门槽孔，将轮胎装在轮辋上。

2）将挡圈和开口锁圈放在轮胎与轮辋处，用脚踏平使之基本入槽，然后用钢钎将开口锁圈逐步扣入轮圈中，如图4-48所示。

3）轮胎装好后应按规定充气压力充足气。充气时，要在轮辋孔中穿入与轮胎直径相当的钢钎保险，以防锁圈弹出伤人，如图4-49所示。

4）更换新的无内胎轮胎时，也应同时安装新的橡胶气门。

2．车轮总成安装

1）清洁车轮联接螺柱、螺母和轮盘，将螺纹部分涂上润滑脂。

2）顶起车桥，套上车轮，将螺母初步拧在螺柱上。

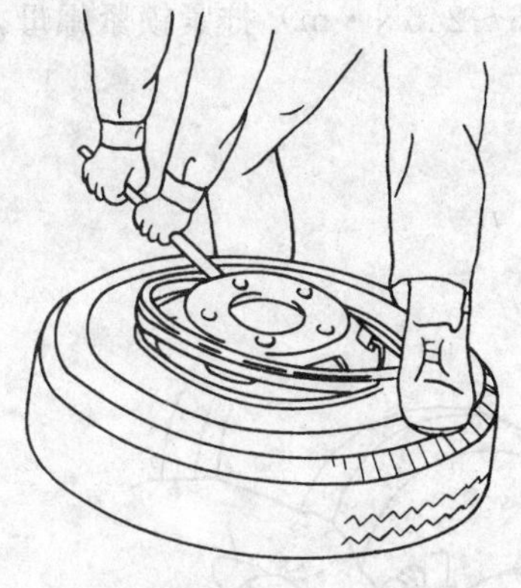

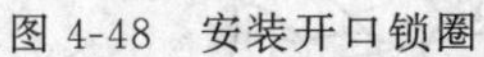

图 4-48　安装开口锁圈

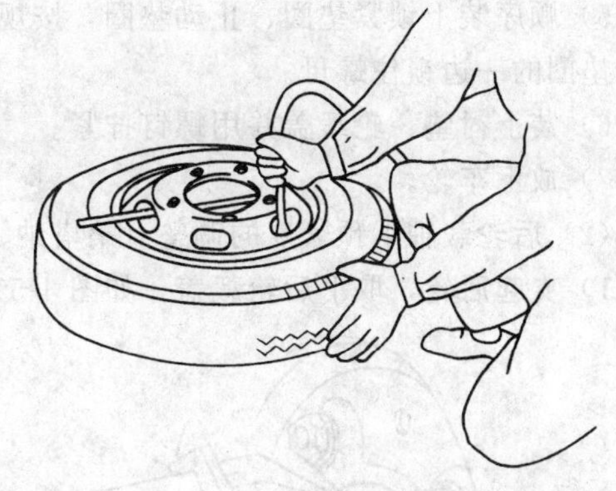

图 4-49　充气方法

3）放下车轮并在车轮前后用三角木塞紧，用指针式扭力扳手或车轮螺母安装机，按对角线顺序分 2～3 次，以规定力矩拧紧车轮螺母，如图 4-50 所示。

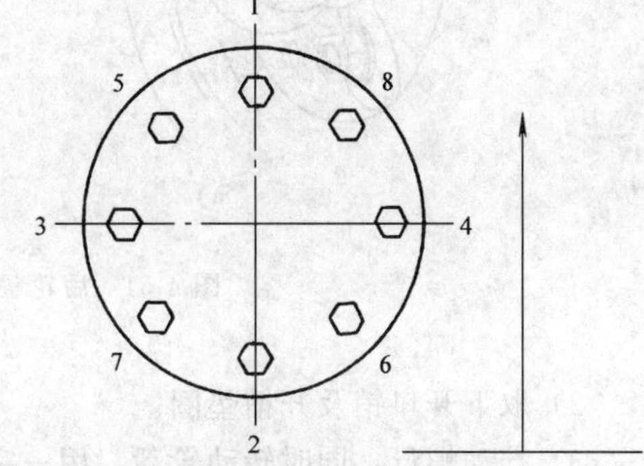

图 4-50　车轮螺母紧固顺序

4）安装后轮双胎时，要先拧紧内侧车轮的内螺母，再装外侧轮胎。在安装过程中，应用千斤顶分两次顶起车轴，分别安装内、外两个车轮。双轮胎高低搭配合适，一般较低的胎装于里侧，较高的胎装于外侧。应注意内侧轮胎和外侧轮胎的气嘴应互成 180°位置。

3．拆装轮胎的注意事项

1）拆装工具不得有尖刃、尖角或毛刺。

2）不得使用大锤敲击胎体，以避免砸坏轮胎或轮辋。

3）安装有内胎的轮胎时，内胎不宜放入外胎圈与轮辋之间，以免被夹住卡坏。

4）后桥并装双胎时，应使双胎具有相同花纹、相同直径和气压，不得混装。

5）装配有方向花纹轮胎时，应按规定方向装配。安装人字形花纹胎时，地面印痕应使人字尖指向后部，以保证汽车具有最大的驱动力。

6）拆装无内胎轮胎时，不得损坏胎圈和轮辋台肩的配合面。否则，可能会引起漏气。

7）为延长轮胎的使用寿命，进行二级维护时，需将轮胎换位使用。

（三）轮毂轴承预紧度调整

轮毂轴承间隙过紧会加速机件磨损和发热，过松会使汽车行驶不稳，因此，轮毂轴承间隙应调整合适。

（1）前轮毂轴承预紧度的调整（CA1092）

1）支起前轮，拧下轮毂盖螺钉，拆下前轮毂盖、衬垫。

2）打平锁片，旋下锁紧螺母，拆下止动垫圈，拆下锁紧垫圈。

3）旋转调整螺母可以改变轮毂轴承间隙，旋进轴承间隙变小，旋出轴承间隙变大。一般把调整螺母旋紧到底，再退回 1/3 圈。

4）调整好后，车轮应能自由转动而无明显的轴向间隙。

5）顺序装上锁紧垫圈、止动垫圈，按规定力矩（196～245N·m）拧紧锁紧螺母，翻卷止动垫圈的一边锁住螺母。

6）装上衬垫、轮毂盖并用螺钉拧紧。

7）放下车轮。

（2）后轮毂轴承预紧度的调整（桑塔纳、奥迪）

1）支起后轮，取下后轮毂盖，如图 4-51a 所示。

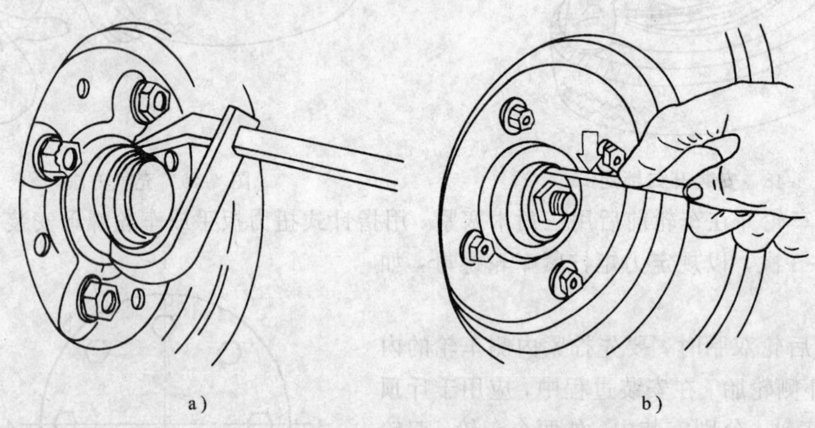

图 4-51　后轮毂轴承预紧度调整（桑塔纳）

2）取下开口销及开槽垫圈。

3）拧动螺母，同时转动轮毂，用一字旋具在手指的压力下刚好能够拨动止推垫圈即可，如图 4-51b 所示。

4）装回开槽垫圈，换上新的开口销，装上轮毂盖。

5）放下车轮。

三、车轮与轮胎平衡试验

汽车车轮是旋转构件。如果车轮不平衡，在高速行驶时会引起车轮上下跳动和横向摇摆，不仅影响汽车乘坐舒适性，而且使驾驶员难以控制行驶方向，以及汽车制动性能变差，影响行车安全。车轮不平衡会大大增加各部件所受的力，加大轮胎的磨损和行驶噪声等。因此，高速汽车在使用和维修中必须进行车轮平衡量检测和校准。

车轮总成由于轮胎、轮毂、轮辋和轴承受材料质量、制造工艺、安装误差、磨损、变形等影响，使得总质量对车轮转动中心呈不均匀分布，这种不均匀可以用不平衡质量来表示。

（一）静平衡和动平衡

1. 车轮静平衡与静不平衡

支起车轴，调整好轮毂轴承松紧度，用手轻转车轮，让其自然停转。在车轮离地最近处作一标记，然后重复上述试验。经几次转动，如果所作标记可以自然地停留于任意位置，或强迫停转消除外力后车轮也不再转动，则车轮是静平衡的。如果每次试验标记都停在离地最近处，则车轮静不平衡。

对于静不平衡的车轮，其质量中心与旋转中心不重合，在旋转时会产生离心力，如图 4-52a 所示。离心力 F 的大小，与不平衡质量 m、车轮转动角速度 ω 和不平衡质量点的偏心距

r有关，即 $F=m\omega^2 r$。

将离心力 F 分解成沿水平方向的分力 F_x 和垂直方向的分力 F_y。F_x 引起车轮在运动中前后窜动，形成绕转向主销的力矩，导致汽车前轮在行驶中来回摆振；F_y 引起车轮上下跳动，使汽车车身摆振。

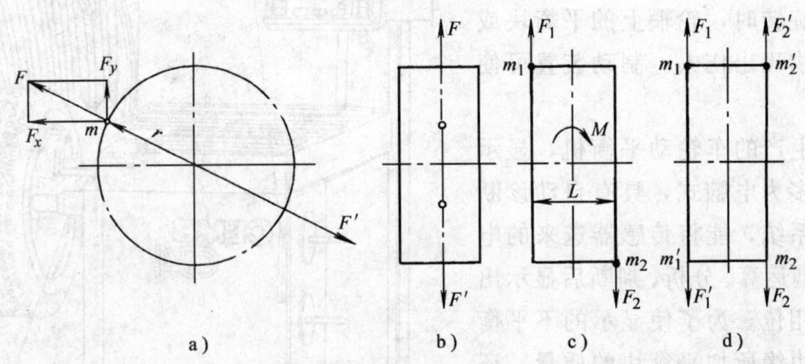

图 4-52　车轮动平衡示意图

a）不平衡质量引起的离心力　b）同一平面内不平衡质量的平衡　c）车轮静平衡但动不平衡　d）车轮动平衡

对于静不平衡的车轮，只要在不平衡质量所在平面的相反方向的半径上配置相同的平衡质量，就能达到静平衡，如图 4-52b 所示。

2. 车轮动不平衡与动平衡

如果不平衡质量不在同一平面内，即使是处于静平衡状态也可能产生动不平衡，如图 4-52c 所示。两个相同的质量 m_1 和 m_2 分别位于轮胎的两侧边缘，假设车轮是静平衡的，但车轮转动时，分别会产生两个离心力 F_1 和 F_2，这两个离心力形成一对力偶，产生不平衡力矩 $M=FL$。由于不平衡力矩是旋转的，导致车轮绕主销来回摆动。左、右车轮在不平衡力矩作用下，汽车的摆振会更强烈。

要使车轮动平衡，只有在 m_1 和 m_2 的相反方向的半径上分别配置相同的平衡质量 m'_1 和 m'_2，如图 4-52d 所示，使各不平衡质量点离心力的合力为零，合力矩也为零，车轮既满足静平衡条件，又处于动平衡状态。

（二）车轮动平衡测试

由于动平衡的车轮一定是静平衡的，只要检测了动平衡，就不需要检测静平衡。车轮动平衡检测，有离车式检测和就车式检测两种方法。

根据平衡机转轴的形式，分成软式平衡机和硬式平衡机两种；根据测量装置，车轮动平衡机分成机械式和电测式两种。电测式是将车轮不平衡产生的振动转变成电信号而显示出来。目前，电测式车轮动平衡机应用比较广泛。

1. 离车式车轮动平衡机及使用方法

使用离车式车轮动平衡机时，需将车轮从车上拆下，安装到检测机转轴上进行平衡状况检测。

(1) 设备简介　离车式车轮动平衡机如图 4-53 所示。它由驱动装置、转轴与支承装置、显示与控制装置、制动装置、机箱和车轮防护罩等组成。

驱动装置由电动机和传动机构等组成，可驱动转轴旋转。转轴由两个滚动轴承支承，每个轴承上都装有把动反力变为电信号的传感器。转轴的外端通过锥体和快速锁紧螺母固定被测车轮。驱动装置、转轴与支承装置等均装在机箱内。车轮防护罩可防止车轮旋转时，轮辋上的平衡块或花纹内夹杂物飞出伤人。制动装置可使车轮停转。

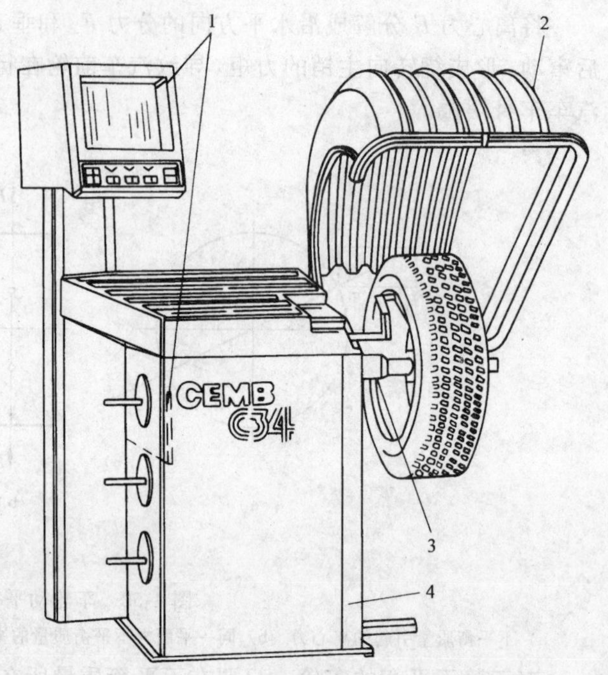

图 4-53 离车式车轮动平衡机

1—显示与控制装置 2—车轮防护罩 3—转轴 4—机箱

近年来生产的车轮动平衡机，显示与控制装置多为电脑式，具有自动诊断和自动调校系统，能将传感器送来的电信号通过电脑运算、分析、判断后显示出不平衡量及相位。为了使显示的不平衡量恰是轮辋边缘所加平衡块的质量，还必须将测得的轮辋直径、轮辋宽度和轮辋边缘至平衡机机箱的距离（轮辋外悬尺寸）输入电脑。

（2）使用方法

1）清除被测车轮上的泥土、石子等杂物，取下旧平衡块。

2）检查轮胎气压、充至规定值。

3）根据轮辋中心孔的大小选择锥体，装上车轮，用快速锁紧螺母锁紧在转轴上。

4）打开电源开关，检查指示与控制装置的面板的指示是否正确。

5）用卡尺测量轮辋宽度、轮辋直径，用平衡机上的标尺测量轮辋边缘至机箱距离，将数值输入指示与控制装置中去。

6）放下车轮防护罩，按下起动键，车轮旋转，平衡测试开始，自动采集数据。

7）运行几秒钟后，车轮自动停转。或听到提示笛声按下停止键，操纵制动装置使车轮停转，然后从指示装置读取车轮内、外不平衡量和不平衡位置信息。

8）抬起车轮防护罩，用手慢慢转动车轮。当指示装置发出指示（音响、指示灯亮、制动、显示点阵或显示检测数据等）时停止转动。在轮辋的内侧或外侧的上部（时钟 12 点位置）加装平衡块。内、外侧要分别进行，平衡块装卡要牢固。

9）安装新平衡块后，应重新进行平衡试验，直至不平衡量<5g，指示装置显示“00”或“OK”时为止。当不平衡量相差 10g 左右时，如能沿轮辋边缘前后移动平衡块一定角度，将可获得满意的平衡效果。实践经验越丰富，平衡速度越快。

10）测试结束，关闭电源开关。

2. 就车式车轮动平衡机及使用方法

使用就车式车轮动平衡机时，不必从车上拆下车轮，就车测量车轮平衡状况。

（1）设备简介 就车式车轮动平衡机一般由驱动装置、测量装置、指示与控制装置、制动装置和小车等组成，其示意图如图 4-54 所示。

驱动装置由电动机、转轮等组成，用以带动支离地面的车轮转动。测量装置由传感磁头、可调支杆、底座和传感器等组成，它将车轮不平衡量产生的振动变成电信号，送到指示和控制装置。指示和控制装置由频闪灯、不平衡度表或数字显示屏等组成。频闪灯用来指示车轮不平衡点位置，不平衡度表或数字显示屏用来指示车轮的不平衡量。一般有两个挡位，第一挡往往用于初查时的指示，第二挡往往用于装上平衡块后复查时指示。制动装置用于车轮停转。除测量装置外，车轮动平衡机的其余装置都装在小车上，可方便地移动。

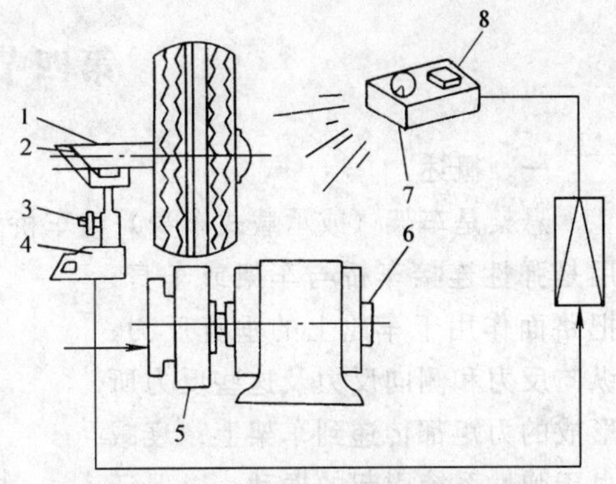

图 4-54　就车式车轮动平衡机示意图

1—转向节　2—传感磁头　3—可调支杆　4—底座　5—转轮　6—电动机　7—频闪灯　8—不平衡度表

(2) 使用方法

1) 准备工作

a. 检查轮胎气压，视必要充至规定值。

b. 用千斤顶支起车轴，两边车轮离地间隙要相等。

c. 检查轮毂轴承是否松旷，视必要调整至规定的松紧度。

d. 清除被测车轮上的泥土、石子和旧平衡块。

e. 在轮胎外侧面任意位置上用白粉笔或白胶布做上记号。

2) 前从动轮静平衡

a. 用三角木固定后轴车轮和对面车轮，将传感磁头吸附在被测车轮悬架下或转向节下，调节可调支杆高度并锁紧。

b. 将车轮动平衡机推至车轮侧面或前面(视车轮平衡机形式不同而异)，使车轮动平衡机转轮与轮胎接触，起动电机带动车轮旋转，车轮旋转方向应与汽车前进方向一致。

c. 当车轮转速达到规定时，观察并记下频闪灯照射下的轮胎标记位置，并从指示装置(第一挡) 上读取不平衡量数值。

d. 操纵制动装置，使车轮停止转动。

e. 用手转动车轮，使车轮上的标记仍处在上述观察位置上，此时轮辋的最上部 (时钟 12 点位置) 即为加装平衡块的位置。

f. 按指示装置显示的不平衡量选择平衡块，牢固地装卡到轮辋边缘上。

g. 重新驱动车轮进行复查测试，指示装置用二档显示。若车轮平衡度不符合要求，应调整平衡块质量和位置，直至符合平衡要求为止。

3) 前从动轮动平衡

a. 将传感磁头吸在制动底板边缘平整处。

b. 操纵车轮动平衡机转轮驱动车轮旋转至规定转速，观察轮胎标记位置，读取不平衡量数值，停转车轮找平衡块加装位置，加装平衡块和复查等，方法与静平衡相同。

4) 驱动轮平衡

a. 对面车轮不必用三角木塞紧。

b. 用发动机、传动系驱动车轮，加速至 60km/h 左右，并在某一转速下稳定运转。

c. 测试结束后，用汽车制动器使车轮停转。

d. 其他方法同从动轮动、静平衡测试。

第四节　悬　架

一、概述

悬架是车架（或承载式车身）与车桥（或车轮）之间的一切传力连接装置的总称。其功用是弹性连接车桥与车架或车身；把路面作用于车轮上的垂直反力、纵向反力和侧向反力及这些反力所形成的力矩都传递到车架上；衰减由于弹性系统引起的振动，以保证汽车的正常行驶。

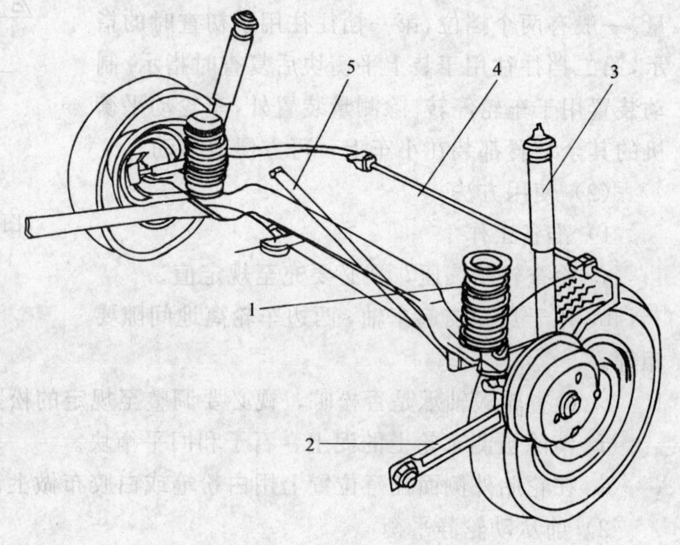

图 4-55　汽车悬架组成示意图

1—弹性组件　2—纵向推力杆　3—减振器　4—横向稳定器　5—横向推力杆

1. 悬架基本组成

现代汽车的悬架虽有不同的结构形式，但一般都是由弹性组件、减振器和导向机构三部分组成，如图 4-55 所示。

因为汽车行驶的路面不可能全是平坦的，路面作用于车轮上的垂直反力往往是冲击性的，尤其是在坏路面上高速行驶时，这种冲击力将达到很大的数值。为了缓和冲击，在汽车行驶中，除了采用弹性的充气轮胎之外，在悬架中还装有弹性组件，使车架（或车身）与车桥（或车轮）之间作弹性联系。但弹性系统在受到冲击后，将产生振动。

由于持续的振动易使乘员感到不舒适和疲劳，因此悬架还应当具有减振作用，使振动迅速衰减（振幅迅速减小）。为此，在许多结构形式的汽车悬架中都设有专门的减振器。

车轮相对于车架和车身跳动时，车轮的运动轨迹应符合一定的要求，否则，对汽车某些行驶性能有不利的影响，特别是操纵稳定性。所以悬架中某些传力构件同时还承担着使车轮按一定轨迹相对于车架和车身跳动的任务，因而这些传力构件还起导向作用，故称导向机构。

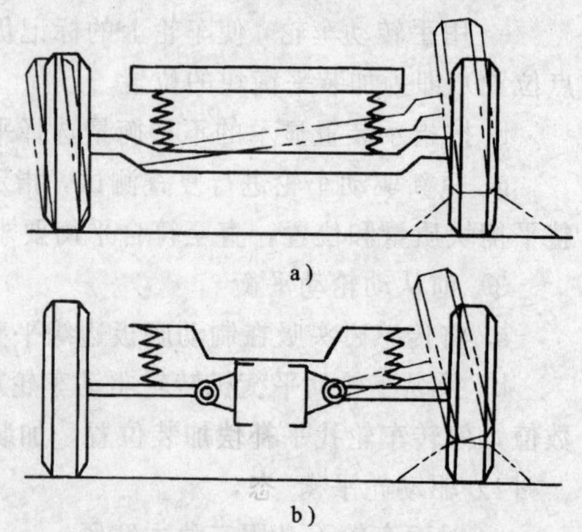

图 4-56　非独立悬架与独立悬架示意图

a）非独立悬架　b）独立悬架

2. 悬架种类

汽车悬架根据导向机构的不同可分为非独立悬架和独立悬架，如图 4-56 所示。图 4-56a 所示为非独立悬架，其结构特点是两侧的车轮由一根整体式车轿相连，车轮连同车桥一起通过弹性悬架悬挂在车架（或车身）的下面。采用独立悬架时，车桥都做成断开的，如图 4-56b 所示。独立悬架的两侧车轮分别独立地与车架或车身弹性连接，当一侧车轮受到冲击时，其运动不会影响到另一侧车轮。由于独立悬架的车桥是断开的，可以使发动机降低安装位置，有利于降低汽车重心，并使结构紧凑。独立悬架允许前轮有较大的跳动空间，这样便于选择较软的弹性组件使平顺性得到改善。

二、减振器

为了使汽车在行驶中所受到的由冲击力引起的车架和车身的振动迅速衰减，以改善汽车的行驶平顺性，在大多数汽车的悬架系统中都有与弹性组件并联安装的减振器，其安装如图 4-57 所示。

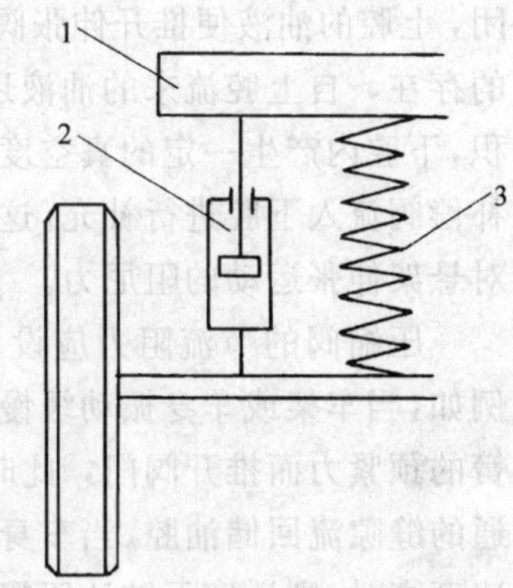

图 4-57 减振器和弹性组件的安装示意图
1—车架 2—减振器
3—弹性组件

汽车悬架系统中广泛采用液力减振器，其基本工作原理是利用液体流动的摩擦阻力来消耗冲击振动的能量。当车架与车桥作往复相对运动（车架在弹性组件上振动）时，减振器内的油液反复地从一个内腔通过一些窄小的孔隙流入另一个内腔。此时，孔隙与油液间的摩擦以及油液分子间的内摩擦便形成了对车架振动的阻尼力，从而使车架、车身的振动能量转化为热能，并被油液和减振器壳体所吸收，然后散发到大气中。减振器阻尼力的大小随车架与车桥（或车轮）的相对速度的增减而增减，并且与油液粘度有关。要求减振器所用油液的粘度受温度变化的影响尽可能小，且具有抗汽化、抗氧化以及对各种金属和非金属零件不起腐蚀作用等性能。

减振器的阻尼力越大，振动衰减得越快，但却使并联的弹性组件的作用不能充分发挥。另外，过大的阻尼力还可能导致减振器连接件及车架损坏。为解决弹性组件与减振器之间的这一矛盾，对减振器提出如下要求：

1）在悬架压缩行程（车桥与车架相互移近的行程）内，减振器阻尼力应较小，以便充分利用弹性组件的弹性，以缓冲冲击。

2）在悬架伸张行程（车桥与车架相对远离的行程）内，减振器的阻尼力应大，以求迅速减振。

3）当车桥（或车轮）与车架的相对速度过大时，减振器应当能自动加大液流通道截面积，使阻尼力始终保持在一定限度之内，以避免承受过大的冲击载荷。

在压缩和伸张两行程内均能起减振作用的减振器称为双向作用式减振器。另有一种减振器仅在伸张行程内起作用，称为单向作用式减振器。目前汽车上广泛采用双向作用筒式减振器。

（一）双向作用筒式减振器

1. 双向作用筒式减振器的工作原理

图 4-58 所示为双向作用筒式减振器结构示意图。它一般都具有压缩阀、伸张阀、流通阀和补偿阀。流通阀和补偿阀是一般的单向阀，其弹簧很软，当阀上的油压作用力与弹簧力同向时，阀处于关闭状态，完全不通液流；而当油压作用力与弹簧力反向时，只要有很小的油压，阀便能开启。压缩阀和伸张阀是卸载阀，其弹簧较强，预紧力较大，只有当油压增高到一定程度时，阀才能开启；而当油压减低到一定程度时，阀即自行关闭。

（1）压缩行程　当车桥移近车架（或车身）时，减振器受压缩，减振器活塞下移，活塞下面的腔室容积小，油压升高，油液经流通阀流到活塞上面的腔室。由于活塞杆占去上腔室的部分容积，使上腔室增加的容积小于下腔室减少的容积，因此还有一部分油液不能进入上腔室而只能压开压缩阀，流回储油缸筒。油液流经上述阀孔时，受到一定的节流阻力。为克服这种阻力而消耗了振动能量，使振动衰减。

（2）伸张行程　当车轮相对车身移开，减振器受拉伸。此时减振器活塞向上移动，活塞上腔油压升高，流通阀关闭，上腔的油液便推开伸张阀流入下腔。同样，由于活塞杆的存在，自上腔流来的油液还不足以充满下腔所增加的容积，下腔内产生一定的真空度，这时储油缸中的油液便推开补偿阀流入下腔进行补充。这时，这些阀的节流作用即造成对悬架伸张运动的阻尼力。

压缩阀的节流阻力应设计成随活塞运动速度而变化。例如，当车架或车身振动缓慢时，油压不足以克服压缩阀弹簧的预紧力而推开阀门，此时多余部分的油液便经一些常通的缝隙流回储油腔。当车身振动剧烈，即活塞向下运动的速度高时，则活塞下腔油压骤增，达到能克服压缩阀弹簧的预紧力时，便推开压缩阀，使油液在很短的时间内，通过较大的通道流回储油缸。这样，油压和阻尼力都不致超过一定限度，以保证压缩行程中弹性组件的缓冲作用得到充分发挥。

同理，伸张行程中减振器的阻尼力也应设计成随活塞运动速度而变化。当车轮向下运动速度不大时，油液经伸张阀的常通孔隙流入下腔，由于通道截面积很小，便产生较大的阻尼力，从而消耗了振动能量，使振动迅速衰减。当车身振动剧烈时，活塞上移速度增大到使油压足以克服伸张阀弹簧的预紧力时，伸张阀开启，通道截面积增大，使油压和阻尼力保持在一定限度以内。这样，可使减振器及悬架系统的某些零件不会因超载而损坏。

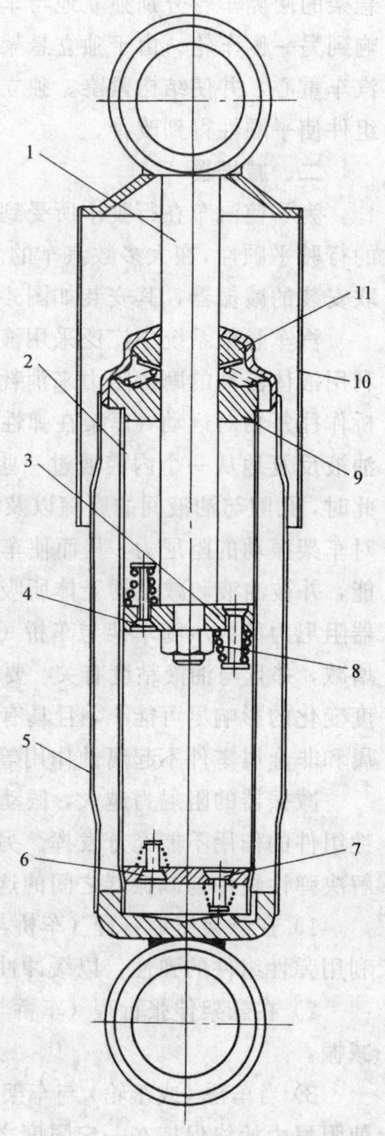

图 4-58　双向作用筒式减振器示意图

1—活塞杆　2—工作缸筒　3—活塞
4—伸张阀　5—储油缸筒
6—压缩阀　7—补偿阀
8—流通阀　9—导向座
10—防尘罩　11—油封

2. 双向作用筒式减振器的构造

图 4-59 所示为解放 CA1091 型汽车筒式减振器，它有防尘罩、储油缸筒和工作缸筒三个同心钢筒。

防尘罩、活塞杆和连接车架的上吊环是焊接在一起的。工作缸筒装在储油缸筒内，并用螺母压紧。连接车桥的下吊环焊在储油缸筒的下端。工作时，减振器的这两个缸筒是作为一个整体一起随车桥而运动的。储油缸筒与工作缸筒之间形成储油腔，内装减振油液，但不装满。工作缸筒内则充满减振油液。

活塞杆贯穿工作缸筒和储油缸筒的密封装置而伸进工作缸筒内。活塞固定在活塞杆的下端。活塞的头部有内、外两圈的圆周均布的轴向通孔，外圈孔的直径大，内圈孔的直径小。在活塞头部上端面上，有仅能盖住外圆通孔的流通阀。活塞头部下端面上均匀分布着四个小槽，当伸张阀被压紧时，便形成四个缺口，是常通的，减振油液均可通过此缺口流动。调整垫片装在伸张阀与压紧螺母之间用以调整伸张阀弹簧的预紧力。在工作缸下端装有支承座圈，座圈孔上端面有两个小缺口，与装在它上面的星形补偿阀形成两个缝隙，作为工作腔和储液腔之间的常通缝隙。补偿阀中央有孔，孔中装着压缩阀杆，阀杆上部钻有中心孔，且阀杆圆柱面上有两个圆孔与中心孔相通。在压缩阀杆上滑套着压缩阀，不工作时，压缩阀在压缩弹簧作用下，其上端面紧压在补偿阀上，内部形成一锥形小空腔。此时油液经阀杆上的中心孔及圆孔仅能流到锥形小空腔中，而与储油腔隔绝。

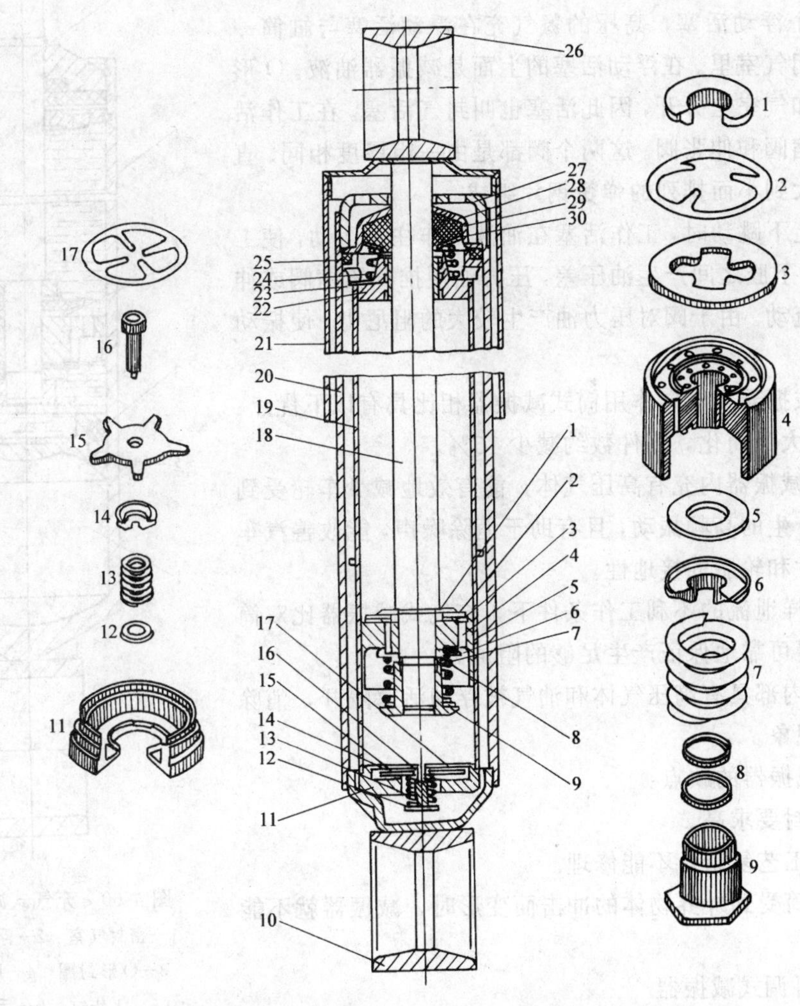

图 4-59　解放 CA1091 型汽车筒式减振器

1—流通阀限位座　2—流通阀弹簧片　3—流通阀　4—活塞　5—伸张阀　6—支承座圈　7—伸张阀弹簧　8—调整垫片　9—压缩螺母　10—下吊环　11—支承座　12—压缩阀弹簧座　13—压缩阀弹簧　14—压缩阀　15—补偿阀　16—压缩阀杆　17—补偿阀弹簧片　18—活塞杆　19—工作缸筒　20—储油缸筒　21—防尘罩　22—导向座　23—衬套　24—油封弹簧　25—密封圈　26—上吊环　27—储油缸螺母　28—油封　29—油封盖　30—油封垫圈

座圈上端在安装好以后翻边，将补偿阀弹簧片压紧在阀杆顶端边缘，成为不可拆的。

密封装置和导向座安装在工作缸的上部，它由橡胶密封圈、橡胶油封、油封盖、油封垫圈、油封弹簧及储油缸螺母组成。工作缸的周缘用橡胶密封圈密封，活塞杆用橡胶油封密封。当活塞杆往复运动时，杆上的油液被密封件刮下，经导向座上的经向小孔流回储油缸。导向座是用来为活塞杆导向的。

（二）新型减振器

1. 充气式减振器

图 4-60 所示为充气式减振器。它的结构特点是在缸筒的下部装有一个浮动活塞，高压的氮气充在浮动活塞与缸筒一端形成的密闭气室里。在浮动活塞的上面是减振器油液。O 形密封圈把油和气完全分开，因此活塞也叫封气活塞。在工作活塞上装有压缩阀和伸张阀。这两个阀都是由一组厚度相同、直径不等、由大到小而排列的弹簧钢片组成。

当车轮上下跳动时，工作活塞在油液中作往复运动，使工作活塞的上、下腔之间产生油压差，压力油便推开压缩阀或伸张阀而来回流动。由于阀对压力油产生较大的阻尼力，使振动衰减。

充气式减振器与双向作用筒式减振器相比具有以下优点：

1）结构大为简化，零件数约减少 15%。

2）由于减振器内充有高压气体，能有效地减少车轮受到突然冲击时产生的高频振动，且有助于消除噪声，能改善汽车的行驶平顺性和轮胎的接地性。

3）在同样泄流的不利工作条件下，充气式减振器比双筒式减振器能更可靠地保证产生足够的阻尼力。

4）由于内部具有高压气体和油气被浮动活塞隔开，消除了油的乳化现象。

充气式减振器的缺点：

1）对油封要求高。

2）充气工艺复杂，不能修理。

3）当缸筒受到外界物体的冲击而变形时，减振器就不能工作。

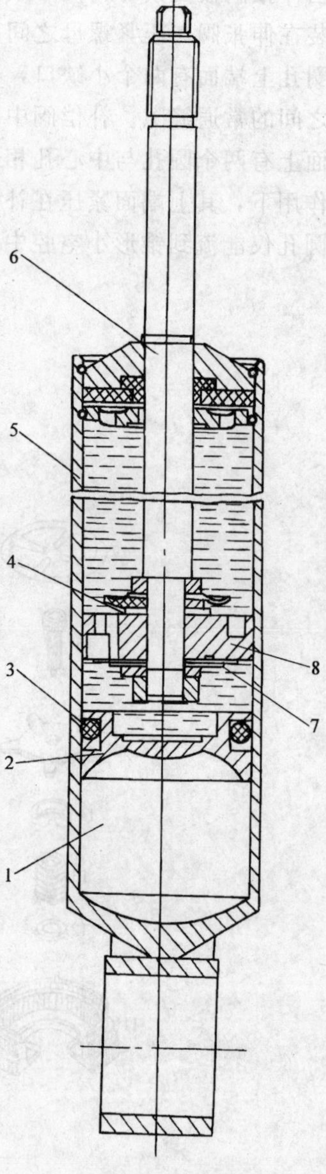

图 4-60 充气式减振器
1—密封气室 2—浮动活塞
3—O 形封圈 4—压缩阀
5—工作缸 6—活塞杆
7—工作活塞 8—伸张阀

2. 阻力可调式减振器

图 4-61 所示为阻力可调式减振器。它一般用在高级轿车上。装有这种减振器的悬架系统采用了刚度可变的空气弹簧。其工作过程是，当汽车的载荷增加时，气室内的气压随空气囊中的气压升高而升高，而膜片向下移动与弹簧产生的压力相平衡。与此同时，膜片带动与它相连的柱塞杆和柱塞下移，因而使得柱塞相对空心连杆上的节流孔的位置发生变化，结果减小了节流孔的通道截面积，也就是减少了油液流经节流孔的流量，从而增加了油液流动阻力。反之，当汽车载荷减小时，柱

塞上移，增大了节流孔的通道截面积，结果减小了油液的流动阻力。因此满足了汽车随载荷的变化而改变减振器阻力的要求。

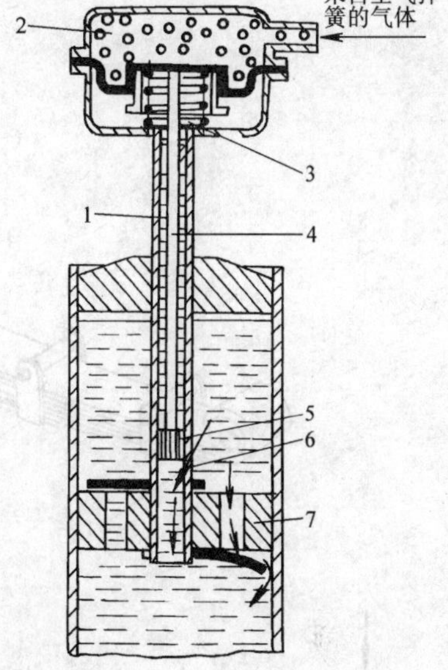

图 4-61 阻力可调式减振器
1—空心连杆 2—气室 3—弹簧 4—柱塞杆 5—柱塞 6—节气孔 7—活塞

三、弹性组件

1. 钢板弹簧

钢板弹簧是汽车悬架中应用最广泛的弹性组件，它是由若干片不等长但等宽（厚度可以相同，也可不同）的合金弹簧片组合而成的一根近似等强度的弹性梁。

图 4-62 所示为钢板弹簧的一般构造。钢板弹簧中最长的一片称为主片，其两端弯成卷耳，内装衬套，以便用弹簧销与固定在车架上的支架或吊耳作铰链连接。各弹簧片用中心螺栓连接，并保证装配时各片的相对位置。中心螺栓距两端卷耳中心的距离可以相等，也可以不相等，相等的称为对称式钢板弹簧，如图 4-62a 所示；不相等的称为非对称式钢板弹簧，如图 4-62b 所示。

当钢板弹簧安装在汽车悬架中，所承受的垂直载荷为正向时，各个力的方向和作用点如图 4-62b 中箭头所示。各弹簧片都受力变形，有向上拱弯的趋势。这时，车桥和车架便互相靠近。当车桥与车架互相远离时，钢板弹簧所受的正向垂直截荷和变形便逐渐减小，有时甚至会反向。

由于主片卷耳受力严重，是薄弱处，故常将第二片末端也变成卷耳，包在主片卷耳的外面。为了使各片弹簧在变形时能够相对滑动，在主片卷耳与第二片卷耳之间留有较大的空隙。

钢板弹簧因载荷而变形，因相对滑动而产生摩擦，可以促进车架振动的衰减。但各片间的干摩擦，将使车轮所受的冲击在很大程度上传给车架，降低了悬架缓和冲击的能力，并使弹簧各片加速磨损，这是不利的。为减少弹簧片的磨损，在装合钢板弹簧时，各片间需涂上较稠的润滑剂，并应定期进行保养。

钢板弹簧兼起导向机构的作用，弹簧各片之间的摩擦能起到一定的减振作用。在弹簧片之间夹入塑料垫片，能够保证弹簧片间产生定值摩擦力以及消除噪声。如红旗牌轿车的后悬架钢板弹簧，即采用此结构。

近些年来，在许多汽车上采用了一种由单片或 2～3 片变厚度断面的弹簧片构成的少片变截面钢板弹簧，其弹簧片的断面尺寸沿长度方向是变化的，片宽保持不变，如图 4-63 所示。这种弹簧克服了多片钢板弹簧质量大、性能差的缺点。据统计，在两种弹簧寿命相等的情况下，少片变截面钢板弹簧可减轻质量 40%～50%，因此这种弹簧对实现车辆的轻量化、节约能源和合金弹簧钢材大为有利，故应用日渐广泛。例如我国第二汽车制造厂生产的 EQ1141G 型 8t 货车的前簧和后副簧，以及第一汽车制造厂新开发的 2t 轻型货车的前、后钢板弹簧，均采用了这种少片变截面钢板弹簧。

2. 螺旋弹簧

螺旋弹簧广泛应用于以前轮独立悬架为主的独立悬架中。但是，有些轿车，在其后轮非独立悬架中也采用螺旋弹簧作为弹性组件。

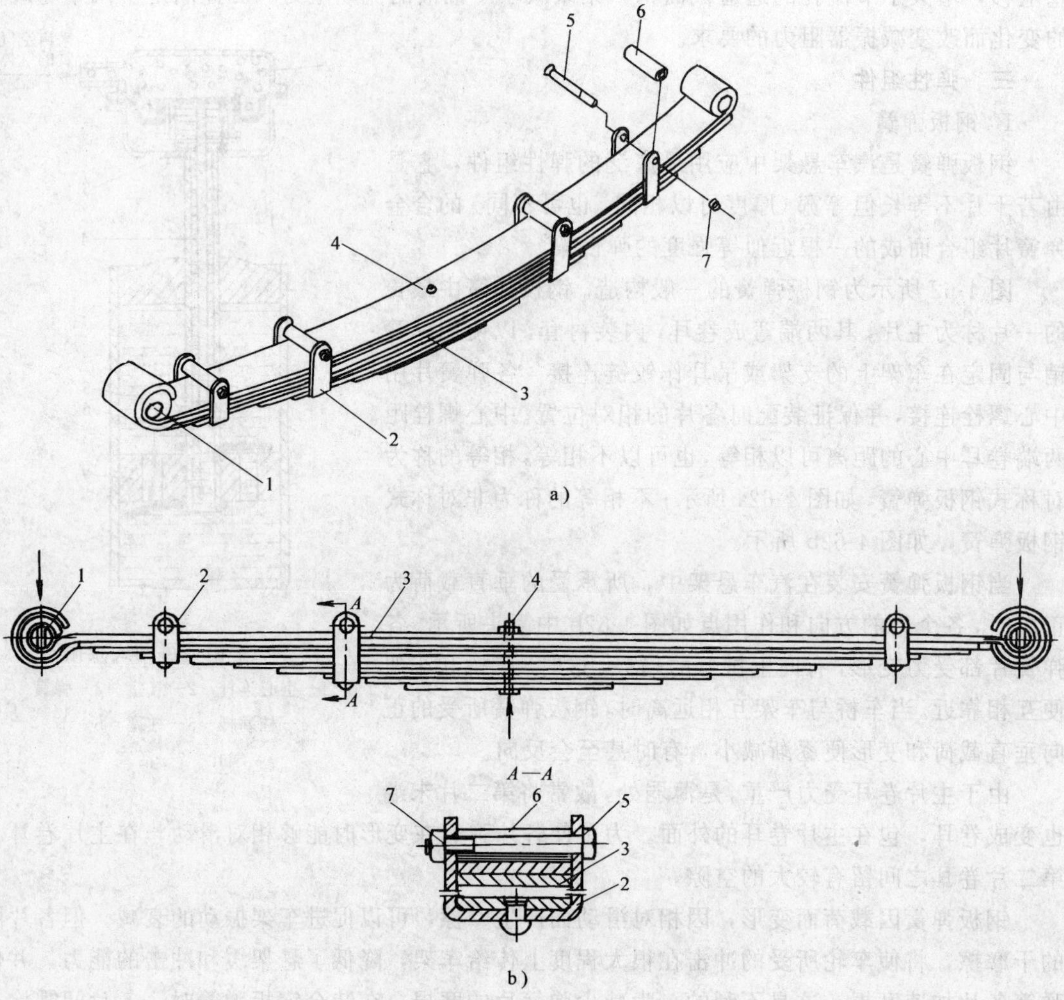

图 4-62 钢板弹簧

a）对称式钢板弹簧 b）非对称式钢板弹簧

1—卷耳 2—弹簧夹 3—钢板弹簧 4—中心螺栓 5—螺栓 6—套管 7—螺母

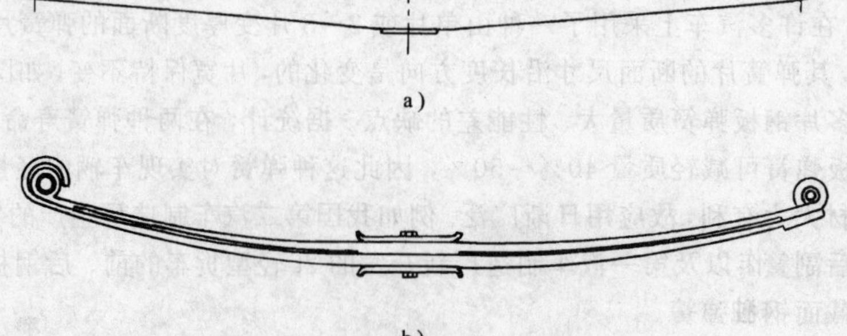

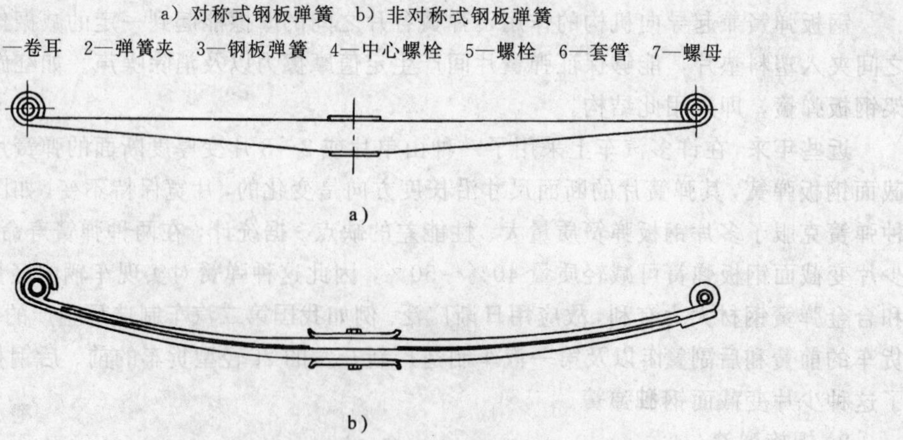

图 4-63 单片和少片截面钢板弹簧

a）单片弹簧 b）少片弹簧

等螺距或变螺距的圆柱形或圆锥形的螺旋弹簧用弹簧钢棒卷制而成。圆柱形等螺距螺旋弹簧的刚度不可变，而圆锥形或变螺距螺旋弹簧的刚度则可以变化。

与钢板弹簧相比，螺旋弹簧不需润滑，不忌泥污，质量较轻，安装时所占纵向空间较小。但螺旋弹簧只能承受垂直载荷。因此，在螺旋弹簧悬架中必须装设导向机构，以承受并传递除垂直力以外的各种力和力矩。另外，螺旋弹簧变形时，不产生摩擦力，因而没有衰减振动作用，所以在其悬架中还必须加装减振器。

3. 油气弹簧

油气弹簧实质是以惰性气体（一般为氮气）作为弹性介质，以油液作为传力介质。它一般是由气体弹簧和相当于液力减振器的液压缸所组成。

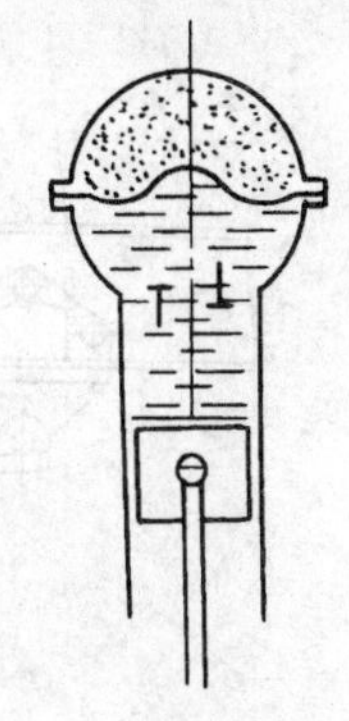

图 4-64　油气弹簧示意图

图 4-64 所示为油气弹簧结构原理示意图。球形室固定在工作缸上，室的内腔用橡胶油气隔膜隔开，一侧充入高压氮气，另一侧与工作缸的内腔相通，并充满了工作液（减振液）。油气隔膜的作用是把作为弹性介质的高压氮气和工作液分开，以免工作液乳化，同时也便于充气和保养。工作缸内装有活塞、阻尼阀及其阀座。

当载荷增加，车架与车桥之间距离缩短时，活塞上移，使充满工作液的内腔容积减小，油压升高，油液顶开阻尼阀进入球形室，推动油气隔膜向具有一定压力的氮气室移动，使气室容积减小，氮气压力升高，油气弹簧的刚度增大。

当载荷减小即推动活塞上移的作用力减小时，在高压氮气作用下，油气隔膜向充满工作液的一侧移动，室内油液经阻尼阀流回工作缸，推动活塞下移，这时气室容积增大，氮气压力下降，弹簧刚度减小。当氮气压力通过油液传递作用在活塞上的力与载荷平衡时，活塞便停止移动。随着载荷的变化，气室内氮气压力也随之变化，工作缸中的活塞相应地处于不同位置。可见，油气弹簧具有变刚度的特性。

由于油液流经阻尼阀时会产生阻尼力，因此油气弹簧还能起减振器的作用。

油气弹簧只能承受垂直载荷。为了传递横向力、纵向力及其力矩，悬架中必须装有横向推力杆和纵向推力杆等导向装置。

油气弹簧能使汽车在空载或满载的情况下，都具有很好的行驶平顺性，而且其体积小、质量轻。但油气弹簧对气体和油液的密封要求很高，维护也较麻烦。油气弹簧比较适用于重型汽车。

四、非独立悬架

非独立悬架结构简单，工作可靠，广泛应用于货车的前、后悬架。在轿车中，非独立悬架仅用于后桥。

悬架的结构，特别是导向机构的结构，因采用的弹性组件不同而有差异，而且有时差别很大。采用螺旋弹簧、油气弹簧时需要有较复杂的导向机构。由于钢板弹簧本身可以兼起导向机构的作用，并有一定的减振作用，这就使得悬架结构大为简化。因此，在非独立悬架中，大多数采用钢板弹簧作为弹性组件。

1. 钢板弹簧式非独立悬架

非独立悬架采用钢板弹簧作为弹性组件，通常是将钢板弹簧纵向布置，因此也称为纵置板簧式非独立悬架。

图 4-65 所示为解放 CA1092 型汽车的前悬架。钢板弹簧中部用 U 形螺栓固定在前桥上。

钢板弹簧的前端卷耳用钢板弹簧销与前支架相连，形成固定式铰链支点，起传力和导向作用；而后端卷耳则用吊耳销与可在车架上摆动的吊耳相连，形成摆动式铰链支点，从而保证了弹簧变形时两卷耳中心线间的距离有改变的可能。

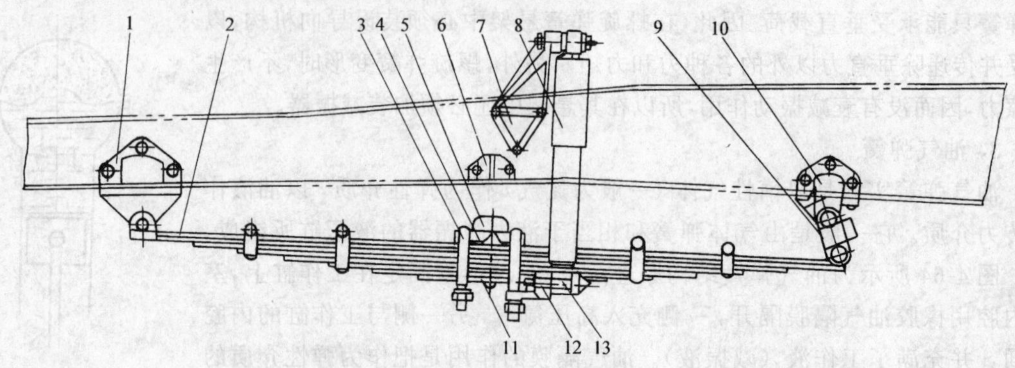

图 4-65 解放 CA1092 型汽车的前悬架

1—钢板弹簧前支架 2—前钢板弹簧 3—U 形螺栓 4—盖板 5—缓冲块 6—限位块 7—减振器上支架 8—减振器 9—吊耳 10—吊耳支架 11—中心螺栓 12—减振器下支架 13—减振器连接销

钢板弹簧销钻有轴向和径向油道，通过油嘴将润滑脂注入至衬套处进行润滑，可以延长弹簧的使用寿命。

减振器的上、下两个吊环通过橡胶衬套和连接销分别与车架上的上支架和车桥上的下支架相连接。盖板上装有橡胶缓冲块，以限制弹簧的最大变形，并防止弹簧直接碰撞车架。

图 4-66 所示为变刚度汽车后悬架，由主、副钢板弹簧叠合而成，是中型货车后悬架常用的结构形式。

当汽车空载或实际装载质量不大时，副钢板弹簧不承受载荷而由主钢板弹簧单独工作。在重载或满载情况下，车架相对车桥下移，使车架上副簧滑板式支座与副簧接触，主、副簧共同参加工作，一起承受载荷而使悬架刚度增大，以保证车身振动频率不致因载荷增大而变化过大。

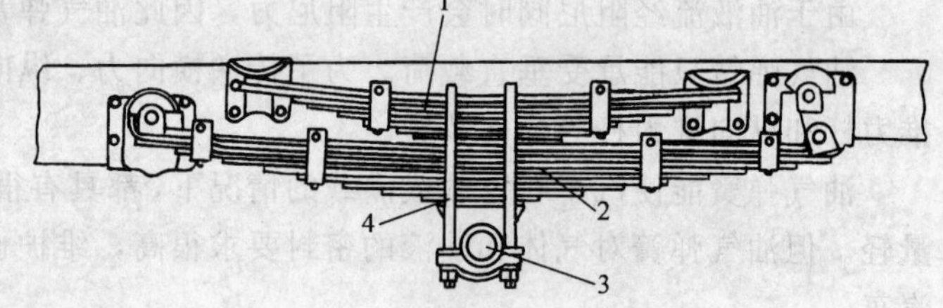

图 4-66 变刚度汽车后悬架

1—副钢板弹簧 2—主钢板弹簧 3—车轴 4—U 形螺栓

这种结构形式的悬架刚度虽可变化，但变化得很突然，对汽车行驶平顺性不利。

为了提高汽车的平顺性，有的轻型货车上采用将副簧置于主簧下面的渐变刚度钢板弹簧，如图 4-67 所示。主簧由五片较薄钢板弹簧片组成，副簧由五片较厚的弹簧片组成，它们用中心螺栓固定在一起，在小载荷时，仅主簧起作用，而当载荷增加到一定值时，副簧开始与主簧接触，悬架刚度随之相应提高，弹簧特性变为非线性。当副簧全部接触后，弹簧特性又变为线性的。这种渐变刚度钢板弹簧的特点是副簧逐渐地起作用，因此悬架刚度的变化比较平稳，从而改善了汽车行驶平顺性。但在使用中因主簧与副簧之间容易存积泥垢，对悬架刚度的渐变有一定影响。如果在主、副簧外装上护套，则可消除此缺点。

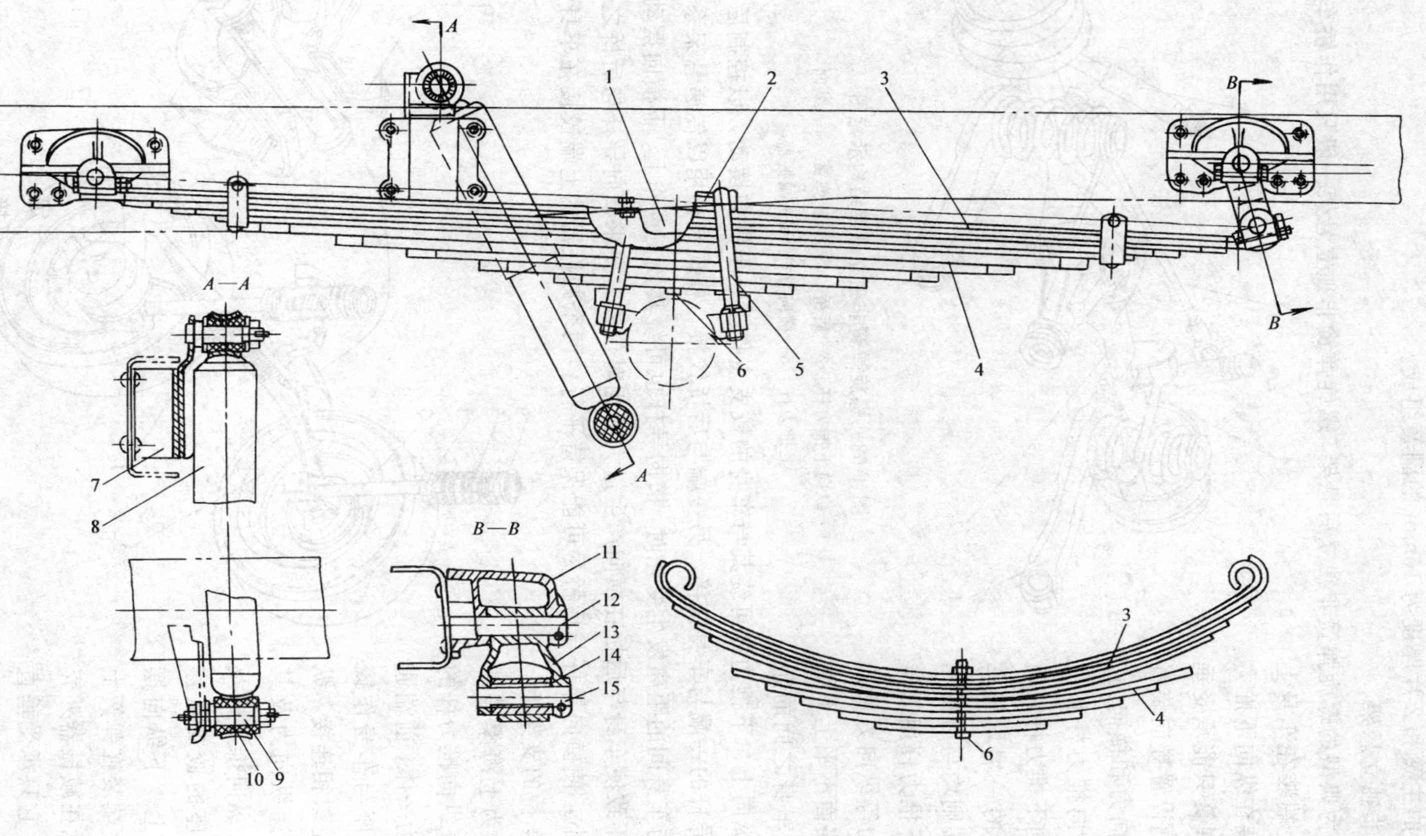

图 4-67　渐变钢度钢板弹簧后悬架

1—缓冲块　2—上盖板　3—主钢板弹簧　4—副钢板弹簧　5—U 形螺栓　6—中心螺栓　7—减振器支架　8—筒式减振器　9—减振器下轴销　10—橡胶衬套　11—支架　12—吊耳销　13—吊耳　14—尼龙衬套　15—钢板弹簧销

我国南京汽车联营公司引进的依维柯轻型货车的后悬架，就采用了渐变刚度钢板弹簧，由4片厚度为9mm的主簧和2片厚度为15mm的副簧组成。

2. 螺旋弹簧非独立悬架

图4-68所示为典型的螺旋弹簧非独立后悬架。螺旋弹簧非独立悬架一般只用作轿车的后悬架。螺旋弹簧上端装在车身上的支座中，下端装在纵向下推力杆上。由于螺旋弹簧只能承受垂直载荷，所以必须设置导向装置来承受并传递纵向力和横向力。导向装置包括纵向推力杆和横向导杆。两根纵向下推力杆和两根纵向上推力杆的一端均与车身相铰接，另一端则均与后桥相铰接。纵向上、下推力杆用以传递牵引力、制动力等纵向力及其力矩。当车轮因路面不平上下跳动而致使后桥与车身之间的距离发生变化时，纵向上、下推力杆可绕其与车身的铰支点作上、下纵向摆动，以控制后桥的运动规律。横向导杆的一端与车身铰接，另一端与后桥铰接。横向导杆用以传递悬架系统的横向力。当后桥与车身间的距离发生变化时，横向导杆也可绕其铰支点作上、下横向摆动。在这一过程中，为不致使车身与后桥在横向产生过大的相对位移，要求横向导杆与后桥之间的空间夹角尽可能小，使横向导杆与后桥尽可能保持平行。两个减振器的上端铰接在车身支架上，下端铰接在车桥的支架上。

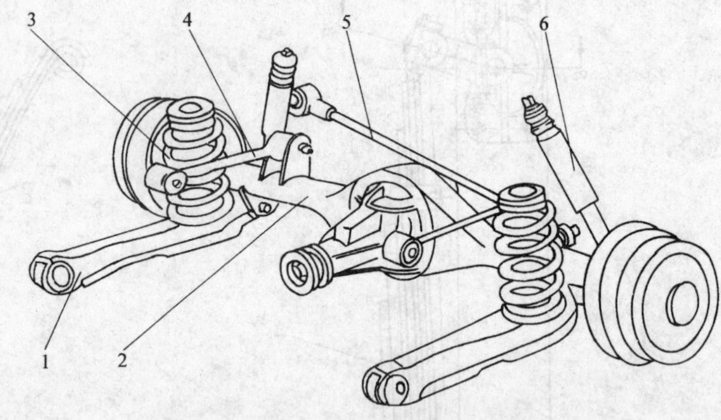

图4-68 螺旋弹簧非独立悬架结构示意图

1—纵向下推力杆 2—后桥 3—螺旋弹簧 4—纵向上推力杆 5—横向导杆 6—减振器

图4-69所示为上海桑塔纳轿车后悬架。两根纵向推力杆的中部与后桥焊接为一体，前端通过带橡胶的支承座与车身作铰链连接，后端与轮毂相连接。纵向推力杆用以传递纵向力及其力矩。整个后桥、纵向推力杆及车轮可以绕支承座的铰支点连线相对于车身作上、下纵向摆动。螺旋弹簧的上端装在弹簧上座中，下端则支承在减振器外壳上的弹簧下座上，它只承受垂直力。减振器的上端与弹簧上座一起装在车身底部的悬架支座中，下端则与纵向推力杆相连接。采用此结构，当两则车轮上的螺旋

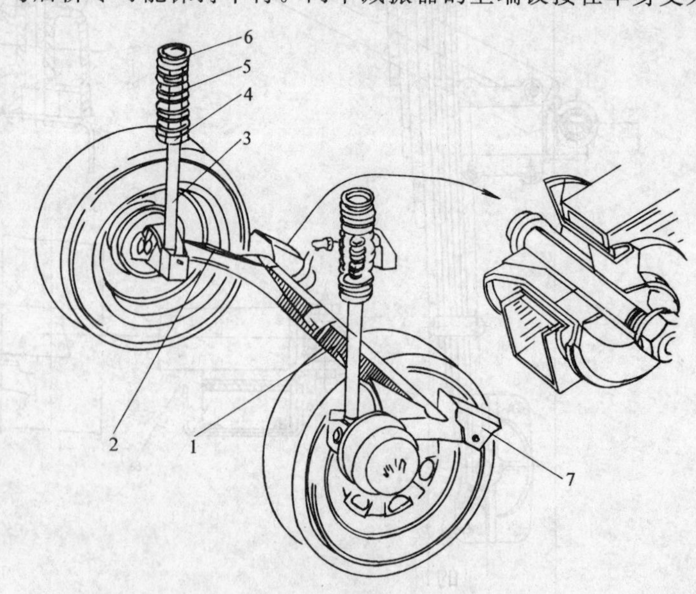

图4-69 上海桑塔纳轿车后悬架

1—后桥 2—纵向推力杆 3—减振器 4—弹簧下座 5—螺旋弹簧 6—弹簧座 7—支承座

弹簧因路面不平而产生不同的变形量时，后桥会发生相应的扭转变形，从而起到横向稳定器的作用。

图 4-70 所示为另一种形式的螺旋弹簧非独立悬架。其结构特点是后悬架系统的纵向力由纵向推力管（也是将传动轴封闭起来的传动轴外壳）传递。推力管前端球头装在与变速器后壳相固定的球头座中，后端则通过凸缘盘及螺栓固定在后桥主减速器壳体上。在传递纵向力的同时，当后桥相对于车身上下跳动时，推力管可绕其前端球头摆动。若后桥两侧车轮上的纵向力不一致，会在推力管与后桥连接处产生附加力矩。因此在推力管中部与后桥之间设置了两根拉杆，拉杆的两端通过螺栓分别与推力管中部和后桥相连接，两根拉杆与后桥一起构成稳定的三角形结构。这样，因两侧车轮纵向力不一致所引起的附加力矩可以通过拉杆传递，避免了推力管与后桥连接处的早期损坏。

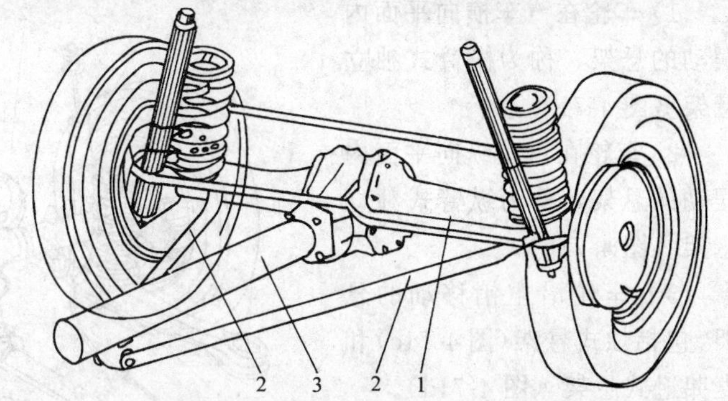

图 4-70　法国标致 504BK 型汽车后悬架

1—后桥　2—拉杆　3—纵向推力杆

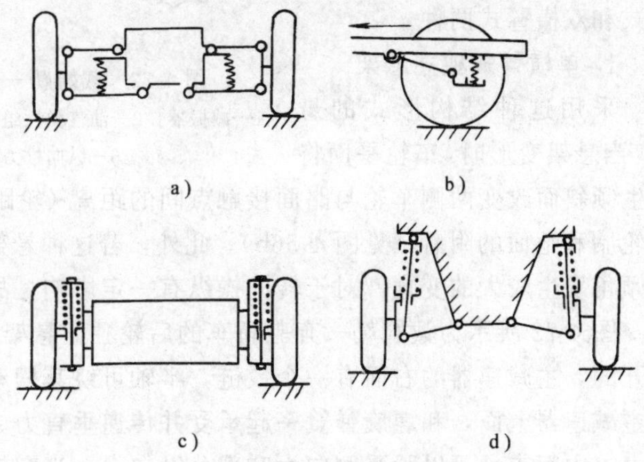

图 4-71　三种基本类型的独立悬架示意图

a）横臂式独立悬架　b）纵臂式独立悬架

c）烛式悬架　d）麦弗逊式悬架

五、独立悬架

为了满足汽车行驶平顺性和操纵稳定性的要求，独立悬架被广泛应用。由于独立悬架能使两侧车轮各自独立地与车架或车身弹性连接，因而具有以下优点：

1)在悬架弹性组件一定的变形范围内，两侧车轮可以单独运动而互不影响，在不平道路上行驶时可减少车架和车身的振动，有助于消除转向轮不断偏摆。

2）减少了汽车的非承载质量。在非独立悬架的情况下，整个车桥和车轮都属于非承载质量部分。在用独立悬架时，对驱动桥而言，由于主减速器、差速器及其外壳都固定在车架上，成了承载质量；对转向桥而言，它仅具有转向主销和转向节，而中部的整体梁不再存在。所以在采用独立悬架时，非承载质量只包括车轮质量和悬架系统中一部分零件的全部或部分质量，显然比用非独立悬架时的非承载质量要小得多。在道路条件和车速相同时，非承载质量越小，则悬架所受到的冲击载荷也越小。因此采用独立悬架可以提高汽车的平均行驶速度。

3）采用断开式车桥，发动机总成的位置便可以降低和前移，使汽车重心下降，提高了汽车行驶稳定性。同时能给予车轮较大的上下运动的空间，因而可以将悬架刚度设计得较小，降低车身振频率，以改善行驶平顺性。

但是，独立悬架结构复杂，制造成本高；保养维修不便；在一般情况下，车轮跳动时，由于车轮倾角与轮距变化较大，轮胎磨损较严重。

独立悬架的结构类型很多，主要可按车轮运动形式分成以下三类，如图 4-71 所示；

1）车轮在汽车横向平面内摆动的悬架，称为横臂式独立悬架（图 4-71a）。

2）车轮在汽车纵向平面内摆动的悬架，称为纵臂式独立悬架（图 4-71b）。

3）车轮沿主销移动的悬架，包括烛式悬架（图 4-71c）和麦弗逊式悬架（图 4-71d）。

（一）横臂式独立悬架

横臂式独立悬架分为单横臂式和双横臂式两种。

1. 单横臂式独立悬架

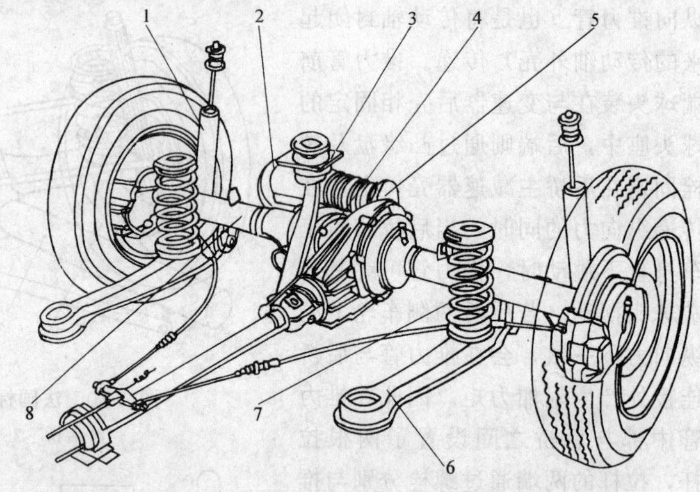

图 4-72 戴姆勒—奔驰轿车单横臂后桥独立悬架示意图

1—减振器 2—油气弹性组件 3—中间支承 4—单铰链 5—主减速器壳 6—纵向推力杆 7—螺旋弹簧 8—半轴套管

采用这种结构形式的悬架，当悬架变形时，车轮平面将产生倾斜而改变两侧车轮与路面接触点间的距离（轮距），致使轮胎相对于地面侧向滑移，破坏轮胎和地面的附着（见图 4-56b）。此外，若这种悬架用于转向轮，会使主销内倾角和车轮外倾角发生较大的变化，对于转向操纵有一定影响，故这种结构目前应用较少。

图 4-72 所示为戴姆勒—奔驰轿车的后轮独立悬架示意图。在此结构中，后桥半轴套管是断开的，主减速器的右面有一个铰链，半轴可绕其摆动。油气弹性组件可以调节车身，安装在主减速器上面，和螺旋弹簧一起承受并传递垂直力。纵向推力杆承受着作用在车轮上的纵向力。中间支承可以承受侧向力和部分纵向力。当车轮上下跳动时，为避免运动干涉，其纵向推力杆的前端用球铰链与车身连接。

2. 双横臂式独立悬架

双横臂式独立悬架的两个摆臂长度可以相等，也可不等，如图 4-73 所示。图 4-73a 所示为两摆臂等长的悬架，当车轮上下跳动时，车轮平面没有倾斜，但轮距却发生了很大的变化，这就增加了车轮侧向滑移的可能性。在图 4-73b 所示的摆臂不等长的独立悬架中，若将两臂长度选择适当，可以使车轮和主销的角度以及轮矩的变化都不大，这样的轮距变化可以由较软的轮胎变形来适应。目前轿车的轮胎可容许轮距的改变在每个车轮上达到 4～5mm 而不致使车轮沿路面滑移，故这种独立悬架在轿车的前轮上应用得较广泛。

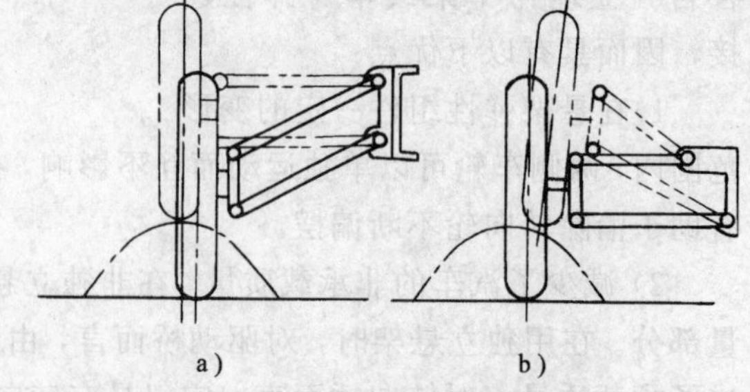

图 4-73 双横臂式独立悬架示意图

a）摆臂等长的独立悬架 b）摆臂不等长的独立悬架

图 4-74 所示为红旗 CA7500 型轿车的前悬架。上摆臂和下摆臂的内端分别通过摆臂轴与车架作铰链连接，外端则分别通过上球头销和下球头销与转向节相连。螺旋弹簧的上、下端

分别通过橡胶垫圈支承于车架横梁上的支承座和下摆臂上的支承盘内。双向作用筒式减振器的上、下两端同样分别通过橡胶衬垫与车架和下摆臂上的支承盘相连。

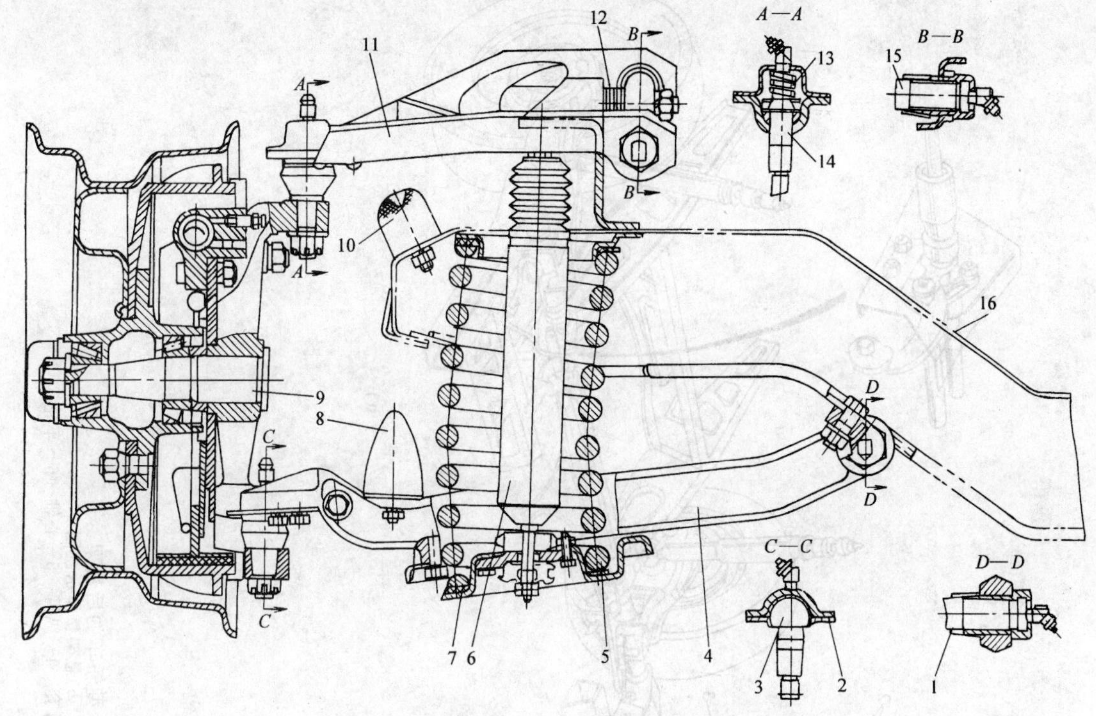

图 4-74　红旗 CA7500 型轿车的前悬架

1—下摆臂轴　2—垫片　3—下球头销　4—下摆臂　5—螺旋弹簧　6—筒式减振器　7—橡胶垫圈　8—下缓冲块　9—转向节　10—上缓冲块　11—上摆臂　12—调整垫片　13—弹簧　14—上球头销　15—上摆臂轴　16—车架横梁

上摆臂与上球头销是铆接不可拆式，里面装有弹簧，保证当球头销与销座有磨损时，自动消除二者之间的间隙。下摆臂与下球头销是可拆的。下球头销如有松动出现间隙时，可以拆开球头销，适当减少垫片以消除间隙。

红旗轿车采用球头结构代替主销，属于无主销式，即上、下球头销的连心线相当于主销轴线，转向时车轮即围绕此轴线偏转。

移动上摆臂在摆臂轴上的位置来调整主销后倾角，通过上摆臂轴的转动来实现上摆臂的移动。加在上摆臂轴与固定支架间的调整垫片用来调整前轮外倾角。主销内倾角和车轮外倾角的关系已被转向节的结构所确定，故调整车轮外倾角以后，主销内倾角自然正确。

悬架的最大变形由上下分置的两个缓冲块限制。

路面对车轮的垂直力依次通过转向节、下球头销、下摆臂和螺旋弹簧传到车架。纵向力、侧向力及其力矩均由转向节及导向机构——上、下摆臂及上、下球头销来传递。为了可靠地传递纵向力、侧向力及其力矩，必须使悬架具有足够的纵向和侧向刚度。为此，上、下两摆臂都是叉形的刚架，其内端宽，外端窄。

（二）纵臂式独立悬架

纵臂式独立悬架有单纵臂和双纵臂两种。

1. 单纵臂式独立悬架

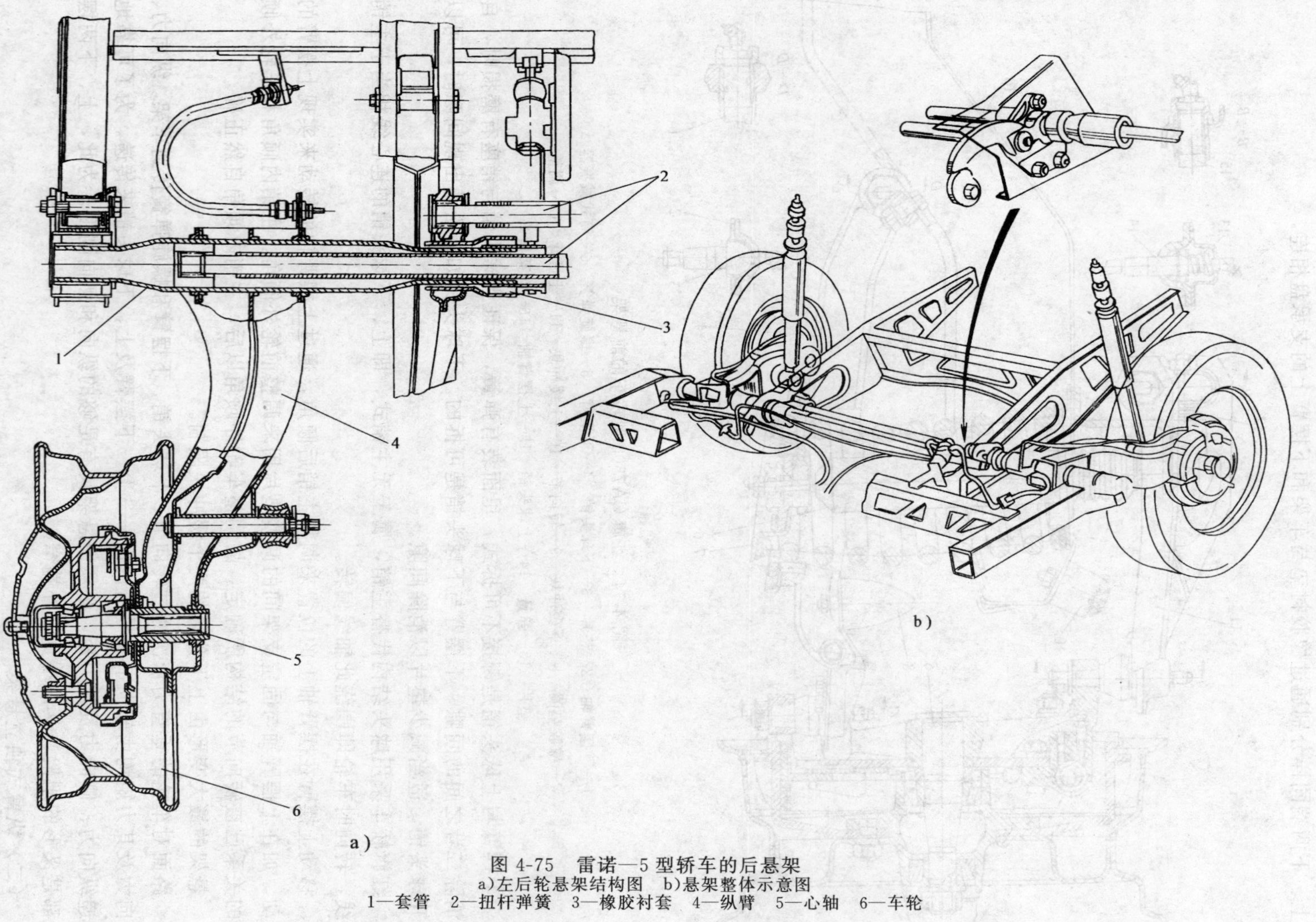

图 4-75 雷诺—5 型轿车的后悬架

a)左后轮悬架结构图 b)悬架整体示意图

1—套管 2—扭杆弹簧 3—橡胶衬套 4—纵臂 5—心轴 6—车轮

由于转向轮采用单纵臂独立悬架。车轮上下跳动将使主销后倾角产生很大变化。因此，单纵臂式独立悬架一般多用于不转向的后轮。

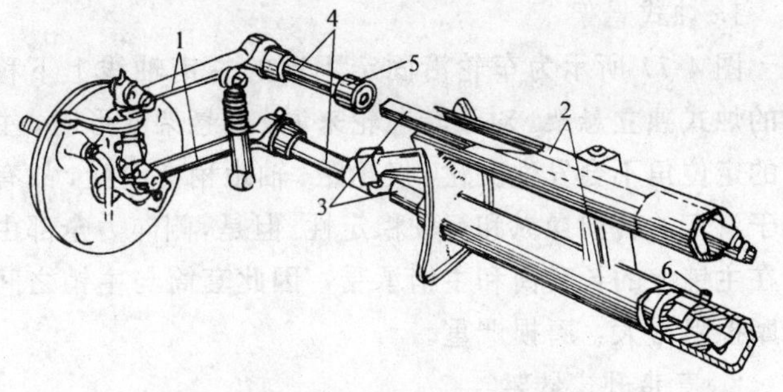

图 4-76　双纵臂式扭杆弹簧独立悬架
1—纵臂　2—横梁　3—扭杆弹簧
4—摆臂轴　5—衬套　6—螺钉

图 4-75 所示为雷诺—5 型轿车的单纵臂式扭杆弹簧独立悬架结构示意图。悬架的纵臂是一箱形构件，一端用花键与车轮的心轴连接，而另一端与套管固装成一体。扭杆弹簧装在套管内，其外端用花键固定在套管内的花键套中，扭杆的另一端与车架的另一侧纵梁连接。套管的两端用宽橡胶衬套支承在车架梁上的套筒中，并以此为活动铰链。当车轮上下跳动时，纵臂以套管和扭杆的轴线为中心摆动，使扭杆弹簧产生扭转变形，以缓和不平路面产生的冲击。

2. 双纵臂式独立悬架

双纵臂独立悬架的两个纵臂长度一般做成相等，形成平行四连杆机构。这样，当车轮上下跳动时，车轮外倾角、轮距和主销后倾角保持不变，故这种形式的悬架适用于转向轮。

图 4-76 所示为转向轮（前轮）的双纵臂扭杆弹簧独立悬架。转向节和两个等长的纵臂为铰链连接。在车架的两根管式横梁内，装有若干层矩形断面薄弹簧钢片叠成的扭杆弹簧。两根扭杆弹簧的内端用螺钉固定在横梁的中部，而外端则插入纵臂轴的矩形孔内。纵臂轴用衬套支承在管式横梁内。轴和纵臂刚性地相连。另一侧车轮的悬架与之完全相同而且对称。

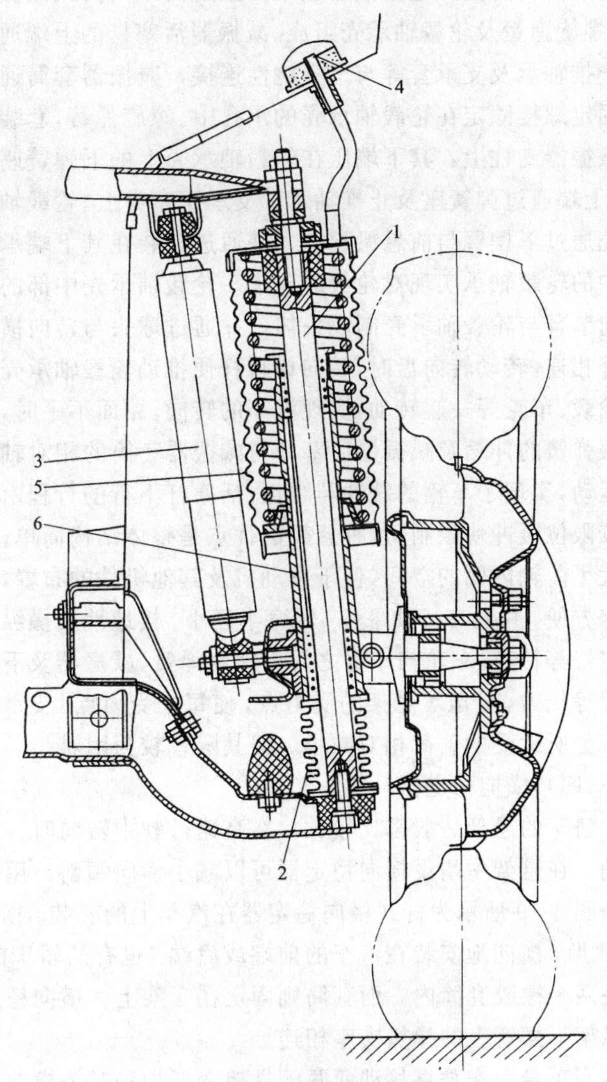

图 4-77　烛式悬架
1—主销　2、4—防尘罩　3—套筒
5—减振器　6—通气管

（三）车轮沿主销移动的独立悬架

车轮沿主销移动的悬架有两种，一种是车轮沿固定不动的主销轴线移动的烛式悬架，另一种是车轮沿摆动的主销轴线移动的麦弗逊式悬架。

1. 烛式悬架

图 4-77 所示为车轮沿固定不动的主销轴线上下移动的烛式独立悬架。对于转向轮来说，当悬架变形时，主销的定位角不会发生变化，仅轮距、轴距稍有改变，故有利于汽车的转向操纵和行驶稳定性。但是，侧向力全部由套在主销上的长套筒和主销承受，因此套筒与主销之间的摩擦阻力大，磨损严重。

2. 麦弗逊式悬架

图 4-78 所示为上海桑塔纳轿车的前悬架支柱总成。它所采用的是麦弗逊式独立悬架，主要由双向筒式减振器、螺旋弹簧及轮毂轴承壳组成。减振器活塞杆的上端通过止推轴承及支承套等与车身挠性连接，减振器套筒通过固定螺栓固定在轮毂轴承壳的承孔中。螺旋弹簧，套装在减振器支柱上，其下端压在轮毂轴承壳上的下弹簧座上，上端通过弹簧座及止推轴承等支承于车身上。轮毂轴承壳通过下摆臂与前悬梁相接，并通过安装在其下端承孔中的轮毂轴承实现对轮毂的支承。轮毂轴承壳中部的转向节臂与轮毂轴承壳制成一体，并通过球头与转向横拉杆相连。转动转向盘时，转向横拉杆便推动轮毂轴承壳及轮毂、车轮等一起转动，实现汽车的转向。路面不平时，减振弹簧的伸缩及减振器活塞杆与减振器套筒的相对轴向运动，实现了车辆的缓冲与减振。活塞杆下行的行程由橡胶限位缓冲块限制。这种悬架的优点是整体结构简单，增大了前轮内侧的空间，便于发动机及其他机件的布置，维修方便，并具有行驶平稳、转弯半径小、接地性及操纵稳定好等特点。车轮与车身之间由螺旋弹簧、减振器及下摆臂等传力，分散了悬架的受力点，使每个受力点（支承点）上所承受的载荷相对减小。但其隔音较为困难。

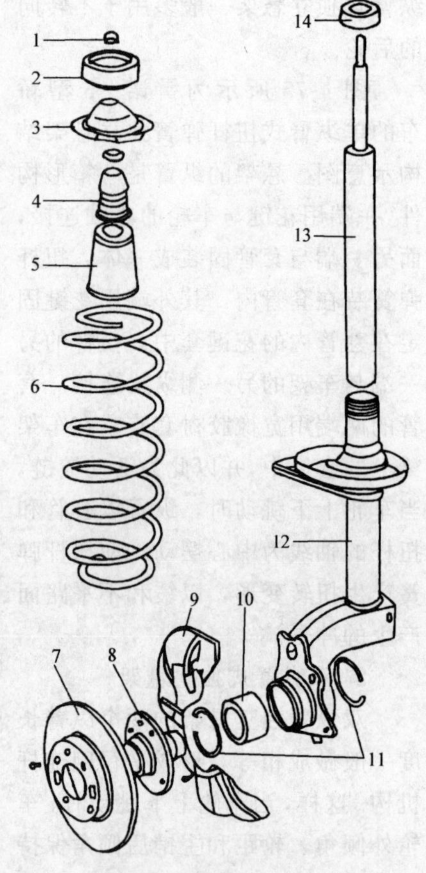

图 4-78　桑塔纳轿车前悬架支柱总成

1—自锁螺母　2—悬架上支承　3—上弹簧座　4—限位缓冲块　5—橡胶护套　6—螺旋弹簧　7—制动盘　8—轮毂　9—挡泥板　10—轮毂轴承　11—弹簧挡圈　12—轮毂轴承壳　13—减振器　14—固定螺栓

（四）横向稳定器

轿车的悬架一般都比较软，在高速行驶中转向时，车身会产生很大的横向倾斜和横向角振动。在悬架中增设横向稳定器可以减小横向倾斜。用得最多的是杆式横向稳定器。

图 4-79 所示为杆式横向稳定器在汽车上的安装。横向稳定杆是用弹簧钢制成的，呈扁平的U形，横向地安装在汽车的前端或后端（也有的轿车前后均有），杆的中部的两端自由地支承在两个橡胶套筒内，而套筒则固定在车架上。横向稳定杆的两侧纵向部分的末端通过支杆与悬架下摆臂上的弹簧支座相连。

当车身只作垂直移动而两侧悬架变形相等时，横向稳定杆在套筒内自由转动，横向稳定杆不起作用。当两侧悬架变形不等而车身对于路面横向倾斜时，车架的一侧移近弹簧支座，稳定杆的该侧末端就相对于车架向上移，而车架的另一侧远离弹簧支座，相应的稳定杆的末端相对于车架下移，然而在车身和车架倾斜时，横向稳定杆的中部对于车架并无相对运动。这样在本身倾斜时，稳定杆两边的纵向部分向不同方向偏转，于是稳定杆便被扭转。弹性的稳定杆所产生扭转的内力矩就妨碍了悬架弹性的变形，因而减小了本身的横向倾斜和横向角振动。

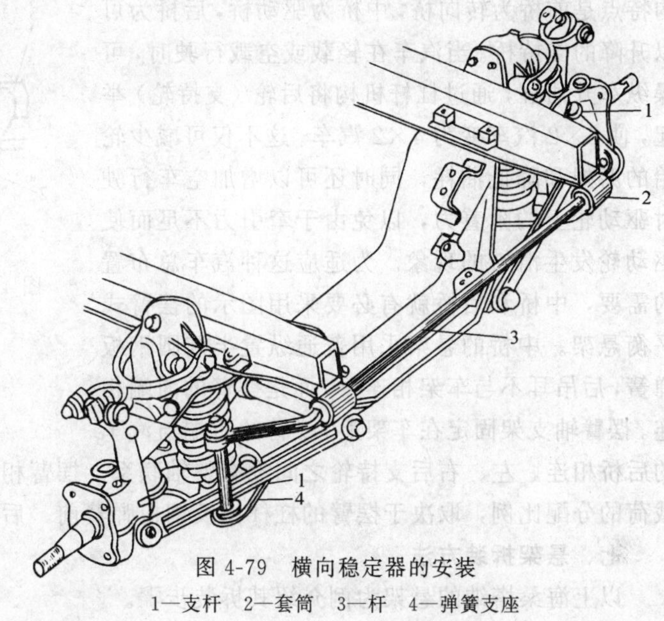

图 4-79　横向稳定器的安装

1—支杆　2—套筒　3—杆　4—弹簧支座

六、多轴汽车的平衡悬架

多轴车辆的全部车轮如果都是单独地刚性悬挂在车架上，则在不平道路上行驶时，将不能保证所有车轮同时接触地面，如图 4-80 所示。当有弹性悬架而道路不平度较小时，虽然不一定会出现车轮悬空的现象，但各个车轮间的垂直载荷分配比例仍会有很大的改变。当车轮垂直载荷变小甚至为零时，车轮与地面的附着力也随之变小甚至等于零。若转向车轮遇此情况将使汽车的操纵能力大大降低，以致失去对汽车行驶方向的控制；若驱动车轮遇此情况将不能产生足够的（甚至没有）牵引力。此外，一个车轮上的垂直载荷减小时，将引起其他车轮上的垂直载荷增加，严重时还会发生超载。

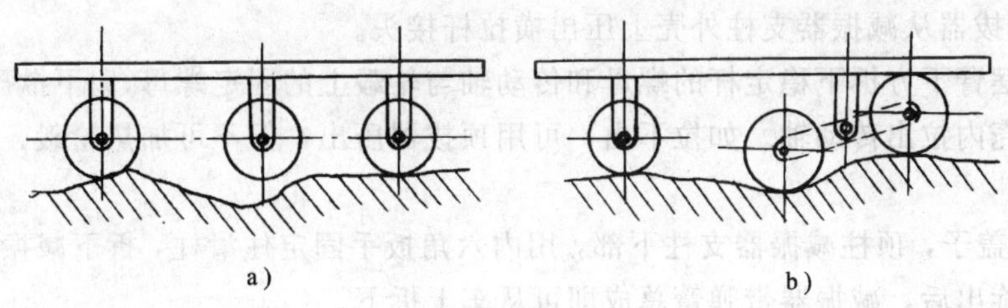

图 4-80　三轴汽车在不平道路上行驶示意图

a）刚性连接　b）弹性连接

若全部车轮均采用独立悬架，虽可保证所有车轮与地面有良好的接触，但却使汽车结构变得复杂。尤其对于全轮驱动的多轴汽车更是如此。

为了解决此问题，可将两个车桥（如三轴汽车的中桥和后桥）装在平衡杆的两端，而将平衡杆中部与车架铰接，如图 4-80b 所示。这样当一个车桥抬高时将使另一个车桥降低，始终保持所有车轮与地面有良好接触。而且，由于平衡杆两臂等长，因此两个车桥上的垂直载荷在任何情况下都相等。这种能保证中、后桥车轮垂直载荷相等的悬架称为平衡悬架。三轴和四轴越野汽车普遍采用这种结构原理的平衡悬架。其中能绕铰支点转动的平衡杆，就是纵向布置的钢板弹簧。

图 4-81 所示为新型摆臂式平衡悬架的示意图。它主要用于 6×2 的货车上。这种货车的结构特点是前桥为转向桥，中桥为驱动桥，后桥为可以升降的支持桥。当汽车在轻载或空载行驶时，可操纵举升油缸，通过杠杆机构将后轮（支持轮）举起，使 6×2 汽车变为 4×2 汽车。这不仅可减少轮胎的磨损和降低油耗，同时还可以增加空车行驶时驱动轮上的附着力，以免由于牵引力不足而使驱动轮发生滑转的现象。为适应这种汽车总布置的需要，中桥和后桥就有必要采用图示的摆臂式平衡悬架。中桥的悬架采用普通纵置半椭圆钢板弹簧，后吊耳不与车架相连接，而是摆臂的前端相连。摆臂轴支架固定在车架上。摆臂的后端与汽车的后桥相连。左、右后支持轮之间没有整轴联系。摆臂相当于一个杠杆，中、后桥上的垂直载荷的分配比例，取决于摆臂的杠杆比及钢板弹簧前、后段长度之比。

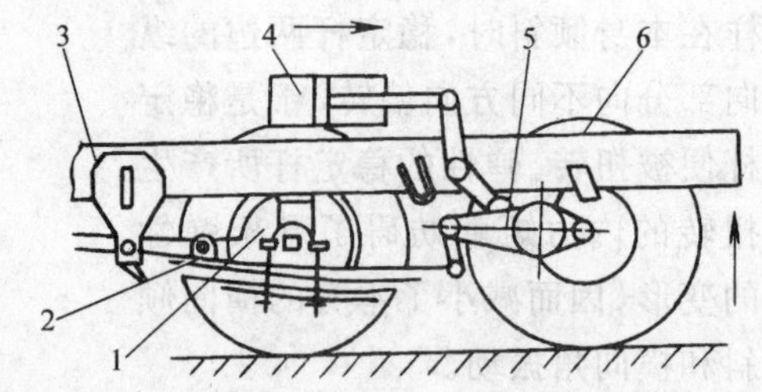

图 4-81 解放 CA1140K2T2 型汽车中、后桥摆臂式平衡悬架

1—驱动桥 2—钢板弹簧 3—车架 4—液压缸 5—摆臂 6—支持轮

七、悬架拆装方法

以上海桑塔纳的悬架为例介绍其拆装步骤。

(一) 前悬架的拆装

1. 前悬架的拆卸步骤

1) 拆下车轮装饰外罩。

2) 车轮着地时旋下轮毂—传动轴紧固螺母，取下车轮。

3) 拆下制动钳固定螺栓，取下制动盘，把带制动软管的制动钳总成挂在车身上。

4) 拆掉减振器支柱外壳与轮毂的紧固螺栓。

5) 用顶拔器从减振器支柱外壳上压出横拉杆接头。

6)从下摆臂下方拆下稳定杆的螺母和传动轴与轮毂上的固定螺母，向下揿压前悬架摆臂，从车轮轴承壳内拉出传动轴。如拉不出，可用顶拔器压出，但不可加热轮毂，否则轮毂轴承会损坏。

7) 取下盖子，顶柱减振器支柱下部，用内六角扳手固定住滑柱，拆下减振器活塞杆上的螺母。螺母旋出后，减振器带弹簧总成即可从车上拆下。

8) 分解带弹簧的减振器总成，压紧弹簧，用扳手和六角扳手旋松开槽螺母和螺母盖，即可放松和取下弹簧。

9) 在台虎钳上轻轻夹住转向节臂处，拆下减振器固定螺母，抽出前减振器。

10) 压出轮毂轴承（需要换轴承时）。首先拆下制动盘，卸掉挡泥板，用专用工具压轮毂。然后从支柱外壳中取下挡圈，向挡圈方向压出轮毂轴承。最后用顶拔器拉出轴承内座圈。

2. 前悬架的装配

前悬架的装配与其拆卸顺序相反，应注意以下事项：

1) 所有的螺母均应更换成新件。

2) 螺栓、螺母的紧固力矩应符合规定值（见表 4-2），不应过紧或过松。

3) 不合格的零件均应更换。

4) 传动轴与轮毂花键齿面的油污及密封剂应擦净。

表 4-2　前悬架装置紧固力矩

项　　目	扭力/N·m	项　　目	扭力/N·m
前悬架至车身	60	球接头至下摆臂	65
前悬架螺栓	150	轮毂至驱动轴	230
转向横拉杆至前悬架	30	驱动轴至凸缘	45
固定制动钳体至前悬架	50	下摆臂至发动机总架（副车架）	60
分泵缸体至制动支架	35	发动机悬架至车身	70
球接头至轮毂	50	横向稳定杆至副车架及下摆臂	25

5）对有液压转向的，要在传动轴花键处涂 5mm 宽的密封胶。装好后经 60min 才可开车。

（二）副车架、下摆臂与稳定杆的拆装

1. 副车架、下摆臂与稳定杆的拆卸

1）旋下副车架与车身固定的前悬置螺栓（扭力 70N·m），拆下副车架下摆臂与稳定杆组合件。

2）旋松下摆臂与副车架连接橡胶轴套的螺栓螺母（扭力 60N·m），拆下摆臂。

3）旋松稳定杆与下摆臂连接螺栓的紧固螺母，并拆下固定在副车架处的支架螺栓（扭力 25N·m），折下稳定杆。

4）用专用工具压出副车架前后 4 个橡胶支承。

5）用专用工具压出下摆臂两端橡胶轴承。

2. 副车架、下摆臂与稳定杆的装配

副车架、下摆臂与稳定杆的装配按与拆卸相反顺序进行：

1）用专用工具压入下摆臂橡胶轴承。

2）用专用工具压入副车架前后端 4 个橡胶支承。

3）安装稳定杆时，弯管向下弯曲时为正确位置。安装时，最好先使卡箍处于较松状态，然后进行短距离试车，这时橡胶封套自动滑入规定的位置，再用 25N·m 的扭力固定螺栓。

4）拧紧固定下摆臂与副车架的连接螺栓螺母。

5）副车架安装固定至车身上，安装固定螺栓（按车辆行驶方向）：后左螺栓→后右螺栓→前左螺栓→前右螺栓，规定拧紧扭力为 70N·m。

6）安装后，必须对副车架内部进行防腐处理。如果换用新的副车架，那么在前悬架下摆臂安装之后，新副车架内部必须用防腐蜡进行处理。

安装时，凡用过的自锁螺母，必须更换新件，不准反复使用拆卸下的旧螺母。凡有规定的力矩数必须按规定值拧紧螺栓螺母，不得过紧或过松。

（三）后桥及后悬架的拆装

1. 后桥及后悬架的整体拆装（见图 4-82）

1）把手制动拉索从支架 4 中吊出，必要时脱开制动蹄。

2）分开桥架上的制动管和制动软管。

3）松开车身的支承座，仅留一只螺母。

4）拆下排气管吊环。

5）用专用工具撑住后桥 U 形横梁。

6）取下车箱内减振器盖板。

7）从车身上旋下螺旋弹簧支柱。

8）拆下车身上整个支承座。

9）慢慢升起车辆，将手制动拉索从排气管上拉出。

10）最后将后桥和后悬架从车身底下拆出。

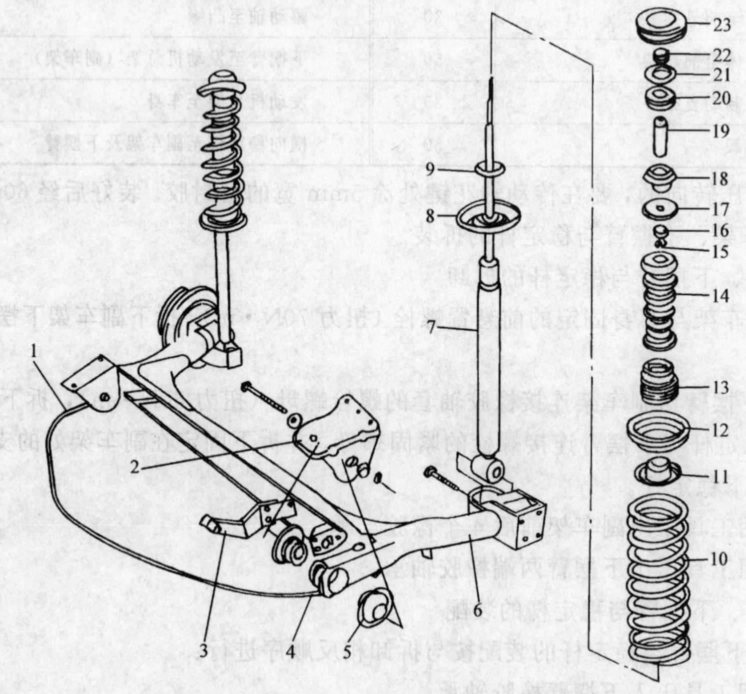

图 4-82 后桥的分解

1—手制动钢丝 2—轴承支架 3—调节弹簧支架 4—手制动钢丝绳支架 5—衬套 6—后悬架 7—减振器 8—下弹簧座圈 9、17—垫圈 10—圆柱弹簧 11—护盖 12—上弹簧座 13—波纹橡胶管 14—缓冲块 15—卡簧 16—隔圈 18—下轴承环 19—隔套 20—上轴承环 21—衬盘（隔圈） 22—自锁螺母 23—塞盖

安装时按与拆卸相反顺序进行，并应注意以下事项：

1）把手制动拉索装在排气管上方。

2）把后桥装到车身上。

3）把减振器和弹簧支座装入车身的支座中，并加以固定，将连接螺栓按 45N·m 的力矩拧紧。

4）轴梁必须平放，车身与轴梁的夹角应为 17°±2°。

2. 后桥与后悬架的分体拆装

1）拆下车轮，将制动鼓与制动底板从后桥架上拆下。

2）将桥架上的制动管和制动软管分开。

3）放松车身上松开的橡胶金属支承座，仅留一只螺母支承或拧松桥架上的固定螺栓。

4）从桥架上拆下减振器。

5）完全松开桥架与车身的连接螺栓，抬高车体后取出后桥。

后桥的安装按与拆卸相反顺序进行，安装时要注意以下事项：

1）橡胶金属支承座与后桥架成 18°±1°。

2)各部件间紧固力矩要符合规定。减振器与车身固定的自锁螺母拧紧力矩为35N·m。支承座与车身固定的螺母拧紧力矩为45N·m，橡胶金属支承安装螺栓的拧紧力矩为70N·m。

3）自锁螺母须更换新件。

（四）减振器和弹簧的拆装

损坏的减振器一般不作修理，而是从车身上拆下，更换新的减振器。

1）将车辆在硬实的地面停稳，用千斤顶或垫块支承住后桥。

2）向上弯起车箱内减振器上方配有的一条断边三角区域底搁板。

3）用专用工具拆去减振器上端与车身的固定螺母及下端与后桥的固定螺母。

4）慢慢抬高车辆，从后轴上拆下弹簧支柱。

5）从下支架上取出弹簧支柱，同时将轮胎下压。

6）小心地将支架从车轮与轮罩之间移出，不要碰坏弹簧和轮罩上的油漆。

不要同时拆两边的弹簧支柱，否则桥架上的轴套受压过大。

安装时按与拆卸的相反顺序进行，注意其螺母的紧固力矩。支架上自锁螺母的紧固力矩为35N·m，减振器支承上的螺母的紧固力矩为60～70N·m。安装完毕后，应将后搁板两边用粘带封住。

（五）后桥悬架臂支承套的拆装

1）车轮着地，顶好后桥。

2）拆下一边的轴承支架。

3）用分离工具将金属橡胶支承逐一拉出（见图4-83、图4-84）。

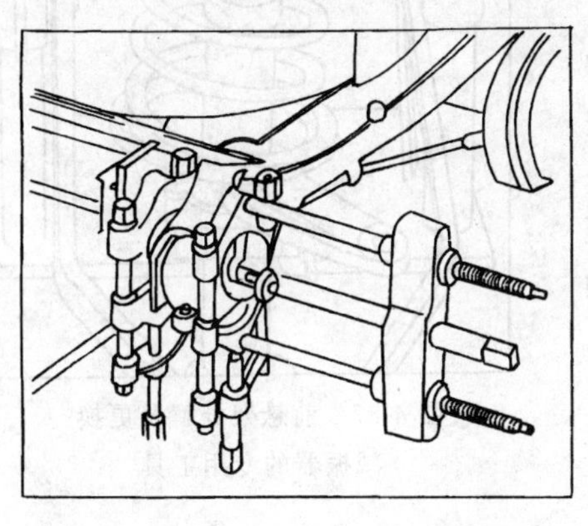

图4-83　拆卸橡胶金属支承

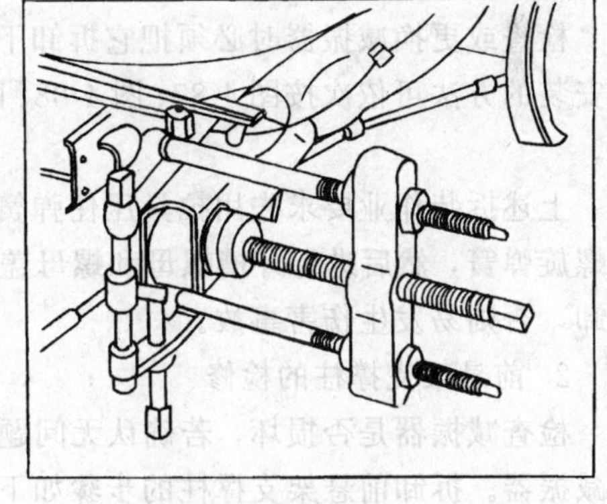

图4-84　拉出另一半橡胶金属支承

安装时按以下步骤进行：

1）将新的金属橡胶支承座按图4-85所示嵌入。

2）用电动工具将支承套压入到正确位置，其安装深度应为61.6～62.0mm（见图4-86）。

3）装上支承座，检查轴体时要水平放好，同时要求支承座与后车轴体应成17°±2°，以免给支承套带来不必要的变形。

4）插上螺栓，装上自锁螺母，按规定力矩（60～70N·m）拧紧。

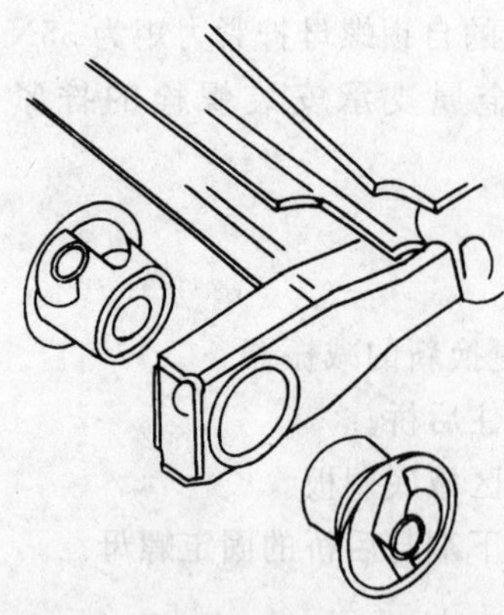

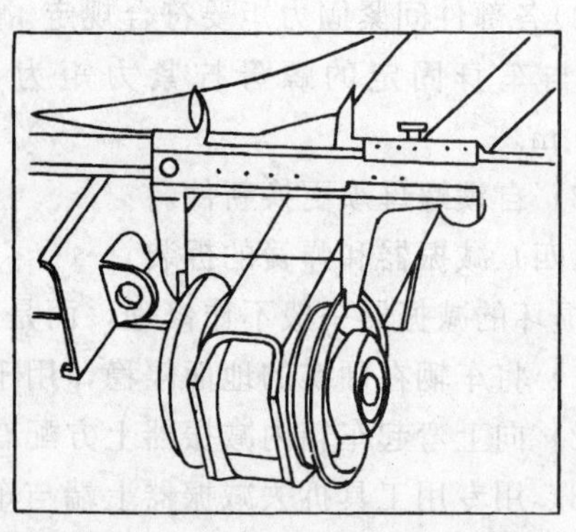

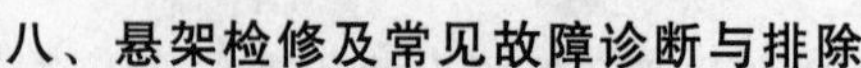

图 4-85　金属橡胶支承套安装位置　　图 4-86　支承套安装深度的测量

八、悬架检修及常见故障诊断与排除

（一）前悬架的检查与修理

从路面传来的冲击力及转向盘的转矩容易引起球铰接头及各连接处的磨损，杆类零件的变形、损伤等。这些故障会导致车轮定位不良、转向盘操纵性能变坏、轮胎异常磨损等。

1. 减振器的检修

汽车行驶过程中，若减振器发出异常响声，说明减振器已损坏，需要检修。首先检查减振器渗油情况，若减振器渗油较少，则不必更换，查找渗油部位进行修复；若减振器渗油较多则应更换。漏油的减振器不能继续使用。

检查或更换减振器时必须把它拆卸下来。拆卸和安装的方法可依次按图 4-87、图 4-88、图 4-89 进行。

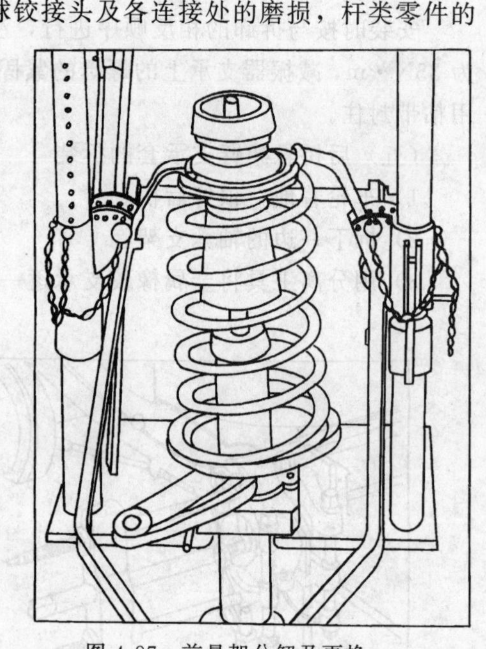

图 4-87　前悬架分解及更换减振器的专用工具

上述拆装作业要求先用拉具压住弹簧座圈，压缩螺旋弹簧，然后进行开槽螺母和螺母盖的安装和拆卸，否则易发生伤害事故。

2. 前悬架支撑柱的检修

检查减振器是否损坏，若确认无问题，可不拆卸减振器。拆卸前悬架支撑柱的步骤如下：

1）拆卸制动盘，卸掉挡泥板。

2）压出轮毂。

3）拆下两边弹簧挡圈，压出车轮轴承。

4）拉出轴承内座圈。

零件拆卸下来后，进行全面清洗测量、检查，若发现下列情况，必须更换新件：

1）挡泥板严重变形、扭曲。

2）制动盘工作面严重磨损或工作面出现裂纹（包括小裂纹）。

3）轮毂花键严重磨损或有较大裂纹。

4）弹簧挡圈变形、失效；

5）轴承损坏（轴承只能成套调换）。

6）前悬架支撑焊接件的任何一条焊缝及其他各处出现裂纹或严重变形（焊接件在修理时不可进行焊接或校正）。

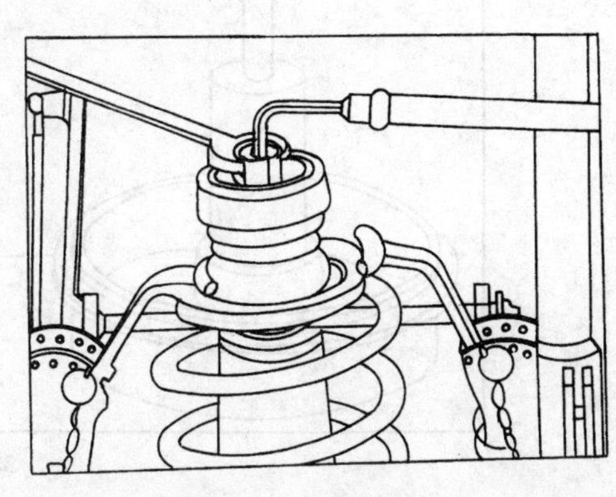

图 4-88　前悬架顶部锁紧螺母的拆卸

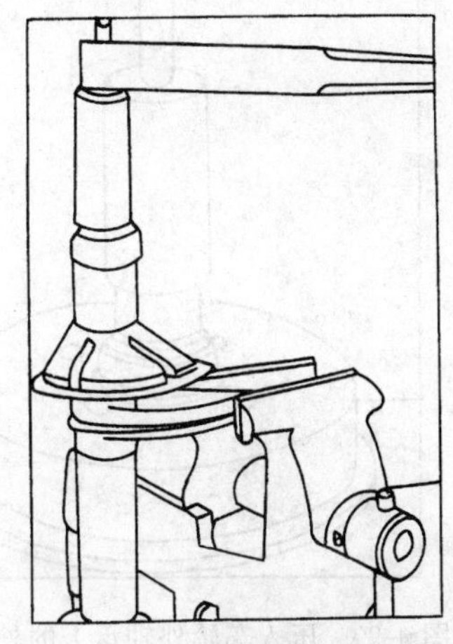

图 4-89　减振器的拆卸

前悬架支撑柱的安装和调整如下：

1）清洁前悬架支撑柱的轴承座，涂上润滑脂，装上外弹簧挡圈，压入轴承，直到轴承被压到终止位置，装上内弹簧挡圈。

2）调整内外挡圈的相对位置，使两只挡圈的开口位置相差 180°，然后，用手转动轴承内圈，察看有无异常感觉。

3）在轮毂花键和轴承挡圈涂上润滑脂，压入轴承内。注意专用工具 VW519 只能顶住轴承的内圈。

4）装上挡泥板，用 3 个 M6 螺栓紧固，使之紧贴轴承座凸缘上。

5）用非纤维材料擦净制动盘工作表面，表面不应沾有油污，否则会影响制动性能。装上制动盘，使制动盘紧贴轮毂接合面上。

6）装配完毕用手转动制动盘，应无明显卡滞、异响。

（二）后悬架的检修

1. 检查后轮轴承

检查后轮轴承磨损情况，若有损坏或转动不灵活，则予以更换。更换轴承时，必须使用专用工具。取出制动鼓内的密封和内轴承，用铜冲头敲出内外轴承外圈，清洗并检查其损坏或磨损情况。若原轴承可用或更换新轴承时，应按图 4-90、图 4-91 所示，用专用工具压入新的内、外轴承外圈，然后在内轴承上涂上适量的锂基润滑脂，装入制动鼓内。

但千万不能使制动鼓表面沾上油脂，一旦沾上油脂，必须擦净。随即放上油封，用橡皮锤将油封均匀地敲入，并测量油封凸出高度（凸出高度为 $1.1^{+0.6}_{0}$mm）。制动鼓制动表面若磨损严重（180 型制动鼓直径超过 181mm 时或端面圆跳动超过 0.2mm），应更换制动鼓。

2. 检修后轮支承短轴

后轮支承短轴根部易发生裂纹，若继续使用，遇到较大冲击载荷时，可能折断，造成严重事故。检查后轴支承短轴，需拆下制动器。测量短轴轴径，圆周方向至少测量三次，将读数的最大值与最小值相减，若该值超过 0.25mm，则说明不均匀磨损严重，应更换支承短轴。安装短轴和制动器时，一定要装上压力垫圈。四只紧固螺栓，拧紧时应分批按一定次序拧紧，拧紧力矩为 60N·m。

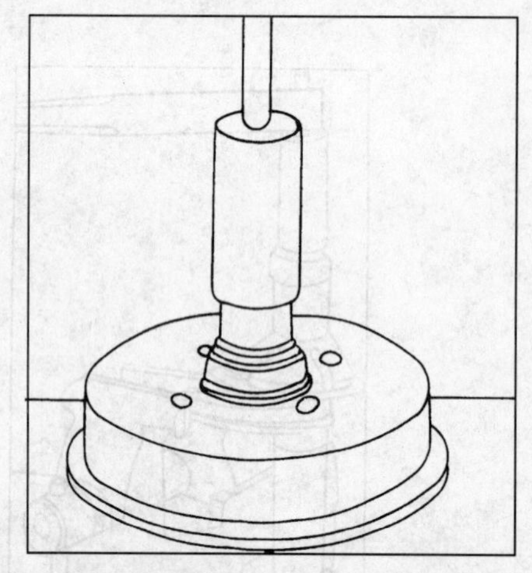

图 4-90　压入车轮外轴承上的外轴承座圈

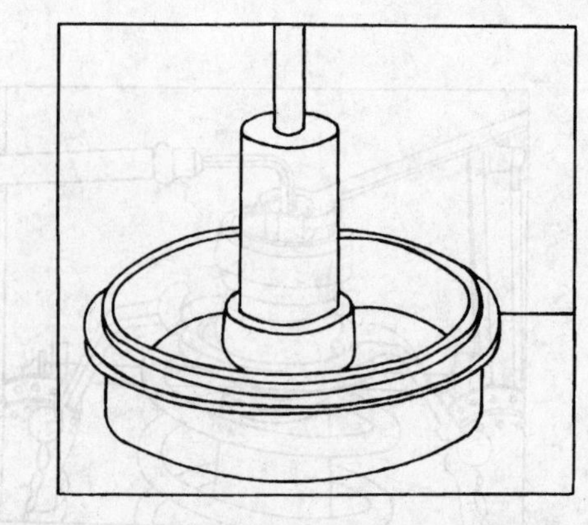

图 4-91　压入车轮内轴承上的外轴承座圈

3. 减振器的检修

人工检查后减振器，察看支承处有无裂纹，筒体外有无渗漏油迹，存在上述现象，必须更换新件。

使用减振器测试仪检查减振器的功能，可根据需要测量其衰减性能。也可人工估测：拆下后减振器用手压动活塞杆判定其性能是否良好。检查压缩和复原时的阻尼，与有关标准对照，判定其好坏。同时还应检查橡胶件、弹簧件等，看其有无损伤、龟裂、老化、衰损等，不同情况分别对待。

拆卸后减振器时应使车辆停稳，停在硬实地面上或用千斤顶支撑住后桥。弯起车箱内减振器上方配有一条断边的三角域底搁板，从车上拆下弹簧支柱，慢慢从车轮与轮罩之间拆卸移出支架。拆卸时要小心，以免碰坏车身及油漆，且不应同时拆卸两边的弹簧支柱，否则会使轴体上的轴衬受压过大。

通常，损坏的减振器在行驶过程中会发出异响。减振器损坏多出现漏油现象。漏油的减振器必须整体更换。安装弹簧支架时，弹簧支架上自锁螺母的拧紧力矩为 35N·m。后桥减振器支承上螺母的拧紧力矩为 60～70N·m，安装完毕后，可将后搁板两边用粘带封住。

(三) 悬架的常见故障及其排除

1. 悬架异响

(1) 现象　行驶中，前、后悬架发出异常噪声或敲击声。

(2) 故障原因

1) 减振器损坏。

2) 横向稳定杆或减振器固定不良，轮毂轴承松动。

3) 减振弹簧断裂。

(3) 故障排除

1) 更换减振器。

2）重新紧固松动部分。

3）更换减振器弹簧。

2. 减振性能下降

(1) 现象　行驶中，车辆颠簸严重。

(2) 故障原因

1）减振器失效。

2）减振器弹簧断裂。

(3) 故障排除

1）更换减振器。

2）更换减振器弹簧。

第五节　电子控制悬架系统

普通悬架系统弹簧刚度的确定，是以某种路面情况和车速为基础，兼顾其他方面优化选定一种刚度和阻尼系数。而汽车在行驶过程中，路面状况和车速是复杂多变的，这种悬架系统只能满足特定的道路状态和速度要求，在其他道路条件下行驶时，就不能保证乘坐舒适性、行驶平顺性和操纵稳定性。

为了克服普通悬架的不足，人们开始对各种悬架控制技术进行探讨。20 世纪 80 年代主动悬架开始在一部分汽车中得到应用。目前，较高档的轿车和赛车，大都采用了电子控制主动悬架系统。

一、电子控制悬架系统基本组成

(一) 电子控制悬架系统的组成和分类

1. 电子控制悬架系统的分类

电子控制悬架分为主动悬架和半主动悬架两大类。

所谓主动悬架，就是根据车辆的运动状态和路面情况，主动调节悬架系统刚度、减振器阻尼系数、车身高度和姿态，使悬架始终处于最佳的减振状态。这种调节要消耗能量，需要有动力源提供能源，即系统是有源的。通常采用闭环电子控制系统对主动悬架进行控制和调节。

半主动悬架仅对减振器的阻尼力进行调节，有些还对横向稳定器的刚度进行调节，调节方式也有机械式和电子控制式两种。这种调节系统是无源的。而传统的汽车悬架中，各元件的特性是不可调节的，称为被动式悬架。

根据悬架使用的介质不同，又可分为油气式主动悬架和空气式主动悬架两种。目前，我国进口汽车使用较多的为空气式主动悬架。

2. 电子控制悬架系统的组成

电子控制悬架系统由传感器、电子控制器、调节悬架的执行机构三部分组成。

(1) 传感器　传感器将汽车行驶的车速、起动、加速、转向、制动和路面状况（汽车的振动）等转变为电信号，输送给电子控制器。主要有以下几种传感器：车身加速度传感器、车身高度传感器、车速传感器、方向盘转角传感器、节气门位置传感器、车门传感器等。

(2) 电子控制器　电子控制器简称为 ECU，它将传感器输入的电信号进行综合处理，输出对悬架的刚度、阻尼及车身高度进行调节的控制信号。电子控制器一般由微机和信号输出放大电路组成。

(3) 执行机构　调节悬架参数的执行机构按照 ECU 的控制信号，准确及时地动作，调节悬架的刚度、阻尼系数及车身的高度。通常所用的执行元件是电磁阀和步进电动机及气泵电动机等。

（二）半主动悬架

半主动悬架系统通常以车身振动加速度作为控制目标参数，以悬架减振器的阻尼大小为控制对象。改变悬架阻尼一般是通过控制步进电动机，由步进电动机驱动可调阻尼减振器中的元件，来实现对阻尼值的控制和调节。

在半主动悬架系统的 ECU 中，事先设定了一个目标控制参数 σ，它是以汽车行驶平顺性最优控制为目的设计的。汽车行驶时，安装在车身上的加速度传感器产生车身振动加速度信号，经过整形放大后输入 ECU，ECU 立刻计算出当前数值 σ_i 并与设定的目标参数 σ 比较，根据比较结果输出控制信号。

若 $\sigma_i=\sigma$，控制器不输出调整悬架阻尼控制信号。若 $\sigma_i>\sigma$，输出增大悬架阻尼控制信号。若 $\sigma_i<\sigma$，输出减小悬架阻尼控制信号。

根据 ECU 输出的控制信号，步进电动机带动驱动杆转动，改变驱动杆与空心活塞的相对角度，从而改变减振器阻尼孔的流通面积，使减振器的阻尼发生变化，而且这种无级变化响应快，可以在几毫秒内由最小变到最大。可调阻尼减振器的结构如图 4-92 所示。

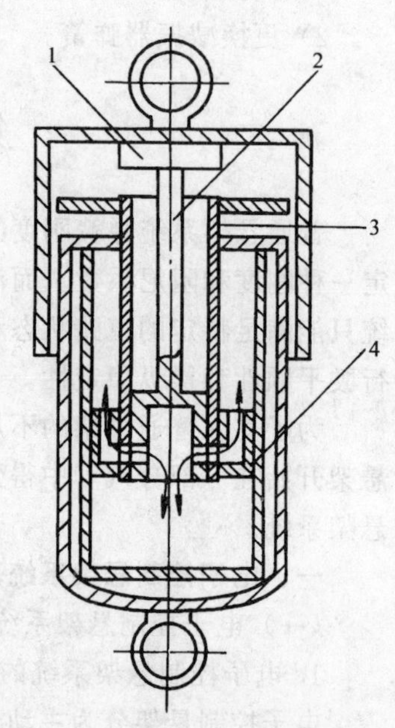

图 4-92　可调阻尼减振器的结构

1—步进电动机　2—驱动杆

3—活塞杆　4—活塞

半主动悬架可以根据路面的激励和车身的响应，对悬架的阻尼系数进行自适应调整，使车身的振动被控制在一定的范围之内。但是，汽车在转向、起步、制动等工况时不能对刚度和阻尼进行有效的控制。

（三）主动悬架

电子控制主动空气悬架系统的配置如图 4-93 所示。它由一组传感器、ECU、空气悬架、车高控制装置等组成。主动空气悬架系统根据车身高度、车速、转向和制动等传感器信号，由 ECU 经过运算分析后输出控制信号，控制电磁式或步进电动机执行器，及时改变悬架的刚度、阻尼系数和车身高度，以适应各种复杂的行驶工况对悬架特性的不同要求，保证汽车行驶过程中的操纵稳定性和乘坐舒适性。高度控制阀按照 ECU 的控制信号完成开闭动作，改变空气悬架的充气量，实现车身高度调节。调压器使气泵输出的压缩空气压力保持稳定。

1. 主动悬架的控制功能

主动悬架系统中，悬架的刚度与阻尼有“软”和“硬”两种控制模式，每种模式下按刚度与阻尼的大小依次有低、中、高三种状态。“软”或“硬”控制模式可以用手扳动选择开关决定，有的悬架控制系统则是由计算机来决定。模式一经确定，就由 ECU 在低、中、高三种状态间自动调节刚度和阻尼系数。

主动悬架系统主要对车速及路面感应、车身姿态、车身高度三个方面进行控制：

(1) 车速与路面感应控制

1）车速很高时，控制器输出控制信号，使悬架的刚度和阻尼相应增大，以提高汽车高速行驶时的操纵稳定性。

2）当汽车前轮在遇到路面接缝等单个的突起时，控制器输出控制信号，相应减小后轮悬架的刚度和阻尼，以减小车身的振动和冲击。

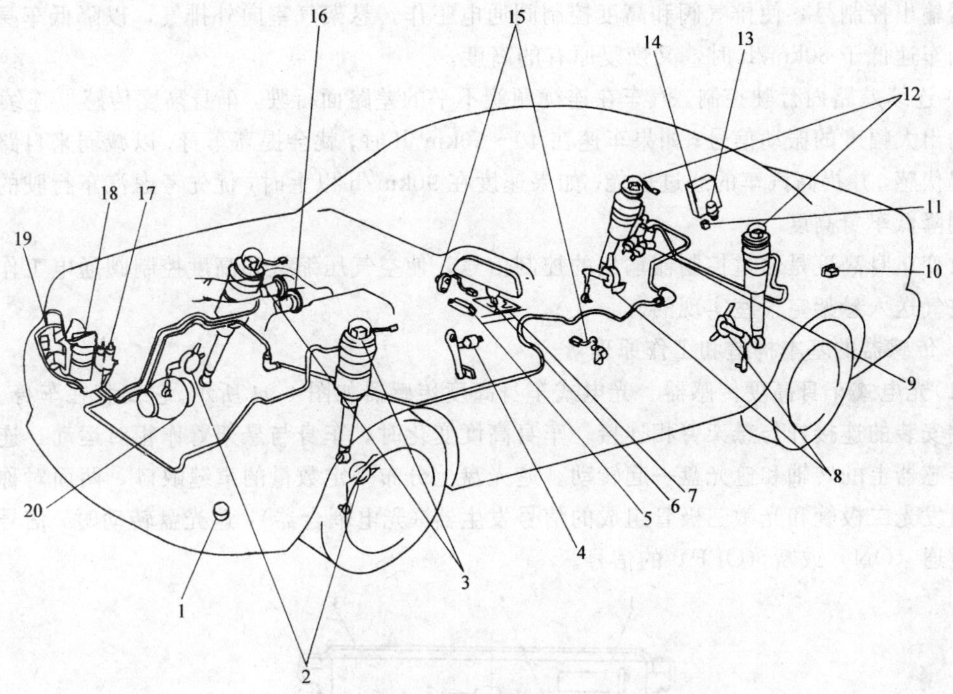

图 4-93 电子控制主动空气悬架系统的配置图

1—1 号高度控制继电器 2—车身高度传感器 3—前悬架控制执行器 4—停车灯开关 5—转向传感器 6—高度控制开关 7—LRC 开关 8—后车身位移传感器 9—2 号高度控制阀和溢流阀 10—高度控制 ON/OFF 开关 11—高度控制连接器 12—后悬架控制执行器 13—2 号高度控制继电器 14—悬架电脑 15—门控灯开关 16—主节气门位置传感器 17—1 号高度控制阀 18—高度控制压缩机 19—干燥器和排气阀 20—IG 调节器

3）当汽车进入差路面行驶时，为抑制车身产生大的振动，控制器输出控制信号，相应增大悬架的刚度和阻尼。

(2) 车身姿态控制　车身姿态控制是从驾驶人员的操作中预测车身姿态的变化趋势，对悬架的刚度和阻尼实施控制，ECU 以抑制车身的过度摆动，从而确保车辆乘坐舒适性和操纵稳定性。

1）转向时车身侧倾控制。当驾驶员急打方向盘使汽车急转弯时，转向传感器将方向盘的转角和转速电信号输入 ECU，ECU 经过计算分析向悬架输出控制信号，增大悬架的刚度和阻尼，以抑制车身的侧倾。

2）制动车身点头控制。在汽车紧急制动时，车速传感器的车速信号和制动开关的阶跃信号输入 ECU，控制器经过计算分析后输出控制信号，增大悬架的刚度和阻尼，以抑制车身的点头。

3）起步车身俯仰控制。驾驶员猛踩油门使汽车突然起步或突然加速时，车速传感器的车速信号和节气门开度传感器的阶跃信号输入 ECU，ECU 经过计算分析后输出增加悬架的刚度和阻尼的控制信号，以抑制车身的俯仰。

(3) 车身高度控制　车身高度控制是在汽车行驶车速和路面变化时，ECU 对悬架输出控制信号，调控车身的高度，以确保汽车行驶的稳定性和通过性。

1) 高速感应控制。当车速超过 90km/h 时，为了提高汽车的行驶稳定性和减少空气阻力，控制器输出控制号，使排气阀和高度控制阀通电工作，悬架气室向外排气，以降低车身的高度。当车速低于 60km/h 时，又恢复原有的高度。

2) 连续差路面行驶控制。汽车在连续颠簸不平的差路面行驶，车身高度传感器连续 2.5s 以上输出大幅度的振动信号；如果车速在 40～90km/h 时，就会提高车身，以减弱来自路面的突然起伏感，并提高汽车的通过性能。如果速度在 90km/h 以上时，优先考虑汽车行驶的稳定性，则降低车身高度。

改变车身高度是通过控制器输出的控制信号，使空气压缩机和高度控制阀通电工作，将压缩空气送入悬架空气室实现的。

2. 传感器的基本构造和工作原理

(1) 光电式车身高度传感器　光电式车身高度传感器如图 4-94 所示。它安装在车身上，转轴外端安装的连接杆与悬架臂相连接。车身高度变化时，车身与悬架臂作相对运动，连接杆带动传感器上的转轴和遮光盘一起转动。遮光盘上分布一定数量的窄缝缺口，两面对称安装着四组发光二极管和光敏三极管组成的信号发生器（光电耦合器），遮光盘转动时，信号发生器产生通（ON）或断（OFF）的信号。

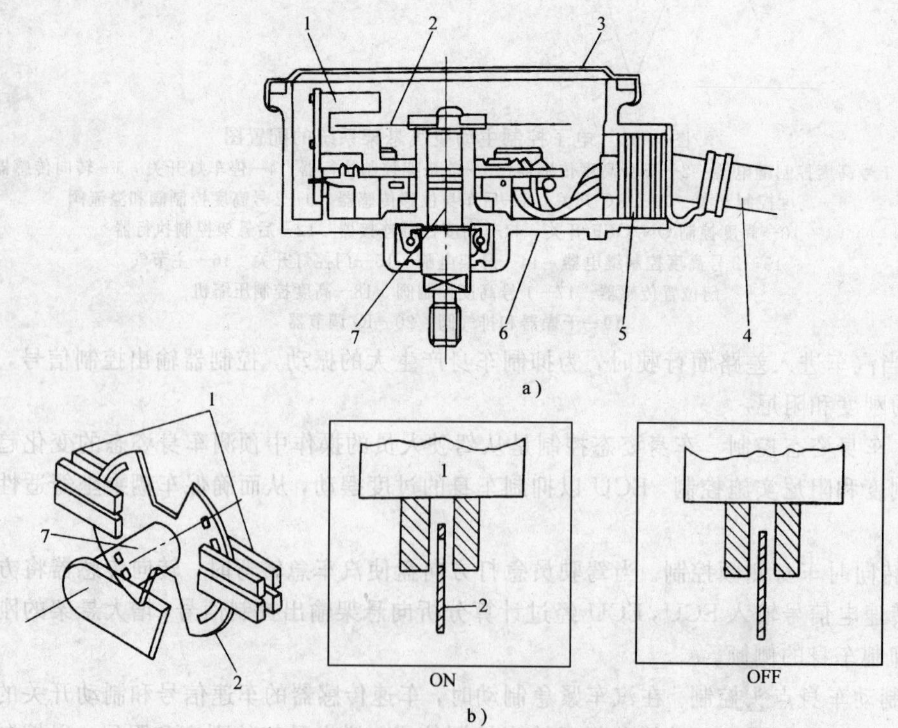

图 4-94　光电式车身高度传感器

a) 车身高度传感器结构　b) 传感器工作原理

1—光电耦合器　2—遮光盘　3—传感器盖　4—导线　5—封油环　6—传感器壳　7—转轴

ECU 根据输入的每一组通（ON）和断（OFF）信号，就得到了对应时刻车身位置的信息，根据信号变化的幅度和频率，可以判断出车身的振动情况；根据一段时间（一般为 10ms）信号在某区间变化的百分比频度，可以判断车身的高度。一旦频度超过规定值，则开始进行调整。

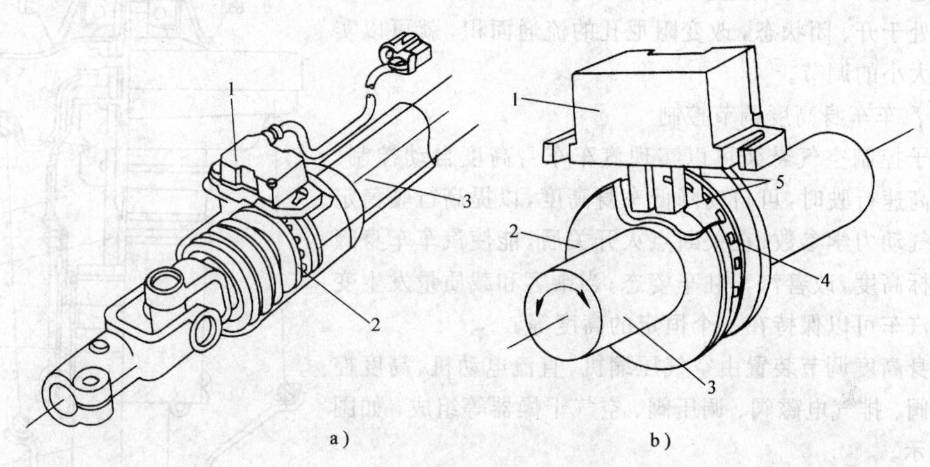

图 4-95 光电式方向盘转角传感器

a）转角传感器安装 b）转角传感器结构

1—方向盘转角传感器 2—传感器圆盘 3—转向轴 4—遮光盘 5—信号发生器

车高调整可用高压空气驱动（空气弹簧悬架），也可用高压泵驱动（油气弹簧悬架）。调整时需将车身提高后，向弹性元件（或减振器）充气或充油；需要降低车身时，则放气或放油。

2）光电式方向盘转角传感器 方向盘转角传感器通过监测方向盘的转角，提供汽车转向快慢和程度的信息。光电式转角传感器的安装、结构和工作原理如图 4-95 所示。

装在转向轴上的遮光盘上面有均布缺口，遮光盘两面分别装有两个信号发生器，当遮光盘随转向轴转动时，信号发生器产生通（ON）或断（OFF）的脉冲信号。ECU 根据信号发生器输出端通、断变换的速率，可检测出转向盘的转动速率；通过计数器统计通、断变换的次数，可检测出转向盘的转角，并判断出转动的方向。

3. 空气悬架刚度和阻尼的调节控制

空气悬架由空气弹簧、减振器、空气管、执行器等组成，如图 4-96 所示。空气弹簧是在主、副气室内充入惰性压缩气体，利用气体的可压缩性起到弹簧作用。当弹簧上的载荷增加时，密闭在气室内的气体被压缩，气压升高，弹簧的刚度增大；当载荷减小时，气室内的气体气压下降，弹簧刚度减小。

悬架刚度调节是由步进电动机带动空气控制阀转动，改变主、副气室之间通路的大小。如图 4-97 所示，当空气阀芯 8 的开口转到对准图示“低”位置时，主、副气室通路的大孔 9 被打开，主气室的气体经过阀芯的中间孔、阀体侧面的通道与副气室的气体连通，两气室的气体互相流动，参与承受载荷的气体容积增加，悬架的刚度降低处于低状态。当阀芯 8 开口转到对准“中”的位置时，气体通路的小孔7被打开，主、副气室间的流量变小，悬架刚度增大，处于中状态。当阀体8开口转到对准“高”位置时，主、副气室间的通路被切断，只有主气室单独承受载荷，悬架刚度更进一步增大，处于高状态。

通过转动与调节杆连接的转阀，使转阀上的三个阻尼孔分别处于开、闭状态，改变阻尼孔的流通面积，就可以实现阻尼大小的调节。

4. 汽车车身高度调节控制

电子控制空气悬架可以实现汽车车身高度自动控制。当汽车高速行驶时，可自动降低车身高度，以提高行驶稳定性和空气动力学参数；在关断点火开关后，能使汽车车身降低到目标高度，改善汽车驻车姿态；当乘客和载质量发生变化时，汽车可以保持在一个恒定的高度等。

车身高度调节装置由空气压缩机、直流电动机、高度控制电磁阀、排气电磁阀、调压阀、空气干燥器等组成，如图4-98所示。

ECU根据车高传感器的信号和驾驶员给出的控制信号，向电磁阀发送控制指令。当需要车身升高时，直流电动机带动空气压缩机工作，压缩空气经过空气干燥器后，在高度控制电磁阀控制下进入悬架主气室，车身高度增大。达到规定高度时，高度控制电磁阀断电关闭，悬架主气室的气量保持不变，车身维持在一定的高度。当需要车身下降时，压缩机停止工作，在ECU控制下高度控制电磁阀和排气阀同时通电打开，悬架主气室气体排出，车身高度下降。

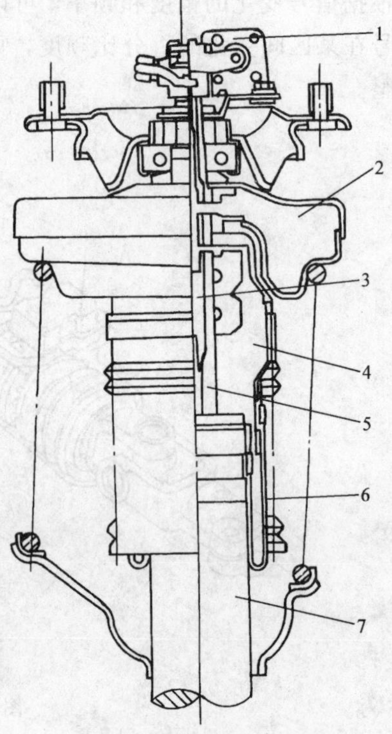

图4-96 空气悬架的结构
1—执行器 2—副气室 3—减振器阻尼调节杆 4—主气室 5—减振器活塞杆 6—滚动膜 7—减振器

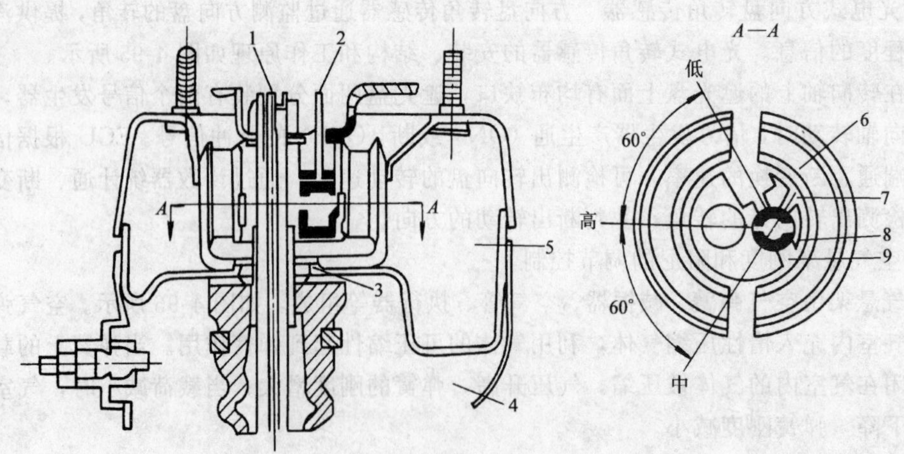

图4-97 悬架刚度的调节原理
1—阻尼调节杆 2—气阀控制杆 3—主、副气室通路 4—主气室 5—副气室
6—气阀体 7—气体通路小孔 8—阀芯 9—气体通路大孔

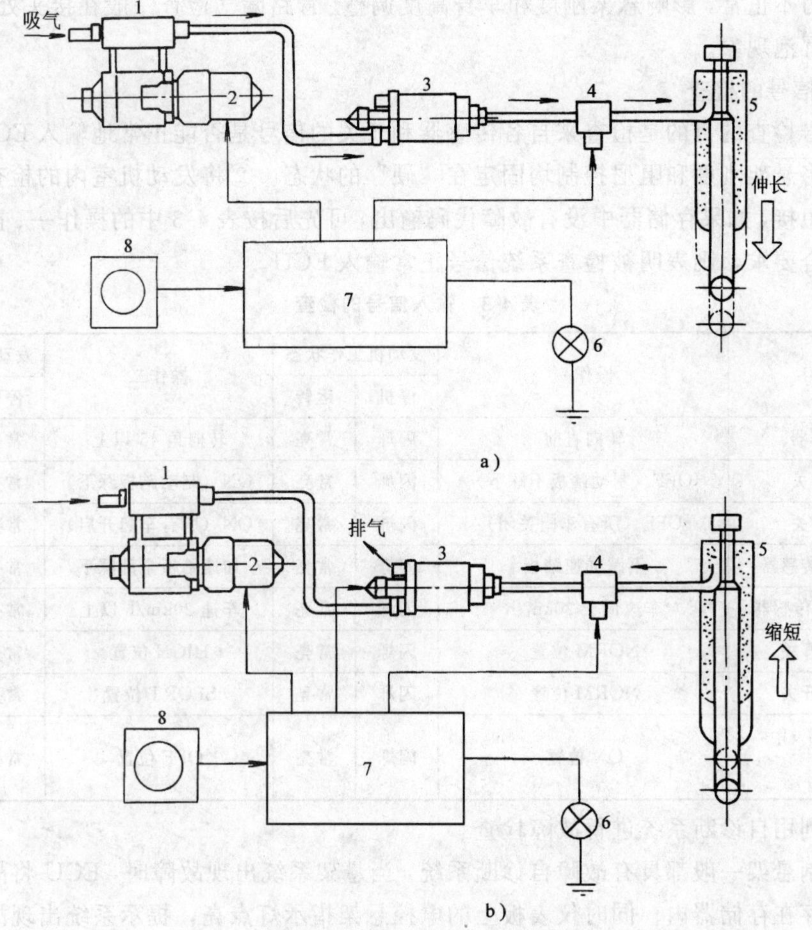

图 4-98 车身高度调节装置

a）充气提高车身 b）排气降低车身

1—压缩机和调压器 2—电动机 3—干燥器和排气阀 4—高度控制电磁阀、5—空气悬架 6—指示灯 7—ECU 8—车身高度传感器

二、电子控制悬架故障诊断与排除

检查、分析、判断与检测不仅是电子控制系统故障排除的前提，而且是主要的任务。这是由于汽车电子控制系统的元器件大部分是密封式设计，损坏后一般不易修复，即使修复，其可靠性也大打折扣。因此，故障找到后，通常是用更换损坏的元器件来排除故障。

电子控制悬架系统故障诊断分析应按照看听摸检查、检测、故障分析和排除的程序进行。下面以丰田系列轿车为例予以介绍。

（一）初步检查

1. 汽车高度调整功能的检查

在轮胎气压符合规定要求、汽车处于正常高度的状态下，测量车身高度。

检查车身高度自动升高和降低所需的时间和车身高度变化量。若不符合要求，应做进一步检查，查找故障原因、故障部位，采取相应的维修办法。

2. 溢流阀检查和管路漏气检查

溢流阀检查是迫使压缩机工作，检查溢流阀能否正常动作，查看溢流阀是否排放空气。如果不能放气，则应检查是否有管路漏气、溢流阀堵塞、压缩机工作不正常的故障现象，这些都将引起压力不正常，影响悬架刚度和车身高度调整。管路漏气检查一般在接头处加肥皂水，观察是否有冒泡现象。

3. 输入信号的检查

输入信号检查的目的是检查来自各传感器和开关的信号是否能正常地输入 ECU：①打开点火开关，将悬架刚度和阻尼控制均固定在“硬”的状态。②将发动机室内的检查连接器端子 T_s 与 E_1 短接，如果存储器中没有故障代码输出，可先后按表 4-3 中的操作一、操作二进行操作；若符合要求，则表明被检查系统信号正常输入 ECU。

表 4-3　输入信号的检查

检查项目	操作一	发动机工作状态		操作二	发动机工作状态	
		停机	运转		停机	运转
转向传感器	转向直前	闪烁	常亮	转向角 45°以上	常亮	闪烁
停车灯开关	OFF（制动踏板不踩下）	闪烁	常亮	ON（制动踏板踩下）	常亮	闪烁
门控灯开关	OFF（所有车门关闭）	闪烁	常亮	ON（所有车门开启）	常亮	闪烁
节气门位置传感器	不踩加速踏板	闪烁	常亮	加速踏板全部踩下	常亮	闪烁
1 号汽车车速传感器	车速低于 20km/h	闪烁	常亮	车速 20km/h 以上	常亮	闪烁
高度控制开关	NORM 位置	闪烁	常亮	HIGH 位置	常亮	闪烁
悬架控制开关	NORM 位置	闪烁	常亮	SPORT 位置	常亮	闪烁
高度控制 ON/OFF 开关	ON 位置	闪烁	常亮	OFF 位置	常亮	闪烁

（二）利用自诊断系统进行故障检查

电子控制悬架一般都具有故障自诊断系统，当悬架系统出现故障时，ECU 将故障信息以代码形式储存在存储器内；同时仪表板上的电控悬架指示灯点亮，提示系统出现故障。在排除故障和检修时，可以将存储器内的故障代码调出，根据故障码显示内容判断故障部位及原因，针对性地检修有关部件和线路。

在进行自诊断测试时，首先应使系统进入自诊断测试状态；自诊断系统需要利用指示灯读取故障码，因此要先进行指示灯检查。

1. 指示灯检查

打开点火开关，HEIGHT 照明灯一直点亮。仪表板上的 LRC 指示灯（悬架控制指示灯）和高度控制指示灯应亮 2s 左右。2s 后，把 LRC 开关（悬架控制开关）拨到 SPORT 位置，LRC 指示灯仍旧亮；当把 LRC 开关（悬架控制开关）拨到 NORM 位置时，LRC 指示灯 2s 后熄灭。

当高度控制开关拨到“NORM”或“HIGH”侧时，相应的高度控制指示灯“NORM”或“HI”也点亮。如果高度控制“NORM”指示灯以每 1s 间隔闪亮时，这表明 ECU 存储器中存有故障代码。悬架控制系统存在故障，应读取故障代码并排除故障。

如果在指示灯检查过程中，出现表 4-4 中的情况，应进行相关电路的检查并故障排除。

2. 读取故障代码

1）打开点火开关。

2）将诊断盒（TDCL）或检查连接器的端子 T_c 与 E_1 短接。

3）通过观察仪表板上高度控制“NORM”指示灯的闪烁规律，读取故障代码。故障代码的含义如表 4-5 所示。

表 4-4　指示灯检查

故障征兆	检查
在点火开关接通后，SPORT、HI 和 NORM 指示灯不亮	汽车高度控制电源电路指示灯电路
打开点火开关后，SPORT、HI、NORM 指示灯亮 2s，然后全部熄灭	悬架控制执行器电源电路
有些指示灯 SPORT、HI、NORM 或 HEIGHT、照明灯不亮	指示灯电路或"HEIGHT"照明灯电路
悬架控制开关拨到 NORM 侧，NORM 指示灯仍旧亮着	悬架控制开关电路
仍旧亮着的汽车高度指示灯与高度控制开关所选定的汽车高度不一致	高度控制开关电路

表 4-5　故障代码的含义

代码	电路系统	故障诊断结论
11	右前高度控制传感器电路	高度控制传感器电路开路或短路
12	左后高度控制传感器电路	
13	右后高度控制传感器电路	
14	左后高度控制传感器电路	
21	前悬架控制执行器电路	悬架控制执行器电路开路或短路
22	后悬架控制执行器电路	
31	1 号高度控制阀电路	高度控制阀电路开路或短路
33	2 号高度控制阀电路（用于后悬架）	
34	2 号高度控制阀电路（用于左悬架）	
35	排气阀电路	排气阀电路开路或短路
41	1 号高度控制继电器电路	1 号高度控制继电器电路开路或短路
42	压缩机电动机电路	压缩机电动机电路短路或压缩机电动机被锁住
51	供给 1 号控制继电器的持续电流	1 号高度控制继电器通电时间 8.5min 以上
52	供给排气阀的持续电流	排气阀的通电时间约 6min 以上
61	悬架控制信号	悬架电脑失灵
72	悬架控制执行器电源电路	悬架控制执行器电源电路开路 悬架控制 AIRSU5 保险丝烧断
71	高度控制 ON/OFF 开关电路	高度控制开关在 OFF 位置或其电路开路

3. 故障代码的清除

根据读取的故障码内容对故障部位检修后，还需要将贮存在计算机存储器内的故障代码清除掉，以便在以后的工作中记录和存储新的故障码。如不清除旧故障码，当再出现其他故障后，系统会将所有存储的故障码输出，维修人员便不知道哪些是当前存在的故障，哪些是以前排除过的故障，给维修工作带来不必要的麻烦。清除故障码有两种方法：

1）在关闭点火开关的情况下，拆下 1 号接线盒中的 ECU—B 保险丝 10s 以上。

2）在关闭点火开关的情况下，同时将高度控制连接器的 9 号端子（CLE）与 8 号端子（E）以及检查连接器的 T_s 端子与 E_1 端子短接 10s 以上，然后接通点火开关并拆掉各端子的短接导线。

清除故障码后，再经过运行，如报警灯不再亮，说明故障已得到排除。如运行后报警灯仍然点亮，说明故障没有被彻底排除或还存在其他故障，需要重新调取故障码和排除故障。

（三）根据故障症状进行检查

故障自诊断系统通过故障码的形式指出悬架电子控制系统故障的部位，这给故障的诊断排除带来了很大的方便。但有时无故障码显示，可电子控制悬架系统却有故障症状。这时，就要根据故障的症状和电子控制悬架系统的电路原理进行故障分析，按表4-6、表4-7给出的次序检查每个与故障现象有关的电路，对疑点逐一排除，将确定故障的范围一步步缩小，最终找到故障的位置和故障原因并加以排除。

表4-6　汽车车高控制失灵的故障排除步骤

序号	故障现象	检查可能部位
1	高度控制指示灯的亮灯位置不随高度控制开关的动作变化	1. 车速传感器电路 2. 发电机电路 3. 汽车车高控制电源电路 4. 悬架控制电脑
2	汽车高度控制功能不起作用	1. 发电机电路 2. 汽车车高控制电源电路 3. 车速传感器电路 4. 高度控制总ON/OFF开关 5. 高度控制传感器电路 6. 悬架控制电脑
3	只有高车速控制不起作用	1. 车速传感器电路 2. 悬架控制电脑
4	汽车高度出现不规则变动	1. 空气泄露 2. 高度控制传感器电路 3. 悬架控制电脑
5	汽车高度控制起作用，但汽车高度不均匀	1. 高度控制传感器连接杆 2. 高度控制阀排气阀电路
6	汽车高度控制起作用，但汽车高度高或低（汽车高度在NORMAL状态时，高度与标准值不符）	1. 高度控制传感器连接杆
7	当调整汽车高度时，汽车处于非常高或非常低的位置	1. 高度控制传感器电路
8	即使高度控制ON/OFF开关在“OFF”位置时，汽车高度控制，仍起作用	1. 高度控制总ON/OFF开关
9	点火开关OFF控制不起作用	1. 门控灯开关 2. 汽车车高控制电源电路 3. 悬架控制电脑
10	即使在车门打开时，点火开关OFF控制仍有作用	1. 门控灯开关 2. 悬架控制电脑
11	汽车驻车时汽车高度非常低	1. 空气泄露 2. 气压缸/减振器
12	压缩机电动机运转不停	1. 空气泄露 2. 1号高度控制继电器电路 3. 压缩机电动机电路 4. 悬架控制电脑

表 4-7　减振器与弹簧控制失灵的故障排除步骤

序号	故　障　现　象	检查可能部位
1	不管怎样操作悬架控制开关，指示灯的状态不变	1. 悬架控制开关电路 2. 悬架控制电脑
2	减振力和弹簧刚度控制几乎不起作用	1. 悬架控制执行器电源电路 2. 检查连接器与电脑之间电路 3. 诊断盒与电脑之间电路 4. 悬架控制开关电路 5. 气压缸/减振器 6. 悬架控制执行器电源电路 7. 悬架控制电脑
3	只有防侧倾控制不起作用	1. 转向传感器电路 2. 悬架控制电脑
4	只有防后仰控制不起作用	1. 节气门位置信号电路 2. 悬架控制电脑
5	只有防点头控制不起作用	1. 制动灯开关电路 2. 车速传感器电路 3. 悬架控制电脑
6	只有高车速控制不起作用	1. 车速传感器电路 2. 悬架控制电脑

如果相关电路没有任何不正常现象，故障却依然出现，最后一步就应该更换悬架控制电脑。

第六节　安全气囊

汽车行驶中发生碰撞时，由于惯性作用乘员撞在挡风玻璃或转向盘上，往往会受到严重的伤害。交通事故一般是在瞬间意外发生的，人不可能有反应时间来主动保护自己，只有靠被动安全装置来减少对人体的伤害。统计结果表明，汽车座椅安全带可以避免乘员摔出车外，但对人的胸部以上部位的保护作用有限。安全气囊主要是针对乘员头部、颈部和胸部的安全而设置的一种被动安全保护系统。安全气囊已成为国外轿车的标准装备。

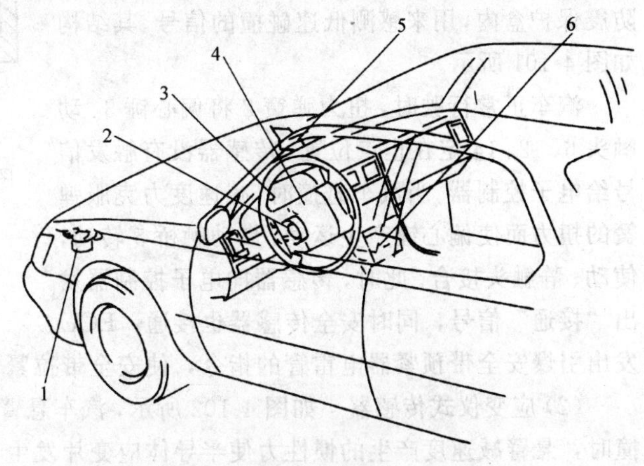

图 4-99　汽车安全气囊系统的布置

1、5—车前加速度传感器　2—螺旋电缆　3—故障警告灯　4—气体发生器和气囊袋　6—中央加速度传感器和ECU

一、安全气囊的基本组成

(一) 安全气囊的工作原理

安全气囊系统由碰撞传感器、气囊、气体发生装置和ECU等组成。它们在汽车上的布置情况如图 4-99 所示。

平时安全气囊卷收在转向盘内。位于车前两侧的车前加速度传感器，可保证在正面±30°范围内发生碰撞时有效地工作。当汽车发生中等程度以上的碰撞时，传感器发出的信号输入ECU，经ECU判别后发出指令使点火器工作，气体发生器在极短时间内产生大量气体，通过滤清器充入卷收着的气囊并使其迅速膨胀：当人体头面部一接触气囊，气囊变形的同时开始泄气，从而起到缓冲保护作用。安全气囊的工作过程如图4-100所示。气囊从开始膨胀到泄气结束所花时间非常短，其整个过程时间为100ms左右。

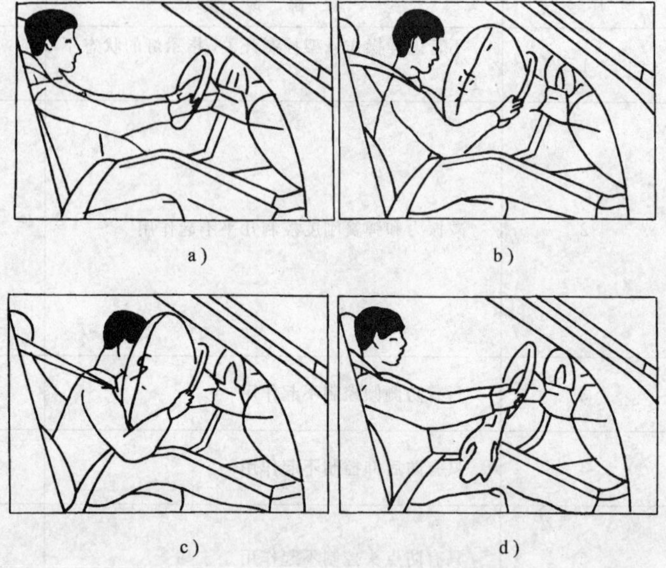

图4-100　安全气囊的工作过程

a）气囊展开前　b）气囊在展开　c）气囊起作用时　d）气囊泄气结束

（二）安全气囊系统的主要部件

1. 传感器

用于汽车安全气囊系统的传感器可分为车前传感器、中央传感器与安全传感器三类。车前传感器用于感测汽车正面所受到的低速冲击信号，中央传感器用于感测汽车发生高速碰撞的信息，安全传感器用于防止系统在非碰撞情况下引起安全气囊误动作。这里介绍其中几种：

（1）偏心锤式前方（碰撞）传感器　此种传感器安装在保险杠与挡泥板之间，装在一个密封的防震保护盒内，用来感测低速碰撞的信号。其结构如图4-101所示。

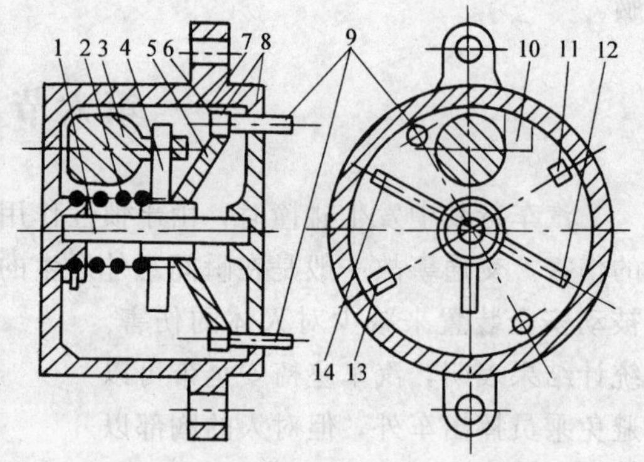

图4-101　偏心锤式前方传感器结构示意图

1—偏心轴　2—扭力弹簧　3—偏心锤　4—转盘　5—触桥　6、12、14—动触头　7、11、13—静触头　8—外壳　9—引出端　10—止位块

汽车正常行驶时，扭力弹簧2将偏心锤3、动触头6、12、14定在止点位置，传感器没有触发信号给电子控制器。当汽车碰撞时，减速度力克服弹簧的扭力而使偏心锤产生运动，带动触桥5转动，使动、静触头接合。此时，传感器向电子控制器发出“接通”信号，同时安全传感器也接通，ECU发出引爆安全带预紧器电雷管的指令，使安全带拉紧而起到安全保护作用。

（2）应变仪式传感器　如图4-102所示，汽车悬臂架压在半导体应变片的两端。当发生碰撞时，悬臂减速度产生的惯性力使半导体应变片发生弯曲变形，使其电阻变化，引起动态应变仪输出电压；汽车的速度越高，碰撞时产生的惯性力越大，则输出的电压也越高。应变仪式传感器要求有稳定的电源。

（3）粘性阻尼式传感器　如图4-103所示，通常钢球被吸引在磁铁一侧。当汽车受到强力冲击时，钢球克服磁铁的吸引力和导向筒与球体间间隙的空气粘性阻力，迅速移至接点处使触点闭合，输出碰撞信号。

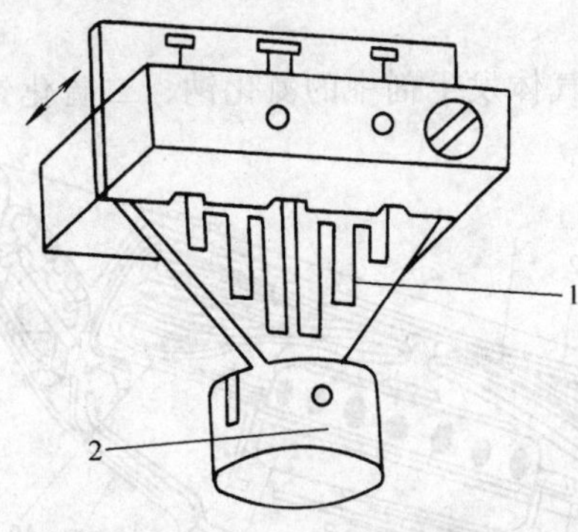

图 4-102　应变仪式传感器结构

1—应变片　2—感应锤

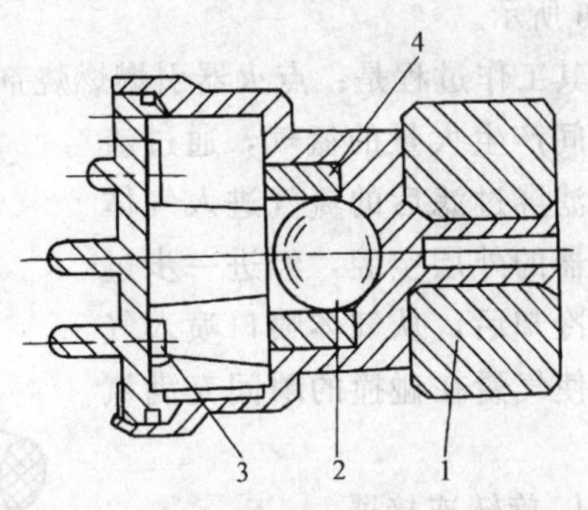

图 4-103　粘性阻尼式传感器的工作示意图

1—磁铁　2—钢球　3—接点　4—导向筒

(4) 安全传感器　它们装在中央控制器内，是一个水银开关，用来防止系统在非碰撞状况引起气囊误动作，如图 4-104 所示。当汽车发生碰撞时，足够大的减速度力将水银上抛，接通电路。安全传感器的倾斜程度，根据碰撞临界速度由设计决定。

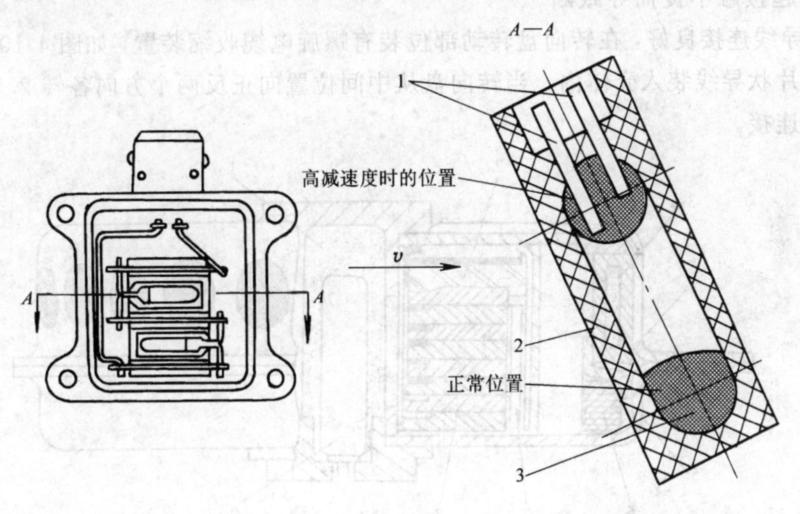

图 4-104　安全传感器

1—接点　2—壳体　3—水银

2. 气囊

气囊有正面气囊和侧面气囊。驾驶员气囊与气体发生器一起叠放在转向盘的衬垫内，如图 4-105 所示。气囊多采用防裂性能好的尼龙布涂氯丁橡胶或有机硅制造，橡胶涂层起密封和阻燃作用。

为防止气囊以爆发速度张开时直接撞击驾驶员，气囊在驾驶员一侧缝制有一根带；气囊后部和侧面还开有缝隙或缺口，以避免其自由张开，实现气囊可控吹胀过程。理想的情况是在驾驶员快速前扑之前气囊快速吹胀，一触到气囊时立即冷却泄气收缩，保护乘员免受伤害。

3. 气体发生器

气体发生器由点火器、燃烧剂、过滤器、缓冲垫、喷口过滤网和上、下盖等组成，如图 4-106 所示。

其工作过程是：点火器引燃燃烧剂产生高温，使气体发生剂中的氮化钠、二硫化钼混合物瞬间产生大量的氮气，通过渣状过滤屏过滤后的氮气进入气体发生器的外层空腔，经进一步过滤并冷却后，从气体喷口喷入气囊，使气囊在碰撞的瞬间充满氮气。

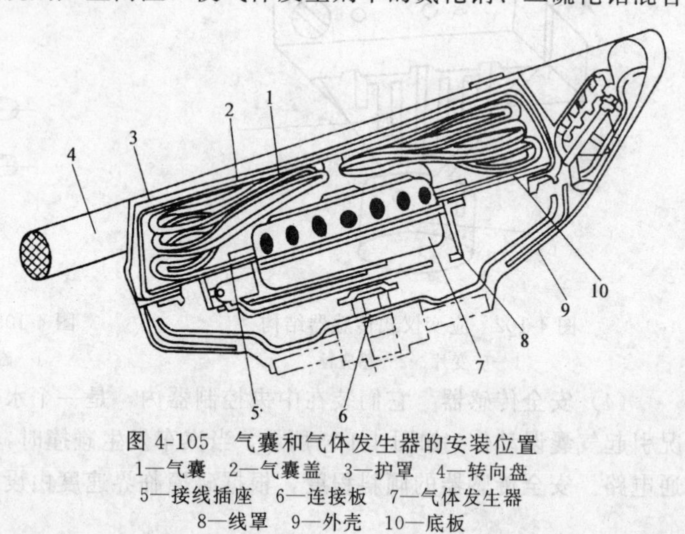

图 4-105 气囊和气体发生器的安装位置

1—气囊 2—气囊盖 3—护罩 4—转向盘
5—接线插座 6—连接板 7—气体发生器
8—线罩 9—外壳 10—底板

4. 旋转连接器

气体发生器是由电起动的，如果电源系统的电线束被切断，整个系统将不能正常工作。若使用普通的滑环作为导电连接，则由于转向盘经常旋转造成触点磨损，从而引起接触不良而导致断电。为保证导线连接良好，在转向盘转动部位装有螺旋电缆收缩装置，如图 4-107 所示。它是将卷绕成条片状导线装入壳体内，当转向盘从中间位置向正反两个方向各转 2.5 圈时，不会影响导线的连接。

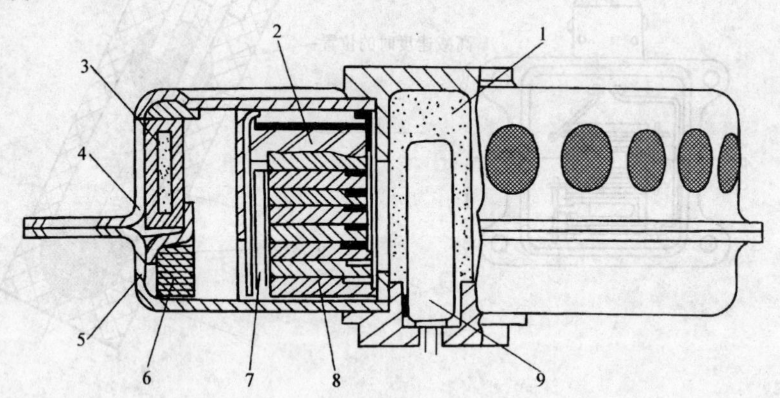

图 4-106 气体发生器结构

1—燃烧剂 2—缓冲垫 3—喷口过滤网 4—上外盖 5—下外盖
6—渣状过滤屏 7—燃烧室渣状过滤屏 8—推进剂 9—点火器

5. 电子控制系统（ECU）

电子控制系统包括引爆控制电路、驱动电路、诊断电路和储存电路等。引爆控制电路将传感器送来的信号与事先设定的目标控制参数进行比较，确认是碰撞信号后发出指令，由驱动电路接通电源与点火器的开关电路，引爆气体发生器使气囊充胀。

诊断电路随时分析和诊断安全气囊系统的故障，将无法引爆或意外引爆等各种故障编码存入储存电路，以供检修时调用，同时，使仪表盘上的报警灯开始闪烁，提示安全气囊装置出现故障。

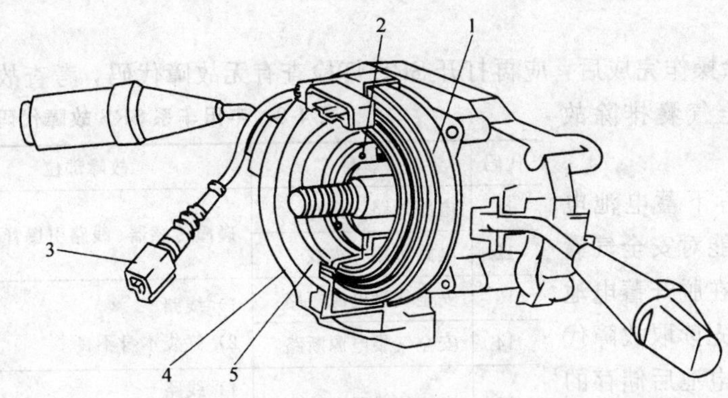

图 4-107　螺旋电缆收缩装置

1—电缆　2—解除凸轮　3—气体发生器用接头　4—壳体　5—旋转体

二、安全气囊系统故障诊断与排除

1. 安全气囊故障诊断方法

由于安全气囊是自动控制引发系统，只有在发生碰撞时才开始动作，所以平时诊断和确认它的故障是比较困难的；而且安全气囊系统几乎没有机械运动部分，不可能通过声音、动作来进行故障判定。因此，主要采用指示灯提示、显示故障码和参数测量的方法进行故障诊断。下面以丰田汽车为例介绍安全气囊系统的故障诊断与排除。

1）警示灯提示。汽车仪表板上有安全气囊警示灯（标有 SRS 或 AIR BAG 字样）。当点火开关接通后，SRS 灯点亮 6s 后熄灭，表明安全气囊系统正常。如果接通点火开关，SRS 灯根本不亮，表明 SRS 灯泡烧坏或线路接触不好，应检修。如果 SRS 灯常亮不灭或一直闪烁，表示有故障代码存在，需进行检查。

2）读取故障代码。先将诊断盒中 T_c 与 E_1 端子短接，接通点火开关后从 SRS 灯的闪烁中读取故障代码。故障代码的读取方法如图 4-108 所示。

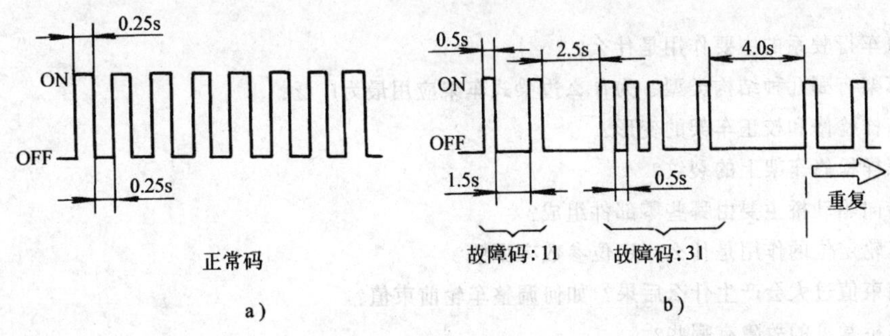

图 4-108　故障代码波形

a）正常码波形　b）故障代码示例

3）若短接 T_c 与 E_1 后 SRS 灯未闪烁故障代码，测量 T_c 端与搭铁之间的电压应为 12V；然后将 T_c 端搭铁，若 SRS 灯闪烁表示 E_1 接地不良；若仍不闪烁，表示 ECU 有问题。

4）根据读取的故障代码，按表 4-8 检查故障部位，并采取相应的措施排除故障。

5）清除故障代码。关掉点火开关，断开 SRS-ECU 熔丝或断开蓄电池负极电缆 30s 以上。

6）故障排除操作完成后，应再打开 SRS 灯检查有无故障代码，考查故障是否彻底排除。

2．安全气囊排除故障时的注意事项

1）必须先拆下蓄电池电缆 30s 以上，才能对安全气囊系统进行作业。在脱开蓄电池电缆之前，务必先读取故障代码，因为脱开蓄电池后储存的故障代码会消失。

2）诊断电路系统故障时，要用高阻抗的万用表，至少要 10kΩ/V。不可用万用表测量气囊点火器的电阻，以避免造成气囊误爆伤人。

表 4-8　丰田车系 SRS 故障代码

代码	诊断	故障部位	修理方法
11	电路短路—搭铁	碰撞传感器、线路引爆管及线路	检修或更换
12	电路短路—火线		
13	安全气囊电源短路	1）线路 2）气袋本身不良	1）检修 2）更换
14	安全气袋电源断路		
15	碰撞传感器电路	1）线路 2）传感器	1）检修 2）更换
22	“SRS”警告灯	1）线路 2）警告灯	1）检修 2）更换
31	“SRS” ECU	ECU	更换

3）进行拆装检修时，要避免系统组件和 ECU 受到严重碰撞和振动。

4）安全气囊传感器、中心部件传感器总成和转向盘衬垫三个总成不要拆卸和修理。若有故障应更换新件。

5）翼板或车前部受到较剧烈的碰撞后，如安装传感器的支架变形，则不管安全气囊膨胀与否，都要更换传感器。

6）需要引爆安全气囊时，要注意将车移至安全场地，拆下蓄电池的正、负电缆 30s 后，卸下 ECU 总成和控制连接器。在气囊引发器端各连接 6m 电线，待人员远离后将线接在蓄电池正负端，引爆气囊。

习　题

4-1　汽车行驶系的主要作用是什么？

4-2　车架有哪几种结构类型？为什么边梁式车架应用最为广泛？

4-3　怎样检修和校正车架的变形？

4-4　怎样检修车架上的裂纹？

4-5　转向驱动桥主要由哪些零部件组成？

4-6　车轮定位的作用是什么？定位参数有哪些？

4-7　前束值过大会产生什么后果？如何调整车轮前束值？

4-8　车桥常见的故障有哪些？

4-9　转向沉重、高速摆振、行驶跑偏、轮胎不正常磨损等现象与车桥有关的原因是什么？

4-10　汽车车身主要由哪些零件组成？

4-11　轿车、客车、货车车身各有何特点？

4-12　汽车车身的校正方法有哪些？

4-13　汽车车身钣金作业的整形技术有哪些？

4-14　简述车身表面修补涂装方法。

4-15　充气轮胎分为哪几类？

4-16　国产轮辋的规格如何表示？

4-17　子午线轮胎与普通轮胎相比，有什么区别和特点？

4-18　无内胎轮胎在结构上如何实现密封？

4-19　国产轮胎的规格如何表示？

4-20　什么是车轮动不平衡？怎样才能使车轮达到动平衡？

4-21　简述离车式车轮动平衡检测方法。

4-22　电子控制悬架系统主要由哪几部分组成？

4-23　电子控制主动悬架系统主要对哪几方面进行控制？

4-24　主动悬架如何调节悬架刚度和阻尼？

4-25　如何对电子控制悬架系统故障进行诊断？

4-26　安全气囊系统由哪些零部件组成？

4-27　安全气囊系统的传感器分为哪几类？

4-28　简述安全气囊的故障诊断方法。

第五章 汽车转向系

转向系用于改变汽车的行驶方向和使汽车保持稳定的直线行驶。转向性能的好坏直接影响汽车行驶的安全性和操纵性，因此对转向系有如下要求：

1）来自路面不平度所引起的振动应尽可能被衰减而不致传到转向盘上。然而，这种衰减又不可达到使驾驶员丧失路感的程度。

2）转向时，左、右转向轮轴线的延长线和后轴的延长线应相交于一点。

3）转向系应有合适的刚度，使汽车对微小的转向修正也有快捷的反应。

4）当放松转向盘时，车轮应能自动回到直行位置，并能稳定在这个位置上。

本章主要讲授汽车转向系结构、拆装与调整、常见故障诊断与维修。

第一节 汽车转向系

一、概述

（一）汽车转向系的功用及组成

1. 功用

汽车转向系的功用为偏转前轮，在有些情况下还偏转后轮，即驾驶员通过一套专设机构，使汽车转向桥上的车轮相对于汽车纵轴线偏转一定角度，使汽车能在换车道、急转弯或躲避路面障碍时，车轮能连续地改变行驶方向。

2. 组成

转向系结构形式多种多样，但所有的转向系都由三部分组成：转向传动机构、机械转向器和转向操纵机构。

1）转向传动机构的功用是将机械转向器输出轴的运动传递给转向臂，转向臂偏转车轮而改变汽车的行驶方向。

2）机械转向器的功用是将转向盘的回转运动转换为转向传动机构的往复运动。

3）转向操纵机构的功用是产生转动转向器所必需的操纵力。

（二）汽车转向系的分类及布置形式

汽车转向系按使用的能源不同分为机械转向系和动力转向系。

1. 机械转向系

机械转向系以驾驶员体力作为转向能源，如图 5-1 所示。

汽车转向时，驾驶员对转向盘 7 施加一个转向力矩，使转向盘以某种角速度向指定方向转动，该力矩通过转向盘柱 5 输入给转向器 4，转向器将转向盘的力矩放大以后传给转向摇臂 10，在经过转向直拉杆 2 传给左转向节 1 上的转向节臂 11，使左转向节和它支撑的左转向轮偏转。为使右转向节 6 及其所支撑的右转向轮也随之偏转相应的角度，还设置了转向梯形机构。转向梯形由固定在左、右转向节上梯形臂 12、8 和两端与梯形臂作球铰链联接的转向横拉杆 9 组成。左转向节带动左梯形臂转动，左梯形臂通过转向横拉杆推动右梯形臂，使右转

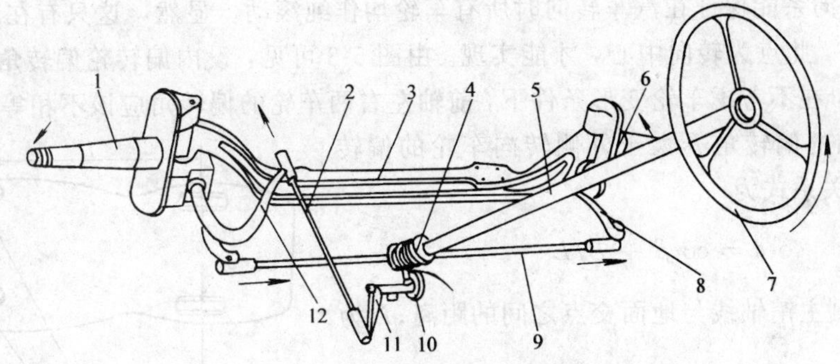

图 5-1　机械转向系示意图

1—左转向节　2—转向直拉杆　3—前轴　4—转向器　5—转向盘柱

6—右转向节　7—转向盘　8—右梯形臂　9—转向横拉杆

10—转向摇臂　11—转向节臂　12—左梯形臂

向节转动。转向结束时，将转向盘恢复原始位置，使转向车轮恢复直线行驶。

2. 动力转向系

动力转向系所需的能量，在正常情况下，只有小部分是驾驶员提供的体能，而大部分是由发动机驱动液压泵（或空气压缩机）所提供的液压能（或气压能），如图 5-2 所示。汽车向右转向时，驾驶员顺时针转动转向盘，转向摇臂推动转向直拉杆后移，直拉杆的推力作用于转向节臂，并依次传到梯形臂和转向横拉杆，使之右移。与此同时，转向直拉杆还带动转向控制阀中的滑阀，使转向动力缸中的右腔接通转向液压泵的出油口，左腔接通回油口，于是转向动力缸的活塞所受向右的液压作用力便经活塞杆施加在横拉杆上。这样，驾驶员需要加在转向盘上的力矩，比用机械转向系时小得多。

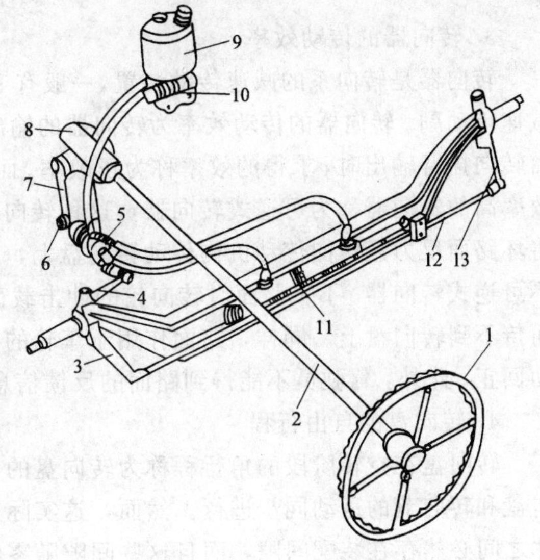

图 5-2　动力转向系示意图

1—转向盘　2—转向轴　3、13—梯形臂　4—转向节臂　5—转向控制阀　6—转向直拉杆　7—转向摇臂　8—机械转向器　9—转向油罐　10—转向液压泵　11—动力缸　12—转向横拉杆

（三）转向系参数

1. 转向系角传动比 i_w

转向系角传动比是指转向器的角传动比 i_1 与转向传动机构的角传动比 i_2 的乘积，可以用转向盘转角增量与同侧转向车轮转角增量之比来表示。

转向系角传动比越大，转向时，加在转向盘上的力矩越小，驾驶员的操纵力越小。但为了使车轮偏转一定角度，转向盘需转过的角度就越大，因此转向操纵机构就不够灵敏。据此，选取角传动比时应兼顾转向省力和转向灵敏的要求。机械式转向系要做到这点比较困难，故普遍采用动力转向系。

2. 实现正常转向的条件及转弯半径

为了实现汽车正常转向，避免汽车在转向时产生路面对汽车行驶的附加阻力和轮胎过快磨损，要求转向系能保证在汽车转向时所有车轮均作纯滚动。显然，这只有在所有车轮的轴线都交于一点，此点为转向中心，才能实现。由图 5-3 可见，设内偏转轮偏转角为 β，外偏转轮偏转角为 α，在不考虑车轮变形条件下，前轴左右两车轮的偏转角应该不相等，而且必须是内侧转向车轮的偏转角 β 大于外侧转向车轮的偏转角 α，其理想关系式为

$$\cot\alpha = \cot\beta + B/L$$

式中，B 为两侧主销轴线与地面交点之间的距离；L 为汽车轴距。

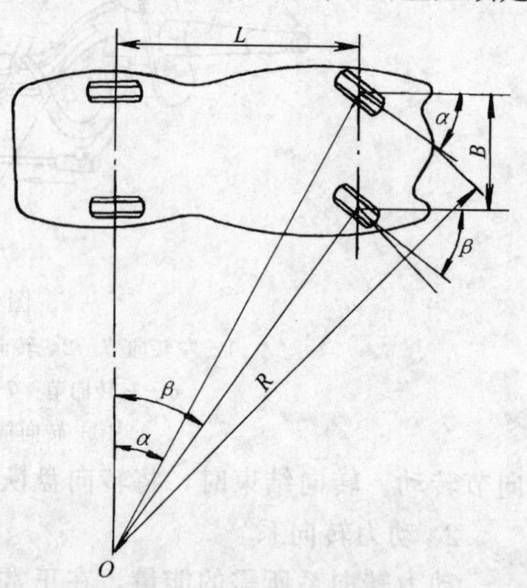

图 5-3　汽车转向时理想的两侧转向轮偏转角关系示意图

转向时，外偏转轮和地面的接触点距转向中心 O 的距离称为转弯半径。转弯半径越小，汽车转弯时所需的场地越小，机动性越好，当外偏转轮偏转角达到最大值 α_{max}时，转弯半径 R 最小。最小转弯半径 R_{min}与 α_{max}的关系为

$$R_{min} = L/\sin\alpha_{max}$$

3. 转向器的传动效率

转向器是转向系的减速传动装置，一般有 1～2 级减速传动副。转向器的传动效率为转向器的输出功率与输入功率之比。当功率由转向轴输入，由转向摇臂输出时，求得的效率称为正效率。而在传动方向相反时求得的效率称为逆效率。逆效率高的转向器称为可逆式转向器，这种转向器有利于汽车转向后的自动回正。但也很容易将坏路面反力经转向传动机构传动转向盘上，发生“打手”情况。逆效率很低的转向器称为不可逆式转向器。不平路面对转向轮的冲击载荷输入到这种转向器中，即由各传动零件承受，而传不到转向盘上。同样，路面作用于车轮的回正力矩也不能传动转向盘上，转向轮不能自动回正。此外，驾驶员不能得到路面的反馈信息，丧失所谓“路感”，无法据以调节转向力矩。

4. 转向盘的自由行程

转向盘在空转阶段的角行程称为转向盘的自由行程。从转向灵敏的角度来说，最好是转向盘和转向节的运动同步进行。然而，这实际上是不可能的。因为在整个转向系中，各传动件之间必然存在装配间隙，而且这些间隙随零件磨损逐渐增大。在开始转动转向盘时，须先消除各传动件间的间隙，所以驾驶员对转向盘施加的力矩很小，转向盘处于空转阶段。转向盘的自由行程对于缓解路面冲击和避免驾驶员的过度紧张有利。但不宜过大，以免影响转向系的灵敏性。一般转向盘从汽车直行的中间位置向任意方向的自由行程最好不超过 10°～15°。当零件磨损严重到转向盘自由行程超过 25°～30°，必须进行调整。

二、机械转向系

（一）机械转向器的构造与工作原理

转向器的功能是将转向盘的转动转变为转向臂的摆动，借以达到改变力的传递方向和获得所要求的传动比，进而通过转向传动机构操纵转向车轮偏转。转向器的结构形式有很多，通常按其传动副结构形式来分类，其中循环球式、齿轮齿条式转向器日臻完善，得到广泛使用。

1. 齿轮齿条式转向器的构造与工作原理

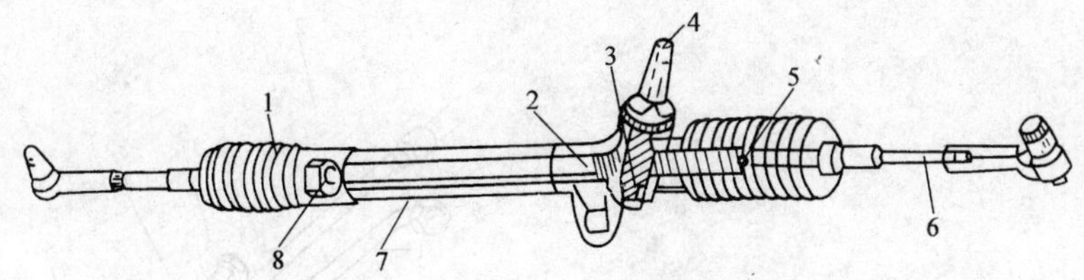

图 5-4 齿轮齿条式转向器

1—防护套 2—转向齿条 3—转向齿轮 4—花键与转向盘柱 5—内端球
6—转向横拉杆总成 7—外壳 8—齿条导块

齿轮齿条式转向器如图 5-4 所示。转向器外壳 7 由一根钢管和压配在其两端的接头组成，用两个螺栓固定在车架上。

转向齿轮 3 垂直地安装在外壳右接头中，其上端通过连接板与转向操纵机构中的柔性万向节连接。与转向齿轮相啮合的转向齿条 2 水平布置。弹簧通过导向座将齿条 2 紧靠在齿轮 3 上，保证无间隙啮合。弹簧预紧力可用调整螺塞调整。

齿轮齿条式转向器由于齿轮与齿条直接啮合，因此具有如下优点：操纵灵敏性非常高；滑动和转动阻力小，转矩传递性能较好，转向力小；结构简单，维修方便。目前齿轮齿条式转向器多用于前轮独立悬架的轻型及微型汽车上。

桑塔纳、奥迪、高尔夫、标致、夏利、雪铁龙轿车都采用齿轮齿条式转向器。图 5-5 所示为桑塔纳轿车采用的齿轮齿条式转向器结构。

2. 循环球式转向器的构造与工作原理

循环球式转向器又称综合式转向器，因为它由两个传动副组成。一个传动副为螺杆、螺母，另一个传动副为齿条、扇形齿轮或曲柄销。如图 5-6 所示，第一级传动副为螺杆—螺母；第二级传动副为齿条—齿扇。在螺杆—螺母传动副中加进了传动元件——钢球。

在转向螺杆 2 上松套着方形转向螺母 8，在螺杆和螺母的内圆上制出断面近似为半圆形的螺旋道，两者的槽相配合即成近似的圆形断面的螺旋形通道。螺母侧面有孔，将钢球从此孔装入通道内。螺母外面有两根钢球导管 4，每根导管的两端分别塞入螺母侧面的孔内。导管内也装满钢球。这样，两根导管和螺母内的螺旋形通道组合成两条各自独立的封闭的钢球“流道”。钢球嵌在螺杆上的螺旋槽内，便形成了螺杆上的钢球螺纹。当转动螺杆时，通过钢球将力传给螺母，螺母即产生轴向移动。同时由于摩擦力的作用，所有钢球便在螺杆与螺母之间滚动，形成“球流”。钢球在螺母内绕行两圈后，流出螺母而进入导管，再由导管流回螺母内。所以在转向器工作时，两列钢球只是在各自的封闭流道内循环，而不会脱出。钢球直径越大，承载能力越强；但结构尺寸越大。钢球数量越多，承载能力也越强；但钢球过多，影响钢球流动，从而降低传动效率。

螺母的外表面制有与扇形齿轮相啮合的齿条，扇形齿轮与摇臂轴制成一体，支承在壳体内的衬套上。当转动螺杆时，螺母轴向移动，通过齿条和扇形齿轮，使转向摇臂轴转动，再通过转向传动机构带动转向车轮偏转。

转向螺母的齿条是倾斜的，因此与之啮合的扇形齿轮应当是在分度圆上的齿厚沿齿轮轴线按线性关系变化的变厚齿轮。只要使扇形齿轮轴相对于齿条作轴向移动，就能调整二者的啮合间隙。

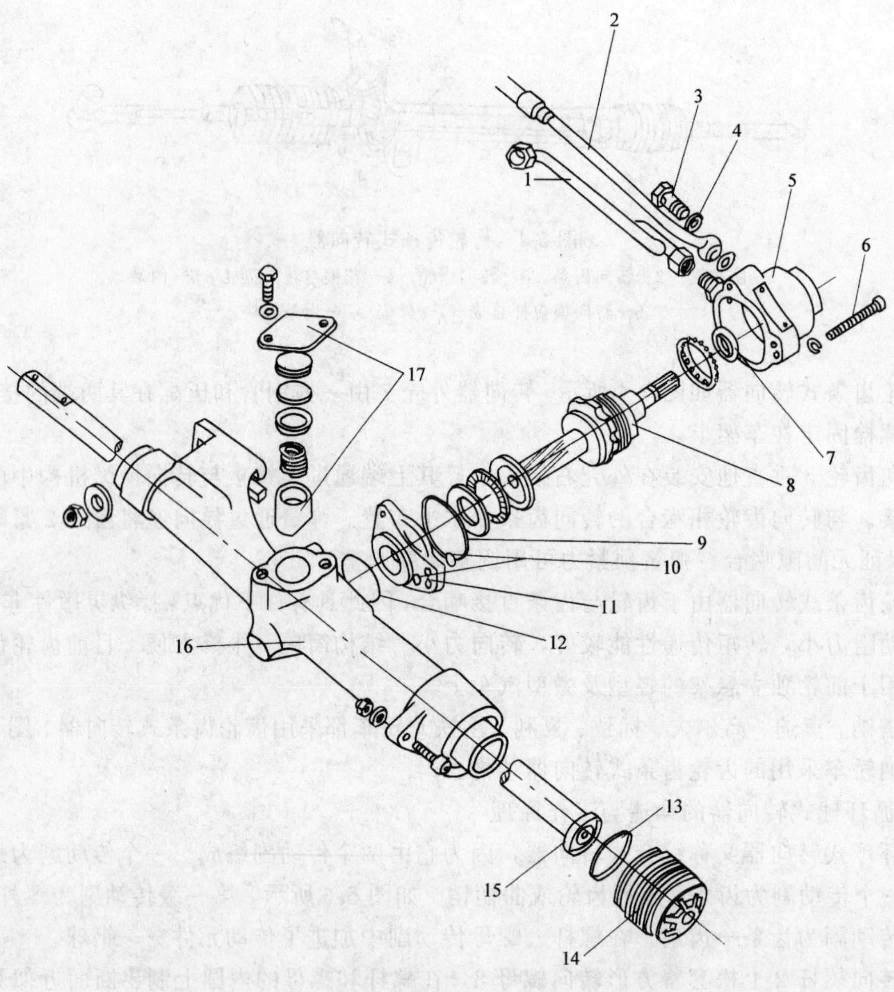

图 5-5 桑塔纳轿车齿轮齿条式转向器示意图

1—油管 2—回油管 3—管接头 4、7—密封圈 5—阀门壳体 6—螺栓 8—转向齿轮 9、10、12、13—圆绳环 11—中间盖 14—密封罩 15—转向齿条 16—转向器外壳 17—密封座总成

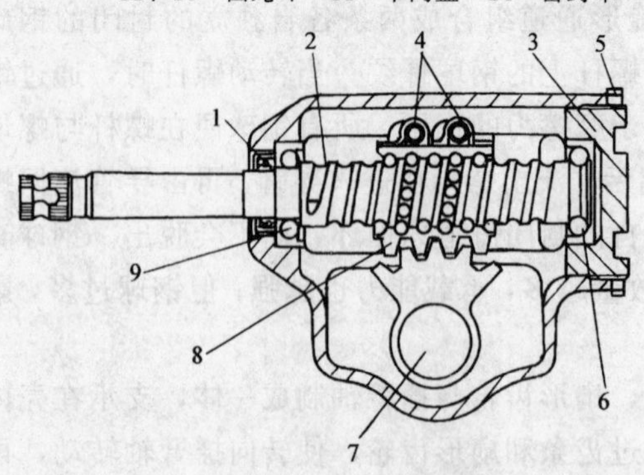

图 5-6 循环球式转向器剖视图

1—密封圈 2—转向螺杆 3—调整螺塞 4—钢球导管 5—锁紧螺母 6、9—轴承 7—扇形齿轮 8—转向螺母

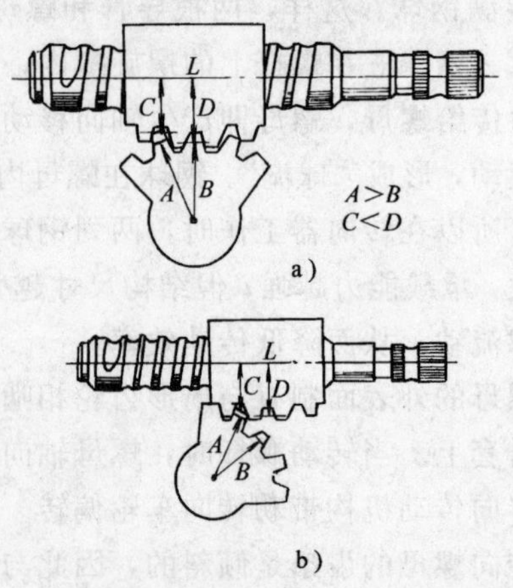

图 5-7 变传动比循环球式转向器示意图

a) 中间位置 b) 极限位置

扇形齿轮有定传动比和变传动比两种形式。定传动比扇形齿轮的齿形相同，而变传动比扇形齿轮的齿形不同。从图 5-7 中可以看出，变传动比扇形齿轮上每一个齿的节圆半径是不相等的，中间齿的节圆半径小，两端齿的节圆半径大。当转向盘或转向摇臂处于中间位置时，转向器的传动比小，转向盘稍有转动，转向车轮就有明显的偏转，因此转向非常灵活。这对经常在高速路上行驶的汽车很重要。当汽车要急转弯时，随车速的降低和转向盘转角的增大，转向器传动比增加，使转向比较轻便。变传动比转向器通常只用于动力转向机构中。

3. 蜗杆滚轮式转向器

这种转向器的结构如图 5-8 所示。主要由壳体 6、转向轴 5、球面蜗杆 3、滚轮 9、转向摇臂轴 11 等组成。

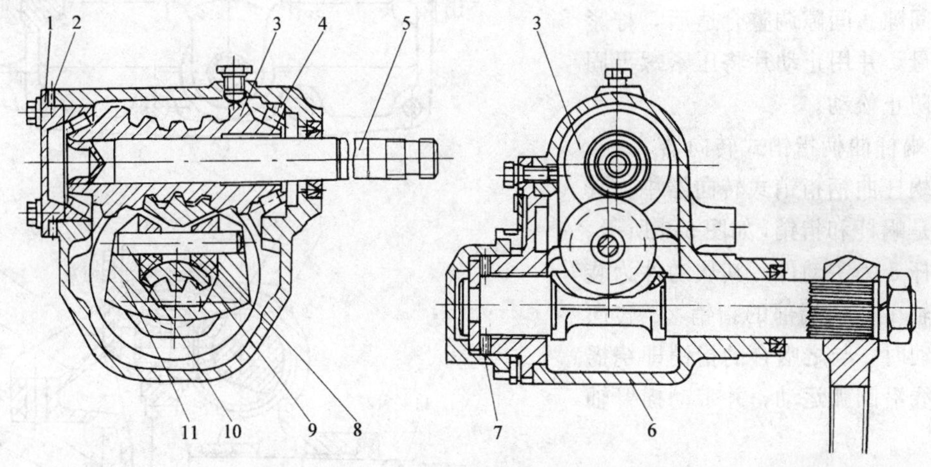

图 5-8　蜗杆滚轮式转向器

1—轴承盖　2、7—调整垫片　3—球面蜗杆　4—蜗杆轴承　5—转向轴　6—壳体　8—大锥角轴承　9—滚轮　10—滚轮轴　11—转向摇臂轴

转向器外壳的上部压装着转向管柱，用以支撑转向轴和转向盘。外壳的侧面有侧盖，以便装卸转向摇臂。带有球面的蜗杆其下端的内孔有细齿键与转向轴牢固结合。蜗杆上、下端由装在外壳中的两个大锥角轴承支承。外壳下端与外壳之间装有调整垫片，可用以调整轴承的预紧度。转向摇臂轴的两端支承在外壳与侧盖内的青铜衬套中，伸出外壳的轴端用带锥度的细花键与转向摇臂接连，用螺母固紧。滚轮具有三个齿，用两个止推垫圈，两组滚针轴承和中间的一只隔位套装在滚轮轴上。滚轮轴压入转向摇臂轴的座孔中，两端施焊，使之结合牢固。

当蜗杆转动时，滚轮即沿着蜗杆的螺旋槽滚动，滚轮的滚动带动转向摇臂轴转动。摇臂轴带动摇臂摆动，并通过直拉杆带动左侧转向节偏转，同时通过左、右梯形臂和横拉杆带动右侧车轮与左侧车轮同向偏转。蜗杆与滚轮的啮合间隙必须适当，若间隙太大，会影响转向的灵敏性。同时，由于偶然的横向外力，可使转向车轮在间隙范围内发生偏移，因而影响到汽车直线行驶的稳

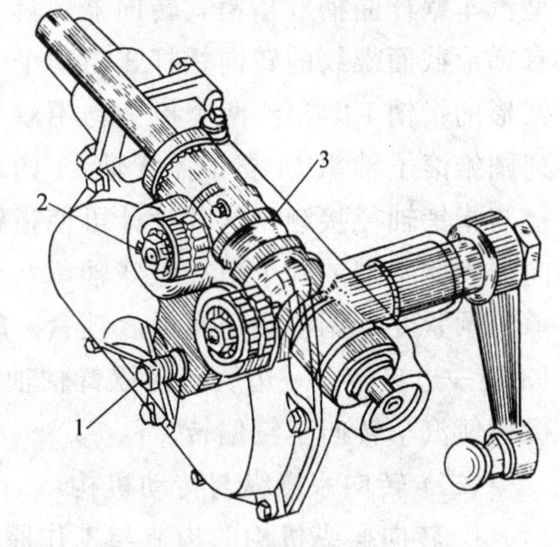

图 5-9　蜗杆曲柄指销式转向器

1—摇臂轴　2—指销　3—转向蜗杆

定性。若间隙太小，则转向操纵沉重，并且会加速传动副的磨损。因此，蜗杆与滚轮的啮合间隙在装配时或磨损后必须进行调整。蜗杆与滚轮的两轴线是偏移一定距离的，并可使转向摇臂轴产生轴向移动。当滚轮远离蜗杆时，其啮合间隙增加；当滚轮靠近蜗杆时，其啮合间隙减小。移动转向摇臂轴是依靠调整装置来实现的。调整装置由调整垫片、止推垫圈和压紧螺母组成。止推垫圈嵌装在轴端的凹槽内，调整垫片装在止推垫圈与侧盖之间。增减调整垫片的总厚度，即可调整蜗杆与滚轮的啮合间隙。间隙调整合适后，拧紧压紧螺母，并用止动片将压紧螺母固定，以防止松动。

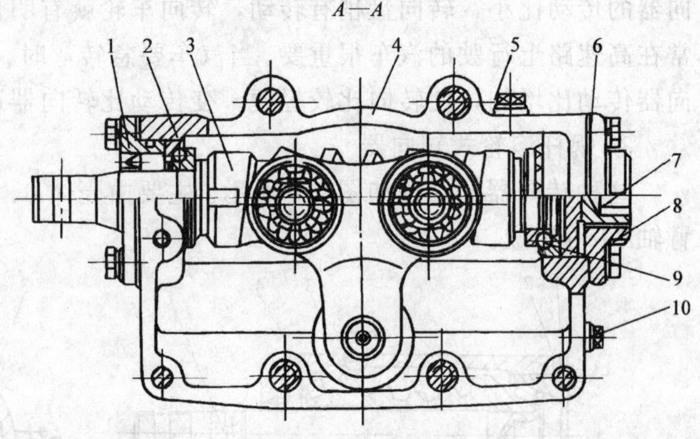

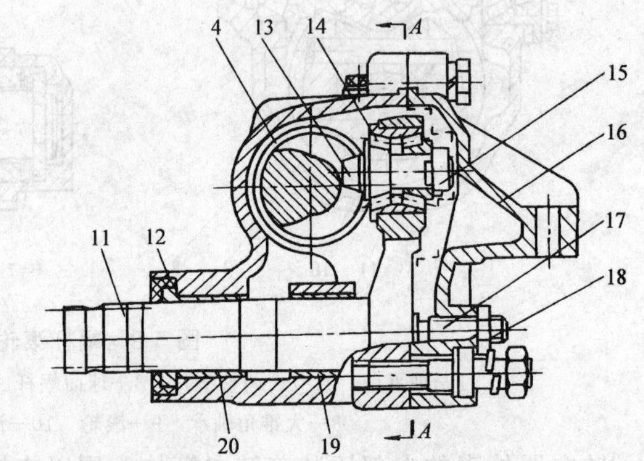

图 5-10 东风 EQ1090 型汽车转向器

1—上盖 2、9—角接触球轴承 3—转向蜗杆 4—转向器壳体 5—加油螺塞 6—下盖 7—调整螺塞 8、15、18—螺母 10—放油螺塞 11—摇臂轴 12—油封 13—指销 14—双列圆锥滚子轴承 16—侧盖 17—调整螺钉 19、20—衬套

4. 蜗杆曲柄指销式转向器

在蜗杆曲柄指销式转向器中，其传动副是蜗杆和指销，如图 5-9 所示。转向蜗杆 3 为主动件，其从动件为装在摇臂轴 1 曲柄端部的指销 2，转向蜗杆转动时，与之啮合的指销即绕摇臂轴轴线沿圆弧运动，并带动摇臂轴转动。

蜗杆曲柄指销式转向器按其传动副中指销的数目分，有单销式和双销式两种。指销在曲柄孔中的支承形式可以是滑动结构，也可以是滚动结构。

如图 5-10 所示为东风 EQ1090 型汽车蜗杆曲柄双指销式转向器。具有梯形截面螺纹的转向蜗杆 3 与两个锥形的指销 13 啮合。两个指销均用双列圆锥滚子轴承 14 支于摇臂轴 11 内端的曲柄上，其中靠指销头部的一列无内座圈，滚子直接与指销轴径接触。这种设计可使指销轴径尽可能大，以保证足够的强度。蜗杆 3 支承于转向器壳体两端的两个角接触球轴承 2 和 9 上。转向器盖上装有调整螺塞 7，用以调整上述二轴承的预紧度。调整后用螺母 8 锁紧。转向时，通过转向盘转动蜗杆，嵌于蜗杆螺旋槽的指销 13 便一边自转，一边绕转向摇臂轴轴心作圆弧运动，从而带动曲柄和摇臂摆动，并通过传动机构使汽车转向车轮偏转。

（二）转向系操纵与传动机构

1. 转向操纵机构的构造与工作原理

转向操纵机构的功用是为产生转动转向器所必需的操纵力。转向操纵机构主要由转向盘和转向盘柱组成。桑塔纳轿车的转向操纵机构如图 5-11 所示。转向盘直径为 400mm，用于产生转向操纵力。转向盘柱则包括转向轴和转向盘柱管。转向轴是将转向盘的旋转运动传递到转向器上。转向轴通过轴承支承于转向盘柱管，转向盘柱管固定于车身上。为了方便不同体形驾驶员的操纵及保护驾驶员的安全，现代新型汽车转向操纵机构还带有各种调整机构及安全装置。如转向盘柱都增设有能量吸收机构、斜度调整机构、伸缩转向机构、转向锁止机构等结构。安全气囊平时也放置在转向盘中央。

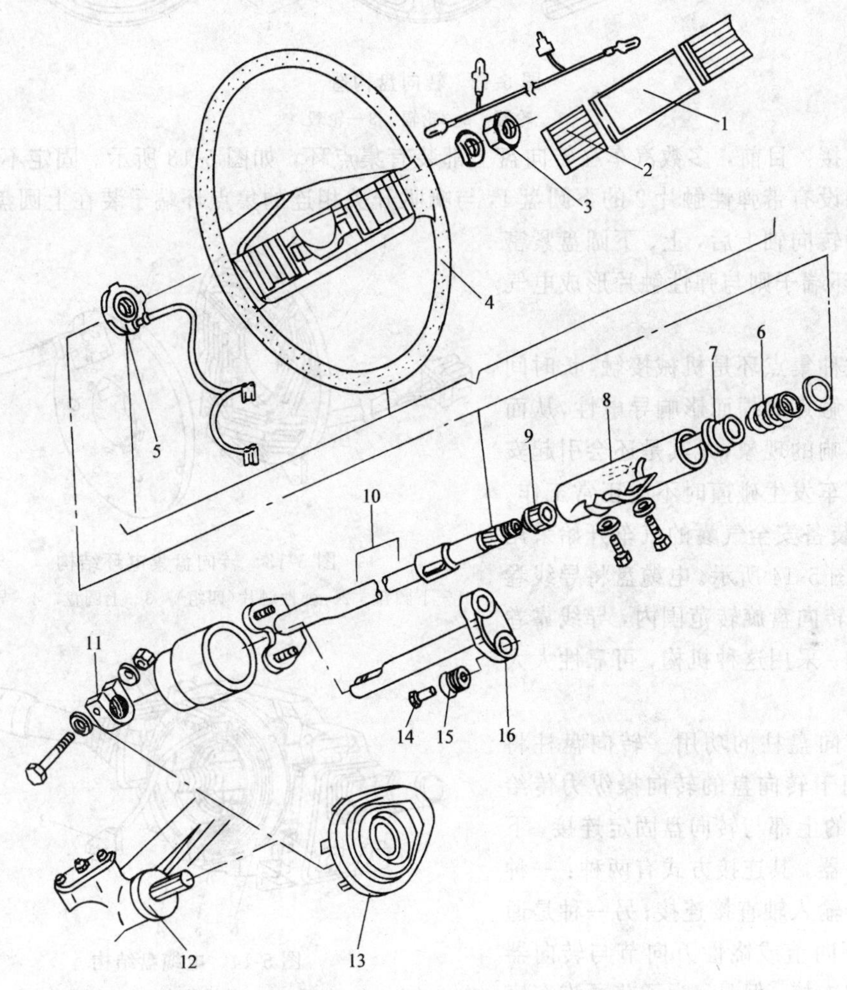

图 5-11　桑塔纳轿车转向操纵机构分解图

1—大盖板　2—喇叭按钮盖板　3—转向盘柱紧固螺母　4—转向盘　5—接触环　6—压缩弹簧　7—连接圈　8—转向盘柱套管　9—轴承　10—转向盘柱上段　11—夹紧箍　12—转向器　13—转向盘柱管橡胶圈　14—减振尼龙销　15—减振橡胶圈　16—转向盘柱下段

(1) 转向盘的构造　转向盘的构造如图 5-12 所示。它主要有轮毂 3、轮辐 2 和轮圈 1 组成。轮辐和轮圈都有由钢、铝或镁合金制的骨架，外表面通过注塑方法包裹一定形状的塑料外层或合成橡胶，以改善操纵转向盘的手感并提高驾驶室的安全性。转向盘与转向轴一般是通过花键或带锥度的细花键连接，端部通过螺母轴向压紧固定。

汽车喇叭开关一般都装在转向盘上，可以随转向盘相对车身转动，而与喇叭连接的导线固定在车身和转向盘柱管上，不能旋转。因此，与喇叭连接的导线必须与转向盘的旋转部分

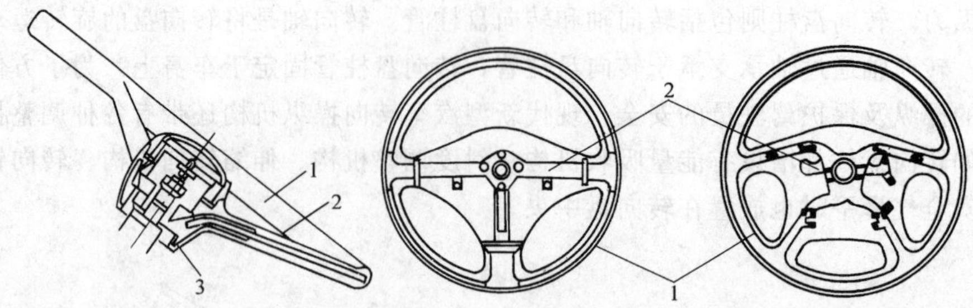

图 5-12 转向盘构造

1—轮圈 2—轮辐 3—轮毂

进行电气连接。目前，多数汽车在转向盘上都装有集点环，如图 5-13 所示。固定不动的转向盘柱管上端设有带弹性触片 2 的下圆盘 1，与喇叭开关相连的集点环端子装在上圆盘 3 上。转向盘安装到转向轴上后，上、下圆盘紧密接触，集点环端子则与弹性触片形成电气接触。

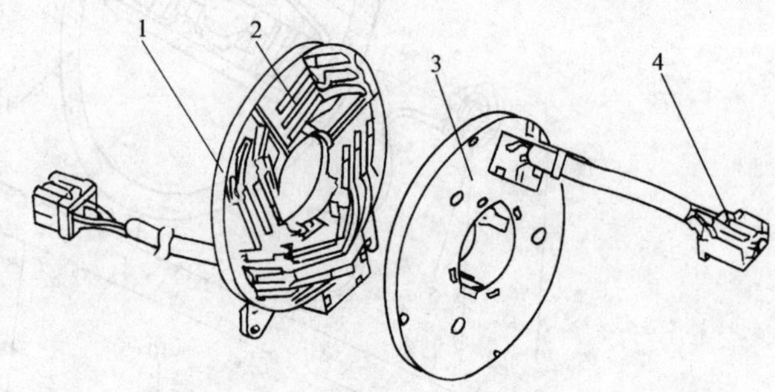

图 5-13 转向盘集电环结构

1—下圆盘 2—弹性触片（四组） 3—上圆盘 4—导线接头

由于这种集点环是机械接触，长时间使用会因为触点磨损而影响导电性，从而发生喇叭不响的现象，尤其是还会引起安全气囊在汽车发生碰撞时不能正常工作。所以，现在装备安全气囊的汽车开始采用电缆盘，如图 5-14 所示。电缆盘将导线卷入盘内，在转向盘旋转范围内，导线靠卷筒自由伸缩。采用这种机构，可靠性大大提高。

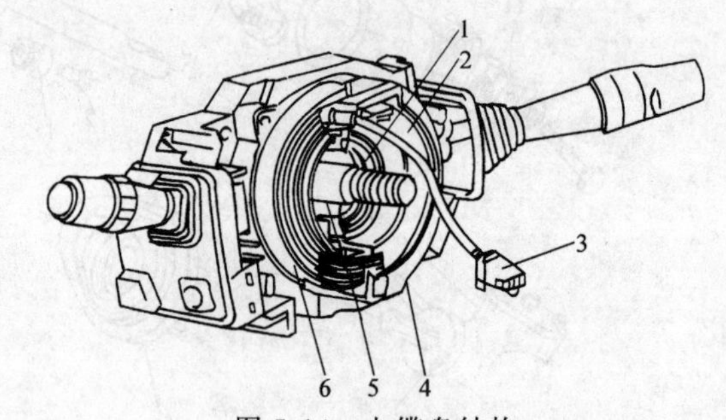

图 5-14 电缆盘结构

1—凸轮 2—转子 3—导线接头 4—电缆盘壳体 5—转向轴 6—电缆

（2）转向盘柱的功用 转向盘柱将驾驶员作用于转向盘的转向操纵力传给转向器。它的上部与转向盘固定连接，下部装有转向器，其连接方式有两种：一种是与转向器输入轴直接连接；另一种是通过十字轴万向节或饶性万向节与转向器的输入轴相连接。但是，为了兼顾汽车底盘和车身总体布置要求，往往需要将转向器与转向盘柱的轴线成一定角度相交。因此，许多新型汽车在转向操纵机构中采用了万向传动装置。而且，采用柔性万向节连接，还可以有效地阻止路面对车轮的冲击经过转向器传到转向盘，从而可以显著减轻转向盘上的冲击和振动。

现代汽车的转向盘柱除装有柔性万向节外，有的还装有各种调整机构，以方便驾驶员进出驾驶室，以及在汽车发生碰撞时，能最大限度减小驾驶员所受到的伤害。

1）转向盘柱能量吸收机构。绝大多数转向盘柱都为缓冲形式的。当汽车发生碰撞时，转向盘柱能量吸收机构可减小驾驶员身体因惯性的作用撞击转向盘所施加的冲击，防止转向轴伤害驾驶员。

能量吸收式转向盘柱分为球式、封入雾状硅胶式、咬合式、波纹管式四种。使用较多的是球式。球式能量吸收装置主要由转向轴、钢球套筒、上下柱管、塑料销、钢球断开式套管固定架等组成，如图 5-15a、图 5-16 所示。转向轴上主轴和下主轴由塑料销连接。

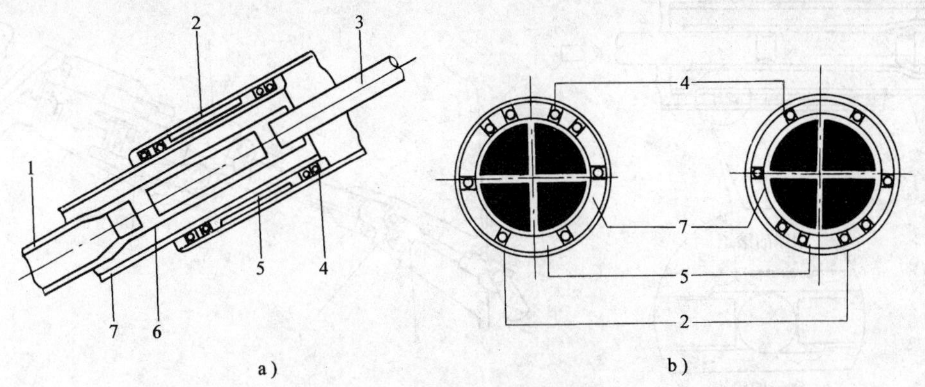

图 5-15　球式能量吸收机构

a）球式能量吸收机构　b）钢球排列

1—下主轴　2—上柱管　3—上主轴　4—钢球　5—钢球套筒　6—塑料销　7—下柱管

塑料套筒装满钢球，挤压在上柱管和下柱管之间，这些钢球为四段两组。上面的钢球与下面的钢球“交错排列”，以使转向盘柱在脱开时不在同一道槽内滚动，如图 5-15b 所示。

断开式套管固定架通过两个封壳用螺栓锁紧在仪表板杆系上，封壳则利用四个塑料销安装在套管固定架上，如图 5-16 所示。

球式能量吸收装置工作过程如下：

当汽车发生碰撞时，转向器对转向轴施加激烈的轴向冲击力(一次冲击)，将转向轴上的塑料销剪断，下主轴向上滑，套上上主轴，如图 5-17 所示，防止转向盘移动伤害驾驶员。一次冲击后，如果驾驶员的身体撞击转向盘（二次冲击）时，断开式套管固定架脱离封壳，将封壳的塑料销切断，转向盘下陷。当转向盘下陷时，钢球便会滚动，然而由于下柱管的内径较小，限制钢球自由滚动，钢球将柱管部件向外推出。在这种情形下，它们之间所产生的阻力有利于吸收碰撞发生的冲击，如图 5-18 所示。

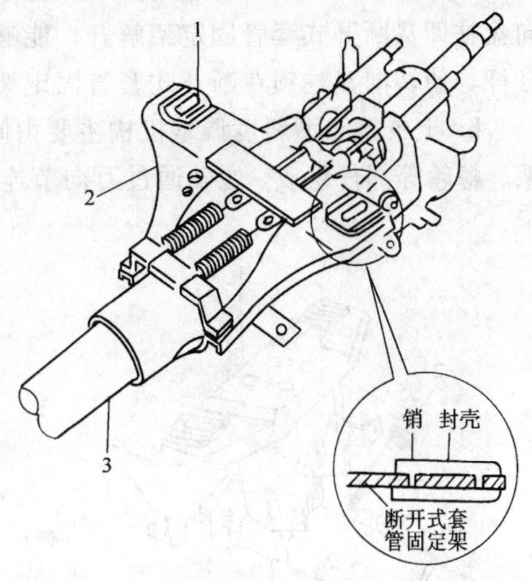

图 5-16　断开式套管固定架的安装

1—封壳　2—断开式套管固定架　3—转向盘柱管

2）斜度可调整式转向盘柱机构

斜度可调整式转向盘柱机构是为适应各种驾驶姿势而设置的，驾驶员可以自由选择转向盘位置。斜度可调整机构依照斜铰接点的位置可分为下铰接点型和上铰接点型两种。

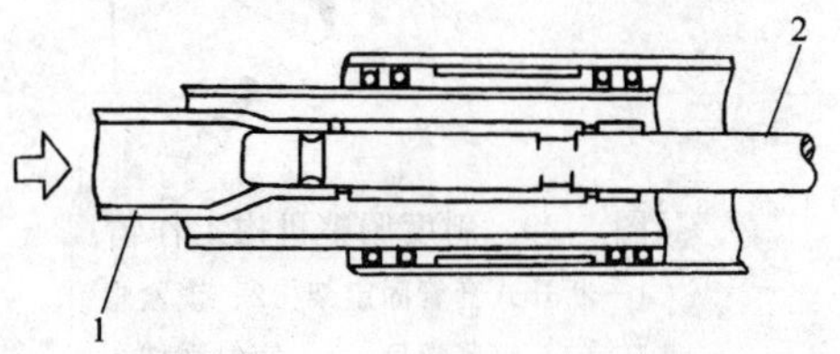

图 5-17　一次冲击后的主轴情形

1—下主轴　2—上主轴

a. 下铰接点型斜度调整机构由倾斜杠杆、枢轴、万向节等组成。倾斜枢轴安装在万向节内，一端与转向轴相连，转向盘柱上部分如图 5-19 所示。斜度调整机构的工作情况如下：

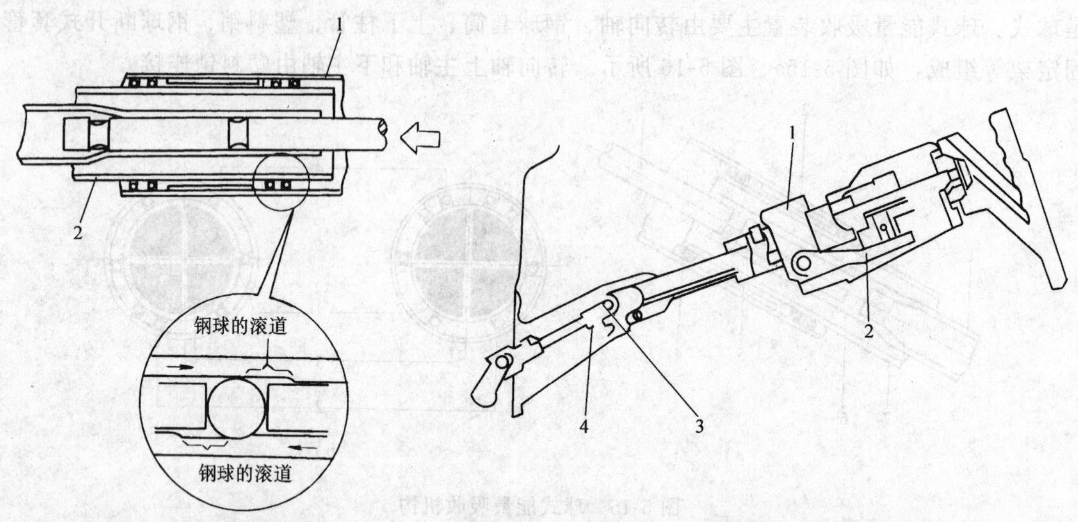

图 5-18　二次冲击时钢球滚动情况

1—上柱管　2—下柱管

图 5-19　下铰接点型斜度调整机构

1—断开式套管固定架　2—倾斜杠杆　3—枢轴　4—万向节

当需改变转向盘角度或高度时，将倾斜杠杆向下拉，松开斜度调整机构的锁紧螺母，转向盘柱即从断开式套管固定架解开，能够上下移动。转向盘的位置调整完毕后，向上推倾斜杠杆，使转向盘柱锁在断开式套管固定架上，如图 5-20 所示。

b. 上铰接点型斜度调整机构主要由倾斜杠杆、枢轴、枢轴螺栓、拉力弹簧、倾斜转向支架、棘轮等部件组成。主轴通过万向节连接到转向盘柱断开式套管固定支架上，如图 5-21 所示。

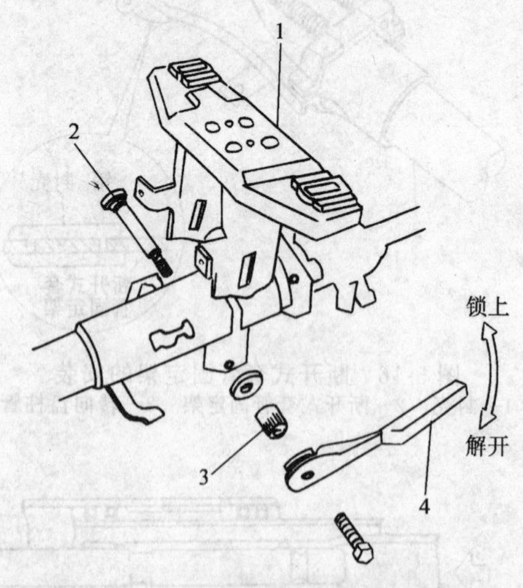

图 5-20　斜度调整机构工作情况

1—断开式套管固定架　2—锁紧螺钉

3—锁紧螺母　4—倾斜杠杆

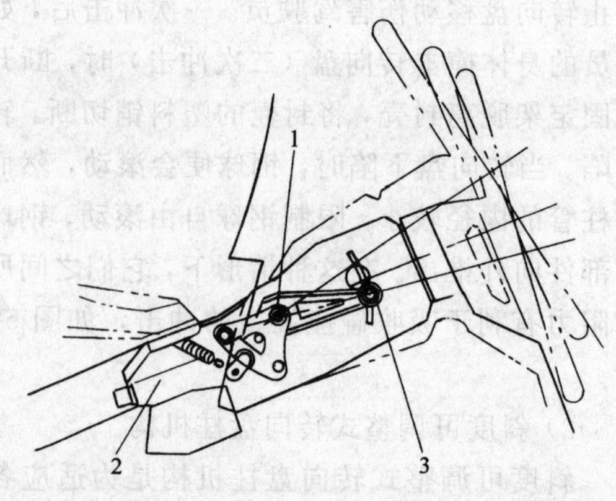

图 5-21　上铰接点型斜度调整机构

1—枢轴　2—断开式套管固定架　3—倾斜杠杆

由于转向盘柱管是断开式套管固定架，因此转向盘柱管固定在车身上，而转向盘上的固定架、主轴以及转向盘，则安装在倾斜转向支架上。断开式套管固定架和倾斜转向支架由两个螺栓连接在一起，这些螺栓可以使倾斜转向支架（包括转向盘）上下倾斜，同时在两个固定架之间装有拉力弹簧，在倾斜转向支架上锁时，防止转向盘向下倾斜，如图 5-22 所示。

棘爪锁紧在倾斜杠杆上，并在锁销上装配一个滚柱，如图 5-23 所示。

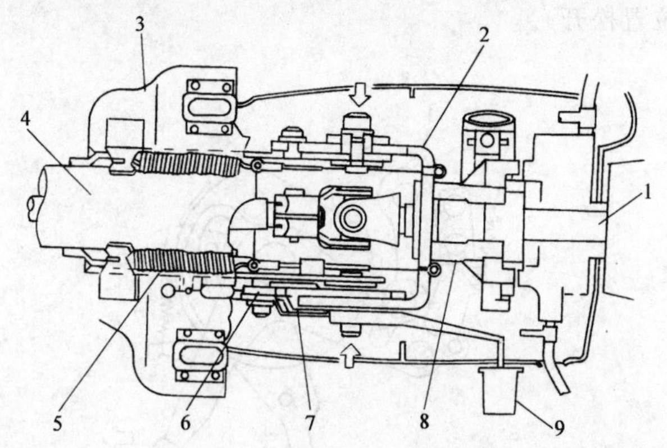

图 5-22 倾斜转向机构构件

1—主轴 2—支架 3—断开式套管固定架 4—转向盘柱管 5—拉力弹簧 6—棘爪 7—棘轮 8—上固定架 9—倾斜杠杆

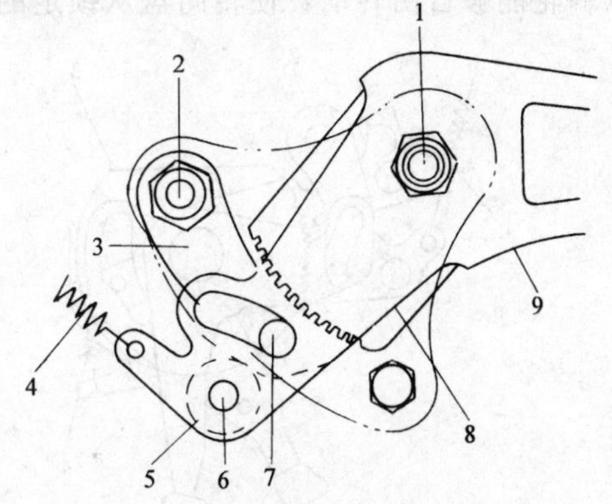

图 5-23 棘爪啮合情况

1—枢轴 2—棘爪枢轴 3—棘爪 4—弹簧 5—滚柱 6—棘爪锁销 7—棘爪分离销 8—棘轮 9—倾斜杠杆

当滚柱受到倾斜杠杆回位弹簧的作用顶住棘爪的背面时，棘爪与棘轮便牢牢地啮合在一起。当倾斜杠杆被提起时，滚柱脱离棘爪，棘爪分离销在杠杆导孔内滑动，棘爪和棘轮即分开，如图 5-24 所示。调整倾斜位置后，当放开倾斜杠杆时，滚柱受到弹簧拉力的作用恢复到原来位置上，再次顶住棘爪使棘爪和棘轮啮合。

c. 在某些汽车上装置了机械记忆机构，如图 5-25 所示。这种机构可避免转向盘妨碍驾驶员进出驾驶室。当拉动倾斜杠杆把转向盘向上倾斜后，转向盘可自行回复到原来位置，其主要部件有倾斜杠杆和记忆杠杆。

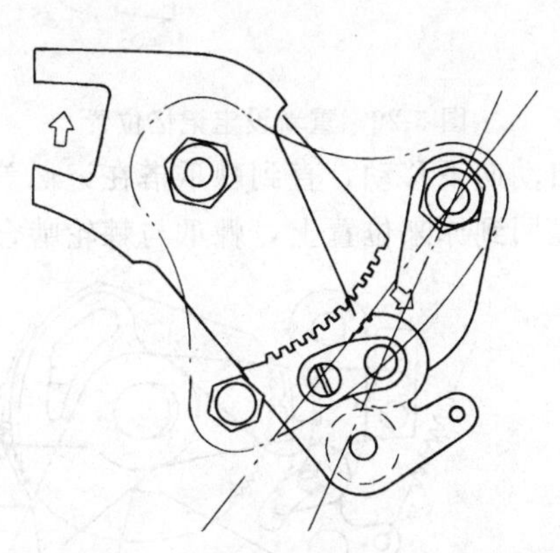

图 5-24 棘爪退出啮合情况

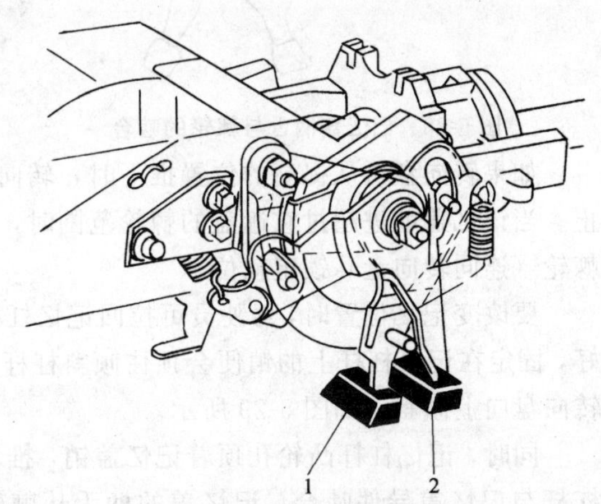

图 5-25 记忆型斜度调整机构

1—记忆杠杆 2—倾斜杠杆

记忆型斜度调整机构工作过程如下：

在记忆型斜度调整机构未工作时，棘爪与棘轮啮合，棘轮被锁定，如图 5-26 所示。

当驾驶员拉开倾斜杠杆并将转向盘向上推时，棘爪的齿便从棘轮上退出，并在记忆杠杆回位弹簧的作用下开始转动，使转向盘能够倾斜向上，见图 5-27 所示。这期间，记忆盖柄舌与棘轮啮合，使记忆盖在转向盘倾斜向上时与棘轮一起转动，如图 5-28 所示（注意：虽然倾斜杠杆终究会回到它原来的位置上，但此时，由于棘爪搭在记忆盖上，没有与棘轮啮合，所以棘轮能够自由转动，使转向盘从锁定的位置松开）。

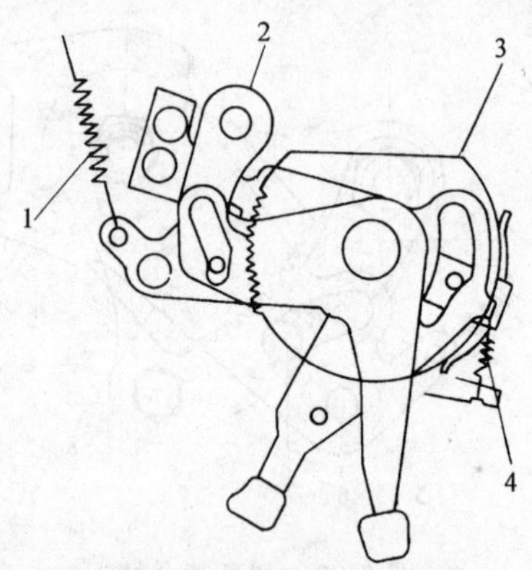

图 5-26　棘轮被锁定的情形

1—倾斜杠杆回位弹簧　2—棘爪

3—棘轮　4—记忆杠杆回位弹簧

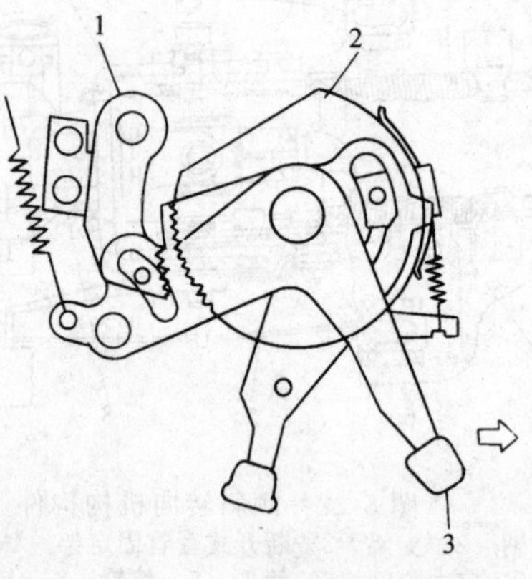

图 5-27　棘爪与棘轮脱开的情形

1—棘爪　2—棘轮　3—倾斜杠杆

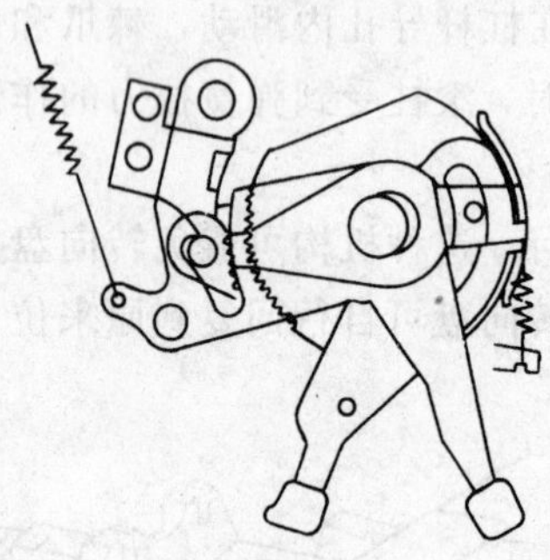

图 5-28　记忆盖柄舌与棘轮的啮合

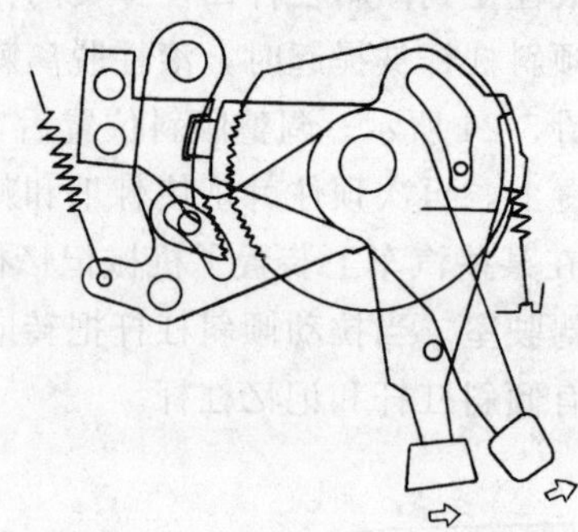

图 5-29　重新设定记忆位置

如果转向盘再从提高的位置推下时，转向盘便自动向下移动，直到棘爪搭在记忆盖上为止。当记忆盖前进超过它遮盖的棘轮范围时，转向盘回到原来位置上，棘爪与棘轮啮合，把棘轮（连同转向盘）锁定就位。

要改变记忆位置时，驾驶员可拉回记忆杠杆并握好，固定在记忆杠杆上的销便会顶住倾斜杠杆，这时转向盘向上倾斜，如图 5-29 所示。

同时，记忆杠杆凸轮孔顶着记忆盖销，推动记忆杠杆与记忆盖导件啮合，记忆盖的柄舌从棘轮齿送出，棘轮转动而记忆盖不动，驾驶员即可将转向盘调整在所需要的位置上。然后松开记忆杠杆，棘爪与棘轮啮合，转向盘被重新锁定。记忆盖和棘轮也同时啮合，构成新的记忆位置，如图 5-30 所示。

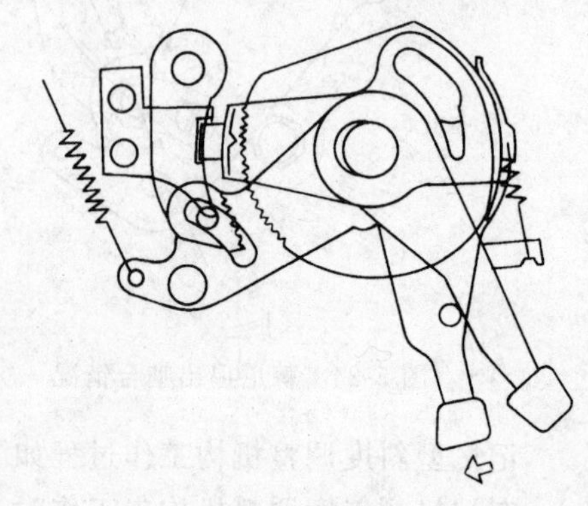

图 5-30　放开记忆杠杆，构成新的记忆位置

d. 伸缩式转向盘柱机构可让转向盘的位置向前或向后调整，以适应驾驶姿势。如图 5-31 所示，伸缩式转向盘柱机构的转向盘安装在滑动轴上，滑动轴可以在主轴轴内侧前后滑动。紧固伸缩杠杆的锁紧螺栓定位在滑动轴的内侧，在滑动轴内侧的端头有一个楔形限位块，当驾驶员转动伸缩杠杆时，锁紧螺栓在滑动轴内侧前后滑动。要使转向盘伸缩，驾驶员可将伸缩杠杆从锁定位置转开。这样，锁紧螺栓随之旋转把楔形限位块打开，使滑动轴能够在主轴内侧前后滑动，将转向盘移到需要位置后，锁定伸缩杠杆。

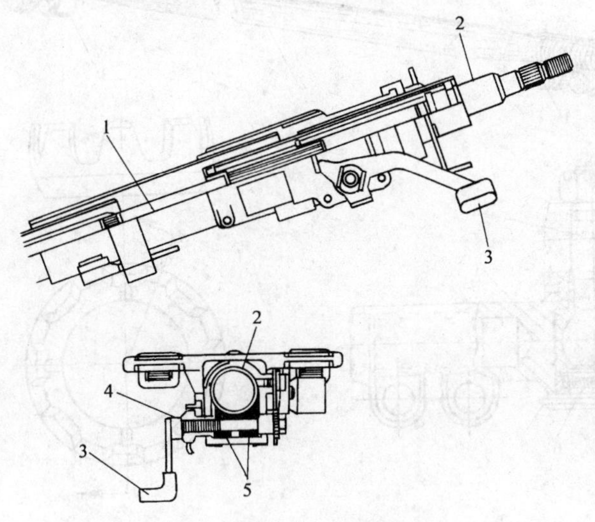

图 5-31　伸缩式转向盘柱机构

1—下主轴　2—上主轴　3—调节手柄　4—调节螺栓

5—楔形限位块

2. 转向传动机构的构造与工作原理

转向传动机构的功用是连接转向器与前轮，并将转向器输出的力和运动放大传到转向桥两侧的转向节，使两侧转向车轮偏转。为使汽车转向时车轮与地面的相对滑动尽可能小，转向传动机构还需保证两转向车轮偏转角按一定关系变化。

转向传动机构的组成和布置因转向器的位置和转向车轮悬架类型而异。

(1) 梯形转向传动机构　当转向车轮独立悬挂时，每个转向车轮都需要相对于车架作独立运动，因而转向桥必须是断开式的。与此相适应，转向传动机构中的转向梯形也必须分成两段（如图 5-32a）或三段（图 5-32b），并由在平行于路面的平面中摆动的转向摇臂直接带动或通过转向直拉杆带动。

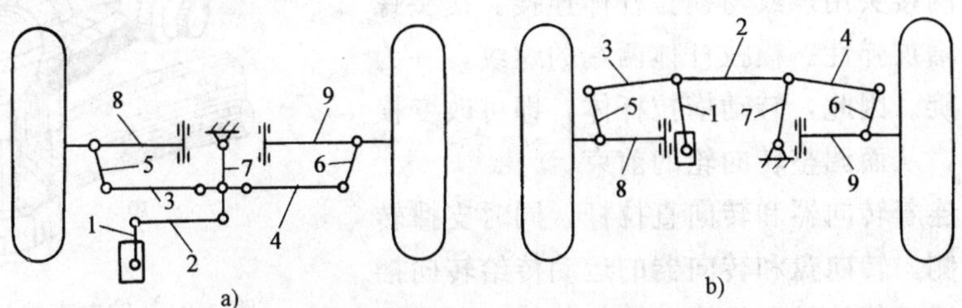

图 5-32　与独立悬架配用的转向传动机构示意图

a) 两段　b) 三段

1—转向摇臂　2—转向直拉杆　3、4—左、右转向横拉杆　5、6—左、右梯形臂

7—摇杆　8、9—悬架左、右摆臂

不论梯形转向传动机构安置在什么位置，都包含同样的零件。主要零件有：转向摇臂、转向直拉杆、摇杆总成、带有套筒的转向横拉杆、转向横拉杆端接头。

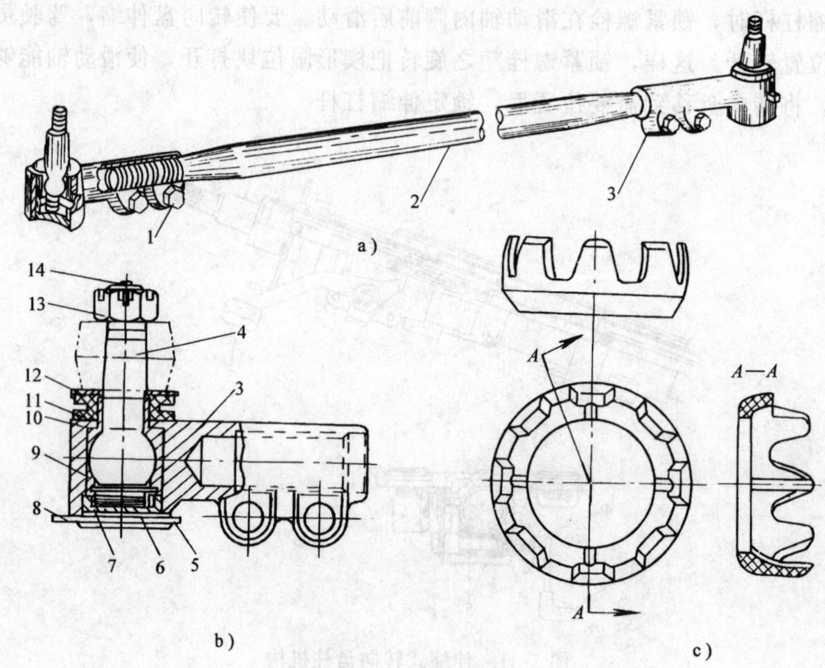

图 5-33 解放 CA1091 型汽车转向横拉杆

a）转向横拉杆 b）接头 c）球头座

1—夹紧螺栓 2—横拉杆 3—横拉杆接头 4—球头销 5—弹簧座 6—弹簧 7—螺塞 8—限位销 9—球头座 10—防尘罩 11—防尘垫 12—防尘垫座 13—槽形螺母 14—开口销

转向横拉杆总成连接着转向直拉杆和梯形臂，梯形臂用螺栓固定在转向节上。在一些前悬架中，梯形臂是转向节的一部分，而另一些前悬架系统中，梯形臂用螺栓固定在转向节上。转向横拉杆由横拉杆体和旋装在两端的接头组成，两端的接头结构相同，如图 5-33 所示。其中球头销的尾部与梯形臂相连。上、下球头座用聚甲醛制成，有很好的耐磨性。两接头用螺纹与横拉杆体连接。接头螺纹有切口，以增加弹性。横拉杆体两端的螺纹，一为右旋，一为左旋。因此，转动横拉杆体，即可改变横拉杆的总长度，从而调整转向轮的前束。

转向摇臂连着转向器和转向直拉杆，同时支撑转向直拉杆的左侧。转向盘和转向器的运动传给转向摇臂，再由转向摇臂传给转向机构，使前轮转至所需方向。转向摇臂也使转向直拉杆处在正确的高度，以保证转向横拉杆和下摆臂之间的平行关系。

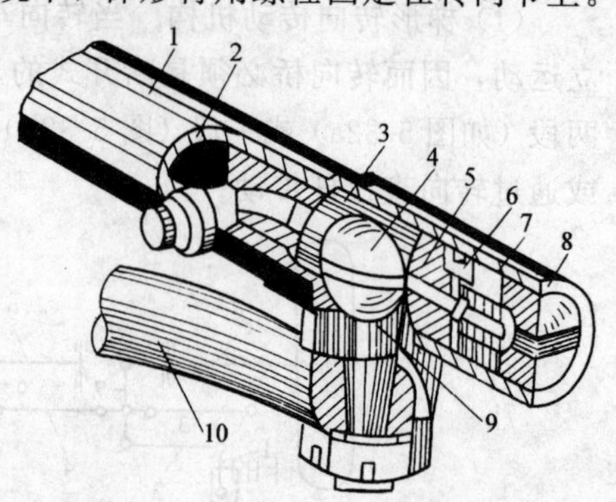

图 5-34 转向直拉杆及接头

1—转向直拉杆 2—油嘴 3、5—球头座 4—球头 6—弹簧 7—限位块 8—螺塞 9—橡胶防尘套 10—转向节臂

在转向摇臂的另一侧，摇杆支架用螺栓固定在车架或底盘上，摇杆支撑着转向直拉杆的右侧，并保证转向横拉杆和悬架下摆臂之间的平行关系。

转向直拉杆控制转向传动机构和车轮的横向运动。转向直拉杆与转向摇臂和摇杆一起保持转向横拉杆的正确高度，使汽车在不平路行驶时前束变化很小。如图 5-34 所示，转向直拉杆为实心或空心杆件，两端较粗，内装球头座 3 和 5，将连接转向节臂与直拉杆的球头销的球头部分 4 夹住。球头座由弹簧 6 压紧，端部用螺塞 8 塞住。转动螺塞，可以调节弹簧的压力。螺塞位置校准后，用开口销固定。为了使转向直拉杆在受到向前或向后的冲击力时都有一个弹簧起到缓冲作用，将两端球头销弹簧都装在球头销后面。此弹簧还可以减轻由车轮传来的跳动。杆的端部开孔，以备球头 4 插入。此孔用橡胶防尘套 9 密封。杆端还开有油嘴 2，用来注入润滑脂，以润滑内部。

(2) 纵拉杆式转向传动机构　纵拉杆式转向传动机构用于非独立悬架系统中。这样转向传动机构有一个长的转向横拉杆连在两前轮的梯形臂之间，转向纵拉杆连在转向摇臂和左梯形臂之间。可用一个减振器连接转向纵拉杆和车架。当路面的不平导致弹簧变形和悬架高度改变时，转向横拉杆过大的角度会使前束改变。

图 5-35 所示为纵拉杆式转向传动机构，主要包括转向摇臂 2、转向直拉杆 3、转向节臂 4 和转向梯形臂 5。在前桥仅为转向桥的情况下，由转向横拉杆 6 和左、右梯形臂 5 组成转向梯形。一般转向梯形布置在前桥之后，即当转向车轮处于与汽车直线行驶相应的中立位置时，梯形臂与横拉杆在水平面内的交角 $\theta>90°$（图 5-35a）。但如果发动机位置较低或转向桥兼做驱动桥时，为避免运动干涉，往往将转向梯形布置在前桥之前，此时上述交角 $\theta<90°$（图 5-35b）。若转向摇臂不是在纵向平面内摆动，而是在水平面内左右摆动，则可将转向直拉杆 3 横置，并借球头销直接带动转向横拉杆 6，从而推动两侧梯形臂转动（图 5-35c）。

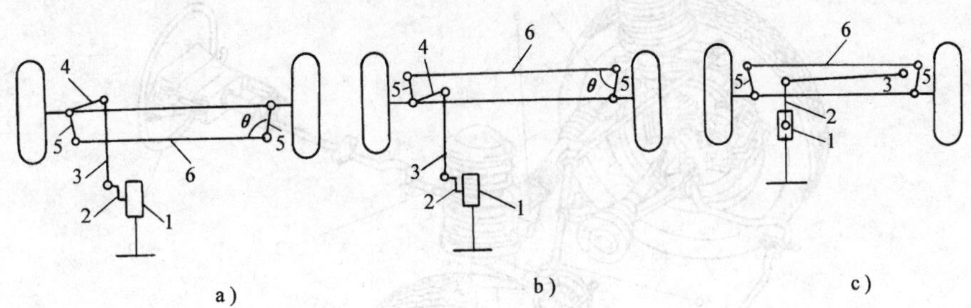

图 5-35　纵拉杆式转向传动机构示意图

1—转向器　2—转向摇臂　3—转向直拉杆　4—转向节臂　5—转向梯形臂　6—转向横拉杆

(3) 齿轮齿条式转向传动机构　齿轮齿条式转向传动机构使用齿轮齿条式转向器。转向横拉杆直接与齿条和梯形臂相连接，如图 5-36 所示。这种转向横拉杆与梯形转向传动机构的横拉杆相似。横拉杆的内接头带有一个装有弹簧加载的球形轴套，外接头连在梯形臂上，基本上与梯形转向传动机构相同。由于齿条直接与横拉杆相连，取代了梯形转向传动机构中的转向直拉杆。

3. 转向减振器

转向减振器为在缸筒内充满油液的筒式减振器。它是利用其活塞移动时缸筒内油液分子间产生的粘性阻尼、通过阀孔时的阻尼以及克服压紧阀门的弹簧力来衰减振动的，可用于衰减转向车轮的摆振、转向操纵机构的振动及缓和来自路面的冲击载荷。转向减振器的一端与车身或前桥铰接，另一端与转向直拉杆或转向器铰接，如图 5-37 所示。转向减振器的结构类似于悬架减振器，但二者特性却不同。前者的特性是对称的，即压缩和伸张特性相同；而后者的特性是非对称的，即压缩和伸张时特性不相同。图 5-38所示为一种转向减振器的结构图。活塞杆 5 的上端与减振器下吊环固连，其下端通过螺母固定伸张阀组件及活塞 7。补偿室常由具有弹性的胶囊 9 形成。在胶囊 9 与外壳 10 之间为储气室。压缩行程时，油液推开活塞 7 上的流通阀的弹性挡片并流过流通孔，同时由活塞推动的油液推开阀体 8 上的压缩阀阀板后进入补偿室，使胶囊膨胀。拉伸行程时，油液推开活塞 7 上的复原阀的弹性挡片并流过复原孔，同时胶囊依靠自身的弹性复位，使补偿室内的油液推开阀体 8（有的结构在阀体上开有补偿阀，这时补偿阀打开）后进入工作腔，以补偿活塞移动后所空出的容积。油液如此往复地通过这些阀孔时，不仅要克服压紧各阀的弹簧力、阀孔处的阻尼，而且还要克服油液分子之间摩擦所产生的粘性阻尼，这些就会逐步地衰减活塞杆往复运动所形成的振动。

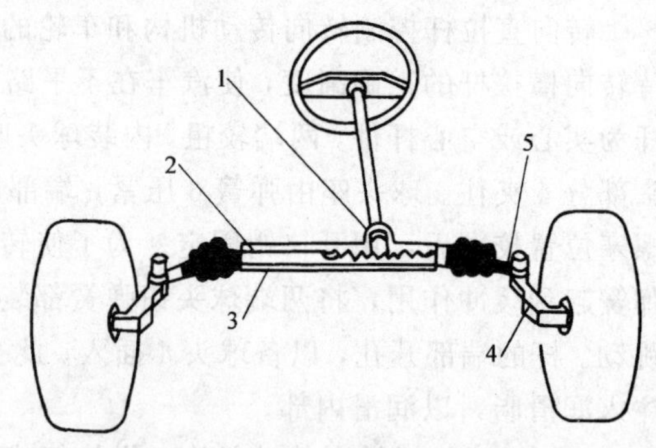

图 5-36 齿轮齿条式转向传动机构

1—主动齿轮 2—壳体 3—转向齿条 4—梯形臂 5—转向横拉杆

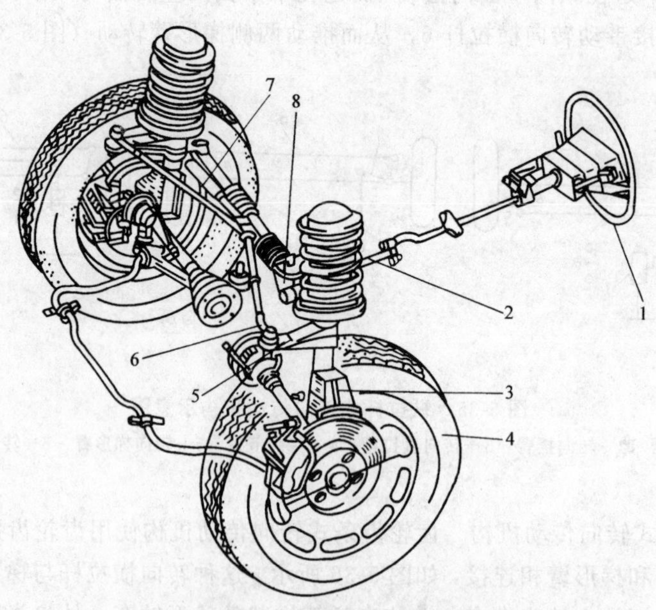

图 5-37 转向减振器安装位置图

1—转向盘 2—转向轴 3—转向节 4—转向车轮 5—转向节臂 6—转向横拉杆 7—转向减振器 8—转向器

对于动力转向系，由于它本身就具有缓和冲击和振动的功能，故不必再装转向减振器。

（三）普通桑塔纳轿车机械转向系结构

桑塔纳轿车的转向装置有两种类型：一种是桑塔纳轿车普通型用的机械式转向装置；一种是桑塔纳选装型和桑塔纳 2000 型用的带液压转向助力器的动力转向装置。它们都采用齿轮齿条式转向器。

上海桑塔纳轿车的转向系采用的是带有安全装置（转向齿轮与转向盘柱由安全联轴节连接）的机械式转向机构。它由转向操纵机构、转向器和转向传动机构组成，如图 5-39 所示。

1. 转向操纵机构

转向操纵机构主要由转向盘、转向盘柱以及转向盘柱套管、凸缘管、转向盘柱开关等组成。

1）桑塔纳轿车转向盘由轮辐和轮缘组成。轮辐材料为 C15K，相当于我国 15 钢，轮缘材料为 ST34，相当于我国的 Q235 钢。这些材料可焊性、塑性变形和刚度较好，中间用硬泡沫聚胺脂填充，使驾驶员操作更舒适，撞车时又可变形而增加接触面积，以减轻对驾驶员的伤害。

2）转向盘柱分为上、下两段。上段的下部弯曲，其端部焊有近似于半月形的法兰盘，盘上装有两个驱动销与转向盘柱下段上端的法兰盘上两孔配合，孔中还压装有尼龙衬套和橡胶圈，同时在转向盘柱管上还装有可折叠的安全装置。

这种两段式而又保持其同轴度的转向盘柱，采用的是瑞典沃尔沃（Volvo）公司的专利，其最大优点是安全性很好，当汽车发生碰撞转向盘和转向盘柱管受到双向压力时，驾驶员因惯性对转向盘的压力，迫使转向盘柱轴上段向下运动，使安全装置压缩、折叠，同时使两个销子迅速从下段销孔中推出，从而形成缓冲而减少对驾驶员的伤害。如转向盘向后移动，可使下部的联轴节自动脱开，避免了转向盘向后移动而造成对驾驶员的伤害。这种防撞击安全转向盘柱的工作原理如图 5-40 所示。

2. 转向器

桑塔纳轿车采用的是齿轮齿条式转向器，为了消除前轮摆振和提高操作灵敏性，转向器上还装有转向减振器和转向补偿机构。

（1）转向器　转向器为齿轮—齿条式，其壳体为铝合金铸件。转向器固定在车身上后，转向齿轮轴与水平面成 21°14′角度。壳体中段的椭圆形凸起，其中装有补偿弹簧，弹簧的弹力在出厂时已经调好，使用中不许另行调整。

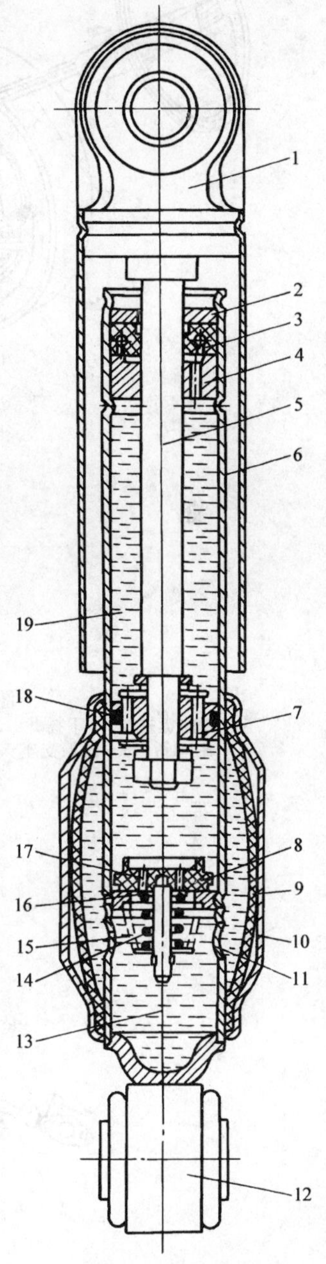

图 5-38　转向减振器
1、12—上、下吊耳　2—支承板　3—油封　4—活塞杆导座　5—活塞杆　6—缸筒　7—活塞　8—阀体　9—胶囊　10—储气室外壳　11、15—孔　13—补偿室　14—弹簧　16—阀板　17—小孔　18—活塞环　19—工作腔

转向齿轮轴由无内环的深沟球轴承和滚针轴承支承，其轴向位置是不可调整的。齿轮和齿条为斜齿啮合，齿条的轴线和齿轮轴的轴线不垂直相交，目的是为了使转向盘中心与驾驶员座位中心一致。

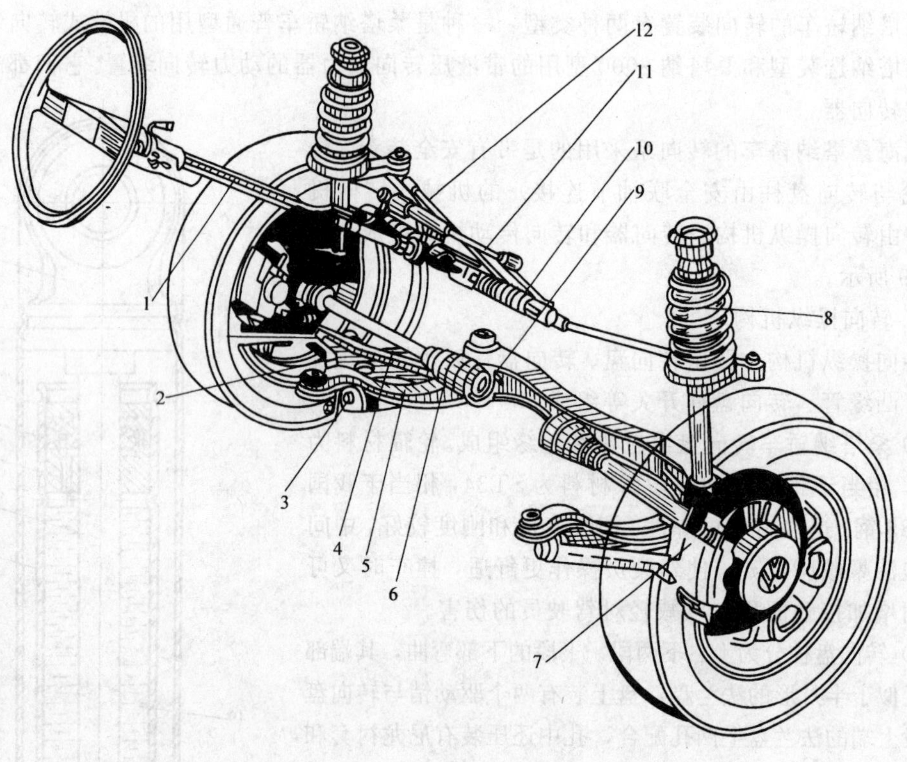

图 5-39　桑塔纳轿车机械转向系结构

1—转向盘柱　2—下摇臂　3—下摇臂后端橡胶衬套　4—稳定杆　5—发动机悬架　6—传动轴　7—制动钳　8—减振支座　9—悬架臂前端支架　10—转向器　11—转向减振器　12—横拉杆

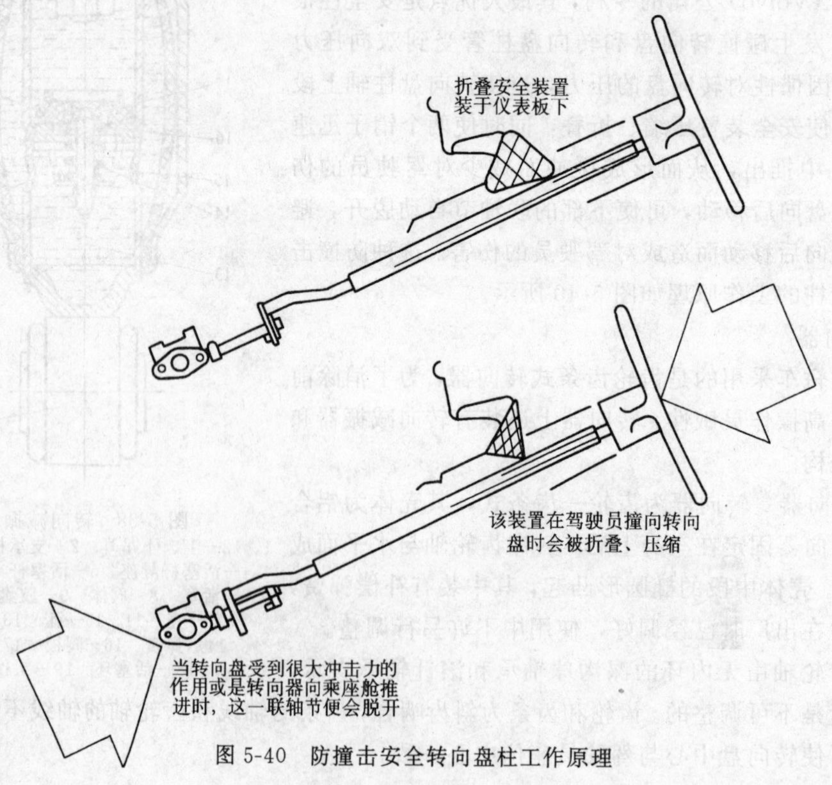

图 5-40　防撞击安全转向盘柱工作原理

齿条的输出端铣有平面并钻孔，用螺栓与转向支架相联，支架上有三个孔，上端一孔与转向减振器相联，下端两孔分别与左、右转向拉杆相联，如图 5-41 所示。

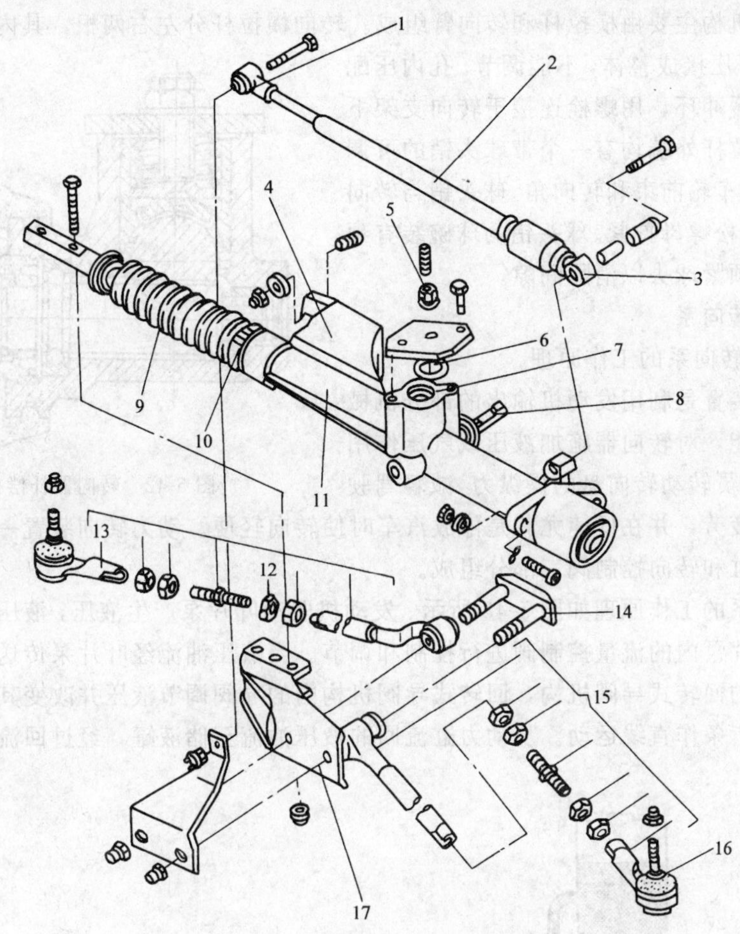

图 5-41　转向器与转向横拉杆结构

1—转向减振器支架　2—转向减振器　3—减振器接受振动端　4—转向器壳体凸台　5—锁紧螺母与调整螺栓　6—密封圈　7—补偿弹簧　8—转向齿轮轴　9—防尘套　10—夹子　11—转向器壳体　12、15—右、左横拉杆　13、16—横拉杆球头　14—连接件　17—转向支架

转向时，转向力矩通过转向齿轮驱动齿条向左、右移动，通过转向支架 17 带动左、右横拉杆来驱动前减振器转向支柱来完成左右转向任务。

(2) 转向减振器　转向减振器为双向液压式，一端固定在转向器总成上，另一端固定在减振器支架上，它和转向器齿条做同步往返直线运动，以吸收由于道路崎岖恶劣而引起的反作用力，减轻转向盘发抖，并使转向盘传来的路感较柔和。转向减振器与前、后悬架所用减振器结构相似。

(3) 转向补偿机构　转向补偿机构选用补偿弹簧作为自动保持转向器最佳啮合间隙的压力件，如图 5-42 所示。当齿轮和齿条有磨损或者齿条轴与衬套间隙过大时，必然产生较大的齿轮间隙，为此通过补偿弹簧的预紧力压紧压板，以保证齿轮齿条始终处于最佳啮合状态，从而使转向盘无明显的游隙，提高转向操纵灵敏度并吸收来自路面的部分冲击。

3. 转向传动机构

转向传动机构主要由横拉杆和转向臂组成。转向横拉杆分左右两根，其内端均为有孔的接头，与横拉杆压接成整体，不能调节。孔内压配有橡胶—金属缓冲环，用螺栓连接于转向支架下部两孔内。横拉杆外端均有一个带球头销的可调接头，用以调整车轮前束和转向角。球头销与转向臂相连，并用防松螺母拧紧。球头销的球碗装有预紧弹簧，用于预紧球头以消除间隙。

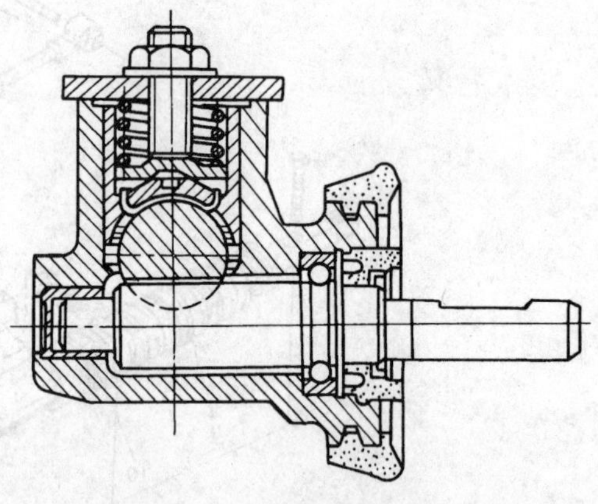

图 5-42　转向器补偿机构

三、动力转向系

（一）动力转向系的工作原理

动力转向装置是利用发动机输出的部分机械能转化为压力能，对转向器施加液压或气压作用力，以减少驾驶员转动转向盘的操纵力，减轻驾驶员长时间行车疲劳，并在低速尤其是停放汽车时使转向轻便。动力转向装置一般由机械转向器、转向动力缸和转向控制阀三部分组成。

动力转向系的工作原理如图 5-43 所示。发动机驱动叶片泵产生液压，液压油的流量及压力则由装在叶片泵内的流量控制阀进行控制和调节。当液压油流经叶片泵传送到转向齿轮机构中小齿轮旁的回转式导阀机构，回转式导阀机构内的导阀调节液压并改变其流向后，流入动力缸，推动齿条作直线运动。从动力缸流回的液压油流至储液罐，经过回流后，再次输送到叶片泵。

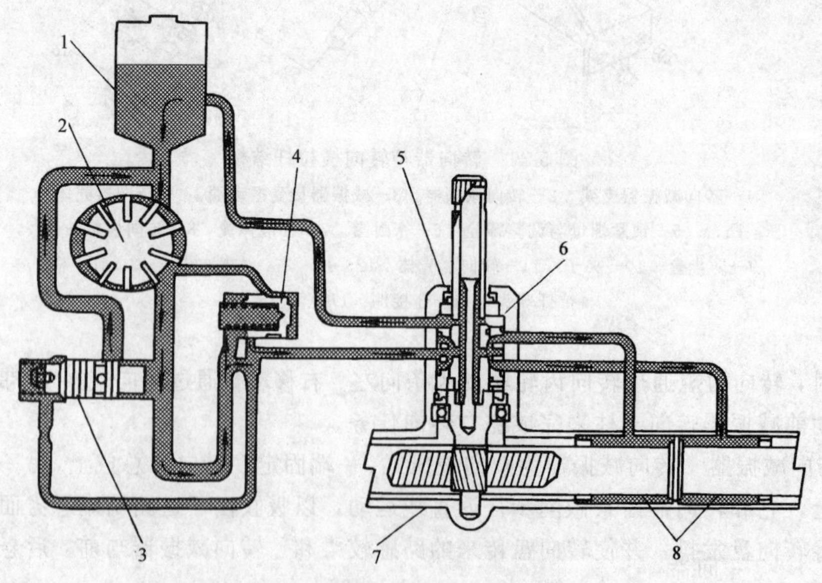

图 5-43　动力转向系工作原理

1—储液罐　2—叶片泵　3—流量控制阀　4—辅助阀　5—回转式导阀机构　6—导阀　7—齿轮齿条式转向器　8—动力缸

动力转向装置按传能介质不同有气压式和液压式两种。气压式动力转向装置工作压力较低，结构尺寸较大，主要用于前轴载质量为 3～7t 并采用气压制动的货车和客车。液压式动力转向装置工作压力高，部件尺寸小，工作无噪声，而且能吸收来自不平路面的冲击，广泛用于各种货车和轿车。本节所讨论的动力转向装置只限于液压式。

液压动力转向器有常压式和常流式两种。常压式的优点是有储能器积蓄液压能，可以使用流量较小的转向液压泵，而且还可以在液压泵不工作时保持一定转向助力能力。常流式的优点则是结构简单，液压泵寿命长，泄漏少，而且消耗功率也比较少，广泛被使用。

1. 常流式动力转向器的工作原理

图 5-44 所示为常流式液压动力转向装置示意图。不转向时，转向控制阀 6 保持开启，转向动力缸 8 的活塞两边的工作腔，由于都与低压回油管相通而不起作用。液压泵 2 输出的油液流入转向控制阀（此控制阀在液压泵内），又由此流回油罐 1。因转向控制阀的节流阻力很小，故液压泵输出压力也很低，液压泵实际处于空转。当驾驶员转动转向盘时，通过机械转向器 7 使转向控制阀处于与某一转弯方向相应工作位置时，转向动力缸的相应工作腔与回油管隔绝，转而与液压泵输出管路相通，而动力缸的另一腔则仍与回油管相通。地面转向阻力经转向传动机构传到转向动力缸的推杆和活塞上，形成比转向控制阀节流阻力高许多的液压泵输出管路阻力。于是，液压泵输出压力急剧增加，直到足以推动转向动力缸活塞为止。转向盘停止转动后，转向控制阀即回到中立位置，动力转向系统停止工作，转向车轮便不再偏转。由此可见，采用了动力转向之后，转向车轮偏转的开始和终止都较转向盘转动的开始和终止要晚一些。

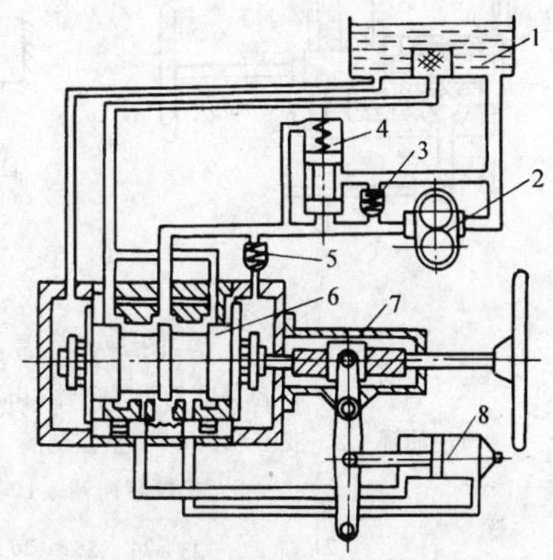

图 5-44　常流式液压动力转向装置示意图

1—油罐　2—液压泵　3—安全阀　4—流量控制阀　5—单向阀　6—转向控制阀　7—机械转向器　8—转向动力缸

在转向过程中，动力缸中的油压随转向阻力而变化，两者相互平衡。如果油压过高，克服了转向阻力还有剩余时，车轮将会加速转向。一旦车轮偏转角超过转向盘给定的转向角时，则由转向螺母带动螺杆作轴向移动。螺杆移动的方向与转向开始时移动的方向相反，从而改变控制阀油路，减小了动力缸中油压，以保证转向车轮偏转与转向盘的转动相适应。

常见的常流式动力转向器的结构布置方案有三种：整体式动力转向器、半整体式动力转向器、转向加力器，如图 5-45 所示。

整体式动力转向器将机械转向器 9 和转向动力缸 10 设计成一体，并与转向控制阀组装在一起。

半整体式动力转向器只将转向控制阀同机械转向器组合成一体，转向动力缸则作为独立部件。

转向加力器式转向器将机械转向器独立，而将转向控制阀和转向动力缸组合成转向加力器。

(1) 整体式动力转向器　整体式动力转向器的结构如图 5-46 所示，其机械转向器采用循环球式。

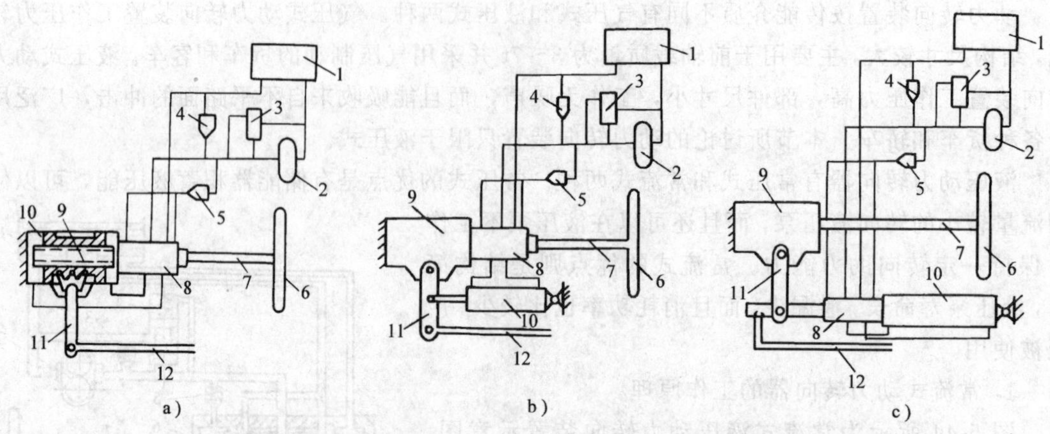

图 5-45　常流式动力转向的三种布置方案示意图

a）整体式动力转向器　b）半整体式动力转向器　c）转向加力器式动力转向器

1—油罐　2—液压泵　3—流量控制阀　4—安全阀　5—单向阀　6—转向盘　7—转向轴　8—转向控制阀　9—机械转向器　10—转向动力缸　11—转向摇臂　12—转向直拉杆

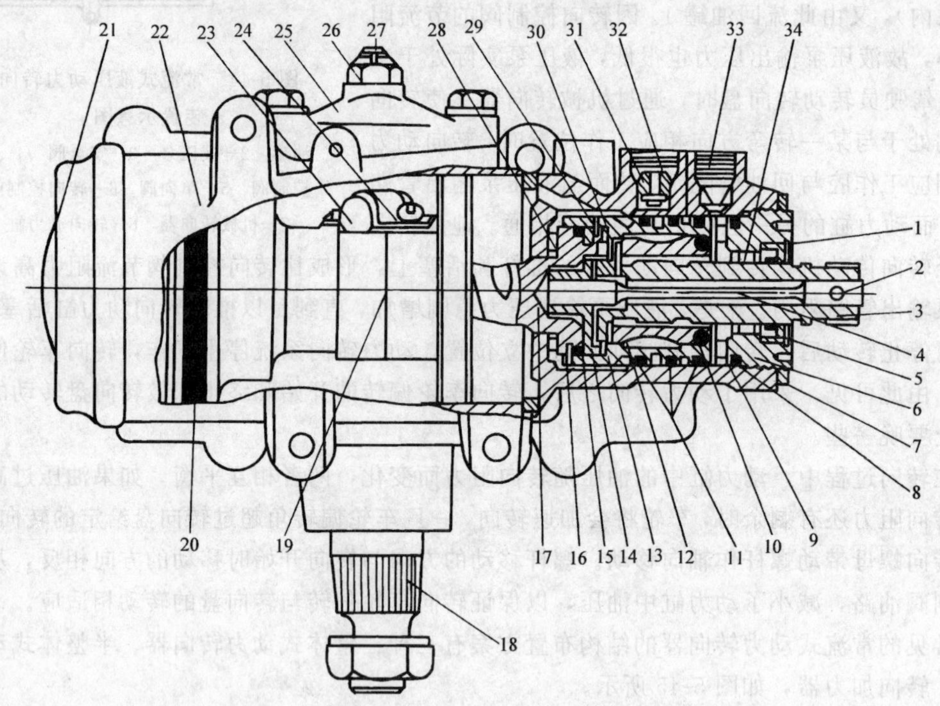

图 5-46　整体式动力转向器

1—卡环　2、16、30—锁销　3—短轴　4—扭杆　5—油封　6—调整螺母　7—锁母　8、10、11、15、20—O 形密封圈　9、28、34—滚针轴承　12—阀芯　13—阀体　14—下端轴盖　17—转向螺杆　18—摇臂轴　19—转向螺母　21—转向器端盖　22—壳体　23—循环球导管　24—导管压紧板　25—侧盖　26—锁紧螺母　27—调整螺钉　29—定位销　31—止回阀　32—进油口　33—出油口

现以图 5-47 为例说明整体式动力转向器的工作原理。动力缸活塞与第一传动副的螺母制成一体，并作为第二传动副的主动件。活塞把动力缸分为 A、B 两腔。操纵阀在动力缸上方，主要由阀体和滑阀组成。阀体用螺栓固定在动力缸上方。滑阀的下端面通过止推滚子轴承和

垫圈顶在螺杆凸肩上，上端面装有另一个止推滚子轴承，通过螺母将滑阀固定在转向螺杆上。滑阀稍长于阀体，两个轴承的内端面与阀体的两个端面之间有一定间隙，因而螺杆连同滑阀有可能作一定的轴向移动。汽车直行时，滑阀由四根回位弹簧和反作用柱塞保持在中间位置，如图 5-47a 所示。

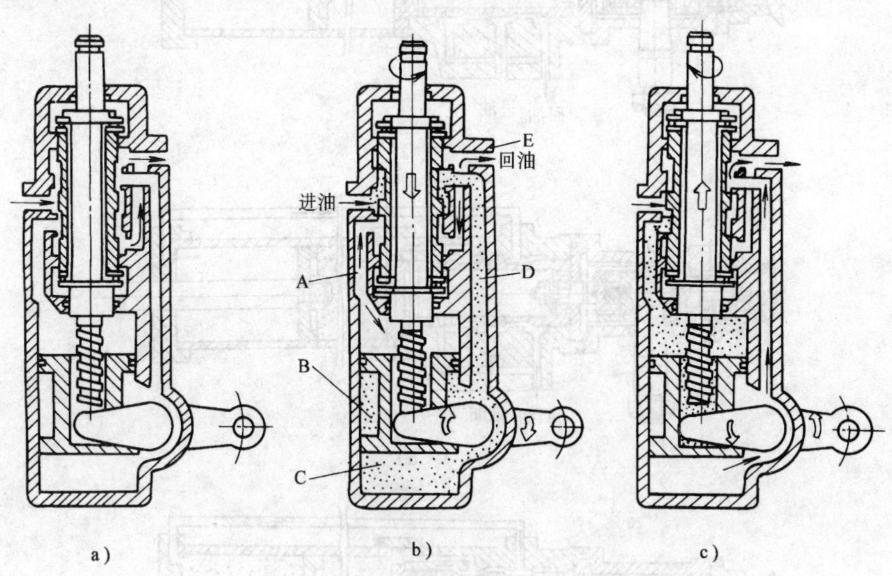

图 5-47　整体式动力转向系工作原理图

a）直线行驶　b）左转弯　c）右转弯

在汽车左转弯时，螺杆向左旋转，滑阀下移，高压油经过通道 D 进入 B 腔，推动活塞上移，同时 A 腔油液经通道 C 和 E 流回油箱，如图 5-47b 所示。

在汽车右转弯时，螺杆向右旋转，滑阀上移，高压油经过通道 C 进入 A 腔，推动活塞下移，与此同时，B 腔的油液被压出，经过 D 和 E 通道流回油箱，如图 5-47c 所示。

当动力转向系统失效而转向时，动力缸中容积减小的工作腔中油液经过通道 E，顶开单向阀流到动力缸中容积增加的工作腔中。

整体式动力转向系统结构紧凑，管路和支架少，质量轻，易于布置，适用于中、小吨位的载重车及小客车。但它不适用于重型汽车，因为重型车需要较大的转向动力，因而油压比较高，且动力缸尺寸也要求比较大，不利于整体式动力转向系统的布置。

(2) 半整体式动力转向器　半整体式动力转向器适用于转向阻力较大的重型汽车，如图 5-48 所示。

动力缸和转向器各为独立的总成。转向时，转向摇臂通过转向动力缸使转向直拉杆前后移动，经转向节臂、梯形臂和转向横拉杆使转向车轮偏转。

当汽车直线行驶时，滑阀在回位弹簧的作用下位于中间位置，活塞左、右腔油压相等。

当汽车左转弯时，转向器通过转向摇臂带动球头销向左移动，在克服回位弹簧的弹力之后，带动滑阀向左移动，从而接通油路建立油压差，使活塞和动力缸相对移动。由于活塞杆铰接于车架，所以动力缸向左移动，通过球头销带动转向直拉杆，使转向车轮向左偏转。

在汽车右转弯时，滑阀向右移动，动力缸也向右移动，转向车轮向右偏转。

半整体式动力转向系统主要总成各自独立，结构简单，动力缸的尺寸、数目和安装位置

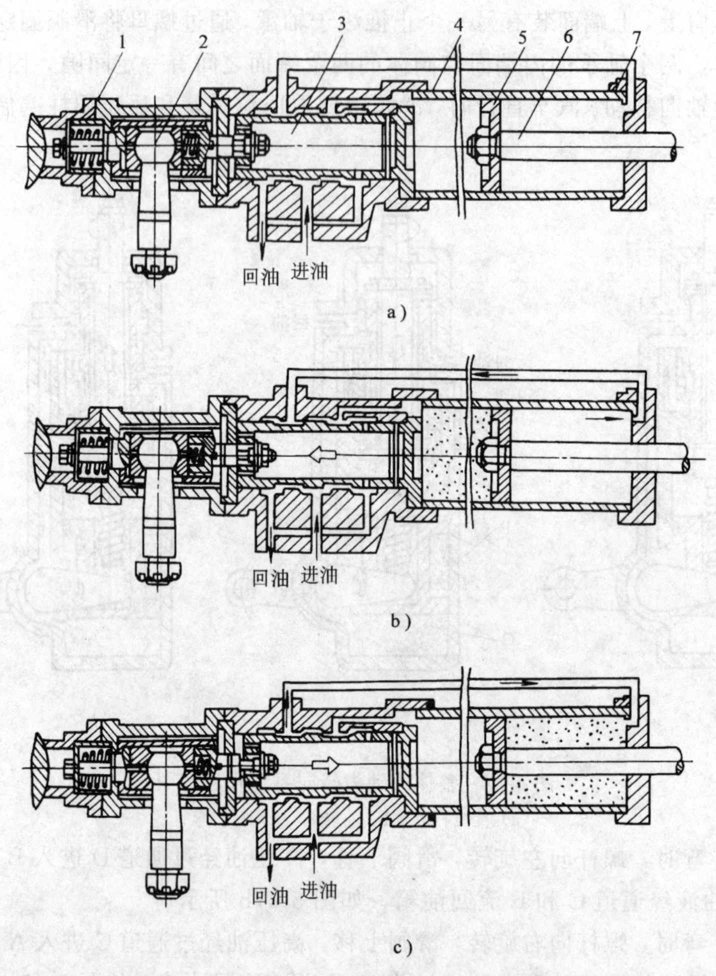

图 5-48　半整体式动力转向器

a）直线行驶　b）左转弯　c）右转弯

1—回位弹簧　2—球头销　3—滑阀　4—动力缸　5—活塞

6—活塞杆　7—密封环

灵活。但管路比较复杂，零件数量多。因此，只适用于大载重量汽车。

(3) 转向加力器　转向控制阀和转向动力缸组合在一体时，称为转向加力器，如图 5-49 所示。转向加力器由转向控制阀 7 和转向动力缸 6 组成。转向盘通过机械转向器 10 使转向摇臂 9 摆动，一方面由球铰链带动转向直拉杆 5 使车轮转向，另一方面带动转向控制阀 7 中的滑阀移动，使转向动力缸 6 在液压力作用下也对转向直拉杆施加作用力。

2. 常压式动力转向器的工作原理

常压式动力转向器如图 5-50 所示。在汽车直线行驶时，转向盘保持中立位置，转向控制阀 5 经常处于关闭位置，液压泵 3 输出的压力油充入储能器 2。当储能器压力增长到规定值后，液压泵即自动卸荷空转，从而使储能器压力得以限制在该规定值以下。当转动转向盘时，机械转向器 6 即通过转向摇臂等杆件使转向控制阀转入开启位置。此时，储能器中的压力油即流入转向动力缸 4，动力缸输出的液压作用力，作用在转向传动机构上，以助机械转向器输出力之不足。转向盘一停止转动，转向控制阀便随之回到关闭位置，于是转向助力作用终止。

由此可见，无论转向盘处于何种位置，也无论转向盘是否转动，该系统工作管路中始终保持高压。

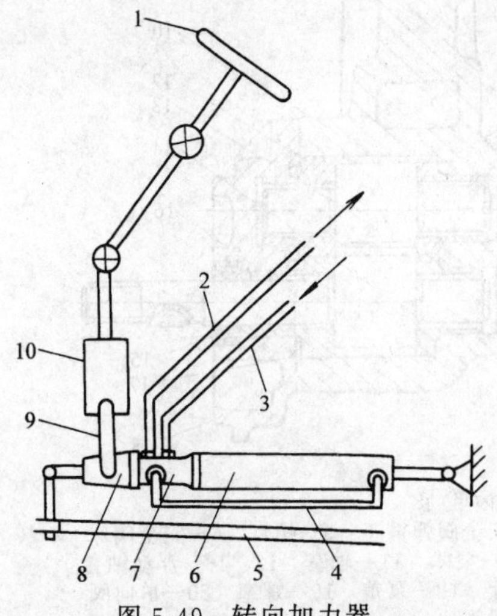

图 5-49 转向加力器

1—转向盘 2—回油管路 3—进油管路 4—油管 5—转向直拉杆 6—转向动力缸 7—转向控制阀 8—接头 9—转向摇臂 10—机械转向器

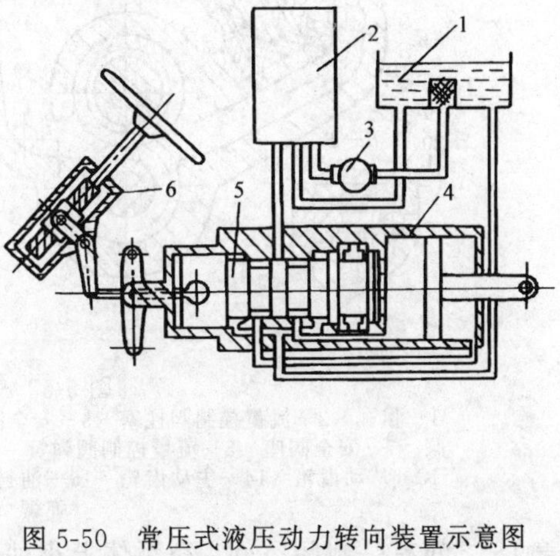

图 5-50 常压式液压动力转向装置示意图

1—油罐 2—储能器 3—液压泵 4—动力缸 5—转向控制阀 6—机械转向器

（二）动力转向系主要部件结构与工作原理

1. 转向系油罐

转向系油罐的作用是储存、滤清并冷却液压转向助力装置的工作油液，其结构如图 5-51 所示。

中心油管接头座 13 与转向控制阀的回油管连接，另外两个油管接头 12 分别与液压泵的进油管和半整体式动力转向器的漏泄回油管连接。由转向控制阀和动力缸流回来的油液通过中心油管的径向油孔流入滤芯内部空腔，经滤清后进入储液室，准备供入液压泵。滤芯弹簧 7 的预紧力不大，所以当滤芯堵塞而回油压力过高时，滤芯在液压力作用下，让油液不经过滤清便进入储液室，以免液压泵供油不足。

2. 转向系液压泵

转向系液压泵的结构形式有很多种类，如齿轮式、叶片式、柱塞式等。

(1) 液压齿轮泵 液压齿轮泵结构如图 5-52 所示。图中液压泵顶部右孔为进油口，左孔为出油口。主动齿轮轴 14 和从动齿轮轴 13 的轴颈借轴套支承在泵体 10 和泵盖 18 上。左侧二轴套 11 为轴向位置固定，右侧二轴套 12 和 16 则可以轴向浮动，称为浮动轴套。

浮动轴套的作用是补偿液压齿轮泵的轴向间隙，提高液压泵的容积效率。其作用原理是：在浮动轴套凸缘面与

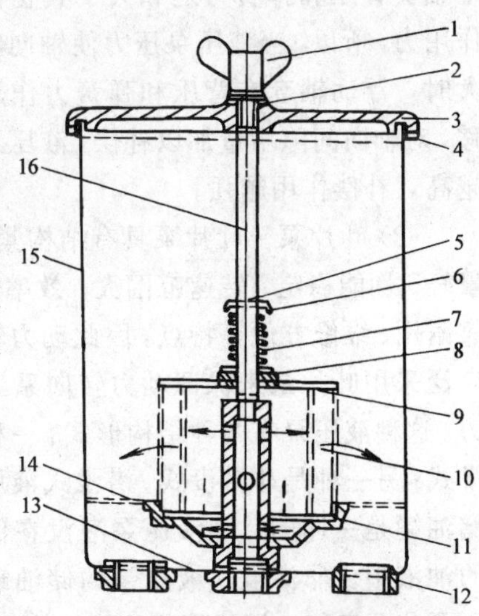

图 5-51 汽车转向油罐

1—翼形螺母 2—垫圈 3—上盖 4—密封环 5—锁销 6、8—弹簧座 7—弹簧 9—座 10—滤芯 11—滤芯密封圈 12—油管接头座 13—中心油管接头座 14—滤网片 15—罐体 16—中心螺栓

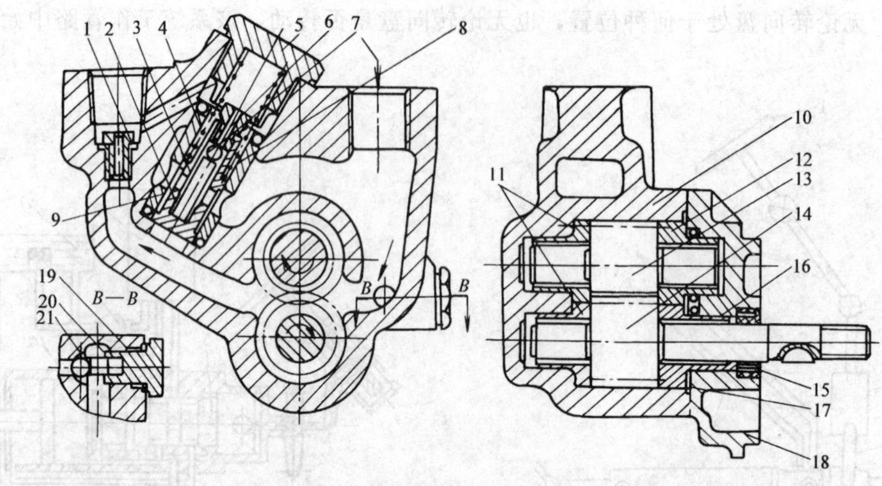

图 5-52 转向系液压齿轮泵

1—量孔 2—流量控制阀柱塞 3—安全阀弹簧 4—安全阀弹簧座 5—螺钉 6—安全阀球阀 7—安全阀座 8—流量控制阀弹簧 9—阀体 10—泵体 11—轴套 12、16—浮动轴套 13—从动齿轮 14—主动齿轮 15—油封 17—弹簧片 18—泵盖 19—螺塞 20—单向阀弹簧 21—单向阀球阀

泵盖 18 之间有一封闭空间，经泵体上小油孔与泵腔中压力较高的区域相通，其中还装有弹簧片 17。液压泵不工作时，浮动轴套在弹簧片的作用下压靠在齿轮的端面上。液压泵开始工作后，泵腔内油压使浮动轴套向外移动，形成轴向间隙。但此时浮动轴套凸缘背面也受到液压力的作用。因为在设计上保证了浮动轴套背压和弹簧力之和大于其正面液压作用力，所以，当液压泵压力使轴向间隙增大时，浮动轴套在背压和弹簧力作用下内移，对轴向间隙增量加以补偿。液压泵压力越高，补偿作用越强。

(2) 叶片泵 叶片泵具有结构紧凑、质量轻、性能稳定、转速范围大、效率高、可靠耐用、维修方便等特点，因此动力转向系广泛采用叶片泵来保证动力转向系工作压力。这种液压泵有两种结构形式：一种是潜没式；另一种是非潜没式。潜没式液压泵与储油罐是一体的，即液压泵潜没在储油罐的油液中。非潜没式液压泵的储油罐与液压泵分开安装，用油管相连接。

图 5-53 所示为一种潜没式双作用叶片泵结构。转子 14 通过花键安装在液压泵驱动轴 1 上。驱动轴的外端装有带轮，由发动机通过带驱动液压泵工作。转子 14 上均匀地开有十个径向叶片槽，矩形叶片 4 能在

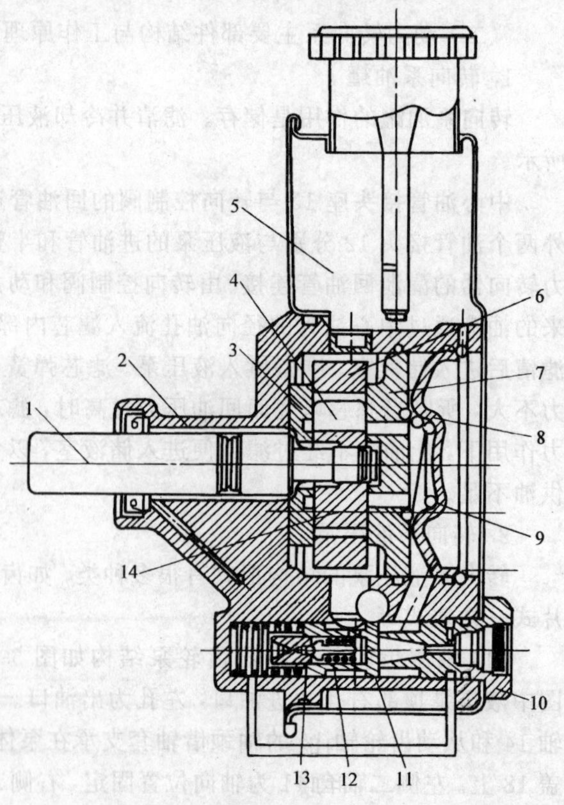

图 5-53 潜没式双作用叶片泵

1—驱动轴 2—壳体 3—前配油盘 4—叶片 5—储油罐 6—定子 7—后配油盘 8—后盖 9—弹簧 10—管接头 11—柱塞 12—阀杆 13—钢球 14—转子

槽内径向滑动。当转子高速旋转时，由于离心力的作用，叶片的顶端会紧贴在定子6的内表面上。为使叶片紧压在定子内表面上，在转子叶片槽内端设有台肩，使叶片位于槽内时，其根部始终留有一个小油腔，配油盘朝向转子的侧面上的腰形通孔和腰形槽与各个小油腔相通，从而使压油腔内的高压油经上述孔和槽始终充满叶片槽的底部。

在转子和定子的两个侧面各有一配油盘3和7，转子的宽度稍小于定子的宽度，以免转子卡死。两个配油盘和定子一起装在壳体内，不能相对移动或转动。配油盘与转子相对的端面上各开有对称布置的腰形槽，与进油口相连的两腰形槽为吸油口，与出油口相连的两腰形槽为压油口。定子的内侧端面轮廓近似于椭圆形，由两个不等半径的圆弧和过渡曲线组成，这样使得转子、定子、叶片和配油盘之间形成若干个封闭的工作腔，其容积随转子旋转由小变大，由大变小，如此往复变化。

叶片泵工作原理如图5-54所示。当转子顺时针旋转时，叶片在离心力及高压油的作用下，紧贴在定子的内表面上，其工作容积开始由小变大，从吸油口吸进油液；而后工作容积由大变小，压缩油液，经压油口向外供油。由于转子每旋转一周，每个工作腔都各自吸、压油两次，故将这种形式的叶片泵称为双作用叶片泵。双作用叶片泵有两个吸油区和两个排油区，并且各自的中心角是对称的，所以作用在转子上的油压作用力是互相平衡的。因此，这种液压泵也称卸荷式叶片泵。

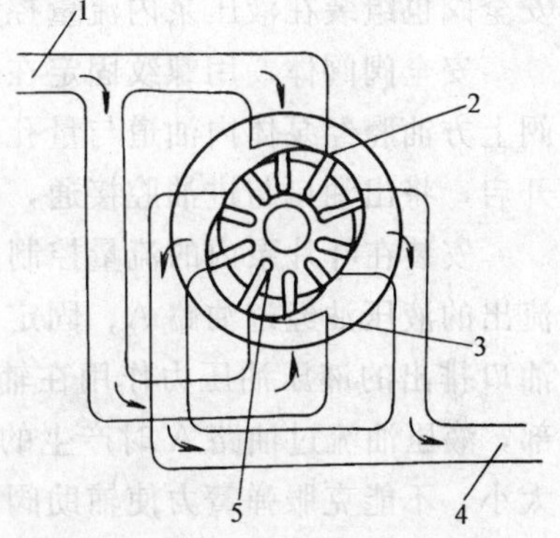

图5-54 双作用叶片泵工作原理
1—进油口 2—叶片 3—定子
4—出油口 5—转子

转子、叶片、驱动轴以及前、后配油盘之间的相对滑动表面，主要靠配合间隙泄露的油液进行润滑。但如果泄露量过多，则会降低液压泵容积效率。为了控制配油盘轴向间隙油液的泄露量，提高容积效率，液压泵采用了浮动式配油盘结构，如图5-53所示。在壳体后盖8与后配油盘7之间的压油腔内装有一压紧弹簧9，在液压泵空载时，两配油盘仅靠压紧弹簧的张力被压紧在定子及转子的端面上。当液压泵有负荷时，它们之间的压紧力除靠压紧弹簧的作用外，还有后配油盘后面压油腔压力油的作用。此时压紧力的大小主要取决于液压泵的负荷，即液压泵负荷越大，油压越高，配油盘的压紧力就越大，油液的泄露量减少，提高了液压泵的容积效率。反之，液压泵负荷减小，油压降低，压紧力减小，转子端面与配油盘之间的磨损也会随之减小，从而提高了液压泵的使用寿命。

3. 流量控制阀和安全阀

液压泵的流量与液压泵的转速成正比。如果液压泵在设计时保证在发动机怠速运转时，其流量已足够转向所需的动力缸活塞最大移动速度，则在发动机转速较高时，液压泵流量将过大，从而导致液压泵消耗功率过多和油温过高。因此，在动力转向系必须设置流量控制阀以限制液压泵的最大流量。流量控制阀一般组装在液压泵内部（见图5-52）。

安装在齿轮泵内的流量控制阀工作原理如下：流量控制阀装在液压泵进油口和出油口之间，与液压泵齿轮并联。流量控制阀体9内的柱塞2在弹簧8的作用下处于下极限位置。柱塞下方通液压泵出油腔，上方通液压泵出油口。在出油腔与出油口之间有量孔1，当油液自出油腔以一定速度流过量孔时，由于量孔的节流作用，量孔外侧出油口压力低于内侧出油腔压力。液压泵流量越大，节流作用越强，量孔内外压差越大。当液压泵流量增大到规定值，使柱塞 2 两端压差足以克服弹簧 8 的预紧力，并进一步压缩弹簧，将柱塞向上推到柱塞下密封环带高于径向油孔的下边缘时，液压泵出油腔与进油腔相通，出油腔的一部分油液经流量控制阀流入进油腔，经量孔输出流量减小。当流量减小到不足以平衡弹簧力时，柱塞便在弹簧力作用下，重新切断进油腔与出油腔的通路。这样，液压泵的流量便被控制在 9.5～16.0L/min。

液压泵输出压力取决于液压系统的负荷。如果转向阻力矩过大，动力缸和液压泵均将超载而导致零件损坏。因此在动力转向系中还必须装设用以限制系统最高压力的安全阀。一般安全阀也组装在液压泵内流量控制阀中（见图 5-52）。

安全阀阀体 9 用螺纹固定在流量控制阀柱塞 2 上端。柱塞内腔与液压泵进油腔相通，球阀上方油腔经泵体内油道与量孔外的出油口相通。当液压泵输出压力升高到规定值时，球阀开启，将出油口与进油腔接通，使出油口压力降低。

安装在叶片泵内的流量控制阀工作原理如下（图 5-55）：当发动机转速很低时，从出油口流出的液压油经过油路 A、固定量孔和可变量孔流向动力缸，流量控制阀使回油口关闭。出油口排出的液压油压力作用在辅助阀的顶部，而流过油路 A 的液体压力作用在辅助阀的底部，液压油流过油路 A 时产生的阻力在其两端引起压差，作用在辅助阀上。但由于这个压差太小，不能克服弹簧力使辅助阀向下运动，因而当发动机转速很低时，可变量孔全开。

随发动机转速提高，流过固定量孔和可变量孔的液压油增加，在量孔两端形成压差。当流过固定量孔和可变量孔的液压油压力传递到流量控制阀底部时，在流量控制阀顶部和底部形成压差，此压差推动流量控制阀向下运动，从而开启回油口，从出油口排出的部分液压油回流至液压泵进油口，从而使流量恒定。此时，辅助阀不移动，且可变量孔仍保持全开，如图 5-56 所示。

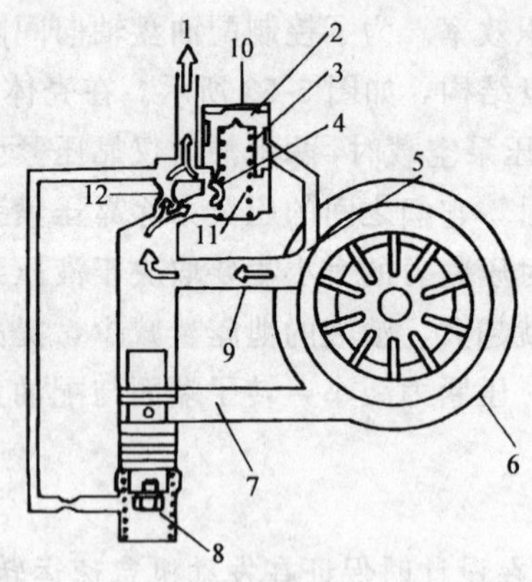

图 5-55 低速运转时流量控制阀工作情况

1—连接转向齿轮机构 2—辅助阀 3—弹簧 4—可变量孔（全开） 5—出油口 6—叶片泵 7—回油口（闭合） 8—流量控制阀 9—油路 A 10—辅助阀顶部 11—辅助阀底部 12—固定量孔

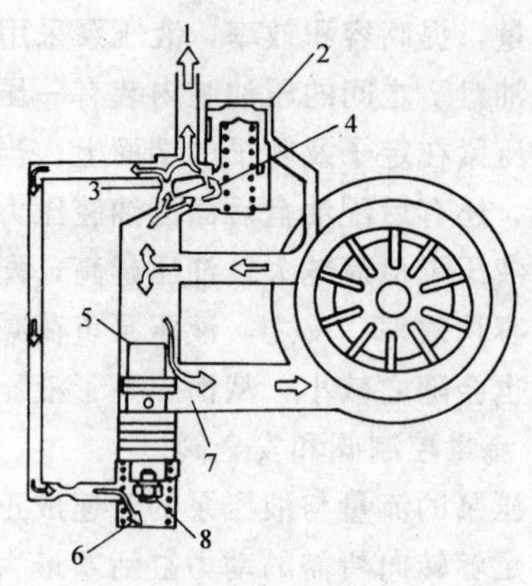

图 5-56 中速时流量控制阀工作情况

1—连接转向齿轮机构 2—辅助阀 3—固定量孔 4—可变量孔（全开） 5—流量控制阀顶部 6—流量控制阀底部 7—回油口 8—流量控制阀

随着发动机转速的进一步提高，流过油路 A 的液压油流量以及作用于辅助阀上的压差增大，辅助阀克服弹簧力向下移动，可变量孔开始闭合以调节流量，因而随发动机转速提高，流向动力缸的液压油流量减小。同时，流量控制阀仍使回油口开启以调节流量。

当发动机转速再继续提高时，作用于辅助阀上压差也继续增大，辅助阀继续向下移动，直至可变量孔完全闭合，从而进一步调节流量，因此可对从液压泵流向动力缸的液压缸流量进行调节并维持在一恒定流量，以满足发动机怠速的需要。流量控制阀则继续控制流向回油口的液压缸流量，如图 5-57 所示。

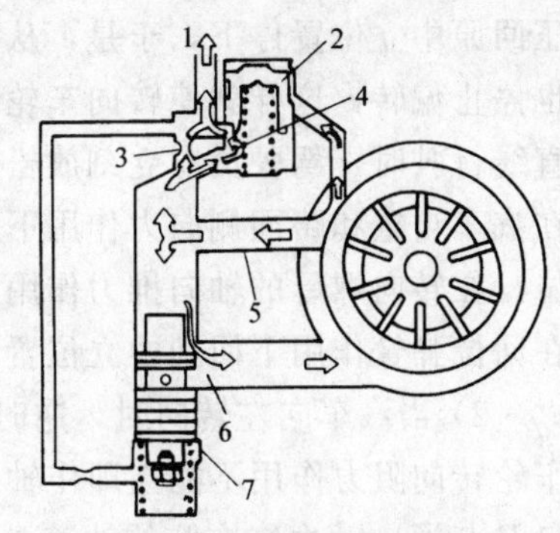

图 5-57　高速时流量控制阀工作情况

1—连接转向齿轮机构　2—辅助阀　3—固定量孔　4—可变量孔　5—油路 A　6—回油口　7—流量控制阀

4. 转向控制阀

转向控制阀有滑动式和回转式两种。

（1）滑动式转向控制阀　阀体沿轴向移动来控制油液流量的转向控制阀称为滑动式转向控制阀，如图 5-58 所示。

滑动式动力转向器工作原理如下：

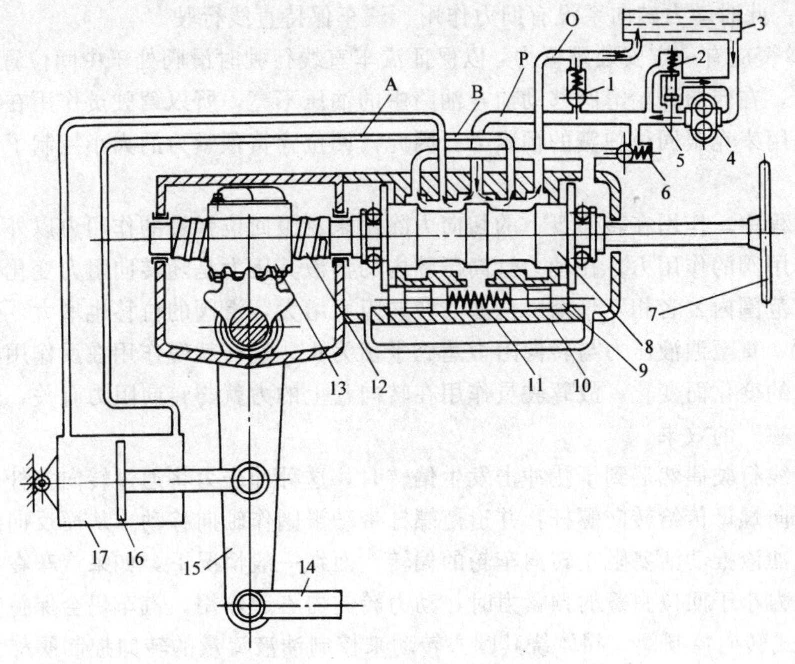

图 5-58　滑动式转向控制阀工作原理

1—安全阀　2—溢流阀　3—油罐　4—液压泵　5—节流口　6—单向阀　7—转向盘　8—滑阀　9—反作用阀　10—滑阀阀体　11—回位弹簧　12—螺杆　13—螺母　14—转向拉杆　15—转向摇臂　16—活塞　17—动力缸

1）当汽车向右转向时，顺时针转动转向盘 7，螺杆 12 便随之转动，但螺母 13 因车轮转向阻力较大不能立即作轴向移动，反而迫使螺杆 12 带动滑阀 8 并克服回位弹簧 11 及反作用阀 9 一侧的油压向右作轴向移动，致使滑阀进油口 P 与通向动力缸左腔的油道 A 相通，关闭 P 与通向动力缸右腔的油道 B，接通 B 与回油口 O。此时，从液压泵输出的高压油进入动力缸左腔，推动活塞向右移动，使之对转向起助力作用，而动力缸右腔的油液则通过B口流回油罐。当转向盘转过某一角度而停止转动时，在被压缩的回位弹簧的弹簧力作用下，滑阀又被压回原中立位置停下，于是，从液压泵送来的油不再流入动力缸，转向助力作用消失，车轮也停止偏转，这样就使转向车轮对转向盘保持随动作用。当汽车已转入新的方向并需要保持直线行驶时，驾驶员应立刻放松转向盘。这时，由于转向主销有后倾和内倾角，转向车轮便在汽车自重和路面侧向力作用下自动回正，同时，通过转向传动机构带动转向摇臂和螺母回位。在转向螺母的轴向推力作用下，转向盘和转向轴一起转回中立位置，与此同时，滑阀也在回位弹簧作用下回到中立位置。

2）当汽车向左转向时，逆时针转动转向盘7，螺杆12便随之转动，同样由于螺母13因车轮转向阻力作用不能立即作轴向移动，而使螺杆带动滑阀向左作轴向移动，致使滑阀进油口P与通向动力缸右腔的油道B相通，关闭P与通向动力缸左腔的油道A，接通A与回油口O。此时，从液压泵输出的高压油进入动力缸右腔，推动活塞左移，使之对转向起助力作用，而动力缸左腔的油液则通过A口流回油罐。

3）汽车直行时，滑阀8位于图示的中间位置，滑阀内各油路均相通。动力缸活塞16的两侧均与回油路连通，活塞不动。从液压泵4输出的油液经节流口5与溢流阀2、滑阀8、管路等返回油罐3。此时动力转向系没有助力作用，汽车保持直线行驶。

4）回位弹簧应有一定安装预紧力，以保证汽车直线行驶时滑阀处于中间位置，使动力转向器停止工作。在转向开始滑阀移动前，油路中的油压不高，所以驾驶员作用在转向盘上的切向力主要是用来克服回位弹簧的预紧力。因此，回位弹簧预紧力的大小控制了动力转向起作用的时刻。

在转向过程中，作用在转向盘上的切向力除用来克服回位弹簧的作用力以外，还需克服液压力对反作用阀的作用力。在动力缸高压腔内的油液其压力是随转向阻力变化而变化，且在液压泵负荷范围内二者相互平衡。例如当转向阻力增大，滑阀的位移也增大，致使动力缸油液压力增大，直至油液压力与转向阻力达到平衡为止。这样就使作用在反作用阀上油液压力随转向阻力的变化而变化，故驾驶员作用在转向盘上的力就与转向阻力有关，这就使动力转向有了“路感”的效果。

当汽车直线行驶偶然遇到干扰冲击发生偏转时，这种冲击力将通过转向拉杆、转向摇臂及摇臂轴、转向螺母传给转向螺杆，并迫使螺杆带动滑阀作轴向移动，从而反向接通动力缸油路，使高压油液推动活塞阻止转向车轮的偏转。而在一般情况下，如果汽车在行驶中所受到的干扰冲击力小于回位弹簧的预紧力时，动力转向器不起作用，汽车仍会保持直线行驶。

(2) 回转式转向控制阀　阀体绕其圆心转动来控制油液流量的转向控制阀称为回转式转向控制阀，主要由阀体、阀套、阀芯及扭杆等组成，如图5-59所示。阀套4制成圆筒形，外表面切有3条较宽深的、3条较浅窄的环形槽。宽深的槽是油槽，其底部有与内壁相通的孔。窄浅的槽用于安装密封圈。阀套与转向齿轮制成一体。

阀芯5也呈圆筒形，其外表面与阀套滑动配合，二者可以相对转动。阀芯与阀套配合间隙很小，配合精度很高，组成偶件不可单独更换。阀芯外表面也切成与阀套相对应的8条不贯通的纵向槽，并形成8条台肩，相间的4条台肩开有径向贯通油孔。阀芯通过销2、7与扭杆和转向轴相连，因而转向轴可通过扭杆带动转向齿轮转动。

扭杆弹簧安装在阀芯的孔中，转向时由于转向阻力矩可使扭杆弹簧产生弹性变形。

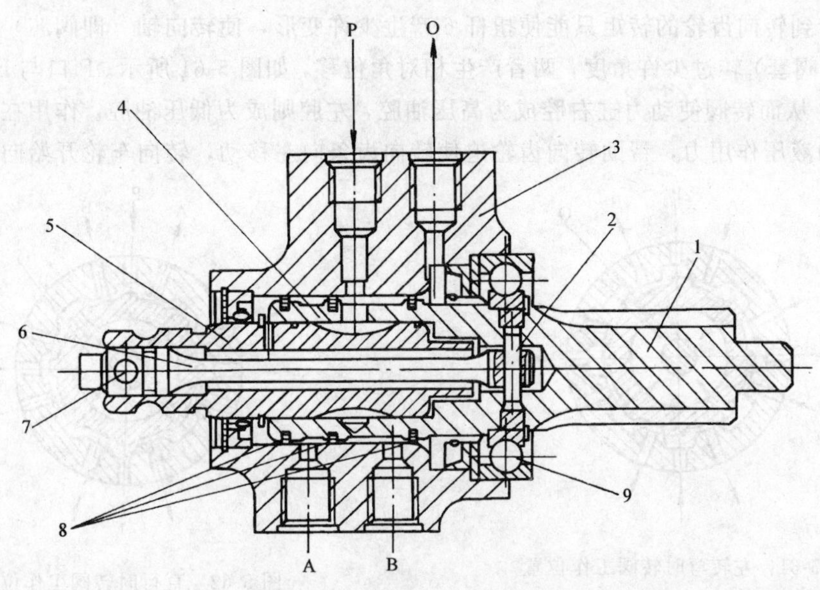

图 5-59　回转式转向控制阀构造

1—转向齿轮　2、7—销　3—阀体　4—阀套　5—阀芯　6—扭杆　8—密封圈　9—轴承

P—转阀进油口　A、B—通动力缸左、右腔通道　O—转阀出油口

该转阀具有四个互相连通的进油口 P，通道 A、B 分别与动力缸的左、右腔连通。当阀芯 5 顺时针转过一个很小的角度时，从液压泵来的压力油经 P 流入四个通道 A 或 B，继而进入动力缸的一个腔内。另外四个通道 B 或 A 的进油道被隔断，压力油不能进入，因而动力缸另一腔的低压油在活塞的推动下经出油口 O 流回储油罐。

回转式动力转向器工作原理如下：

1）汽车向右转向时，转向轴连同阀芯被顺时针转动，由于受到路面传来的转向阻力，动力缸活塞和转向齿条暂时不能运动，所以转向齿轮暂时不能随转向轴转动。这样，由转向轴传到转向齿轮的转矩只能使扭杆 6 产生少许变形，使转向轴（即阀芯）得以相对转向齿轮（即阀套）转过少许角度，两者产生相对角位移，如图 5-60 所示。P 口与 A 口相通，B 与 O 相通，从而转阀使动力缸左腔成为高压油腔，右腔则成为低压油腔。作用在动力缸活塞上的向右的液压作用力，帮助转向齿轮迫使转向齿条向右移动，转向车轮开始向右偏转。同时，转向齿轮本身也开始与转向轴同向转动。只要转向盘继续转动，扭杆的扭转变形便一直保持不变，转向控制阀所处的右转向位置也不变。一旦转向盘停止转动，动力缸暂时还继续工作，导致转向齿轮继续转动，使扭杆的扭转变形减小，直到扭杆恢复自由状态，转阀回到中立位置，动力缸停止助力。此时，转向盘即停在某一位置上不动，则车轮转角也保持一定。若转向盘继续转动，动力缸又继续工作。这种转向动力缸随转向盘的转动而工作，又随转向盘停止而停止助力的作用，称为转向助力装置的随动作用。

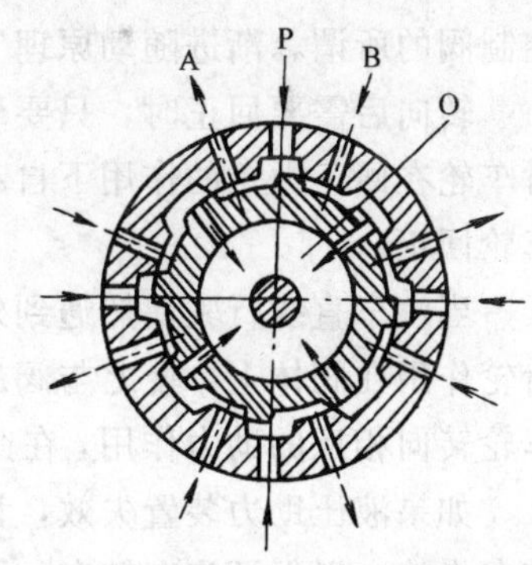

图 5-60　右转变时转阀工作位置

A—接动力缸左腔　B—接动力缸右腔

P—接液压泵　O—接储油罐

2）汽车向左转向时，转向轴连同阀芯被逆时针转动，同样由于受到路面传来的转向阻力，

由转向轴传到转向齿轮的转矩只能使扭杆 6 产生少许变形，使转向轴（即阀芯）得以相对转向齿轮（即阀套）转过少许角度，两者产生相对角位移，如图 5-61 所示。P 口与 B 口相通，A 与 O 相通，从而转阀使动力缸右腔成为高压油腔，左腔则成为低压油腔。作用在动力缸活塞上的向左的液压作用力，帮助转向齿轮迫使转向齿条向左移动，转向车轮开始向左偏转。

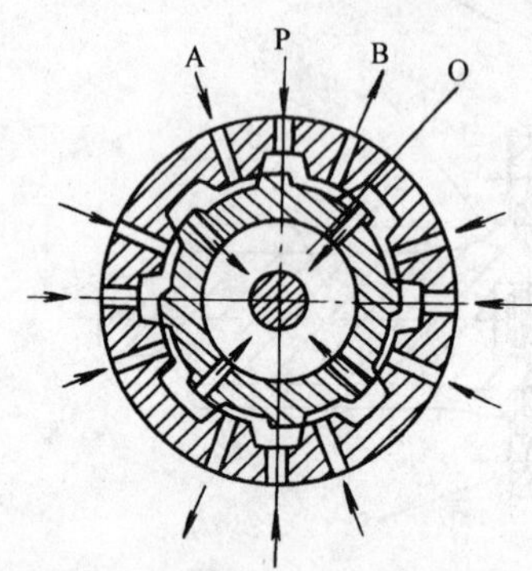

图 5-61　左转弯时转阀工作位置

A—接动力缸左腔　B—接动力缸右腔

P—接液压泵　O—接储油罐

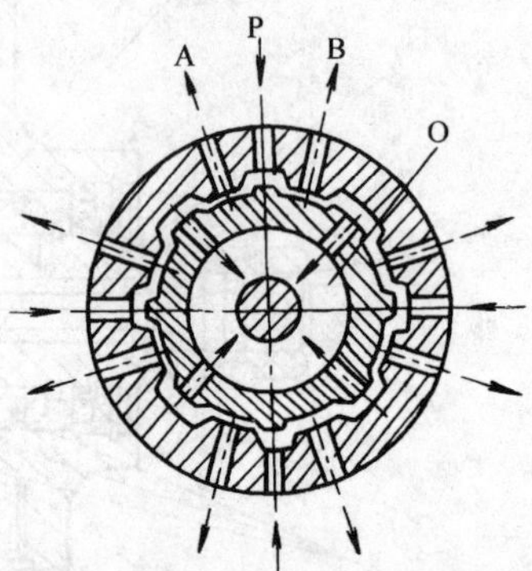

图 5-62　直行时转阀工作位置

A—接动力缸左腔　B—接动力缸右腔

P—接液压泵　O—接储油罐

3）当汽车直行时，转阀处于中立位置，如图 5-62 所示。动力缸两腔相通，并与进油口 P 与出油口 O 通过阀芯径向油道相通，压力油流回储油罐。因此，转向动力缸不起助力作用。

4）在转动过程中，若转向盘转动的速度快，则阀体与阀芯的相对角位移量也大，左、右动力腔的油压差也相应增大，车轮偏转速度加快；若转向盘的转动速度慢，则车轮偏转的速度也慢；若转向盘转到某一位置不动，对应着车轮也转到某一相应位置上不动。这就是转向控制阀的所谓“渐进随动原理”。

转向后需要回正时，只要驾驶员放松转向盘，阀芯回到中间位置，失去了助力作用，此时车轮在回正力矩的作用下自动回位，若驾驶员同时回转转向盘，转向助力器起作用，帮助车轮回正。

当汽车直线行驶偶然遇到外界阻力使车轮发生偏转时，阻力矩通过转向传动机构、转向齿轮作用在阀体上，使之与阀芯产生相对角位移，这时动力缸左、右油腔形成压差，产生与车轮转向相反的助力作用，在此力的作用下，车轮迅速回正，保证了汽车行驶的方向稳定性。

如果液压助力装置失效，该动力转向器即变成机械转向器。此时转动转向盘，直接带动转向齿轮，以保证汽车转向。不过这时转向盘自由行程加大，转向沉重。

5. 转向动力缸

转向动力缸的构造如图 5-63 所示。连接叉 1 与转向摇臂相连，后盖 5 与固定在车架内的支座以球铰链连接。前、后腔通油口 A 和 B 分别与转向控制阀相应的通油口连通。随着转向控制阀位置的不同，动力缸两腔可以交替成为低压腔和高压腔，也可以都成为低压腔。

（三）桑塔纳 2000 轿车动力转向系结构

桑塔纳选装型和桑塔纳 2000 型轿车采用了液压助力转向系或称动力转向系，它和普通型桑塔纳轿车用转向系的最大区别是在原机械齿轮齿条转向器基础上，再加液压助力，从而使转向轻便，操纵舒适，同时由于液力的阻尼作用，不需要像机械转向器那样另加转向减振器。

液压助力转向系的结构及工作原理如下：

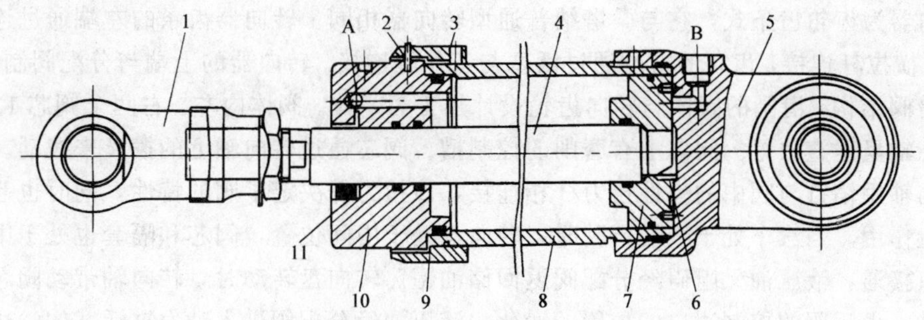

图 5-63 转向动力缸

1—连接叉 2—锁销 3—固定环 4—活塞杆 5—后盖 6—紧定柄 7—活塞 8—缸体 9—密封套 10—导向座 11—密封圈

液压助力转向系由液压泵、分配阀、溢流阀、限压阀、储油罐、转向器、动力缸和油管等组成，如图 5-64 所示。

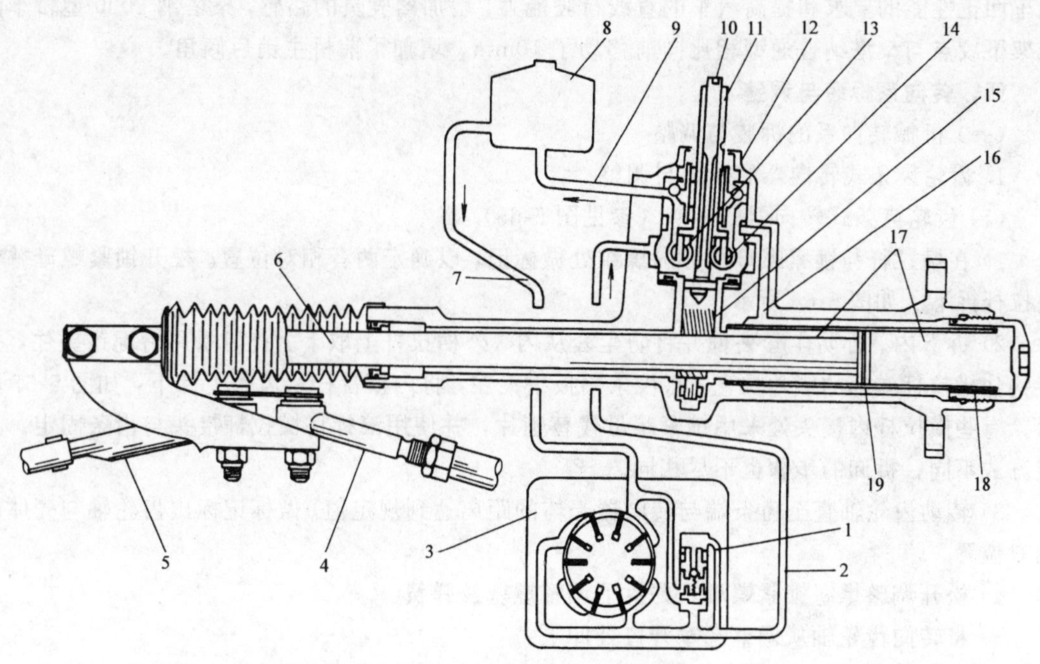

图 5-64 液压助力转向系结构图

1—限压阀和溢流阀 2—高压油管 3—叶片泵 4—右横拉杆 5—左横拉杆 6—齿条 7—油管 8—储油罐 9—回油管 10—主动齿轮轴 11—扭力杆 12—分配阀 13—左阀芯 14—右阀芯 15—左腔进油管 16—右腔进油管 17—压力腔 18—动力缸 19—活塞

桑塔纳轿车液压泵采用的是叶片泵，它由发动机曲轴通过带轮驱动，将液压油从储油罐泵入分配阀，以提供转向所需的动力源（高压油）。

为了确保动力转向系统安全工作，防止液力系统工作压力超过系统允许的最大工作压力，在叶片泵内装有一个溢流阀和限压阀。当工作压力超过限压阀的额定值时，压力油通过限压阀卸载使压力油返回吸油口，以避免液压泵及其机构过载而损坏；当叶片泵供油量超过某一定值时，多余的油经此阀流回到液压泵入口处，以限制最大供油量。

转向器为齿轮齿条式，它与桑塔纳普通型转向器相同。转向器齿条的左端通过连接支架与左、右横拉杆连接，齿条的右端通过活塞与工作缸连接。转向器的上端与分配阀制成一体。阀体为滑阀结构，滑阀的阀体与转向齿轮设计加工为一体。阀体内左、右两个阀芯 13、14 与转向盘柱轴呈垂直放置。阀芯上有磨削的控制槽。阀芯通过转向轴上的拨叉来拨动。

转向轴用销钉与阀中的弹性扭力杆相连接，该扭力杆决定了阀的特性，同时也起到阀的中心定位作用。当汽车处于直线行驶时，转向盘处于中间位置，阀芯和隔套也处于中位，所有控制口接通，液压油无阻碍经分配阀返回储油罐。转向盘转动时，转向轴带动阀芯相对于滑套运动，由于阀的控制边口的位置的变化，液压油经分配阀进入动力缸活塞的一边，推动活塞运动进而推动齿条起助力作用。

动力转向器的阀孔同时具有节流作用，因此，不需要像机械转向器那样另加转向减振器。在转向回正时，通过阀的阻尼力来防止转向回正速度过快，增加转向回正的舒适性，提高稳定性。

但是采用动力转向后，由于系统液压阻尼力的增加，使得转向回正能力减弱。为了满足汽车回正性能的要求和提高汽车的直线行驶能力，增加驾驶员的路感，桑塔纳 2000 型轿车前悬架下绞点与桑塔纳普通型相比向前移动了 10mm，增加了前桥主销后倾角。

四、转向系拆装与调整

（一）机械转向系的拆装与调整

1. 齿轮齿条式转向器的拆装与调整

（1）齿轮齿条式转向器的拆卸（参见图 5-65）

1）在横拉杆与锁紧螺母相邻的螺纹处做标记，以确定两者相对位置。松开锁紧螺母并将横拉杆拆下。如图 5-66 所示。

2）拆下内、外防尘套夹箍并将防尘套从内、外横拉杆上取下。将齿条用台虎钳夹住，并将钩住横拉杆端部的锁片拉直。将齿条用扳手夹住，将内横拉杆从齿条上卸下，如图 5-67 所示。有些横拉杆内接头处采用锁紧螺母代替锁片，并使用滚针将横拉杆接头与齿条固定。连接方式不同，拆卸的步骤也不尽相同。

3）转动齿轮轴直至齿条端与转向器壳体的距离达到规定值。做标记标出齿轮轴与壳体的相对位置。

4）松开调整螺塞锁紧螺母，并拆下调整螺塞及弹簧。

5）将转向齿轮轴从调整螺塞开口处卸下。

6）清洁齿轮轴油封周围的表面，用针在齿轮轴油封的密封面的两个圆形之间刺一个小孔，从壳体中撬出油封。

7）用锁环钳将齿轮轴锁环拆下。

8）用台虎钳夹住齿轮轴端部，用软锤轻敲转向器壳体，拆下齿轮轴及轴承。

9）将齿条从壳体上拆下。

（2）齿轮齿条式转向器的安装与调整

1）安装转向齿轮 6，如图 5-65 所示。

a. 将上轴承 5 和下轴承 7 压在转向齿轮轴颈上，轴承内座圈与齿端之间应装好隔圈。

b. 把油封 3 压入调整螺塞 4。

c. 将转向齿轮及轴承一起压入壳体 11。

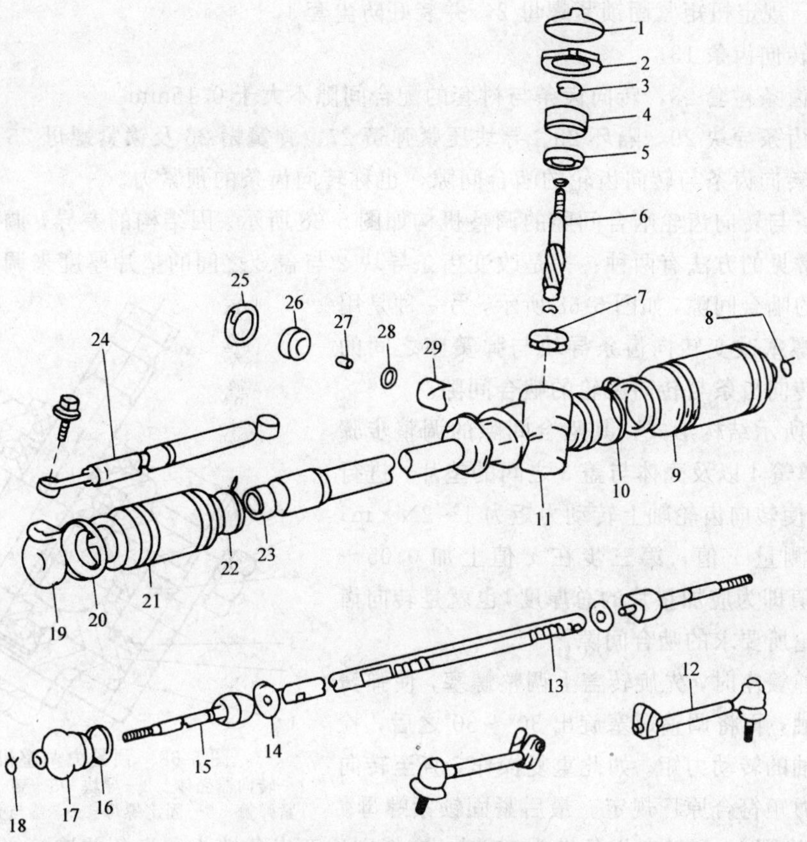

图 5-65 齿轮齿条转向器分解图

1、17、21—防尘套 2—锁紧螺母 3—油封 4—调整螺塞 5—上轴承 6—转向齿轮 7—下轴承 8、18—夹子 9—齿条防尘罩 10、22—箍带 11—齿条壳体 12—横拉杆 13—转向齿条 14—垫圈 15—齿条端头 16—固定环 19—减振器支架 20—防尘套护圈 23—齿条衬套 24—转向减振器 25—螺母 26—弹簧帽 27—弹簧 28—隔环 29—齿条导块

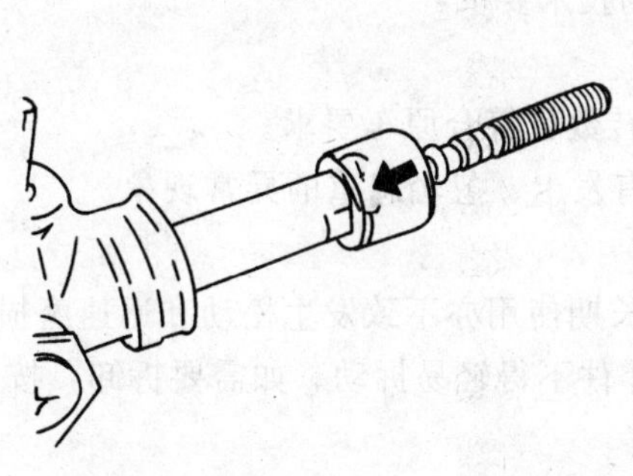

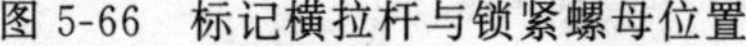
图 5-66 标记横拉杆与锁紧螺母位置

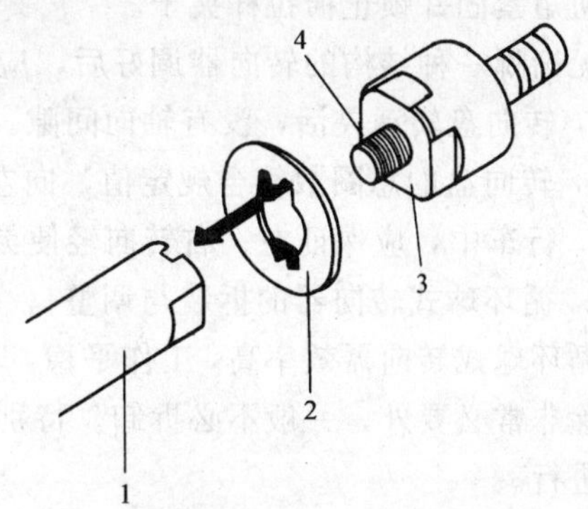

图 5-67 从齿条上拆下横拉杆内接头

1—齿条 2—锁片 3—横拉杆内接头 4—锁止部位

d. 装上调整螺塞及油封，并调整转向齿轮轴承预紧度。手感应无轴向窜动，转动自如，转向齿轮的转动力矩要符合原厂规定，一般为 0.5N·m。

e. 按原厂规定扭矩紧固锁紧螺母 2，并装好防尘套 1。

2）装入转向齿条 13。

3）安装齿条衬套 23，转向齿条与衬套的配合间隙不大于 0.15mm。

4）装入齿条导块 29，隔环 28、导块压紧弹簧 27、弹簧帽 26 及锁紧螺母 25。

5）调整转向齿条与转向齿轮的啮合间隙，也称转向齿条的预紧力。

转向齿条与转向齿轮啮合间隙的调整机构如图 5-68 所示。因结构的差异，调整方法也有所不同。但常见的方法有两种：一是改变齿条导块 2 与盖 3 之间的垫片厚度来调整转向齿条与转向齿轮的啮合间隙，如图 5-68 所示；另一种是用盖上的调整螺塞改变转向齿条导块与弹簧座之间的间隙来调整转向齿条与转向齿轮的啮合间隙。

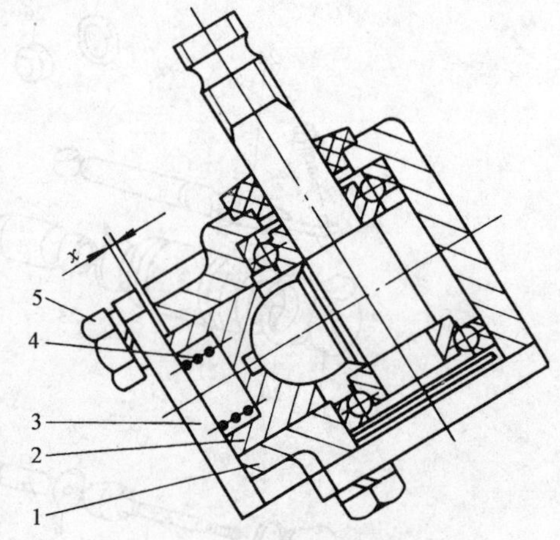

图 5-68 预紧力调整机构
1—转向器壳体 2—导块 3—盖 4—导块压紧弹簧 5—固定螺母 x—盖与壳体的间隙

图 5-68 所示结构形式，其啮合间隙的调整步骤是：先不装弹簧 4 以及壳体与盖 3 之间的垫片，进行 x 值的调整，使转向齿轮轴上转动力矩为 1～2N·m；然后用塞尺测量 x 值；第三步在 x 值上加 0.05～0.13mm，此值即为应加垫片的总厚度，也就是转向齿条和转向齿轮所要求的啮合间隙。

结构有弹簧座时，先旋转盖上调整螺塞，使弹簧座与导块接触，再将调整螺塞旋出 30°～60°之后，检查转向齿轮轴的转动力矩。如此重复操作，直至转向齿轮的转动力矩符合原厂规定。最后紧固锁紧螺母。

6）安装垫圈 14 和转向齿条端头 15 时，应特别注意齿条端头和齿条的连接必须紧固，锁止可靠。

7）安装横拉杆和横拉端头，并按原厂规定检查调整左、右横拉杆 12 的长度，以保证转向车轮前束正确。另外，横拉杆端头球销的夹角应符合原厂规定。调整合格后，必须按原厂规定的扭矩紧固并锁止横拉杆夹子。

无论哪一种结构的转向器调好后，应满足总成的技术要求：

a. 转向盘转动灵活，没有轴向间隙。

b. 转向盘的总圈数符合规定值，向左、向右的转数也符合原车要求。

c. 行车中，应保证左、右转向轻便灵活，不能有发卡、忽轻忽重的异常现象。

2. 循环球式转向器的拆装与调整

循环球式转向器效率高，工作平稳，坚固耐用，长期使用亦不致发生松动和迅速磨损。所以，除非常必要外，一般不必拆卸。特别是钢球等零件不得轻易拆动。如需要拆卸，按如下步骤进行。

(1) 循环球式转向器拆卸

1）转动螺杆至中央位置，做标记标出螺杆与壳体的相对位置。

2）拆下扇形齿轮齿隙调整螺钉的锁紧螺母，以及端盖螺钉。顺时针旋转调整螺钉，以拆下端盖与衬垫。

3）从摇臂轴端部拆下调整螺钉及调整垫片，并从壳体上拆下摇臂轴。将全部转向器零件放在工作台上。

4）松开螺杆调整器的锁紧螺母，拆下轴承及轴承挡圈。

5）拆下螺杆转向螺母总成，拆下球导管螺钉和球导管。将转向螺母倒过来，从一侧向另一侧转动螺杆，以卸下所有的钢球。从螺杆上卸下转向螺母。

6）从转向器壳体上拆下摇臂轴油封。

7）用顶拔器拆下轴承。

（2）循环球式转向器的安装与调整

1）安装转向螺杆组件。转向螺杆螺母组件在维修时一般不拆散，若拆散重新组装时，先平稳地逐个装入钢球。装钢球的过程中，转向螺杆和螺母不要相对运动，必要时，只能稍许传动转向螺母或用塑料棒将钢球轻轻冲进滚道内；然后给装满钢球的导管口涂压润滑脂防止钢球脱出，用导管卡将导管固定在转向螺母上。所装钢球的直径和数量必须符合原厂规定。如EQ131型汽车安装ϕ450mm转向盘的转向器的钢球为ϕ7.144mm，共2×49+1粒；EQ140/47型长轴汽车安装ϕ550mm转向盘的转向器的钢球为ϕ7.144mm，共2×58+1粒。

2）装入钢球后，检查螺杆与转向螺母的轴向间隙：使螺杆保持不动，且使转向螺母不转动，轴向推拉螺母，用百分表检查其间隙。轴向间隙不超过0.08mm为合格。

3）将轴承内圈压在转向螺杆的轴颈上。

4）组装摇臂轴，如图5-69所示。检查用于转向螺母与扇形齿轮啮合间隙的调整螺钉的轴向间隙，此间隙不大于0.12mm，在调整螺钉与摇臂上的承孔端面间加止推片调整。摇臂轴承预润滑后，将摇臂装入壳体内，并按顺序装入止推片、调整螺钉、垫圈、孔用弹性挡圈。

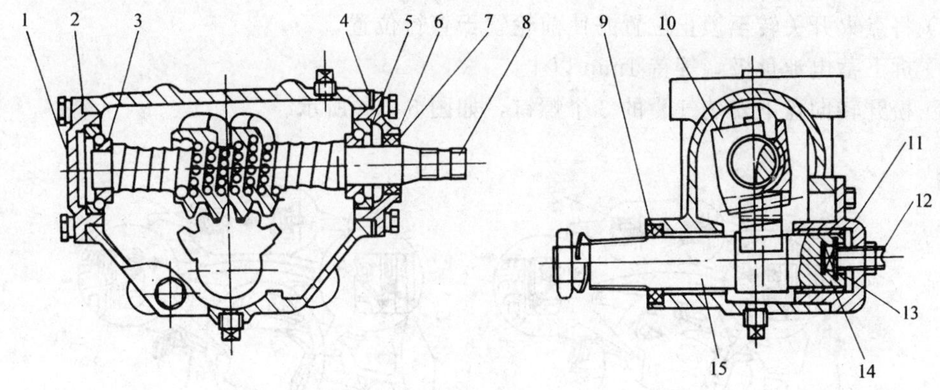

图5-69　循环球式转向器装配图

1—下盖　2—调整垫片　3、5—螺杆轴承　4—上盖调整垫片　6—上盖　7—螺杆油封　8—转向螺杆　9—摇臂轴油封　10—转向螺母　11—侧盖　12—调整螺钉　13—弹簧挡圈　14—止推垫片　15—摇臂轴

5）安装转向器下盖、上盖。

a. 把轴承装入下盖承孔中，如图5-69所示。

b. 安装调整垫片2和下盖1，从壳体孔中放入转向螺杆组件，安装下盖。装下盖前在接合面上涂密封胶。

c. 把轴承外圈和转向螺杆油封7压入上盖，并装入上盖调整垫片4和上盖6。

d. 通过增减下盖调整垫片或用下盖上的调整螺塞调整转向螺杆的轴承预紧度。然后检查转向盘的转向力矩，一般为0.6～0.8N·m。

6）安装转向器侧盖。

a．给油封 9 涂密封胶后，油封唇口向内，均匀地压入壳体上的承孔内。

b．将转向螺母移至中间位置（转向器总圈数的 1/2），使扇形齿轮的中间齿与转向螺母的中间齿相啮合，装入摇臂轴组件。

c．侧盖密封垫涂以密封胶，安装、紧固。

7）调整转向器转向间隙。

a．使转向器的传动副处于中间位置（直行位置）。

b．通过调整螺钉 12，调整转向器传动副的啮合间隙，在直行位置应无间隙啮合。

c．在中间位置上，转向器转动力矩应为 1.5～2.0N·m。转向器传动力矩调整合格后，按规定扭矩锁紧调整螺钉。

8）安装摇臂时，应注意摇臂与摇臂轴的装配记号，且要特别注意摇臂紧固螺母是否做到紧固、锁止可靠。

9）按原厂规定加注润滑油。

10）有条件时，应检查转向器反力矩（转向轴处于空载状态时，使摇臂轴转动的力矩）。转向器的反力矩应符合原厂规定。

3．转向盘的拆卸与安装

气囊模块和转向盘拆卸步骤随车型不同而不同。应按生产厂家在维修手册中提供的步骤进行。下述为一种典型的气囊模块和转向盘拆装步骤。

（1）转向盘拆卸

1）将点火开关转至锁止位置并使前轮置于直行位置。

2）拆下蓄电池负极，等待 1min 以上。

3）松开转向盘下安装气囊的 3 个螺钉，如图 5-70a 所示。

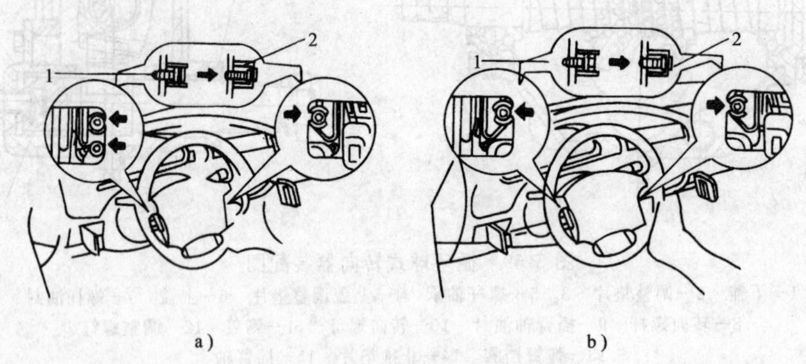

图 5-70 安装气囊的螺钉位置

1—螺钉 2—螺钉罩

4）松开转向盘下安装的另外 2 个螺钉，如图 5-70b 所示。

5）从转向盘上拉出气囊打开模块，再拆下模块的电气接头。不要拽转向盘柱中的气囊接线。将模块面朝上放在工作台上，如图 5-71 所示。

6）拆下转向盘内的气囊保持架，如图 5-72 所示。

7）拆下转向盘固定螺母。

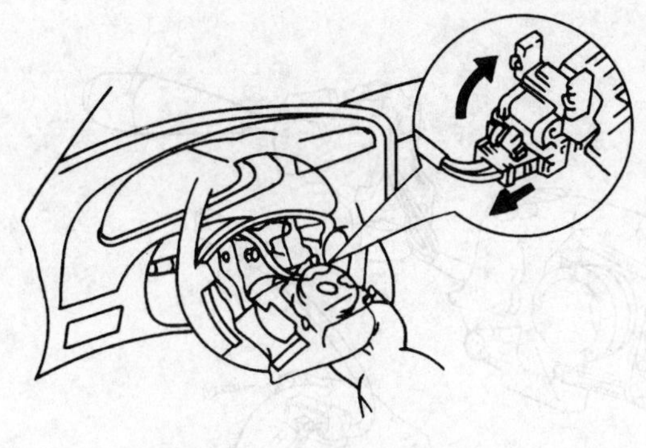

图 5-71　拆下气囊模块的电子接头

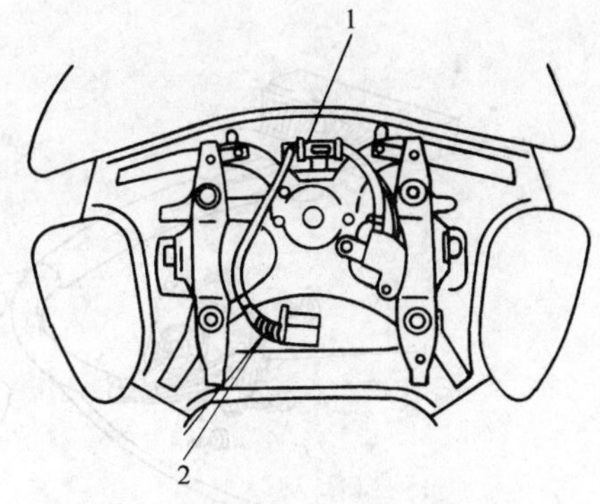

图 5-72　拆下气囊保持架

1—接头　2—线束

8）注意转向盘和转向盘柱上配合的对正记号。如无记号，应作出记号。

9）将带有拆卸螺钉的转向盘拆卸器插入转向盘的螺钉孔内。拧紧拆卸螺钉，将转向盘卸下，如图 5-73 所示。

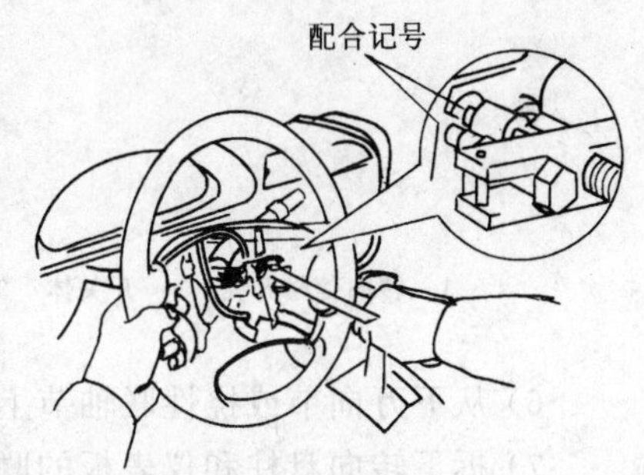

图 5-73　拆下转向盘

10）拆下 4 个紧固螺钉，并拆下时钟发条状的电气接头，如图 5-74 所示。

（2）转向盘安装

1）将时钟发条状的电气接头顺时针转 3 圈，使其中部表面处的记号与电缆圆周上的槽对准，见图 5-75。这是时钟发条状电气接头的对中方式。

2）将时钟发条状接头装好，将 4 个紧固螺钉拧至规定力矩。

3）将转向盘和转向盘柱上记号对准，安装转向盘，拧紧固定螺钉至规定力矩。

4）将气囊电线保持架安装在转向盘内。

5）将气囊打开模块放在转向盘顶部附近，连上模块接头。

6）将气囊打开模块安装在转向盘顶部，并将 5 个固定螺钉拧紧。

7）连接蓄电池负极。

8）将时钟发条与收音机重新调好。

如果汽车没有安装安全气囊，转向盘的拆装步骤也基本相同，只是省略了有关气囊模块和时钟发条的拆装步骤。

4. 转向盘柱的拆卸与安装

转向盘柱的拆卸步骤因汽车种类、转向盘柱种类、变速杆位置不同而不同，应按维修手册中推荐步骤来操作。下述为一种典型的转向盘柱的拆卸与安装步骤。

（1）转向盘柱的拆卸

1）拆下蓄电池负极，如车辆配有安全气囊，必须等待 1min 以上，才可进行其他操作。

2）前轮置于直行位置，从点火开关上取下钥匙，以锁住转向盘柱。

3）拆下转向盘柱下面的盖，如有必要再拆下下装饰板。

4）从转向盘柱上解下所有的线束插头。

5）如果变速杆装在转向盘柱上，在转向盘柱下端拆下变速链节。

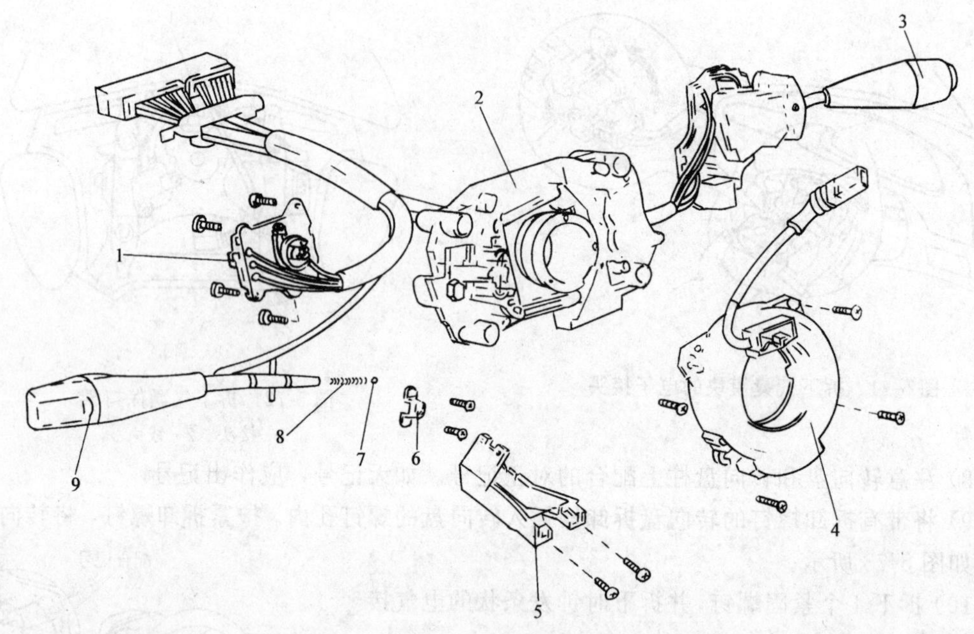

图 5-74 拆卸时钟发条

1—转向信号开关 2—开关体 3—雨刮器开关 4—螺旋电缆 5—电线盖 6—安装板 7—球 8—弹簧 9—灯光控制开关

6）从下万向节或挠性联轴节上拆下紧固螺栓。

7）拆下转向盘柱和仪表板的联接螺栓。

(2) 转向盘柱的安装 转向盘柱的安装按其拆卸的逆向进行操作。

5. 转向传动机构的拆卸与安装

转向传动机构的拆装方法比较简单，这里不详细介绍。在安装横、直拉杆的球头销时，应注意加足润滑脂，将螺塞旋到底后再退回 1/4～1/2 圈。装合后球头销应转动灵活，不松旷，不卡死，达到球节转动稍有阻力，然后上好开口销。

6. 前束的检查与调整

前束能够补偿由于前轮外倾和行驶阻力所引起的不良后果，使两前轮运动时接近平行滚动。前束过大或过小，均会使行驶阻力增大并加速轮胎的磨损。

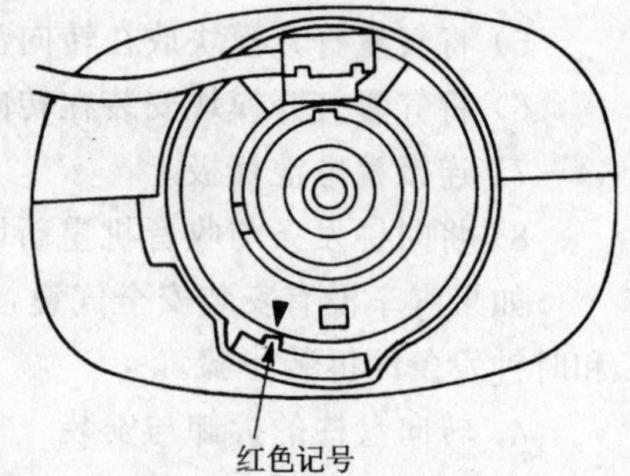

图 5-75 时钟发条对中

检查时将汽车停放在平地上，使前轮位于直线行驶位置。再将汽车向前推动 1～2m，在两轮内侧前部作记号，把前束尺放在两轮之间的记号上，尺与前轴在同一水平面上，记住尺上数值，然后再将汽车向前推动，直到前束尺随车轮转动到后面与前轴成同一水平面为止。此时前束尺上数值减去前边测量的数值即为前束值。

调整前束值时，因汽车结构不同其方法也不同。如 CA1091 型和 EQ1090 型汽车，可先把横拉杆两端螺母松开，用管钳旋转横拉杆，使其伸长，前束值增大；反之前束值减小。而有的汽车前束调整是通过装置在横拉杆左端的调整管进行的。调整时将调整管两端紧固螺钉旋松，用一铁棒插入中心孔内向左（或向右）转动，由于管的两端的螺纹旋向相反（右端为左旋，左端为右旋），因而可使横拉杆伸长或缩短，以达到调整前束的目的。

为使调整可靠准确，事先应将轮毂轴承调整好，两前轮轮胎气压应一致。

7. 转向角的检查与调整

为了避免转向不足或车轮碰撞汽车的其他部分，应进行汽车前轮转向角的调整。转向角过大，汽车转弯时，轮胎容易与翼子板和直拉杆碰擦；转向角过小，使转弯困难，影响汽车的最小转弯半径和机动性。

转向角检查，应在前束调整后进行。将前轴顶起，使转向轮处于直线行驶位置，靠轮胎边缘画出与车轮平行的直线，把转向盘转到底再画出第二条直线，然后用量角规测量转向角。左、右两边车轮检查方法一样，如图 5-76 所示。

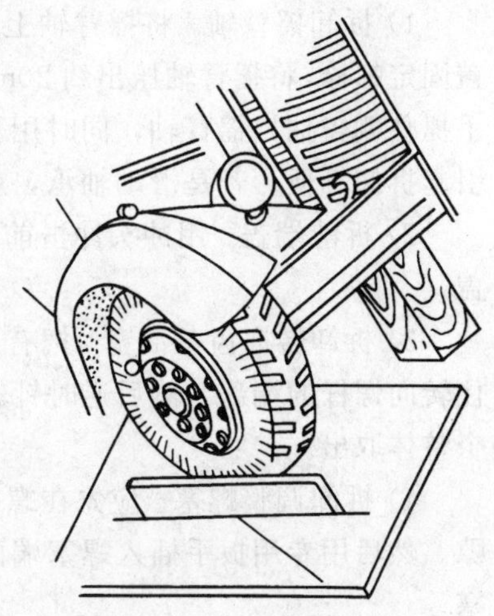

图 5-76　最大转向角检查

如果转向角过大或过小，可旋进或旋出转向节突缘上的限制螺钉予以调整。一般调至车轮偏转到极限位置时，轮胎距离最近的可能相碰物 8～10mm。CA1091 型汽车最大转向角向左 34°，向右 42°。

8. 转向盘游动间隙的检查与调整

转向盘游动间隙是指处于直线行驶位置的前轮不发生偏转情况下，转向盘所能转过的角度，也称为转向盘自由转动量。一般汽车转向盘左右自由转动量不超过 30°。如果超过这个范围，将使汽车在行驶中转向盘左右偏摆晃动。转向盘游动间隙的检查与调整按如下步骤进行：

1）首先检查转向盘紧固螺母，若松动，应予以紧固。再检查转向装置滑动花键部的磨损情况，若磨损过大，应予更换转向传动滑动叉。

2）检查摇臂轴与螺母啮合间隙是否过大，过大应予一调整。

3）检查转向器内平面轴承是否符合要求，如钢球在轴承上、下滚道运动不正常，使左、右传动时起动力很轻（如同空行程），转过一定范围又恢复正常的力矩，这样，在左、右转向时，有一种起动力甚轻的感觉，转向盘由于车辆的振动，产生左、右晃动。

4）检查其他直、横拉杆以及转向节等部有无松动等缺陷。

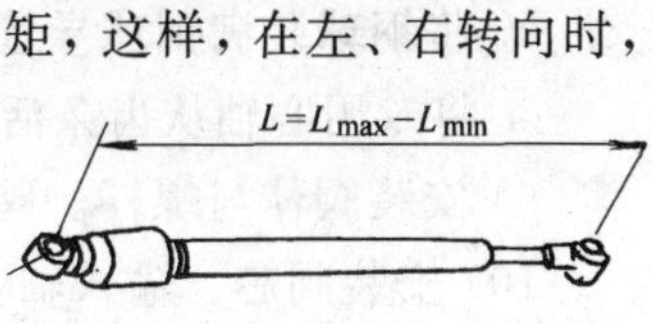

$L=L_{max}-L_{min}$

图 5-77　转向减振器行程检查

9. 转向减振器的检查

如图 5-77 所示，检查转向减振器是否漏油。规定油量为 86mL。检查转向减振器的行程。工作行程 L 应为最大长度（L_{max}）556mm 与最小长度（L_{min}）344.5mm 之差，为 211.5mm。行程不足时应更换。检查转向减振器的阻尼力，最大阻尼载荷为 560N，最小阻尼载荷为 180N（在试验台上进行）。检查转向减振器的支承是否开裂；橡胶衬套是否老化。

10. 直、横拉杆接头的调整

检查直、横拉杆有无弯曲或裂纹。检查各连接部分的松动情况，可往复急转方向盘，察看拉杆接头与球座的间隙。当直、横拉杆的球头销松动时，可用扳手旋动螺塞进行调整。

（二）动力转向系的拆装与调整

1. 动力转向器的拆装

动力转向装置的液压元件都是经过精密加工、精细装配与调试的，使用维护一般不应随意拆卸。即使汽车大修，也应对转向系统进行性能检查，如技术状况处于完好状态，则无须解体。因为解体不仅容易使密封件损坏，而且像控制阀体与阀芯这样偶件稍不细心即会损伤。若因技术原因必须解体时，应按各车型修理手册的规定进行拆装。另外，动力转向系的转向操纵机构与机械转向系基本相同，其拆装调整在前面已经介绍过了，在此不再重复。下面以叶片泵为例介绍其拆装步骤及检查调整。

1）拆卸摇臂轴。将摇臂轴上的扇形齿轮置于中间位置，先拆下摇臂轴油封，接着拆下侧盖固定螺栓，将摇臂轴压出约 20mm，然后给摇臂轴支撑轴颈端套上约 0.1mm 厚的塑料筒，用手抓住侧盖抽出摇臂轴，同时用另一只手从另一端压入塑料筒，防止轴承滚子散落到壳体内引起拆卸不便。若是滑动轴承，就不需要塑料筒了。

2）拆前端盖。用冲头冲击前端盖的弹簧挡圈，然后逆时针转动控制阀芯的枢轴，取下前盖。

3）拆卸转向齿条活塞。把有外花键的专用芯轴从前端插入转向齿条活塞中心孔，直至顶住转向螺杆的端部。然后逆时针转动控制阀阀芯枢轴，将专用芯轴、齿条活塞、钢球作为一个整体取出。

4）拆卸调整螺塞。应先在螺塞和壳体上作对应标记，以便装配时易于保证滑阀的轴向间隙。然后用专用扳手插入螺塞端面上的拆卸孔内，拆下调整螺塞。拆下时应防止损坏调整螺塞。

5）拆下阀体。滑阀与阀体都是精密零件，其公差约为 0.0025mm，并且经过严格的平衡，在拆卸过程中不得磕碰，以防止损伤零件表面。拆下后应放在清洁处。

6）拆下所有的橡胶密封元件。

7）装配前，应将零件清洗干净，用压缩空气吹干。

8）组装转向螺杆、齿条活塞组件。

a. 将转向螺杆装入齿条活塞中，然后将黑色间隔钢球和白色承载钢球相间从齿条活塞背上的两个钢球导孔中装入滚道。

b. 将钢球装满钢球导管，再将导管插入导孔，按规定力矩固定好导管。

c. 将专用心轴从齿条活塞前端装入齿条活塞，直至顶住转向螺杆。

9）安装阀体与螺杆。阀体上的凹槽与螺杆的定位销必须对准。

10）安装阀芯、输入轴，并装好推力轴承及所有的橡胶密封元件。

11）把阀体推入转向器壳体中，将专用心轴与齿条活塞一起装入壳体，待与螺杆啮合后，顺时针转动输入轴，将齿条活塞拉入壳体后，再取出专用心轴。

12）安装调整螺塞，并调整好螺塞的预紧度。

13）安装摇臂轴组件。注意对正安装记号和按规定力矩紧固侧盖，并注意用适当厚度的垫片调整 T 形销与销槽的间隙，以达到控制摇臂轴轴向窜动的目的。

14）调整摇臂轴扇形齿轮与齿条活塞的啮合间隙，检验输入轴的转动力矩应符合原厂规定。

2. 动力转向液压泵的拆装

1）从液压泵上拆下回油管，使油液排入油盆，倒掉旧油。

2）松开支架或张紧螺栓，拆下液压泵安装螺栓。

3）从泵上拆下软管，盖好泵的接头和软管端部。

4）拆下张紧螺栓，将液压泵拆下。

5）在液压泵前、后壳体接合面上做记号，然后拆开壳体。

6）在拆下偏心壳时，务必使叶片不要脱开转子。

7）拆下卡环和油封时应使用专用工具。

8）拆下转子时，必须打上包括转子旋转方向的安装记号，传动带盘也应打上安装记号后，才能拆下传动带盘及转子轴。

9）液压泵的装配按拆卸逆向进行，但必须保持清洁，不得因装配而损伤叶片、转子、凸轮环等精密零件的工作面，零件的装配标记和平衡标记相对应且位置正确，要求严格密封的接合面及其他密封部位，必须在衬垫上涂抹密封胶。

10）动力转向装置拆装一般注意事项如下：

a. 拆装应认真仔细，特别是控制阀阀芯在拆装时应防止歪斜，以免碰伤、划伤零件的工作表面。

b. 应特别注意保护密封元件，如油封、密封圈、活塞环等，应避免通过棱角、花键和螺纹时划伤其工作表面。必要时应用工具如导套进行拆卸和装配。O形密封圈安装到位后应无扭曲。

c. 拆卸下的和装配调试后待安装的液压泵、阀和动力缸等液压元件上的油孔，以及拆开的液压管路接头，均应用专用堵塞随时堵住或用塑料薄膜包扎，但绝不能用棉纱堵塞，以免泥沙、灰尘、棉纱进入元件和系统。

d. 液压元件装配时应保持零件清洁。橡胶密封件应用液压油或酒精清洗，不可用汽油、煤油清洗。清洗后的零件应用压缩空气吹干，不允许用棉纱擦拭。装配时，零件表面应涂少量液压油。

3. 动力转向系的检查与调整

（1）动力转向系油液量的检查与排气　起动发动机，直到油液温度达到77℃时，关闭发动机，保持储油筒充满油液。把转向盘打到最左端，再到最右端，使转向油液循环，继续添加油液直到充满油箱。

再次起动发动机，使其高速运转，观察油液在油尺上的位置。若需要，则添加油液。左、右转动转向盘，但不要转到极限位置，这样可把系统中空气排除。混有空气的油液呈乳白色。保持油箱中充满油液。

回转转向盘使前轮对正，发动机继续运转2～3min，然后关闭发动机。在系统稳定在正常工作温度条件下观察液面，若需要，则向油箱添加油液。液面检查完毕后，油箱盖按规定拧紧，否则将导致泄露。

（2）液压泵驱动带张紧度的检查　用规定压力驱动带中央部位，检查驱动带的弯曲挠度是否符合规定，若不符合规定，应进行调整。如果带张紧不足，则带与带轮间要产生滑动，使油压下降，导致转向沉重；另一方面，如果带张紧过大，将使液压泵轴承损坏。

（3）流量控制阀的检查　图5-78a所示为流量控制阀检查，应保证其能在泵壳、泵体孔内滑动自如。流量控制阀只能作为一总成来维修，不能对它解体。

（4）泵轴的检查　泵轴花键是否有磨损、裂纹和其他损坏。

（5）转子与定子径向间隙的检查　如图5-78b所示，用塞尺检查转子与定子的径向间隙。使用极限为0.06mm，超过极限时应先更换定子（与转子有相同标记的）。

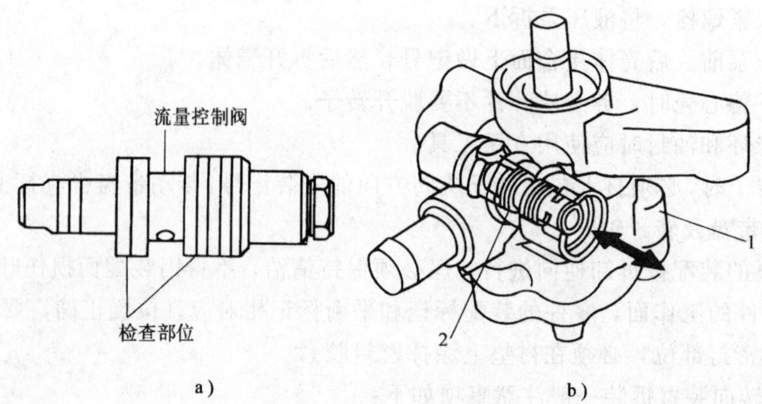

图 5-78　动力转向系检查

a) 流量控制阀检查　b) 转子与定子间隙检查

1—壳体　2—流量控制阀

(6) 动力转向系油压检查　如图 5-79 所示，在发动机下面放好集油盘，在泵端或转向器端（最方便处），拆下与液压泵 2 相连的高压油管，把压力表 3 连接到压力软管上，压力表 3 另一端通过软管连接到转向器 5 上，把检测阀 4 接在液压泵 2 与转向器 5 之间，逆时针转动检测阀 4，使其完全开启。起动发动机，使液压油达到正常工作温度（约77℃）。在发动机怠速运转条件下，测量到的压力应小于 862kPa。若压力高于 862kPa，应检查软管是否有堵塞。初始压力应为 345～552kPa，否则需要维修。

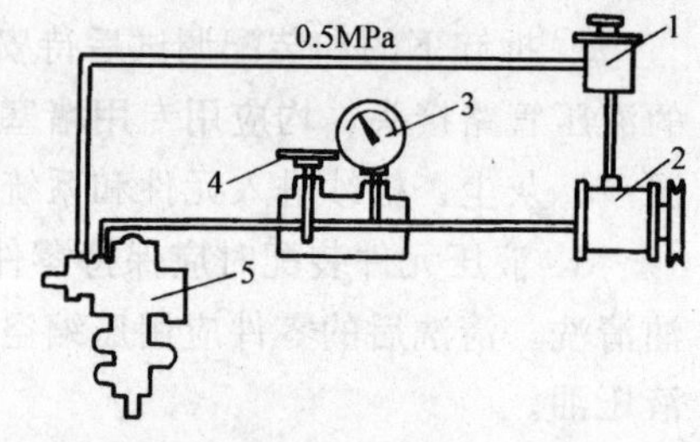

图 5-79　动力转向系油压检查

1—储油罐　2—液压泵　3—压力表

4—检测阀　5—转向器

检测液压泵 2 最大输出压力和流量控制阀的工作状况：完全关闭检测阀 4，然后迅速打开，此过程重复进行三次，每次关闭检测阀时间不能超过 5s，否则将损坏液压泵。记录下每次检测阀 6 关闭时压力表指示的最高压力。比较这些压力值，若三次压力指示值变化范围在 345kPa 以内，则说明液压泵工作正常。最高压力应为 1000±345kPa。若最高压力超出了限制范围，而且三次压力值变化范围超出 345kPa，则说明流量控制阀工作不正常。卸下并清洗，用细纱布、细砂纸打磨。若系统被污染，则冲洗整个系统。

若三次压力值在规定范围，但压力值低于规定最大值，则表明液压泵 2 有故障，应更换液压泵。

若液压泵工作正常，则可检测转向器是否有泄露。检测方法是：开启检测阀 4，转动转向盘到左、右极限位置，强迫液压泵在极限位置工作，分别记录在左、右极限位置时的最高压力值。用此值与前面测量的最高压力值进行比较，若在任何一极限位置不能重复液压泵最高输出压力值，则说明转向器内部有泄露，转向器应解体修理。

(三) 桑塔纳轿车机械转向系的拆装

1. 转向操纵机构的拆装（参见图 5-11）

1) 向下按橡皮边缘，撬出大盖板 1，取下喇叭按钮盖板 2，拆卸有关连接线。

2) 拆下转向盘柱紧固螺母 3，用顶拔器取下转向盘。

3）拆下组合开关上三个平口螺栓，取下开关。

4）拆下阻风门控制把手上的销子，旋下手柄、环形螺母，取下开关。

5）拆下转向盘柱套管的两只螺钉，拆下套管。

6）将转向盘柱上段往下压，使上段端部法兰盘上的两只驱动销脱离转向盘柱下端，取出转向盘柱上段。

7）取下转向盘柱管橡胶圈 13，松开夹紧箍的紧固螺栓，拆下转向盘柱下端。

8）拆下转向盘锁套。

9）转向操纵机构的安装按拆卸相反顺序进行。但要注意安装转向盘时，车轮应处于直行位置。

2. 转向器的拆装

1）拆卸补偿器，松开紧固螺栓，取下 O 形密封圈及调整弹簧。

2）拆卸主动齿轮密封环、卡簧、轴承，取下主动齿轮。

3）松开齿条端盖帽，拆卸齿条杆上防尘罩、挡圈，抽出齿条，并作行程记号。

4）转向器安装按拆卸相反顺序进行。

3. 转向传动机构的拆装

从转向节臂处松开横拉杆球销锁紧螺母，分别拆下左、右横拉杆的球销一端。拆下左、右横拉杆与支架的联接螺母，取下左、右横拉杆总成。再松开调整螺母，卸下左、右横拉杆球铰。装配时，应更换自锁螺母、防尘套和衬套。

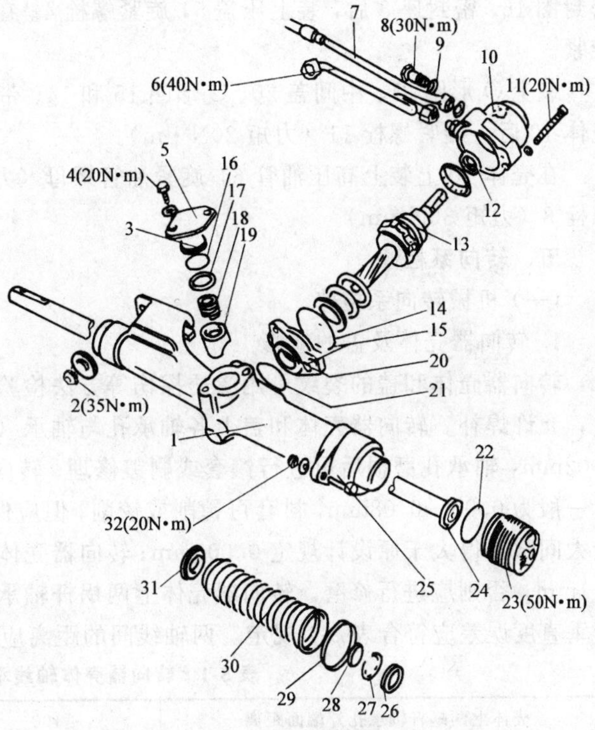

图 5-80　动力转向器的拆卸

1—转向器壳　2—自锁螺母　3—密封座　4、11—螺栓　5—压盖　6—高压油管　7—回油管　8—油管螺栓　9、16—密封圈　10—分配阀壳体　12—油封　13—主动齿轮　14、15、21、22—O 形圈　17—补偿垫圈　18—弹簧　19—滑块　20—中间盖　23—密封盖　24—齿条　25—内六角螺栓　26—齿条密封罩　27—挡圈　28—齿形垫圈　29—夹箍　30—防尘罩　31—固定环　32—螺母

（四）桑塔纳 2000 轿车动力转向系的拆装

桑塔纳普通型轿车采用机械转向系，其结构已在前面介绍。桑塔纳 2000 型轿车采用动力转向系，而动力转向系的转向操纵机构和传动机构的结构与拆装步骤和机械转向系基本相同，因此下面只介绍动力转向装置的结构与拆装步骤。

（1）动力转向器的拆卸　如图 5-80 所示。旋下螺母 2、32，取下转向器。旋下油管螺栓 8，取下回油管 7，旋下油管螺母，取下高压油管 6。旋下螺栓 4，取下压盖 5，弹簧 18、滑块 19。拆下固定环 31、夹箍 29，取下防尘罩 30，取下挡圈 27，取下齿条密封罩 26。旋下密封盖 23，取出带活塞的齿条 24。旋下螺栓 11，取下液压分配阀壳体 10，取下带液压分配阀的主动齿轮 13 和中间盖 20。

(2) 带液压助力转向器的组装　如图 5-80 所示。装上齿条 24，将O形圈 22 套在密封盖 23 上，将密封盖 23 装在转向器壳 1 上，旋紧力矩 50N·m，然后用冲子铆死（间隔 180°）。在齿条 24 露出端涂上 AOFO6300004 转向器润滑油脂，装上密封罩 26、挡圈 27，再装上防尘罩 30 和固定环 31，推到齿条 24 的止挡处，将防尘罩另一端装入转向器壳 1 上的环槽中，用夹箍 29 夹紧。

装上滑块 19，让其上槽孔对准压盖 5，下端凹面与齿条 24 相吻合。装上弹簧 18、垫圈 17、密封圈 16、密封座 3 后，装上压盖 5，旋紧螺栓 4。在未调整齿轮与齿条啮合间隙之前先不要旋紧。

装上O形圈 21、中间盖 20、O形圈 15 和 14、带液压分配阀的主动齿轮 13、液压分配阀壳体 10 后，旋紧螺栓 11（力矩 20N·m）。

在壳体 10 上装上高压油管 6，旋紧油管螺母（力矩 40N·m）。装上回油管 7，旋紧油管螺栓 8（力矩 30N·m）。

五、转向系检修

（一）机械转向系检修

1. 转向器壳体及盖的检修

转向器壳体和盖的裂纹可用渗透探伤等方法检验。如有裂纹，一般应予更换。裂纹不大时，允许焊补。转向器壳体和盖上各轴承孔与轴承（衬套）的配合间隙不得大于原设计规定 0.02mm，轴承孔磨损后可进行镶套或刷镀修理。转向摇臂衬套磨损应更换。衬套压入的过盈量一般为 0.05～0.08mm。衬套可镗削或铰削，但应保证两孔衬套同轴。衬套与摇臂轴配合的最大间隙不得大于原设计规定 0.005mm；转向器壳体与盖整个接合面的平面度误差不得大于 0.1mm；否则应进行修磨。转向器壳体上两蜗杆轴承孔公共轴线与两摇臂轴轴承孔公共轴线的垂直度误差应符合表 5-1 规定。两轴线间的距离应符合原设计规定。

表 5-1　转向器壳体轴线垂直度误差　(mm)

壳体上两蜗杆轴承孔外端面距离	≤100	＞100～160	＞160
垂直度误差不大于	0.04	0.05	0.06

2. 转向轴及蜗杆的检修

转向轴在使用中，由于装蜗杆的根部啮合受力会产生弯曲变形，其根部的不直度超过 0.25mm，或转向轴中部的不直度大于 0.17mm 时，应进行冷压校正。转向轴中部弯曲的校正应先在转向轴内充满细砂，然后进行校正。

转向轴与蜗杆过度处应用敲击法检视有无裂纹，以防隐蔽裂纹存在而导致严重事故。

蜗杆的齿面和锥形轴颈有裂纹、疲劳剥落、磨损严重，甚至无法调整啮合间隙时，应予更换。更换蜗杆后，应将其下端轴管翻边铆紧，以保证转向轴与蜗杆牢固结合。如果蜗杆锥形轴颈部位磨损较大，可镀铬或镶配锥形套。

3. 转向摇臂轴及滚轮的检修

1）摇臂轴与衬套的配合间隙应为 0.03～0.07mm。如有松旷感觉，就会增大转向盘的游动间隙，应更换衬套。新套与座孔应有 0.06～0.62mm 的过盈配合。摇臂轴磨损超过 0.15mm 应修复或更换，摇臂轴弯曲应予校正。

2）滚轮与轴承的配合间隙应为 0.04mm，转动灵活。如有松旷感觉，将增大转向盘的游动间隙。其轴向间隙不大于 0.15mm，径向间隙不大于 0.20mm，否则应修理或更换轴承。滚轮的轴承磨损起槽应予更换，或配换加粗的滚针，并加厚止推垫圈，然后焊修滚轮两端面，以消除过大的径向和轴向间隙。滚轮如有裂纹、疲劳剥落及梯形臂磨损应更换。

3）摇臂轴的轴颈磨损超过 0.05mm，可予镀铬修复。摇臂轴的花键齿扭曲大于 1mm 时应更换。

4）摇臂花键孔磨损后，以致花键轴端面伸出花键孔端面，应更换。

4. 直、横拉杆的检修

1）直拉杆的球节孔磨损扩大 2mm 时，应堆焊后加工到标准尺寸，也可另制一块有标准尺寸孔的厚度不小于 3.5mm 的钢板焊在相应部位。直拉杆端头螺塞损坏，可重新予以攻螺纹进行修复。

2）横拉杆球节座孔的上缘磨损，其厚度小于 2mm 时，应堆焊后进行车削修理。横拉杆的弯曲超过 2mm 时，应进行冷压校正。

3）球头销的球面和头部单边磨损超过 1mm，应焊修或更换。球头碗磨损过大，弹簧失效，螺塞损坏，均应更换。

（二）动力转向系的检修

1. 流量控制阀的检修

（1）流量控制阀的机械故障　检查流量控制阀凹槽边缘有无磨损、毛刺及其他损坏；检查转向泵壳体流量控制阀阀孔有无刮伤和磨损；将流量控制阀装入泵壳体内，检查进出移动是否平滑，有无卡滞现象，若不能平滑移动或有其他机械损伤，应更换转向泵总成。

（2）流量控制阀密封性故障　按图 5-81 所示方法将软管接至流量控制阀一端，将流量控制阀浸入装有液压油的容器内，并从软管中吹入压缩空气。如果压缩空气压力低于 98kPa 时，流量控制阀中有气泡冒出，则说明流量控制阀有泄漏。此时可对流量控制阀进行分解，如图 5-82 所示，并彻底清洗，用压缩空气吹干后重新组装进行再次密封性测试。

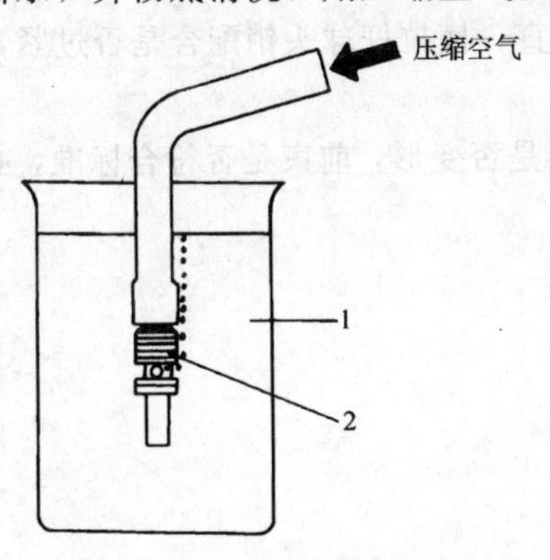

图 5-81　流量控制阀密封性测试

1—液压油　2—流量控制阀

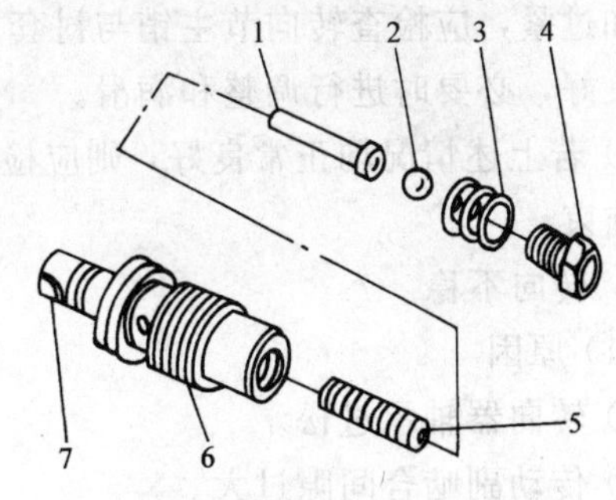

图 5-82　流量控制阀解体

1—安全阀　2—安全阀钢球　3—垫片　4—支座　5—安全阀弹簧　6—流量控制阀　7—端部

2. 驱动轴的检修

1）检查驱动轴是否磨损、弯曲，有无裂纹或其他损伤。如驱动轴磨损严重或弯曲变形或损坏，应予以更换。

2）检查驱动轴上的滚珠轴承，缓慢转动外座，如果感觉有间隙或转动不顺畅，应更换轴承。更换轴承应使用压力机或专用工具。

3）检查转向泵叶片磨损情况，如果叶片磨损严重或有表面划伤，应更换转向泵总成。

4）检查转向泵壳体和盖是否有裂纹、破损或变形，检查壳体轴承座孔、流量控制阀座孔、辅助阀座孔是否有磨损、刮伤或其他损伤，如果有上述缺陷，应更换转向泵总成。

5）检查转子与侧盘接触面是否平整，不允许有任何裂缝和划痕，否则应更换转向泵总成。

六、转向系常见故障诊断

（一）机械转向系常见故障诊断

1. 转向沉重

汽车在行驶中驾驶员向左、向右转动转向盘时，感到沉重费力，无回正感；当汽车低速转弯行驶和调头时，转动转向盘感到超乎正常地沉重，甚至打不动。

（1）原因

1）转向器轴承装配过紧。

2）传动副啮合间隙过小。

3）横、直拉杆球头销装配过紧或接头缺油。

4）转向节主销与衬套配合过紧。

5）转向轴或柱管弯曲，互相摩擦或卡住。

6）转向装置润滑不良。

7）前束调整不当。

（2）故障诊断

1）拆下转向臂，转动转向盘，如感觉沉重则应调整轴承紧度和传动副啮合间隙。若有松紧不均或有卡住现象，则应拆下转向轴检查传动副及轴承有无损坏，转向轴与柱管有无摩擦或卡住现象，必要时进行修理或更换。

2）转动转向盘时，如感到轻松，则故障在传动机构，应顶起前轴，并用手左、右扳动前轮。如过紧，应检查转向节主销与衬套，推力轴承和直、横拉杆球头销配合是否过紧，润滑是否良好，必要时进行调整和润滑。

3）若上述情况均正常良好，则应检查前轴和车架是否变形，前束是否符合标准，必要时调整前束。

2. 转向不稳

（1）原因

1）转向器轴承过松。

2）传动副啮合间隙过大。

3）横、直拉杆球头销磨损严重。

4）转向节主销与衬套磨损严重，配合间隙过大。

5）前轮毂轴承松旷。

6）前轴弯曲。

7）车架和轮辋变形。

8）前束过大。

（2）故障诊断

1）一人转动转向盘，另一人在车下察看传动机构，如转向盘转了许多而转向臂并不转动，则故障在转向器；如转向臂转动了许多而前轮并不偏转，则故障在传动机构。

2）如果故障在转向器，应检查传动副啮合间隙，必要时进行调整。

3）如果故障在传动机构，应检查转向臂和直、横拉杆各球头销是否松旷，必要时进行调整。

4）经检查上述情况良好，则应架起前轴并用手推动车轮，检查转向节主销与衬套，前轮毂轴承是否松旷，必要时进行调整或修理。

5）转向盘经过上述检查、调整后仍不稳定，应检查前轴和车架以及轮辋是否变形，前束是否符合标准规定，必要时进行调整或修理。

3. 单边转向不足

(1) 原因

1）转向摇臂在转向摇臂轴上装配位置不合适。

2）有一边前轮转向角限位螺钉过长。

3）直拉杆弯曲变形。

4）前钢板弹簧骑马螺栓松动或中心螺栓折断。

5）中心不对称的前钢板弹簧前后装反。

(2) 故障诊断

1）若汽车转向原来良好，由于行驶中的碰撞而造成转弯半径一边大一边小时，应检查直拉杆、前轴、前钢板弹簧有无变形和中心螺栓折断现象。

2）若在维修后出现单边转向不足，可架起前桥，先检查转向摇臂是否装配正确。可将转向盘向一边转到尽头，再回到另一尽头，记住转向盘转动的总圈数，然后检查转向摇臂的位置，即在总转动圈数之半时前轮是否在居中的位置。倘若位置不对，应拆下转向摇臂另行安装。若摇臂位置始终不能使前轮对中，则应检查直拉杆有无弯曲变形。若转向角不等仅是受到转向限位螺钉不同长度的影响，则应调整限位螺钉。

3）对于中心不对称的前钢板弹簧，则应检查是否有装反现象。

4. 转向盘自由转动量过大

汽车保持直线行驶位置或静止不动时，转向盘左、右转动的游动角度过大。

(1) 原因

1）转向器内主、从动啮合部位间隙过大或主、从动部位轴承松旷。

2）转向盘与转向轴连接部位松旷。

3）转向垂臂与转向垂臂轴连接松旷。

4）直、横拉杆球头连接部位松旷。

5）直、横拉杆臂与转向节连接松旷。

6）转向节主销与衬套磨损后松旷。

7）车轮轮毂轴承间隙过大。

(2) 故障诊断

1）更换轴承或调整轴承紧度。

2）更换球头。

3）调整转向器齿轮啮合间隙或更换损坏的齿轮。

5. 车轮回正不良

(1) 原因

1）转向车轮轮胎气压不足。

2）前轮定位失准。

3）转向器齿轮调整不良或损坏。

（2）故障诊断

1）按标准充气。

2）检查调整前轮定位。

3）调整转向器或更换损坏的齿轮。

（二）动力转向系常见故障诊断

液压动力转向系实际上是机械转向器加液压助力器。转向系故障前面已叙述，因此动力转向系的故障，就是指常见液压传动部分的泄露、渗进空气、液压泵工作不良、操纵阀失效等引起的转向沉重、跑偏等。

1. 转向沉重

（1）原因

1）油箱缺油或油液高度不足或滤清器堵塞。

2）回路中有空气。

3）液压泵磨损，内部泄露严重，或驱动带打滑。

4）安全阀泄露，弹簧太软或调整不当。

5）动力缸或分配阀密封圈损坏。

6）各油管接头泄露。

（3）故障诊断

1）检查液压泵传动带是否打滑或其他驱动形式的齿轮传动等有无损坏。

2）检查转向器、分配阀、液压泵、动力缸、各油管接头等有无渗漏。

3）从油箱检查油质及油面高度。若发现油中有泡沫时，可能是油路中有空气。此时，可架起前桥或拆下直拉杆，起动发动机怠速运转，反复将转向盘从一个尽头转到另一个尽头，使动力缸在全行程往复运动，逐步排除油路中的空气。最后加添油液至规定高度。

4）检查液压泵、安全阀、动力缸是否良好。接上与规定油压相适应的压力表和开关。打开开关，转动转向盘到尽头，起动发动机低速运转。这时，若油压表读数达不到该车型规定压力值，且在逐步关闭开关时，油压也不提高，说明液压泵有故障或安全阀未调整好。若油压表读数达到规定值，在逐步关闭开关时压力有所提高，说明液压泵良好，故障在动力缸或分配阀。

2. 汽车直线行驶时，转向盘发飘或跑偏

（1）原因

1）控制阀回位弹簧损坏或太软，难以克服转向器逆传动阻力，使滑阀不能及时回位。

2）因油液脏污使滑阀运动受到阻滞。

3）由于滑阀与阀体台阶位置偏移使滑阀不在中间位置。

4）流量控制阀卡住使液压泵油量过大或油压管道布置不合理，导致油压系统管道节流损失过大，使动力缸左、右腔压力差过大。

（2）故障诊断

1）应当检查油液是否脏污，新车或大修后的车辆不认真执行走合维护的换油规定，往往使油液脏污。

2）对于使用较久的车辆，则可能是流量控制阀或分配阀反作用弹簧失效所致，可在不起动发动机的情况下，转动转向盘，凭手感判断滑阀是否开启运动自如。若有怀疑，一般应拆装检查。

3. 左右转向轻重不同

（1）原因

1）分配阀的滑阀偏离中间位置，或虽在中间位置但与阀体台肩的缝隙大小不一致。

2）滑阀内有脏物阻滞，使左右移动时阻力不一样。

3）调整螺母调整不当。

（2）故障诊断

这种故障多系油液脏污所致，应换新油。如果油液良好，对可调式分配阀，应将调整螺母重新调整，或拆开分配阀检查缝隙台肩是否有毛刺，滑阀位置是否居中等。

4. 快转向时转向盘感到沉重

（1）原因

1）液压泵传动带打滑。

2）流量控制阀弹簧过软。

3）安全阀、流量控制阀泄漏严重。

4）液压泵磨损过甚。

5）液压泵选型不对，使供油不足。

（2）故障诊断与排除

这种故障多系供油量不足所致。因此，除应先检查传动带有无打滑，油箱存油是否符合规定外，可以顶起前桥，接上压力表及开关，进行快慢转向试验。同时变更发动机转速进行实验，根据压力变化作出诊断。

5. 转向时有噪声

（1）原因

1）油箱中油面过低，液压泵在工作时容易吸进空气；或液压泵传动带过松。

2）油路中存有空气。

3）滤油器滤网堵塞，或因其破裂造成油管堵塞。更换滤清器。

4）各管路接头松动或油管破裂。更换油管。

5）液压泵损坏或磨损严重。更换动力转向装置。

（2）故障诊断

1）检查油箱液面高度，若缺油液，应加注液压油至标准高度。

2）检查液压泵传动带是否打滑。必要时调整传动带紧度。

3）查看油液中有无泡沫，若有泡沫，应查找漏气处，排除动力转向装置中的空气。

4）转向器有损坏或磨损严重。更换转向器齿轮。

第二节　电子控制动力转向系及四轮转向系统

一、电子控制动力转向系

（一）电子控制动力转向系的构造及工作原理

如前所述，动力转向可以利用较小的转向盘操纵力使车辆转弯。但在低速时为了省力而规定一定工作压力，如转向比不变，则在高速时，由于转向操纵力减小，使驾驶员失去对车辆的控制，易产生危险。电子控制动力转向系旨在使车辆低速尤其是停放车辆时转向轻便，而当车速较高时，电子控制使系统的液压助力作用减弱，转向操纵力增加，使驾驶员在高速行驶时对转向盘有更好的控制。在电子控制动力转向系中，按照车速通过控制电磁阀改变动力转向系统中的油压控制回路，低速时转向力小，提高操纵力；在中高速时使之成为与手操纵相适应的转向力，提高操纵稳定性。

电子控制动力转向系可分为流量控制、反力控制与电子控制电动式转向系统三种方式。其中每一种控制方式都具有一般动力转向装置的功能。

1．流量控制式电子控制动力转向（EPS）

这是一种通过车速传感器调节向动力转向装置供应压力油，改变压力油的输入、输出流量，以控制操纵力的方法。这种方法的优点是在原来动力转向基础上增加了压力油流量控制功能。即增加一个旁通流量控制阀。图 5-83 所示为流量控制式电子控制动力转向示意图。

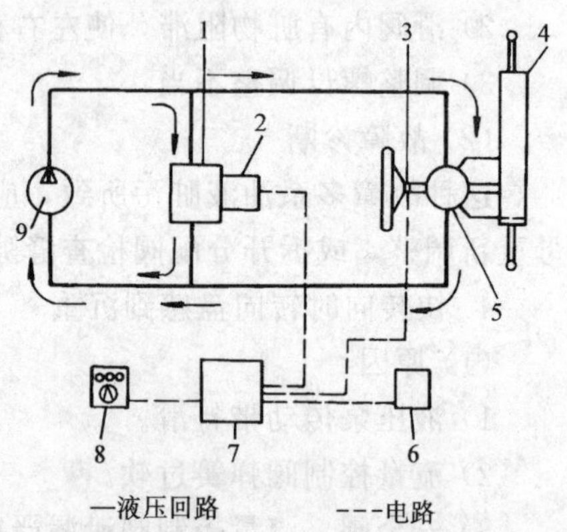

图 5-83　流量控制式电子控制动力转向系统

1—旁通流量控制阀　2—电磁线圈　3—转向速度传感器　4—转向器　5—控制阀　6—速度传感器　7—控制器　8—选择开关　9—液压泵

这种系统由旁通流量控制阀、控制电路、车速传感器、转向盘角速度传感器、控制开关组成。在泵与转向器之间设有旁通道，在旁通管路中又设有旁通流量控制阀，按照来自车速传感器和开关的信号，控制电路向旁通流量控制阀供应电流，控制旁通流量，从而调整向转向器供油的流量。当向转向器供油流量减少时，转向器控制阀的灵敏度下降，转向操纵力增加。如果系统中某一部件发生故障时，安全保险装置确保与一般动力转向装置或手动转向装置同等的转向操纵特性。

旁通流量控制阀结构如图 5-84 所示。

在阀体内有主滑阀 1 和稳压滑阀 2，在主滑阀前端与电磁线圈 3 的柱塞连接，由调节螺钉调节旁通流量。主滑阀与电磁线圈的推力成正比改变前端主孔的开口面积。稳压滑阀用于防止由于作用于动力转向装置的负荷变动而引起主孔前后压差变动，以经常保持一定压差。由此能随主孔开口面积变化控制旁通流量。当主孔前后压差偏离设定值时，即从左侧作用于稳压滑阀的挤压力 F_1 与从右侧来的挤压力 F_2（$F_2=f_1+f_2$）不平衡时，则稳压滑阀一直移动到规定的压力差为止，以调整向主滑阀供应的流量。规定旁通流量由主滑阀的开口面积决定，当主滑阀全开时，旁通流量为 0，高速时则全关闭，以最大控制旁通流量。

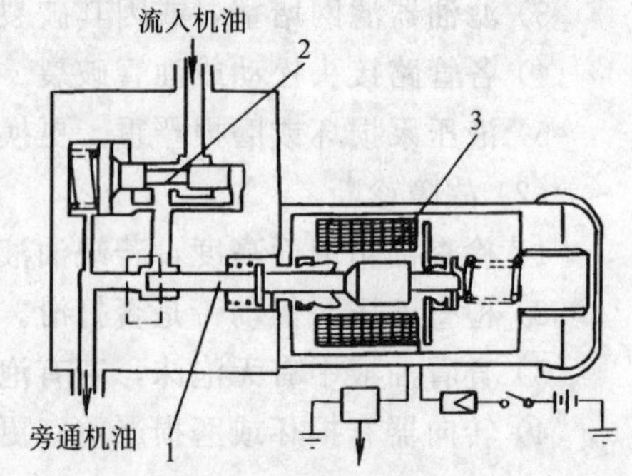

图 5-84　旁通流量控制阀结构示意图

1—主滑阀　2—稳压滑阀　3—电磁线圈

流量控制式电子控制动力转向系统结构简单。但是当流向动力转向机构的液压油降低到极限值时，转向控制部的弹性刚度下降到接近转向刚度，所以在低供给区域内对于快速转向会产生压力油不足。由于响应性降低，必须在折中范围内设定操纵力的变化特性，从而减少了操纵力选择的自由度。图 5-85 所示为蓝鸟牌轿车的流量控制式电子控制动力转向系统示意图。

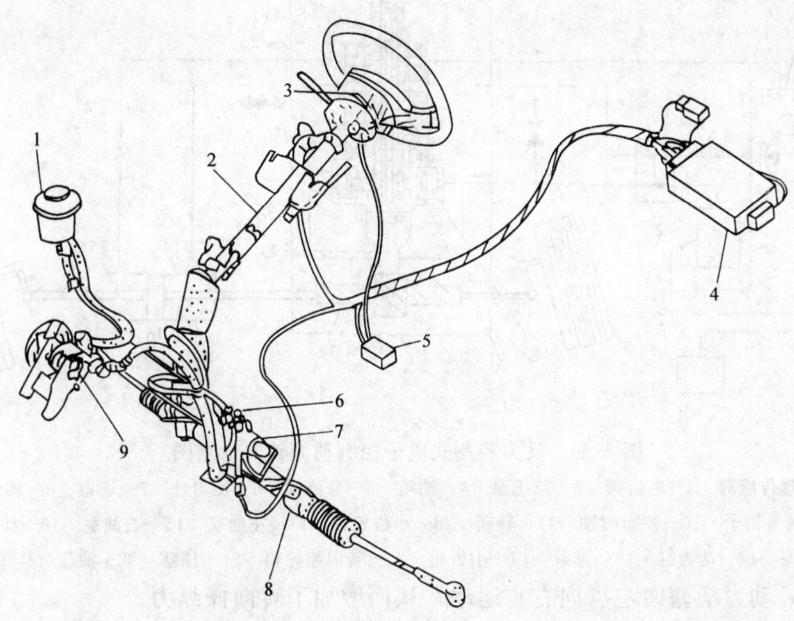

图 5-85 蓝鸟牌轿车的流量控制式电子控制动力转向系统示意图

1—油箱 2—转向柱管 3—转向角速度传感器 4—控制器 5—转向角速度传感器增值器 6—旁通流量控制阀 7—电磁线圈 8—转向齿轮联动机构 9—液压泵

2. 反力控制式电子控制动力转向

这种一种利用车速传感器、反力控制室油压，改变压力油输入、输出的增益幅度以控制转向操纵力的方法。图 5-86 所示为反力控制式电子控制动力转向示意图。该图说明动力转向的全部构成和工作过程。在图中未标出 ECU 的详细部分，仅使用了作为 ECU 输入信号的车速信号。

如图所示，扭力杆的上端与控制阀轴连接，下端部与小齿轮轴通过销子连接。扭力杆上部由销子与转阀连接，转向盘则与控制阀轴和转向轴连接。所以，转向盘的操纵力通过扭力杆及控制阀轴的作用被传向小齿轮轴。当扭力杆发出扭力时，转子阀便绕控制轴作相对旋转，并改变与各个通道口的连通状态，以便控制动力缸油液流量并切换向动力缸左室和右室的油路。当高压作用于油压反作用室时，柱塞强制压住控制阀轴，这时，在扭力杆上即使发生扭力，柱塞压力作用也会限制控制阀轴与转子阀之间的相对旋转。分流阀的作用是把来自液压泵的压力油向转子阀一侧和电磁阀一侧进行分流。根据车速与转向要求，改变转子阀一侧与电磁阀一侧的油压，以确保向电磁阀一侧供应稳定的压力油。电磁阀的节流面积随通电电流的开/关占空比而变化。当线圈电流大时，滑阀被吸引，阀的节流面积增大，油箱排出的油量增加。

当车辆低速时，由于电磁线圈的通电电流大，利用分流阀进行分流的压力油通过电磁阀重新回流到油箱中。所以，作用于柱塞的背压（油压反作用室压力）降低，于是柱塞推动控制阀轴的力变小，利用转向盘操纵力增大扭力杆扭力。转子阀被固定在小齿轮轴上，控制阀按照扭力杆的扭转角作相对的旋转，连接两个阀的通道口，使液压泵油压作用于动力缸的右

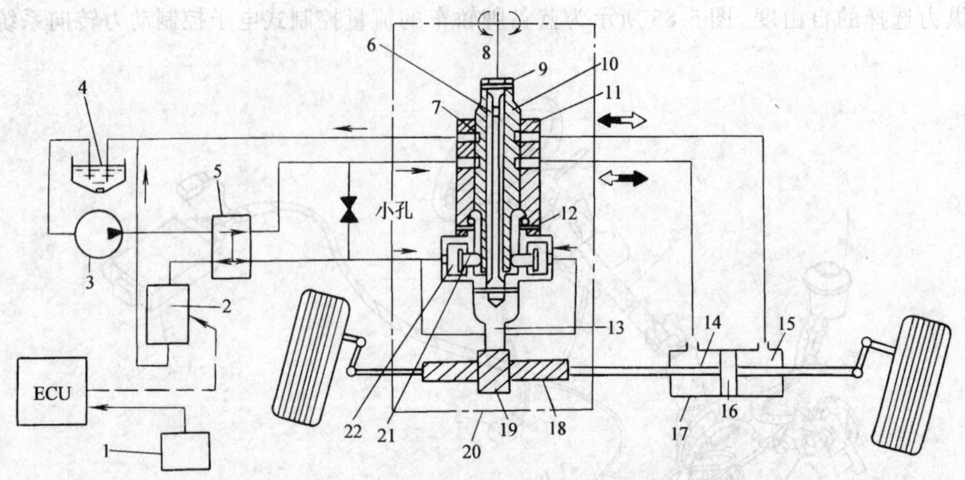

图 5-86　反力控制式电子控制动力转向示意图

1—车速传感器　2—电磁阀　3—液压泵　4—油箱　5—分流阀　6—扭力杆　7—通道　8—转向盘　9、12—销子　10—控制阀轴　11—转阀　13—小齿轮轴　14—左油室　15—右油室　16—动力缸活塞　17—动力缸　18—齿条　19—小齿轮　20—转向齿轮箱　21—柱塞　22—油压反作用室

室（或左室），动力活塞向左（向右）运动，从而增加了转向操纵力。

在汽车中高速行驶时，直线行驶转向角小，扭力杆的相对扭力也比较小，转子阀与控制阀的连通通道的开度响应减小，转子阀一侧的油压升高。由于分流阀的作用，电磁阀一侧的油量增加。随车速增加，线圈电流变小，电磁阀的节流开度随之变小。而作用在油压反作用室的反压力增加，柱塞推开控制阀轴压力也变大，增加了驾驶员手的操纵力，具有良好的转向手感。

在汽车中高速转向行驶时，即从有油压反力的中高速直线行驶状态转向时，扭力杆扭转角变小，转阀与控制阀的连通口开度减小，在转阀一侧的油压进一步升高，于是，压力油从固定孔向油压反作用室供应，从分流阀向油压反作用室供应的压力油与从固定孔流出的压力油一起增加对柱塞的推压力，使转向操纵力随转向角线性增加，所以在高速时能获得稳定转向手感。

3. 电子控制电动式转向系统

电子控制电动式转向系统组成如图 5-87 所示。

这种系统不再使用液压装置，完全依靠电动机实现动力转向，使结构更加紧凑。图 5-88 所示为一种电动助力转向系统示意图。该系统中，齿条导向壳内装有电动机，转向齿条穿过电动机的空心转子，电动机转速由齿轮减速后，使滚珠螺杆转动。由于钢球的循环作用，将滚珠螺杆的旋转运动通过滚珠螺母转换为带动齿条左、右移动的推力。这种结构由于传动齿轮与滑动齿条相啮合，即使电动系统出现故障，驾驶员仍可通过齿轮齿条机构实现转向。

该系统利用转向轴扭力杆的小齿轮部位的传感器，检测转向扭矩和转向速度，再根据汽车速度传感器的信号，由 ECU 计算出最佳推动力后发出控制指令，控制齿条轴上的电动机工作。电动机的工作电流较大，要借助动力装置中的场效应晶体管，对电动机电流进行数字控制。

（二）电子控制动力转向系的故障诊断与排除

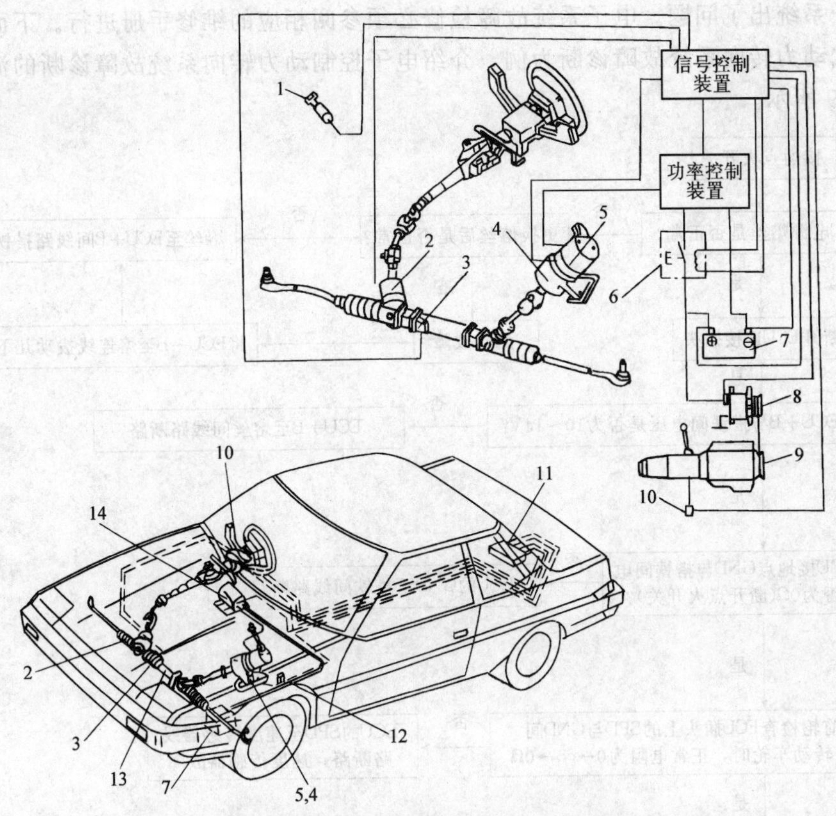

图 5-87　电子控制电动式转向系统

1—点火开关　2—转矩传感器　3—转向角传感器　4—离合器减速器　5—电动机　6—继电器　7—蓄电池　8—发电机　9—发动机　10—车速传感器　11—信号控制装置　12—电动机继电器　13—转向器　14—功率控制装置

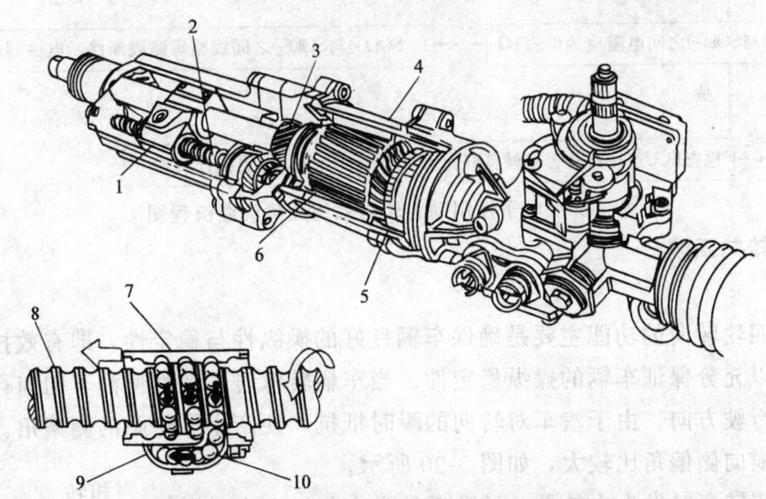

图 5-88　电动助力转向系统示意图

1—循环球　2—滚珠螺杆　3—螺旋齿轮　4—拨叉　5—电刷　6—转子　7—螺母　8—滚珠蜗杆　9—导管　10—钢球

电子控制动力转向系统与所有动力转向系一样，在进行故障诊断时，应先检查有无油液泄漏、零件损伤、传动带打滑等机械故障。只有检查完这些项目并没有发现问题时，才可以怀疑是电子系统出了问题。电子系统故障检修必须参阅相应的维修手册进行。下面以丰田凌志的液压式动力转向系统故障诊断为例，介绍电子控制动力转向系统故障诊断的流程，该流程如图 5-89 所示。

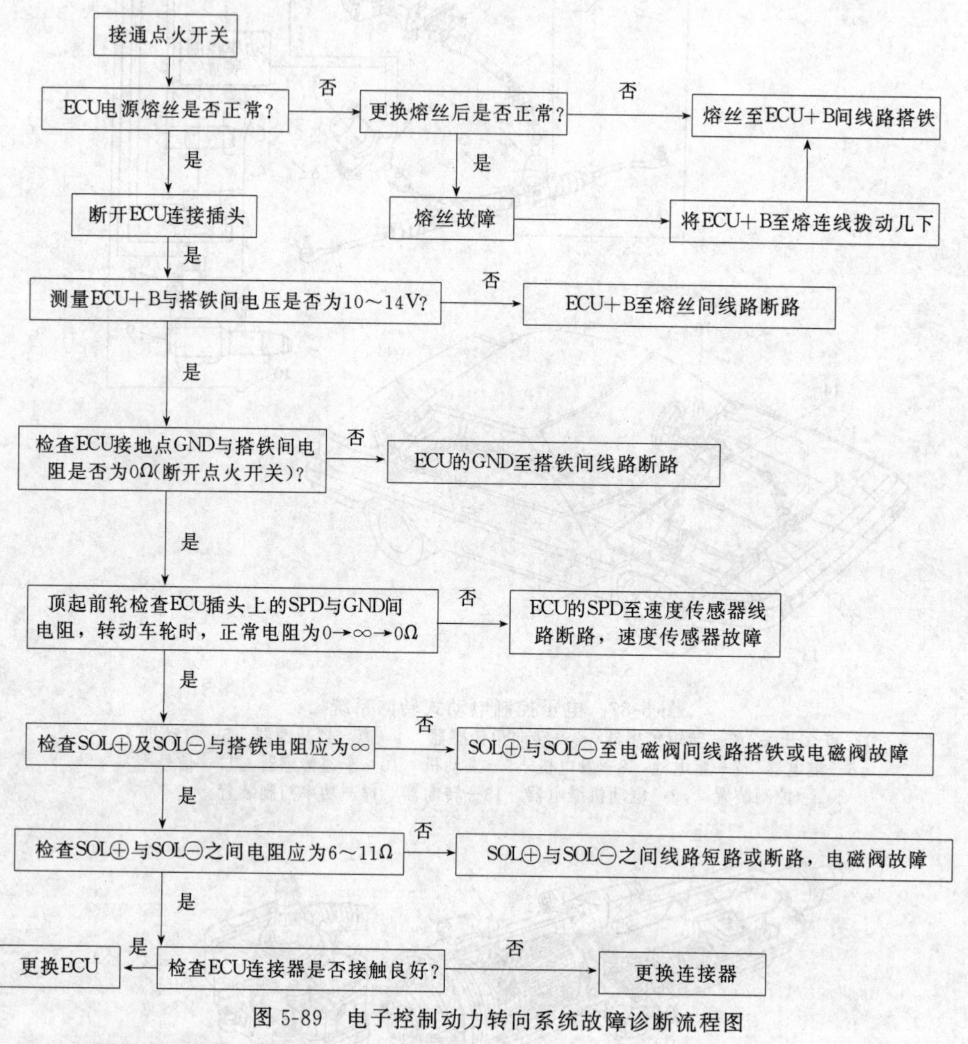

图 5-89　电子控制动力转向系统故障诊断流程图

二、四轮转向系统

（一）概述

电子控制四轮转向的功能主要是确保车辆良好的操纵性与稳定性，即有效控制车辆横向的运动特性，以充分保证车辆的操纵稳定性。当车辆转弯时，惯性使汽车向前行驶，而转向输入却要改变行驶方向。由于汽车对转向的瞬时抵抗，便产生了轮胎的侧偏角。一般两轮转向汽车的车身横向侧偏角比较大，如图 5-90 所示。

当汽车低速转弯时发生内轮差，导致后轮卷入与转向半径增加，而且当超过一定速度转向时，为了与离心力平衡，在轮胎处产生横向偏离角，从而也使车身横向偏离角发生变化。转向性能随车速、转向角、路面状态的变化而变化，车速越高，操纵稳定性越差。四轮转向可以显著提高车辆转向性能，即横向运动性能。图 5-91 所示为二轮转向车辆（2WS）与四轮转向车辆（4WS）的转向特性比较。

综上所述，四轮转向系统具有以下优点：

(1) 转向能力强　车辆在高速行驶时以及在湿滑路面上的转向特性更加稳定和可控。

(2) 转向响应快　在整个车速变化范围内，车辆对转向输入的响应更迅速、更准确。

(3) 直线行驶稳定性好　在高速工况下车辆的直线行驶稳定性提高，路面不平度和侧风对车辆行驶稳定性影响减小。

(4) 低速机动性好　低速时，后轮朝前轮偏转方向的反向偏转，使车辆转弯半径大大减小，因而更容易操纵。

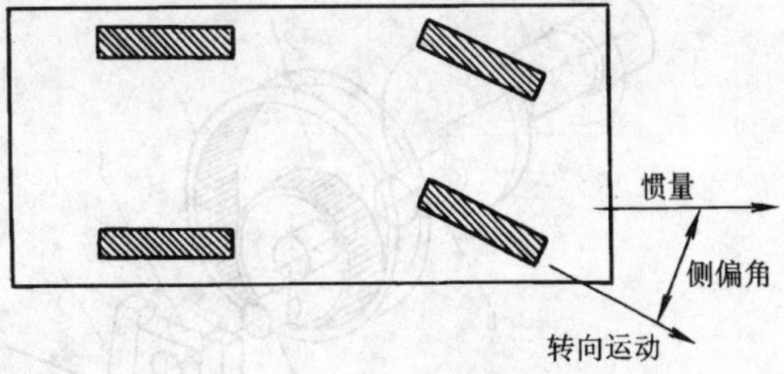

图 5-90　两轮转向侧偏角示意图

目前，四轮转向系统有三种类型：机械式、液压式和电子/液压式。

(二) 机械式四轮转向系统

在机械式四轮转向系统中，采用了两个转向器，分别用于前、后轮偏转。两个转向器之间用一根双曲轴连接。采用的转向传动机构为常规型。该系统的核心是双曲轴。该轴从前转向器延伸到后转向器，最后端是一偏心轴。装配在偏心轴的偏置销与装配在行星齿轮上的偏置销相啮合，如图 5-92 所示。

行星齿轮和内齿圈相啮合。内齿圈固定于转向器壳体上。这样，行星齿轮可以转动，内齿圈不能动。行星齿轮上的偏心销插在滑块 4 的孔中。滑块与行程杆连成一体。

转向盘转动 120°，行星齿轮转动，带动滑块和行程杆沿前轮偏转方向移动。后轮相应偏转大约 1.5°～15°。进一步转动转向盘，使其转角超过 120°，由于双曲轴作用和行星齿轮的转动，后轮开始回正。继续转动转向盘，转角大约为 230°时，后轮处于中立位置。再转动转向盘，将使后轮朝前轮偏转方向的反向偏转。后轮能达到的最大反向偏转角大约为 5.3°。

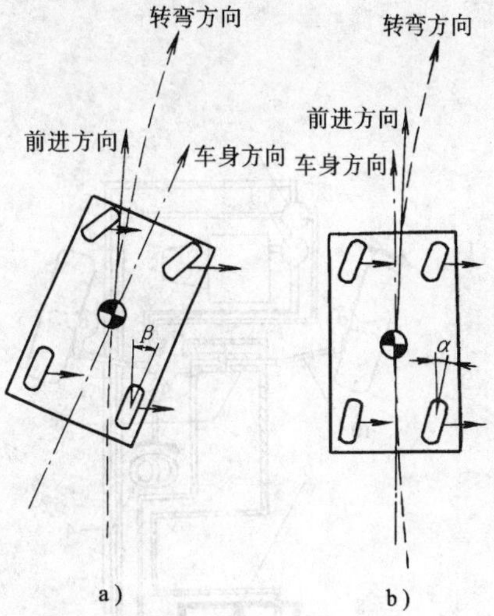

图 5-91　2WS 与 4WS 车辆转向特性比较
a) 2 轮转向车　b) 4 轮转向车

(三) 液压式四轮转向系统

液压式四轮转向系统后轮的偏转方向始终与前轮偏转方向相同，且后轮的偏转角不大于 1.5°。系统没有采用电子传感器、计算机控制和先进的传动机构。当车速超过 50km/h 时，系统才起作用。倒车时系统不起作用，如图 5-93 所示。在后车架上装有双作用液压缸来偏转车轮。该液压缸的压力油来自后转向液压泵。后转向液压泵由差速器驱动。只有在前轮转向时，后轮液压泵才工作。

转动转向盘时，前轮转向液压泵将压力油送入前动力转向装置的旋转阀中，再导通入前轮转向动力缸内，前轮便朝相应方向偏转。油液的压力随同转向盘转动状况而改变。转向盘转速越高、转角越大，油液压力就越高。控制阀的供油压力与上述油液压力相同。当控制阀内滑阀在压力油的作用下移动时，来自后转向液压泵的油液经滑阀进入后转向动力缸，从而推动后轮偏转。见图 5-94。

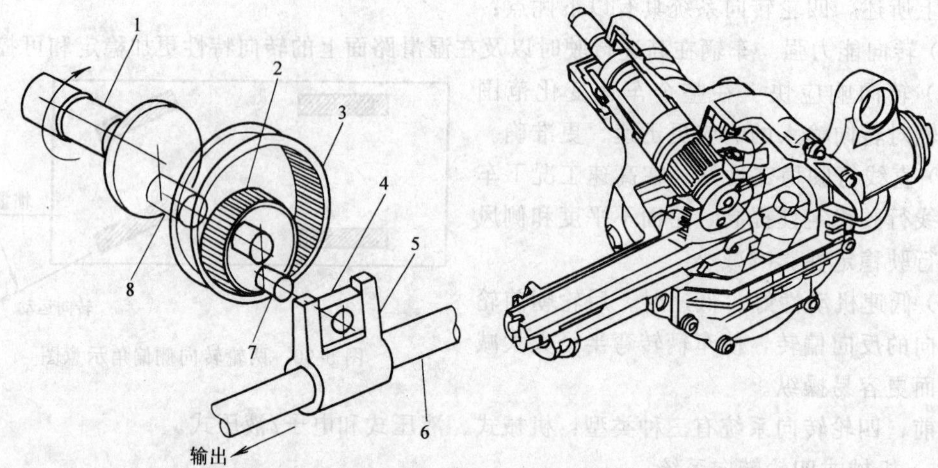

图 5-92 机械式四轮转向系统行星齿轮机构

1—输入偏心轴 2—行星齿轮 3—内齿圈 4—滑块 5—导板 6—行程杆 7、8—销

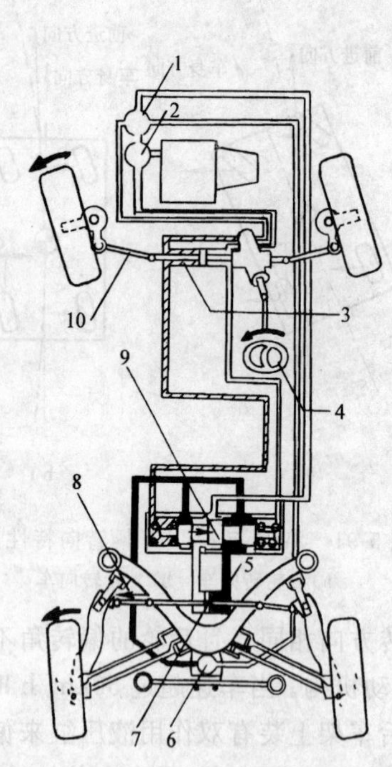

图 5-93 液压式四轮转向系统

1—油箱 2—前转向液压泵 3—前转向动力缸 4—转向盘 5—后转向动力缸 6—后转向液压泵 7—后转向活塞 8—后转向臂 9—控制阀 10—前转向臂

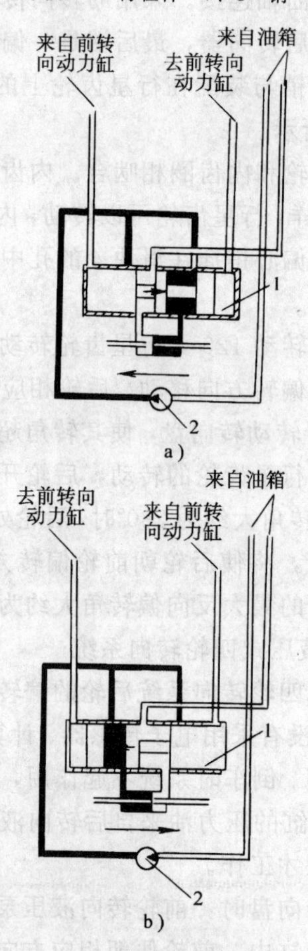

图 5-94 控制阀与后转向动力缸中的油流

a) 左转 b) 右转

1—控制阀 2—后转向液压泵

（四）电子/液压式四轮转向系统

1. 车速感应式电子控制四轮转向装置

车速感应式电子控制四轮转向装置是在 1987 年马自达·卡佩拉轿车上最初应用的，也是世界上首先在轿车上应用的电子控制四轮转向装置。它主要由前轮动力转向系统、后轮转向系统控制箱及动力缸、后转向传动轴、动力泵、车速传感器、进行信息处理和发出控制指令的 ECU 等组成。在后轮转向系统控制箱内还装有受 ECU 信号驱动的、使后轮相位作相应变化的相位控制机构，如图 5-95 所示。

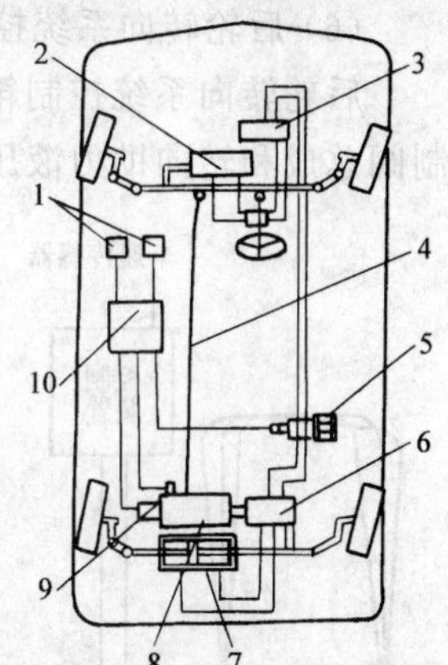

图 5-95　马自达 4WS 系统
1—车速传感器　2、7—动力缸　3—动力泵　4—后转向传动轴　5—电磁阀　6—控制阀　8—后轮转向系统控制箱　9—步进电动机　10—ECU

（1）工作原理　四轮转向控制单元 ECU 根据来自车速传感器的信号，把对应于车速的信号传送到后轮转向系统控制箱的步进电动机使控制叉转动；另一方面，利用转向操纵，只在此相对应的方向与角度上，利用后转向传动轴使后轮转向系统控制箱的锥齿轮旋转，控制叉的传动与锥齿轮旋转在相位控制机构内叠加，以决定控制阀杆的形成方向和行程。这样，在控制阀内油路被切换，动力杆控制后轮转向。

（2）控制特性　车速感应式四轮转向是按照车速改变前、后轮的转向传动比的装置。也就是说，当车速低于 35km/h 时，后轮被置于与前轮转向相反的逆相位；而当车速等于 35km/h 时，后轮处于中立位置；当超过 35km/h 时，后轮与前轮的转向相位相同。如图 5-96 所示。

（3）控制元件　四轮转向元件，按照来自车速传感器与后转向传感器的输入信号，除了控制步进电动机的转角以外，还具有自诊断功能与故障排除保险功能。对于基本功能，在四轮转向系中，前、后轮的转向传动比与控制叉转角相对应，控制元件控制步进电动机的转角，使之达到按照车速预先设定的控制叉转角，实现前面所述的控制特性。

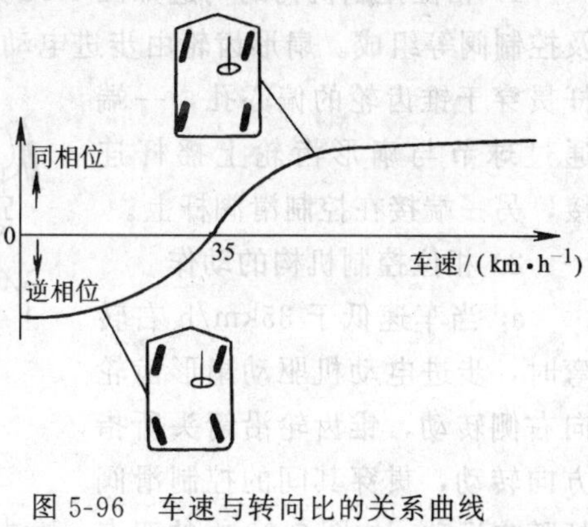

图 5-96　车速与转向比的关系曲线

（4）执行元件

1）步进电动机。是控制叉驱动用电动机。按照来自控制元件的步进信号数，使后轮转向系统控制箱内的控制叉旋转一定角度。利用该电动机可以基本实现开环控制。

2）电磁螺线管阀。当控制元件检测出四轮转向系电气系统故障时，电磁螺线管阀切断通向线圈的电流，停止向后轮转向系统控制箱供应油压。此时，在动力分泵内的油压助力消失，在设置于动力分泵内动力杆的中央弹簧的作用下，后轮处于中立位置，相当于二轮转向。

（5）传感器

1）后轮转向传感器。后轮转向传感器的功能是把有关控制叉角的信息作为与控制叉角相对应的电压信号输送到控制元件中，以检验步进电动机的工作状态。也就是说，控制元件把来自该传感器的控制叉角的有关信息，与向步进电动机发出指令的步进信号换算出的控制叉角进行比较，当发生异常时发出故障信号。

2）车速传感器。速度表转轴每转动一次，发生四个脉冲的车速信号的主开关式的车速传感器被安装在速度表和传动箱中。控制元件经比较来自 2 个车速传感器的车速信号，检验车速传感器是否正常工作，同时控制后轮转向。

（6）后轮转向系统控制箱的构造

后轮转向系统控制箱的构造如图 5-97 所示。是由转向控制步进电动机、相位控制机构、控制阀总成和转向助力液压缸等组成。

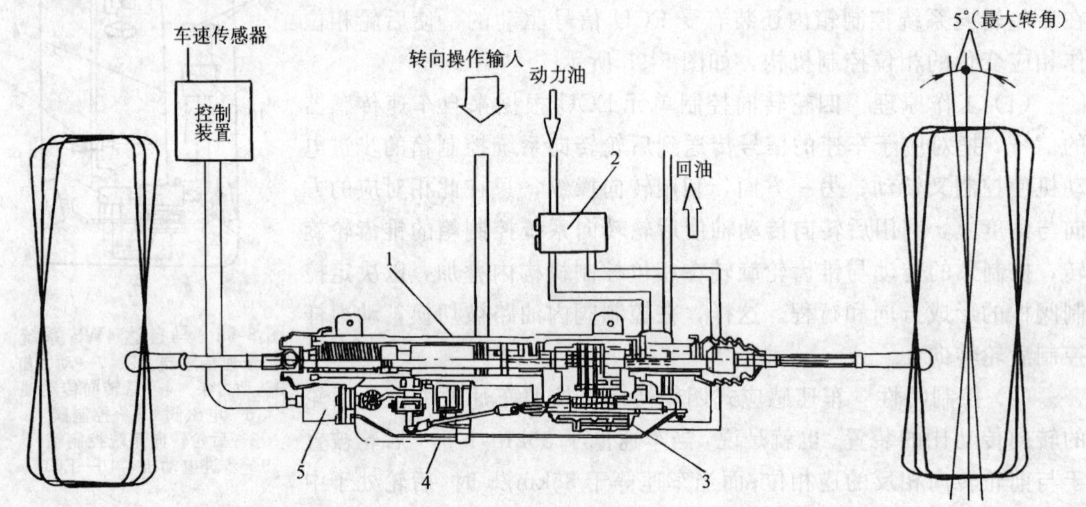

图 5-97 后转向控制箱构造

1—转向动力缸 2—电磁阀 3—控制阀 4—相位控制机构 5—步进电动机

1）相位控制机构的构造如图 5-98 所示。是由步进电动机、扇形齿轮、锥齿轮、控制杆以及控制阀等组成。扇形齿轮由步进电动机驱动，以确定转向比。锥齿轮由转向盘操纵。控制杆贯穿于锥齿轮的偏心孔，一端通过球节与扇形齿轮上摇杆连接，另一端接在控制滑阀杆上。

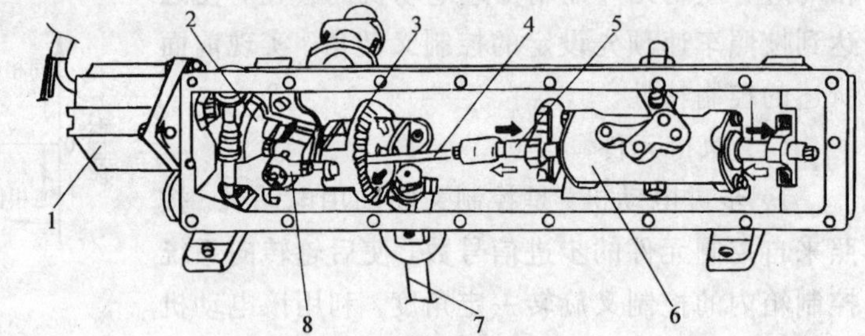

图 5-98 相位控制机构构造

1—步进电动机 2—扇形齿轮 3—锥齿轮 4—控制杆 5—控制滑阀杆 6—控制阀 7—后转向输入轴 8—铰接臂

2）相位控制机构的动作

a. 当车速低于 35km/h 右转弯时，步进电动机驱动扇形齿轮向右侧转动，锥齿轮沿箭头所指方向转动，贯穿其间的控制滑阀杆随之运动，如图 5-99 中的双点划线所示。由于扇形齿轮处在倾斜状态，控制滑阀杆连接的控制杆向右移动，控制阀变换油路，压力油进入左侧液压缸，推动活塞向右移动。由于活塞与动力推杆是一体的，动力推杆使后轮向左偏转，与前轮形成相反的转向。当车速升高时，步进电动机使扇形齿轮沿图 5-99 所示方向移动，锥齿轮保持不动，则控制杆及控制滑阀向左移动，后轮转向角减小，从而得到与车速相适应的转向比。

b. 当以车速 35km/h 转弯时，尽管锥齿轮左右转动，但图 5-100 中控制杆的长度不变，控制阀不会左右切换油路，从而使后轮处于中立位置。

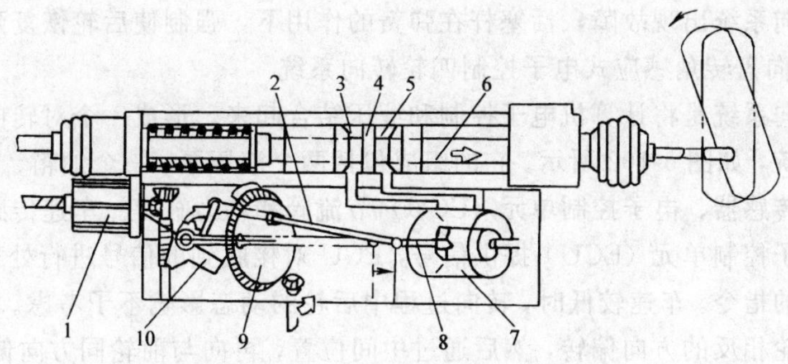

图 5-99 低速、逆相位控制机构的动作

1—步进电动机 2—控制杆 3—左室 4—活塞 5—右室 6—推杆

7—控制阀 8—控制滑阀杆 9—锥齿轮 10—扇形齿轮

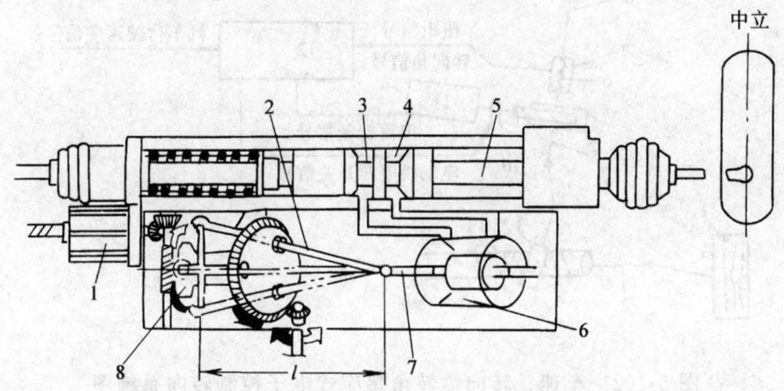

图 5-100 35km/h 中立位置

1—步进电动机 2—控制杆 3—左室 4—活塞 5—推杆 6—控制阀

7—控制滑阀杆 8—锥齿轮

c. 当车速高于 35km/h 右转弯时，扇形齿轮在步进电动机驱动下逆时针转动，如图 5-101 所示。锥齿轮按图中箭头所指方向旋转，控制杆和控制滑阀向左运动，控制阀变换油路，压力油进入右侧液压缸，推动活塞向左移动，实现后轮与前轮同向偏转。当车速升高时，步进电动机驱动扇形齿轮进一步偏转，控制阀再向右侧液压缸供油，后轮的转向角增加。

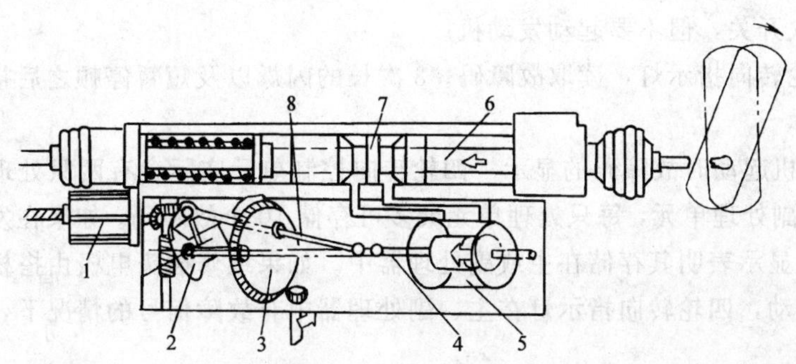

图 5-101 高速同相位

1—步进电动机 2—扇形齿轮 3—锥齿轮 4—控制滑阀杆 5—控制阀

6—推杆 7—活塞 8—控制杆

如果后轮转向系统出现故障，活塞杆在弹簧的作用下，强制使后轮恢复到中间位置。

2. 车速、转向盘转角感应式电子控制四轮转向系统

这种四轮转向系统是将计算机电子控制和液压结合起来，形成一个对转向角和车速都敏感的转向控制系统，如图 5-102 所示。它的组成包括两个液压泵、一个油箱、电磁阀、转向角度传感器、车速传感器、电子控制单元（ECU）节流阀和动力缸等。车速传感器和转向盘转向角传感器向电子控制单元（ECU）提供信号，ECU 对接收到的信号进行处理后，向液压系统发出偏转后轮的指令。车速较低时，转向过程中后轮的动态影响不予考虑。中速行驶时，汽车后轮先朝与前轮相反的方向偏转，然后通过中间位置，再向与前轮同方向偏转。ECU 不仅需感知车速，还要感知转向盘转动的角度和角速度。

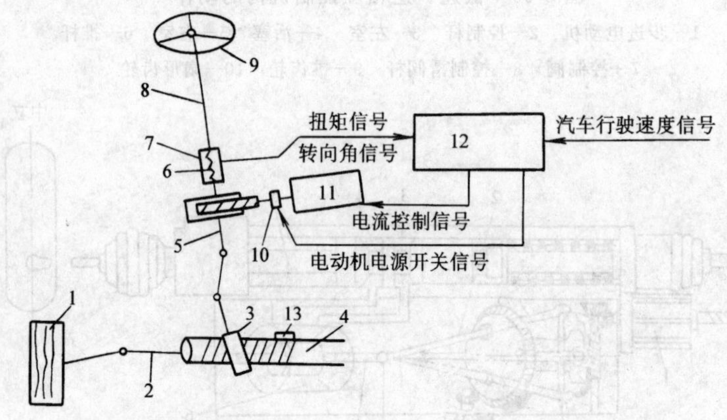

图 5-102　车速、转向盘转角感应式电子控制转向系统图

1—转向车轮　2—横拉杆　3—小齿轮　4—齿条　5—输出轴　6—扭杆
7—扭矩传感器　8—转向柱　9—转向盘　10—电磁离合器　11—ECU
12—电动机　13—转向角传感器

(五) 电子控制四轮转向装置的维修与故障诊断

1. 故障码的读取

(1) 在点火开关打开时故障码的显示

1）拆下位于中央副仪表板之后的双电极维修检验插头，并将这插头上的两点电极用搭桥线连起来（见图 5-103）。

2）打开点火开关，但不要起动发动机。

3）观察四轮转向指示灯，读取故障码。3 次长的闪烁以及短暂停顿之后接着 1 次短的闪烁表示 31 号码。

(2) 在发动机起动时故障码的显示　四轮转向控制单元实际含有两只处理单元，分别称为主处理单元、副处理单元，每只处理单元最多可存储 10 个故障码。如果在发动机运转时检查故障，代码的显示表明其存储在主或副处理器中。如果维修插头电极由搭桥线连起来，而且发动机已经开动，四轮转向指示灯在主、副处理器中有故障信号的情况下，按如下顺序工作：

1）点火开关打开时快速闪 1 次。

2）停顿 3s。

3）显示主处理器中存储的代码。

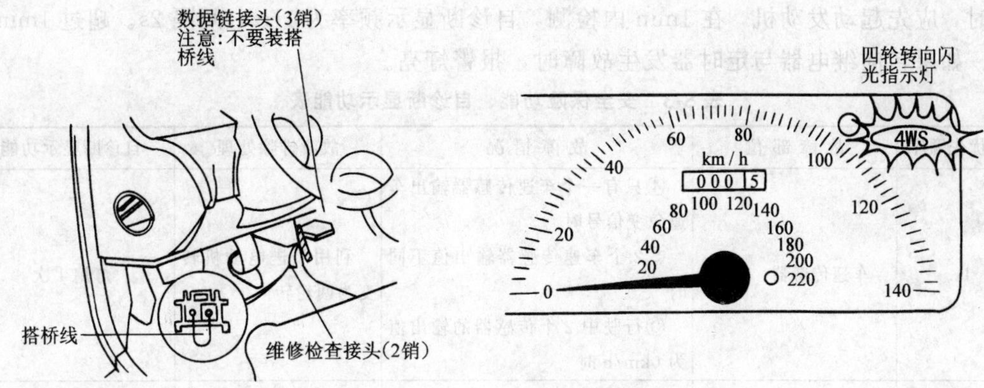

图 5-103　双电极维修检查接头

4）停顿 1.6s。

5）连续快速闪烁 3s，说明将主、副处理器的信号分开。

6）停顿 1.6s。

7）显示副处理器中存储的代码。

8）停顿 3s，随后重复上述过程（见图 5-104）。

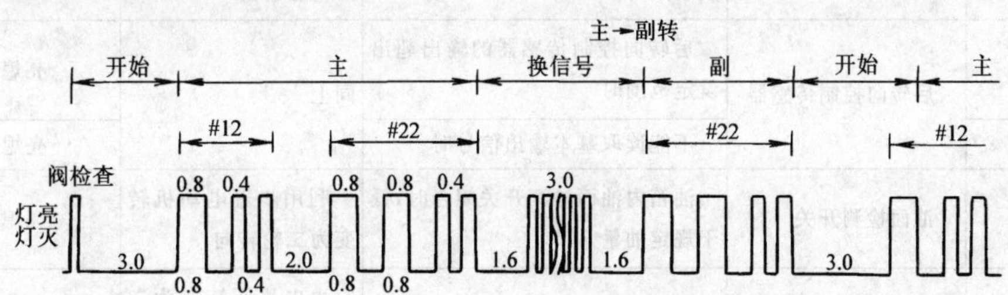

图 5-104　发动机运转时主、副处理器中得到的故障码

（3）主转向角传感器故障码　如果在主转向角传感器系统中出现故障，时钟—收音机 10A 熔丝必须切断，以取消四轮转向指示灯。如果电子控制四轮转向系统中其他部分出现故障，在点火开关断开时，四轮转向灯被取消。然而，在点火开关接通时，指示灯又会再亮起来，四轮转向控制单元再次感知故障。

（4）代表瞬间行驶工况的故障码　代码 70、71、73、74 代表不正常的或粗暴的驾驶情况，见表 5-2。当四轮转向控制单元感知这些故障时，它并使四轮转向指示灯闪亮，但在诊断过程中，这些代码会出现。

表 5-2　故障码显示

故障码	工作状况	四轮转向指示灯
70	汽车行驶时，点火开关从断开到接通	亮
71	粗暴驾驶或转向时后轮受到阻碍	—
73	蓄电池快速充电时起动发动机	—
74	驻车制动器起作用时开动发动机	诊断后亮 5min

2. 车速感应式四轮转向装置自诊断与安全保险功能

车速感应式四轮转向所具有的自诊断功能与故障排除的安全保险功能如表 5-3 所示。自诊断时，应先起动发动机，在 1min 内检测，自诊断显示频率为 1Hz，间隔 2s。超过 1min 则灯亮。如果转向继电器与定时器发生故障时，报警灯亮。

表 5-3　安全保险功能、自诊断显示功能表

显示优先顺序	故障部位	故障情况	故障排除处理	自诊断显示功能
1	车速传感器	④只有一个车速传感器输出车速急变信号时 ⑤2 个车速传感器输出值不同时 ③行驶中 2 个传感器的输出值为 0km/h 时	利用步进电动机转变为两轮转向	灯熄 1 次
2	后轮转向系统控制箱	步进电动机工作的控制叉角的计算值与后转向控制传感器的输出值不相同时	电磁阀断开时转变为二轮转向	亮熄 2 次
3	电磁阀	电磁阀输出回路故障，断路或短路时	利用步进电动机转变为二轮转向	亮熄 3 次
4	步进电动机	步进电动机输出回路故障、短路或断路时	电磁阀断开时转变为二轮转向	亮熄 4 次
5	后转向控制传感器	后转向控制传感器的输出超出设定范围时	同上	亮熄 5 次
6		不能读取基本输出信号时		亮熄 6 次
7	油面检测开关	油箱内油面检测开关闭合时，低于规定油量	利用步进电动机转变为二轮转向	亮熄 7 次
8	四轮转向控制单元	四轮转向控制单元发生异常时	由电磁阀转变为二轮转向	亮熄 8 次或报警灯亮
		电源不超过 9V 时	利用步进电动机转变为二轮转向	报警灯亮
		发电机接线柱输入电压低于规定电压时	一直达到规定电压为止	报警灯亮

习　题

5-1　汽车怎样才能实现正常转向？

5-2　常见转向器有几种形式？各结构有何特点？

5-3　液压式动力转向装置的工作原理如何？

5-4　转向器怎样进行调整？

5-5　转向沉重的原因有哪些？如何进行诊断与排除？

5-6　转向传动机构如何进行调整？

5-7　电子控制动力转向装置有几种类型？各有什么特点？

5-8　四轮转向系比二轮转向系有什么优点？

5-9　如何进行电子控制动力转向系统故障诊断？

第六章　汽车制动系

汽车的技术性能能否充分发挥是与汽车的制动性能有直接关系的，尤其是汽车行驶的安全性，在很大程度上取决于汽车制动装置工作的可靠性。本章重点研究汽车制动装置的组成、基本原理，以及拆装方法、故障产生原因与排除方法。

第一节　汽车制动系

一、概述

目前，汽车的行驶速度不断提高，道路情况越来越复杂。为了在技术上保证汽车的安全行驶，提高汽车的平均行驶车速，以提高运输生产率，在各种汽车上都设有专用的制动机构，使行驶中的汽车减低速度甚至停车，或者使已经停下来的汽车保持不动。

（一）制动系的类型

一般汽车应包括两套独立的制动系：行车制动系和驻车制动系。行车制动系是由驾驶员用脚来操纵的，故又称脚制动系。它的功用是使正在行驶中的汽车减速或在最短的距离内停车。驻车制动系是由驾驶员用手来操纵的，故又称手制动系或驻车制动系。它的功用是使已经停在各种路面上的汽车驻留原地不动。但是，在紧急情况下，两套制动系统可同时使用，以增加汽车的制动效果。

经常在山区行驶的汽车以及某些特殊用途的汽车，为了提高行车的安全性和减轻行车制动系性能的衰退及制动器的磨损，还应装备辅助制动系，用以在下坡时稳定车速。

按照制动能源分类，制动系还可分为人力制动系、动力制动系和伺服制动系等 3 种。以驾驶员的肌体作为惟一制动能源的制动系统为人力制动系。完全靠以发动机的动力转化而成的气压或液压作为制动能源的制动系则是动力制动系。兼用人力和发动机动力作为制动能源的制动系称为伺服制动系。

制动系的传动机构采用单一的气压或液压回路的制动系为单回路制动系。这种制动系中，只要有一处损坏而渗漏，整个制动系即行失效。故我国自 1988 年 1 月 1 日开始规定，所有汽车均使用双回路制动系。即所有行车制动系的气压或液压管路分属于两个彼此独立的回路。这样，即使其中一个回路失效，还能利用另一个回路获得较原来为小的制动力。

（二）制动系的工作原理

汽车制动系由制动器和液压传动机构组成，其工作原理如图 6-1 所示。车轮制动器主要由旋转部分、固定部分和张开机构组成。旋转部分是制动鼓 8，它固定在车轮轮毂上，随车轮一同旋转，它的工作面是内圆柱面。固定部分主要包括制动蹄 10 和制动底板 11 等。制动底板用螺栓与转向节凸缘（前轮）或桥壳凸缘（后轮）固定在一起。在固定不动的制动底板上，有两个支承销 12，支承着两个弧形制动蹄 10 的下端。制动蹄的外圆面上装有摩擦片 9，上端用制动蹄回位弹簧 13 拉紧压靠在轮缸活塞 7 上。制动蹄可用凸轮或制动轮缸等张开机构使其张开。制动轮缸也安装在制动底板上。

液压传动机构主要由制动踏板 1、推杆 2、制动主缸 4、制动轮缸 6 和油管 5 等组成。装在车架上的制动主缸用油管 5 与制动轮缸相连通。主缸活塞 3 可由驾驶员通过制动踏板 1 来操纵。

制动系不工作时，制动鼓的内圆面与制动蹄摩擦片的外圆面之间保留有一定的间隙，使制动鼓可以随车轮自由旋转。

制动时，踩下制动踏板 1，推杆 2 便推动主缸活塞 3，使主缸中的油液以一定压力流入制动轮缸 6，通过轮缸活塞 7 使两制动蹄 10 的上端向外张开，从而使摩擦片压紧在制动鼓的内圆面上。这样，不旋转的制动蹄就对旋转着的制动鼓产生一个摩擦力矩 M_μ，其作用方向与车轮旋转方向相反，摩擦力矩大小取决于轮缸的张力、摩擦因数和制动鼓及制动蹄的尺寸等。制动鼓将该力矩 M_μ 传到车轮后，由于车轮与路面间的附着作用，车轮即对路面作用一个向前的周缘力 F_μ。与此同时，路面给车轮作用一个向后的反作用力 F_B，即制动力。制动力 F_B 由车轮经车桥和悬架传递给车架和车身，迫使整个汽车产生一定的减速度。制动力越大，减速度也越大。当松开制动踏板时，制动蹄回位弹簧 13 即将制动蹄拉回原位，摩擦力矩 M_μ 和制动力 F_B 消失，制动作用即行解除。

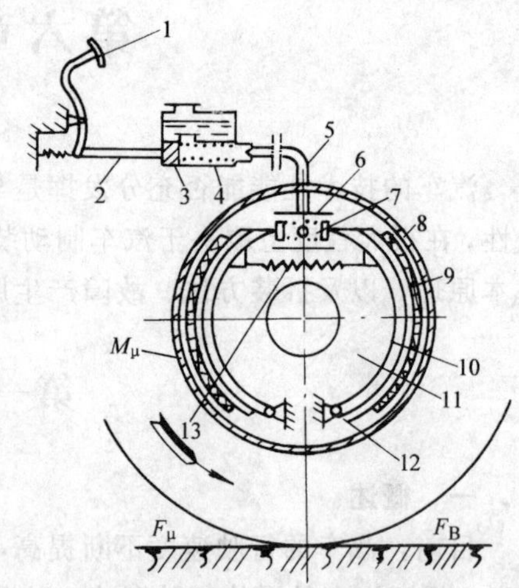

图 6-1 制动系工作原理示意图

1—制动踏板 2—推杆 3—主缸活塞 4—制动主缸 5—油管 6—制动轮缸 7—轮缸活塞 8—制动鼓 9—摩擦片 10—制动蹄 11—制动底板 12—支承销 13—制动蹄回位弹簧

制动时车轮上的制动力 F_B 不仅取决于制动力矩 M_μ，还取决于轮胎与路面间的附着条件。如果完全丧失附着，就不会产生制动效果，即车轮停止了转动而被抱死，汽车仍然向前滑移。不过，在讨论制动系的结构问题时，一般都假设具备良好的附着条件。

（三）对制动系的要求

为保证汽车能在安全的条件下发挥出高速行驶的能力，制动系必须满足下列要求：

1）应具有足够的制动力，工作可靠。一般，在水平干燥的混凝土路面上以 30km/h 的初速度从完全制动到停车时，制动距离应保证：轻型货车及轿车不大于 7m；中型货车不大于 8m；重型货车不大于 12m。停车制动的坡度：轻型汽车不小于 25%；中型汽车不小于 20%。

2）操纵轻便。一般要求施于踏板上的力不大于 200～300N；紧急制动时，不超过 700N。施于手制动杆上的力不大于 250～350N。

3）前后桥上的制动力分配应合理，左、右车轮上的制动力应相等。

4）制动平稳。制动时，制动力应逐渐迅速增加；解除制动时，制动作用应迅速消失。

5）避免自行制动。在车轮跳动或汽车转向时，不应引起自行制动。

6）散热性好。摩擦片的抗热衰退能力要好，磨损后的间隙应能调整，并且能防水、防油、防尘。

7）对挂车的制动系，要求挂车的制动作用略早于主车，挂车自行脱挂时能自动进行应急制动。

二、车轮制动器

根据车轮制动器中旋转元件的不同，车轮制动器可分为鼓式和盘式两大类。

（一）鼓式制动器

鼓式制动器是制动蹄片挤压随车轮同步旋转的制动鼓的内侧而获得制动力，所以又称为内部扩张双蹄鼓式制动器。

1. 鼓式车轮制动器的结构形式与工作原理

按制动时两制动蹄对制动鼓径向力的平衡情况，鼓式制动器可分为非平衡式、平衡式（单向助势、双向助势）和自动增力式 3 种形式。

（1）非平衡式制动器　非平衡式制动器的结构如图 6-2 所示。制动鼓与轮毂连接随着车轮旋转。制动底板用螺栓固定在后桥壳的凸缘（前桥在转向节凸缘）上不能转动。其上部装有制动轮缸或凸轮，下部装有两个偏心支承销。制动蹄下端圆孔活套在偏心支承销上，上端嵌入制动轮缸活塞凹槽中或顶靠在凸轮上，两制动蹄通过回位弹簧紧压住轮缸活塞或凸轮。

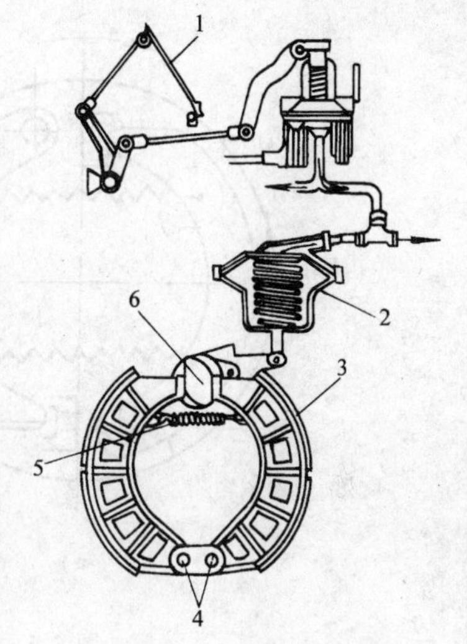

图 6-2　非平衡式制动器结构图

1—制动踏板　2—制动气室　3—制动蹄片　4—支承销　5—回位弹簧　6—凸轮

非平衡式制动器工作原理如图 6-3 所示。制动时，两制动蹄在相等张力 F_s 的作用下，分别绕各自的支承点向外偏转紧压在制动鼓上，同时旋转的制动鼓对两蹄分别作用法向反力 F_{N1} 和 F_{N2}，以及相应的切向反力 $F_{\tau1}$ 和 $F_{\tau2}$，$F_{\tau1}$、$F_{\tau2}$ 绕支承销对前制动蹄作用的力矩是同向的，因此前制动蹄对制动鼓的压紧力由于 $F_{\tau1}$ 的作用而增大，即 F_{N1} 变得更大。这种情况称为“助势”作用，相应的前制动蹄称为助势蹄。与此相反，$F_{\tau2}$ 则使后制动蹄有放松制动鼓，使 F_{N2} 减小的趋势，故后制动蹄具有“减势”作用，被称为减势蹄。两制动蹄对制动鼓所施加的制动力矩是不相等的，一般助势蹄的制动力矩约为减势蹄的 2～2.5 倍。

（2）平衡式制动器为提高制动效能，将前后制动蹄均设计为助势蹄的制动器称为平衡式制动器。若只在前进制动时两蹄为助势蹄，倒车制动时两蹄均为减势蹄的，称为单向助势平衡式制动器；在前进和倒车制动时两蹄都为助势蹄的，称为双向助势平衡式制动器。

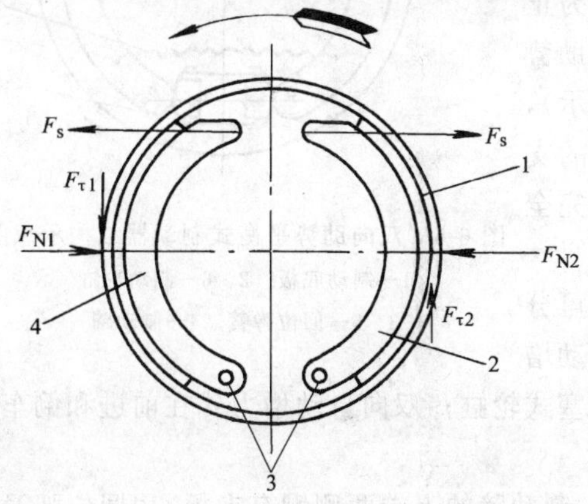

图 6-3　简单非平衡式制动器的制动蹄受力分析图

1—制动鼓　2、4—制动蹄　3—支承销

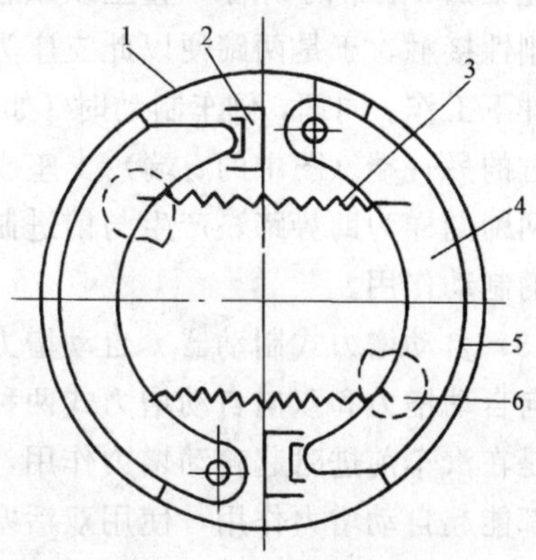

图 6-4　单向助势平衡式制动器结构示意图

1—制动底板　2—制动轮缸　3—回位弹簧　4—制动蹄　5—摩擦衬片　6—调整凸轮

1）单向助势平衡式制动器结构如图 6-4 所示，两制动蹄各用一个单向活塞制动轮缸，且前后制动蹄与其轮缸、调整凸轮等零件在制动底板上的布置是中心对称的，两轮缸用油管连接使其油压相等。前进制动时两蹄均为助势蹄，提高了前进制动时的制动效能，并使蹄片的磨损趋于相等（如图 6-5a 所示），但倒车制动时两蹄均为减势蹄，导致倒车时的制动效能比前进时低（如图 6-5b 所示）。北京 BJ2023 型汽车的前轮制动器即为该种形式。

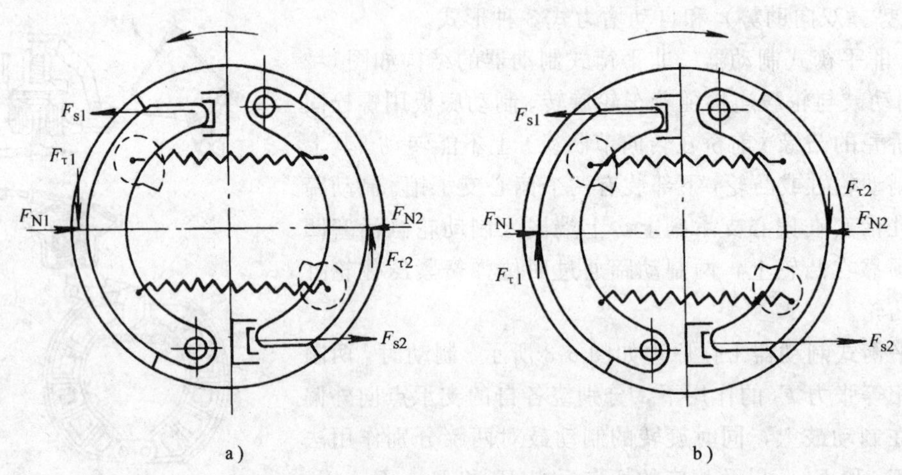

图 6-5　单向助势平衡式制动器受力分析示意图

a）前进制动时　b）倒车制动时

2）双向助势平衡式制动器结构如图 6-6 所示。制动底板上的所有固定元件、制动蹄、制动轮缸、回位弹簧等都是成对称布置，两制动蹄的两端采用浮式支承，且支点在周向位置浮动，用回位弹簧拉紧。

汽车前进制动时（如图 6-7a 所示），两个制动轮缸两端的活塞在液力作用下均张开，将两个制动蹄压靠在制动鼓上。在摩擦力矩的作用下，两蹄开始都按车轮旋转方向转动，从而将两轮缸活塞其中的各一对称端支座推回（图中的 a 端），直至顶靠着轮缸端面为止成为刚性接触，于是两蹄便以此支座为支点均在助势的条件下工作。同理，倒车制动时（如图 6-7b 所示），两轮缸的另一端（图中的 b 端）支座成为制动蹄的支点，两蹄同样为助势蹄，产生与前进制动时效能完全一样的制动作用。

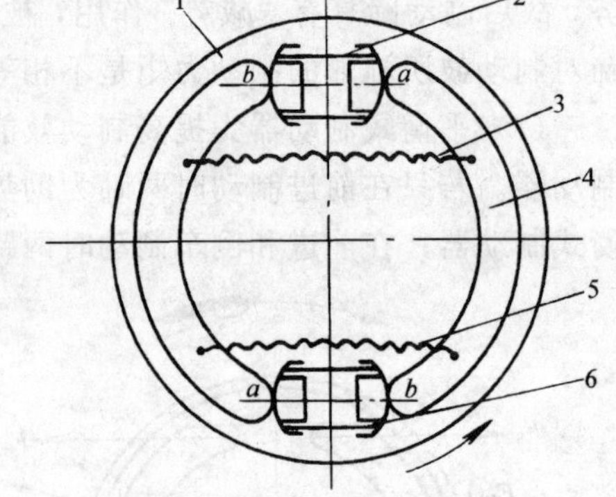

图 6-6　双向助势平衡式制动器结构示意图

1—制动底板　2、6—制动轮缸

3、5—回位弹簧　4—制动蹄

（3）自动增力式制动器　自动增力式制动器可分为单向自动增力和双向自动增力式两种。单向自动增力只是在汽车前进时起自动增力作用，使用单活塞式轮缸；双向自动增力式在前进和倒车制动时都能起自动增力作用，使用双活塞轮缸。

图 6-8 所示为双向自动增力式制动器的结构。制动蹄的上端两侧铆有夹板，用回位弹簧将夹板拉靠在支承销上，两蹄的下端由拉紧弹簧拉靠在可调顶杆体两端直槽的底平面上。可调顶杆体是浮动的。轮缸处于支承销稍下的位置。

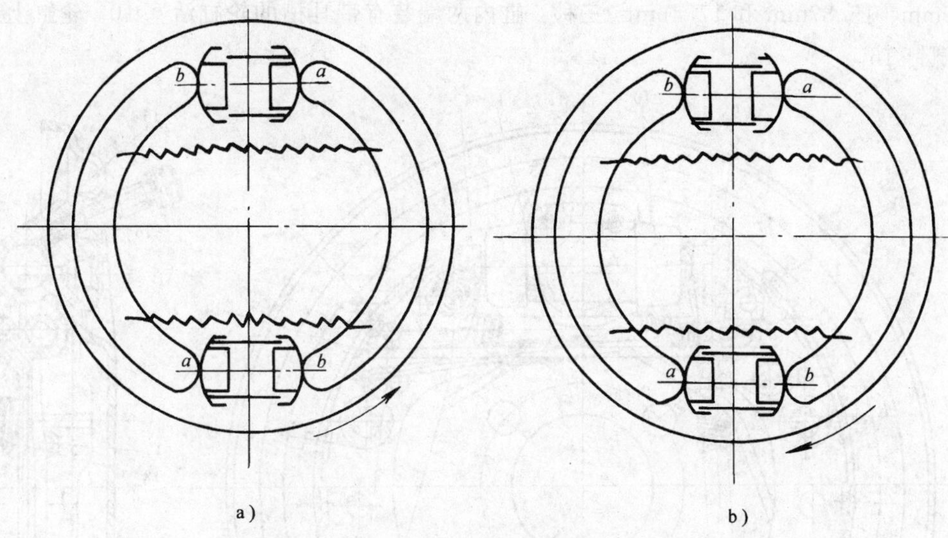

图 6-7 双向助势平衡式制动器的工作情况

a）前进制动时 b）倒车制动时

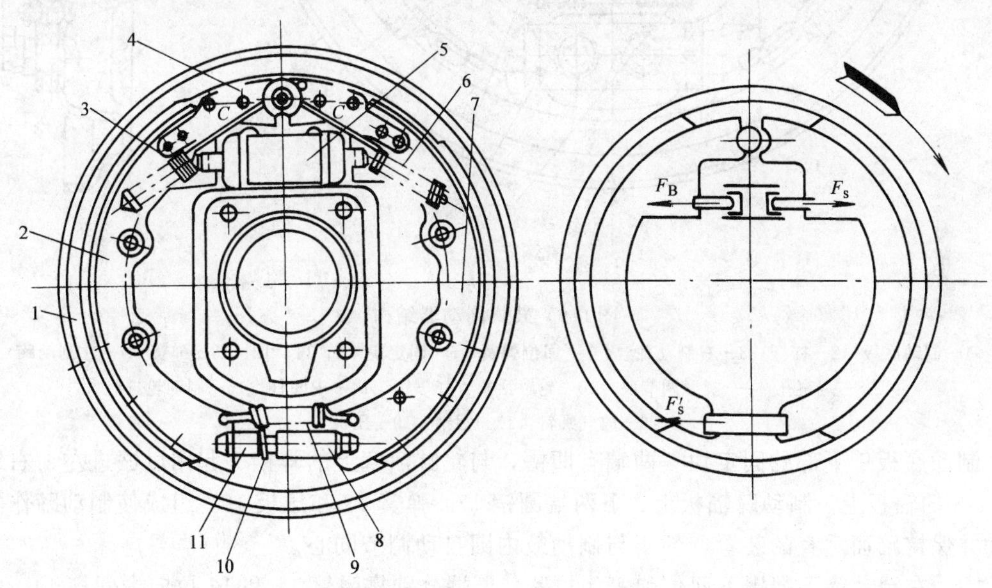

图 6-8 双向自动增力式制动器

1—制动底板 2—后制动蹄 3—后蹄回位弹簧 4—夹板 5—制动轮缸 6—前蹄回位弹簧 7—前制动蹄 8—可调顶杆体 9—拉紧弹簧 10—调整螺钉 11—顶杆套

自动增力式制动器的增力原理是将两制动蹄用可调顶杆体浮动铰接代替固定的偏心销，利用前蹄的助势推动后蹄，使总的摩擦力矩得以增大，起到自动增力作用。

2. 鼓式制动器的结构

桑塔纳后制动器为带有驻车制动的鼓式制动器，其结构如图 6-9 所示。

桑塔纳鼓式制动器的制动鼓直径有 180mm 和 200mm 两种。

后制动器的制动底板 1 紧固在后桥焊接件上，底板上端固定制动轮缸 15。轮缸直径有

14.29mm、15.87mm 和 17.46mm 三种，缸内两端装有带耳槽的轮缸活塞 10。轮缸上还设有放气螺钉 16。

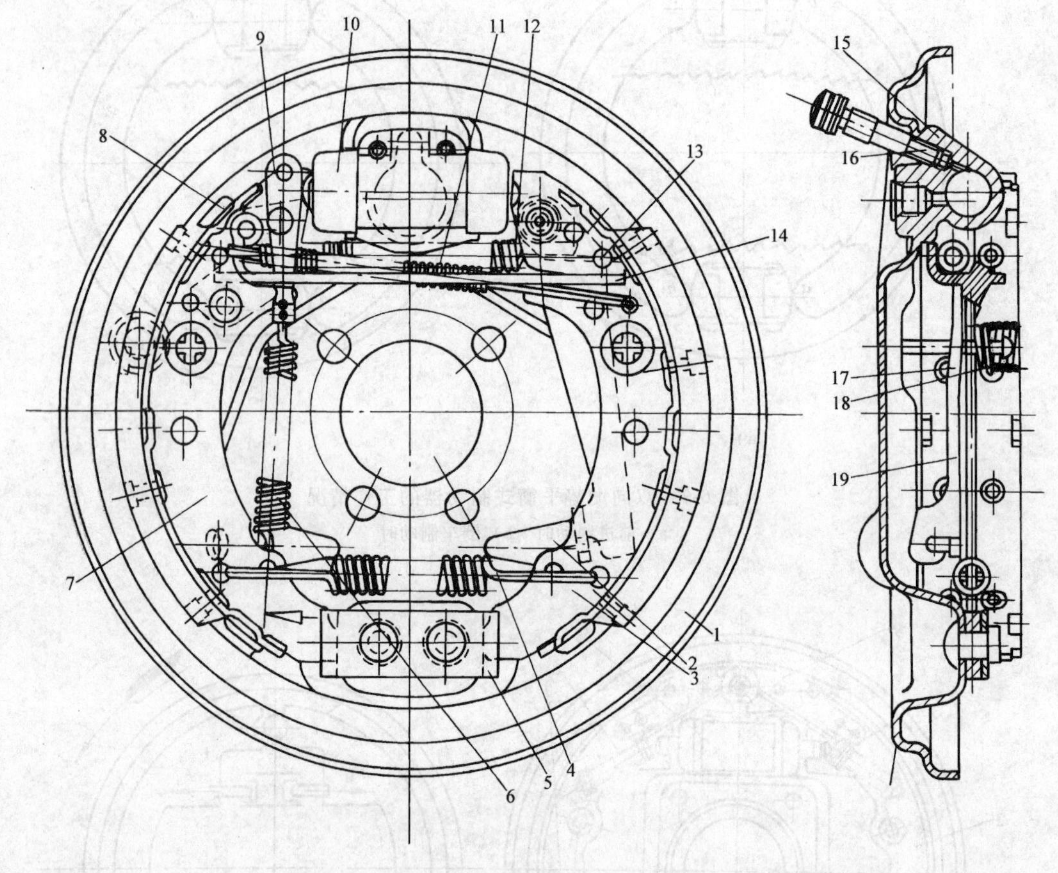

图 6-9　鼓式制动器结构

1—制动底板　2—杠杆　3—右制动蹄　4—下回位弹簧　5—固定块　6、11、12、18—弹簧　7—左制动蹄　8—观察孔　9—楔形调节块　10—轮缸活塞　13—销　14—中间杆　15—制动轮缸　16—放气螺钉　17—圆销　19—压板

制动底板 1 下部的固定块 5 两端有凹槽，与轮缸活塞上的耳槽一起用以嵌进左、右制动蹄 7、3 的辐板上。制动蹄辐板上、下两端圆销 17、弹簧 18 和压板 19，组成使制动蹄作限量移动并保持蹄面垂直的装置，便于与制动鼓内圆自动调节同心。

左、右制动蹄下端用下回位弹簧 4 拉紧，上端分别靠弹簧 11 和 12 拉向中间杆 14。由于弹簧 12 的弹性系数比弹簧 11 的大，在正常的制动间隙时弹簧 11 被拉长，使中间杆与楔形调节块 9 之间的间隙增加。于是，楔形调节块在弹簧 6 的拉力下向下移动，以适应中间杆 14 和楔形调节块 9 之间的间隙增量，从而达到自动调节制动蹄与制动鼓内表面之间的制动间隙的目的。观察孔 8 用以检查制动蹄摩擦片的磨损情况，其磨损极限为 2.5mm。

上海桑塔纳轿车前轮制动力远大于后轮制动力，其比例为 4.14：1（现改为 3.36：1），原因是：

1）要求在一般道路上行驶时前轮先于后轮抱死，防止后轮侧滑。

2）制动时若离合器分离不彻底，前轮的制动力还需抵消发动机传来的动力及传动部件的惯性力矩。

3）静态下前轴负荷一般大于后轴负荷。

4）制动时车辆惯性力的作用，使前轮动态正压力增大，后轮动态正压力减小。

（二）盘式制动器

盘式制动器是由摩擦衬块从两侧夹紧与车轮共同旋转的制动盘后产生制动，其旋转元件是以端面为工作面的制动盘。固定元件则有多种结构形式，大体上分两类：一类是工作面积不大的摩擦块与其金属背板组成的制动块，每个制动器中有2～4个，这些制动块及其促动装置都装在横跨制动盘两侧的夹钳形支架中，称为制动钳。这种盘式制动器称为钳盘式制动器。由于钳盘式制动器散热能力强，热稳定性好，故被大多数轿车前轮所采用。另一类是制动盘的全部工作面可同时与摩擦片接触。这种制动器称为全盘式制动器。全盘式制动器主要用于重型汽车。本书只介绍钳盘式制动器。

1. 钳盘式制动器的结构形式与工作原理

钳盘式制动器可分为定钳盘式和浮钳盘式两种

（1）定钳盘式制动器　定钳盘式制动器的结构如图6-10所示。制动盘固定在轮毂上。横跨在制动盘上的制动钳固定安装在车桥上，它既不能旋转也不能沿制动盘轴线方向移动。制动钳内装有两个活塞，分别位于制动盘两侧。活塞后面有充满制动油液的制动轮缸。踩下制动踏板以后，制动轮缸的液压上升，活塞被微量顶出，制动块夹紧制动盘产生制动。

（2）浮钳盘式制动器　浮钳盘式制动器的特点是只在制动盘的内侧设置液压缸，而外侧的制动块则附着在钳体上，制动钳体通过导向销与车桥相连，可以相对于制动盘轴向移动，如图6-11所示。制动时，在液压力作用下，推动活塞及其上的制动块向左移动，并压到制动盘上，于是制动盘给活塞一个向右的反作用力，使活塞连同制动钳体整体沿销钉向右移动，直到制动盘左侧的制动块也压到制动盘上。此时，两侧制动块都压在制动盘上，夹住制动盘并使其制动。

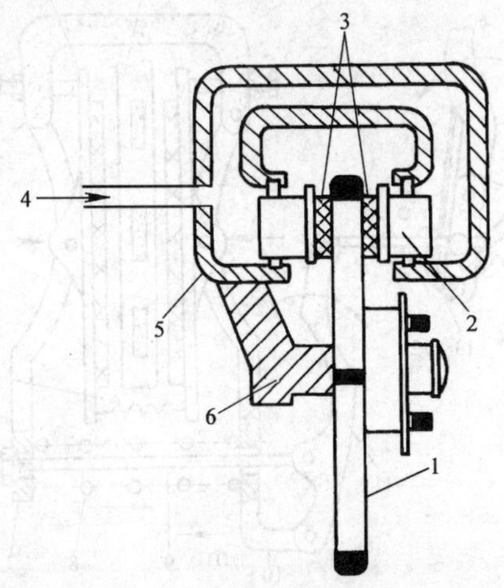

图6-10　定钳盘式制动器结构示意图
1—制动盘　2—活塞　3—制动块　4—进油口　5—制动钳体　6—车桥

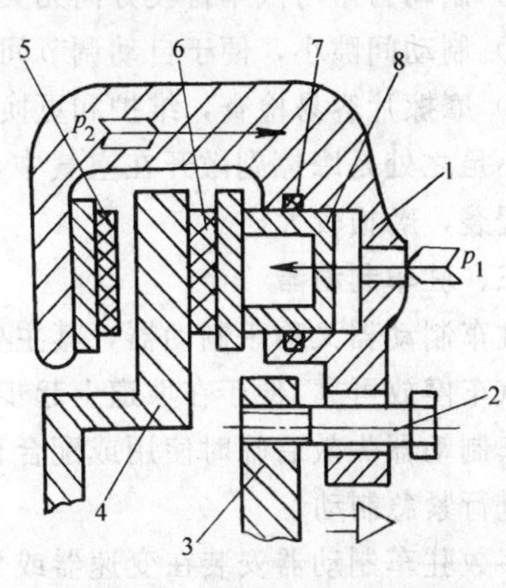

图6-11　浮钳盘式制动器结构示意图
1—制动钳体　2—导向销　3—制动钳支架　4—制动盘　5—固定制动块　6—活动制动块　7—活塞密封圈　8—活塞

2. 盘式制动器的结构

由于车速不断提高，对行车安全性、稳定性提出了越来越高的要求。盘式制动器正是满足这种要求的较好结构形式。图 6-12 所示为浮钳盘式制动器外形，制动钳支架 5 固定在转向节上。制动钳体 1 用紧固螺栓 2 与制动钳导向销 3 连接，导向销插入制动钳支架的孔中作动配合，制动钳体可沿导向销作轴向滑动。制动盘 6 的内侧悬装有活动制动块 10，而外侧的固定制动块 7 通过弹片安装在制动钳支架 5 的内端面上。制动时，制动盘内侧的活动制动块在液压力作用下由活塞推靠到制动盘 6 上，同时制动钳上的反作用力将附装在制动钳支架中的固定制动块也推靠到制动盘 6 上。桑塔纳 LX 型轿车前制动器为滑动浮钳盘式制动器。

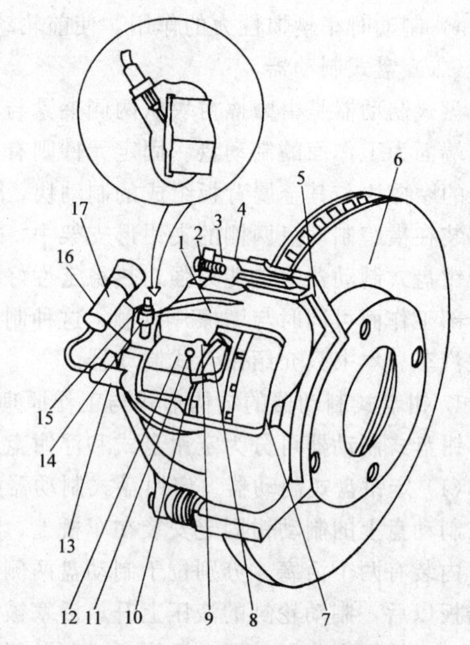

图 6-12 浮钳盘式制动器
1—制动钳体 2—紧固螺栓 3—导向销 4—防护套 5—制动钳支架 6—制动盘 7—固定制动块 8—消声片 9—防尘套 10—活动制动块 11—密封圈 12—活塞 13—电线导向夹 14—放气螺钉 15—放气螺钉帽 16—报警开关 17—电线夹

盘式制动器的特点是：

1）摩擦表面为平面，不易发生较大变形，制动力矩较稳定。

2）热稳定性好，受热后制动盘只在径向膨胀，不影响制动间隙。

3）受水浸渍后，在离心力的作用下水很快被甩干，摩擦片上的剩水也由于压力高而较容易被挤出。

4）制动力矩与汽车行驶方向无关。

5）制动间隙小，便于自动调节间隙。

6）摩擦片容易检查，维护和更换。

不足之处是摩擦副敞开在空气中，易受灰尘侵袭，磨损较大。

三、驻车制动器

驻车制动器又称手制动器，其主要作用是使汽车停放可靠，便于在坡道上起步，并可在行车制动器失效后临时使用或配合行车制动器进行紧急制动。

多数驻车制动器安装在变速器或分动器之后，也有少数汽车装在后驱动桥输入轴前端，其制动力矩作用在传动轴上，称为中央驻车制动器。轿车上常采用驻车制动与行车制动共用一套制动器，称为车轮驻车制动器。这种结构简单紧凑。

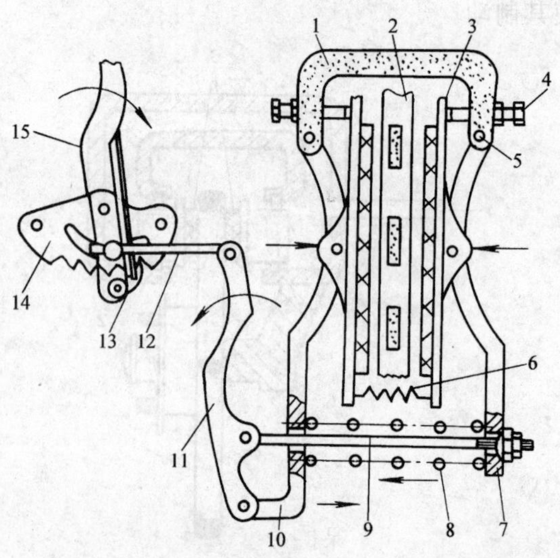

图 6-13 蹄盘式制动器及其传动机构示意图
1—支架 2—制动盘 3—制动蹄 4—调整螺钉 5—销 6—拉簧 7—后制动蹄臂 8—定位弹簧 9—蹄臂拉杆 10—前制动蹄臂 11—拉杆臂 12—传动拉杆 13—棘爪 14—齿扇 15—驻车制动杆

常见的驻车制动器有蹄盘式和鼓式两种。也有些汽车采用带鼓式。

1. 蹄盘式驻车制动器

蹄盘式驻车制动器有散热性好、摩擦片更换方便、安全可靠、使用寿命长等优点。

(1) 结构　图 6-13 所示为蹄盘式驻车制动器示意图。制动蹄支架 1 用螺栓固定在变速器壳体后壁。铸铁的通风式制动盘 2 用螺栓与变速器第二轴后端的凸缘盘连接。制动蹄 3 通过销轴与制动蹄臂 7 和 10、支架、拉杆臂 11 连接，并利用拉簧 6 和定位弹簧 8 使制动蹄和制动盘之间保持一定的间隙。驻车制动杆 15 用销轴与固定于变速器壳上的齿扇 14 及传动拉杆 12 铰接，其下端装有棘爪 13，利用棘爪拉杆和手柄上的弹簧，能将制动器锁止在某一位置。

(2) 工作情况　不制动时，驻车制动杆 15 处于最前位置。在定位弹簧 8 及拉簧 6 的作用下，两制动蹄摩擦片与制动盘之间保持一定间隙，制动器无制动作用。

制动时，将制动杆 15 上端向后扳动，传动拉杆 12 前移，使拉杆臂 11 逆时针方向摆动，推动前制动蹄臂 10 后移压向制动盘。同时通过蹄臂拉杆 9 拉动后制动蹄臂 7 压缩定位弹簧 8，使后制动蹄前移，两制动蹄即夹紧制动盘，产生制动作用，并由棘爪 13 将手制动杆锁止在制动位置。

解除制动时，按下制动杆上端的拉杆按钮，使下端棘爪脱出，然后将制动杆扳向最前端位置，前、后两蹄在定位弹簧作用下回位到不制动位置。

2. 鼓式驻车制动器

鼓式驻车制动器的基本结构与前面所述的车轮制动器相同，常用的有凸轮张开式和自动增力式两种。

(1) 凸轮张开式驻车制动器　图 6-14 所示为东风 EQ1092 型汽车凸轮张开式驻车制动器结构示意图。制动鼓通过螺栓与变速器第二轴的凸缘盘紧固在一起，制动底板固定在变速器后端壳体上。两制动蹄通过偏心支承销支承在制动底板上，其上端装有滚轮，在回位弹簧的作用下，滚轮紧靠在凸轮的两侧。凸轮轴支承在制动底板的上部，轴外端与摆臂连接，摆臂的另一端与拉杆相连。拉杆的上端装有球面调整螺母和锁紧螺母，下端与摇臂一端铰接。摇臂中部用销子与变速器壳体连接并作为支点，另一端连接拉丝软轴。拉丝软轴的上端连接操纵杆。

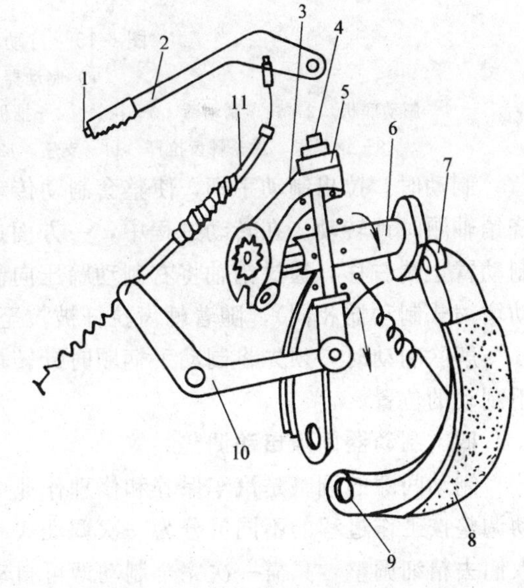

图 6-14　东风 EQ1092 型汽车凸轮张开式驻车制动器结构示意图

1—按钮　2—操纵杆　3—摆臂　4—拉杆　5—调整螺母　6—凸轮轴　7—滚轮　8—制动蹄　9—偏心支承销　10—摇臂　11—拉丝软轴

制动时，拉动操纵杆，通过拉丝软轴使摇臂绕支承销顺时针转动，拉杆通过摆臂带动凸轮轴转动，使两制动蹄张开而产生制动，用棘爪和齿扇锁住操纵杆，保持制动状态。

解除制动时，按下棘爪按钮，将操纵杆推向前的极限位置，两制动蹄片在回位弹簧作用下回位，解除制动。

制动蹄片与制动鼓的间隙通过可调拉杆上的调整螺母进行调整。但若间隙过大，需调整摆臂与凸轮的相互位置。

(2) 自动增力式驻车制动器　图 6-15 所示为自动增力式驻车制动器的结构示意图。它主要由制动鼓、制动底板、制动蹄、制动臂、棘齿拉杆、制动手柄等组成。制动鼓用螺栓紧固在变速器第二轴的凸缘盘上，制动底板和驻车制动支承销用螺栓固定在变速器壳体的后端部，两制动蹄和调整机构通过拉簧浮动地悬挂在支承销上，并用压簧轴向定位。

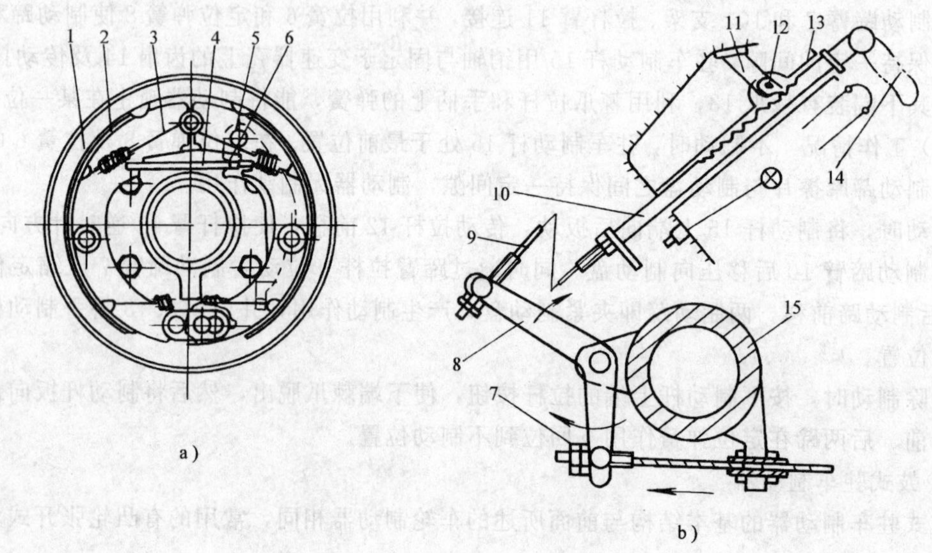

图 6-15　自动增力式驻车制动器

a）制动器　b）驻车制动

1—制动底板　2—驻车制动蹄　3—拉簧　4—推板　5—销轴　6—驻车制动臂　7—调整螺母　8—摇臂　9—钢丝绳　10—棘齿拉杆　11—支座　12—棘爪　13—导管　14—制动手柄　15—前桥

制动时，拉出制动手柄，使整套制动传动装置沿箭头方向运动（图 6-15b），驻车制动臂绕销轴顺时针转动。在转动过程中，一方面通过推板将左制动蹄压向制动鼓，另一方面驻车制动臂上端右移，通过销轴将右制动蹄压向制动鼓，从而产生制动作用（自动增力原理与自动增力式制动器相同），随着棘齿拉杆被拉至制动位置后，棘爪即锁住制动手柄。

解除制动时，须先将制动手柄顺时针转过一个角度使棘爪与棘齿脱离啮合后，再推回到不制动的位置。

四、制动器间隙自动调整装置

制动间隙的调整是汽车保养和修理作业中的重要项目。有手动调整和自动调整两种。自动调整按工作过程的不同可分为一次调准式和阶跃式两种。一次调准式自动调节装置不需要人们去精细调整，只需一次完全制动即可自动地调整到设计间隙，且在行车过程中可随时补偿过量间隙。但由于是随时进行补偿，因而往往导致“调整过量”而使冷却状态下间隙过小。因鼓式制动器的热变形导致的过量间隙远比盘式制动器大许多，故在采用一次调准式的自调装置时只得加大设定间隙量以留出足够的热膨胀量，这就加大了踏板行程损失。因此，当前的鼓式制动器已很少采用一次调准式，而多采用阶跃式的自动调整装置。

1. 双向增力式制动器阶跃式制动间隙的自动调整

图 6-16 所示为一种适用于双向增力式制动器的阶跃式自动调整装置。钢丝绳组件上端经连接环 1 固定于制动蹄支承销上，由钢丝绳操纵的调整杠杆 5 以其中部的弯舌支承于制动蹄

的腹板上，其另一弯舌嵌入调整螺钉 7 的星形轮的齿间。倒车制动时，调整杠杆 5 的支点随制动蹄下移，而其下臂的弯舌则沿星形轮齿的齿廓上升。当过量间隙值累积到一定时，弯舌即嵌入星形轮的下一个齿间，并在解除制动过程中转动调整螺钉 7，从而恢复设定间隙。这类结构多设计成只在倒车制动时才起调整作用，以尽量避免制动彭热膨胀的影响。

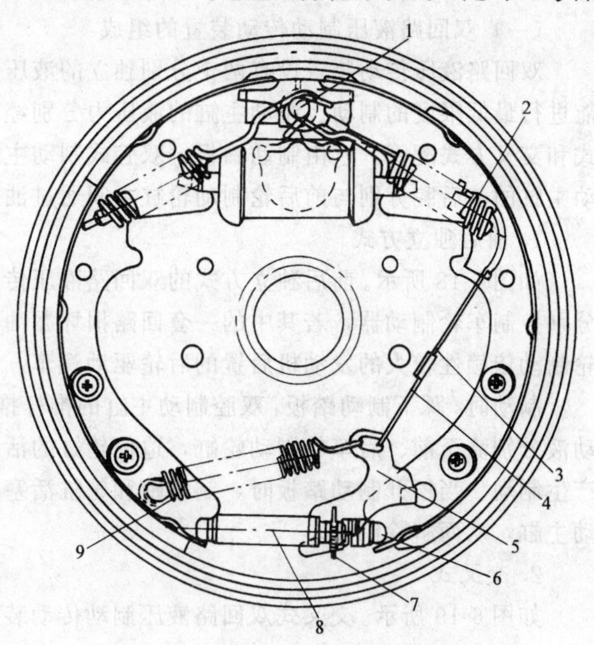

图 6-16 双向增力式制动器间隙自动调节装置
1—钢丝绳连接环 2—钢丝绳导向板 3—钢丝绳 4—钢丝绳钩 5—调整杠杆 6—调整顶杆帽 7—调整螺钉 8—调整顶杆体 9—调整杠杆回位弹簧

阶跃式自动调整装置必须在制动蹄与制动鼓间隙达到一定值后才起调整作用，而不允许随时微调以补偿随时产生的微小的过量间隙。另外，在制动器装车后必须经过多次制动方可自动调整到设定间隙。为此，上述调整螺钉头部的星形轮可用于事先进行粗略的人工调整。

2. 钳盘式制动器一次调准式制动间隙自动调整

目前，钳盘式制动器的间隙都是自动调节的，而且其自调方式都属于一次调准式。最常见的钳盘式制动器的间隙自调装置就是活塞密封圈，它能兼起活塞回位弹簧和一次调准式间隙自调装置的作用。

制动钳体中的活塞上都装有橡胶密封圈，如图 6-17 所示。在活塞 1 移动过程中，橡胶密封圈 3 的刃边在摩擦力的作用下随活塞移动，使密封圈产生弹性变形。相应地，其极限变形量 Δ 应等于制动器间隙为设定值时的完全制动所需的活塞行程，如图 6-17a 所示。解除制动时，活塞在密封圈的弹力作用下返回，直到密封圈变形完全消失为止，如图 6-17b 所示。若制动器存在过量间隙，则制动时活塞密封圈变形量达到极限值后，活塞仍可能在液压力作用下，克服密封圈的摩擦力而继续移动，直到实现完全制动为止。但解除制动后，活塞密封圈将活塞拉回的距离仍然是 Δ，因此制动器间隙又恢复到设定值。这种利用密封圈的弹性和定量变形使活塞回位和自动调整间隙的方法，可使制动器结构简单，成本低。但这种结构对密封圈的要求较高。

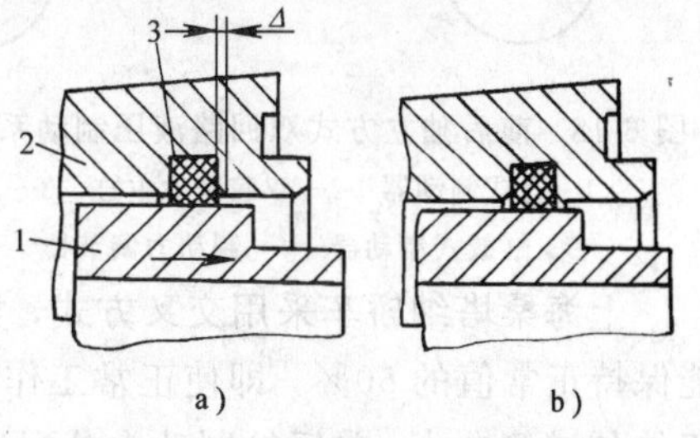

图 6-17 活塞密封圈的工作情况
1—活塞 2—制动钳体 3—密封圈

五、液压制动传动装置

液压制动传动装置是利用液压油，将制动踏板力转换为液压力，通过管路传至车轮制动器，再将液压力转变为制动蹄张开的机械推力。

液压制动具有以下特点：制动柔和灵敏，结构简单，使用方便，不消耗发动机功率。但操纵较费力，制动力不很大，液压油低温流动性差，高温易产生气阻，如有空气侵入或漏油会降低制动效能甚至失效。通常在液压制动传动机构中增设制动增压或助力装置，使制动系操纵轻便并增大制动力。

（一）双回路液压制动传动装置的组成

双回路液压传动装置设有两个分别独立的液压系统，在一个系统发生故障时，另一系统能进行最低限度的制动。制动主缸的液压力分别经两个系统传递给车轮，通常用前后独立方式和交叉方式配管。它由制动踏板、双腔式制动主缸和前后车轮制动器以及油管等组成。制动主缸的前后腔分别与前后轮制动轮缸之间通过油管连接，并充满液压油。

1. 前后独立方式

如图 6-18 所示。前后独立方式的双回路液压传动装置由双腔制动主缸通过两套独立回路分别控制车轮制动器，若其中的一套回路损坏漏油时，另一套仍能起作用。它主要用于对后轮制动依赖性较大的发动机后置的后轮驱动汽车。

制动时，踩下制动踏板，双腔制动主缸的推杆推动主缸前后活塞使主缸后腔油压升高，制动液分别流至前、后车轮制动轮缸，迫使轮缸的活塞在油压力作用下外移，推动制动蹄张开产生制动。当松开制动踏板时，制动蹄和轮缸活塞在回位弹簧作用下回位，将制动液压回制动主缸，从而解除制动。

2. 交叉式

如图 6-19 所示。交叉式双回路液压制动传动装置主要用于对前轮制动力依赖性大的发动机前置前轮驱动汽车。

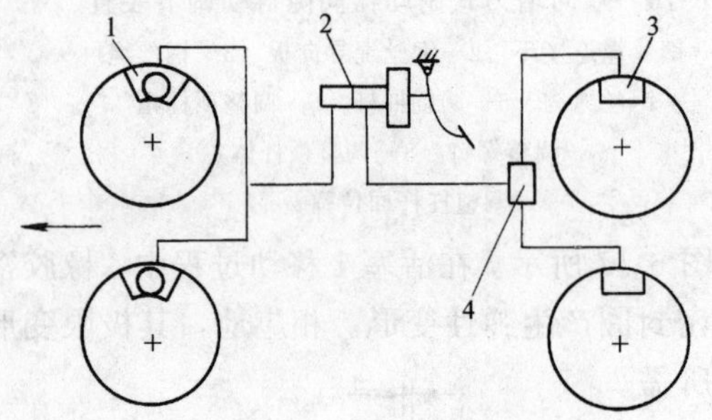

图 6-18　前后独立方式双回路液压制动系示意图

1—盘式制动器　2—双腔制动主缸　3—单缸鼓式制动器　4—制动力调节器

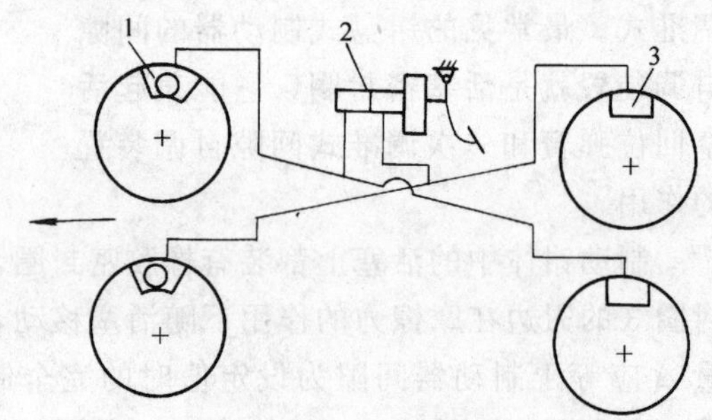

图 6-19　交叉式双回路液压制动系示意图

1—盘式制动器　2—双腔制动主缸　3—单缸鼓式制动器

上海桑塔纳轿车采用交叉方式，如图 6-20 所示，如其中一回路失效，剩余的总制动力仍能保持正常值的 50%，即使正常工作回路中的制动器抱死侧滑，失效回路中未被制动的车轮仍能传递侧向力，前后轮制动力分配达到 3.36：1。当汽车在高速状态下制动时，均能确保后轮不抱死，或者前轮比后轮先抱死，避免制动时后轮失去侧向附着力，导致汽车失控。

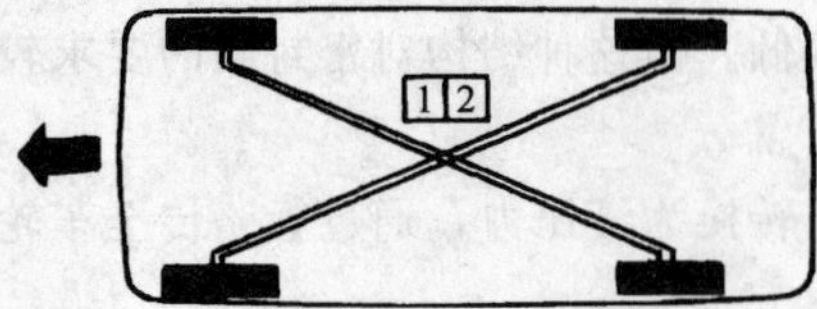

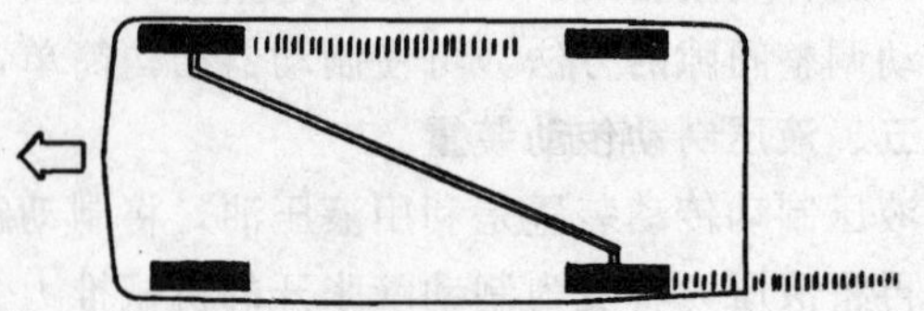

图 6-20　交叉式管路制动系统中当一管失效时的制动示意图

（二）双腔式制动主缸

制动主缸的作用是将由踏板输入的机械推力转换成液压力。图 6-21 所示为串联式双腔式制动主缸的结构示意图。主缸的壳体内装有前活塞、后活塞及前后活塞弹簧，前后活塞分别用皮碗密封，前活塞用挡片保证其正确位置。两个储液筒分别与主缸的前、后腔相通，前出油口、后出油口分别与前后制动轮缸相通，前活塞靠后活塞的液力推动，而后活塞直接由推杆推动。上海桑塔纳轿车即采用这种制动主缸。

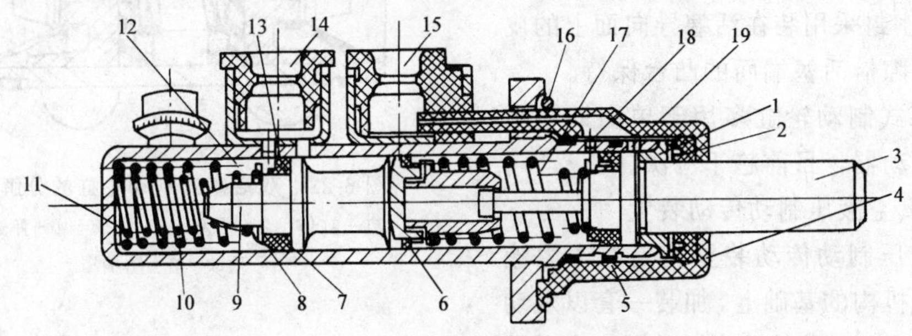

图 6-21　串联双腔制动主缸结构示意图

1—套　2—密封套　3—前活塞　4—盖　5—防动圈　6、13—密封圈　7—垫片　8—挡片　9—后活塞　10—弹簧　11—缸体　12—后腔　14、15—进油孔　16—定位圈　17—前腔　18—补偿孔　19—回油孔

踩下制动踏板，主缸中的推杆向前移动，使皮碗掩盖住储液筒进油口后，后腔压力升高。在后腔液压和后活塞弹簧力的作用下，推动前活塞向前移动，前腔压力也随之提高。当继续下踩制动踏板时，前、后腔的液压继续提高，使前、后制动器产生制动。

放松制动踏板，主缸中的活塞和推杆分别在前、后活塞弹簧的作用下回到初始位置，从而解除制动。

若前腔控制的回路发生故障时，前活塞不产生液压力，但在后活塞液力作用下，前活塞被推到最前端，后腔产生的液压力仍使后轮产生制动。

若后腔控制的回路发生故障时，后腔不产生液压力，但后活塞在推杆的作用下前移，并与前活塞接触而推前活塞前移，前腔仍能产生液压力控制前轮产生制动。

前活塞回位弹簧的弹力大于后活塞回位弹簧的弹力，以保证两个活塞不工作时都处于正确的位置。

为了保证制动主缸活塞在解除制动后能退回到适当位置，在不工作时，推杆的头部与活塞背面之间应留有一定的间隙。为了消除这一间隙所需的踏板行程称为制动踏板自由行程。该行程过大将使制动失灵，过小则制动解除不彻底。双回路液压制动系统中任一回路失效，主缸仍能工作，只是所需踏板行程加大，导致汽车的制动距离增长，制动效能降低。

（三）制动轮缸

制动轮缸的作用是将主缸传来的液压力转变为使制动蹄张开的机械推力。由于车轮制动器的结构不同，轮缸的数目和结构形式也不同。通常分为双活塞式和单活塞式两类制动轮缸。

1. 双活塞式制动轮缸

上海桑塔纳轿车采用的是双活塞式制动轮缸，结构如图 6-22 所示。缸体用螺栓固定在制动底板上，缸内有两个活塞，两个刃口相对的密封皮碗利用弹簧分别压靠在两活塞上，以保持两皮碗之间的进油孔畅通。活塞外端凸台孔内压有顶块与制动蹄的上端抵紧。缸体两端防尘罩用以防尘土和水分进入，以免活塞与缸体腐蚀而卡死。缸体上方装有放气阀用以排放轮缸中的空气。

2. 单活塞式制动轮缸

图 6-23 所示为北京 BJ2020N 型汽车前制动器配用的单活塞制动轮缸。为缩小轴向尺寸，液腔密封采用装在活塞导向面上的皮圈。进油间隙借活塞端面的凸台保持。

单活塞式制动轮缸多用于单向助势平衡式车轮制动器，目前趋于淘汰。

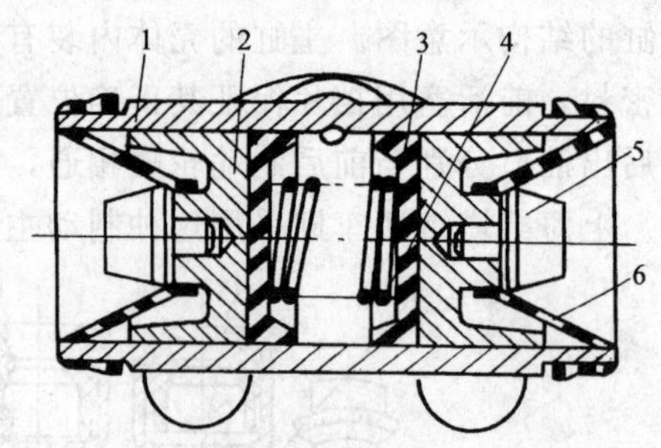

图 6-22 双活塞式制动轮缸的分解图

1—缸体 2—活塞 3—皮碗 4—弹簧 5—顶块 6—防护罩

（四）真空液压制动传动装置

真空液压制动传动装置就是在人力液压制动传动机构的基础上，加装一套以发动机工作时在进气管中产生的真空度（或利用真空泵）为力源的动力制动传动装置。它可以提高汽车制动性能，减轻驾驶员的劳动强度。这种传动装置有真空增压式和真空助力式两种。真空增压式是利用真空度对制动主缸输出的油液进行增压，因此它装在制动主缸之后；真空助力式是利用真空度对制动踏板进行助力，因此它装在踏板与制动主缸之间。

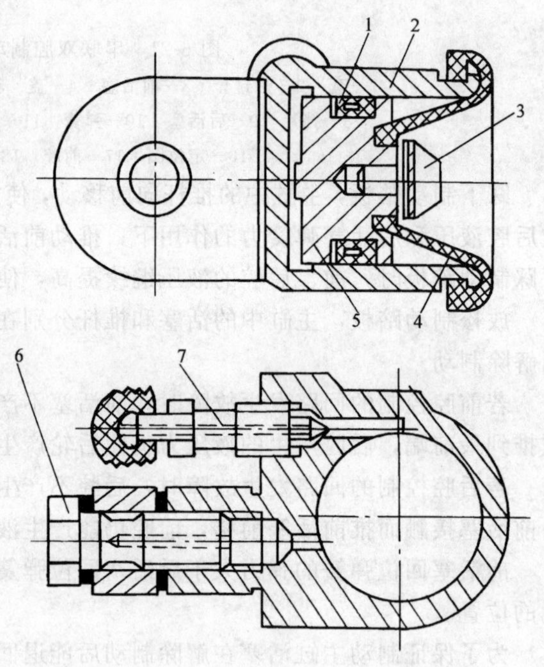

图 6-23 单活塞式制动轮缸

1—密封圈 2—缸体 3—顶块 4—防护罩 5—活塞 6—进油管接头 7—放气阀

1. 真空增压式液压制动传动装置

（1）组成 图 6-24 所示为装有真空增压器的液压制动系统。它比人力液压制动系统多一个真空增压器，一套由真空单向阀 2、真空筒 3 和真空管道组成的真空增压系统。真空源来自发动机进气管 1。

（2）工作原理 汽车在制动时，发动机处于怠速状态，其进气管内真空度很高，此真空度经真空单向阀 2 传入真空筒 3，使筒中具有一定的真空度，作为制动加力的力源。当踩下制动踏板时，从制动主缸 8 中压出的制动油液先进入增压缸 6，液压力由此一面传入前、后制动轮缸，一面又作用于控制阀 4，使真空伺服气室 5 起作用，而对增压缸进行增压，使增压缸和轮缸液压增高。单向阀 2 的作用是，当进气管真空度高于真空筒的真空度时，单向阀被吸开，将真空筒及真空伺服气室内的空气抽出。当发动机熄火或进气管真空度低于真空筒真空度时，单向阀关闭，以保证发动机不工作时也能进行几次增压制动。

（3）真空增压器构造与工作原理 真空增压器的结构如图 6-25 所示。它由真空伺服气室、控制阀和增压缸组成。其工作原理见图 6-26。当踩下制动踏板时，制动液压油从制动主缸流入增压缸，此时球阀 11 处于关闭状态，所以制动液压油可由增压缸上的孔进入各制动轮缸。与此同时，进入到增压缸的压力油还作用在控制阀活塞 6 上，推动控制阀膜片上移，将真空阀 3 关闭，使控制阀上腔 A 与下腔 B 隔绝。然后打开空气阀 1，空气便进入控制阀上腔 A 和伺服气室右腔 D（见图 6-26a）使其压力升高，而控制阀下腔 B 和伺服气室左腔 C 的真空度保持不变。在 C、D 两腔压力差作用下，伺服气室膜片 19 带动推杆 14 向左移动，使球阀 11 抵靠在增压缸活塞 7 的阀座上，并使制动主缸与增压缸左腔隔绝。这时作用在增压缸活塞上有两个力：一是制动主缸传来的液压作用力；另一个是推杆传来的推力。所以，增压缸左腔和各轮缸液压高于主缸液压，从而起到增压作用。

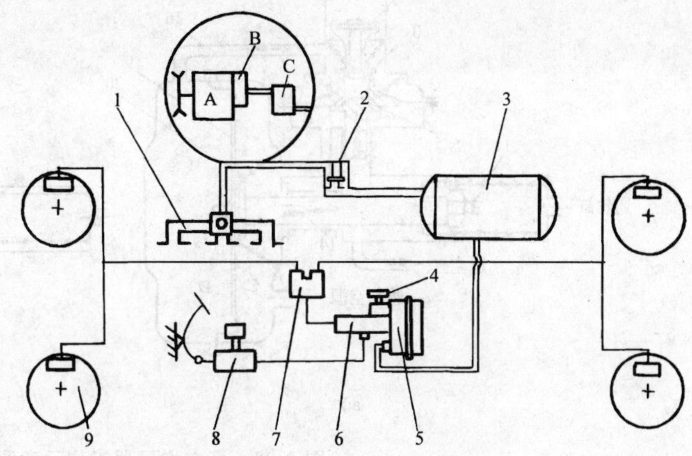

图 6-24　真空增压式液压制动传动装置

1—进气管　2—单向阀　3—真空筒　4—控制阀　5—真空伺服气室　6—增压缸　7—双活塞安全缸　8—制动主缸　9—车轮制动器　A—发动机　B—真空泵　C—单向阀

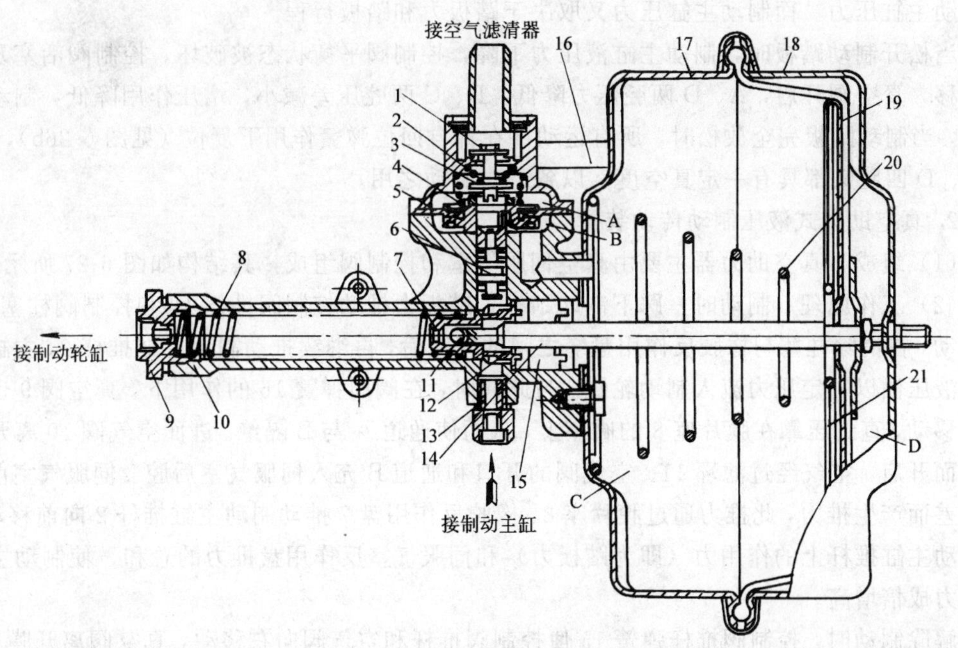

图 6-25　真空增压器结构示意图

1—空气阀　2—阀门弹簧　3—真空阀　4—控制阀膜片回位弹簧　5—控制阀膜片　6—控制阀活塞　7—增压缸活塞　8—增压缸活塞回位弹簧　9—出油管接头　10—增压缸　11—球阀　12—活塞限位座　13—进油管接头　14—推杆　15—密封圈座　16—通气管　17—伺服气室前壳体　18—伺服气室后壳体　19—伺服气室膜片　20—伺服气室膜片回位弹簧　21—膜片托盘

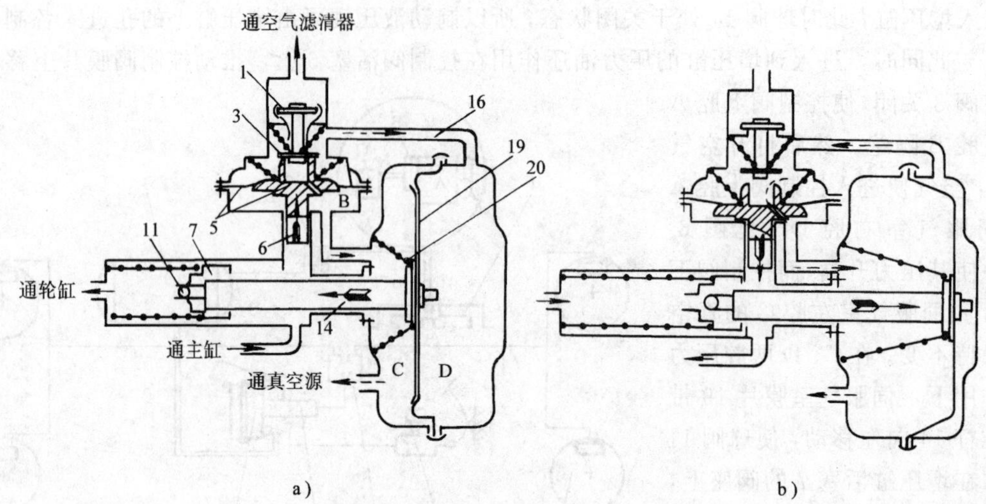

图 6-26　真空增压器工作示意图

a）踩下制动踏板　b）放松制动踏板

1—空气阀　3—真空阀　5—控制阀膜片　6—控制阀活塞　7—增压缸活塞　11—球阀　14—推杆　16—通气管　19—伺服气室膜片　20—伺服气室膜片回位弹簧

在 A、D 两腔压力升高过程中，控制阀膜片和阀门组件不断下移。当 A、D 两腔真空度下降到一定数值时，空气阀关闭，此时真空度将保持在某一稳定值上。这一稳定值的大小取决于制动主缸压力。而制动主缸压力又取决于踏板力和踏板行程。

当松开制动踏板时，制动主缸液压力下降，控制阀平衡状态被破坏。控制阀活塞及膜片座下移，真空阀开启，A、D 两腔压力降低，D、C 两腔压差减小，增压作用降低，制动强度减弱。当制动踏板完全放松时，所有运动件在各自回位弹簧作用下复位（见图 6-26b），A、B 和 C、D 四腔又都具有一定真空度，以备下次制动之用。

2. 真空助力式液压制动传动装置

（1）组成　真空助力器主要由真空伺服气室和控制阀组成，其结构如图 6-27 所示。

（2）工作原理　制动时，踩下制动踏板，踏板力推动控制阀推杆 12 和控制阀柱塞 18 向前移动，在消除柱塞与橡胶反作用盘 7 之间的间隙后，再继续推动制动主缸推杆 2，主缸内的制动液压油以一定压力流入制动轮缸。与此同时，在阀门弹簧 16 的作用下，真空阀 9 也随之向前移动，直到压靠在膜片座 8 的阀座上，从而使通道 A 与 B 隔绝。进而空气阀 10 离开真空阀 9 而开启，空气经过滤环 11、空气阀的开口和通道 B 充入伺服气室后腔。伺服气室前、后腔压差而产生推力，此推力通过膜片座 8、橡胶反作用盘 7 推动制动主缸推杆 2 向前移动，此时制动主缸推杆上的作用力（即为踏板力）和伺服气室反作用盘推力的总和，使制动主缸输出压力成倍增高。

解除制动时，控制阀推杆弹簧 15 使控制阀推杆和空气阀向右移动，真空阀离开膜片座 8 上阀座，真空阀开启。伺服气室前、后腔相通，均为真空状态。膜片座和膜片在回位弹簧作用下回位，制动主缸解除制动。

六、气压制动传动装置

气压制动传动装置是将压缩空气的压力转变为机械推力，使车轮产生制动。驾驶员只需按不同的制动强度要求，控制踏板的行程，释放出不同数量的压缩空气，便可调整气体压力

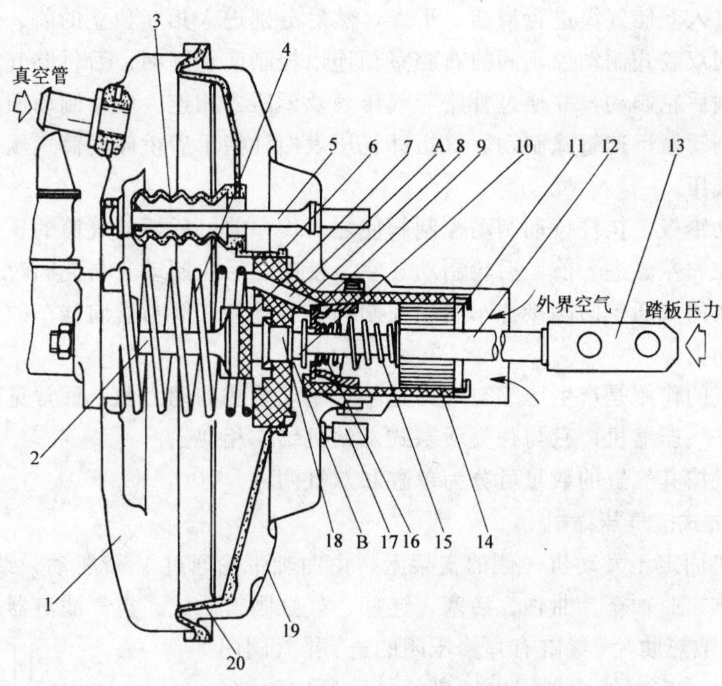

图 6-27　真空助力器结构示意图

1—伺服气室前壳体　2—制动主缸推杆　3—密封圈　4—膜片回位弹簧　5—导向螺栓　6—控制阀　7—橡胶反作用盘　8—膜片座　9—真空阀　10—空气阀　11—过滤环　12—控制阀推杆　13—调整叉　14—毛毡过滤环　15—控制阀推杆弹簧　16—阀门弹簧　17—螺栓　18—控制阀柱塞　19—伺服气室后壳体　20—伺服气室膜片

的大小来获得所需的制动力。

气压制动传动装置的特点是踏板行程较短，操纵轻便，制动力较大，消耗发动机的动力，结构复杂，制动不如液力式柔和。一般用于中、重型汽车上。

（一）双回路气压制动装置的组成

图 6-28 所示为东风 EQ1092 型汽车双回路气压制动传动装置的布置示意图。它由气源和控制装置两部分组成。气源部分包括单缸空气压缩机、调压装置、双针气压表、前后桥储气筒、气压过低报警装置、油水放出阀和取气阀、安全阀等部件。控制装置包括制动踏板、拉杆、并列双腔制动阀等。

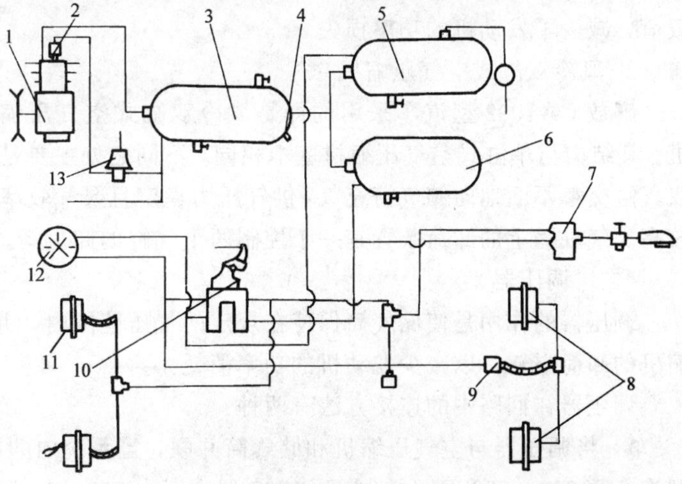

图 6-28　东风 EQ1092 型汽车双回路气压制动传动装置

1—空气压缩机　2—卸荷阀　3—湿储气筒　4—安全阀　5—后桥储气筒　6—前桥储气筒　7—挂车制动控制阀　8—后轮制动气室　9—快放阀　10—制动控制阀　11—前轮制动气室　12—气压表　13—调压阀

空气压缩机产生的压缩空

气经单向阀先进入湿储气筒进行清洁、干燥，然后分别进入相互独立的前、后桥储气筒。前桥储气筒与并列双腔式制动控制阀的右腔室相连以控制前轮制动；后桥储气筒与控制阀的左腔室相连以控制后轮制动，并通过管路与气压表及调压器相连。后桥制动回路装有膜片快放阀，可使后桥制动器迅速解除制动。双指针气压表白针指示后桥储气筒气压，红针指示后桥制动管路中的气压。

当踏下制动踏板，拉杆拉动制动控制阀使之工作，前、后桥储气筒的压缩空气便通过制动控制阀的右腔和左腔进入前、后轮制动气室，使前、后轮制动。与此同时，通过前、后制动回路之间并联的双通单向阀接挂车制动控制阀，将湿储气筒与通向挂车的通路切断，使挂车进行放气制动。

空气压缩机的作用是产生压缩空气，是整个制动系统的动力源。最常见的结构是空气冷却往复活塞式空气压缩机，它与往复活塞式发动机结构相似。

空气压缩机按其气缸的数量可分为单缸和双缸两种。

1. 风冷单缸式空气压缩机

空气压缩机固定于发动机一侧的支架上，由曲轴带轮通过 V 带驱动，结构如图 6-29 所示。主要由缸体、曲轴箱、曲轴、活塞、连杆、气缸阀盖总成、空气滤清器等组成。气缸体是铸铁的，带有散热肋片，气缸有弹簧压闭的进、排气阀门。进气口经气管通向空气滤清器，出气口经气管通向湿储气筒。

发动机运转时，空气压缩机即随之运转。当活塞下行时，吸开进气阀门，外界空气经空气滤清器、进气阀进入气缸。活塞上行时，进气阀在弹簧作用下关闭，气缸内空气被压缩并顶开出气阀门，压缩空气经出气口和气管送到湿储气筒。当储气筒内的气压达到 700～740kPa 时，卸荷柱塞顶开进气阀，使空气压缩机气缸与大气相通不再泵气，卸掉活塞上的载荷，减少了发动机的功率损失。

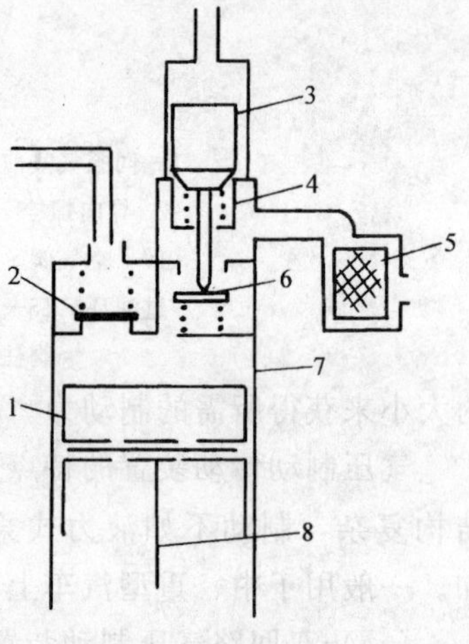

2. 风冷双缸式空气压缩机

解放 CA1092 型汽车采用的即是风冷双缸式空气压缩机。其结构与单缸式空气压缩机基本相同，不同之处主要是双气缸交替不断地向储气筒充气，供气压力稳定且泵气效率较高。气缸盖上的卸荷装置是一个控制两个气缸的卸荷阀。

图 6-29 风冷单缸式空气压缩机结构示意图

1—活塞 2—出气阀 3—卸荷柱塞 4—柱塞弹簧 5—空气滤清器 6—进气阀 7—缸体 8—连杆

（二）调压器

调压器的作用是使储气筒保持在规定的气压范围内，并在超过规定气压后，实现空气压缩机的卸荷空转，以减少发动机的功率消耗。

调压器在回路中的连接方法有两种：

1）将调压器与空气压缩机和储气筒并联，当系统内的压力达到规定值时（解放 CA1092 型汽车为 800～830kPa，东风 EQ1092 型汽车为 700～740kPa），调压器使空气压缩机的进气阀开启，卸荷空转。解放 CA1092 型、东风 EQ1092 型汽车即采用这种方式。

图 6-30 所示为与储气筒并联的膜片式调压器结构。它的气压调节值可通过旋转其盖上的调压螺钉进行调整。当螺钉旋入时，气压升高；反之则气压降低。

2）将调压器串联在空气压缩机和储气筒之间，当系统内的空气压力达到规定值时，调压器将多余的压缩空气直接排入大气，使空气压缩机卸荷空转。黄河 JN1152 型汽车即采用这种方式。

（三）油水分离器

油水分离器的作用是将压缩空气中所含的水分和润滑油分离开来，以免腐蚀气筒及回路中不耐油的橡胶件。黄河 JN1152 型汽车装用的油水分离器，当压缩空气流过油水分离器的滤芯时进行过滤，油水沉积下来，压缩空气流经调压器后进入储气筒。解放 CA1092 和东风 EQ1092 型汽车由于装用了湿储气筒，已将压缩空气进行了清洗、干燥，故不再装油水分离器。

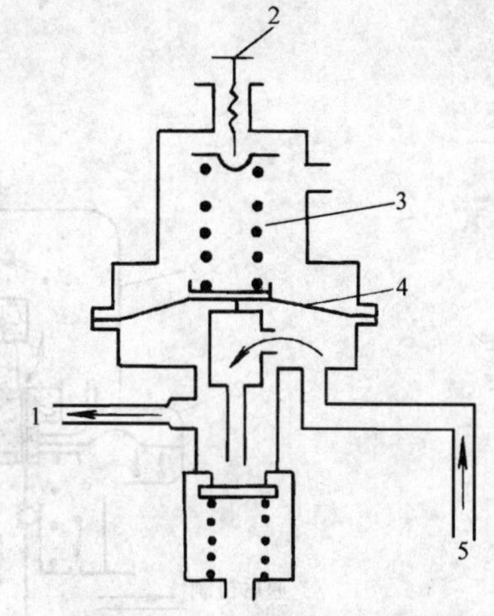

图 6-30　膜片式调压器示意图
1—接空压机接头　2—调整螺钉
3—调压弹簧　4—膜片
5—接储气筒接头

（四）制动控制阀

制动控制阀的作用是控制储气筒进入各个车轮制动气室和挂车制动控制阀的压缩空气量。它具有随动作用以保证有足够强的踏板感，即在输入压力一定的情况下，使其输出压力与踏板行程成一定的递增关系，且保证输出压力渐进地变化。东风 EQ1092 型汽车采用并列双腔膜片式制动控制阀，解放 CA1092 型汽车采用串联双腔膜片式制动控制阀。

图 6-31 所示为东风 EQ1092 型汽车并列双腔膜片式制动控制阀，它主要由拉臂、上壳体、下壳体、平衡弹簧总成、滞后机构总成等组成。

拉臂用销轴支承在上壳体的支架上，可绕销轴摆动。支架上装有限位螺钉，用以调整最大工作气压。拉臂上还装有调整螺钉和锁紧螺母，用以调整踏板自由行程。

上壳体内装有平衡弹簧总成，可上下移动，壳体中央孔内压装衬套，推杆装入其中，能轴向移动。推杆上端与平衡弹簧座相抵，下端伸入平衡臂杠杆孔内。平衡臂杠杆两端压靠在两腔内膜片挺杆总成上。

下壳体下部孔中安装两个阀门，两侧有四个接头孔，下方两个为进气孔，上方两个为排气孔。

1. 制动过程

当驾驶员踏下制动踏板时，拉动制动阀拉臂，将平衡弹簧上座下压，经平衡弹簧和下座、钢球，并通过推杆和钢球将平衡臂压下，推动两腔内膜片挺杆总成下移，消除间隙后，先关闭排气孔，然后打开进气孔，储气筒内的压缩空气经制动阀充入各制动气室，推杆推动制动调整臂使凸轮转动，顶开制动蹄压向制动鼓，起制动作用。

2. 平衡过程

当踩下踏板至某一位置不变时，由于压缩空气不断输送到前、后制动气室的同时，压缩空气经节流孔，进入平衡腔 V 的气压也随之增大，当膜片下方的总压力和回位弹簧的张力之和大于平衡弹簧的张力时，膜片总成上移，通过平衡臂，顶动平衡臂弹簧下座上移，平衡弹簧被压缩，阀门将进气阀和排气阀同时关闭，储气筒便停止对制动气室输送压缩空气，处于一种平衡状态，各制动气室的压缩空气保留在气室中，汽车便保持一定的制动强度。随着制动踏板踏下，制动气室的气压成比例上升，制动效能又得到加强。制动踏板踏至一定程度，拉臂的限位块便抵在限位螺钉上，限制了制动阀的最大工作气压。

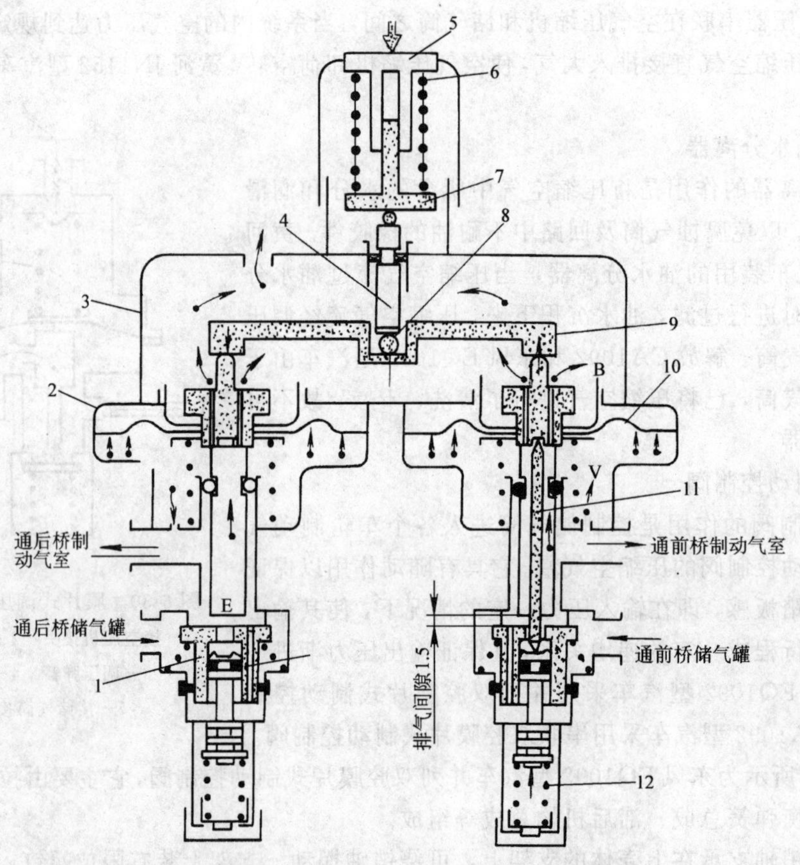

图 6-31　并列双腔膜片式制动控制阀

1—两用阀总成　2—下壳体　3—上壳体　4—推杆　5—平衡弹簧上座　6—平衡弹簧
7—平衡弹簧下座　8—钢球　9—平衡臂　10—膜片　11—膜片芯管　12—滞后弹簧
B—排气孔　E—排气孔　V—平衡腔

当驾驶员放松制动踏板时，拉臂在回位弹簧的作用下回位，平衡弹簧座上端面的压力消除，推杆、平衡臂、膜片总成均在回位弹簧及平衡腔内压缩空气的作用下向上移，排气孔 E 被打开，制动气室及制动管路的压缩空气便经排气孔，穿过挺杆内孔通道，从上体排气孔 B 排入大气，制动蹄在回位弹簧作用下回位，摩擦片与制动鼓分离，制动解除。若制动中踏板只放松至某一位置不动，膜片总成下方的总气压降至小于平衡弹簧张力时，膜片总成便向下移，及至两阀门都处于关闭的平衡状态，制动强度相应下降至某一位置，但仍保持一定的制动作用。当制动踏板完全放松时，制动才彻底解除。

(五) 制动气室

制动气室的作用是将输入的空气压力转变为转动制动凸轮的机械推力，使车轮制动器产生制动力矩。

1. 结构特点

东风 EQ1092 型汽车和解放 CA1092 型汽车都采用膜片式制动气室，结构如图 6-32 所示。它主要由盖、橡胶膜片、外壳、推杆以及回位弹簧等组成。夹布层橡胶膜片的周缘用卡箍夹紧在壳体和盖的凸缘之间。盖与膜片之间为工作腔。用橡胶软管与由制动阀接出的钢管连通，膜片右方则通大气。弹簧通过焊接在推杆上的支承盘推动膜片紧靠在盖的极限位置。推杆的外端通过连接叉与制动器的制动调整臂相连。

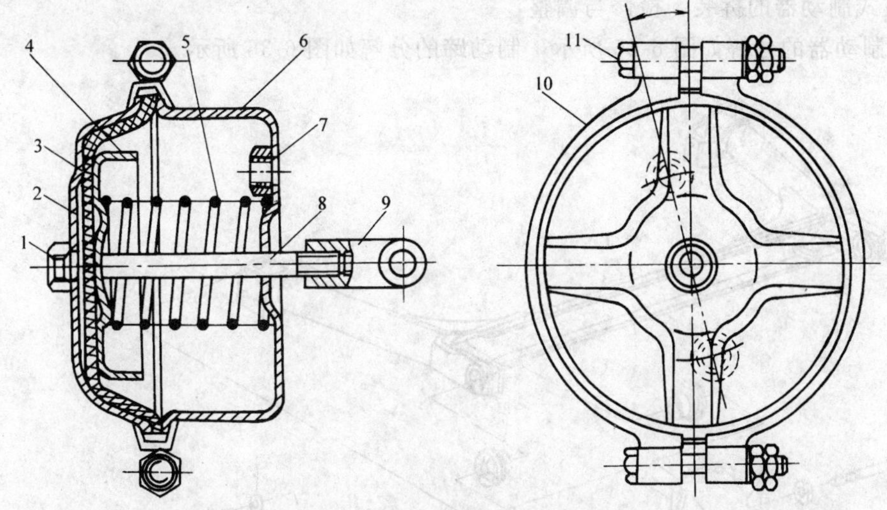

图 6-32　膜片式制动气室

1—进气口　2—盖　3—膜片　4—支承盘　5—弹簧　6—壳体
7—固定螺钉孔　8—推杆　9—连接叉　10—卡箍　11—螺栓

（六）快放阀

快放阀的作用是迅速排放制动气室中的压缩空气，以便迅速解除制动。

快放阀的结构如图 6-33 所示。它主要由上壳体、膜片、密封垫及下壳体等零件组成。

快放阀的工作情况如图 6-34 所示。

当制动时（图 6-34a），从双腔并列膜片或制动阀前腔室输往后桥车轮制动气室的压缩空气进入 A 口后推动膜片，将排气口 D 堵住，同时吹开膜片四周，使膜片边缘下弯，压缩空气沿下壳体的径向沟槽，经 B、C 口分别通往左、右制动气室。

当放松制动时（图 6-34b），制动气室的压缩空气回流，从快放阀 B、C 口进入，将膜片向上吹起关闭了进气口 A，同时从排气口 D 排入大气。

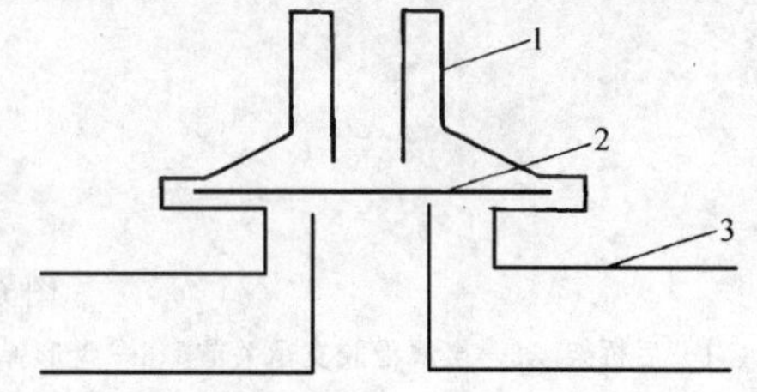

图 6-33　快放阀结构示意图

1—上壳体　2—膜片　3—下壳体

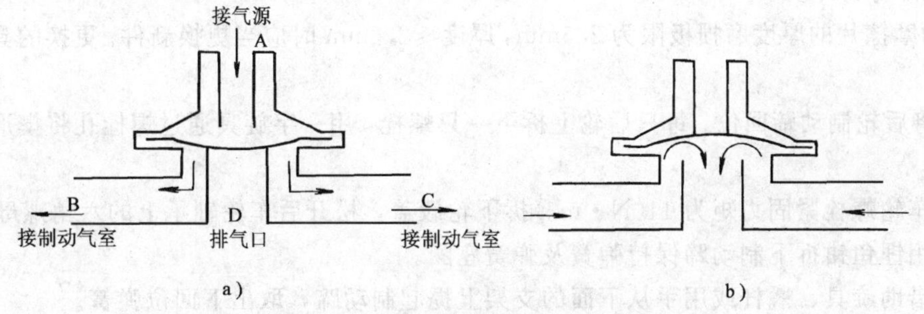

图 6-34　快放阀工作情况示意图

a）制动时　b）放松制动时

七、制动系拆装、检修与调整

（一）制动器的拆装、检修与调整

1. 鼓式制动器的拆装、检修与调整

鼓式制动器的分解如图 6-35 所示，制动蹄的分解如图 6-36 所示。

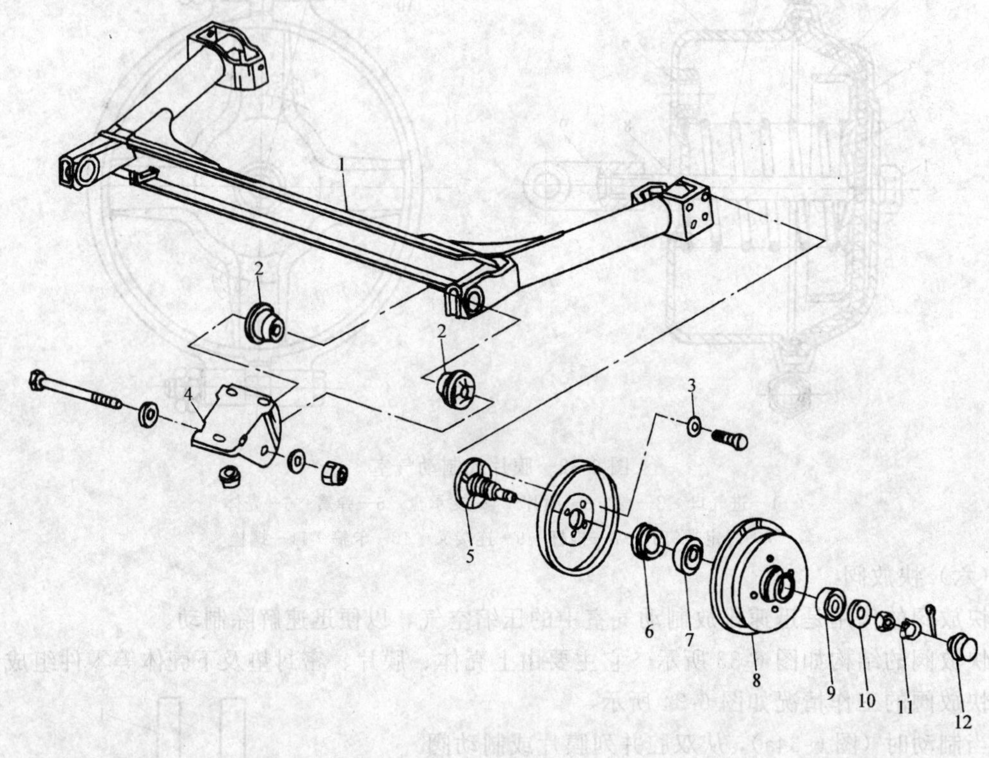

图 6-35　制动鼓分解图

1—后桥架　2—金属橡胶支承关节　3—盘形弹簧垫　4—轴承支架　5—后桥短轴　6—后轮油封　7—T-50 滚珠轴承　8—后轮制动鼓　9—轴承　10—垫圈　11—冠状螺母保险环　12—后轮轴承防尘帽

鼓式制动器摩擦片使用一段时间后，出现损坏或磨损达到极限，应当更换。制动摩擦片是用铆接方式与制动蹄连接的，更换时可以连同蹄板一起更换，即换整个制动蹄，也可以只更换制动摩擦片本身。

制动摩擦片的厚度磨损极限为 2.5mm，厚度≤2.5mm 时应当更换新件。更换的具体步骤如下：

1）将后轮制动蹄回位。每只后轮上拆下一只螺栓，用一字旋具通过螺栓孔将楔形块向上压。

2）车轮螺栓紧固力矩为 110N·m。拆下轮毂盖，松开后车轮轴承上的六角螺母。

3）用锂鱼钳拆下制动蹄保持弹簧及弹簧座圈。

4）借助旋具、撬杆或用手从下面的支架上提起制动蹄，取出下回位弹簧。

5）用钳子拆下制动杆上的驻车制动钢丝。

6）用钳子取下楔形块弹簧和上回位弹簧。

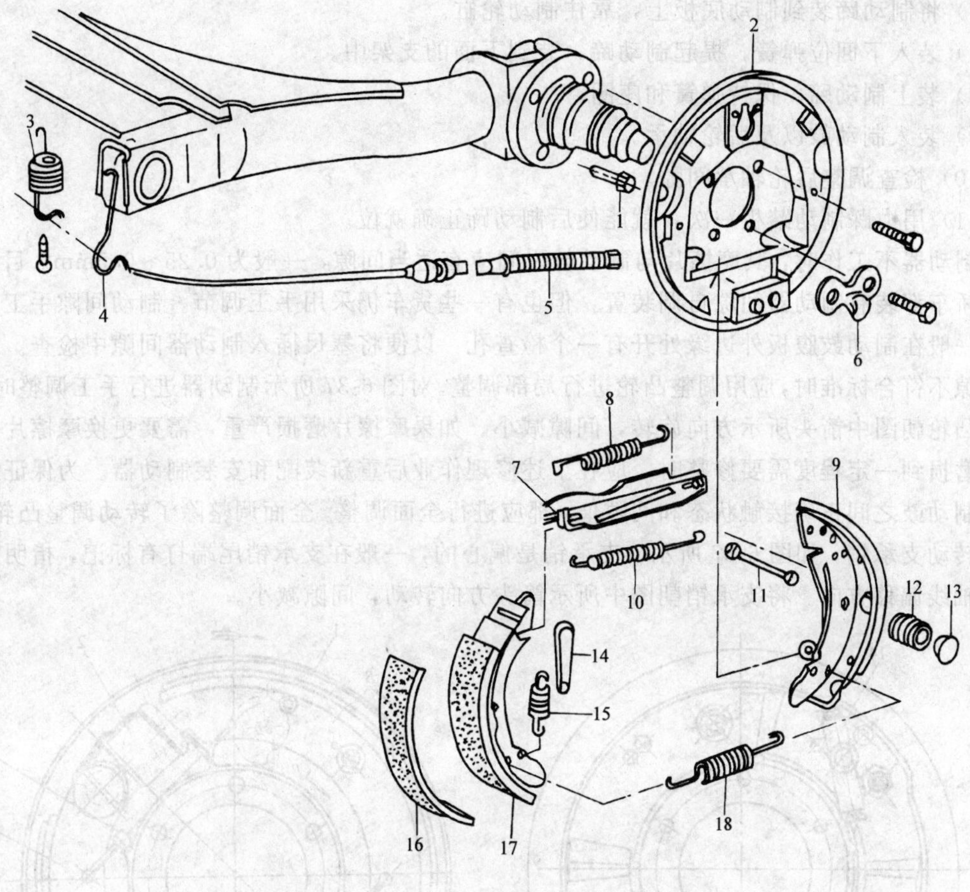

图 6-36 制动蹄分解图

1—后制动检测孔橡胶塞 2—后制动底板 3—驻车制动拉索拉紧簧 4—驻车制动拉索固定夹 5—驻车制动拉杆 6—制动拉索引导件 7—制动推杆 8—后轮前制动蹄回位弹簧 9—后轮后制动蹄 10—后轮前制动蹄中回位弹簧 11—制动蹄定位销 12—制动蹄定位销压簧 13—制动蹄定位销压簧垫圈 14—制动蹄调整楔形件 15—制动蹄楔形件下回位弹簧 16—后制动备用摩擦片 17—后轮前制动蹄 18—制动蹄下回位弹簧

7）拆下制动蹄。

8）将带推杆的制动蹄夹紧在台虎钳上，取下回位弹簧，取下制动蹄。如果是连蹄更换，这时可换上新蹄。

如果是仅换摩擦片，这时应先去掉旧的铆钉及孔中的毛刺，换上新的摩擦片，并按规范重新铆接。铆接新摩擦片时应先中间，后两边。

重新安装时顺序如下：

1）先装上回位弹簧，并将制动蹄与推杆连接好。

2）装上楔形调整块，凸出一边朝向制动底板。

3）将另一带有传动臂的制动蹄装到推杆上。

4）装入上回位弹簧。

5）将驻车制动拉索在传动臂上安装好。

6）将制动蹄装到制动底板上，靠住制动轮缸。

7）装入下回位弹簧，提起制动蹄，装到下面的支架中。

8）装上制动蹄、保持弹簧和座圈。

9）装入制动鼓以及后轮轴承。

10）检查调整后轮轴承间隙。

11）用力踩制动踏板一次，就能使后制动蹄正确就位。

制动器不工作时，其摩擦片与制动鼓之间应有适当间隙，一般为0.25～0.5mm。目前大多数轿车都装有制动器间隙自调装置，但也有一些货车仍采用手工调节。制动间隙手工调节时，一般在制动鼓腹板外边缘处开有一个检查孔，以便将塞尺插入制动器间隙中检查。若发现间隙不符合标准时，应用调整凸轮进行局部调整。对图6-37所示制动器进行手工调整时，将调整凸轮朝图中箭头所示方向旋转，间隙减小。如果摩擦片磨损严重，需要更换摩擦片或制动鼓磨损到一定程度需要修整时，应在上述修理作业后重新装配和安装制动器。为保证摩擦片与制动鼓之间正确接触状态和间隙值，都应进行全面调整。全面调整除了转动调整凸轮外，还要转动支承销，如图6-37所示。支承销是偏心的，一般在支承销尾端打有标记，指明偏心轴径轴线偏移方向。将支承销朝图中所示箭头方向转动，间隙减小。

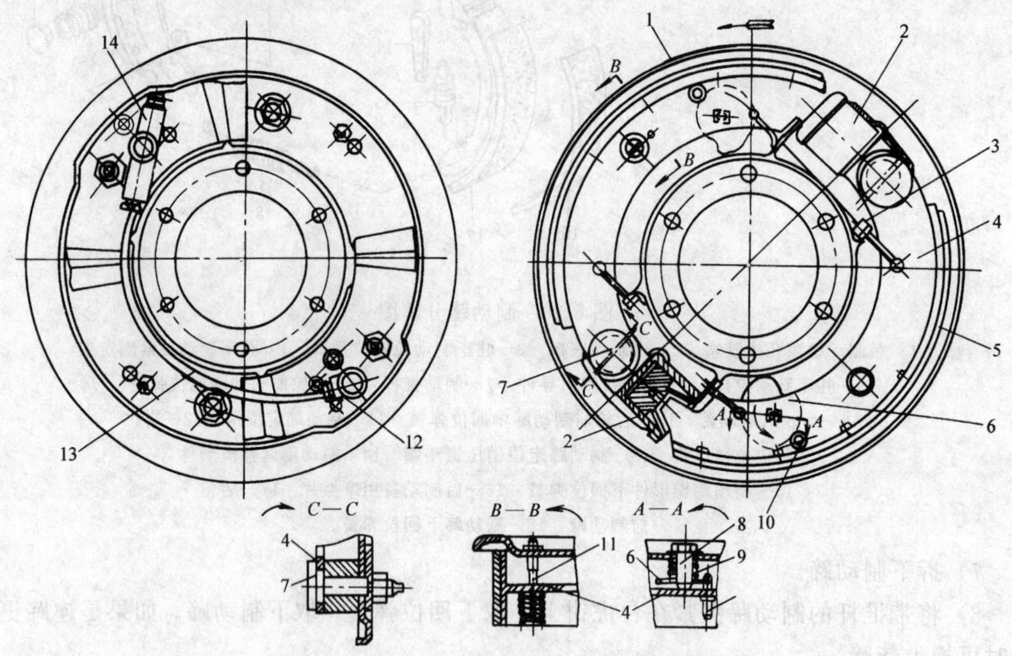

图6-37　双领蹄式制动器

1—制动底板　2—制动轮缸　3—回位弹簧　4—制动蹄　5—摩擦片　6—调整凸轮　7—支承销　8—调整凸轮轴　9—弹簧　10—调整凸轮销锁销　11—制动蹄限位杆　12、14—油管接头　13—轮缸油管

2．盘式制动器的拆装、检修与调整

盘式制动器的分解如图6-38所示。

前制动摩擦片经长期使用已经损坏，或厚度磨损到了极限，需要更换。操作步骤如下：

1）拆下前轮。

2）拆卸下制动摩擦片的上、下定位弹簧。

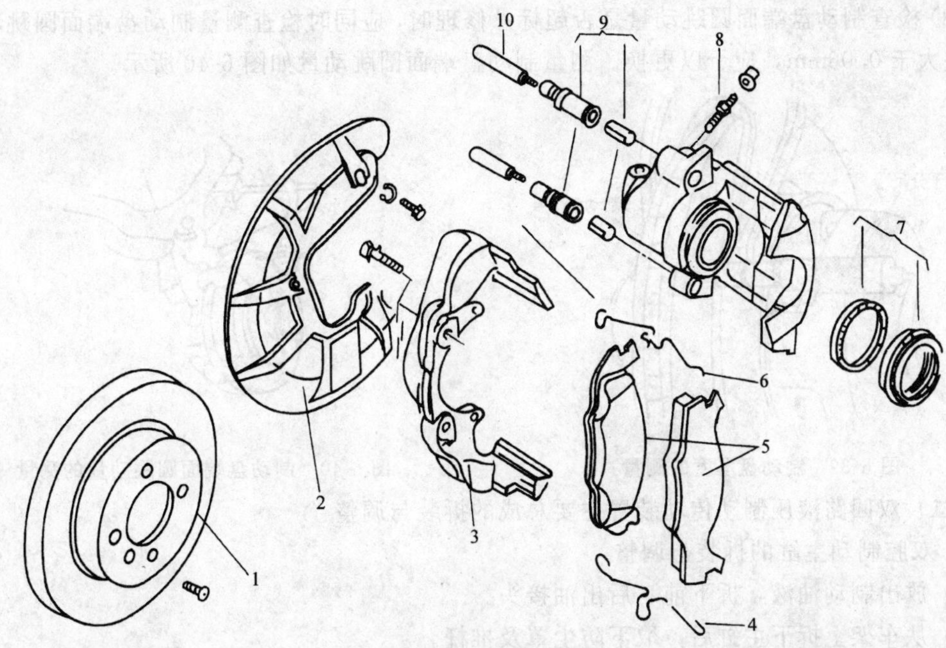

图 6-38　盘式制动器的分解

1—前制动盘　2—制动器底板　3—前制动器摩擦片架　4、6—固定摩擦片卡簧　5—制动摩擦片　7—前制动轮缸密封圈　8—前制动轮缸放油阀　9—前制动轮缸固定螺栓护套　10—导向销

3）拧松并拆卸上、下固定螺栓。

4）取出制动壳体。

5）在支架上拆下制动摩擦片。

6）将制动钳活塞压回制动钳壳体内。在压回活塞之前，应先从制动油液储液罐中抽出一部分制动油液，以免在压回活塞时造成制动油液外溢，损坏表面油漆。制动油液有毒，而且有较强的腐蚀性，须用专门容器存放。

安装顺序与拆卸次序相反，先换上新的摩擦片，然后装上制动钳壳体，用 40N·m 的力矩拧紧紧固螺栓。安装上、下定位弹簧片。装好后，用力踩制动踏板到底，连踩数次，以便使摩擦片能正确就位。

盘式制动器的检修作业如下：

(1) 测量制动摩擦片的厚度　若制动摩擦片厚度小于使用限度或磨损不均，则应更换新片。

(2) 检查制动盘　检查内容：是否有深度擦伤、翘曲变形。检查方法：在制动盘与制动片的接触面上沿圆周方向检测六个点的厚度，可用千分尺进行测量，如图 6-39 所示。如果厚度的最大差值超过 0.013mm，则此制动盘需重新加工。

桑塔纳 YP 制动盘标准厚度	10mm
使用限度	8mm
桑塔纳 JV 制动盘标准厚度	12mm
使用限度	10mm

更换制动盘时，同一轴两个制动盘必须同时更换，以确保两轮产生的制动力相等。

(3) 检查制动盘端面圆跳动量是否超标　修理时，应同时检查测量制动盘端面圆跳动量，若误差大于 0.06mm，应予以更换。测量制动盘端面圆跳动量如图 6-40 所示。

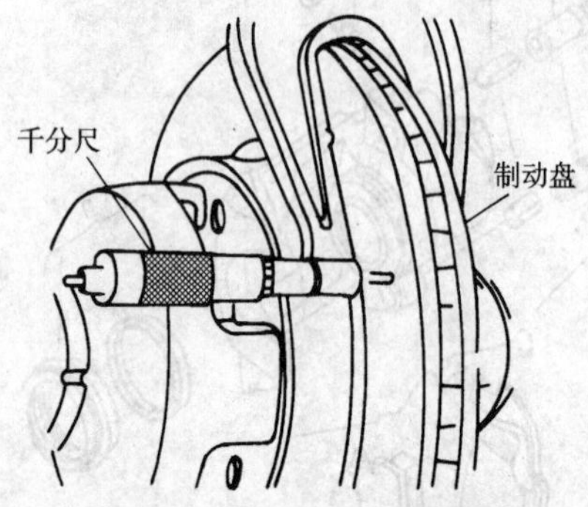

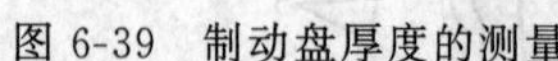
图 6-39　制动盘厚度的测量

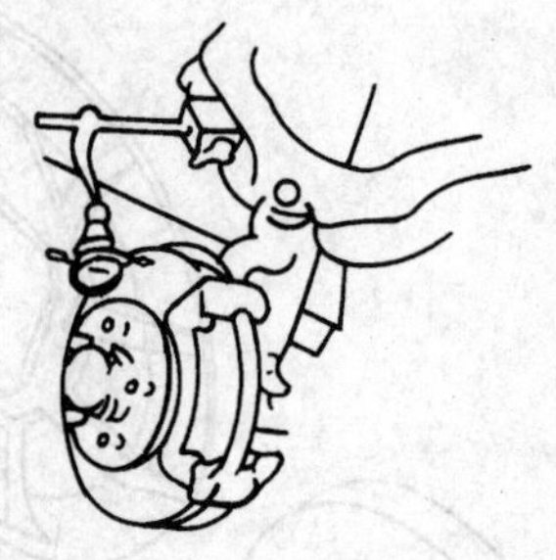

图 6-40　制动盘端面圆跳动量的测量

（二）双回路液压制动传动装置主要总成的拆装与调整

1. 双腔制动主缸的拆装与调整

1）放出制动油液，拆下前、后出油接头。

2）从车架上拆下主缸后，取下防尘罩及推杆。

3）将主缸夹在台虎钳上，用旋具顶住活塞，拆下弹簧片，然后慢慢放松旋具，依次取出后活塞、皮碗及后活塞弹簧。

4）拆下限位螺钉，依次取出前活塞、皮碗及前活塞弹簧。

串联双腔制动主缸的装配按上述相反顺序操作，并注意下列事项：

1）所有零件在装合前，应用制动油液或酒精清洗，疏通各通道、油路，并用压缩空气吹干后，全部浸泡在清洁的制动油液内润滑。

2）活塞与缸筒的配合间隙应符合规定。

3）主缸活塞的位置不当，会引起回油孔堵塞，或使制动发生作用时间延迟，故装配时应予注意。

4）装合后应检查回油孔，使其不被皮碗堵住。

5）制动主缸装配后应检查其密封性。

2. 双活塞轮缸的拆装与调整

1）松开制动轮缸进液管接头，使制动轮缸与进液管脱开。

2）取下制动蹄回位弹簧，使制动蹄与制动轮缸的活塞脱开。

3）卸下制动轮缸与制动底板的连接螺栓，取下制动轮缸以待分解。

4）取下缸体两端的防尘罩。

5）从轮缸内取出活塞、蹄片推杆、皮碗及活塞回位弹簧。

6）卸下放气阀。

双活塞制动轮缸的装配按上述相反顺序操作，并应注意下列事项：

1）装合前，所有零件应用制动油液或酒精清洗，用压缩空气吹干后，全部浸泡在清洁的制动油液内润滑。

2）连接输液管，不允许有漏液现象。

3）皮碗不得有磨损及发胀现象。

4）装配后应试验其密封性：将制动轮缸沉入盛有酒精的盆内，应不产生漏气的气泡。

3．液压制动踏板自由行程的调整

踏板的自由行程就是从踏板最初被踏下的位置，到感到有阻力时为止的距离。不设制动助力装置踏板自由行程的调整方法，一般是通过改变推杆的长度或通过校准偏心调整螺栓进行，如图 6-41 所示。液压制动踏板自由行程约为 10～14mm。对于装有制动助力装置的踏板自由行程调整分两个阶段进行：

第一阶段：从控制杆开始移动时起，直到控制杆与助力装置空气阀接触时止。

第二阶段：从控制杆与空气阀接触时起，直到助力装置活塞杆与制动主缸接触为止。

检查踏板自由行程应在发动机熄火的情况下进行，踩下制动踏板数次，直到在制动助力器内不再有真空为止。这时按下踏板到感觉有阻力时，测量踏板自由行程。

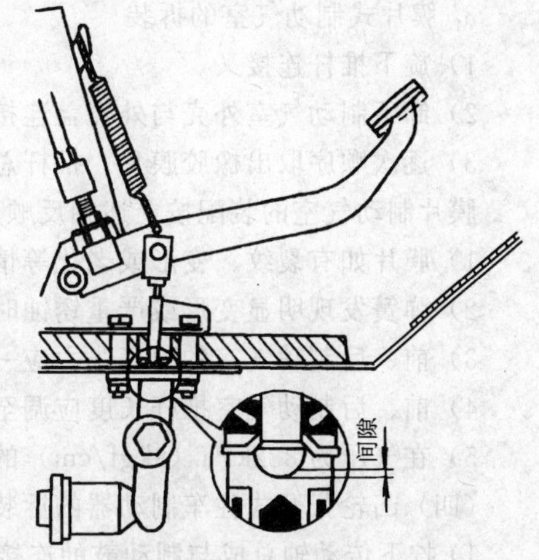

图 6-41　无制动助力装置踏板自由行程调整

4．制动系统中空气的排除

液压制动系统修理安装后，管道内存留有空气，如果不排除，会使制动失效。排除空气时，两人协同进行。一人将踏板升高后踩住不松，另一人将轮缸放气螺钉旋松少许，此时空气伴随油液一起排出。当踏板位置降低后，把放气螺钉旋紧，然后再放松踏板。如此反复多次，直到放出的油液没有气泡为止。放气过程中，一般应先从距制动主缸最远的轮缸开始，由远及近逐个进行，并注意踩踏板时要快踩慢抬。

（三）气压制动传动装置主要总成的拆装与调整

1．空气压缩机拆装

1）拆掉空气压缩机的进、出油管接头及气路接头，拆掉支架上的三个螺栓，将空气压缩机从发动机上拆下来。

2）拆掉缸盖总成，拆开底板，解体连杆活塞组合件。

3）拆下曲轴及带轮。

4）拆下活塞销挡圈，压出活塞销。

空气压缩机的装配按上述相反顺序操作，并注意下列事项：

1）装配前必须清洗拆下的零件。

2）活塞环的缺口不能对正，需错开。

3）注意连杆的安装方向。

4）各螺栓的拧紧力矩必须符合要求。

2．并列双腔膜片式制动控制阀的拆装

1）拆开制动阀与气管连接的螺母，拆掉拉臂与踏板拉杆的连接销，拆掉制动阀与车架的连接螺栓、螺母，拆掉制动灯开关接头上的导线，把制动阀从车上拆下。

2）拆下上体、下体的连接螺栓，卸掉拉臂与上体连接的拉臂轴，整个阀体即可解体。

3）拧下柱塞座，松开螺母，拧下调整螺栓，下体总成全部解体。

4）用卡簧钳卸掉挡圈，膜片总成全部解体。

制动阀的装配按上述相反顺序操纵，并注意下列事项：

1）装复前，仔细检查拆散的零件（橡胶件勿用油清洗）。

2）装复前，在各相互运动的工作表面均匀涂上润滑脂

3. 膜片式制动气室的拆装

1）旋下推杆连接叉。

2）卸下制动气室外壳与外壳盖连接螺栓，将盖与壳分开。

3）逐次顺序取出橡胶膜片、推杆总成及回位弹簧。

膜片制动气室的装配按上述相反顺序操作，并注意下列事项：

1）膜片如有裂纹、变形或老化等情况，应予更换。

2）弹簧发现明显变形或严重锈蚀时，应予更换。

3）前、后制动气室的弹簧张力应一致，不合规定时，应予调整。

4）前、后制动气室推杆长度应调至一致。

5）在气压为 882kPa（9kgf/cm）的作用下，不得有漏气现象。

（四）凸轮张开式驻车制动器的拆装与调整

1）拧下传动轴总成与制动鼓的连接螺母，拔出传动轴总成，拧下制动鼓上的两个定位螺钉，取下制动鼓。

2）拧下固定在变速器输出轴上凸缘的锁紧螺母，取下止推垫圈，凸缘可从变速器第二轴的键端拔出，同时带出甩油环。

3）折掉凸轮轴的限位片，拆掉蹄片回位弹簧；从制动底板的背面拧下制动蹄轴的锁紧螺母，将制动蹄与轴从支座上取下。

4）拆掉蹄轴前端的挡圈，从蹄片上取下蹄轴，从蹄的另一端滚轮外侧面拆掉挡圈，滚轮、滚轮轴均可以从蹄上取下。

5）拧下变速器第二轴轴承座上固定底板支座总成的五个螺栓，支座总成连同制动底板可同时拆下。

6）拧下摆臂上的固定螺钉，拆掉摆臂；从底板的背面拆掉凸轮轴上的弹性挡圈，拔出凸轮轴。

7）从底板的背面拧下两个紧固底板支座的螺栓；支座和底板可以分离。

凸轮张开式鼓式驻车制动器的装配按上述相反顺序操作。注意将拆下的零件进行清洗、除锈、去垢，检查零件工作面的磨损情况。

八、制动系常见故障的判断与排除。

（一）液压制动装置常见故障的判断与排除

1. 制动失效

（1）故障现象　汽车在行驶中使用制动时不能减速，连续踏下制动踏板时各车轮不起制动作用。

（2）故障原因

1）制动主缸（总泵）内无制动油液或缺少制动油液。

2）制动主缸内皮碗破损或踏翻。

3）制动油管破裂或接头漏油。

4）某机械连接部位脱开。

（3）故障的判断与排除

1）连续踩下制动踏板不升高，同时感到无阻力，应先检查主缸是否缺油，再检查油管和接头有无破损之处，如有应修理或更换。

2）若无漏油之处，应检查各机械连接部位有无脱开，如有应修复。

3）若主缸推杆防尘套处严重漏油，大多是主缸皮碗严重损坏或踏翻所致；若车轮制动鼓边缘有大量油液，则是轮缸皮碗损坏或顶翻所致。

2.制动反应迟缓

（1）故障现象　汽车行驶中，将制动踏板踩到底后不能立即停车，制动减速度小，制动距离长。

（2）故障原因

1）制动主缸油液不足或变质；活塞与缸壁磨损严重，配合松旷；补偿孔和旁通孔堵塞；主缸阀门损坏。

2）制动鼓磨损失圆、过薄变形或有沟槽；制动踏摩擦片有油污、硬化或铆钉外露；制动鼓与制动蹄接触面积过小；制动间隙过大。

3）制动管路中渗入空气，油路不畅通，制动油液变质。

（3）故障的判断与排除

1）踏板位置踩下很低，制动效果差；连续数次踩下踏板后，踏板高度才渐升起，并有弹性感。这主要是管路中有空气，应予排除。

2）踩下踏板，位置高度正常，但制动效果差。这大多是车轮制动鼓失圆，制动蹄接触不良、硬化、油污或铆钉外露等因素所致，应予以检修排除。

3）连续踩下踏板，踏板位置能升高，但不能保持，有下沉感觉。这说明制动系统中有漏油处或主缸关闭不严，应检修。

4）连续踩下踏板，踏板位置高度升高，制动效果好转。这可能是踏板自由行程太大，或制动间隙过大，或主缸回油阀关闭不严所致。应调整踏板自由行程或制动间隙，必要时检查主缸回油阀，若有损坏应更换。

5）连续数次踩踏板，踏板位置不能升高。这一般是制动主缸补偿孔或旁通孔堵塞所致，应检查疏通；或油液质量差，易受热蒸发导致严重亏缺。

3.制动跑偏

（1）故障现象　汽车制动时，左、右车轮制动力不等或制动生效时间不一致，导致汽车向制动力较大或制动作用较早一侧行驶的现象，紧急制动时出现扎头或甩尾现象。

（2）故障原因

1）左、右车轮制动间隙大小不一致；或接触面积相差太大；或摩擦片材料、质量不一样。

2）左、右制动鼓内径相差过多；或回位弹簧拉力相差太大；或轮胎气压高低不一样。

3）个别车轮摩擦片有油污、硬化或铆钉外露；或轮缸内活塞运动不灵活，皮碗发胀或油管堵塞；或制动鼓失圆，单边管路凹瘪或有气阻。

4）车架变形；前轴外移；前、后轴不平行；两前钢板弹簧弹力不一样。

（3）故障的判断与排除

1）汽车行驶中使用制动，汽车向左偏斜，即为右轮制动性能差；反之则为左轮制动性能差。

2）制动停车后，察看轮胎在路面上的拖印情况，拖印短或没有拖印的车轮即为制动有故障的车轮。

3）查出有故障的车轮后，先检查该车轮制动管路是否漏油，轮胎气压是否充足，如果正常，检查制动间隙是否合乎规定，不符时予以调整；与此同时，结合排除轮缸里的空气。若仍无效，应拆下制动鼓，按原因逐一检查各件，特别是制动鼓的尺寸和精度等。

4）经上述检修后，若各车轮拖印基本符合要求，但制动仍跑偏，则故障不在制动系，应检查车架或前轴的技术状况；如果出现忽左忽右的跑偏现象，则应检查是否有前束或直、横拉杆球头销是否松旷。

4. 制动拖滞

（1）故障现象　在行车制动中，当抬起制动踏板时，全部或个别车轮仍有制动作用，致使车辆起步困难，行驶阻力大，制动鼓发热。

（2）故障原因

1）制动踏板没有自由行程或回位弹簧过软、折断。

2）踏板轴锈滞、发卡而回位困难。

3）主缸皮碗、皮圈发胀，活塞变形或被污物粘住。

4）主缸活塞回位弹簧过软或折断。

5）制动间隙过小；制动蹄回位弹簧过软、失效，制动蹄在支承销上不能自由转动。

6）制动轮缸皮碗胀大，活塞变形或被污物粘住。

7）制动管路凹瘪、堵塞，导致回油不畅。

8）制动油液太脏、粘度太大，回油困难。

（3）故障的判断与排除

1）汽车行驶一段路程后，用手抚摸各制动鼓，若全部发热，说明故障在制动主缸；若个别车轮发热，则故障在该车轮制动轮缸。

2）若故障在制动主缸，应先检查踏板自由行程。如果无自由行程，一般为主缸推杆与活塞的间隙过小或没有间隙，应调整。如果自由行程符合标准，则应拆下主缸储油室加油螺塞，踩下踏板慢慢回位，看其回油状况。若不回油，则为回油孔堵塞；若回油缓慢，则为皮碗、皮圈发胀或回位弹簧无力；或是油液太脏、粘度太大。此时，应检查油液清洁度。若油液清洁、粘度适当，则应检查主缸，同时检查踏板回位弹簧是否良好无损，必要时进行修理或更换。

3）若故障在制动轮缸，可顶起有故障的车轮，旋松制动轮缸放气螺钉，如果制动液随之急速喷出，车轮也立即旋转自如，说明管路堵塞，轮缸不能回油，此时应疏通油管。如果旋转车轮仍有拖滞，可检查制动间隙和回位弹簧，若正常，应拆检制动轮缸，必要时应更换活塞、皮碗。

5. 真空增压装置增压后高压油压力不足

（1）故障现象　当踩下制动踏板时感到轻松，反作用力不大，制动效果差，没有制动拖印，旋开任何一个车轮的放气螺塞，喷出来的制动油液不足（出油冲劲不大）。

（2）故障原因

1）辅助缸皮碗发胀变形或磨损过甚，失去密封作用。

2）辅助缸活塞出油单向阀座产生锈蚀、麻点过大而密封不严。

3）辅助缸活塞磨损过甚，配合松旷，或活塞运动有卡滞。

4）制动主缸连接处漏油，或油道有阻塞。

5）加力推杆双口密封圈损坏，低压油被吸入真空腔。

(3) 故障的判断与排除

1）首先要检查制动主缸和各连接管接头有无漏油处，有则维修。

2）起动发动机，使其怠速运转。然后踩下制动踏板，旋松辅助缸放气螺塞，观察出油情况，如出油冲劲不大又无气泡，表明辅助缸活塞出油阀与座不密封，或阀与座不严，导致高压油压力不足，应及时排除。

3）拆下增压器真空连接管，用一软导线通入加力气室的前腔，拉出软导线，如有油迹，表明加力推杆油封不密封。

4）踩下制动踏板，如旋松辅助缸放气螺塞也不出油，表明增压缸的油路有堵塞，应拆检修复。

6. 制动噪声

汽车制动时发出“哽、哽”的噪声。其故障原因和排除方法如下：

1）制动蹄摩擦片磨损超过极限，蹄片铁或铆钉直接与制动鼓（制动盘）接触。更换制动蹄。

2）制动蹄摩擦片松动或回位弹簧折断。更换不合格的制动零件。

3）制动盘或制动鼓破裂、磨出沟痕。更换制动盘或制动鼓。

4）摩擦片硬化或破裂。打磨或更换摩擦片。

5）制动蹄弯曲、变形或破碎。更换损伤的制动蹄。

6）制动盘表面铁锈过多。清洁制动盘周围铁锈。

7）制动卡钳有毛刺或生锈。清洁制动钳上的毛刺或铁锈。

7. 制动踏板脉动

行车制动时，制动踏板产生周期性跳动的现象称制动踏板脉动。脉动使脚部产生不适，与制动力不足和制动跑偏有关。

主要原因是制动盘摆动、制动鼓偏心过大或制动底板摆动，有时因车轮变形而引起，因此应区别情况分别对待，在检测分析后决定对策。

8. 制动油液泄漏

在管路连接处泄漏，应擦干净，确定泄漏零件，然后拆卸更换接头。

管路有擦碰破漏，检查泄漏部位，拆换部分管路，改善管路支架及夹紧部件，与车身部件擦碰处装上橡胶保护套。

制动主缸泄漏，检查泄漏部位，更换密封件如皮碗等。

轮缸处泄漏，更换密封件。

(二) 气压制动装置常见故障的判断与排除

1. 制动失效

(1) 故障现象　汽车行驶中使用制动时，不能减速或停车，制动阀无排气声。

(2) 故障原因

1）储气筒内无压缩空气。

2）制动控制阀的进气阀不能打开或排气阀不能关闭。

3）气管堵塞，制动控制阀或制动气室膜片破裂漏气。

4）制动踏板与制动控制阀拉臂脱节。

（3）故障的判断与排除

1）首先检查储气筒内有无压缩空气，若无压缩空气，应查找有无漏气之处。若无漏气，则为空气压缩机故障，应进行检修。

2）若空气压缩机工作正常，则可检查制动踏板与制动控制阀拉臂是否脱节，制动控制阀调整螺钉是否松动。如果上述情况都正常，则应拆检制动控制阀、疏通气道。

2. 制动不灵

（1）故障现象　汽车行驶中，将制动踏板踩到底后汽车减速度不够，制动距离过长。

（2）故障原因

1）储气筒内压缩空气不足，气压表指示压力不足。

2）踏板自由行程过大。

3）制动控制阀和制动气室膜片破裂。

4）制动臂调整蜗杆调整不当，使制动气室推杆行程过长。

5）气管破裂或接头松动漏气。

6）制动蹄片与制动鼓间隙过大或蹄片上有油污、泥水。

（3）故障的判断与排除

1）起动发动机中速运转数分钟，察看气压表值是否达到标准。如果气压不足，发动机停运后气压也不明显下降，说明故障在空气压缩机，应检查风扇带是否松动或折断。如果良好，再检查空气压缩机至储气筒一段有无漏气，如均良好，应检查空气压缩机。

2）发动机运转时，未踩下制动踏板，储气筒内气压不断升高，而当发动机熄火后，气压又不断下降，则为空气压缩机至制动控制阀之间的气道漏气。

3）储气筒内气压符合标准，若踩下制动踏板，气压不断下降，即为制动控制阀至各制动气室之间有漏气处，或膜片破裂而漏气。

4）如无漏气，则检查制动踏板自由行程是否符合规定。检查摩擦片与制动鼓之间的间隙是否过大。再检查制动臂蜗杆的调整是否适当，必要时应进行调整修理。

3. 制动跑偏

（1）故障现象　制动时左、右轮制动力不等或制动生效时间不一致，导致汽车向制动力较大或制动作用较早一侧偏驶。

（2）故障原因

1）左、右车轮制动间隙大小不等，或接触面积相差太大；或摩擦片材料不一致；或质量不同。

2）左、右车轮制动鼓内径相差过多；或回位弹簧拉力相差很大；或轮胎气压不等。

3）个别车轮摩擦片有油污、硬化或铆钉外露；或轮缸内活塞运动不灵活，皮碗发胀或油管堵塞；或制动鼓失圆。

4）车架变形；前轴位移；前后轴不平行；两前钢板弹簧弹力不等。

（3）故障的判断与排除

1）汽车行驶中使用制动，汽车向左偏斜，即为右轮制动性能差；反之则为左轮制动性能差。通常是根据路试后轮胎拖印判断。拖印短或没有拖印的车轮即为制动效能不良。

2）发现某个车轮制动不灵时，先检查制动气室。一人踏住制动踏板，另一人检查该车轮制动气室、气管或接头有无漏气。若有漏气之处应修复；若没有漏气处，应检查制动气室推杆伸缩情况，察看是否有弯曲、变形或卡住现象；左、右推杆行程是否一致。

3）如果上述情况良好，可将车轮架起，从制动鼓检视孔观察摩擦片是否有油污，测量制动间隙是否过大。如果上述情况良好，可踩下制动踏板并迅速抬起，看制动蹄回位是否迅速自如。若不能迅速回位，多为制动蹄回位弹簧拉力不足或凸轮轴卡住，应进行修理或更换。

4）如上述检查调整无效时，应拆下制动鼓检查是否失圆，摩擦片是否磨损过甚或硬化，铆钉头是否外露，以及弹簧拉力是否符合标准，调整臂凸轮轴转动是否灵活。检查后，可根据需要进行修理或换件。

5）因摩擦片材料不同而引起制动跑偏时，是在更换新摩擦片后出现的，应换摩擦片。

4. 制动拖滞

（1）故障现象　抬起制动踏板后，摩擦片与制动鼓仍然接触，致使汽车起步困难、行驶无力、制动鼓发热。

（2）故障原因

1）制动踏板无自由程或制动间隙过小。

2）制动阀调整不当或排气阀弹簧失效，使排气阀不能完全打开，管路不畅通。

3）制动踏板与制动阀拉臂之间传动件卡滞。

4）制动气室推杆伸出过长或因变形而卡住。

5）制动凸轮轴与衬套锈滞或同轴度超差使凸轮转动不灵活。

6）桥毂、轮毂轴承、半轴套管之间配合松旷。

（3）故障的判断与排除

1）抬起制动踏板时，制动阀排气缓慢或不排气，大多属制动阀故障；若排气快或继续排气而制动拖滞，则属个别车轮制动故障。用手摸试各车轮制动温度，如果是制动阀故障，则所有车轮制动鼓发热；若个别车轮制动器有故障，则该车轮制动鼓发热。

2）如果确定制动阀有故障，应先检查制动踏板自由行程。若行程正常，则拆检制动阀排气阀弹簧及座。若拆检良好，则检查制动阀挺杆是否锈滞。若制动踏板不能完全抬起，一般是制动踏板传动卡滞。

3）个别车轮拖滞，可在抬起制动踏板时，观察制动气室推杆情况。若其回位缓慢或不回位，应检查制动凸轮轴与支架间润滑程度和同轴度。若推杆回位正常，可检查制动间隙。如果架起车轮检查的间隙与落下车轮检查的间隙有变化，则轮毂轴承松旷，半轴套管与桥毂配合松动等。如上述情况良好，则应拆下制动鼓，检查制动器各机件，进行必要的调整。

第二节　ABS、ASR 系统

一、概述

现代车辆随着车速的提高，必须有足够的制动稳定性，以保证安全运行。使车辆停止的制动力，是由轮胎与路面之间的摩擦力的作用而产生的，这种摩擦力的大小，依据路面的状况和轮胎种类的不同而有较大的差异。当汽车在行驶中制动时，尤其是在潮湿、泥泞、冰雪等低附着系数路面上行驶而需实施紧急制动时，车轮很容易抱死拖滑（滑移），这样不仅造成轮胎磨损，而且会使车辆失去转向能力，制动距离增加，还会导致侧滑甩尾，甚至造成相撞、倾覆等车毁人亡的恶性事故。汽车防抱死制动系统（英文 Antilock Braking System，简称 ABS）就是针对这一问题而开发出的汽车主动安全性装置。

所谓汽车在行驶中“打滑”，有两种概念：一是制动时车轮发生的滑移，这正是需要 ABS 起作用之处；二是在泥泞、冰雪路面上行驶，尤其是当起步或急加速行驶时，驱动轮产生滑转，不能有效发挥驱动力，还会引起汽车行驶稳定性下降。为此人们曾想过许多办法，如装防滑链，使用防滑的雪地轮胎，采用 4 轮驱动及使用防滑差速器等，但在使用中发现其效果均不很理想。20 世纪 80 年代以来，德国波许公司等在进一步开发 ABS 的同时，又开发出驱动轮防滑转系统（英文 Acceleration Sliop Regulation，简称 ASR，意即驱动滑转控制；英文也称 Traction Control，简称 TRAC、TRC 或 TC，意即驱动控制），用以提高汽车的驱动性能，改善操纵稳定性，这是迄今为止防止汽车驱动轮滑转所采用的最有效的方法。

从 20 世纪 80 年代中后期以来，ABS 技术的迅速发展和普及，以及 ABS 与 ASR 系统一体化结构的逐渐采用，将汽车特别是轿车的主动安全性推向一个新的阶段，大大提高了汽车行驶中的安全性。

二、防抱死制动系统

（一）制动时车辆运动状况分析

1. 制动时车辆的受力分析

汽车受到一个与行驶方向相反的外力时，才能从一定的车速制动到较低的车速直至停车，这个外力实际上是地面提供的，称为地面制动力（用 X_b 表示）。地面制动力越大，汽车的制动减速度越大，制动距离也越短，所以该力对汽车的制动效能具有决定性影响。但是地面制动力的大小取决于两个摩擦副的摩擦力；一个是制动器内制动摩擦蹄片与制动鼓间的摩擦力，即制动器制动力（用 F_b 表示）；另一个侧是轮胎与地面间的摩擦力，即附着力（用 F_μ 表示）。制动过程中制动器制动力、地面制动力与附着力的关系如图 6-42 所示。

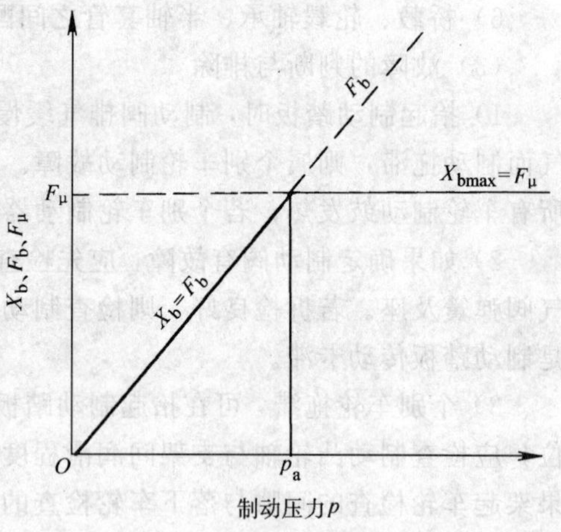

图 6-42　制动过程中 X_b、F_b、及 F_μ 之间的关系

在制动过程中，车轮的运动包含有滚动与抱死拖滑（滑移）两种状况。当制动刚开始、制动踏板力较小、制动器制动力不大时，地面制动力足以克服制动器摩擦力矩而使车轮滚动，因而车轮滚动时的地面制动力 X_b 就等于制动器制动力 F_b，且随踏板力的增大而成正比地增长。但地面制动力 X_b 受地面与轮胎间附着力的约束，它的最大值不超过附着力 F_μ，即

$$X_b \leqslant F_\mu = Z \times \mu_b$$

式中，Z 为车轮的垂直载荷；μ_b 为轮胎与路面之间的纵向附着系数。

最大地面制动力 X_{bmax}

$$X_{bmax} = Z \times \mu_b$$

当制动压力 p 上升到某一值 p_a，地面制动力 X_b 随着制动器制动力 F_b 的增长，达到附着

力 F_{μ} 时，就不再增长了；而当制动压力 $p>p_{a}$ 时，制动器制动力 F_{b} 由于制动器摩擦力矩的增长而仍按直线关系继续上升，此时车轮即被制动器抱死而出现滑移现象。要想提高汽车的制动效能，就必须提高 F_{μ} 值，以提高 X_{bmax}值的大小。提高 F_{μ} 值最有效的办法是提高纵向附着系数 μ_{b}。

由此可见，汽车的地面制动力 X_{b} 首先取决于制动器制动力 F_{b}，但同时又受地面附着力 F_{μ} 的限制。只有具有足够的制动器制动力 F_{b}，同时地面又能提供较高的附着力 F_{μ} 时，汽车才能获得足够的地面制动力 X_{b}。

2. 滑移率与附着系数

对于传统制动系统，当实施紧急制动而猛踩制动踏板时，车轮常会因抱死而拖滑（滑移），有经验的驾驶员都知道，这对汽车行驶来说是非常危险的。当车辆以稳定速度正常行驶时，车轮速度（车轮的外圆线速度）v_{t} 和车身速度（车身相对于地面的速度）v_{c} 大小一致。但当制动力作用于车轮产生滑动时，车轮速度和车身速度的大小就不相同了。这是因为轮胎相对路面产生滑移的缘故。随着制动强度的增加，车轮运动的滚动成分越来越少，而滑动成分越来越多，一般用滑移率 S 来说明车轮运动过程中滑动成分的多少。滑移率 S 的定义如下：

$$S=\frac{v_{c}-v_{t}}{v_{c}}\times 100\%$$

式中，v_{c} 为车轮中心速度；v_{t} 为车轮的线速度。

汽车在正常行驶车轮作纯滚动时，$v_{c}=v_{t}$，$S=0$；在车轮被完全抱死作纯滑动时，$v_{t}=0$，$S=100\%$；车轮边滚动边滑动时，$0<S<100\%$。所以滑移率 S 的大小，说明了车轮运动中滑动成分所占的比例：滑移率 S 越大，滑动成分越多。决定汽车制动距离的纵向附着系数与保证汽车具有转向能力的侧向附着系数，和滑移率 S 有着密切的关系，不同滑移率时的附着系数是不一样的。图 6-43 给出了经试验得到的附着系数与滑移率 S 的关系曲线。大量试验表明，在绝大数道路条件下，一般当滑移率 $S=S_{OPT}=15\%\sim20\%$ 时，轮胎的纵向附着系数 μ_{b} 最大，侧向附着系数 μ_{s} 也较大，即能得到最佳的制动效果。滑移率再增加，制动将出现不稳定状态，附着系数将会下降，制动效能和制动时的方向稳定性都将变坏。由图 6-43 所示可知，$0\leqslant S\leqslant S_{OPT}$的区域称为稳定区域，而将 $S_{OPT}<S\leqslant100\%$的区域称为非稳定区域。

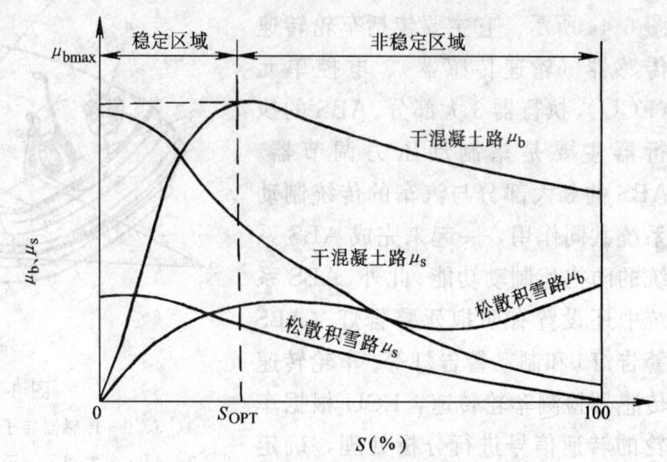

图 6-43　附着系数 μ 与滑移率 S 的关系

需要说明的是，汽车在个别道路条件下，如在松散的砾石路面、积雪路面、松土路面上制动时，是在车轮抱死（即 $S=100\%$）时纵向附着系数 μ_{b} 达到最大，而更有助于汽车的制动。这是因为松散的砾石等在车轮前形成楔形物面帮助停车。ABS 车辆在这种路面上制动时，其制动距离会有所增加。因此，一些装备 ABS 的汽车在仪表板上还设有一个开关，以便在这种路面上行驶时关闭 ABS 系统，使其不起作用。

3. 拐弯力

驾驶员操纵转向盘使汽车转向行驶时，在轮胎上作用有来自路面的反作用力，其中与车辆前进方向垂直的分力，起向心力的作用，使汽车转弯，称之为拐弯力，或称之为侧向转向力。正是由于这个拐弯力的作用，才使得汽车能按所希望的方向转弯行驶。

从图 6-43 可以看出，当滑移率 $S=0$ 时，侧向附着力（$=\mu_s Z$）达到最大；而当滑移率 $S=100\%$时，侧向附着力几乎为 0，这时汽车的侧向转向力也几乎完全丧失，因而汽车就丧失了方向控制的能力。由此可知，汽车的转向能力在 $S=0$ 时最好，但这时未施加制动。考虑到制动时 S 在 15%～20%的范围内，纵向附着力（$=\mu_b Z$）最大，地面制动力可达到最大，制动效能最佳，此时侧向附着力虽有所下降，但比车轮完全抱死时要高得多，能够保证汽车有足够的转向能力。因此在制动过程中，将滑移率 S 控制在 15%～20%的范围内，既可获得最大的地面制动力，又能得到足够大的侧向转向力，而使汽车获得转向操纵能力，同时也提高了汽车制动时的方向稳定性。

（二）防抱死制动系统概述

1. ABS 系统的基本组成

从前述的分析可知，在制动时通过对制动器的制动力进行适当的控制，防止滑移率 S 达到 100%，而控制 S 在 15%～20%的范围内，就能获得最佳制动效果，这就是我们要求 ABS 系统起到的作用。

典型的 ABS 系统的基本组成如图 6-44 所示。它主要包括车轮转速传感器（轮速传感器）、电控单元(ECU)、执行器 3 大部分。ABS 的执行器主要是指制动压力调节器。ABS 的 3 大部分与汽车的传统制动系统共同作用，一起来完成 ABS 系统的防抱死制动功能。此外，ABS 系统中还设置有防抱死警告灯（ABS 警告灯）和制动警告灯等。车轮转速传感器检测车轮转速，ECU 根据车轮的转速信号进行分析处理，确定制动过程中车轮的运动状态，控制滑移率参数并适时发出控制指令，通过制动压力调节器调节制动管路压力，防止车轮抱死）。

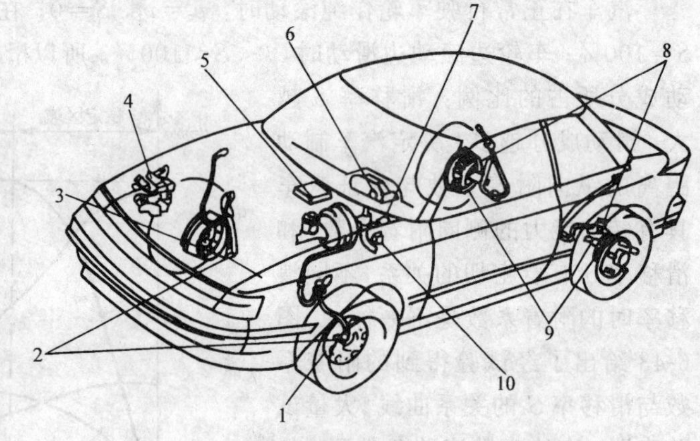

图 6-44 ABS 系统的组成

1、3、9—传感器转子 2—前轮转速传感器 4—ABS 执行器 5—ABS 电控单元（ECU） 6—ABS 警告灯 7—制动灯开关 8—后轮转速传感器 10—控制继电器

在制动过程中，每当 ECU 检测到车轮趋于抱死时（制动过程进入非稳定区域），就向压力调节器发出降低制动管路压力的命令，压力调节器就会立即降低管路的压力。与此同时，ECU 实时监控车轮的运动状态，当检测到需要增加制动管路的压力时，它又命令压力调节器增加制动压力，车轮又趋于抱死。如此反复。只要驾驶员保持足够的力在制动踏板上，这种准确的压力调节就会一直进行下去，以控制车轮的滑移率在 15%～20%之间。这样就能防止

车轮抱死，车轮依然可以转动，驾驶员在车辆遇到障碍物时，可安全绕开，并能保持向预定的方向行驶，同时地面制动力在既滚动又滑动的制动过程中达到最大。

而用传统制动系统的汽车在制动时，一旦制动器制动力超过轮胎与路间的附着力，车轮就会抱死滑移，不但制动力降低，而且无法正常控制方向。在大多数道路条件下，ABS 系统与传统制动系统相比，能提供更佳的制动效能，并能在制动过程中保持车辆的转向能力和制动时的方向稳定性。

另外，ABS 系统的 ECU 还具有故障自诊断功能，当检测到 ABS 系统有故障时，ABS 警告灯就会闪亮以提示驾驶员，同时关闭 ABS 系统，并使制动功能自动恢复到汽车的传统制动系统状态。这时汽车的传统制动系统仍然工作，而只是不再具有防止车轮抱死的功能。

综上所述，ABS 系统的基本功能如下：

1）提高汽车制动过程中的方向稳定性，防止汽车侧滑甩尾。

2）使汽车在最短的距离内停车。

3）在制动过程中保持对汽车的转向控制。

4）防止轮胎抱死拖滑，减轻轮胎磨损。

目前，世界上新生产出的大部分轿车和轻型货车，将 ABS 系统作为标准装备或选装件，在所有高级轿车和多数中级轿车上已成为标准装备。

2．ABS 系统的种类

（1）机械液压式 ABS　一般来说，这种 ABS 只有压力调节器和压力感知元件，具有结构简单、安装方便、价格低的优点。但它没有将车轮的运动状态和路面的附着情况联系起来，难以适应不同的路面，因而制动效果不佳。这种结构在早期的车辆上用得比较多。

（2）电子控制式 ABS　目前广泛使用的是电子控制式 ABS，它把车轮运动状态与路面附着情况紧密联系在一起，并对该运动状态加以及时、准确的调控。这种结构是现代 ABS 技术的主流，具有良好的使用性能。国产或进口的一些轿车普遍采用这种 ABS。本章将只介绍电子控制式 ABS。

3．ABS 的控制方案与布置形式

（1）ABS 的控制方案　ABS 常见的控制方案有以下几种：

1）独立控制。也称单轮控制，是指独立调节各车轮的制动压力。

对车轮实施独立控制的 ABS 系统，对每个车轮的制动力独立调节。这样，在各种道路条件下制动时，每个车轮均处于最佳运动状态，可充分利用路面附着系数，产生最大的制动力，制动距离最短。但当车辆在左、右侧附着系数不同的路面上制动时，两侧车轮的制动力不相等，将产生较大的偏转力矩，会导致车辆跑偏或自动转向，从而破坏操纵性和稳定性。为防止这种现象的发生，对具有这种控制方案的 ABS 的控制过程，需要作一些修正。

2）一同控制。系指两个（或两个以上）车轮的制动压力是一同进行调节的，即施加相等的制动压力控制两个车轮的转动。实施一同控制时，同轴的两个车轮可以有各自的转速传感器（也可只设置一个转速传感器），而共用 ABS 系统的一个控制通道。

对两个车轮实施一同控制时，如果以保证附着力较大的车轮不发生制动抱死为原则进行制动压力调节，称这两个车轮是按高选原则一同控制；如果以保证附着力较小的车轮不发生制动抱死为原则进行制动压力调节，则称这两个车轮是按低选原则一同控制。

3）混合控制。系指上述的各种方式自由组合使用，可形成 ABS 系统在车辆上的多种控制方案。目前使用较为广泛的控制方案是：采用对两前轮进行独立控制、对两后轮按低选原则一同控制的 3 通道 4 轮防抱死制动系统，其优点是汽车制动稳定性好，方向操纵灵活，有较高的附着系数利用率，特别是弯道行驶时制动性能优越。

(2) ABS 的布置形式　ABS 系统能够独立进行制动压力调节的制动管路称为控制通道。按照控制通道的数目和传感器的数量，ABS 大致可分为以下几种布置形式：

1) 1 通道、1 传感器 ABS。

2) 2 通道、2 传感器 ABS。

3) 3 通道、4 传感器（或 3 传感器）ABS。

4) 4 通道、4 传感器 ABS。

各种 ABS 具有不同的性能和成本，设定 ABS 的最佳构成需要在制动性能和成本之间进行协调。图 6-45 所示为 4 通道、4 传感器 ABS 的结构示意图。

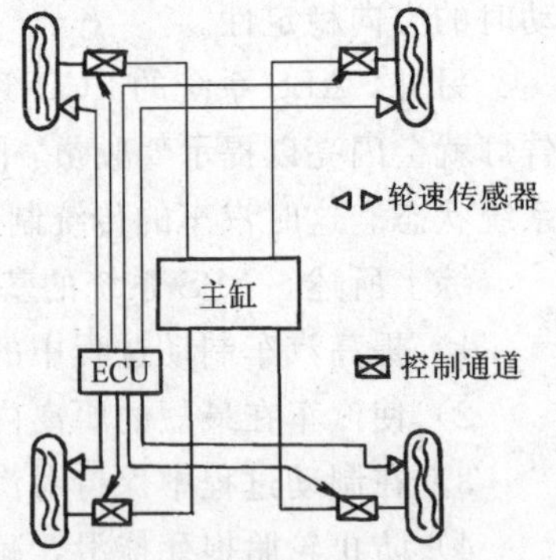

图 6-45　4 通道、4 传感器 ABS 结构示意图

三、ABS 系统的控制原理

1. 控制方法

ABS 系统的控制效果主要取决于系统所采用的控制通道数和控制方法。目前绝大多数 ABS 系统都采用“逻辑门限值控制方法”。在这种方法中，通常是将车轮加速度或减速度作为主要控制参数，而将车轮的滑移率作为辅助控制参数。因为单独采用其中任何一种控制参数进行防抱控制，都存在着一定的局限性。比如，若仅以车轮的加速度作为控制参数，当汽车在湿滑路面上高速行驶需紧急制动时，在车轮的滑移率还未达到最佳值而制动过程仍处在稳定区域时，因车轮的加速度（实为减速度）可能已达到了防抱控制的临界值，而使得 ABS 系统作为进入减压调节阶段，这会在一定程度上影响汽车的制动效果。若仅以车轮的滑移率作为控制参数，因各种路面的峰值附着系数对应的 S_{OPT} 在一定范围内变化，如果按固定的滑移率临界值进行防抱控制，就很难保证 ABS 系统在各种路面上都能获得最佳的制动效果。

所谓临界值，是指 ABS 系统在进行防抱控制时，为控制参数所设定的控制限值，也称作控制参数的阈值，在逻辑门限值控制方法中，还把它称作控制门限值。对于 ABS 系统，各个控制参数的控制临界值，都是经过反复试验设定的合适数据。

车轮加速度可以由 ECU 根据车轮转速传感器输入的信号直接经计算确定，但车轮的实际滑移率难以准确得到，因为制动时的车速难以精确实时地测量，除非采用车速传感器（如多卜勒雷达）检测车速。但成本高，不实用。目前绝大多数 ABS 系统都是由 ECU 根据各车轮的转速信号，由系统的控制软件按一定的估算方法，推算出汽车的参考车速，再计算出个车轮的参考滑移率，它与实际滑移率之间存在有一定的差异。

一般在 ABS 系统防抱控制的初始阶段，为了判断路面的附着状况，还在减压后保压调节期间，为车轮角速度的恢复情况设定了一个等待时间。如在等待时间内，车轮角速度不能增加到设定的临界值，ECU 就判定车轮处在低附着系数路面上（这是因为低附着系数路面提供给车轮的制动力较小，轮速恢复很慢），此后的防抱控制过程，就按低附着系数路面上的控制过程进行；否则，ECU 就判定车轮处在高附着系数路面上，此后的防抱控制过程，则按高附着系数路面上的控制过程进行。

ABS 系统的防抱控制过程，主要有高附着系数路面控制和低附着系数路面控制两种。更先进的ABS系统，还能进行附着系数发生变化的过渡路面防抱控制。在不同的附着系数路面上，ABS就具有不同的防抱控制过程，对控制参数设定有不同的控制临界值，并具有不同的制动压力调节率。

总之，ABS系统将车轮的加速度与滑移率这两个参数结合起来进行防抱控制，有助于系统识别路面的附着状况，提高系统的自适应控制能力和防抱控制能力及防抱控制效果。

在一些常时四轮驱动汽车的ABS系统中，还装有减速度传感器来检测汽车制动时的减速度，并以此确定路面的附着状况，来提高系统的控制效果。所谓常时四轮驱动汽车，是指在任何情况下都是以四个车轮作为驱动轮的汽车。

2. 控制过程

图6-46所示的控制过程曲线即是ABS系统进行防抱控制的实例。

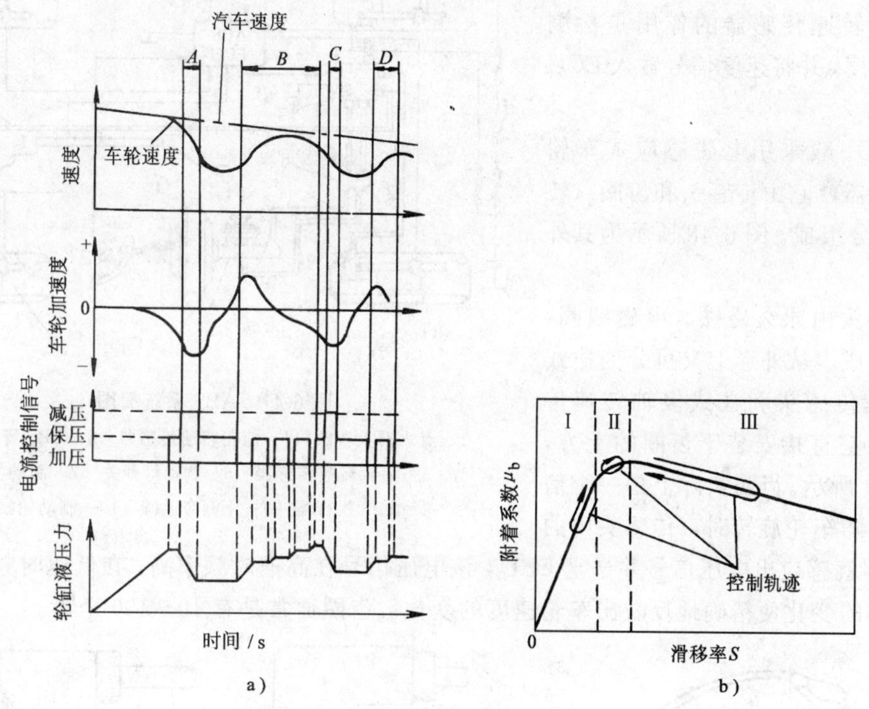

图6-46 ABS系统的控制过程

a）控制特性 b）μ_b—S曲线上的控制轨迹

踩下制动踏板，当汽车开始制动时，制动系统液压力升高作用，车轮速度开始下降，降到某一个车轮趋于抱死时，ECU向相应的电磁阀发出“保压”信号”接着输出“减压”信号，于是车轮制动液压缸内的液压力下降。

减压工况的持续，由ECU的控制程序根据车轮转速情况来控制，如图6-46a中区域A所示。在此之后，电磁阀处于“保压”状态，ECU根据车轮速度与车轮加速度情况，继续监测此时车轮转速的恢复状况，如果车轮转速提前恢复，ECU则来回微调控制为“加压”、“保压”工况，如图中区域B所示。当监测到车轮又趋于抱死时，ECU发出“减压”信号调压，见图中区域C所示。这样来回控制车轮制动液压缸的保压、减压、加压过程，以使车辆尽快制动停车。

从图6-46b所示的车辆制动过程中车轮附着系数μ_b与滑移率S的曲线上，也可以了解到系统的控制情况。汽车开始制动后，当车轮运动状态进入到图中的Ⅲ区域时，ECU通过减压、保压控制，使车轮运动状态回复到Ⅰ区域内。ECU通过这一控制过程，判断车轮处于何种附着系数路面。当车轮所处的路面附着状况确定后，ECU就按照高、低附着路面或过渡路面的防抱控制，将车轮滑移率S控制在最佳范围内，即图中Ⅱ区域所示的最佳滑移率范围，从而达到ABS系统的控制目标。

四、ABS系统的结构

图6-47所示是一种对两前轮进行独立控制、对两后轮可按低选（或按高选）原则进行一同控制的3通道、4传感器、4轮防抱死制动系统的简图。这种结构是目前装备车型最为广泛的ABS系统。

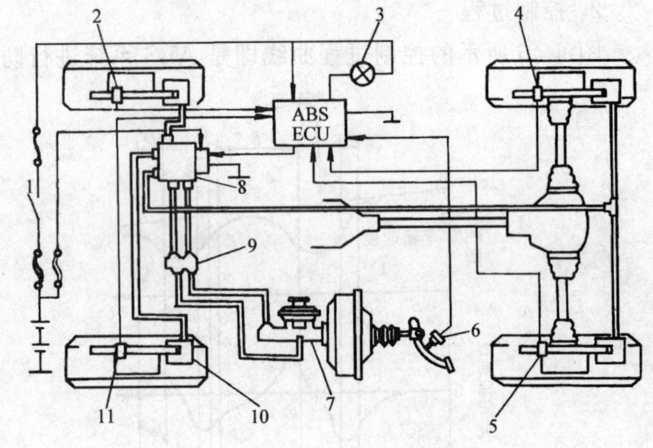

图6-47 ABS系统简图

1—点火开关 2、11—前轮转速传感器 3—ABS警告灯 4、5—后轮转速传感器 6—制动灯开关 7—制动主缸 8—ABS执行器 9—比例旁通阀 10—制动轮缸

1. 车轮转速传感器

车轮转速传感器的作用是检测车轮的速度，并将速度信号输入ECU中。

目前一般采用电磁感应式车轮转速传感器，它由传感头和齿圈（转子）两部分组成。图6-48所示为其外形图。

传感头由永久磁铁、电磁线圈、极轴等组成。从外形上又可分为凿式极轴转速传感头和柱式极轴转速传感头等，它直接安装于齿圈的上方，如图6-49所示。齿圈实际上是一个信号转子，随车轮旋转时，传感头内的电磁线圈就感应出电压信号并送至ECU，该电压信号在高速时频率高，在低速时频率低，因而其频率的变化便精确地反映出车轮速度的变化。齿圈通常是有40～100个齿。

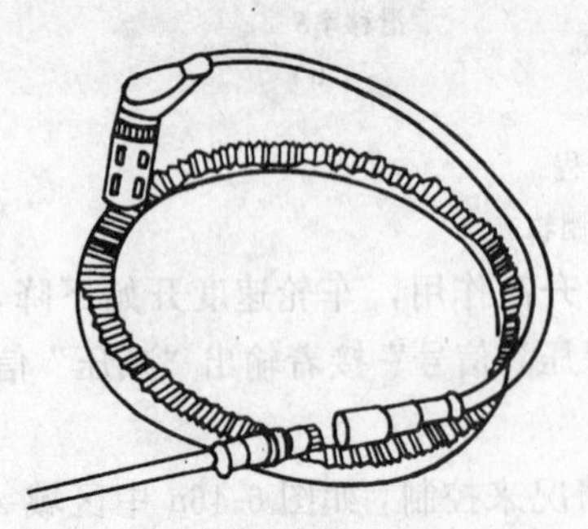

图6-48 车轮转速传感器的外形

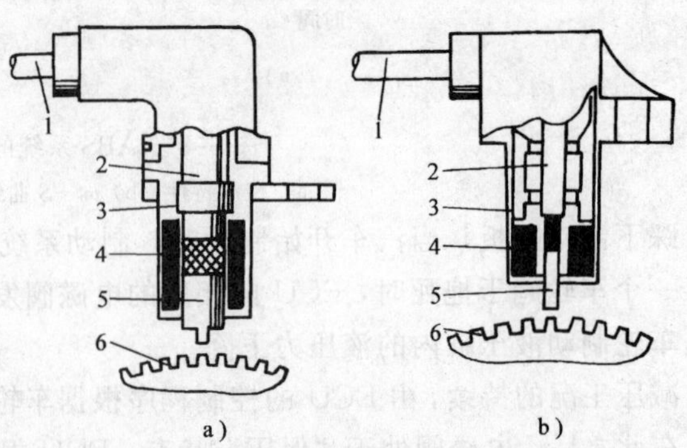

图6-49 车轮转速传感器剖面图

a）凿式极轴转速传感头 b）柱式极轴传感头

1—导线 2—永久磁铁 3—外壳 4—电磁线圈 5—极轴 6—齿圈

用于检测非驱动轮转速的传感器都设置在车轮处。用于检测驱动轮转速的传感器通常也设置在车轮处，但也有些车型是设置在主减速器或变速器中。其中齿圈一般安装在随车轮一

同旋转的部件上，如半轴、轮毂、制动盘等，而传感头则安装在齿圈附近但不随齿圈旋转的部件上，如半轴套管、转向节、制动底板等。

在一些后轮驱动汽车中，当只在主减速器或变速器中安置一个转速传感器时，是将传感器齿圈安装在主减速器输入轴上（也有直接利用主减速器齿轮的），或安装在变速器的输出轴上，而将传感头安装在主减速器壳体或变速器壳体中。将转速传感器安装在传动系统中，它感应的转速是两驱动轮的平均转速，因此这种布置形式只适用于对两驱动轮进行一同控制的ABS，而有利于传感器的保护，也可减少传感器的数量。

安装转速传感器时，应保证其传感头与齿圈间留有很小的空气间隙。通常只有0.5～1.0mm。多数转速传感器的空气间隙是不可调的。另外，要求安装牢固，以确保汽车在制动过程中的振动不会干扰或影响感应信号。车轮转速传感器若发生故障，将无法准确检测车轮速度，ABS系统就不能正常工作。

电磁感应式转速传感器结构简单，成本低。缺点是车速过低时，其输出的信号电压的幅值过小，ECU难以检测，且输出信号抗电磁波干扰的能力差；车速过高时传感器的频率响应性差，易产生误信号。目前ABS的控制速度范围一般为15～160km/h，今后要求控制速度范围扩大到8～260km/h以至更大范围。

2. 执行器

ABS的执行器主要由制动压力调节器、ABS警告灯组成。

(1) 制动压力调节器　制动压力调节器的作用是接受ECU的指令，通过电磁阀的动作来自动调节车轮制动器的制动压力。

1) 结构形式。液压式制动压力调节器主要由电动泵、若干个电磁阀、储液器、蓄能器等元件组成，它串接在制动主缸与制动轮缸之间。

图6-50所示是一制动压力调节器的主要结构。电动泵分回液泵和液压泵两种。回液泵也称作再循环泵，用于循环调压式制动压力调节器中，多采用柱塞泵，它受ECU的控制，由电动机驱动，其作用是在减压过程中将从轮缸流出的制动油液泵回制动主缸。而液压泵则用于变容调压式制动压力调节器中，它也受ECU的控制，但它与循环调压方式中的回液泵的作用有所不同，主要是用于在控制管路中建立控制油压。

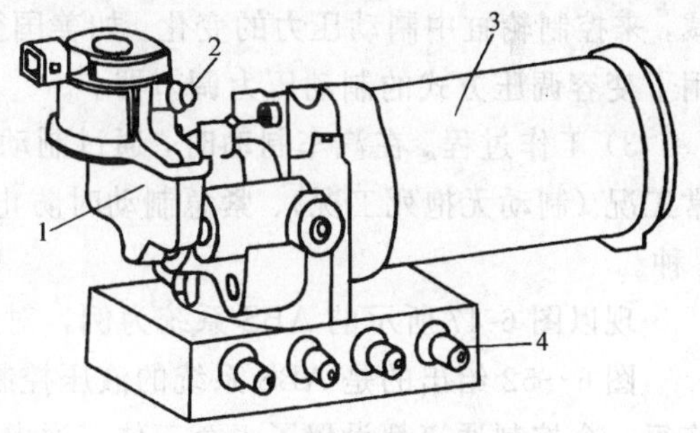

图6-50　制动压力调节器
1—储液器　2—通向制动主缸的接头
3—电动泵　4—电磁阀

蓄能器根据其储存制动油液的压力范围，分为高压蓄能器和低压蓄能器。高压蓄能器用于储存经电动泵加压后的高压制动油液，并向制动轮缸（循环调压方式）或调压缸（变容调压方式）供给高压制动油液；而低压蓄能器则用于接收和储存回流的低压制动油液，并可衰减回流制动油液的压力波动。为了区别这两种蓄能器，一般将高压蓄能器简称为蓄能器或储能器，而将低压蓄能器简称为储液器、储液室或储油箱等。

蓄能器（或储液器）在结构上是一内装活塞与弹簧的液压缸。储液器与回液泵的结构如图6-51所示，由制动轮缸经电磁阀回液口流回的制动油液进入储液器内作用于活塞上，并压缩弹簧使储液容积增大，以暂时储存制动油液。也有的蓄能器（或储液器）采用气囊式结构，气囊的气室内充有可被压缩的氮气。

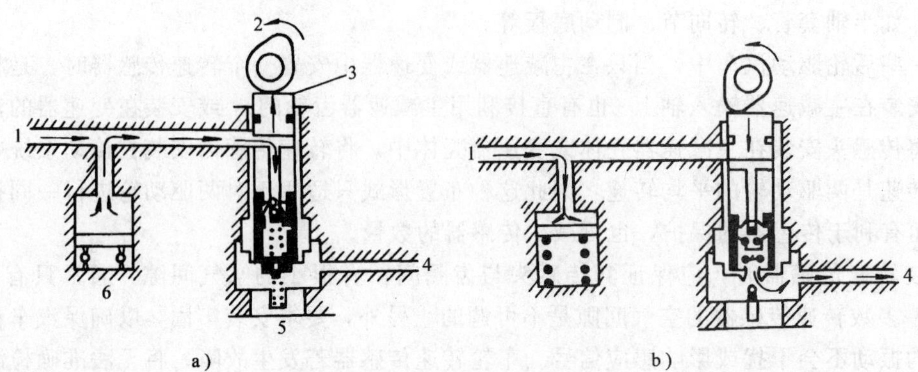

图 6-51 储液器与回液泵的结构简图

a) 柱塞上行时吸油 b) 柱塞下行时泵油

1—来自制动轮缸 2—电动机驱动的凸轮 3—液压泵柱塞 4—流向制动主缸 5—液压泵 6—储液器

2) 调压方式。ABS 的制动压力调节器，可以采用循环调压方式或变容调压方式，进行防抱死制动压力调节。

循环调压方式是采用电磁阀来直接调节轮缸的制动压力。它在制动主缸与轮缸之间串联一个电磁阀，通过使制动轮缸中的制动油液流回制动主缸或储液器实现制动压力的减小，又通过使制动主缸或供能装置中的制动油液流入制动轮缸实现制动压力的增大。这种调压方式也称为流通调压方式，它是本章将要介绍的重点。

变容调压方式是通过电磁阀的控制来间接调节轮缸的制动压力。它是在汽车原有制动管路上增加一套液压控制装置，并将制动轮缸与制动主缸隔离，通过控制制动管路中容积的增减，来控制轮缸中制动压力的变化。如美国德尔科公司生产的 ABSVI 防抱死制动系统，就采用了变容调压方式的制动压力调节器。

3) 工作过程。在汽车制动时，通过制动压力调节器所形成的制动工况包括常规制动时正常工况（制动无抱死工况）、紧急制动时防止车轮抱死的压力保持工况、减压工况及加压工况 4 种。

现以图 6-47 所示的 ABS 系统为例，对这些工况加以介绍。

图 6—52 给出的是 ABS 系统的液压控制回路。其制动压力调节器采用循环调压方式，对应每一个控制通道都设置了 1 个三位三通电磁阀，如图 6-53 所示。该系统共有 3 个控制通道，因而有 3 个三位三通电磁阀，ECU 按控制电流的大小分 3 种电流向每个电磁阀通电，可使每个电磁阀有 3 种工作位置，从而在制动主缸、制动轮缸和回油管路之间建立起液压联系，并使 ABS 系统实现压力升高、压力保持和压力降低的调节。

a. 常规制动时正常工况。在常规制动时，车轮均未抱死，ABS 不介入制动压力调控，ECU 不向三位三通电磁阀的电磁线圈供电，这时电磁阀的衔铁在回位弹簧预紧力的作用下而处在最下端位置，使 B 孔关闭，A 孔开启，如图 6-54 所示。当踩下制动踏板时，从主缸来的制动油液从 A 孔流向 C 孔，送往制动轮缸（车轮液压缸），实施制动。这时制动主缸与各制动轮缸相通，各轮缸的制动压力随主缸制动压力的上升而上升，同时利用第 1 检验阀（单向阀）将通向回液泵的油路切断。当制动踏板松开时，制动轮缸的制动油液经 C、A 孔及第 3 检验阀（旁通阀，也是一个回液单向阀），流回制动主缸。

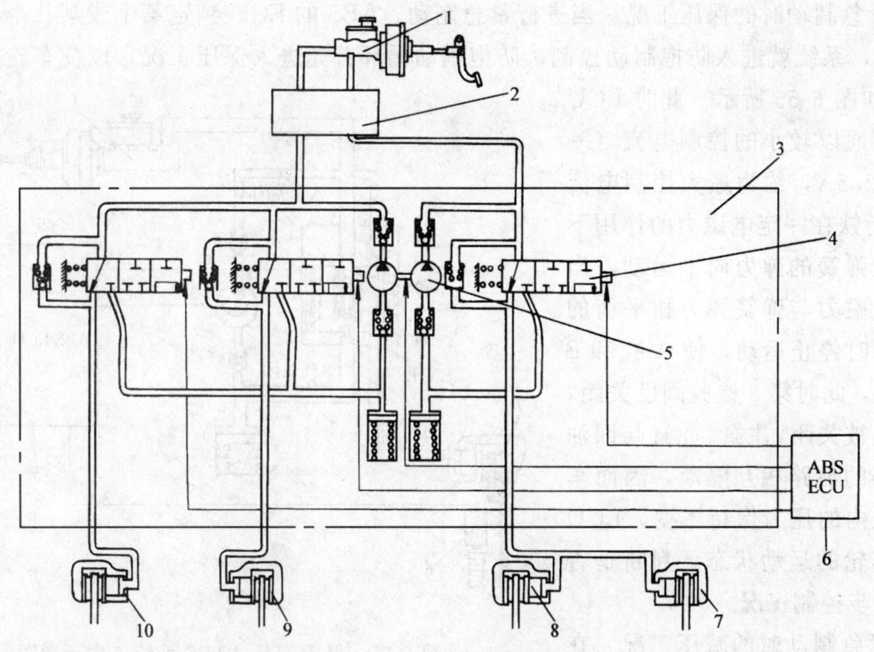

图 6-52　ABS 系统的液压回路

1—制动总泵　2—比例阀与旁通阀　3—ABS 执行器　4—三位三通电磁阀　5—电动泵　6—车轮轮速传感器　7—右后轮制动器　8—左后轮制动器　9—右前轮制动器　10—左前轮制动器

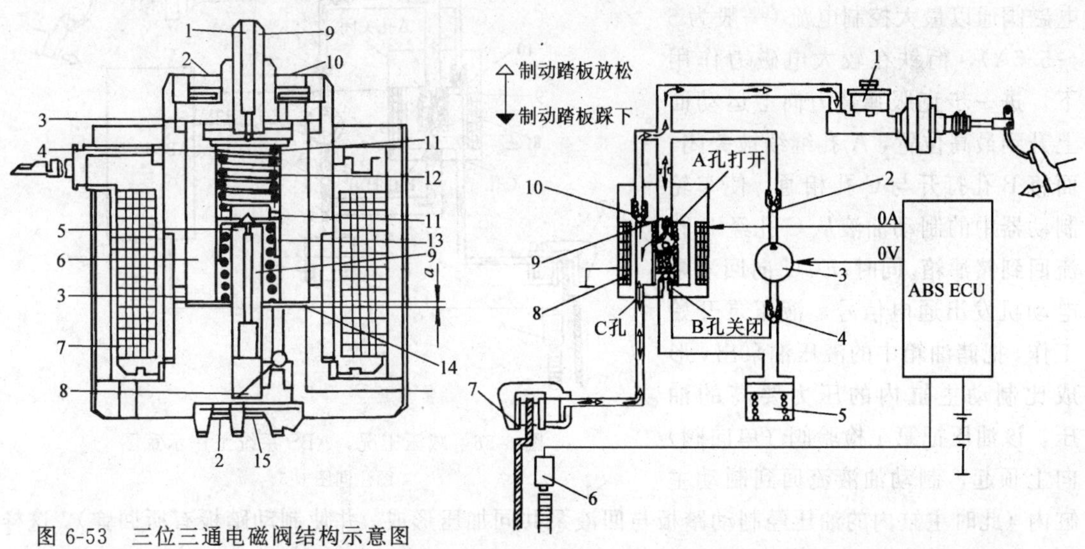

图 6-53　三位三通电磁阀结构示意图

1—回油路接口　2—过滤器　3—非磁性支承　4—出油阀　5—进油阀　6—磁铁　7—电磁线圈　8—单向阀　9—阀体　10—车轮制动器接口　11—承接盘　12—副弹簧　13—主弹簧　14—凹槽台阶　15—制动主缸接口

a—工作空气隙

图 6-54　常规制动时，ABS 系统不工作示意图

1—制动主缸　2—第 1 检验阀　3—电动泵　4—第 2 检验阀　5—储油箱　6—前轮轮速传感器　7—车轮制动器　8—电磁线圈　9—回位弹簧　10—第 3 检验阀

b. 紧急制动时的保压工况。当进行紧急制动、ABS 的 ECU 判定某个或某几个车轮正趋于抱死时，系统就进入防抱制动控制。防抱制动循环首先进入保压工况，以使车轮充分地进行制动，如图 6-55 所示。此时 ECU 向电磁阀通以较小的控制电流（一般为 2～2.5A，约为最大控制电流半值），衔铁在一定电磁力的作用下克服回位弹簧的弹力向上运动，当运动到电磁力与弹簧弹力相平衡的中间位置时停止运动，使 A 孔和 B 孔均关闭，此时第 3 检验阀已关闭，即 C 孔也被关闭，主缸、轮缸与回油管路之间的油路相互隔断，因而车轮液压缸内的压力保持不变，ECU 再根据车轮的运动状态，判断是否进入下一步控制工况。

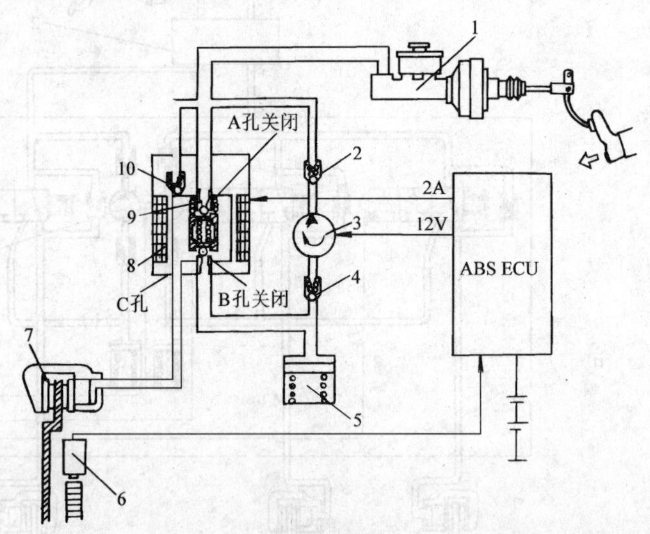

图 6-55　保压工况，ABS 系统工作示意图

图注同图 6-54

c. 紧急制动时的减压工况。在保压工况后，车轮会进入不稳定区域，防抱制动循环就过渡到减压工况（车轮则在汽车惯性作用下开始加速），如图 6-56 所示。这时 ECU 向电磁阀通以最大控制电流（一般为 5～5.5A），衔铁在较大电磁力作用下，进一步克服弹簧力向上运动而上升到最高位置，A 孔继续被关闭，而将 B 孔打开与 C 孔相通，使车轮制动器中的制动油液从 C 孔经 B 孔流回到储油箱。同时，ECU 向回液泵电动机发出通电信号，液压泵开始工作，把储油箱中的液压油泵出，形成比制动主缸内的压力要高的油压，该油压把第 1 检验阀（单向阀）向上顶起，制动油液流回到制动主缸内（此时主缸内的油压经制动踏板与回液泵共同加压形成，并使制动踏板有所回弹），这样车轮制动器内的制动压力迅速下降，避免了车轮抱死的危险。

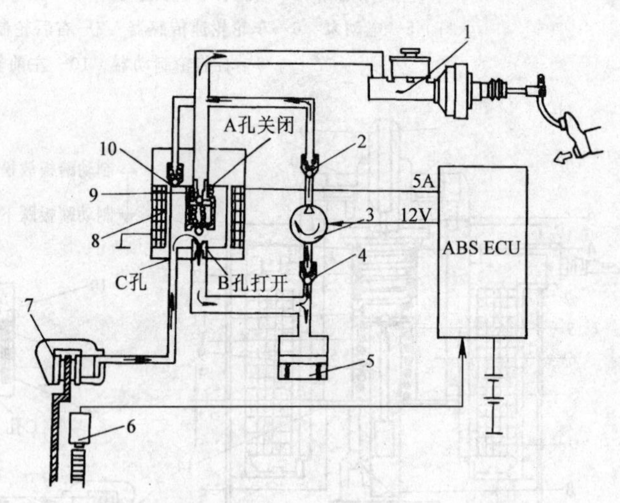

图 6-56　减压工况，ABS 系统工作示意图

图注同图 6-54

d. 紧急制动时的加压工况。当车轮抱死解除时，防抱制动循环就过渡到加压工况，如图 6-57 所示。这时 ECU 停止向电磁阀通电，三位三通电磁阀的工作状态又恢复到与正常工况时相同，而把制动主缸内的油压传递到车轮制动器内。

由保压—减压—加压形成的防抱制动循环工况是在瞬间完成的，其循环动作的频率可达到 3～20 次/s，从而可保证每个车轮都不会发生制动抱死，并将车轮的滑移率控制在最佳范围内。这种防抱调节一直持续到车速降至很低，或者车轮不再趋于抱死时为止。

(2) ABS 警告灯　装有 ABS 系统的车辆，在仪表板上都设有一个 ABS 警告灯(有的车上是一个标有“ANTILOCK”的警告灯)。当 ECU 检测到系统出现故障时，它会控制该灯闪烁，向驾驶员报警，并停止部分或全部的 ABS 功能。若仅仅是 ABS 警告灯点亮，则车辆有可能是减少了或完全没有了防抱死制动功能，但传统制动系统仍具有常规的制动功能，这时还可以安全驾驶。此外，在 ABS 发生故障后进行故障自诊断操作时，可利用该灯的闪烁显示，来读取故障代码。

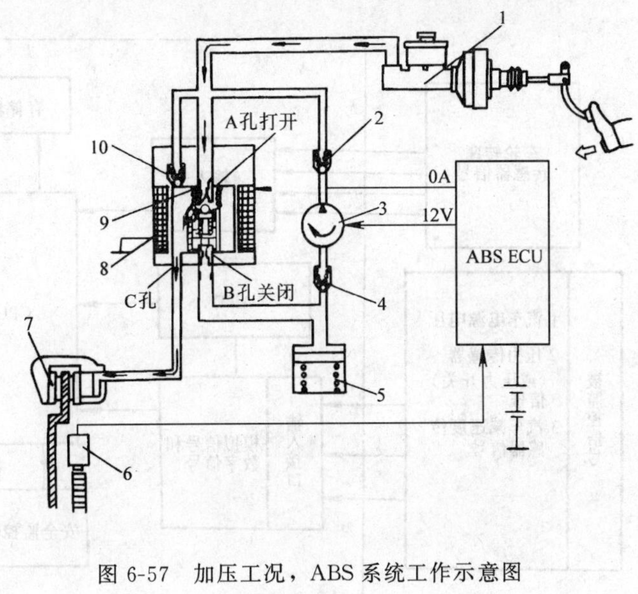

图 6-57　加压工况，ABS 系统工作示意图

图注同图 6-54

3. 电控单元

ECU 是 ABS 的控制核心，其作用是接收各车轮转速传感器及其及他传感器的输入信号，并对这些信号进行比较、分析、放大和判别处理，然后通过精确的计算，得出制动时的车轮速度与加速度、参考车速及参考滑移率，以判断车轮的运动状态等，并按照特定的控制逻辑发出控制指令，对 ABS 系统的执行器进行控制，以便汽车获得最佳的制动效果。此外，ECU 还对系统的工作状态进行检测和监控制，以免因系统故障造成控制出错，并具有故障自诊断功能。

图 6-58 所示为 ECU 的结构示意图，它由输入电路、A/D 转换器、微机、输出电路、安全监控电路等组成。

(1) 输入电路　主要由一个低通滤波器和用来抑制干扰并放大车轮转速信号的输入放大器组成。其作用是将车轮速传感器输入的电压信号滤去杂波，并转换成脉冲方波信号，经整形后送入微机中。

(2) A/D 转换器　将各种输入的模拟信号转换成微机能够识别的数字信号。ECU 可以通过它来监控汽车电源电压、制动管路压力等是否正常。

(3) 微机　主要由 CPU 和存储器 (RAM、ROM) 组成。其中 CPU 的作用是根据接收到的车轮转速等信号，利用存储器中的数据和程序，进行各种精确的计算、分析、判断及处理，形成相应的控制指令，送至输出电路。存储器的作用是用来存储 CPU 工作时需要的各种程序和数据。

微机一般要包含两片 CPU，这两片 CPU 同时进行运算和处理，并通过数据传递方式对各自的运算结果进行比较，相互监视，以确保控制的可靠性。

(4) 输出电路　其作用是接受微机送来的控制指令，采用大功率三极管，向执行器的继电器、电磁阀、电动泵等提供控制电流。

(5) 安全监控电路　该电路的作用首先是将汽车的电源电压稳定成 ECU 工作所需的标准电压，同时以汽车电源电压是否稳定在规定的范围内进行监控。当汽车电源电压过高或过低时，它就点亮 ABS 警告灯，同时自动切断 ABS 系统的电源电路，以免因电源电压过高损坏 ECU，因电压过低造成系统工作失常，还将故障信息以故障代码的形式储存在 ECU 的故障存储器中。

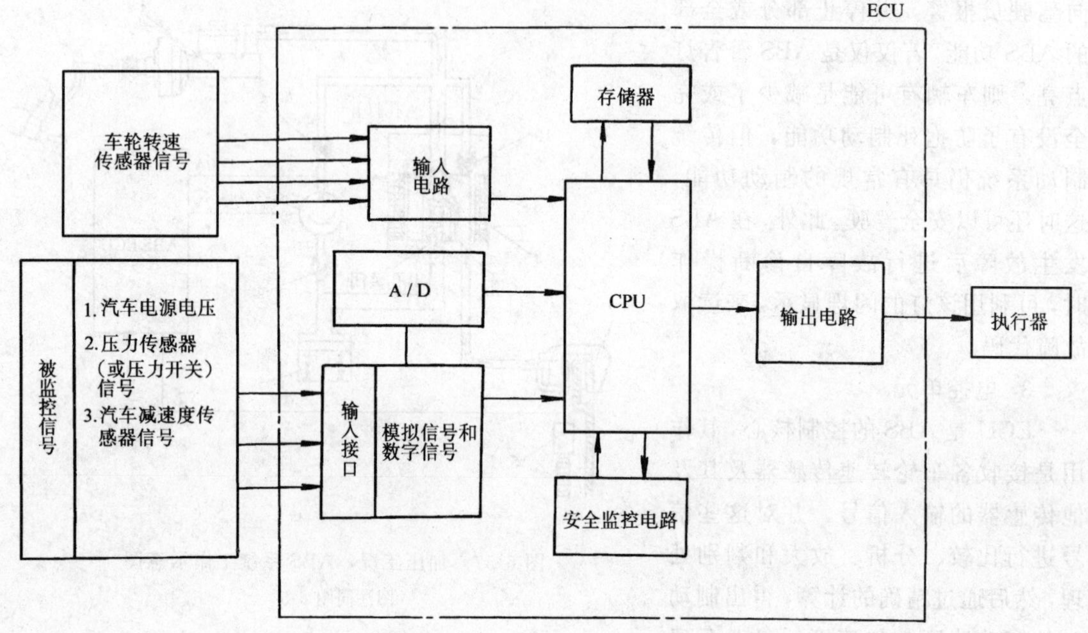

图 6-58　ECU 的结构示意图

该电路还对 ABS 系统的工作状态进行监控，当监测到系统有故障信息时，就部分或全部地关闭 ABS 系统，同时点亮警告灯报警，并储存故障代码。

在 ABS 系统关闭后，ECU 还要将 ABS 系统恢复到传统制动系统状态，使制动系统具有常规制动功能。

ECU 通常安装在汽车上尘土和潮气不易侵入、电磁干扰较小的部位，如驾驶室内、行李舱中、发动机罩内的隔离室中。在有些车型上，为了使 ABS 系统结构紧凑，减少连接线束与插头，就将 ECU 安置在制动压力调节器上。

4. ABS 系统的其他相关元件

不同的 ABS 系统，所采用的液压、电气元件的种类及其结构会有所差异。以上对 ABS 系统中常用到的这类元件作一简介。

(1) 制动液液面高度传感器　它一般装在制动主缸的储油箱内，用于监测制动油液的液位高低。

(2) 旁通阀　它是一个单向阀，当解除制动时，轮缸内的制动油液通过它返回制动主缸，而使轮缸中的制动压力迅速降低。

(3) 压力开关（或压力传感器）　压力开关装在蓄能器上，用于检测内部制动油液压力的大小，向 ECU 提供制动油液压力信号，ECU 以此控制电动泵工作。

(4) 减压阀（安全阀）　当蓄能器内的液压力超过规定值时，一部分制动油液通过减压阀返回到制动主缸，以保持系统制动压力的稳定。

(5) 比例调节阀　串联装在通向后轮的液压制动管路中，用来限制后轮缸制动压力的增长。这是由于在制动时，车辆因惯性发生载荷转移，后轮上的垂直载荷减小，后轮缸只需要较低的制动压力，而与后轮的附着力相适应。

(6) 制动警告灯　装有 ABS 的车辆，在仪表板上也设有一个制动警告灯（有的车上是一个标有“BRAKE”的红色警告灯），用于指示传统制动系统存在故障。在发动机起动期间，或当驻车制动开关闭合时，该灯应点亮；另外，当储油箱内液位过低而液位开关闭合，或者蓄能器中压力过低而压力开关闭合时，都会使该灯点亮，以提醒驾驶员液压制动系统出现了异常情况，应立即检修。

车辆在行驶中，若 ABS 警告灯和制动警告灯同时都点亮，表明液压制动系统很可能有故障，这时车辆很有可能失去了制动能力。应特别引起重视。

五、ABS 系统的工作特性

1) ABS 只有在车速高于一定值时才起作用，低于此值 ABS 就会自动中止防抱调节，而回到传统制动系统状态，所以在每次防抱控制的终点，车轮很可能是完全抱死的，以使汽车尽快制动停车。

2) 在制动过程中，只有当被控车轮趋于抱死时，ABS 才会进行防抱调节；在被控车轮还没有趋于抱死时，制动过程与传统制动系统的制动过程完全相同。

3) 当汽车制动 ABS 参与工作时，驾驶员会感觉制动踏板有回弹行程，制动踏板的这种动作反馈是正常的。

4) 在防抱制动循环中，制动压力调节器内的电磁阀循环开闭，会产生一定的工作噪声。

5) 具有传统制动系统的车辆紧急制动时，轮胎在路面上留下清晰的拖印；而 ABS 车辆在紧急制动时，只会留下轻轻的勉强可以看出的印痕。

6) ABS 系统具有故障自诊断功能，能对系统的工作情况进行监测，一旦发现存在影响系统正常工作的故障时，会自动关闭 ABS 功能，并将 ABS 警告灯点亮，向驾驶员报警，同时将汽车的制动功能恢复到传统制动系统状态，而能够进行常规制动。

7) 在 ABS 警告灯持续闪亮的情况下进行制动时，应注意控制好制动强度，以免因 ABS 系统失效而影响行车安全。

六、防滑转控制系统

(一) 车辆驱动轮滑转时的运动状态

车辆能够以一定的速度行驶，是因为其驱动轮以一定的驱动力驱动车辆克服行驶阻力的结果。而车轮的驱动力 F_D 为

$$F_D = M_r / r \leqslant F_\mu = Z\mu_b$$

式中，M_r 为驱动轮上的驱动转矩；r 为驱动车轮半径；F_μ 为驱动轮与路面间的附着力；μ_b 纵向附着系数；Z 为驱动轮上的垂直载荷。

当车辆在冰雪或泥泞道路上起步或加速行驶时，会发生驱动轮在旋转而车辆却原地不动，且易发生侧滑而进入危险状态，这就是我们所说的驱动轮滑转。有经验的驾驶员知道，为了避免这种现象，此时应适当松开加速踏板以免作用于驱动轮上的驱动力过大，也就是说造成驱动轮滑转的原因是作用于驱动轮上的驱动力 F_D 大于驱动轮与路面间的附着力 F_μ。因此，防止驱动轮滑转的方法是适当减小驱动力，这就引入了驱动轮滑转率的概念。滑转率的定义为

$$滑转率\ \lambda=\frac{驱动轮速度-车身速度}{驱动轮速度}\times100\%$$

由上式可知，当驱动轮在转动、车身不动时，滑移率 $\lambda=100\%$，驱动轮处于纯空转状态。

为简化起见，一般将制动时车轮的滑移率 S 和驱动时驱动轮的滑转率 λ 统称为打滑率。打滑率与轮胎路面之间附着系数的关系如图 6-59 所示。

在各种路面上，无论是制动还是驱动，都是当打滑率在某一范围内时，附着效果达到最佳组合，即纵向附着系数大，侧向附着系数（决定着转弯侧向力）也足够大。从图中可以看出，当打滑率＝100％时，驱动轮与路面间的纵向附着系数 μ_b 较低，此时的纵向附着力也较小，因而驱动轮所能发出的最大有效驱动力就比较小，转弯侧向力则几乎完全丧失，车辆失去操纵稳定性。

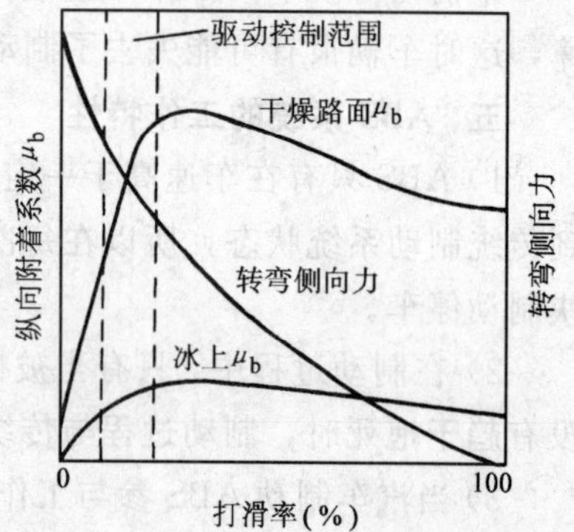

图 6-59　打滑率与附着系数的关系

所谓驱动控制，就是通过控制驱动轮驱动时的滑转率（通常控制 λ 在 8％～15％的范围内），使驱动轮获得充足驱动力的同时，又保持车辆行驶的方向稳定性。

（二）ASR 系统的控制方式

ASR 系统的控制方式可分以下 2 种：

1．发动机输出功率控制

发动机输出功率控制是最早应用的驱动防滑转控制方式，即控制发动机的输出功率来调节传递到驱动轮上的转矩，从而调节驱动轮的滑转率。可采用的控制方法有：

1）节气门开度调节。即是指在发动机原节气门的基础上，串联一个副节气门，由系统的执行机构控制其开度。这种方式工作比较平稳，容易与其他控制方式配合使用。

2）喷油量的减少或切断控制。

3）减小点火提前角的控制。

2．驱动轮制动控制

驱动轮制动控制是在发生滑转的驱动轮上施加制动力矩来控制滑转率。它一般要与调节发动机输出功率的方法结合起来应用，否则，控制过程中就可能发生制动力矩与发动机输出转矩之间出现平衡现象，而导致无意义的功率消耗。这种控制方式响应最迅速。但为了保证制动过程中的乘坐舒适性，制动力不能升高过快。

（三）ASR 系统的控制原理

在驱动控制中，要确定驱动轮的滑转率较为方便和精确。由于非驱动轮近似于自由滚动，根据非驱动轮转速所确定的参考车速就可以认为是实际车速（车身速度），由此通过计算得到的驱动轮的参考滑转率与实际滑转率就比较接近。

图 6-60 所示为 ASR 系统控制过程实例。ECU 根据前左、前右车轮（非驱动轮）的转速传感器送来的转速信号，推算车身速度，以此速度值为基础设定驱动轮（后轮）的目标控制速度值，并与驱动轮的实际速度（从驱动轮的转速传感器信号得到）作比较，以控制其滑转率在最佳范围内。

在某种湿滑路面上行驶时，驾驶员踩下加速踏板会使主节气门迅速打开，后轮（驱动轮）会迅速加速旋转。当后轮速度超过其目标控制速度时，ECU 发出指令，ASR 制动执行元件中的三位电磁阀通电开启；ECU 还向操纵发动机副节气门开度的步进电动机输送控制信号。这时要综合进行副节气门开度减小的控制和后轮液压缸的加压、保压、减压控制，以尽快降低后轮速度，使其达到其目标控制速度。当控制过程中后轮速度下降得太多，出现后轮速度低于其目标控制速度时，ECU 将控制后轮的 ABS 三位电磁阀处于减压工况，并加大副节气门的开度，增加发动机的功率输出，以使后轮速度尽快恢复至目标控制速度。

在进行发动机输出功率控制时，有些 ABS/ASR 防滑控制系统的 ECU，还同发动机与传动系集中控制系统的 ECU 建立交互式通信联系，利用后者的控制功能减少喷油器的喷油量，减小点火提前角，以减小发动机的功率输出；有的还可以对电控自动变速器的换挡特性进行修正，允许自动变速器尽早由低挡换入高挡，而避免由高挡换入低挡，以减小驱动轮上的驱动力。

ABS/ASR 系统的 ECU 通过重复进行以上的这种协调控制，可将驱动轮速度保持在目标控制速度值附近，从而达到驱动轮防滑转目的。

（四）ASR 系统的结构与工作过程及其功能

1. ASR 系统的结构与工作过程

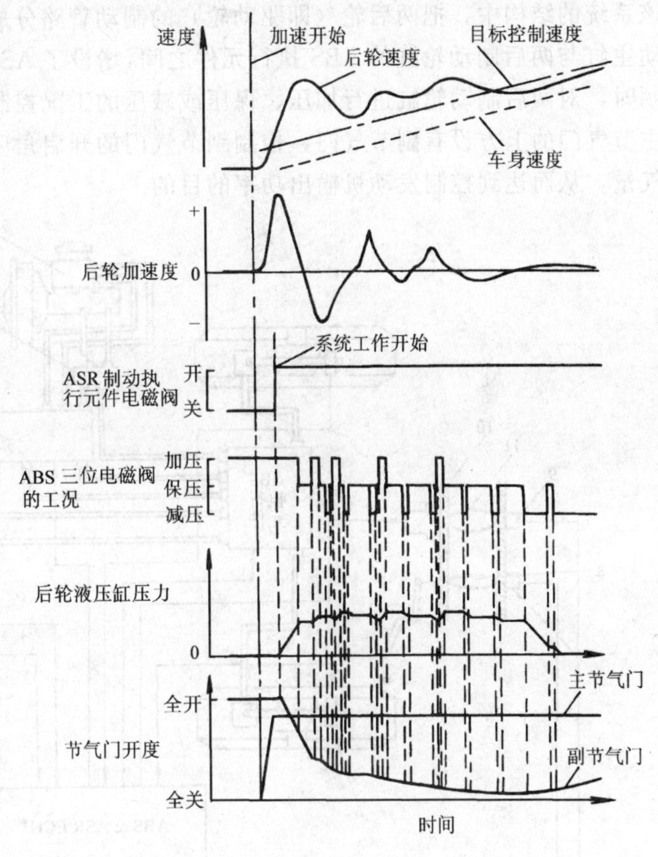

图 6-60　ASR 系统的控制过程

ASR 系统的主要部件有车轮转速传感器、电了控制单元（ECU）、制动压力调节器，以及发动机副节气门（辅助节气门）执行元件与 ASR 制动执行元件。此外，还增设了 ASR 系统选择开关（关闭开关）、ASR 关闭指示灯、ASR 警告灯等。ASR 系统还同发动机与传动系的集中电控系统建立通信联系，以共同调节驱动轮的滑转率。同样，ASR 系统也具有故障自诊断功能。

驾驶员通过 ASR 系统选择开关，可使 ASR 进入等待工作状态或处于关闭（不工作）状态。在 ASR 处于关闭状态时，ASR 关闭指示灯将点亮，以通知驾驶员。

ASR 警告灯的功能是当 ASR 出现故障时，该灯点亮向驾驶员报警；在对 ASR 进行故障自诊断操作时，利用该灯的闪亮提示功能，可读出 ECU 中储存的故障代码。

ASR 系统广泛采用发动机输出功率控制与驱动轮制动控制的综合控制方式。这种 ASR 系统是在 ABS 的基础上发展起来的，它与 ABS 共用车轮转速传感器、制动压力调节器，并共用功能扩展了的 ECU。

需要说明的是，在有的车上也有 ASR 系统和 ABS 并不共用一台 ECU 的情况，而是各自采用一台 ECU 单独进行控制。

对于发动机输出功率控制与驱动轮制动控制的综合控制的 ASR 系统，其 ECU 会根据车轮转速传感器的信号对车辆的运行状况作出判断，使这两种控制装置或分别工作或同时工作，以确保车辆稳定地驱动行驶。

采用发动机输出功率与驱动轮制动综合控制方式的 ASR 系统的结构如图 6-61 所示。在该系统的结构中，把两后轮（即驱动轮）的制动管路分成左、右两个独立的管路结构，在制动主缸与两后制动轮缸的 ABS 执行元件之间，增设了 ASR 制动执行元件，以便在进行驱动控制时，对两后制动轮缸进行加压、保压或减压的工况控制；在发动机上，由加速踏板控制的主节气门的上方设有副节气门，控制副节气门的开启角度，就可以控制进入发动机气缸的进气量，从而达到控制发动机输出功率的目的。

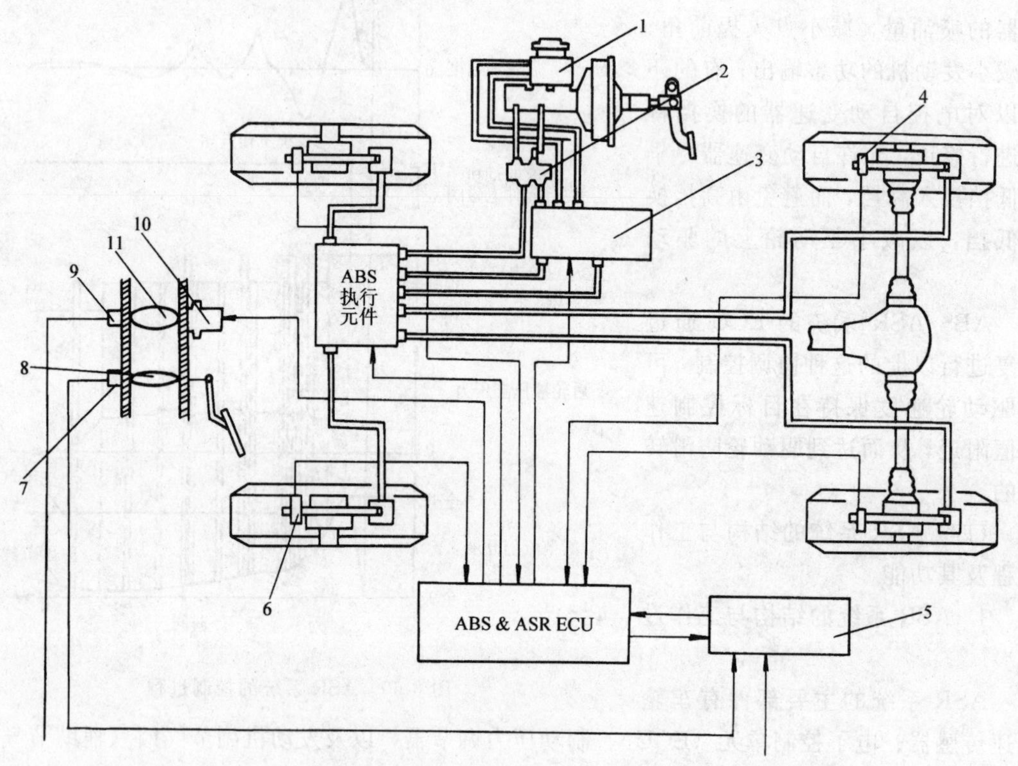

图 6-61　ASR 系统的结构

1—制动主缸　2—比例旁通阀　3—执行元件　4—后轮转速传感器　5—发动机和传动系统　6—前轮转速传感器　7—主节气门位置传感器　8—主节气门　9—副节气门位置传感器　10—副节气门执行元件　11—副节气门

ASR 系统的副节气门执行元件由 ASR 的 ECU 控制的副节气门执行器、主动齿轮、凸轮轴齿轮等组成。副节气门执行器是一种步进式电动机，在其旋转轴的末端安装有一个主动齿轮（小齿轮），它能带动安装在副节气门轴末端的凸轮轴齿轮旋转，以此来控制副节气门的开启角度。

ASR 系统制动执行元件的构成如图 6-62 所示。ASR 制动执行元件包括在比例旁通阀、液压泵之间加设的主液压缸切断电磁阀（M/C）、蓄能器切断电磁阀（ACC）、储油箱切断电磁阀（RSV）、ASR 蓄能器、ASR 电动泵（电动供液泵）及压力开关或压力传感器等。

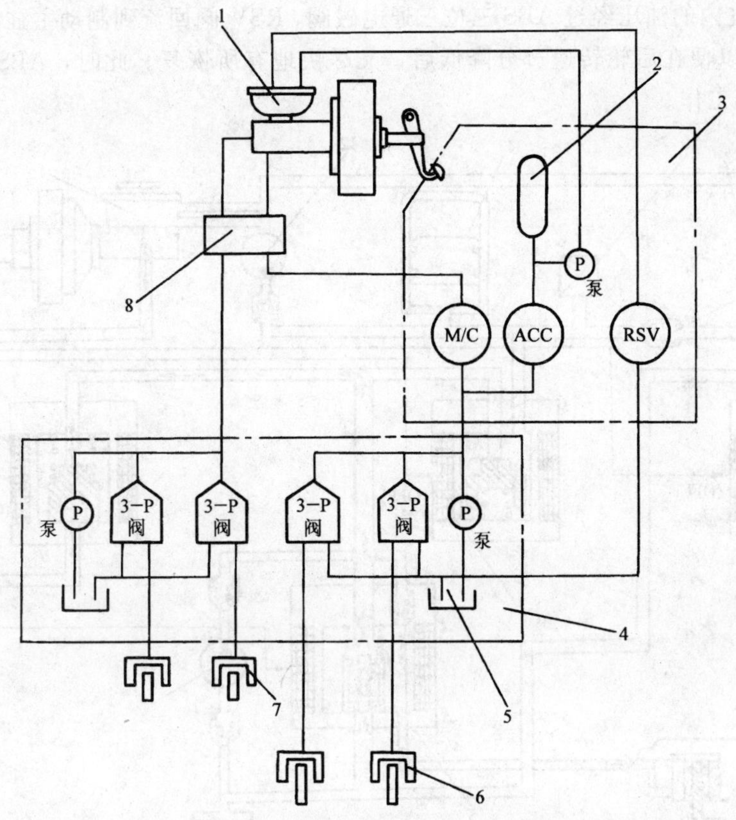

图 6-62　驱动控制的制动液压回路图

1—制动主缸　2—蓄能器　3—ASR 制动执行元件　4—ABS 执行元件
5—储油箱　6—后轮制动器　7—前轮制动器　8—比例旁通阀

当 ASR 制动执行元件不工作时，M/C 阀、ACC 阀及 RSV 阀均不通电，ACC 阀与 RSV 阀的阀门处于关闭状态，M/S 阀的阀门处于开启状态，制动防滑调节处于关闭状态，而 ABS 的防抱制动和传统制动系的常规制动均可正常进行。

当 ASR 制动执行元件工作时，ASR 系统的 ECU 向这 3 个电磁阀通电，M/C 阀的阀门关闭，切断主液压缸与后轮制动液压缸的液压通路，ACC 阀与 RSV 阀均开启，制动防滑调节进入工作状态。

图 6-63 所示为 ASR 系统驱动轮制动控制的工作示意图，图中所示是 ASR 还未工作时的情形，3 个执行元件均处于断电（OFF）状态。现以此结构为例，介绍 ASR 制动执行元件工作时的各个工况。

(1) 加压工况　当 ASR 与 ABS 系统的 ECU 检测到驱动轮开始打滑时，ECU 向 M/C、ACC、RSV3 个电磁阀通电，M/C 阀关闭，ACC 阀、RSV 阀开启，ECU 控制后轮（驱动轮）的 ABS 三位电磁阀进入加压工况，蓄能器经过 ACC 阀向后轮液压缸供给制动油液，以实施制动，从而减小后轮的滑转趋势。

(2) 保压工况　M/C 阀、ACC 阀、RSV 阀继续处于通电状态，而后轮的 ABS 三位电磁阀进入保压工况，暂时保持后轮液压缸内的油压不变，以控制后轮的滑转率在规定范围内。

(3) 减压工况　3 个执行元件继续通电，而后轮的 ABS 系统三位三通电磁阀进入减压工况，后轮液压缸内的油压经过 ABS 三位三通电磁阀、RSV 阀回流到制动主缸储油箱内，后轮的制动解除，以便在后轮转速过分降低后，又尽快地有所恢复。此时，ABS 系统的电动泵（回液泵）并不工作。

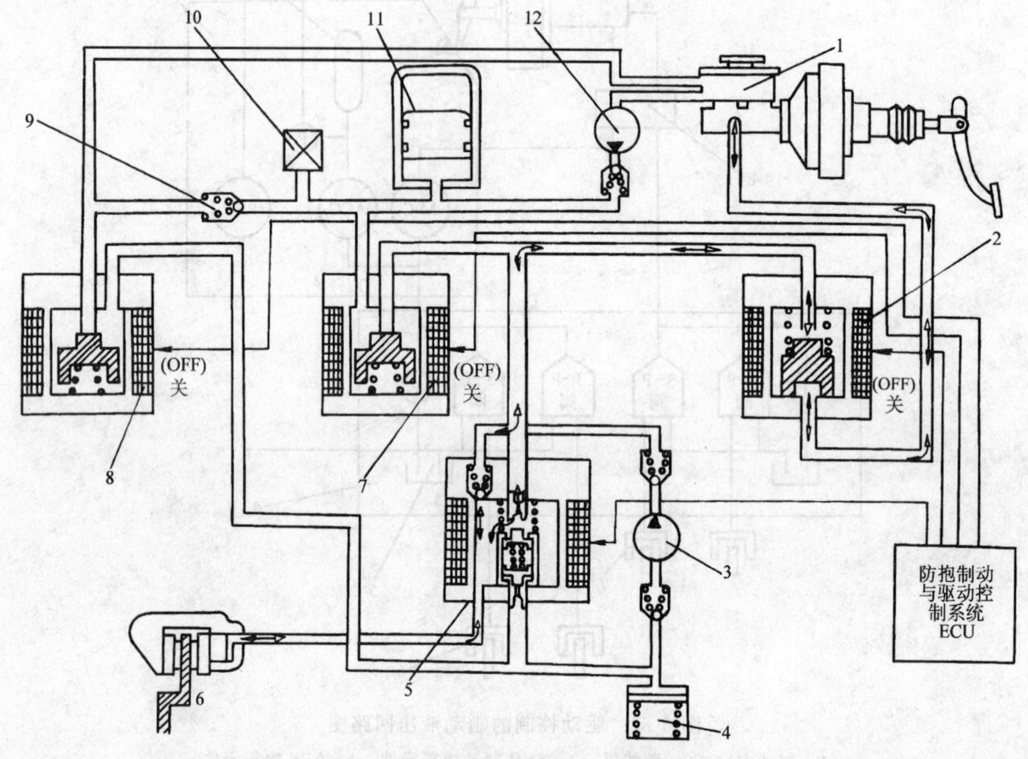

图 6-63　ASR 系统驱动轮制动控制的工作示意图

1—制动主缸　2—M/C 电磁阀　3—ABS 电动泵　4—储油箱　5—ABS 三位三通电磁阀　6—后轮制动器　7—ACC 电磁阀　8—RSV 电磁阀　9—减压阀　10—压力传感器　11—蓄能器　12—ASR 电动泵

在图 6-63 中，压力传感器的作用是将蓄能器中的压力信息传送给 ASR 与 ABS 的 ECU，ECU 据此来控制 ASR 电动泵的运转。ASR 电动泵从主缸储油箱中提取制动油液，加压后再送往蓄能器，使蓄能器中的制动油液压力保持在一定范围内，为 ASR 系统的驱动轮制动控制提供制动能源。

汽车的 ABS 系统与 ASR 系统共同构成了汽车的防滑控制系统，即汽车的防滑控制系统是对汽车 ABS 系统和 ASR 系统的统称。现代汽车特别是一些高级轿车采用了集成 ABS 与 ASR 功能于一体的结构，控制系统可共用一个 ECU，以共享 ECU 的硬件与软件资源，这种结构也简称为 ABS/ASR 防滑控制系统。现在这种结构已成为汽车上防滑控制系统发展的一种趋势，目前已有许多高级轿车将 ABS/ASR 防滑控制系统作为标准件或选装件来装备。

2. ASR 系统的功能

1）能有效地提高车辆在各种路面上的附着能力，从而改善起步和加速性能。

2）能提高车辆行驶的稳定性和乘坐的舒适性。

3）能减少轮胎的磨损与发动机的功率消耗。

（五）ASR 系统的工作特性

各种 ASR 系统的具体结构和工作过程不尽相同，但一般都具有以下共同的工作特性：

1）ASR 系统在进行防滑控制过程中，如果驾驶员踩下制动踏板进行制动，ASR 将会自动退出防滑控制，而不影响汽车的正常制动。

2）ASR 通常只在一定车速范围内进行防滑控制，当车速达到一定值以后，ASR 会自动退出防滑控制。

3）ASR 系统可由驾驶员通过 ASR 选择开关对系统是否进入工作状态进行选择。如果通过 ASR 选择开关关闭了 ASR 系统，则 ASR 关闭指示灯会自动点亮。

4）ASR 处于关闭状态时，发动机副节气门会自动处于全开位置，此时 ASR 的制动执行元件也不会影响制动系的正常工作。

5）ASR 系统具有故障自诊断功能，当发现有影响系统正常工作的故障时，ASR 系统会自动关闭，并将 ASR 警告灯点亮，向驾驶员报警。

六、防滑控制系统的故障自诊断与故障保险功能

（一）故障自诊断与故障保险功能

防滑控制系统的 ECU 大都具有故障自诊断与故障保险功能。

1）在正常情况下，当点火开关处于点火位置时，ECU 会自动地对系统进行以下几项静态自检：

a．对 ECU 自身进行自检。

b．对各种车轮转速传感器、ABS 执行器中的电气元件，如电磁阀、回液泵电动机、继电器等进行短暂的通电自检。

c．ECU 监测蓄电池电压是否在正常工作范围内，储油箱中的制动油液液位与蓄能器的制动液压力是否过低等。

在自检的过程中，ABS 警告灯、ASR 警告灯还会自动点亮，驾驶员由此可以检查警告灯及其线路是否完好。在此期间，如果 ECU 未发现故障，则在自检过程结束后，警告灯会自动熄灭。系统静态自检时间一般只持续 3～5s。

2）当汽车速度达到一定值以后（如装备波许 ABS2S 系统的车辆，当车速达到 6.5km/h 以后），ECU 还会周期性地对车轮转速传感器、电磁阀及回液泵电动机等元件进行短暂动态测试。

3）ECU 在防滑系统处于工作期间，对系统的工作状态进行监测。

4）在上述各个检测过程中，当 ECU 发现系统存在故障时，ABS 警告灯和 ASR 警告灯中的一个或两个会持续点亮，ECU 将使防滑系统自动关闭，同时使汽车的制动系统恢复到传统制动系统状态，并将故障情况以代码的形式储存在故障存储器中。

综上所述，当防滑系统的警告灯持续点亮时，就表明系统因故障已退出了工作状态，并将故障情况以代码形式储存记忆。然而，并非系统中所有的故障都可以由 ECU 检查出来。所以，即使系统的警告灯未持续点亮，但当发现系统的工作不正常时，也需要全面检查防滑系统，彻底查清原因，并及时排除故障。

（二）故障代码的读取与清除

大多数具有自诊断功能的防滑控制系统，可以通过跨接其诊断座中的相应端子，根据仪表板上的警告灯或 ECU 上的发光二极管的闪烁情况，来读取故障代码，然后从维修手册中查找出故障代码所代表的故障情况，也可以利用相应的电脑解码器来直接读取故障代码。还有一些防滑系统，只能用电脑解码器来读取故障代码，如通用汽车公司在其生产的一些车型上所装备的 ABS VI 系统，就只能用解码器来读取 ECU 中储存的故障代码。

1. 故障代码的读取

不同的防滑控制系统在读取故障代码时，其警告灯或发光二极管的闪烁情况和计数方法不尽相同，应从维修手册中查找故障代码所代表的故障情况。通过警告灯或发光二极管闪烁的方式，读取故障代码的一般程序是：

1）将点火开关置于断开位置。

2）用专用跨接线跨接诊断座中的相应端子。

3）点火开关置于点火位置，以正确的方法计数警告灯或发光二极管的闪烁次数，确定故障代码。

4）拆下专用跨接线。

5）从维修手册中查找故障代码所代表的故障情况。

2. 故障代码的清除

在防滑系统的故障排除后，还需要通过特定的方法清除 ECU 中储存的故障代码，否则尽管系统已恢复正常，但 ECU 仍记忆这些故障代码，会影响下次的故障诊断。这里要说明，不同车型，其故障代码清除的方法也不同，具体操作应参考相应车型的技术手册。

习　题

6-1　制动系的作用是什么？它由哪些装置组成？

6-2　鼓式车轮制动器有几种形式？各有何特点？

6-3　常见的盘式制动器有几种形式？各有何特点？

6-4　怎样全面调整车轮制动器？

6-5　液压制动传动装置是由哪些部件组成的？

6-6　简述液压制动系调整中加注制动油液和排除空气的操作过程。

6-7　简述液压制动主缸的装配注意事项。

6-8　气压制动传动装置是由哪些部件组成的？

6-9　液压制动跑偏的原因有哪些？怎样判断扣排除？

6-10　车轮的滑移率指的是什么？车轮与路面间的附着系数随滑移率如何变化？

6-11　ABS 系统需将车轮的滑移率控制在什么范围内才能得到最佳的控制效果？

6-12　ABS 的种类有哪些？各有何特点？

6-13　ABS 的控制方案有哪几种？目前用得较多的控制方案是怎样的？

6-14　制动压力调节器所调节的制动工况包括哪几种？

6-15　大多数 ABS 系统采用哪种控制方法？该方法采用了哪几个控制参数？

6-16　ABS 系统的工作特性有哪几点？

6-17　ASR 系统具有哪些功能？

6-18　ASR 警告灯的功能是什么

第七章　汽车底盘的进厂维修

汽车修理工艺组织直接影响汽车修理质量、修理成本及修理生产率。汽车进厂检验、竣工验收及修理工艺文件编制是汽车修理企业技术人员必须要掌握的。本章重点介绍待修车辆进厂检验的步骤、方法；大修竣工验收标准及修理工艺文件的编制。

第一节　汽车底盘的进厂检验与竣工验收

一、汽车大修的送修标准

当汽车行驶达到所规定的大修间隔里程后，应进行技术鉴定，以确定该汽车是否达到送修标准。技术鉴定应以鉴定前的行车技术记录为主要依据，检查汽车在装合状态下外部征兆（一般可通过路试或测试仪器工具），并结合驾驶员的反映，对照行车技术记录，决定汽车是否送修和修理类别。在无特殊情况下，一般在到达大修间隔里程以后，即应进行大修。经过由检查发现的征兆与以下送修标准对比，可进一步从数量上判定应进行哪些修理。

1. 发动机部分

1）动力性能降低。在化油器、点火装置和底盘有关部分作了正常调整后，仍感到行驶无力，比一般正常情况要挂较低挡。

2）机油消耗量增加。在衬垫或油封等无漏油的情况下，计算最后 1000km 的机油耗量超过该车辆规定消耗量的 100%。

3）运转发出噪声。在发动机运转时，有连杆轴承、曲轴轴承和活塞销的噪声。

4）曲轴通风口冒烟。在发动机运转时，曲轴箱通气管或机油加注管口大量冒烟。

5）气缸压力降低。在发动机运转时，各气缸中的压力达不到该车型规定标准气缸压力的 60%。

2. 底盘部分

1）由于前桥自然磨蚀和变形，汽车在行驶中前轮有摇摆或歪偏等现象。

2）由于转向器齿轮、横拉杆、直拉杆、球头节磨损，而造成转向盘自由转动量超过规定量或转动不灵。

3）由于变速器齿轮的磨损，引起换挡困难，有时发生跳挡和特殊响声。

4）在用高速挡运转时，传动轴有失常的响声和发抖现象；差速器箱内齿轮有松动和啮合不当的噪声。

5）检查车辆铆接部分和前后弹簧悬架的松动和磨蚀。

3. 其他

1）送修汽车，除肇事或特殊损坏的原因外，必须在行驶状态。

2）送修汽车应随同有关汽车装备、保修和行车的技术记录送厂。

3）送修时除少量通用零件与螺钉、螺母、开口销等允许缺少外，应保持原车的一切总成；仪表、附件和零件齐备。严禁拆换和缺少。

4）送修车辆必须装足轮胎，并应充气正常。

5）凡因事故而损坏严重的汽车送修时，应该记录肇事损坏程度。

6）随车工具应齐全。

二、送厂大修汽车的进厂检查

送厂大修的汽车，进厂时应以承修单位的技术检验员为主，并有送车单位的代表和原车驾驶员参加，共同进行检查。检查时应以该车送修的技术鉴定书、车辆技术记录、送修前的车况调查资料以及驾驶员的口头反映等为依据。在进行外部检视、必要的路试或测试仪器测试以及查对该车的技术装备、技术状况和主要损坏情况后，作出进厂检查的技术记录，提供给生产调度部门及生产车间，作为生产调度和施工的主要依据。进厂检查的内容如下。

1. 发动机部分

1）查看气缸体和气缸盖有无裂缝和漏水。

2）察听正时齿轮的响声情况。

3）察听有无突爆和特异响声。

4）检查主要仪表的作用。

2. 传动部分

1）察听离合器是否发响，检查接合时是否有振动或打滑。

2）检查变速器换挡是否灵活，中、高速各挡在增加负荷时有无跳挡情况。

3）察听变速器有无不正常响声。

4）查看变速器壳有无裂缝和漏油情况。

5）察听传动轴中间轴承、万向节及传动轴与轴套的啮合有无响声。

3. 后桥部分

1）检查后桥壳有无用肉眼可看出的裂缝、弯曲和漏油情况。

2）查看后轮胎有无恶性磨损现象。

3）察听后桥在运转时有无不正常的响声。

4. 前轴和转向部分

1）检查前轴有无用肉眼可看出的裂缝和弯扭。

2）察看前轮胎有无单边磨损及横擦迹象。

3）检查方向盘的自由转动量和转向器在行驶时的操纵性能。

4）检查车辆在行驶时有无左右摇晃、跑偏和蛇行等情况。

5. 制动部分

1）检查车辆的制动性能以及有无单边滑溜等情况。

2）对气压制动的汽车，要检查压气机有无不正常的响声和窜油情况。

6. 车架和悬挂部分

1）检查车架有无断裂、弯扭和铆钉松动的情况。

2）检查钢板弹簧的拱度及有无断损的情况。

7. 车厢和驾驶室部分

1）检查车箱与驾驶室的门窗、玻璃、座椅有无破损的情况。

2）检查车箱与驾驶室结构的松动和破损的程度。

3）检查散热器、散热器护栅及翼板等处有无可见的破损。

8．汽车电气设备部分

1）检查蓄电池外壳有无用肉眼可看出的裂缝。

2）鸣试喇叭的音量。

3）检查前灯、牌照灯、顶灯、制动灯的完好情况。

4）检查发电机、起动机的工作效能。

9．车辆附件装备部分

1）检查后视镜、牌照及架、刮水器等附件装备的齐缺情况。

2）检查并登记代管燃料、篷布、随车工具等装备的数量。

三、汽车的总装与调整

汽车的总装以车架为基础，将各总成、合件、连接零件装合成一部完整的汽车。汽车总装的工作顺序随汽车的构造不同而不完全一样，但主要的顺序则基本相同。汽车总装的一般顺序及主要内容如下：

1．安装前桥

将车架架好，前端用吊车吊起，把装有车轮和钢板弹簧的前桥推至车架下面，使钢板前端孔与车架上支架孔对齐，装入钢板弹簧销，再用同样的方法连接后端吊耳及支架。也可先在车架前部装好钢板弹簧，再装前桥和车轮。如有减振器，应先将减振器装在车架上，最后将减振器与前桥连接。

安装中应注意钢板弹簧销、吊耳销和衬套的配合。钢板弹簧销孔端部与吊耳端部的间隙最大不超过 0.80mm，否则应加垫调整。销子装好后，应装好锁紧螺栓和润滑油嘴。

安装减振器时，拉杆孔中的橡胶衬套等应完整。对于不对称式弹簧，应注意安装方向。

2．安装后桥

将车架后部吊起，把装有车轮和钢板弹簧的后桥推至车架下面，用钢板弹簧销及吊耳销使后桥与车架连接。也可先在车架上装好钢板弹簧，再装后桥和车轮。一般注意事项与前桥相同。

3．安装制动装置

安装液压制动装置时，应先装上制动主缸然后安装制动油管，使之与前后轮缸连接；安装气压制动装置时，应先装贮气筒和制动阀，然后再连接各部气管。所有管路应安装牢固，以免颠振折断或磨破。

4．安装离合器踏板及制动踏板

将制动踏板支架装在车架上，在踏板轴上装好离合器踏板和制动踏板。轴与支架孔的间隙及制动踏板轴承孔与轴的间隙，一般为 0.08～0.25mm。装好离合器踏板分离叉的拉杆、主缸推杆或制动阀拉杆（气压式），并装好各部拉簧。

5．安装发动机和变速器

总装前，先将发动机和离合器、变速器装合在一起，然后吊装到车架上，这样做工作比较顺利。也可以分别安装。

发动机支承处应注意安装橡胶软垫。发动机与车架有支承连杆的，应注意装好。

6．安装传动轴

将传动轴装好中间支承后，置于车架下面，再将万向节突缘接头与变速器及主减速器突缘接头用螺栓连接。装好的传动轴，其两端的万向节叉应在同一平面内。传动轴分成两段的汽车，可先安装前面的短传动轴，再装后面长的。安装时，应注意使短传动轴两端的万向节互相垂直，而长传动轴两端的万向节应在同一平面内。

7. 安装消声器

消声器与排气管突缘之间应装有石棉衬垫，用夹箍将消声器安装固定，并安装好消声器排气管。消声器及排气管夹箍的固定螺栓，必须装有弹簧垫圈。

8. 安装驾驶室

驾驶室与车架固定处应安置橡胶垫；固定螺栓的螺母下应安装平垫圈；螺母扭紧后应用开口销锁住。安装驾驶室后，即可安装加速踏板及连接化油器节气门与阻风门的拉杆及钢丝等连接部分。

9. 安装转向器

转向器壳在车架上的固定螺栓应安装弹簧垫圈。固定螺栓装上后先不要拧紧，将转向轴管在驾驶室内固定后，再拧紧固定螺栓。然后安装转向垂臂。安装转向垂臂时，先将转向盘从一个极端转到另一个极端，记住转向盘转过的圈数，然后回转总圈数的1/2。将垂臂垂直地面装于垂臂轴上。将两前轮置于直行位置，用直拉杆将垂臂与转向节臂连接起来。垂臂螺母必须拧到底，螺母下面应垫有弹簧垫圈。

10. 安装汽油箱

将汽油箱安装到原来位置。汽油箱位置在驾驶室内的，螺栓下如有弹簧垫圈，则必须照原样装好。螺母拧紧后用开口销锁住。汽油箱在车架侧面的，应用带衬垫的夹箍固定在车架的支架上。固定螺母下面应安装弹簧垫圈，最后连接油管。

11. 安装翼子板、脚踏板及保险杠

脚踏板用螺栓安装到车架上，然后装挡泥板及翼子板。挡泥板和翼子板之间应加装嵌条；在翼子板与脚踏板连接处应垫以橡皮衬垫。最后将保险杠及拖钩装到车架上。

12. 安装散热器及发动机罩

散热器安装在车架上，拧紧螺母不能紧到使弹簧垫圈压拢或橡皮软垫失去弹性，而且螺母必须用开口销锁住。然后紧好框架螺栓，连接橡皮水管，装好百叶窗及百叶窗拉杆与拉手等。百叶窗应能开足和关严，并开闭灵活。最后安装发动机罩及拉攀等。

13. 安装全车电气线路及仪表

电线安装应拉紧并与板壁贴合，装好线夹。各接头处应接触良好和紧固可靠，开关灵活可靠，灯泡装置紧固，震动时灯光不得闪烁。

14. 在散热器内加足冷却水

在各油腔及安装黄油嘴处，按规定加注润滑油及润滑油脂。在制动主缸内加足制动液，并排除空气。加满汽油和冷却水。

15. 安装车箱

用U形螺栓将车箱与车架固定好。U形螺栓处车架纵梁的槽内应装衬木。

以上装配顺序不是固定不变的，可以根据具体情况和实践经验加以合理的修正。

四、汽车大修竣工验收

汽车大修竣工验收是指送修汽车经过拆散、清洗、检验分类、修理、装配、试验、总装以后，对整个车进行静态和动态的检验。验收的技术标准是对承修单位修竣出厂的汽车综合性的整体要求，也是送修单位衡量所送修的汽车是否可以接收的基本标志。因此，这些要求虽然不是承修全过程中的全部要求，但却是生产过程中按照标准规定进行各项作业的综合反映。

（一）整车检查

整车检查是汽车在路试（或仪器测试）前，在静止状态下进行的外部检视和发动机在空载情况下进行的检查。

1. 车容检查

(1) 外观检查

1）喷漆表面应色泽均匀，无裂纹、剥落、起泡、流痕等现象；刷漆部分允许有不明显的流痕和刷纹。

2）喷漆或刷漆的目的是为了装饰的需要，也是保护金属和木材免受锈蚀、腐蚀。但由于油漆中含有有机溶剂，易使橡胶件老化，为了不影响零件的正常工作性能，故在不需要涂漆的部位，不得有漆痕。

3）油漆涂层的涂装工艺、质量指标和检验方法应按《油漆涂层》技术文件的规定。

(3) 车容外观

1）标准规定为左、右翼板应对称，离地面高度左右相差不大于 10mm。相应措施是提高翼板和翼板支架的整形精度和它们在车架上的装配质量，以及保证钢板弹簧弧高、车架上平面的平面度、左右钢板弹簧座的平面度和轮胎的气压等因素。

2）标准规定货箱、驾驶室和大客车车身离地面的高度，左右相差不大于 20mm。相应措施是提高这些总成的修理质量和装配质量，以及保证左、右翼板离地高度之差。

2. 装备情况检查

1）汽车进厂时由于对装备情况提出了要求，因此在出厂时除对汽车的总装提出原则性的要求，各总成和附件应符合装车技术条件之外，车辆的附属装备应按规定配齐。也就是说，要按工艺要求进行装配和调试，调整状况应符合该车的技术条件。这些工作对整个车的质量有很大的影响，因此必须十分重视。

2）各种管路接头安装正确、不松动、不碰撞、不渗漏；电气线路完整，包扎、卡固良好；各种灯光、信号标志齐全有效；大灯光度、光束符合要求；后视镜安装良好。

3）全部润滑脂嘴装配齐全有效，所有润滑部位及总成内部均应按季节、品种及规定容积加足润滑油。

4）散热器、发动机、驾驶室等各连接支承座垫应按规定装配齐全、完整，锁止可靠。

（二）各种技术性能的检查

1. 前轮定位的技术性能检查

1）前轮定位包括前束、车轮外倾、主销内倾和主销后倾。其中任何一个参数失准都会使汽车操纵性变坏，直线行驶的稳定性降低，转向沉重，加速转向机构和轮胎的磨损，导致汽车油耗增加，动力性变坏，影响行车安全。标准规定汽车修竣后，前轮定位应符合原厂规定。

2）前束值的测量应符合规定，其测量的部位为沿轮胎水平中心线处，有的车辆则为内侧胎体或轮辋内侧边缘处。

3）主销后倾角是指在钢板弹簧总成安装后汽车满载时的数值。由于满载和空载时前轴负荷变化不大，所以对空载时测量的后倾角没有显著影响。主销后倾角采用不大于 0.5°的楔形铁进行调整。

4）转向节主销内倾角不符合规定时，应检查前轴的变形情况。

5）进行前轮定位时，轮胎气压应符合原厂规定。

2. 车轴、转向盘、踏板等技术性能检查

（1）轴距　轴距左右差应不大于5mm。轴距左右差值过大时，会影响汽车直线行驶的稳定性，增加运行阻力及燃油消耗，影响转向机构及差速器的使用寿命，使车架受力不均匀，轴距左右差值过大时，制动性能变坏。

影响轴距左右差的原因，主要是受前后钢板弹簧固定支架销间的左右距离差以及前后轴上钢板弹簧定位销孔的位置和钢板弹簧的拱高的影响。

（2）转向盘自由行程和转向力

1）转向盘自由行程。为使转向操纵灵敏，最好是转向盘一转动，转向车轮也随之转动。但为缓和路面不平的冲击，使转向柔和，避免驾驶人员过度紧张，转向盘应有一定的自由转动量。

在转向器的标准中，转向盘自由行程应不大于15°。由于转向系各铰接处存在运动间隙，转向盘转动时，要消除传动零件之间的间隙，还要克服零件和轮胎变形，转向盘才能使转向车轮转向，所以总装后转向盘的自由转动量要增大。

由于结构不同，不同车型其转向盘的自由行程是不同的。

转向盘自由行程的测量方法是将转向盘自由行程检测仪的刻度盘通过磁座吸附在转向管柱上，指针固定在转向盘外缘，检测时，汽车处于直行位置，正、反转动转向盘，记下遇有阻力时弧尺上的角度差值。

2）原地转向力。系指汽车在静止状态时，在转向盘外缘测出转动转向车轮的力。原地转向力可初步判定转向是否轻便。

原地转向力的测量方法是将汽车停在光洁坚硬的水平路面上，用转向参数测量仪检测，从转向车轮直线行驶位置开始，向右慢转转向盘，至最大转角；再向左转动，至最大转角后，测定转向盘转角与转向盘上的圆周力，注意记录转向车轮开始滑动点。相反转向重复一次，作出关系曲线，以曲线上转向盘转角为零时的圆周力为原地转向力。

（3）离合器踏板、制动踏板的自由行程　离合器踏板、制动踏板的自由行程应符合标准规定。

（4）汽车自重　汽车在修理过程中，由于经常采用焊补、附加构件或代用材料等方法修理总成和零部件，造成汽车自重的增加。自重增加后，汽车的滚动阻力、加速阻力、上坡阻力也随着增加，加速时间延长，燃料消耗增加。汽车自重每增加1%，加速时间将延长5%，油耗增加0.3%～0.4%。验收中虽然没有明文规定自重这个参数，实质上是通过限制加速时间和油耗制约了汽车自重的增加。

（三）发动机技术性能检查

发动机必须保证动力性能良好，怠速运转稳定，燃料消耗率低，各部件润滑正常，附件工作可靠，没有漏水、漏油、漏气、漏电等现象。

1. 对气缸压力、怠速、真空度在冷却水温75～85℃时的技术要求

（1）气缸压力　在发动机转速为1000～1500r/min时，应符合该车型的气缸压力要求。各缸压力差应不超过其平均值的5%。柴油机各缸压力差应不超过平均值的3%。影响各缸压力的因素是各缸燃烧室容积，气缸工作容积和密封性能。

（2）机油压力　机油压力低速运转时一般不低于50kPa，中速运转时应为200～400kPa，

以保证发动机正常运行。

(3) 进气管真空度　发动机怠速运转在500～600r/min时，以海平面为准，应为57～75kPa，且应稳定。真空度波动范围，六缸汽油机一般应不超过±1.6kPa，四缸汽油机一般不应超过±2.5kPa。

(4) 怠速与起动　怠速运转应均匀稳定，能用起动机迅速起动。影响运转均匀稳定的因素除供油系外还有配气和点火正时等原因。

2. 各种转速的运转和噪声的规定

1) 发动机起动后，不论在低速、中速或高速，均应运转均匀，不能有断火或过热现象。

2) 发动机在正常温度下不允许有活塞敲缸和活塞销、连杆轴承、曲轴轴承等异响。大修竣工的发动机允许有轻微而均匀的正时齿轮、机油泵齿轮和气门脚响声。

3) 检查合格的发动机应复紧气缸盖螺栓和螺母，以保证密封和防止气缸垫被冲坏。

4) 发动机的排放和噪声应符合有关规定。

(四) 路试或仪器试验

汽车的总成和附属装备在修理过程中须按规定的要求进行磨合、试验，合格后方可装车。总装后的汽车还须进行整车测试，目的在于检验总装质量。因为总成和附属装备在台架试验时是以特定的规范进行的，尚不能反映各总成及附属装备组合时的情况，也不能反映汽车运行时的千变万化的复杂工况。

1. 路试主要条件的选定

1) 考虑到目前我国大多数单位所能选择的道路试验条件，性能试验应在平坦干燥、清洁的路面，长度和宽度应适应测试要求，纵向坡度不大于±1%的直线跑道上往返进行。

2) 汽车修理后，因为发动机装有限速装置，试车速度不宜超过40km/h，除作加速测试外，一般多控制在20～30km/h，且应从低速逐渐转换到高速。路试采用空载试车。为使各部件能逐步磨合，较准确地反映工作情况，试车里程应在20～30km之间。性能试验应达到正常热状态（发动机水温在80～90℃；发动机机油温度在50℃左右）进行。

3) 路试中，除应注意汽车各总成的工作性能、工作声音外，对转向机构和制动系统更应密切注意，发现异常，应停车检查，找出原因，消除故障后再继续进行路试。

4) 由于路试是在对汽车性能的可靠性、安全性尚不熟知的情况下进行的，而且要诊断故障，因此路试还应在交通流量比较小的道路上进行。

2. 滑行性能和制动效能

(1) 滑行性能

1) 汽车滑行的性能通常是以汽车用规定的初速度，空挡滑行减速到某一未速度时所通过的距离（即所谓滑行距离）来评定的。或者是汽车在空挡、放松制动，正直地停放在水平坡度不大于1%的路面上，用拉力计拉动时的拉力大小来评定的。汽车滑行性能是综合评价底盘各机构技术状况的标志。

2) 考虑到汽车大修竣工时，发动机有限速装置，不同于新车经过2500km磨合后才进行滑行距离的测试。对大修竣工的汽车，以30km/h车速开始滑行到停止，其滑行距离一般应在220m以上。

3) 测试方法：发动机冷却水温度、机油温度及各总成油温应正常稳定，汽车具有

(30±1) km/h的稳定车速。在进入滑行区段后迅速踏下离合器踏板，同时脱挡，滑行至停车。滑行期间，汽车应保持直线行驶，不允许用制动器，也不允许为减小行驶阻力而拆卸汽车的装置，绝不能用增大轴承间隙等不符合技术规定的方法来获得较长的滑行距离。因为这不仅会增加行驶阻力，而且会影响汽车的使用寿命和行驶安全。

(2) 制动效能

将行驶中的汽车强制地降低到任意的行驶速度甚至停车，下长坡时又能维持一定速度，称为汽车的制动效能。

评价汽车制动效能的指标一般有制动距离、制动减速度、制动力和制动时间。

制动距离是一个比较简单而综合的指标，它能反映驾驶员踏制动踏板到汽车完全停止下来所经过的距离，是保证车辆在紧急制动时能在较短的距离内停下来确保安全的直观指标。

1）在用车采用制动距离作为评价制动效能的指标。

a. 制动距离是驾驶员踩下制动踏板到停车所行驶的距离，即包括制动系统协调时间，因而不是单纯的车轮“拖压印”距离，所以一般采用五轮仪或省市监理部门认可的测试设备和仪器进行测量。

b. 在用车采用空载降低气压（或液压制动踏板力）来检测制动距离。它是经过大量空载和满载测试比较后确定的，既考虑到我国在用汽车进行检测的可行性，也基本符合以空载时某一低气压下的制动性能来定性考察该车满载时的可靠性这一要求。

c. 对制动稳定性采用了不跑偏定性规定。规定要求车速 20km/h 时的紧急制动和 40km/h 时的点制动汽车不得跑偏。

2）台试车采用制动力作为评价制动效能的指标。对于台试制动的制动规范的相应规定：

a. 汽车可用制动力检验制动性能：出厂新车应具有原厂设计的制动力，且应分配合理。在用车辆的制动力应不低于原厂设计制动力的 90%。

b. 制动力的平衡要求：前轴左右轮之差不得大于 5%；后轴左右轮之差不得大于 10%。其检验条件为：在紧急制动情况下，气压制动系统气压表的气压为额定工作气压；液压制动系统施加于脚踏板上的力无加力装置为 700N。

c. 对制动系统协调时间的要求：液压制动系统按汽车总质量要求，总质量小于 4.5t 不得大于 0.3s；总质量小于 12t 大于 4.5t 不得大于 0.45s；总质量大于 12t 不得大于 0.56s。气压制动系统中型汽车不得大于 0.5s。

d. 制动完全释放时间均不得大于 0.8s。

3. 动力性和燃油经济性

汽车的动力性主要由汽车的最高车速、汽车的加速时间、汽车的最大爬坡能力来评定。

根据 GB7258—1997 标准规定，用加速试验的方法来确定汽车动力性能。试验方法有汽车直接挡及邻近一挡的加速性能和汽车起步换挡的加速性能。

汽车起步换挡加速性能是指汽车由一挡起步并以最大的加速度逐步换至最高挡后到达某一预定距离或车速所需的时间；汽车直接挡或其邻近一挡（次高挡）的加速性能系指由该挡相应的稳定车速，或某一中等车速，全力加速至某一高挡的时间。标准对加速时间的规定，从直接挡 20km/h 加速到 40km/h 的时间一般不超过 25s。小型车不应超过 10s。初速的规定是适合汽车直接挡稳定车速，末速又不超过汽车磨合期内限速的要求。

(1) 超车加速时间的测试　超车加速时间测试是在道路上进行，其测试条件前已述及。

由于现行载货汽车上的速度表精度低，配合秒表测量就不精确，测试时要掌握好初速度，并使汽车的车速稳定在（20±1）km/h，匀速通过100m路段后再全力加速测试。加速过程最好用五轮仪来记录。加速时间必须符合标准的规定。

（2）燃油的经济性　汽车燃油经济性受到车辆行驶速度、道路条件、载荷、交通量、气候、海拔高度和驾驶技术多种因素的影响。由于汽车大修路试和出厂磨合期是带有限速装置、减速减载情况进行的，为评定大修恢复程度，并与新车测试有较好的可比性，所以标准规定大修磨合期满后，每百公里的耗油量应符合原厂规定。

汽车大修后，空载带限速装置进行路试，百公里的燃油消耗量为原厂规定值的90%以下，这样修竣出厂的汽车，有比较满意的结果。

汽车燃油经济性和加速性是互相制约的。加速性能越好，燃油消耗量越高。只要合理地调整油和电路，使加速性能控制在允许范围内，是能够降低燃油消耗量的。

4. 废气的排放标准

（1）废气排放限制　按GB14761.5—1993《汽油车怠速污染物排放标准》的规定，四冲程汽油机在海拔1000m以下，在怠速工况下排放限值为：

废气中CO的含量　　新车为≤3.5%　　在用车为≤4.5%

HC的含量　　新车为≤700×10^{-4}%　　在用车为≤900×10^{-4}%

（2）汽油车怠速污染物的测量　按GB14761.5—1993的规定。

1）测量时注意事项。测量时应注意以下事项：

a. 排气系统不得有泄漏。

b. 取样管插入排气管的深度不得小于300mm，否则排气管应加接管。

c. 发动机应达到规定的热状态：冷却水温为60℃以上；风冷发动机机油温度在40℃以上。

d. 按汽车制造厂规定的调整法将怠速和点火正时调至规定值。

2）测量程序。测量程序如下：

a. 发动机由怠速加速到中等转速，维持5s以上，再降至怠速状态。

b. 将取样管插入排气管中，深度不得少于300mm。

c. 读数取最大值。

d. 若为多排管时，则取各管测值的算术平均值。

（3）无负荷加速烟度的测量　柴油车自由加速排放烟度符合GB14761.6—1993《柴油车自由加速烟度排放标准》的规定。在海拔1000m以下，柴油车排放烟度值（波许单位）新车为≤R_b4.0，在用车为≤R_b4.5。

柴油车自由加速排放烟度的测量按GB/T3846—1993《柴油车自由加速烟度的测量　滤纸烟度法》的规定进行。

5. 汽车噪声及其控制

（1）机动车辆允许噪声

GB1495—1979《机动车辆允许噪声》是机动车辆产品的噪声标准，同时也是城市机动车辆噪声检查的依据，其规定如表7-1所示。

（2）机动车车外噪声的测量　按GB/T1496—1979标准制订的机动车辆噪声测量方法进行。

表 7-1　机动车辆允许噪声

车辆种类		车外最大允许噪声声级不大于/dB	
		1985 年 1 月 1 日前生产的产品	1985 年 1 月 1 日生产的产品
载重汽车	8t 载质量 15t	92	89
	3.5t 载质量 8t	90	88
	载质量 3.5t	89	84
轻型越野车		89	84
公共汽车	4t 总质量 11t	89	86
	总质量 4t	88	83
轿　车		84	82
摩托车		90	84
轮式拖拉机		91	86

6. 其他性能及路试检查

(1) 其他性能检查

1) 为了保证行车安全，转向操纵机构必须绝对可靠。转向应轻便灵活。转向车轮不得有摇摆、振动、跑偏和转向沉重等现象。最小转弯半径按前外轮迹符合规定。

2) 离合器应接合平稳，分离彻底，不打滑，不发抖，不发响。

3) 变速器换挡应灵活，不跳挡，不乱挡，无异响。

4) 传动轴和驱动桥不应有异响。

(2) 路试后检查

1) 各部分温度应正常，冷却水温度不应超过 90℃，机油温度应不高于 95℃，轮胎温度应不高于 85℃。制动鼓、手制动盘、车毂、驱动桥以及传动轴中间轴承不应有过热现象。

2) 各部分应无漏油、漏水、漏气、漏电等现象。

3) 修竣出厂的车辆，应再次检查并紧固转向机构各部分螺栓，传动轴接头各部分螺栓，前、后钢板弹簧骑马螺栓，半轴及轮胎螺母等。

4) 汽车经过路试或仪器试验后，应消除所发现的故障。对于须解体总成而消除故障的，应重新做一次相应的路试或仪器试验，直至完全符合标准要求，方可出厂。

第二节　汽车底盘维修技术文件的编制

一、基本概念

1. 汽车修理工艺

汽车修理工艺，是指利用生产工具按一定要求进行维护和修理汽车的方法，是在修理汽车过程中积累起来，并经过总结的操作技术经验。

2. 汽车修理工艺过程

汽车修理工艺过程，是指汽车修理的各种作业按一定方式组合、顺序、协调进行的过程。工艺过程是由许多工序组成的。根据生产过程内容繁简程度，工艺过程又划分为许多工序。

3. 工序

在一个地点由一个工人（或一组工人）对一个零件（或一组零件）所连续完成的工艺过程的一部分称为工序。工序是工艺过程的基本组成部分，而且是生产计划的基本单元。计算设备负荷，决定必需的工人数和技术等级，以及工具数等，都是以工序为依据的。工序的特点是工作地点、加工对象和工人不变，而且全部过程是连续进行的。

二、汽车修理工艺组织

汽车修理工艺组织的好坏，直接影响修车质量、成本、生产率和停厂车日等。各汽车修理企业应根据生产规模、设备条件、技术水平、修理对象及备件、材料供应等情况，进行合理组织。

汽车修理工艺组织内容包括修理基本方法、作业方式、劳动组织形式等方面。

（一）汽车修理的基本方法

汽车修理的基本方法分为就车修理法和总成换修法两种。

1. 就车修理法

就车修理法是指从车上拆下的零件、总成等凡能修复的，经修复后仍装回原车，不进行互换的修理方法。这种修理方法，由于各总成、零件的修复所需时间不等，影响汽车总装的连续进行，因此汽车停车修理时间比较长，生产率低。适用于承修车型种类较多、生产量不大的小型汽车修理企业。

就车修理法的大修工艺过程如图 7-1 所示。

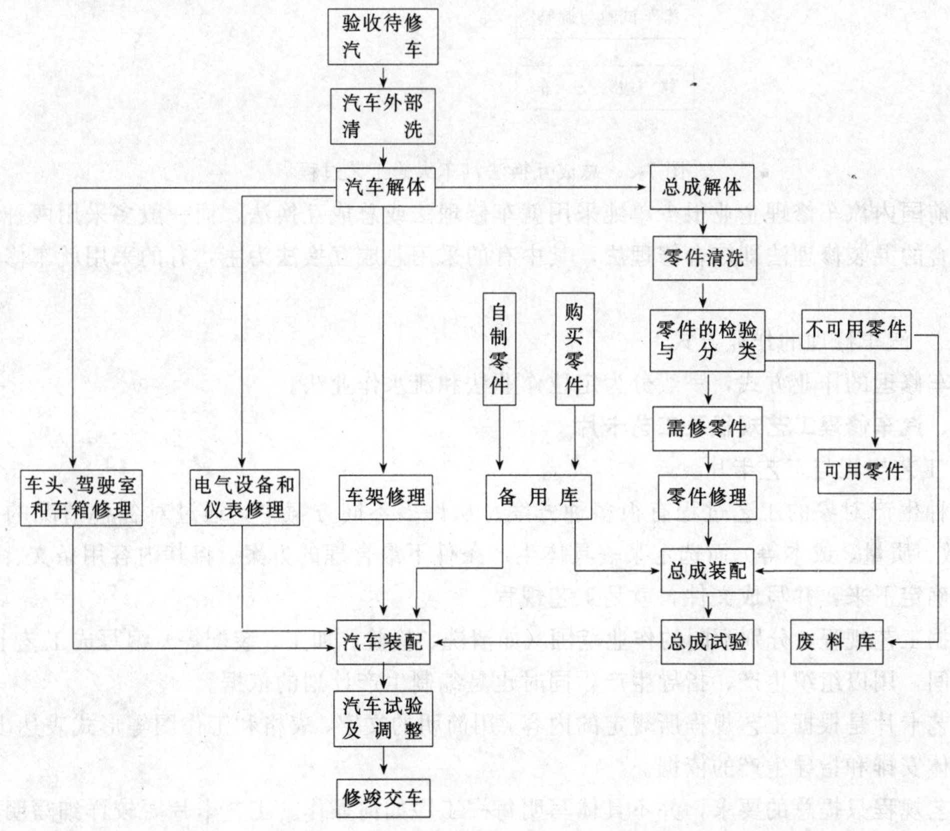

图 7-1　就车修理法的汽车大修工艺过程

2. 总成互换修理法

总成互换修理法是指除车架和车身经修复仍装回原车外，其余需修理的总成、零件均用储备件，而替换下来的总成、零件修复后送入备品库作为储备件的修理方法。这种修理方法减少了因修理总成、零件所耽误的时间，保证了总成装配的连续性，大大缩短了停车修理时间，提高了生产效率，有利于组织流水作业。适用于车型少、生产量大、配件充足的大、中型汽车修理企业。

总成互换修理法的汽车大修工艺过程如图 7-2 所示。

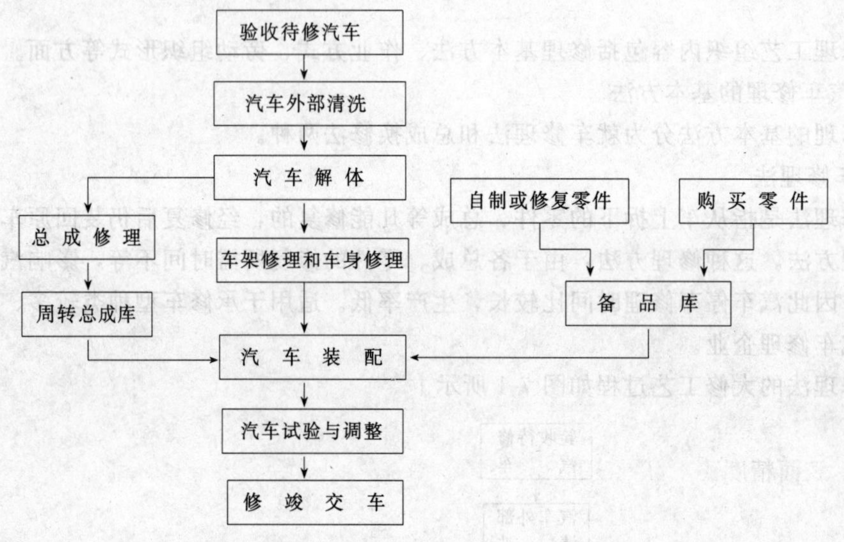

图 7-2 总成互换法汽车大修工艺过程

目前国内汽车修理企业很少单纯采用就车修理法或总成互换法，而一般多采用两种修理法相结合的混装修理法即综合修理法，其中有的采用总成互换法为主，有的采用就车修理法为主。

（二）汽车修理的作业方式

汽车修理的作业方式，一般分为定位作业法和流水作业法。

三、汽车修理工艺规程及工艺卡片

1. 工艺规程与工艺卡片

一种生产对象的工艺过程有很多种方案。从许多不同方案中，通过对各种情况的分析（如工效、质量、成本等）而选定某一具体生产条件下最合理的方案，将其内容用条文、图表等形式确定下来，并写成文件，就是工艺规程。

根据工艺规程，分别不同的作业范围（如清洗、检验、加工、装配等）编写成工艺卡片，送达车间，用以组织生产、指导生产，同时也是编制生产计划的依据。

工艺卡片是根据工艺规程所规定的内容，用简明的文字、表格和工作图等形式表达出来，作为具体安排和指导生产的依据。

工艺规程只提总的要求，并不具体写明每一工序如何操作。工艺卡片要较详细写明各工序技术要求、操作要点及步骤。工艺卡片是工艺规程的具体化，是工艺规程进入生产的执行部分。而工艺规程是法定的技术性文件，一般保存在技术部门作为技术档案。

2. 确定工艺规程及工序的原则

(1) 确定工艺规程的原则　对于各种车辆的修理，国家没有规定统一的工艺规程。各地、各企业、各厂应根据本地区、企业、工厂的实际情况、生产纲领及技术水平、设备情况，结合国家技术政策和方针，以及有关技术管理制度、技术标准、法规、文件，既考虑先进合理性，又全面考虑生产率，还要考虑修理质量、生产成本、安全及劳动条件，作出妥善的安排。具体要求如下：

1) 技术上的先进性。应尽量采用新技术、新工艺、新设备，以提高劳动生产率，降低修理成本，保证修理质量。但又要结合实际情况，做到既先进又可行，又考虑目前和长远相结合，不断革新、改造、挖掘潜力。技术先进性是相对的，是指在一定条件下可能达到的。

2) 经济上的合理性。在保证修理质量的情况下，应尽量降低修理成本，节约开支，开源节流，修旧利废，降低消耗，压缩非生产性投资，提高修旧件行驶里程，延长零件和总成的使用寿命。

3) 改善劳动和安全条件。制订工艺时，必须注意降低工人的劳动强度和改善劳动条件，减少和消除笨重的体力劳动，消除各种公害，注意排污和噪声标准，还要保证安全操作规程的完善和实施，注意工人劳保福利、医疗保健及充分的休息。

(2) 确定工序的原则

1) 凡容易使工件变形的工序，应尽可能安排在前面，避免最后因变形而浪费加工工料。如热加工、冷压、镶套应尽量安排在前面。

2) 加工表面精度要求高的工序，应尽量放在其他工序后，以免在转移工序过程中碰伤精加工表面。

3) 工件钻孔应在平面切削之后进行，尽量不要在斜面上钻孔，以免孔偏斜。

4) 工件在工序之间的运输路程和次数应考虑为最短最少，这样可以减少运输工具和减轻劳动强度。

5) 工序之间工人活动应不能互相干扰。

6) 流水工序应紧密配合，流水节奏（时间或节拍）应协调合理。如局部工作量过重，无法进行流水，相应工组（或工位）应进行调整，采取技术革新或提高该工组（或工位）的机械化程度。

3. 编写工艺卡片

(1) 修理工艺卡片的种类　汽车修理工艺内容繁杂，工序较多，目前尚无一套统一定型的工艺卡片格式，一般是根据不同工种或作业性质，分别为拆卸工艺卡片、装配工艺卡片、技术检验工艺卡片、调试工艺卡片和零件修复工艺卡片等。也有的零件或总成的检、修、调、装、试采用综合工艺卡片。

(2) 修理工艺卡片的格式和内容　修理工艺卡片的格式因国家无统一规定，均由各地区、各企业自定，所以下面仅举几种格式供参考。

1) 修配工艺卡片。该卡片一般分为汽车的装配、总成的装配和组合件（如活塞连杆组）的装配等。装配工艺卡片格式和内容如表 7-2 所示。

2) 技术检验工艺卡片。可分为综合技术检验工艺卡片和零件技术检验工艺卡片两种。

a. 综合技术检验工艺卡片。表 7-3 所示的格式和内容，适用于总成、组合件、机构系统（如制动系、配气机构）等进行综合性检验。在卡片的“检验项目”栏内，应逐项注明检验技术名称（如曲轴主轴承径向间隙，飞轮端面圆跳动，气缸压缩压力等）。

表 7-2 装配工艺卡片

企业名称			装配工艺卡片	卡号				
				装配名称		厂牌		第 页
				说明：				
工序号	工种	作业名称	操作要点及技术要求	设备	工具	量具	工序	备注

表 7-3 综合技术检验工艺卡片

企业名称					卡号		
检验名称		车别		修别	第 页		共 页
检验项目	技术要求	检验方法	检验		检验结论	作业时间	备注
			量具	仪器			

b. 零件技术检验工艺卡片。表 7-4 所示格式和内容是一个零件用一个卡片，适用于零件修复前的检验分类和零件修理过程的检验。前一种检验可以不填写卡片的“工序号”，后一种检验必须按修理工艺过程填写工序号。此外，应以上述两种不同检验性质分别作为此工艺卡片的名称。

表 7-4 零件技术检验工艺卡片

企业名称				零件技术检验工艺卡片						卡片编号
检验部位图				零件						
				名称		厂牌	编号	材质	力学性能	第 页
										共 页
				说明：						
工序号	工种	图号	技术要求	检验方法	检验		检验结论	工序时间	备注	
					量具	仪器				

四、汽车大修基本检验技术文件

1. 汽车大修进厂检验单

大修汽车进厂时，由汽车维修检验技术人员对送修车辆技术状况和装备齐全状况进行技术鉴定，并填写汽车大修进厂检验单。

2. 汽车大修工艺过程检验单

汽车大修过程中，由汽车维修检验技术人员对总成及零件按其修理过程中的工艺顺序进行技术鉴定，并填写汽车大修工艺过程检验单。

3. 汽车大修竣工检验单

汽车大修竣工后，由汽车维修检验技术人员对车辆的技术状况进行技术鉴定，并填写大修竣工检验单。

4. 汽车大修合格证

大修合格证是承修单位对大修竣工经技术鉴定并符合相应标准后的车辆所开具的质量凭证。汽车大修合格证记录内容包括：进厂编号、厂牌、牌照号、车型、底盘号、发动机型号及号码、维修合同号、出厂日期、检验员签章及日期、承修单位质量检验部门盖章、磨合期规定、保证期规定等。

习　题

7-1　汽车和发动机送修条件是什么？

7-2　汽车总装的顺序如何？

7-3　汽车进厂检验的标准是什么？

7-4　什么是维修工艺？

7-5　确定工艺规程和工序的原则有哪些？

参考文献

1　陈家瑞．汽车构造（下册）．北京：人民交通出版社，1995

2　孙虹．桑塔纳轿车．北京：国防工业出版社，2001

3　孙凤英．上海桑塔纳轿车构造、使用与维修．北京：人民交通出版社，1999

4　徐华东，张宏坤，丁在明．桑塔纳轿车维护调整图册．北京：人民交通出版社，2000

5　孙凤英．捷达轿车构造、使用与维修．北京：人民交通出版社，2000

6　董国平．汽车维护与故障排除．北京：人民交通出版社，1999

7　闵永军．现代轿车底盘构造与维修．北京：中国林业出版社，1998

8　曹永堂．汽车底盘维修．北京：人民交通出版社，1999

9　余云龙，程继学，沃森．汽车拆卸与装配．北京：机械工业出版社，2001

10　范迪彬．汽车构造（下）．合肥：安徽科学技术出版社，2001

11　高进军．汽车构造（下）．北京：人民交通出版社，2000

12　李炳泉．桑塔纳 2000 型汽车构造．北京：机械工业出版社，2000

13　李宪民．桑塔纳和桑塔纳 2000 轿车的结构与维修．北京：机械工业出版社，2000

14　孙虹．捷达轿车．北京：国防工业出版社，2001

15　吴森．捷达、捷达王轿车构造与维修．武汉：湖北科学技术出版社，1999

16　羊拯民．汽车修理．合肥：安徽科学技术出版社，2001

17　杨信．汽车拆装实习．北京：人民交通出版社，1995